Udo Ulfkotte

Kein Schwarz.
Kein Rot.
Kein Gold.

Armut für alle im
»Lustigen Migrantenstadl«

KOPP VERLAG

Inhaltsverzeichnis

Einleitung 9

Teil I
**Armut ist für alle da: systematische Wohlstandsvernichtung
im »Lustigen Migrantenstadl«** 29

Jeder Zuwanderer kostet 40 000 bis 50 000 Euro! 29
Zusammenbruch der Sozialsysteme: Migranten nutzen
unsere Potenziale 34
Niederlande: Das Tabu wird gebrochen 37
Jetzt wird abgerechnet: die Heuschrecken der Integrationsindustrie . . 39
Leistungsfeindlich: Muslime müssen von uns nichts lernen 46
Illegale Ausländer besser gestellt als Hartz-IV-Empfänger 54
»A bisserl was geht immer«: anonyme Krankenscheine für Illegale . . 56
Den Gürtel enger schnallen: Gehaltserhöhung für Angela Merkel . . 58
Wachsende Spannungen absehbar 59
Rette dich, wer kann: der Exodus der Leistungsträger 64
Eine große Zukunft – für die Bildungsfernen 66
Boxkurse – »damit sie auch morgen noch kräftig zuschlagen können« . 68
Kulturelle »Bereicherung«: gemeinsam abwärts in die Gosse 72
Der Sog des Niedergangs 75
Zu »haftempfindlich« – der Arnsberger Kindervergewaltiger Muslija B. . 77
Todesangst in Brüssel – eine Stadt wird islamisch 82
Türken erobern Europa 87
Sozialhilfebezug zum Wohlgefallen Allahs 93
Zahltag im Schlaraffenland – wie arme Migranten Reichtümer anhäufen 99
Abzocke höchstrichterlich abgesegnet 104
Saarlouis: Millionenbetrug beim Kebab-Türken 105
Brilon: der Döner-Saustall des Mehmet Ö. 108
Mit den Müllbergen kommen die Ratten 111
Offenbach: pro Familie 50 000 Euro Wohngeld erschwindelt . . . 113

111 000 Euro Sozialhilfe für ein Roma-Paar 114
»Entgrüßungsgeld« für Rotationseuropäer. 116
Die »mobile ethnische Minderheit«. 117
Endziel Europa: die neue Völkerwanderung 120
Umfassende Fürsorge: Dienstmädchen für integrationsresistenten
Pakistaner 124
Pöbeln, schlagen, treten: So pressen Mitbürger das Maximum heraus . 125
Innenansichten einer Ausländerbehörde 129
Scheinehen und Scheinvaterschaften 130
Die neue Großzügigkeit: 4000 Euro Begrüßungsgeld 132
Deutschland: Auch illegale Türken bekommen Kindergeld . . . 132

Teil II
Alles nur getürkt: die Profiteure der Migrationsindustrie 141

Türken-Knigge: So klappt's auch mit dem Sozialamt 141
Die große Chance zum Abkassieren 146
Bremer Stadtgespräch – der »König von Marokko« 150
Hinter jedem bildungsfernen Mitbürger ein Betreuer 152
Wachstumsindustrie Migrantenimport. 153
Fallstudien: Umstrittene Organisationen 156
    Der Verein *Hatun & Can e. V.* 156
    Der Verein *Katachel e. V.* 157
    Die Treberhilfe 158
Die Schnittstelle zur Betrugsindustrie 160
Grüße aus Absurdistan: Parkbetreuer 163
Putzfrauen als »Integrationshelfer« 164
Fass ohne Boden – horrende Kosten ohne Erfolge 169

Teil III
Kulturferne Migranten zerstören Lebensqualität 174

Subkultur als Importschlager 174
»Ich mach euch alle einzeln kalt« 175
Wissenschaftler und Studien im Visier – die Wahrheit ist
heute »rechtsradikal« 176
Erdrückende Ausländeranteile in Ballungsgebieten 179

Verhaltensforscher Eibl-Eibesfeldt: Müssen wir unsere eigene
Verdrängung begrüßen? 180
Experiment gescheitert: Politiker wollten den multikulturellen
Menschen züchten. 182
Wahlbetrug: Wie Zuwanderer unser politisches System zerstören. . . . 184

Teil IV
Europa verblödet durch Zuwanderung 189

Migrantengeneration doof 189
Importierte Inzucht: Verwandtenheiraten als kulturelle »Bereicherung«. 191
Dänemark: ein Drittel der Kinder von Asylbewerbern geisteskrank . . 199
Deutschland: Aus dem Land der Dichter und Denker wird das
Land der Hilfsarbeiter. 203
Der Meister der Zukunft ist Türke 205
Die Dummheit potenziert sich 206
Parallelgesellschaft: Steuergelder für Türkenschulen. 207
Kommt auch bei uns das »Dönerabitur«? 208
Ekel pur: Fäkalkeime in der Dönersauce 212
Tod im Krankenhaus: Hygieneschlamper schleppen Keime ein . . . 214
Kostenfaktor Wachschutz: Immer mehr gewalttätige Migranten
in Krankenhäusern 219
Schildbürgerstreiche: die Umbenennung von Straßen 220

Teil V
Ethnische Europäer als Menschen zweiter Klasse 223

»Deutschland gehört nicht den Deutschen« 223
Schnitzelalarm: Dampf der Kulturen im Westerwald 224
Willkommen in der Unrechtsrepublik Deutschland. 228
Der Fall Susanna H.: Ein Mord passt nicht ins Bild der Gutmenschen . 236
Die Ungleichbehandlung von Einheimischen und Zuwanderern . . . 238
Bereicherung pervers: Menschenopfer und Sodomie 241
Zur Belohnung gibt's die deutsche Staatsbürgerschaft 244
Die ganz normale Inländerdiskriminierung 246
Vergewaltigungen als »kulturelle Bereicherung«? 248
Zum Nulltarif: Wir geben unsere Werte auf und bekommen
Hass und Gewalt 255

Verbrechen lohnt sich 257
Anweisung von oben: für Migranten nur in Ausnahmefällen Gefängnis . 258
Verbrecherimport: Die Folgekosten tragen die Steuerzahler 262
Rechtsstaat am Ende: Wir zahlen jetzt Schutzgeld 270
Unglückliche Zuwanderer – schuld sind die »bösen« Deutschen . . . 282
Türken – vorbildliche Kinderfeinde? 294
Migrantensprecher: »Wehrt euch gegen die Deutschen!« 296
Kommt die große Deportationswelle? 298

Teil VI
Rette dich, wer kann – wie wir den Niedergang aufhalten . . . 303

Der absehbare Zusammenbruch der Sozialsysteme 303
Bürgschaften für »Bereicherer« 310
Die Abrechnung: Migranten kosten uns mehr als eine Billion Euro . . 314
Wir müssen sparen? Sparen wir uns die kulturfernen Migranten!. . . 319

Quellenverzeichnis. 323

Einleitung

Versuchen Sie nicht, die in diesem Buch aufgelisteten Summen mit einem handelsüblichen Taschenrechner zu addieren. Denn die Stellen in der Anzeige dieses Gerätes reichen dafür garantiert nicht aus. Um jene horrenden Kosten, die bestimmte Migranten verursachen, nicht nur in nackten Zahlen zu erfassen, braucht man mehr als nur einen Rechner. Viele der angerichteten Schäden sind mit Geld nicht zu bezahlen, denn es ist auch unser Wertesystem, das dauerhaft zerschlagen wird. Bedenken Sie aber bitte beim Lesen, dass die Schuld an der geschilderten Lage keineswegs nur die Migranten tragen, sondern vor allem auch jene, die diese Zustände politisch geplant, abgesegnet und gefördert haben – die großen Volksparteien.

Unsere Politiker beherrschen offenkundig die Kunst, die einheimischen Bürger immer wieder so schnell über den Tisch zu ziehen, dass diese glauben, die dabei entstehende Reibungshitze sei Nestwärme. Kanzlerin Angela Merkel (CDU) und der frühere Bundeskanzler Gerhard Schröder (SPD) sind Meister auf diesem Gebiet. In den letzten Jahren haben sie die Reibungshitze so sehr erhöht, dass nun ein Flächenbrand in Europa entstanden ist. Einen Feuerlöscher aber haben sie nicht. Unsere Politiker müssen nun mit den Tränen der Bevölkerung und brutalsten Einschnitten in unsere Sozialsysteme einen verheerenden Großbrand in unseren Kassen bekämpfen, während sie zugleich immer neue Brandnester importieren.

Kapitalisten und Sozialisten haben sich geirrt: Die ungesteuerte Einwanderung nach Europa war kein dauerhafter Gewinn. Sie hat weder volkswirtschaftlich einen Nutzen gehabt, noch stabilisiert sie den Wohlfahrtsstaat – im Gegenteil. Bundesfinanzminister Wolfgang Schäuble (CDU) und Bundesarbeitsministerin Ursula von der Leyen (CDU) haben in einem dem Autor vorliegenden gemeinsamen Brief an die Mitglieder ihrer Bundestagsfraktion am 10. Juni 2010 geschrieben: »Sozialleistungen machen über die Hälfte der Bundesausgaben aus. Deshalb kann eine nachhaltige Konsolidierung ohne strukturelle Veränderungen in diesem Bereich nicht gelingen. Die Sozialausgaben betragen im Bundeshaushalt 2010 mehr als 170 Mrd. Euro (BMAS 143 Mrd. Euro) und die geplanten Einsparungen von fünf Mrd. Euro (BMAS 4,3 Mrd. Euro) machen gerade einmal drei Prozent aus.«

Wir nehmen immer unglaublichere Schulden auf, um die Sozialausgaben überhaupt noch finanzieren zu können. Der Anteil der gesamten Sozialausgaben am Bundeshaushalt ist seit 1980 von 16 auf über 50 (!) Prozent im Jahr 2010 gestiegen.[1] Im Klartext: Von jedem Euro, den Sie als Leser dieses Buches an Steuern zahlen, geht mehr als die Hälfte für Sozialleistungen wie Hartz IV (Migranten beziehen mehr als 40 Prozent dieser Leistungen[2]) drauf. Mehr als die Hälfte der Staatseinnahmen wird für Menschen ausgegeben, die nicht produktiv sind. Und immer lauter fordern sie immer mehr.

Man kann das anhand der Tätigkeit unserer Gerichte sehen: Allein beim Berliner Sozialgericht sind 66 (!) hauptamtliche Richter mit Klagen von Hartz-IV-Empfängern beschäftigt, die mit den Leistungen unseres Sozialstaates unzufrieden sind. 100 000 (!) solcher Verfahren gibt es nur in Berlin (Stand Juni 2010), wo 580 000 Hartz-IV-Empfänger leben.[3] Jeder fünfte Berliner ist inzwischen Hartz-IV-Empfänger. Die Kosten für diese vielen Klagen begleichen wir Steuerzahler.

Anders formuliert: Vielleicht haben Sie gern Gäste. Stellen Sie sich vor, Sie haben einen großen Tisch und zehn Stühle. Sie laden jede Woche die gleichen Gäste zu sich ein. Man kommt überein, dass jeder ein wenig an Speis und Trank mitbringt. Schließlich können Sie ja nicht dauerhaft für alle Gäste zahlen. In der ersten Woche bringen neun Ihrer Gäste etwas mit. In der zweiten Woche acht. In der dritten Woche sieben. In der vierten Woche sechs. Irgendwann fällt Ihnen auf, dass eine bestimmte Gruppe Ihrer Gäste nie etwas mitbringt. Und diese Gruppe wird immer größer. Wie reagieren Sie, wenn Ihnen klar wird, dass nur noch wenige etwas mitbringen, aber auch weiterhin jene wie selbstverständlich an Ihrem Tisch Platz nehmen, die nie etwas mitbringen? Irgendwann sprechen Sie diese auf ihr Verhalten an. Und wenn sie sich nicht ändern, dann beenden Sie Ihre Gastfreundschaft. Ihre Gäste werden Ihnen dann wahrscheinlich »soziale Kälte« vorwerfen. Manche nehmen sich dann einen Anwalt und versuchen auf dem Klagewege zu erreichen, dass sie weiterhin an Ihrem gedeckten Tisch Platz nehmen dürfen. Nicht anders ergeht es derzeit den europäischen Sozialstaaten.

Immer mehr Menschen demonstrieren da draußen auf europäischen Straßen gegen die angebliche »soziale Kälte« – was ein Phänomen für sich ist. Wenn nämlich der Staat schon mehr als die Hälfte all seiner Einnahmen für soziale Leistungen aufwendet und die in ihm lebenden Menschen dennoch von dieser »sozialen Kälte« sprechen, dann stimmt etwas nicht mehr. Vielleicht muss man dann einmal ganz genau nachsehen, wo immer größere Teile der sozialen Leistungen eigentlich landen. Sind es vielleicht die Geldbörsen bestimmter Personengruppen, die von den Steuerzahlern gefüllt werden? Könnte es sein, dass man diese in stets wachsender Zahl einem bestimmten Kulturkreis zuordnen kann?

Hatten die Politiker uns nicht eine generelle Bereicherung durch Zuwanderung versprochen? Sollten diese Personengruppen nicht einmal unsere Renten zahlen? Kann es sein, dass wir einem gigantischen Betrug zum Opfer fallen?

Waltraut Peter vom Institut der Deutschen Wirtschaft in Köln (IW) sagte 2010: »Schon in diesem Jahr kommt auf jeden Erwerbstätigen ein Empfänger von Sozialleistungen wie Rente oder Arbeitslosengeld.«[4] Wie wir in diesem Buch sehen werden, sind es bereits mehr als 40 Prozent Migranten, die als Nichterwerbstätige unseren Sozialstaat in die Knie zwingen. Immer mehr Zuwanderer wollen an unsere Geldtöpfe, in die immer weniger einbezahlen. Vor allem Zuwanderer aus fernen Ländern. Hans-Werner Sinn vom ifo-Institut hebt hervor: »Allgemein wirkt der Sozialstaat wie ein Zuwanderungsmagnet.«[5] Der amerikanische Journalist der britischen Wirtschaftszeitung *Financial Times*, Christopher Caldwell, zieht als Fazit seiner Studie über *Geschichte und Konsequenzen der Einwanderung nach Europa* den Schluss: »Sie hat weder volkswirtschaftlich genutzt, noch stabilisiert sie den Wohlfahrtsstaat.«[6] Sind wir etwa umzingelt von Menschen, die aus anderen Kontinenten zu uns kommen und begierig sowie ohne schlechtes Gewissen in unsere Kassen greifen?

In diesem Buch werden viele unbequeme Fragen angesprochen: Wie kann es sein, dass wir heute Angehörige von Gastarbeitern, die noch nie in Europa gewesen sind, kostenlos in unseren Krankenversicherungen mitfinanzieren? Wie kann es sein, dass deutsche Sozialgerichte Sozialhilfebetrug bei Migranten inzwischen ausdrücklich (!) als »kulturelle Besonderheit« akzeptieren und häufig auf Rückforderung der betrügerisch abkassierten Summen verzichten? Wie ist es möglich, dass wir Illegale (also Gesetzesbrecher) bei der Hartz-IV-Versorgung inzwischen besser stellen als einheimische Hartz-IV-Empfänger? Warum haben junge Mitbürger, die wegen Straftaten im Jugendarrest landen, trotz der dort vom Staat übernommenen Vollversorgung Anspruch auf den Hartz-IV-Regelsatz, der ihnen nach der Haft von den Behörden in bar ausbezahlt werden muss? Wie kann es sein, dass wir Migrantenquoten einführen und zugleich ethnische Europäer bei der Vergabe von Arbeitsplätzen benachteiligen wollen?[7] Wie ist es zu erklären, dass wir trotz der seit Jahrzehnten schlimmsten Wirtschafts- und Finanzkrise gewalttätigen jungen Migranten aus unseren Steuergeldern deutschlandweit Boxkurse bezahlen, in denen sie lernen, wie man Menschen brutal zusammenschlägt? Wie kann es sein, dass wir zugewanderten Frauen aus fernen Kulturkreisen mit Steuergeldern Kurse finanzieren, in denen sie lernen sollen, wie man einen Tampon benutzt oder Hemden bügelt? Wieso bekommen Migranten, die medienwirksam bei Runden Tischen an »Integrationsgesprächen« und »Dialogforen« mit Bundes- und Landesregierungen teilnehmen, dafür heimlich von der Regierung Geld auf ihre Konten überwiesen? Weshalb zahlen wir immer mehr Zuwanderern 2000 Euro Prämie dafür, wenn sie einen Kurs besuchen, in dem sie die Landessprache ihres Gastlandes lernen können – und zwar bar auf die Hand neben den Kursgebühren? Weshalb gibt es für gewalttätige junge Migranten Bargeldprämien für den Umstand, dass sie vorübergehend ethnische Europäer nicht überfallen und zusammengeschlagen haben? Wieso schreiben wir heimlich unsere Gesetze um mit der Begründung, dass diese künftig den »Bedingungen der Einwanderergesellschaft entsprechen« müssen? Wie kann es sein, dass wir Millionen von Menschen in der Migrationsindustrie dafür entlohnen, dass sie diese Zustände im Eigeninteresse zur Sicherung ihrer Arbeitsplätze immer weiter verschlimmern und unseren einstigen Wohlstand skrupellos vernichten? Welche Erklärung gibt es dafür, dass wir so auf dem besten Wege sind, jedem Migranten einen Betreuer an die Seite zu stellen – möglichst unterstützt von einem Muttersprachler des Migranten, der alles übersetzt? Und wie kann es sein, dass wir diesen Irrsinn aus Gründen der politischen Korrektheit bislang niemals infrage gestellt haben? Diese gigantische Wohlstandsvernichtung bewirkt doch nur eines: Fremdenfeindlichkeit und wachsenden Unmut unter jenen, die dafür bezahlen müssen.

Vergessen Sie die enormen Kosten der gegenwärtigen Wirtschafts- und Finanzkrise. Sie sind trotz vieler hundert Milliarden, die wir alle dafür zahlen müssen, nichts im Vergleich zu jenen Beträgen, die wir für die Heuschrecken der Migrations- und Integrationsindustrie in Europa ausgeben. Die Folgen der schweren Wirtschafts- und Finanzkrise entstehen ja nicht jedes Jahr neu. Man kann sie auflisten und abarbeiten. Das ist bei den Heuschrecken der Migrations- und Integrationsindustrie jedoch völlig anders – sie fressen sich begierig weiter durch unser System, obwohl sie im Gegensatz zu den Banken ganz sicher nicht systemrelevant sind. In den europäischen Sozialsystemen ist der Kahlfraß dieser Heuschrecken schon deutlich sichtbar. Doch man hat uns die unvorstellbaren Kosten aus Gründen der politischen Korrektheit bisher (noch) verschwiegen. Die Heuschrecken fressen sich immer gieriger voran und verschlingen – wie wir sehen werden – Billionenbeträge in Europa. Doch jetzt wird abgerechnet.

Erinnern wir uns kurz an die Heuschrecken der Finanzbranche zurück und wie diese bis zum Wirtschaftscrash durch die Politik gefördert wurden: Die großen Volksparteien SPD und CDU/CSU hatten im November 2005 in ihrem damaligen Koalitionsvertrag die Deregulierung der Finanzmärkte und die Förderung des Handels mit Verbriefungen zu einem ihrer obersten

Wirtschaftsziele erklärt.[8] Damit haben die Volksparteien die Entstehung der schlimmen Wirtschaftskrise ausdrücklich gefördert. Ob sie das aus Dummheit, Unfähigkeit, Fährlässigkeit oder gar mit Vorsatz gemacht haben, ist für die Bürger heute völlig nebensächlich. Tatsache ist: Sie haben es getan. Als auch die dümmsten Politiker das dann in den Jahren 2009 und 2010 einsehen mussten, da forderte die neue schwarz-gelbe Bundesregierung statt Deregulierung die sofortige weitgehende Regulierung, also Kontrolle der Finanzmärkte.[9] Die Spekulanten, die man zuvor umworben und ins Haus gelassen hatte, wurden über Nacht zu Bösewichten erklärt. Erst nach dem Schadenseintritt, für den nun wir Bürger bezahlen müssen, riss man das Steuer der Politik um 180 Grad herum. Es war übrigens der SPD-Politiker Franz Müntefering und nicht ein Rechtsextremist, der Finanzinvestoren mit gefräßigen Tieren – eben Heuschrecken – verglich.[10] Er hat sich bis heute nicht dafür entschuldigt.[11] Im Gegenteil: Er hat viel Lob für seine »Heuschrecken-Kritik« bekommen.

Heute versprechen uns jene großen Volksparteien, die die von ihnen früher geförderten Heuschrecken der Finanzindustrie nun verachten, dass es eine andere »lohnende« Investition gebe: die Investition in »Humankapital« aus fernen Ländern, das es in großer Zahl weiterhin zu importieren gelte. Im Klartext: So wie wir einst die Heuschrecken des Finanzmarktes als angebliche »Zukunftsinvestition« mithilfe der Politik angelockt haben, so öffnen wir auch den Fürsprechern des massenweisen Imports von Arbeitskräften aus fernen Ländern unsere Tore. Doch könnte es vielleicht sein, dass die Volksparteien auch hier ähnlich folgenschweren Irrtümern unterliegen wie bei der von ihnen lange Zeit geförderten Deregulierung der Finanzmärkte – mit den bekannten schlimmen Folgen? Machen wir also die Kosten-Nutzen-Rechnung auf und prüfen wir einmal nüchtern nach, was von der versprochenen »Bereicherung« durch massenweisen Import von Migranten aus fernen Ländern in der Realität tatsächlich zu halten ist. Wird die Bevölkerung von dummen, unfähigen oder gar vorsätzlich handelnden Politikern hier abermals eiskalt betrogen? Vielleicht noch schlimmer als bei der Wirtschafts- und Finanzkrise? Immerhin hatte die schwarz-gelbe Bundesregierung den Bürgern bei Regierungsantritt 2009 ja sogar Steuersenkungen versprochen und hat dann 2010 in der Realität die Steuern erhöht sowie die Sozialausgaben immer weiter gekürzt. Was läuft hier eigentlich? Und wo ist der Rettungsschirm, wenn unsere Politelite sich mal wieder grundlegend geirrt hat und der nächste Crash auf uns zurollt – dieses Mal entfacht von den gefräßigen Heuschrecken der Migrations- und Integrationsindustrie?

Politiker wie Franz Müntefering (SPD) verachten jetzt die Heuschrecken der Finanzwelt. Zugleich aber treten sie als Steigbügelhalter der Heuschrecken der Migrations- und Integrationsindustrie auf. Sie wollen immer mehr Ausländer nach Europa holen: Migranten aus fernen Ländern, am liebsten gleich mit ihren ganzen Großfamilien, und ihnen allen auch sofort das Wahlrecht geben.[12] Da stimmt etwas nicht mehr in unserem System.

Es ist interessant, dass auch Gewerkschaften, die eigentlich angetreten sind, um die Arbeitsplätze ihrer Mitglieder zu sichern, diese gigantische Völkerwanderung unterstützen.[13] Sie treten damit parallel zu vielen Politikern gegen die Interessen jener Arbeiter an, die diese Organisationen ursprünglich gegründet haben. Wie zynisch muss es eigentlich in den Ohren der arbeitslosen europäischen Gewerkschaftsmitglieder klingen, wenn Gewerkschaftsvertreter öffentlich die Einstellung von noch mehr Migranten fordern? Lebt eine immer größer werdende Zahl von Menschen vielleicht in einer surrealen Traumwelt und hat sie den Überblick über jene Rechnungen verloren, die wir für die Folgen dieser Politik ganz sicher noch werden bezahlen müssen?

Das Deutsche Institut für Wirtschaftsforschung (DIW) hat im Sommer 2010 in einer Langzeiterhebung festgestellt, wie stark und rasend schnell die deutsche Gesellschaft auseinanderdriftet.[14] Da warnen die DIW-Autoren, die Polarisierung der Einkommen werde die Struktur vieler Städte bedenklich verändern – auf der einen Seite immer mehr Hartz-IV-Empfänger, auf der anderen Seite die »Reichen«. Die Mittelschicht bricht weg, weil ihre Einkommen zur Finanzierung der Sozialausgaben für die Unterschicht benötigt werden. Übrig bleiben nur noch die extremen Pole der Gesellschaft. Die DIW-Autoren prognostizierten die Verrohung der Gesellschaft in Deutschland, Elendsviertel in den europäischen Ballungsgebieten (Zitat: »Mit einer steigenden Anzahl von Ärmeren wächst auch die Gefahr des Entstehens von Armenvierteln.«), brennende Barrikaden und den Abstieg der Mittelschicht in die Unterschicht. Und wer den gesellschaftlichen Abstieg fürchtet, der macht dafür gerne eine andere Bevölkerungsgruppe verantwortlich. Die Folge könnten Ausländerfeindlichkeit und Fremdenhass sein, schreiben die DIW-Autoren. Muss man es wirklich so weit kommen lassen? Wollen wir nicht endlich die Augen aufmachen und nach den Ursachen für diese Entwicklung suchen, um sie dann möglichst schnell abzustellen? Wer nur die immer höhere Besteuerung der Reichen und der Mittelschicht fordert, der macht es sich zu leicht – wie die vergangenen Bundesregierungen. Denn die Reichen wandern dann ab. Und die Mittelschicht wird zur Unterschicht.

Die Idee zu diesem Buch verdankt der Autor dem 81 Jahre alten Wirtschaftswissenschaftler Professor Wilhelm Hankel. Ende Mai 2010 diskutierten wir in privater Runde über die horrenden finanziellen Folgen der schlimmen Wirtschaftskrise. In Hankels Privatbibliothek, die sich in seinem Haus bei

Königswinter befindet, sprachen wir über die finanzielle Zukunft Europas und über jene auf die Bevölkerung zukommenden Belastungen, die sich viele Bürger da wohl noch nicht einmal ansatzweise vorstellen konnten. Hankel, der in den 1960er-Jahren einer der engsten Mitarbeiter des damaligen Wirtschaftsministers Karl Schiller (SPD) war und später Präsident der Hessischen Landesbank wurde, sprach an jenem Tag über die absehbare Zerschlagung der europäischen Sozialstaaten. Er berichtete über mittelfristig bevorstehende Staatsbankrotte inmitten Europas, die trotz aller Rettungsversuche unabwendbar seien. Bis dahin hatte man die Prognosen auch schon von anderen renommierten Wirtschaftswissenschaftlern gehört.

Doch dann warf Hankel unseren Politikern vor, Entscheidungen über die wirtschaftliche Zukunft der Bevölkerung meist ohne das geringste wirtschaftliche Fachwissen und ohne Kenntnisse ökonomischer Zusammenhänge zu treffen. Als Beispiel führte Hankel, der auch an der amerikanischen *Harvard*-Universität lehrte, den Import von Millionen Arbeitskräften aus nichteuropäischen Staaten an. Was Hankel eher beiläufig berichtete, war politisch ganz gewiss nicht korrekt – aber es machte nachdenklich: »Die Wanderung der Arbeitskräfte führte zur gigantischen Verschuldung der Sozialstaaten«, sagte der Wirtschaftsprofessor in besonnenem Ton. Für ihn schien diese Aussage, die man so noch nie aus dem Munde unserer Politiker gehört hatte, eine Selbstverständlichkeit zu sein. »Gastarbeiter«, so Hankel, seien in Deutschland »eine Lohnbremse«, verhinderten den technischen Fortschritt, weil sie Arbeit billig hielten. Und der Arbeiterimport führe zu wachsendem Völker- und Fremdenhass inmitten Europas. Der über unendlich viel Erfahrung verfügende Hankel ist unverdächtig, ein »Rechter« zu sein. Er bemerkte völlig ruhig, es sei aus seiner Sicht sehr erstaunlich, dass die Gewerkschaften den Import jener Arbeitskräfte, die in den deutschsprachigen Ländern seit Langem die Löhne gedrückt hätten, jetzt immer noch unterstützten. Mehr noch: Die nachfolgenden Finanztransfers, bei denen die Gastarbeiter und immer neue Migranten die Kaufkraft aus dem Herzen Europas abzögen und durch Überweisungen von Teilen ihrer Arbeitslöhne oder erworbenen Rentenzahlungen ins Ausland verlagerten, könnten auch einst reiche Staaten wie Deutschland sich finanziell auf Dauer schlicht nicht mehr leisten. Das alles sei einer von vielen Gründen dafür, warum Staatsbankrotte mithilfe von finanziellen »Rettungsschirmen« vielleicht zeitlich ein wenig verschoben worden seien, aber letztlich nicht verhindert werden könnten.

Diese Aussagen waren elektrisierend. Denn erst wenige Tage zuvor hatte auch die amerikanische Carnegie-Stiftung (*Carnegie Endowment for International Peace*[15]) in einer Studie den Zusammenbruch der europäischen Sozialsysteme vorausgesagt. Und auch dort hieß es, Staaten wie Deutschland könnten sich den massenhaften Import von Migranten künftig nicht mehr leisten.[16] Das alles steht in krassem Widerspruch zu den Äußerungen unserer Politiker, denen zufolge wir ganz dringend immer mehr Migranten benötigen, die ja zudem eine vermeintliche »Bereicherung« für uns sind.

Führt die angebliche »Bereicherung« also in Wahrheit direkt in die Verarmung? In den Niederlanden sehen zumindest die großen konservativen Parteien das jetzt so und haben Mitte 2010 beschlossen, dass neu ankommende Migranten künftig grundsätzlich zehn Jahre lang keinen Anspruch auf Leistungen aus den niederländischen Sozialkassen mehr haben werden.[17] Die hohen Staatsschulden, zu denen die Migranten wesentlich beigetragen haben, lassen den Niederländern keine andere Wahl. Niederländische Politiker wie Hero Brinkman (PVV) sprechen auch Dinge aus, die kein deutscher Politiker über die Lippen bringen würde. Er erklärte Mitte 2010 bei einer Integrationsdiskussion mit marokkanischen Jugendlichen in Amsterdam etwa zu den anwesenden Marokkanern: »Ihr seid Gäste hier. Wir haben hier die niederländische Kultur, und die werden wir behalten. Wir wollen nicht länger alle möglichen fremden Einflüsse, die unsere Kultur zerstören. Das wird es jetzt nicht weiter geben. Schluss!«[18]

Der renommierte niederländische Soziologe Paul Scheffer hat sich intensiv mit dem Thema Migration und Integration befasst. Er sagte Mitte 2010: »Der Multikulturalismus war ein Fehler. Er führte dazu, aneinander vorbeizuschauen.« Und er gibt zu bedenken: »Migration beginnt auf beiden Seiten mit einem Sich-voneinander-Fernhalten. Die Neuankommenden bauen ihre eigenen Häuser, ihr eigenes Umfeld, eigene Gotteshäuser. In Amsterdam sind rund die Hälfte der Familien Migranten. Da ist es dann nicht mehr möglich, einander aus dem Weg zu gehen. Und das ist der Punkt, an dem wir uns jetzt befinden. Das ist der Moment des Konflikts. Was wir früher Toleranz nannten, war tatsächlich nur Ignoranz.«[19]

In Deutschland würde man so etwas nie sagen. Hierzulande öffnet man lieber die Kassen anstelle des Mundes. Man übt keine Kritik. Man zahlt lieber. Und man häuft gewaltige Schulden an. Dass es dann irgendwann knallt, ist absehbar. Was folgt, ist der Staatsbankrott.

Allein die Bundesrepublik Deutschland hat – in der Öffentlichkeit nicht bekannte – versteckte Schulden in Höhe von exorbitanten 7,85 Billionen (!) Euro. Das ist mehr als das Dreifache des jährlichen deutschen Bruttoinlandsprodukts. Es ist Geld, das dem deutschen Staat schon jetzt fehlt, um die eingegangenen Zukunftslasten zu schultern. Das belegt eine 2010 vorgelegte nüchterne Bilanz des Forschungszentrums für Generationenverträge der Universität Freiburg.[20] In diesen 7,85 Billionen Euro sind übrigens die Kosten für die gigantischen »Rettungsschirme« des Euros noch überhaupt nicht enthalten. Erst wenn sicher ist, dass diese niemals zurückgezahlt werden, gehen auch sie in die Rechnung mit ein – und machen klar, dass der Staatsbankrott und das Ende des Sozialstaates eine reine Frage der Zeit sind. Allein die Deutsche Rentenversicherung müsste über Rückstellungen in Höhe von weit mehr als zwei Billionen Euro verfügen, um ihre Leistungsversprechen für die Zukunft zu bezahlen. Das Geld hat sie aber nicht. Es ist weg. Unsere Politiker haben es einfach ausgegeben.

Unterdessen importieren wir immer mehr Menschen, die nie einen Cent in die Sozialversicherungssysteme einzahlen werden, aber in Massen Gelder aus diesen abziehen. Auch ein höheres Steueraufkommen haben wir von jenen Migranten, die wir bevorzugt aus rückständigen und bildungsschwachen Staaten importieren, nicht zu erwarten. Im Gegenteil: Sie verbrauchen offenkundig immer mehr von dem Geld, das immer weniger Europäer verdienen. Man kann das anhand der nüchternen Zahlen leicht nachrechnen.

Der Autor hat sich im Sommer 2010 mit der Frage befasst, ob Professor Hankel und die Carnegie-Stiftung mit den Aussagen zu den Folgen des staatlich geförderten Migrantenimports nicht vielleicht doch ein wenig übertrieben haben. Als Leser halten Sie nun das Ergebnis der Recherchen in Händen: die aktuellste Auflistung über die unglaublichen – von der Politik verdrängten – Kosten des Imports von Gastarbeitern und Migranten aus rückständigen und bildungsfernen Ländern. Wir werden in den nachfolgenden Kapiteln sehen, dass unsere europäischen Politiker den Bürgern mit ihrer »Bereicherungspolitik« ein Billionen-Euro-Grab geschaufelt haben. Alle aufgeführten Fakten sind frei zugänglich, nur wurden sie bisher noch nie so komprimiert zusammengetragen.

Sie werden beim Lesen schnell selbst feststellen: Professor Wilhelm Hankel und die Carnegie-Stiftung haben recht. Wenn Sie dann das nächste Mal einen Politiker über die angebliche »Bereicherung« durch Gastarbeiter und Migranten sprechen hören, dann wissen Sie, dass dieser Volksvertreter ganz sicher keine Kenntnis von wirtschaftlichen Zusammenhängen hat – wie Hankel es sieht – oder aber sogar ein vorsätzlicher Lügner ist.

Für die horrenden Folgekosten dieser Politik müssen nun Sie, lieber Leser, bis an Ihr Lebensende bezahlen. Das ist völlig unabhängig davon, ob Sie in Deutschland, Österreich oder der Schweiz leben. Und dann Ihre Kinder. Die werden im deutschsprachigen Fernsehen wohl im ARD-Programm anstelle von *Die Sendung mit der Maus* künftig *Die Pfändung mit der Maus* zu sehen bekommen. Da wird unserem Nachwuchs dann durch staatliche Volkserzieher der öffentlich-rechtlichen Sender von klein auf schonend beigebracht, warum er sein ganzes Leben wird arbeiten müssen, um die Schulden der Elterngeneration abzutragen. Kinder haften künftig für ihre Eltern – das müssen die Kleinen lernen. Denn das war durchgehend das Motto europäischer Politiker, die nachfolgenden Generationen die schlimmen Zustände beschert haben.

In der Sendung *Die Pfändung mit der Maus* werden die Kinder unter anderem über die Entscheidung eines österreichischen Gerichts vom Sommer 2010 informiert, derzufolge Türken, die in Österreich leben und sich weigern, die deutsche Sprache zu erlernen, keine Unterhaltszahlungen an ihre Kinder mehr leisten müssen. Stattdessen kommen die österreichischen Steuerzahler dafür auf. Ein Witz? Nein, keineswegs. Die Begründung der Richter: Wer kaum Deutsch spricht, findet auf dem deutschsprachigen Arbeitsmarkt derzeit keine Stelle. Im Gerichtsurteil (026 PU 103/09 s-12) heißt es unmissverständlich: »Im gegenständlichen Fall ist die Mutter der deutschen Sprache nicht mächtig. Es wird für sie daher schwierig sein, ohne Deutschkenntnisse eine Arbeit zu erlangen, da sich schon das Bewerbungsgespräch äußerst schwierig gestalten dürfte. Es kann davon ausgegangen werden, dass bei einer größeren Auswahl an Bewerbungen eine Person mit ausreichend Deutschkenntnissen vorher ausgewählt wird.« Die Wiener Zeitung *Die Presse* berichtete im Juni 2010 unter der Schlagzeile »Türkin kann kein Deutsch: Sie muss nicht arbeiten« über den interessanten Richterspruch.[21] Die Türkin muss in Österreich nicht einmal eine Stelle als Raumpflegerin annehmen. Es sei »reine Fiktion«, so das Gericht, dass die Frau ohne Deutschkenntnisse einen solchen Arbeitsplatz in Österreich bekomme. Unsere Kinder werden sich daran gewöhnen müssen, für immer mehr solcher Zuwanderer aufzukommen. Denn immer mehr von ihnen sprechen nicht unsere Sprache.

In der Sendung *Die Pfändung mit der Maus* werden die Kinder darüber hinaus künftig mit Staunen hören, dass es in Städten wie Kiel bis 2011 einmal eine Universität gegeben hat, wo an der Medizinischen Hochschule viele Ärzte, Molekularbiologen, Medizininformatiker und -techniker ausgebildet wurden, die nicht nur in Schleswig-Holstein begehrt waren.[22] Weil das Bundesland aber dank zugewanderter »Bereicherer« zu hohe Ausgaben im Sozialetat hatte und bankrott war, musste man nicht nur in Schleswig-Holstein die Ausgaben für Bildung kürzen, viele Universitäten schließen und hat seither eben auch immer weniger Ärzte. Das müssen die Kinder lernen. Und in der Sendung *Die Pfändung mit der Maus* werden sie garantiert auch darüber aufgeklärt, dass die zunehmende Gewalt seitens ausländischer Jugendlicher vor allem in Großstädten immer öfter auf dem Operationstisch endet. Doch aufgrund der knappen Kassen stehen in den kommenden Jahren weniger Fachärzte zur Verfügung, die uns nach solchen Angriffen medizinisch gut versorgen könnten. Wir werden den Kindern in der Sendung *Die Pfändung mit der Maus* deshalb auch erklären müssen, dass immer weniger ausländische Angreifer inhaftiert werden, denn wir können auch das einfach nicht mehr bezahlen. In einer Stadt wie Berlin kostet ein Haftplatz pro Tag 80 Euro.[23] Schon im Jahre 2002 waren in Deutschland 60 Prozent der Bürger in U-Haft Ausländer.[24] Dabei beträgt der Ausländeranteil an der Gesamtbevölkerung nur 8,8 Prozent.[25] Wenn es allein in einer deutschen Stadt wie Berlin im Jahr 2010 nach offiziellen Angaben mindestens 900 Intensivstraftäter gibt[26] und wenn nach offiziellen Angaben der Berliner SPD-Justizsenatorin 79 Prozent davon einen »Migrationshintergrund« haben[27], dann würde die Inhaftierung dieser zugewanderten allein in Berlin behördlich bekannten 711 Intensivstraftäter mit »Migrationshintergrund« eben 711 x 80 Euro, also 56 880 Euro am Tag (!) kosten. Pro Monat (30 x 56 880 Euro) entstünden so Kosten in Höhe von 1 706 400 Euro. Im Jahr sind das rund 20,5 Millionen Euro. Zum Vergleich: Der Bau eines Kindergartens kostet in Deutschland derzeit etwa 2,1 Millionen Euro.[28] Das Wegsperren der zugewanderten Berliner Intensivstraftäter kostete die Steuerzahler demzufolge jährlich allein in Berlin den Gegenwert von zehn neuen Kindertagesstätten. In einem Jahrzehnt wären es 100 Kindertagesstätten, die allein in Berlin nicht gebaut werden könnten – nur aufgrund der verharmlosend »Jugendkriminalität« genannten Migrantenkriminalität!

Da wir in Deutschland allerdings nicht nur in Berlin, sondern flächendeckend zugewanderte Intensivstraftäter mit »Migrationshintergrund« haben, deren Zahl bundesweit mehr als 7500 beträgt, können sich unsere Kinder leicht ausrechnen, wie hoch die Gesamtkosten pro Jahr wären, wenn man energisch gegen das Übel der zugewanderten »Jugendkriminalität« vorgehen würde – wir können uns Aktivitäten dagegen allerdings schon lange nicht mehr leisten. Also lassen wir die zugewanderten Intensivstraftäter immer wieder laufen, auch beim 20. brutalen Angriff auf Menschen. Der Hamburger Innensenator Christoph Ahlhaus (CDU) sagte im Juli 2010 ganz offen: »Wir haben ein Problem mit jungen, gewalttätigen Migranten.«[29]

Nebenbei sei darauf hingewiesen, dass in Städten wie Berlin eine unglaublich hohe Zahl der Straftäter islamischen Glaubens ist. Im Frühjahr 2010 veröffentlichte die Islamische Religionsgemeinschaft in Berlin eine Pressemitteilung, die mit den Worten begann: »Rund 90 Prozent der Häftlinge, die zurzeit in Berliner Haftanstalten einsitzen, sind Muslime.«[30]

Wir werden in diesem Buch sehen, dass die Richter in vielen Bundesländern angewiesen wurden, aggressive Migranten nur noch in Ausnahmefällen zu inhaftieren, weil es aus Kostengründen der billigste Weg ist, die Probleme einfach wieder auf die Straße zu schieben. Wir haben weder Geld, um aggressive Intensivstraftäter einzusperren, noch um Kindergärten zu bauen. Und wo wir Kindergärten haben, da fühlen sich heute nur noch die Schimmelpilze wohl.[31] Wir geben das Geld lieber für völlig andere Förderungen aus, ein Beispiel: Eine zugewanderte türkische Hartz-IV-Familie wird innerhalb von zwei Jahrzehnten in Deutschland mit mindestens 380 000 Euro vom Steuerzahler subventioniert. Darüber berichtete auch das öffentlich-rechtliche Staatsfernsehen.[32] Nach Angaben des *Spiegel* vom April 2010 leben in Deutschland derzeit 2,8 Millionen Mitbürger mit türkischstämmigem Hintergrund. Nur noch jeder zweite Türke geht in Deutschland irgendeiner Arbeit nach, der Rest lebt von Transferleistungen des Staates. Die Deutsche Gesellschaft für Politikwissenschaft berichtet: »Nur knapp 49 Prozent aller Türken im erwerbsfähigen Alter sind derzeit abhängig oder selbstständig erwerbstätig.«[33] Wenn wir also 2,8 Millionen türkische Bürger durch fünf Personen (die statistische Haushaltsgröße) teilen, dann erhalten wir 560 000 türkische Familien in Deutschland. Wenn von diesen mehr als die Hälfte schon jetzt nicht mehr arbeitet und dauerhaft in die Sozialhilfe abrutscht – also staatliche Transferleistungen bezieht –, dann haben wir mehr als 280 000 türkische Familien (mit insgesamt mehr als 1,4 Millionen Familienmitgliedern!), die langfristig von staatlicher Fürsorge – also unseren Steuergeldern – leben. Wir werden sehen, welche horrenden Kosten uns allein diese unproduktive Bevölkerungsgruppe auferlegt, die in der Öffentlichkeit immer öfter nur noch durch eines auffällt: Forderungen und noch mehr Forderungen.

Während unsere Politiker uns eine »Bereicherung« durch solche Bevölkerungsgruppen versprechen, brechen unsere europäischen Sozialstaaten zusammen. Das Geld, das Sie als Bürger dem Staat für Ihre Zukunft und für die soziale Sicherung anvertraut haben, ist zu weiten Teilen einfach weg. Es wurde ausgegeben mit einem Füllhorn – vor allem unter Zuwanderern. Noch gewaltiger sind die Folgekosten, die sich nicht in Zahlen ausdrücken lassen: die gesellschaftlichen Kosten für die Zertrümmerung unseres Wertesystems durch Migranten (etwa den Vormarsch des Islam), den Niedergang von Rechtsstaat (Migrantenbonus vor Gericht und Inländerdiskriminierung) und Gleichberechtigung (aufgezwungene Migrantenquoten) sowie die importierte Gewalt und Kriminalität. All das werden wir in diesem Buch analysieren.

Sie werden sich nach wenigen Kapiteln fragen, warum wir überall in Europa »Integrationsbeauftragte« haben und nicht die dringend erforderlichen »Rückführungsbeauftragten« für zugewanderte Wohlstandsvernichter aus unserer Kultur fernen Ländern. Und sie werden sich fragen, warum wir etwa von den Migrantenvertretern der Islamverbände bei den »Dialogkonferenzen« im

Kanzleramt nicht längst schon klare Worte dazu verlangen, wie die Migrantengruppen die von ihren Mitgliedern bei uns angerichteten ungeheuerlichen Schäden eigentlich wiedergutmachen und an uns zurückzahlen wollen. Denn wir werden einerseits sehen, wie bestimmte Migrantengruppen in Massen skrupellos Reichtümer hier abgezogen und im Ausland angehäuft haben. Wir werden andererseits ebenfalls sehen, dass die islamische türkische Regierung ohne die geringsten Skrupel den in ihrem Land lebenden christlichen Armeniern im Jahre 2010 die Deportation angedroht hat. Es gab keine Proteste der Türken in Deutschland gegen diese Ankündigung. Auch die deutsche Politik hat geschwiegen. Warum also nicht auch ganz offen darüber sprechen, wie wir der Türkei mit Massen von Menschen helfen können, die angeblich über große »Potenziale« verfügen und ganz sicher eine »Bereicherung« sind? Wir werden sehen, wie sehr sie die Kunst beherrschen, sich zu bereichern.

»Armut trifft Migranten«, lautet eine Schlagzeile, die uns die Sinne vernebelt.[34] Denn immer mehr Zuwanderer leben in Ländern wie Deutschland angeblich in stets wachsender Armut – und transferieren aber immer größere Summen ins Ausland. Wie passt das zusammen? Die miesen Tricks, die dazu erforderlich sind, werden in diesem Buch entlarvt.

Wir werden in diesem Buch viele Tabus brechen. Immerhin gilt das Brechen von Tabus doch heute als politisch schick in einem Land, in dem man offenkundig inzwischen entweder möglichst oft geschieden, homosexuell oder mit einer mindestens 40 Jahre jüngeren Frau verheiratet sein muss, um in der Politik beim Wähler Erfolg zu haben. Brechen wir also munter ein Tabu und fragen: Wie kann es eigentlich sein, dass wir im deutschsprachigen Raum – im Gegensatz zu den Briten – niemals öffentlich über die Folgekosten der Inzucht unter zugewanderten Mitbürgern aus dem islamischen Kulturkreis sprechen? Fragen wir uns also: Was kostet uns das alles eigentlich?

Haben Sie auch nur eine ungefähre Vorstellung davon, was wir Steuerzahler für die aus verharmlosend »Verwandtenheiraten« genannten Inzuchtverbindungen und die aus ihnen hervorgehenden Kinder bezahlen müssen? In deutschen Städten wie Duisburg wird jede fünfte Ehe zwischen Cousin und Cousine geschlossen.[35] Nach Angaben des Essener Zentrums für Türkeistudien (ZfT) machen sie sogar ein Viertel der Heiraten von Türkischstämmigen in Deutschland aus.[36] Das ist riskant: Zeugen Cousin und Cousine ersten Grades ein Kind, ist die Wahrscheinlichkeit schwerster Anomalien und Krankheiten beim Kind doppelt so hoch wie bei einer gewöhnlichen Ehe. Türken haben diese systematische Inzucht nicht nur in Städten wie Duisburg durch ihre von uns beklatschten »Verwandtenheiraten« inzwischen unter bestimmten Migrantengruppen zum Normalfall gemacht. Und wer zahlt für die daraus resultierenden immensen Folgekosten der psychischen Auffälligkeiten und der genetisch bedingten Missbildungen? Wir alle, die Steuerzahler.

In Nordrhein-Westfalen hat der frühere CDU-Integrationsminister Armin Laschet Projektanträge zum Thema Inzestaufklärung unter Migranten abgelehnt.[37] Man will über das brisante Thema der durch bestimmte Migrantenkulturen importierten Verwandtenehen mit ihren dramatischen Folgen in Deutschland nicht sprechen. Man zahlt lieber aus der Steuerkasse für die Folgekosten und schaut lächelnd weiter beim Import von Verwandtenbräuten aus Anatolien und anderen Weltgegenden zu. Wir werden über diese »ungenutzten Potenziale« unserer zugewanderten Mitbürger und über das Versagen der Politiker auf diesem Gebiet sprechen müssen. Im Berliner *Tagesspiegel* heißt es zum Wegsehen bei der Inzucht unter zugewanderten Mitbürgern aus dem islamischen Kulturkreis jedenfalls: »Weder die psychischen Folgen der Zwangsehen noch die gesundheitlichen Folgen der Verwandtenehen scheinen bundesdeutsche oder Berliner Institutionen zu interessieren. In der Bundeszentrale für gesundheitliche Aufklärung ist das Thema überhaupt nicht bekannt: Man verweist auf das Bundesgesundheitsministerium, das ebenfalls überfragt ist. Ähnliches gilt für das Bundesfamilienministerium. Und bei der Berliner Gesundheitssenatorin Heidi Knake-Werner (PDS) ist die Sprecherin schon über die Frage nach dem türkischen Heiratsverhalten pikiert: ›Das ist Angelegenheit der Türken.‹«[38]

Das ist sie aber ganz sicher nicht. Denn es sind die europäischen Steuerzahler, die den so gezeugten, häufig psychisch gestörten Nachwuchs mit allen Facetten auch der körperlichen Missbildungen aus diesen rückständigen Inzuchtehen alimentieren müssen. Wer schon immer einmal wissen wollte, warum in europäischen Kinderkliniken so viele Kinder türkischen oder arabischen Ursprungs liegen, der kann die Ursachen dafür leicht finden, wenn er für die Wahrheit bereit ist. Sie lautet schlicht: »Da gerade in der Türkei und arabischen Ländern Ehen zwischen Blutsverwandten verbreitet sind, gibt es unter ihnen auffällig oft geistige Behinderungen und Stoffwechselkrankheiten sowie Erkrankungen des zentralen Nervensystems durch Störung einzelner Gene.«[39] Wir züchten heute systematisch eine zugewanderte Generation doof, ein wachsendes aggressives, debiles Heer von Zurückgebliebenen, das nicht nur Deutschland innerhalb Europas zum Land der Hilfsarbeiter machen wird. Wir finanzieren eben lieber Schmuseprojekte der Integrationsindustrie, die politisch korrekt erscheinen. Aber es geht nicht nur um die direkten medizinischen Behandlungskosten. Immer öfter wird der bei Verwandtenhochzeiten gezeugte Nachwuchs zum Schwerbehinderten oder gleich zum Frührentner.

Wir sehen doch, wohin die multikulturelle Politik in EU-Ländern wie

Spanien geführt hat: Die Iberische Halbinsel wurde mit Illegalen geflutet und hat nun in der einheimischen Bevölkerung inzwischen eine Arbeitslosenquote jenseits von 20 Prozent![40] Doch allein im Jahr 2005 hatte der sozialistische Ministerpräsident José Luis Rodríguez Zapatero noch mehr als 600 000 illegal ins Land geströmte Orientalen legalisiert. Gewiss, das ist politisch korrekt. Und die Gewerkschaften haben das ausdrücklich begrüßt – obwohl die Migranten die Löhne drücken und Spaniern Arbeitsplätze weggenommen haben. Die sozialistische spanische Arbeiterpartei hat im Gleichschritt mit den Gewerkschaften einheimische Arbeitsplätze an Ausländer vergeben. Nun wollen sie für die Schäden, die sie selbst angerichtet haben, nicht haften – und streiken.[41] Und man hat nicht nur in Spanien gigantische Schulden für die »Integration« solcher Menschen angehäuft.

Nicht anders ist es in Griechenland, Portugal, Italien, den Niederlanden, Österreich – und Deutschland. In Italien lebt jetzt wieder mehr als die Hälfte der einfachen ethnischen italienischen Arbeiter unter der Armutsgrenze.[42] Die Armut, die wir mit Milliardenbeträgen aus EU-Fördertöpfen in wirtschaftlich benachteiligten italienischen Regionen besiegt zu haben glaubten, kehrt zurück, weil wir zugleich Flüchtlinge und Billiglohn-Arbeiter aus unserer Kultur fernen Staaten importiert haben, die den einfachen Italienern wegen niedrigerer Lohnforderungen schlicht die Arbeit weggenommen haben. Wir haben die EU-Subventionen zur Angleichung der Lebensverhältnisse damit ad absurdum geführt. Und wir machen fleißig weiter. Auch in Deutschland.

Eine typische deutsche Stadt wie Pforzheim hat Mitte 2010 viele Stadtteile, in denen ethnische Deutsche längst schon zu einer Minderheit geworden sind. Pforzheimer Stadtteile mit hohem Migrantenanteil sind Oststadt (61,9 Prozent), Au (60,8 Prozent), Innenstadt (59,2 Prozent), Weststadt (59,6 Prozent) und Buckenberg (56,7 Prozent). Und bei den unter Dreijährigen waren in ganz Pforzheim Ende 2008 schon 71,7 Prozent des Nachwuchses Migrantenkinder.[43] Das einst beschauliche deutsche Pforzheim ist längst eine Ausländerstadt geworden. Mit jedem weiteren Migranten sinken die Steuereinnahmen der Stadt, während die Sozialausgaben steigen. Pforzheim ist bankrott.[44] Eine Lokalzeitung berichtete Ende 2009: »Rund eine Million Euro mehr wird Sozialamtsleiter Rüdiger Staib am Ende des Jahres benötigen, um die Miete und Heizung der Hartz-IV-Empfänger in Pforzheim zu bezahlen.«[45] Das Geld ist aber nicht mehr vorhanden. Man ist finanziell am Ende. Das kommunale Tafelsilber wurde verramscht. Und jetzt kommt der an »Bereicherern« und angeblichen »Potenzialen« so reiche Ort wohl unter die Zwangsverwaltung des Regierungspräsidiums.[46]

Woran das alles liegt, veranschaulicht ein Blick in die *Pforzheimer Zeitung* vom 15. Juni 2010. Da heißt es: »Seit einigen Jahren ziehen vermehrt irakische Flüchtlinge nach Pforzheim, inzwischen stellen Iraker die drittgrößte Ausländergruppe in der Stadt dar. Viele dieser Flüchtlinge sind Analphabeten oder verfügen über nur sehr geringe schulische Bildung. Dadurch ergeben sich für die Stadt große Probleme ..., ... müssten häufig zunächst grundlegende Regeln des Zusammenlebens in Deutschland erklärt werden. (...) FDP-Stadtrat Dieter Pflaum vermisste bei aller Unterstützung für die Iraker, dass sie auch in die Pflicht genommen werden, beispielsweise mit gemeinnütziger Arbeit.«[47]

Man importiert in Massen Menschen, die keinerlei Potenziale haben und nicht einmal gemeinnützige Arbeiten leisten. Am Ende steht dann der Bankrott. Die Wirtschafts- und Finanzkrise dient da nur als Ausrede, um von der verfehlten Politik abzulenken.

Wir Europäer importieren unterdessen begierig immer mehr Zuwanderer. Wir sind offenkundig noch nicht pleite genug. Ein Beispiel: Im Jahr 2010 haben wir Serbien, wo sich der Durchschnittslohn auf 343 Euro beläuft (und damit geringer ist als der Hartz-IV-Satz in Deutschland!) die Aufnahme als Vollmitglied in die EU versprochen.[48] Serbien hat dann sofort von der EU großzügige Finanzhilfen für 720 000 Staatsbürger gefordert, die unterhalb der Armutsgrenze leben. Betroffen von Armut seien vor allem 25 bis 29 Jahre alte Serben, die schon länger als ein Jahr Arbeitslosigkeit hinter sich haben und keine staatliche Unterstützung mehr erhielten. Um deren Abgleiten in die Kriminalität zu verhindern, soll die EU (also wir Steuerzahler) nun großzügig mit Finanzmitteln helfen. Wie schön für uns Steuerzahler, dass es immer neue Betätigungsfelder für jene gibt, die das sauer verdiente Geld der Europäer unter jenen verteilen, die es ganz sicher nicht erarbeitet haben.

Parallel dazu importieren wir weiter Migranten aus rückständigen Ländern, vor allem aus dem islamischen Kulturkreis. Wir werden uns in diesem Buch aus einem ganz bestimmten Grund vor allem auch mit dem islamischen Kulturkreis beschäftigen und mit den Kosten, die zugewanderte Orientalen unserer Gesellschaft aufbürden. Politiker aller Parteien bekunden ja gern, die von immer mehr zugewanderten Muslimen in Europa ausgeübte Gewalt (für deren Folgen wir alle bezahlen müssen) habe nichts mit dem Islam zu tun. Seit Juni 2010 wissen wir nun offiziell, dass diese weitverbreitete Auffassung eine Lüge war. Da berichtete die österreichische Tageszeitung *Die Presse*: »Gläubige muslimische Jugendliche in Deutschland sind einer Studie zufolge deutlich gewaltbereiter als Migranten anderer Konfessionen. Bei einer Befragung von 45 000 Schülern seien insbesondere gläubige Muslime durch jugendtypische Delikte wie Körperverletzung oder Raub aufgefallen, ermittelten Wissenschaftler ...«.[49] Die höchste Gewalttäterquote gibt es demnach unter »sehr religiösen« muslimischen Jugendlichen mit 23,5 Prozent, die niedrigste dagegen bei den »etwas religiösen« muslimischen Jugendlichen mit 19,6 Prozent. Dabei sei die höhere Gewalttätigkeit unter Muslimen ausschließlich männlichen Jugendlichen zuzurechnen. Bei evangelischen und katholischen Jugendlichen zeigte sich eine gegenläufige Tendenz: Christliche Gläubige begangen der Studie zufolge seltener jugendtypische Gewalttaten. Dies gelte gerade auch für christliche Zuwanderer, die meist aus Polen oder der ehemaligen Sowjetunion stammten. So sinke bei jungen christlichen Migranten die Quote der Gewalttäter von 21,8 Prozent bei nichtreligiösen Jugendlichen auf 12,4 Prozent bei sehr religiösen Jugendlichen.

Was macht man in Deutschland, wenn eine wissenschaftliche Studie das bestätigt, was jeder Bürger jeden Tag auf der Straße sieht – die Ergebnisse aber politisch nicht korrekt sind? Man schließt die Studie weg und wartet erst einmal ab. Die Zeitung *Rheinische Post* enthüllte: »Der Befund ist zwar eindeutig«, sagte der Direktor des Kriminologischen Forschungsinstituts Niedersachsen …, »aber vor der Veröffentlichung« mussten sich die Wissenschaftler erst noch mit dem Bundesinnenministerium abstimmen, wie man die brisanten Ergebnisse öffentlich darstellen könnte, »ohne ein Erdbeben auszulösen«[50]. Erst ein halbes Jahr nach ihrem Abschluss durfte die Studie publik gemacht werden.

Brisant ist das Ergebnis in der Tat. Denn bisher behauptete man immer, es sei der hohe Alkoholkonsum, der Jugendliche zu Gewalttätern mache. Oder die fehlende Bindung an tradierte Werte. Junge Muslime trinken aber keinen Alkohol. Und sie haben tradierte Werte – den Islam. Und je näher sie ihren traditionellen Islamwerten sind, umso gewalttätiger schlagen sie zu.

Auch der französische Schriftsteller Abdelwahab Meddeb, der aus einer bekannten islamischen Theologenfamilie stammt, erklärt: »Dem Islam ist die Gewalt in die Wiege gelegt«[51]. Es gibt eben keine seriösen wissenschaftlichen Erkenntnisse, denen zufolge zugewanderte Amerikaner, Chinesen, Thailänder, Namibier, Panamaer oder Grönländer unserer Gesellschaft durch mit ihrer Religion verbundene Gewalt hohe Kosten aufbürden. Wir dürfen diese Realität nicht länger verdrängen. Und wir müssen nach den hohen Kosten dieser Realität in der Gruppe zugewanderter Mitbürger aus dem islamischen Kulturkreis fragen. Warum sprechen wir bei muslimischen Migranten eigentlich immer noch dreist von einer »Bereicherung« für unser Land?

Dieses Buch ist das Sahnehäubchen auf der Trümmertorte der Selbstdemontage jener perfiden Ideologie, die inzwischen schon die Steuergelder unserer noch nicht einmal gezeugten Kinder dazu missbraucht, um uns mit absurden multikulturellen Ideen und deren Folgen zu »bereichern«. Unter

Bundeskanzler Helmut Kohl (CDU) wurde die Politik käuflich. Und unter Bundeskanzlerin Angela Merkel (CDU) wurde sie in den Augen der Bürger absolut unverkäuflich. Frau Merkel und ihre Politikerriege haben nämlich ganz besondere Taschenrechner neu am Kabinettstisch eingeführt: Milchmädchen-Rechner.

Es gibt immer weniger ethnische Europäer, die diese Politik noch verstehen. Doch die Politik macht munter weiter: »Migranten sind eine Bereicherung für unser Land«, fabulierte etwa FDP-Wirtschaftsminister Rainer Brüderle im Mai 2010.[52] Wir werden die dahinterstehenden dreisten Lügen in diesem Buch entlarven. Denn statt skrupellos Migranten aus bildungsfernen Schichten zu importieren, hätte die Bundesregierung auch gleich Gift einführen und den Einheimischen verabreichen können. Die Wirkung wäre für die einst wohlhabenden Menschen im deutschsprachigen Raum jedenfalls die gleiche gewesen. Allein in der Stadt München kümmern sich nach Angaben der Stadt rund 650 Mitarbeiter um die Wünsche unserer Mitbürger bei der Wohnungssuche und in Bezug auf Migrations- und Integrationsbelange. Auf der betreffenden Homepage heißt es: »Beinahe 650 Mitarbeiterinnen und Mitarbeiter arbeiten für Sie im ›Amt für Wohnen und Migration‹«.[53] Wie viele von ihnen arbeiten dort eigentlich nur für die Migrations- und Integrationsindustrie und bürden uns Steuerzahlern Monat für Monat horrende Kosten auf? Und wie viele sind es dann erst in ganz Deutschland? Wie hoch ist die Zahl der Mitarbeiter, die Tag für Tag bei ihrer Arbeit von rabiaten Zuwanderern angegriffen, beleidigt, gemobbt und bei Nichterfüllen ihrer Forderungen als »Nazis«, »Ausländerfeinde« oder »Rassisten« beleidigt werden?

Wie ein nasser Lappen klatschen die nachfolgenden Seiten mit einer geballten Fülle von nachprüfbaren Quellenangaben unseren Politikern nun ins Gesicht. Es geht in den nachfolgenden Kapiteln nicht darum, ob jene Mitbürger, mit denen man Europa über viele Jahre geflutet hat, nett oder weniger nett sind. Es geht ausschließlich um die horrenden Kosten, die sie uns Europäern wie selbstverständlich in Billionenhöhe aufbürden.

Jetzt öffnet sich der letzte Vorhang im Drama, das man uns lange Zeit als »Lustigen Migrantenstadl« verkauft hat. Die enorm teuren Eintrittskarten sind die Darbietung ganz sicher nicht wert gewesen. Der letzte Akt gleicht einem klassischen Drama: Nach der Euphorie kommt im »Lustigen Migrantenstadl« ganz am Ende die Agonie. Kenner der altgriechischen Sprache können Ihnen das Wort schnell übersetzen – es ist die »letzte Aufwallung vor dem Tode«.

Eines sei an dieser Stelle noch klargestellt: Professor Hankel hat weder das nachfolgende Manuskript gelesen noch bei der Abfassung Hilfestellung gegeben. Das Gespräch mit ihm hat beim Autor allerdings zu dem Entschluss geführt, die nachfolgenden Kapitel einem breiteren Publikum zugänglich zu machen, weil die gigantischen Kosten der Migration offenkundig noch immer eine in Politik und Medien weithin verdrängte Wahrheit sind. Dieses Buch soll dabei helfen, eine dringend notwendige Diskussion anzustoßen. Denn ohne sie sind alle Versuche, die Folgekosten der Wirtschaftskrise wieder in den Griff zu bekommen, zum Scheitern verurteilt.

Die Tageszeitung *Die Welt* schrieb in einem bemerkenswert offenen Kommentar unter der Überschrift »Die westliche Wohlstandsparty ist vorbei« Ende Mai 2010: »Die Europäer sollten sich ehrlich machen über das, was der Staat in Zukunft noch leisten kann. Ohnehin können die Bürger viel mehr Wahrheiten vertragen, als man in der Politik gemeinhin annimmt. Und viele sehnen sich danach, wie erwachsene Menschen behandelt zu werden und nicht wie unmündige Kinder, denen man das ganze Ausmaß der Misere nicht zumuten kann.«[54]

Vertragen Sie die ungeschminkte Wahrheit? Dann lesen Sie die folgenden Kapitel. Und sorgen Sie dafür, dass Politik und Medien Sie nicht weiterhin wie unmündige Kinder behandeln. Nachfolgend erfahren Sie das ganze Ausmaß der Misere, ehrlich und politisch garantiert nicht korrekt.

Udo Ulfkotte
San Francisco, im Juli 2010

Teil I

Armut ist für alle da: systematische Wohlstandsvernichtung im »Lustigen Migrantenstadl«

Jeder Zuwanderer kostet 40 000 bis 50 000 Euro!

Vielleicht haben ja auch Sie in den vergangenen Jahren geglaubt, Zuwanderung sei ebenso wie der EU-Erweiterungswahn eine »Bereicherung«. Nun zur Wahrheit, nur ein Beispiel von vielen: Im Mai 2010 hat das angesehene niederländische Forschungsinstitut *Nyfer* eine Studie zu den Folgekosten der Zuwanderung erstellt.[55] Das Institut *Nyfer* ist vergleichbar mit dem deutschen ifo-Institut des Münchner Wirtschaftsprofessors Hans-Werner Sinn.[56] *Nyfer* ist politisch neutral und kommt zu folgendem Ergebnis: Jeder Zuwanderer aus einem nichtwestlichen Land, der zwischen 25 und 35 Jahre alt ist, kostet die öffentliche Hand im Laufe seines Lebens – statistisch gesehen – zwischen 40 000 und 50 000 Euro. Das hat die Studie unter 25 000 nichteuropäischen Einwanderern (vorwiegend türkisch- und marokkanischstämmigen Mitbürgern) ergeben. Nach diesen Angaben zahlen Zuwanderer aus nichtwestlichen Staaten in vielen Fällen nie Steuern, beanspruchen Sozialleistungen sowie subventionierten Wohnraum und sind überdurchschnittlich häufig an Straftaten beteiligt.[57]

Der Wohlstandstransfer geht demnach unaufhaltsam in eine Richtung: Die Migranten kassieren. Und wir arbeiten dafür. Eine durchschnittliche fünfköpfige türkische Sozialhilfefamilie wird in Berlin im Laufe von nur zwei Jahrzehnten – statistisch gesehen – mit mindestens 380 000 Euro vom Steuerzahler subventioniert, darüber berichtete auch ein öffentlich-rechtlicher Sender.[58] Wir haben aber nicht nur Türken in Deutschland, von denen inzwischen schon jeder Zweite nicht mehr arbeitet.

Einige weitere erschreckende Zahlen vorab, die jeder Leser leicht nachprüfen kann: Die Bundesregierung hat 2009 insgesamt 37,7 Milliarden Euro für

Hartz IV ausgegeben, im Jahr 2010 mussten schon 44,6 Milliarden Euro dafür im Bundeshaushalt eingeplant werden.[59] Nach Angaben des Bundesarbeitsministeriums waren im Jahr 2009 bereits 28 Prozent der Hartz-IV-Bezieher Zuwanderer.[60] Im Jahr 2010 waren es schon mehr als 30 Prozent. Demnach haben 2010 Migranten in Deutschland mindestens 13,38 Milliarden Euro an Hartz-IV-Mitteln bekommen. Und die Zahlen steigen immer weiter. Ist das wirklich eine »Bereicherung«? »Die hohe Zahl von Migranten, die Hartz IV beziehen, ist dramatisch«[61], sagt inzwischen sogar jene Frau, die bei Migranten normalerweise eher von »großen Potenzialen« spricht – Maria Böhmer (CDU), Integrationsbeauftragte der Bundesregierung.

Wenn Sie die vorgenannten Zahlen überdenken, dann müssen Sie allerdings wissen, dass die Bundesregierung uns bei solchen Angaben nachweislich belügt. Denn wo die Integrationsbeauftragte Maria Böhmer im Jahr 2010 28 Prozent Migrantenanteil bei den Hartz-IV-Empfängern verlautbart (ein Jahr zuvor waren es 2009 laut Maria Böhmer nur 21,1 Prozent[62]) und damit überall in den Medien zitiert wird, da spricht die Bundesregierung in anderen Veröffentlichungen zeitgleich im Frühjahr 2010 von derzeit schon 40 Prozent Migranten, die Hartz IV beziehen. Zitat aus einer Pressemeldung der Bundesregierung vom 9. Februar 2010: »So sind Menschen aus Zuwandererfamilien etwa mit einem doppelt so hohen Anteil von Hilfebedürftigkeit betroffen wie Deutsche ohne Migrationshintergrund. Im Schnitt sind rund 40 Prozent der Hartz-IV-Empfänger Migranten.«[63]

Demzufolge beziehen Migranten in Deutschland also nicht, wie oben vom Autor angegeben, 13,38 Milliarden Euro, sondern tatsächlich satte 17,84 Milliarden Euro pro Jahr allein an Hartz IV. Unsere Schuldenlast steigt massiv, weil wir auch immer mehr Migranten alimentieren müssen.[64]

Da aber Hartz-IV-Empfänger zusätzlich auch Leistungen beispielsweise für Wohngeld und Heizung beziehen, vom Steuerzahler für Beiträge für ihre Renten- und Krankenversicherung bezahlt sowie viele weitere Leistungen von neuen Möbeln bis hin zu neuen Tapeten und Kühlschränken für sie übernommen werden, bleibt es eben nicht bei den 17,84 Milliarden Euro pro Jahr, die Migranten aus deutschen Sozialtöpfen beziehen. Die Realität lautet: Migranten erhalten derzeit mindestens 53,52 Milliarden Euro pro Jahr an direkten Sozialleistungen in Deutschland. Bei 511,5 Milliarden Euro an Steuereinnahmen, die Bund, Länder und Gemeinden im Jahre 2010 einnehmen, sind das mehr als zehn Prozent unserer Staatseinnahmen, die ohne die geringste Gegenleistung in die Taschen von Migranten wandern. Die uns so teuren Mitbürger kommen uns wahrlich teuer zu stehen.

Die offenkundigen Lügen, mit denen die Bundesregierung die Angaben über die tatsächliche Zahl der zugewanderten Hartz-IV-Empfänger zu verschleiern versucht, können übrigens schon jetzt an dieser Stelle schnell aufgedeckt werden. Man bedient sich statistischer Tricks, verändert bei jenen Zahlen, die Integrationsbeauftragte wie Maria Böhmer öffentlich nennen, einfach dreist die Berechnungsgrundlagen. Das Bundesministerium für Arbeit und Soziales hat dem Autor auf die schriftliche Anfrage, warum die Bundesregierung bei dieser Thematik völlig unterschiedliche Zahlen veröffentlicht, 2010 schriftlich geantwortet: »Ihre Frage ist sehr berechtigt und verständlich. Die Mitteilung der Bundesregierung, dass der Migrantenanteil bei den Empfängern der Grundsicherung bei 40 Prozent liegt, ist korrekt. Ebenso ist korrekt, dass 28 Prozent aller Empfänger der Grundsicherung ausländische Wurzeln laut einer Studie des Bundesarbeitsministeriums haben. Ursache für diese unterschiedlichen Angaben sind die Daten, die Berechnungsgrundlage für die Anteile sind.«

Übersetzt man das Beamtendeutsch in Klartext, könnte man mit einem Satz sagen: So lügt man mit Statistik! Man manipuliert die Datensätze, wie man sie gerade braucht. Benötigt man Zahlen, denen zufolge angeblich viele Migranten Steuern zahlen, dann verändert man die Datensätze eben so, dass das gewünschte Ergebnis herauskommt. So einfach ist es, die Bürger zu belügen. Das ist leider auf allen Gebieten so, die die finanzielle Versorgung unserer Zuwanderer betreffen.

Ein weiteres Beispiel: Kein anderes Land der Welt hat höhere Vermehrungsprämien für von Sozialhilfe abhängige Frauen als Deutschland. Gemeint ist das »Elterngeld«. Bei Sozialhilfeempfängern gibt es seit 2007 zur Kindersozialhilfe einen Extrabetrag von 300 Euro über zwölf Monate hinweg als »Elterngeld«. Gebiert die Frau innerhalb von 24 Monaten gar zwei Kinder, dann bekommt sie noch einen »Geschwisterbonus« von 150 Euro auf die 300 Euro Elterngeld obendrauf. Eigentlich war es geplant, vor dem Hintergrund der demografischen Entwicklung kinderlose deutsche Frauen zur Geburt von Kindern zu animieren. Die traurige Realität ist: 54 Prozent der Frauen, die das Geld beantragt haben, sind Sozialhilfeempfängerinnen.[65] Und die meisten von ihnen sind Migrantinnen. Das verschweigt die Politik. Systematisch wird der Ausländeranteil an der Bevölkerung auch mithilfe dieser Vermehrungsprämien von der Politik erhöht. Und so steigt die Zahl der »Bedürftigen« immer weiter, denn Kinder von zugewanderten Sozialhilfeempfängern haben allergrößte Chancen, selbst ihr ganzes Leben als Fürsorgeempfänger von unseren finanziellen Zuwendungen abhängig zu sein.

Sprechen wir also von nun an Klartext. Sagen wir den Menschen in diesem Land etwa: Unter den Hartz-IV-Empfängern mit Migrationshintergrund sind beispielsweise Türken eine herausragende Gruppe. Das ist die eine Seite. Doch statt Dankbarkeit ernten wir für unsere gigantischen Zahlungen von dieser Gruppe nur grenzenlosen Hass: Keine andere Migrantengruppe beklagt sich so häufig über Diskriminierung sowie Mangel an Respekt und stellt derart exorbitante Forderungen auf wie alimentierte Türken und andere Mitbürger aus dem islamischen Kulturkreis, aus deren Sicht die Zurückweisung immer dreisterer und unverschämterer Forderungen nach Zuwendungen aus unseren Geldtöpfen dann als weiterer eindeutiger Beweis für »Ausländerfeindlichkeit« und »Islamophobie« gilt.

Jeder fünfte zugewanderte Hartz-IV-Empfänger lehnt es ab, unsere Sprache zu erlernen, 75 Prozent der zugewanderten Hartz-IV-Empfänger haben keine Berufsausbildung, und viele geben an, keinesfalls länger als drei Stunden am Tag arbeiten zu können. Der angesehene Chefredakteur der Wochenzeitung *Die Zeit*, Giovanni di Lorenzo, bemerkte jetzt dazu: »… drängt sich der Verdacht auf, dass unser in Deutschland so angefeindetes Sozialsystem immer noch attraktiv genug ist, dass es eine massenhafte Einwanderung in die sozialen Netze auslöst, was das Prinzip der Einwanderung, in einem fremden Land durch eigener Hände Arbeit sein Glück zu finden, auf den Kopf stellte.«[66] Giovanni di Lorenzo ist unverdächtig, ein Rechtsextremist zu sein.

Immer mehr Migranten verweigern jenen, die sie aufgenommen, sie versorgt, umhegt und ihnen Bildungsangebote unterbreitet haben, heute den Respekt. Das fängt in der Schule an, wo Migrantenkinder immer häufiger Lehrer angreifen. Und es endet auf der Straße, wo Migranten selbst vor Polizisten häufig nicht mehr die geringste Achtung zeigen.

Inzwischen sieht man die Respektlosigkeit auch bei zugewanderten Politikern: Der bei der Landtagswahl in Nordrhein-Westfalen im Mai 2010 gewählte Grünen-Abgeordnete Arif Ünal wurde in der Türkei geboren und lebt seit vielen Jahren in Deutschland. Mitbürger Ünal teilte während der konstituierenden Sitzung des neu gewählten NRW-Landtages im Juni 2010 in einer Erklärung mit, er fordere die Abschaffung der bisherigen Eidesformel »zum Wohle des deutschen Volkes«. Diese Formel müsse den zwei Millionen Migranten in NRW zuliebe durch die Worte »zum Wohle der Bevölkerung in NRW« ersetzt werden.[67] Das ist typisch für jene, die wir über Jahre hin bei uns aufgenommen haben – wie wir in späteren Kapiteln über unverschämte Migrantenforderungen noch sehen werden.

Zeitgleich müssen wir gegenüber unseren Migranten immer mehr Respekt bekunden, ein Beispiel: Während der Grünen-Abgeordnete Arif Ünal die tradierte Eidesformel zugunsten von Migranten abändern lassen wollte, wurde es den Polizisten in NRW untersagt, während der Fußball-Weltmeisterschaft die deutsche Flagge zu zeigen. Das Schmücken von Uniformen oder Einsatzwagen mit Fahnen oder Wimpeln in den deutschen Nationalfarben Schwarz – Rot – Gold als Sympathiebekundung für die deutsche Nationalelf sei »selbstverständlich« nicht erlaubt, denn es könne von den mehr als zwei Millionen in NRW lebenden Migranten »als Provokation missverstanden werden«[68]. Und vor dem WM-Spiel Deutschland–Serbien (das die Serben dann 1:0 gewonnen haben) musste in der Aachener Polizeikantine das Gericht »Serbische Bohnensuppe« aus Gründen der politischen Korrektheit mit Rücksicht auf die Gefühle serbischer Bürger in Deutschland in »Schnittbohnensuppe mit Würstchen und Brötchen« umbenannt werden[69], obwohl Serben gar nicht in der Aachener Polizeikantine essen.

Auch die Berliner Polizei durfte während der Fußball-WM 2010 keine Flagge zeigen – aus Respekt vor den Migranten.[70] Das alles half allerdings nicht: In Städten wie Berlin und Essen griffen Hunderte türkische und libanesische Jugendliche am Abend des 13. Juni 2010 nach dem von den Deutschen gewonnenen Spiel gegen Australien grundlos deutsche Autokorsos von Fans an. Sie sprangen auf die Fahrzeuge, traten Beulen in die Türen und versetzten Dutzenden Autofahrern und Passanten Fausthiebe ins Gesicht. Der Grund: Die Deutschen führten Deutschland-Flaggen bei den Autokorsos mit. Aus Essen berichtete die *WAZ*-Gruppe unter einem entsprechenden Bild: »Foto Remo Bodo Tietz/ *WAZ* FotoPool – Libanesische Jugendliche haben in der Nacht zum Montag einen Fußballfan-Autokorso am Berliner Platz angegriffen.« Die *WAZ* hat aus Gründen der politischen Korrektheit Foto und Text schnell durch ein anderes Bild ersetzt und darunter geschrieben: »Hier blieb es friedlich: Nach dem 4:0-Sieg der deutschen Nationalmannschaft über Australien feierten die Fans ausgelassen in Rüttenscheid. Foto Remo Bodo Tietz/ *WAZ* FotoPool.«[71] Nirgendwo in Deutschland sollen die Bürger mitbekommen, wie schlimm die Lage ist. Nur in Berlin hieß es in einer Zeitung am gleichen Tag zu entsprechenden Vorfällen in der Bundeshauptstadt: »… da haben 200 libanesische und türkische Jugendliche am Cinemaxx die Autos angegriffen ….«. Den Respekt, den Migranten immer wieder von uns einfordern, wollen sie selbst vor unserer Kultur nicht zeigen. Und das gilt nicht nur für die Ärmsten der Migranten.

Selbst jene Migranten, die extrem gut bei uns verdienen, verweigern den Respekt vor unserem Land. Ein Beispiel: Bei der Fußball-Weltmeisterschaft 2010 weigerten sich nicht wenige der »deutschen« Nationalspieler, die deutsche Nationalhymne mitzusingen. Eine Zeitung berichtete: »Viele Spieler sind zwar in Deutschland geboren, doch ihre Familien haben Wurzeln in anderen Ländern. Wie Lukas Podolski, dessen Familie aus Polen kommt. Oder Mesut

Özil und Serdar Tasci, deren Familien türkisch sind. Oder Sami Khedira (Tunesien), Jerome Boateng (Vater kommt aus Ghana) oder Dennis Aogo (Vater kommt aus Nigeria). Sie fühlen mit dem Herzen auch für ein anderes Land – und verzichten auf das Singen der Hymne.« Bundestrainer Joachim Löw sagte dazu: »Viele sind in Deutschland geboren, aber ihre ganze Familie eben nicht. Das kann dann schwierig sein für sie bei der Hymne.«[72]

In Frankreich, wo in der Fußball-Nationalmannschaft nichts mehr an das Land erinnert, ist es zwischenzeitlich so schlimm, dass die Franzosen sich zur Fußball-WM überhaupt nicht mehr für »ihre« Nationalmannschaft interessierten.[73] Kein Wunder: Denn in Frankreich pfeifen und buhen die Migranten in den Fußballstadien immer dann, wenn die Nationalhymne *Marseillaise* abgespielt wird. Noch deutlicher kann man seinen Hass auf das Gastland wohl nicht zur Schau tragen. Beim Länderspiel der französischen Nationalmannschaft im Oktober 2008 gegen Tunesien war die Nationalhymne ebenfalls in einem Pfeifkonzert nordafrikanischer Zuwanderer untergegangen.[74] Das ließ sich Frankreichs oberster Fußballfan, Präsident Sarkozy, allerdings nicht gefallen. Ein Angriff auf Frankreichs Nationalehre, wutschnaubte auch Premierminister Fillon. Es kam zu einer sofortigen Krisensitzung im Élysée-Palast, mit drastischem Ergebnis.[75] Frankreichs Sportministerin Bachelot verkündete der erstaunten Öffentlichkeit: »Jedes Spiel, bei dem unsere Hymne ausgepfiffen wird, wird sofort abgebrochen. Alle Regierungsmitglieder verlassen dann umgehend das Stadion!«

Wie schön ist es doch, auf der einen Seite in Deutschland oder Frankreich dreist Millionen abzukassieren und dem gleichen Land auf der anderen Seite die kalte Schulter zu zeigen. Haben Sie das alles gewusst? Diese Beispiele lassen deutlich werden, dass viele Migranten – auch die in gut dotierten Positionen – vorrangig nur an unserem Geld interessiert sind.

Der Zusammenbruch der Sozialsysteme: Migranten nutzen unsere Potenziale

Politiker der großen Volksparteien sprechen gern von den angeblichen »Potenzialen« unserer Zuwanderer. Ganz sicher sind Juden, Bürger aus westlichen Staaten und viele Asiaten tatsächlich ein großes Potenzial für unsere Gesellschaft. Immer mehr »Potenziale« kommen allerdings aus rückständigen Staaten. Und es gibt da einen gewaltigen Widerspruch zwischen den dümmlichen Sonntagsreden unserer Politiker und der Realität. Denn die einfache Frage lautet: Warum haben ausgerechnet jene Gemeinden und Kommunen, die doch über die größten »Potenziale« an Migranten verfügen, die größten Haushaltsprobleme?

Die Kommunen steuern gegenwärtig auf die größte Finanzkrise seit Bestehen der Bundesrepublik zu. »Unsere Haushalte sind völlig überstrapaziert«, wurde die Frankfurter Oberbürgermeisterin und Städtetagspräsidentin Petra Roth (CDU) im Jahr 2010 zitiert.[76] Es ist schon merkwürdig, wenn eine Frau wie Petra Roth das sagt, die doch in der von ihr regierten Stadt Frankfurt eigentlich aus dem Vollen unter der großen Zahl der zugewanderten »Potenziale« schöpfen könnte.

Der Hauptgeschäftsführer des Deutschen Städtetages, Dr. Stephan Articus, sagte im Mai 2010 in Berlin: »Die Haushalte der Städte werden immer mehr von den Sozialausgaben erdrückt. Kein anderer Ausgabenblock steigt so rasch und mit solcher Dynamik an. Diese dramatische Entwicklung muss gestoppt und umgekehrt werden. Sonst droht vielen Städten der finanzielle Ruin.«[77] Ist der Mann nicht ganz bei Trost? Wie kann das nur sein, wo die in seinem Verband zusammengeschlossenen Städte und Gemeinden doch bald vor zugewanderten »Potenzialen« und »Bereicherern« platzen? Oder ist es vielleicht so, dass die Bereicherung durch Zuwanderer genau in die umgekehrte Richtung erfolgt? Ist das der Grund dafür, dass immer mehr Städte in den Ruin getrieben werden?

Städten und Gemeinden fehlt seit Jahren Geld, um Verkehrswege, Krankenhäuser, Kindergärten, Schulen und Klärwerke zu unterhalten. Das Deutsche Institut für Urbanistik (Difu) hat errechnet, dass sich bei den Kommunen ein Investitionsstau von 75 Milliarden Euro aufgetürmt habe. Um die Infrastruktur wieder in Ordnung zu bringen, müssten Städte und Gemeinden in den nächsten zehn Jahren insgesamt 480 Milliarden Euro aufbringen. Dieses Geld ist jedoch nicht da. Allein im Jahr 2010 lagen die Einnahmen der Kommunen 13 Milliarden Euro unter den Ausgaben, so die Einschätzung des Städte- und Gemeindebunds.[78] Wieso ist das eigentlich so? Wo ist denn nur das Geld geblieben, das in wirtschaftlichen Erfolgszeiten in Massen eingenommen wurde? Die Antwort: Es wurde in aufgeblähte Sozialetats gesteckt.

Deutsche Bürgermeister schließen nun Schwimmbäder, dimmen die Straßenbeleuchtung, erhöhen die Gebühren für Kindergärten, Müllabfuhr und Büchereien, weil die Sozialausgaben explodieren und die Einnahmen wegbrechen. Die Stadt Bochum will die Wassertemperatur in den Hallenbädern um ein Grad Celsius absenken, Dortmund verordnet seiner Stadtverwaltung 14 Tage Zwangsferien, und in Oberhausen soll man 2010 darüber nachgedacht haben, eine Zwangsabgabe für Prostituierte in Höhe von 15 Euro pro Tag einzuführen. Das sind nur wenige Beispiele von vielen. Sie haben jedoch alle eines gemeinsam: Ausgerechnet jene Städte, die den höchsten Ausländeranteil haben, kämpfen mit den größten Problemen. Bestimmte Migranten bescheren uns demnach eines ganz sicher: finanzielle Probleme. Denn sie belasten unsere Sozialhaushalte.

Wo werden wir also demnächst ganz sicher die größten Probleme haben? Dort, wo sie gerade stark heranwachsen. Betrachtet man die Gruppe der unter Fünfjährigen, so ergeben sich folgende Bevölkerungsanteile »mit Migrationshintergrund« (einige typische und willkürlich gewählte Beispiele):[79] Nürnberg 67 Prozent, Frankfurt/Main 64,6 Prozent, Düsseldorf 63,9 Prozent, Stuttgart 63,6 Prozent, Wuppertal 62 Prozent und Augsburg 60,2 Prozent. Vorgenannte Städte sind nur einige Beispiele für Kommunen, die schon jetzt gewaltige Probleme in ihren Finanzhaushalten haben. Dabei wachsen dort gerade zwei Drittel künftiger »Potenziale« und »Bereicherer« heran. Wird die Lage dort also unkontrollierbar werden?

Für die Finanzsituation der Städte gilt jedenfalls: Nachdem diese immer schlechter geworden ist, wird sie noch schlechter werden. Und es gibt keine Aussicht darauf, dass sie besser wird – denn das alles hat nichts mit der Wirtschaftskrise zu tun. Sie zeigt den Städten nur, wohin die Politiker die Bürger mit dem Anlocken von immer mehr zugewanderten »Potenzialen« gebracht haben. Fakt ist: Die Sozialausgaben und die Schulden der Städte sind auch in den Zeiten des Wirtschaftswachstums immer weiter gestiegen. Das hat einen einzigen Grund: die Sozialausgaben. Und die werden nach offiziellen Angaben der Bundesregierung eben im bundesweiten Durchschnitt schon jetzt zu 40 Prozent von Migranten aufgezehrt.[80] Tendenz steigend! Da ruft die Bundesregierung seit Jahren ganz offen dazu auf, die Potenziale unserer Zuwanderer besser zu nutzen.[81] Herausgekommen ist offenkundig flächendeckend jedoch das Gegenteil: Die Zuwanderer, die als »Menschen mit Migrationshintergrund« 2010 nur 19 Prozent der Bevölkerung stellen, nutzen eindeutig nur *unsere* Potenziale.[82] Bis zum Zusammenbruch unserer Sozialsysteme.

Interessant ist dabei, dass genau jene Städte, die angeblich finanziell völlig am Ende sind und kein Geld für den Ankauf neuer Literatur in europäischen Sprachen haben, jedoch viel Geld für den Ankauf von Literatur in den Sprachen bildungsresistenter Zuwanderer ausgeben. Ein Beispiel: Das Kulturamt der Stadt Stuttgart hat derzeit nach eigenen Angaben in der Stadtbücherei nicht ein Buch für erwachsene Chinesen in deren Landessprache im Bestand, ebenso keines in Dänisch, Schwedisch, Finnisch oder Ungarisch – aber 1820 in Türkisch.[83] Bildungsbeflissene erwachsene Chinesen brauchen die Stuttgarter Stadtbibliothek also erst gar nicht aufzusuchen. Man weiß dort offenbar nur zu gut, dass zugewanderte Chinesen wie selbstverständlich die Sprache ihres

Gastlandes erlernen. Und man fördert es zugleich, dass Türken die deutsche Sprache nicht erlernen müssen – wenn sie denn überhaupt jemals in der Stadtbücherei gesichtet werden. Aber das Geld dafür gibt man schon einmal aus. Irgendwann platzt das ganze System auseinander, denn kein Wohlfahrtsstaat kann so etwas auf Dauer finanzieren.

Niederlande: Das Tabu wird gebrochen

An der Universität Amsterdam hat der Niederländer Jan van de Beek die These von der »Bereicherung« durch Zuwanderung im Jahr 2010 in seiner Doktorarbeit wissenschaftlich hinterfragt. Er hat die »Bereicherung« im Detail analysiert. Das Ergebnis ist aus der Sicht politisch korrekter Politiker wohl eine Katastrophe: Zuwanderung führt zu Verarmung. Statistisch gesehen kostet jeder Zuwanderer die Niederländer 43 000 Euro – insgesamt sind das für solche »Bereicherer« Jahr für Jahr 5,9 Milliarden Euro.[84] Jan van de Beek hat mit seiner Doktorarbeit ein politisches Tabu gebrochen: Er hat es gewagt, die Kosten der Zuwanderung wissenschaftlich zu untersuchen. Er ging von der Fragestellung aus, welche wirtschaftlichen Folgen die Zuwanderung für die Niederländer im Untersuchungszeitraum 1960 bis 2005 hatte. Seit dem Jahr 1970 existierte ein wissenschaftliche Tabu, dieser Fragestellung an den Universitäten des Landes nachzugehen. Man hatte Angst davor, dass die Ergebnisse andere sein würden als das, was Politiker zum Thema sagten. Und man hatte Angst davor, extrem rechten Gruppen in die Hände zu spielen. Deshalb stellte man die Frage nach den Kosten der Zuwanderung seit einer Generation nicht mehr. Bis jetzt.

Es war der Politiker Geert Wilders (größter Wahlsieger der niederländischen Parlamentswahlen 2010), der das Tabu als Politiker – nicht als Wissenschaftler – im Jahr 2009 zum ersten Mal gebrochen hatte. Er forderte damals das niederländische Parlament auf, die Kosten der Migration für alle Bürger offenzulegen. Das Parlament ignorierte seine Anfrage. Jan van de Beek nahm das zum Anlass für seine Studie. Er schreibt 2010, dass die Niederlande vorwiegend Profiteure des Sozialsystems anlocken. Jeder Migrant kostet die Niederlande statistisch gesehen 43 000 Euro. *Wissen, Macht und Moral* lautet der Titel seiner Doktorarbeit. Wohlfahrtsstaaten wie die Niederlande, so der Niederländer Jan van de Beek, ziehen nicht die arbeitswilligen, gut ausgebildeten, intelligenten Zuwanderer an. Diese gehen in Länder, in denen das nationale Interesse vor der Rundumversorgung der Bevölkerung mit sozialen Wohltaten geht: etwa nach Kanada und in die Vereinigten Staaten. Der Bodensatz kommt in Sozialstaaten wie die Niederlande. Und nach Deutschland. Zum Abkassieren.

Doch kaum hatten die Niederländer verwundert die unglaublichen Zahlen des Doktoranden vernommen, da platzte nicht einmal eine Woche später die nächste Bombe: Der Doktorrand hatte sich wohl leicht verrechnet. Denn aus einem in Utrecht ansässigen niederländischen Wirtschaftsforschungsinstitut[85] wurden durch eine Indiskretion noch unglaublichere Zahlen über die tatsächlichen Kosten der Zuwanderung bekannt. Diesen zufolge kostet die Zuwanderung von Türken, Marokkanern und anderen nicht aus dem westlichen Kulturkreis stammenden Migranten die Niederlande nicht »nur« 5,9 Milliarden Euro im Jahr, sondern zwischen sechs und zehn Milliarden Euro.[86] Besonders schockierend: Die sechs bis zehn Milliarden Euro Kosten im Jahr waren nicht etwa auf die Gesamtzahl aller in den Niederlanden lebenden nichtwestlichen Einwanderer bezogen, sondern nur auf jene geschätzten 20 000 Zuwanderer, die pro Jahr im Wege der Familienzusammenführung nachgeholt werden. Demzufolge verursacht ein jeder der 20 000 nachgeholten Familienangehörigen Kosten in Höhe zwischen 300 000 und 500 000 Euro per annum. Und zwar für soziale Dienste, Finanzhilfen, medizinische Betreuung, Sprach- und Integrationsmaßnahmen, Eingliederungshilfen, strafrechtliche Ermittlungen usw. Die Niederländer waren ebenso schockiert wie das Institut – denn dort wollte man nicht, dass diese Zahlen in der Öffentlichkeit bekannt würden.

Das wirtschaftsliberale Münchner ifo-Institut um den Ökonomen Hans-Werner Sinn hat schon vor Jahren nachgewiesen, dass sich die Zuwanderung vor allem schlecht qualifizierter Ausländer für Deutschland in der Summe zu einem gewaltigen Verlustgeschäft addiert. Sinn fand heraus, dass ein durchschnittlicher Migrant mindestens 25 Jahre lang voll arbeitstätig in Deutschland bleiben muss, bis die einheimischen Steuerzahler nicht mehr drauflegen. Dieser Fall ist jedoch eher selten, denn viele Zuwanderer werden schnell arbeitslos und driften in die Sozialsysteme ab.

In der Schweiz ist es nicht anders. Der Schweizer SVP-Politiker Adrian Amstutz erklärt dazu Folgendes: »Früher kamen Leute zum Arbeiten in die Schweiz. Sie halfen in dankenswerter Weise mit, unseren Wohlstand aufzubauen. Nun lassen wir mehr und mehr Leute einwandern, die unseren Wohlstand plündern: Personen, welche nicht wegen des Arbeitsmarktes, sondern wegen der Sozialwerke in die Schweiz kommen.«[87] In der Schweiz kassieren Ausländer, Asylbewerber und frisch eingebürgerte Immigranten immerhin rund 80 Prozent der Sozialleistungen ab.[88] Keine andere Bevölkerungsgruppe des Landes ist dabei auch nur annähernd so oft arbeitslos, wie es die Muslime sind.[89]

Gewiss, es ist politisch nicht korrekt, das alles offen zu sagen. Aber man kommt an den Fakten, und um diese geht es hier, nirgendwo in Europa vorbei, Beispiel Dänemark: Dort beanspruchten schon im Jahr 2002 die damals im Lande lebenden vier Prozent Muslime satte 40 Prozent der gesamten Sozialleistungen des Staates.[90]

Jetzt wird abgerechnet: die Heuschrecken der Integrationsindustrie

Auf Migrantenforderungen spezialisierte Journalisten und Politiker unterstützen Migranten bei deren angeblich »berechtigten« Forderungen. *taz*-Autorin Cigdem Akyol, eine Dame mit »Migrationshintergrund«, ist ein typisches Beispiel dafür. Sie nennt Islamkritiker dreist »Meinungsterroristen«.[91] Liest man ihre Berichte, dann scheint es das Grundrecht der Religionskritik für uns Europäer nicht mehr zu geben. Islamkritik gilt da schnell als »rechts«. Und wer gar Kritik an der Flutung Europas mit Menschen aus unserer Kultur fernen Ländern (wie den Orientalen) übt, ist aus dieser Sicht sofort verdächtig, ein Neonazi zu sein und angeblich häufig auch noch weniger intelligent als andere Menschen.[92]

Eine Demokratie muss es natürlich aushalten, dass es Mitbürger mit Migrationshintergrund wie *taz*-Autorin Cigdem Akyol gibt, die Einheimischen, die nicht ihrer Auffassung sind, geringe Intelligenz unterstellen. Und Politiker wie der umstrittene Sebastian Edathy (SPD), Sohn eines aus dem fernen Kerala/Indien stammenden Vaters, unterstützen jene, die sich für die angebliche »Bereicherung« durch Migration verwenden. Sie werden flankiert von ehemaligen Mitarbeitern des DDR-Propagandaapparates wie Claudia Dantschke, die zu Honeckers Zeiten zur medialen Truppe bei der staatlichen DDR-Propagandaagentur ADN gehörte. An ihrem Zusammenspiel sieht man gut, wie Politik, Medien und Migranten häufig eine Einheit bilden, die mit einem verengten Tunnelblick die öffentliche Diskussion beim Thema Migration zu beherrschen versucht. Es sind Menschen, die von der Migrations- und Integrationsindustrie mit Einladungen, Gesprächsrunden und Pressemitteilungen versorgt werden. Sie rühren dann immer wieder all die Interessenvertreter der Migrations- und Integrationsindustrie in einem Bericht oder in ihren Äußerungen zusammen[93] – und fertig ist das politisch korrekte Lehrstück ihrer umtriebigen Lobbyarbeit, das immer neue Perspektiven der angeblichen Migrantenfeindlichkeit der einheimischen Europäer beleuchtet, fast nie jedoch die horrenden Kosten, die uns diese »Bereicherer« und »Potenziale« tatsächlich aufbürden. Bei näherer Betrachtung sind die uns von den Vertretern der Migrationsindustrie aufgetischten Ratschläge in erster Linie Schläge. Wie lange wollen wir uns noch schlagen lassen?

So, wie man den Lobbyisten der Pharmabranche genau auf die Finger ihrer Lobbyarbeit schauen muss, so muss man auch die Lobbyisten der Migrations- und Integrationsindustrie genau beobachten. *taz*-Autorin Cigdem Akyol berichtet gern über »migrationstypische Belastungen wie Fernweh und Orientierungslosigkeit«[94]. Und sie verbreitet beispielsweise, dass wir angeblich mehr therapeutisches Personal mit »Migrationshintergrund« für die wachsende Zahl der psychisch kranken Migranten brauchen. Diese Lobbyarbeit ist in einer Demokratie ganz sicher legitim. Doch wenn Fernweh und Orientierungslosigkeit tatsächlich zu geballten psychischen Problemen bei bestimmten Migrantengruppen führen, dann wäre es doch für alle Beteiligten die sinnvollste und billigste Lösung, dass diese ihre Koffer packen und dorthin gehen, wo das Fernweh und die Orientierungslosigkeit sofort wieder behoben sind – in ihre Heimat. Dort werden sie garantiert artgerecht behandelt. Weshalb sollen wir europäischen Steuerzahler therapeutisches Personal mit »Migrationshintergrund« für die wachsende Zahl der psychisch kranken Migranten finanzieren? Das ist es, was der Autor dieses Buches mit unverschämten Forderungen von Zuwanderergruppen meint, die inmitten Europas inzwischen im öffentlichen Erscheinungsbild vorwiegend durch Abkassieren und immer weniger durch Leistung auffallen. Sie haben eben (noch) ihre politischen und medialen Lobbyisten, die für ihre »legitimen Rechte« eintreten. Wir werden sehen, dass dieser Irrsinn auch bei allerbestem Willen von wohlmeinenden Gutmenschen schlicht nicht mehr zu finanzieren ist.

Nun werden Mitbürger wie SPD-Politiker Edathy, an dem solche Kritik offenkundig wie an Teflon abprallt, und *taz*-Autorin Cigdem Akyol ganz sicher behaupten, dass zugewanderte Mitbürger aus fernen Kulturkreisen in unserer Gesellschaft doch immerhin auch Arbeitsplätze sichern. Das ist ganz sicher richtig. Aber es ist wohl auch ein wenig zynisch. Denn bestimmte Migrantengruppen aus kulturfernen Ländern, für die sie sich so gerne einsetzen, tragen in Europa ganz bestimmt zur Sicherung von Arbeitsplätzen bei Gefängniswärtern, Strafverteidigern, Tresorherstellern, Kriminalisten, Polizisten, Rechtsanwälten, Richtern, Sozialhelfern, Psychologen und Millionen Bediensteten der Migrations- und Integrationsindustrie bei, die garantiert beim Zusammenspiel mit unseren zugewanderten »Potenzialen« keine Werte schaffen, sondern einzig dabei helfen, erarbeiteten Wohlstand in nur eine Richtung abzubauen und dauerhaft zu vernichten. Aber entspricht das wirklich dem Willen der Mehrheit der Europäer? Wie würden diese wohl entscheiden, wenn man ihnen die wahren Kosten dessen, was Menschen wie SPD-Politiker Edathy und *taz*-Autorin Cigdem Akyol lobpreisen, offenbaren würde?

Wie sieht es denn aus mit den Kosten der zugewanderten kriminellen Sozialhilfeabzocker? Man spricht nicht gern über Menschen, denen wir Unterkunft, Verpflegung, Bildung und Schutz vor Verfolgung anbieten und die dann zum Dank dafür in ihrer reichlich bemessenen Freizeit unser Hab und Gut anzünden. Ein Beispiel, zitiert aus dem Bremer Regionalteil einer Zeitung: »Die ganze Stadt hatte Angst vor den irren Auto-Abfacklern. Zehn Pkw standen vergangene Woche in Flammen. Jetzt schnappte die Polizei die Feuerteufel. Die Osterholzer Drosselstraße gestern im Morgengrauen. Schwer bewaffnete SEK-Beamte sichern die Straße. Ein junger Ausländer wird aus einer Sozialwohnung geholt, abgeführt. Kurze Zeit später eine zweite Festnahme. Die beiden Jugendlichen sollen die zehn Autos angezündet haben! Allein sieben gehörten zum Fuhrpark des Möbelriesen ›Meyerhoff‹. Zuletzt brannte in der Breslauer Straße noch ein *Toyota*. Bürgermeister Martin Wagener (49, SPD): ›Nach den Bränden war die ganze Stadt beunruhigt, überall redeten die Menschen darüber. Die Feuerwehr erhöhte ihre Bereitschaft. Jetzt sind wir erleichtert.‹«[95] Wir werden die Täter in einem späteren Kapitel noch genauer kennenlernen. Bremen ist eine kriminelle Migrantenhochburg, in der inzwischen selbst Polizisten Schutzgeld an zugewanderte Kriminelle zahlen müssen.

Die Kosten der »Bereicherung« durch unsere zugewanderten »Potenziale« finden wir auf allen Ebenen. Nicht nur bei der Kriminalität. Wie schön ist es doch, wenn die Bundesregierung 2009 die »interkulturelle Öffnung der Krankenhäuser« fordert. Da heißt es dann etwa: »Eine nachhaltige und alltagstaugliche Verbesserung der medizinischen Versorgung der Migrantinnen und Migranten im stationären Bereich ist nur gewährleistet, wenn die Gesundheitsinstitutionen verbindliche Aktivitäten zur interkulturellen Öffnung entwickeln und diese personell zuordnen. (…) Um sprachbedingte Versorgungsschwierigkeiten vor allem in der mündlichen Kommunikation (…) zu minimieren, sollten für den Einsatz im Gesundheitswesen qualifizierte Dolmetscherinnen und Dolmetscher/Sprachmittlerinnen und Sprachmittler eingesetzt werden. (…) Da nicht immer vorausgesetzt werden kann, dass Patientinnen und Patienten mit Migrationshintergrund über ausreichende Deutschkenntnisse verfügen, sollte mehrsprachiges Informationsmaterial angeboten werden. (…) Entsprechend dem Bedarf der Patientinnen und Patienten mit Migrationshintergrund können gezielte Angebote entwickelt werden, wie zum Beispiel fremdsprachige ärztliche und pflegerische Sprechstunden, klinikinterne interkulturelle Supervisionen, Informationsabende, Klinikführungen, Patientengruppen, Präventionsangebote, etc. …«[96]

Im Klartext: Wir stellen Migranten künftig in Krankenhäusern und bei Arztbesuchen Dolmetscher zur Seite, halten dort natürlich auch Merkblätter in ihrer Muttersprache bereit und halten eigens Sprechstunden für ihre Kulturkreise ab. Das alles hat die Bundesregierung während der Wirtschaftskrise 2009 beschlossen, als die Staatskassen schon gähnend leer waren. Und zugleich hat sie Pläne dafür erarbeitet, wie man die Kostenexplosionen im Gesundheitswesen reduzieren und bei den Bürgern höhere Beiträge für die Krankenversicherung eintreiben kann.

Diesen Irrsinn versteht nur, wer die Lobbyarbeit der Hintermänner der Migrations- und Integrationsindustrie durchschaut. Wir finanzieren etwa Kurse für Migranten über gesunde Lebensweise. Und zwar in folgenden Sprachen: Albanisch, Arabisch, Bosnisch, Englisch, Französisch, Kroatisch, Kurdisch (Kurmanci), Persisch (Dari), Polnisch, Russisch, Serbisch, Spanisch, Türkisch, Ungarisch oder Vietnamesisch.[97] Hierzu ein Zitat aus einem Brandenburger Projekt: »Den Teilnehmerinnen und Teilnehmern entstehen keine Kosten. Die Fahrtkosten werden zurückerstattet.«[98] Man fragt sich da als europäischer Steuerzahler unwillkürlich, ob es auch in Russland, der Türkei, in arabischen Ländern oder Vietnam Kurse in gesunder Lebensführung für Deutsche, Österreicher oder Schweizer gibt, bei denen das Gastland sogar die Reisekosten übernimmt, wenn wir uns dort aufhalten und anmelden. Aber wahrscheinlich ist allein der Gedanke an eine solche Fragestellung dank der Lobbyarbeit der Hintermänner der Migrationsindustrie schon »rassistisch«, »ausländerfeindlich« oder gar »rechtsextremistisch«.

In Deutschland muss kein Türke mehr die Sprache seines Gastlandes erlernen, um ohne Kontakt mit den Einheimischen gut durchs Leben zu kommen. Wenn Türken ein Auto kaufen wollen, begrüßen sie die Hersteller mit Worten wie »Volkswagen Türkce konusuyor« – »Volkswagen spricht türkisch«. Türkische Sprachprobleme bei der Bank? Nein, ganz sicher nicht: Die Deutsche Bank umwirbt Türken mit »Bankamiz« (»Unsere Bank«). An inzwischen schon 56 Standorten beschäftigt die Deutsche Bank in Deutschland türkischstämmige Finanzberater, damit die zugewanderten Kunden bloß nicht die Landessprache ihres Gastlandes erlernen müssen. Bei der Allianz-Versicherungsgruppe ist es nicht anders. Und es taucht natürlich in der für Türken bestimmten Werbung anstelle eines Sparschweins eine Schatztruhe auf, denn das Schwein gilt bei Orientalen als unrein.[99] Auch die Deutsche Telekom hat eigens eine Hotline für türkischsprachige Kunden eingerichtet. Der Energiekonzern E.ON spricht mit seiner Marke »E wie einfach« gezielt türkische Kunden an. So schaltet E.ON unter anderem TV-Spots bei türkischen Fernsehsendern, die hierzulande empfangen werden können. Deutsche Unternehmen erreichen einen wachsenden Teil der Bevölkerung mit Werbemaßnahmen eben nur noch, wenn sie sich in der Herkunftssprache der Migranten an sie wenden. Das ist nicht nur ein Offenbarungseid der über Jahrzehnte mit unvorstellbaren Milliardensummen geförderten Integrationsbemühungen. Es ist vor allem ein Kostenfaktor, der den Unternehmen ja von irgendjemandem bezahlt werden muss: Die Kosten für das alles werden auf die Produktpreise umgeschlagen. Letztlich zahlen SIE, liebe Leser, als Bürger dafür, dass bestimmte Migrantengruppen (wie etwa Türken) sich in Deutschland nicht integrieren müssen.

Das verschweigen die Unterstützer der Migrationsindustrie. Zehntausende Lobbyisten der Migrations- und Integrationsindustrie verhalten sich zudem nicht anders als jene Firmenaufkäufer, die wir aus der Wirtschaft als Heuschrecken kennen. Während die einen Firmen durch deren Zerschlagung in den wirtschaftlichen Ruin treiben und Arbeitsplätze vernichten, zerstören die anderen mit dem Rückenwind von Migrantenverbänden, als deren Sprachrohre sie auftreten, unser tradiertes Wertegefüge. Menschen wie Edathy und Mitbürgerin Cigdem Akyol verhalten sich nicht anders als jene Spekulanten, die am Finanzmarkt mit riskanten Geschäften den finanziellen GAU der Weltwirtschaft herbeigeführt haben. Sie spekulieren eben nicht mit Finanzen, sondern mit der Zukunft ganzer Gesellschaftsordnungen, die sie mit ihrer Lobbyarbeit im Sinne der Migrantenverbände mit besten Absichten verändern möchten. Scheitert die Spekulation, dann haften die Steuerzahler dafür. Die Schäden, die diese medialen und politischen Heuschrecken dann in unseren europäischen Gesellschaften anrichten, sind weitaus größer als jene der ökonomischen Heuschrecken. Denn der Wiederaufbau unseres Wertegefüges, das auf allen Ebenen mithilfe von Migration und dem Umbau unserer europäischen Kultur hin zu einem »multikulturellen« Gemeinwesen schon weitgehend in Stücke geschlagen wurde, ist mit Geld schlicht nicht mehr zu bezahlen.

Während unsere Gesellschaft die Hexenjagd auf »böse Spekulanten« an den Finanzmärkten eröffnet hat, bleiben die politischen und medialen Spekulanten, die mit Rückendeckung der Migrantenverbände unsere Werteordnung zerstören, derzeit (noch) unbestraft. Wir werden nicht umhinkönnen, auch diese Spekulanten an den öffentlichen Pranger zu stellen und über die Folgen ihrer Lobbyarbeit aufzuklären. Nur so können wir die Zukunft meistern. Es sei denn, wir wollen den Heuschrecken künftig freie Bahn verschaffen und dem Kahlfraß unserer Sozialsysteme die Tore noch weiter öffnen.

Dabei ist das, was bisher in diesem Buch an Kosten genannt wurde, nur ein winziger Bruchteil jener Kosten, die bestimmte Migranten uns tatsächlich Jahr für Jahr aufbürden. Betrachten wir, bevor wir in den folgenden Kapiteln die Details darlegen, vorab wirklich nur einmal die nach offiziellen Angaben rund vier Millionen in Deutschland lebenden zugewanderten Muslime. Die ersten Schätzungen über diese Bevölkerungsgruppe stammen aus dem Jahr 1955. Damals wurde ihre Zahl mit rund 8000 angegeben. 1971 waren es 250 000, 1981 circa 1 700 000. Heute beläuft sich ihre Zahl auf mehr als vier Millionen.[100] 99,9 Prozent dieser hierzulande lebenden Muslime sind Migranten. Das sind nach den niederländischen Studienergebnissen (siehe weiter oben) dann rein rechnerisch gesehen vier Millionen mal 40 000 bis 50 000 Euro – also insgesamt 160 bis 200 Milliarden Euro Kosten, die deutsche Steuerzahler allein für diese zugewanderte Bevölkerungsgruppe aufwenden müssen!

Es kommen allerdings noch weitere gigantische Kosten hinzu, die wir später genauer analysieren müssen. Denn auch jeder nachgeholte Familienangehörige aus Ländern wie der Türkei oder Marokko kostet den deutschsprachigen Steuerzahler insgesamt zwischen 300 000 und 500 000 Euro. Um Missverständnisse zu vermeiden: Das Geld bekommt kein Migrant bar ausbezahlt. Es fließt in soziale Dienste, Finanzhilfen, medizinische Betreuung, Sprach- und Integrationsmaßnahmen, Eingliederungshilfen, strafrechtliche Ermittlungen etc. Eine ganze Migrations- und Integrationsindustrie mitsamt ihrer Lobbyisten (wir werden alle Facetten beleuchten) will schließlich bezahlt werden. Die zuvor genannte Summe verbraucht also nicht der einzelne Migrant, sondern die hinter ihm stehende Migrationsindustrie, die keinen erkennbaren Mehrwert für die Gesellschaft erarbeitet und nur um die Bedürfnisbefriedigung unserer zugewanderten »Potenziale« kreist. Nie zuvor hat man die Kosten dafür im deutschsprachigen Raum einmal nüchtern zusammengestellt. Bis jetzt.

Zur Klarstellung: Wir registrieren pro Jahr allein aus der Türkei rund 10 000 Ehegattennachzüge nach Deutschland. Das ist unstrittig. Die Türkei ist aber nur ein einziges rückständiges Land, aus dem wir diesen hohen Ehegattennachzug beobachten. Wir kommen dabei allein auf jährliche Betreuungskosten (für die schon genannten sozialen Dienste, Finanzhilfen, die medizinische Betreuung, Sprach- und Integrationsmaßnahmen, Eingliederungshilfen) in Höhe von mehreren Milliarden Euro im Jahr. Insgesamt aber sind es derzeit pro Jahr mindestens 25 000 Ehegattennachzüge aus Ländern der Dritten Welt oder von Personen, die auf anderen Wegen der Familienzusammenführung nach Deutschland kommen und in vielfältiger Form Unterstützung inmitten unserer Gesellschaft benötigen. Das kostet uns pro Jahr auch dank der Aktivitäten der Migrations- und Integrationsindustrie viele weitere Milliarden Euro! Addieren Sie das Ganze schon einmal im Hinterkopf zu den Hartz-IV-Leistungen an unsere »Potenziale«, die wir oben erwähnt haben. Wir sind jetzt nicht mehr bei zehn Prozent der jährlichen Steuereinnahmen, wir liegen schon erheblich darüber. Und es kommt nun Seite für Seite in diesem Buch immer mehr dazu. Wussten Sie, dass Sie dafür bezahlen? Wussten Sie, dass Ihren Kindern und Angehörigen aus diesem Grund die Leistungen, die Sie eigentlich mit Ihren Abgaben finanzieren, gekürzt werden müssen?

Ein Beispiel: die Sprachkurse für integrationsresistente Zuwanderer, die sich nicht selbst darum bemühen, unsere Landessprache zu erlernen. Wir finanzieren jedem neuen zugewanderten Hartz-IV-Empfänger bis zu 900 (!) Stunden Sprachunterricht[101], und zwar zum Nulltarif (für die »Potenziale«) – das zahlt kein anonymer reicher Onkel in Amerika. Das zahlen Sie, liebe Leser. Und das ist eben nur ein winziges Beispiel in einer Kostenkette, über die augenscheinlich niemand mehr einen Überblick hat.

An jeder Ecke umsorgen und überhäufen wir Migranten aus kulturfernen Ländern mit finanziellen Zuwendungen, die es für ethnische Europäer nicht gibt. Das Unglaubliche daran: Wir zahlen sogar, wenn Migranten sich in den vom Steuerzahler finanzierten Alphabetisierungskursen nicht anstrengen und nur durch Faulheit glänzen. So teilte die deutsche Bundesregierung im November 2009 mit, Teilnehmer derartiger Kurse, die nach 900 Stunden (!) immer noch nicht die grundlegenden Elemente der deutschen Sprache beherrschen, erhalten gleich noch einmal 300 Stunden Sprachkurs kostenlos angeboten.[102] Das Bayerische Rote Kreuz wirbt unter Migranten sogar mit »speziellen Lese-/Schreibkursen für Analphabeten mit bis zu 1500 Stunden« und fügt gleich noch großzügig hinzu: »Unsere Interessenten erwartet ein vielfältiges Kursangebot in angenehmer Atmosphäre im Internationalen Beratungszentrum der Landeshauptstadt München und in vielen weiteren Standorten im Stadtgebiet. Wir unterstützen Sie gerne, wenn Sie einen Antrag auf Kursteilnahme stellen müssen oder wollen, und leiten ihn an das zuständige Amt weiter.«[103] Als Analphabet ist man eben überall gleich in guten Händen, wird umworben in einer »angenehmen Atmosphäre« und erhält eine Rundumversorgung.

Ein Hinweis zwischendurch, wie unsere Nachbarländer mit den verweigerten Sprachpotenzialen unserer Zuwanderer umgehen: In Österreich werden Zuwanderer, die binnen fünf Jahren nach Einreise nicht die deutsche Sprache erlernt haben, jetzt rigoros ausgewiesen. Das hat Innenministerin Maria Fekter (ÖVP) 2009 öffentlich bestätigt. Die ersten Zuwanderer wurden bereits ausgewiesen.[104] Basis ist die sogenannte Integrationsvereinbarung: Danach müssen Nicht-EU-Ausländer nach der Einreise innerhalb von fünf Jahren Sprachkenntnisse erwerben und einen Kurs für Fortgeschrittene positiv abschließen, sonst erfolgt die Abschiebung. In Deutschland gibt es zwar Sprachkurse, aber bei integrationsresistenten Leistungsverweigerern keine Abschiebungen. Wir zahlen lieber.

Wir bürgern zudem fleißig Analphabeten ein, obwohl das Leipziger Bundesverwaltungsgericht im Mai 2010 entschieden hat, dass ausländischen Analphabeten durchaus die Einbürgerung in Deutschland verwehrt werden darf.[105] Die Richter wiesen die Klage eines Türken ab, der seit 1989 in der Bundesrepublik lebt und sich beharrlich weigert, lesen und schreiben zu lernen. Doch der Mitbürger wird auch weiterhin von Steuergeldern alimentiert. Denn Härte können wir doch nur jenen Deutschen zumuten, die beim Kürzen von Sozialleistungen den Mund halten und alles geduldig ertragen.

Wir registrieren in Deutschland, dem ehemaligen Land der Dichter und Denker, durch Zuwanderung eine rapide wachsende Zahl von Analphabeten. Es handelt sich dabei natürlich nicht um intelligente und bildungsbeflissene Asiaten, Juden oder Bürger aus westlichen Ländern. Nein, es sind Menschen, die häufig zu dumm sind für deutsche Verhältnisse und beispielsweise aus Ländern wie der Türkei zu uns kommen. Allein in Berlin leben rund 100 000 zugewanderte Analphabeten. Für solche Mitbürger greifen wir gern tief in die Tasche. Deutschen finanziert der Staat die Alphabetisierung nach Beendigung der Schulzeit nicht, bei Migranten zahlt der deutsche Steuerzahler dagegen auf diesem Gebiet gern lebenslang. So berichtete der *Deutschlandfunk* in der Sendung *Verbrauchertipp*: »Alphabetisierungskurse dagegen zählen zur Allgemeinbildung. Arbeitslose Analphabeten müssen einen solchen Kurs deshalb selbst bezahlen. Wer Migrant ist und zu den Analphabeten zählt, kann einen Alphabetisierungskurs meist kostenfrei oder gegen eine geringe Gebühr besuchen. Solche Sprachkurse sind häufig in Integrationskursen enthalten, die das Bundesamt für Migration und Flüchtlinge finanziert.«[106] Im Klartext: Bist du Deutscher und kannst nicht lesen und schreiben, dann musst du es selbst finanzieren. Bist du allerdings ein Migrant, dann zahlen wir Deutschen doch gern aus dem Steuertopf für dich.

Leistungsfeindlich: Muslime müssen von uns nichts lernen

Steigende Prämien für bildungsferne Kinder aus Zuwandererfamilien produzieren nicht besser gebildeten Nachwuchs, sondern bringen nur noch mehr bildungsferne Kinder hervor. 40 Prozent der Hartz-IV-Empfänger sind Zuwanderer[107] – und mehr als 50 Prozent von ihnen sind Mitbürger aus dem islamischen Kulturkreis. Der Staat zahlt ihnen allen die Mieten, die Sozialhilfe, das Kindergeld und die Krankenversicherung. Er versetzt die Eingewanderten in die Lage, bescheiden zu leben, ohne Kontakt zu den verachteten Deutschen. Die *Frankfurter Allgemeine Zeitung* schreibt über das Denken solcher Menschen: »Bildung ist kein Wert.«[108]

Selbst wenn man sie mit offenen Armen und noch offeneren Geldbeuteln fördert, kommt am Ende nichts Brauchbares dabei heraus. Nachfolgend ein Erfahrungsbericht der Berliner Feuerwehr aus dem Jahre 2010: »Die Berliner Feuerwehr hat gerade mit gewaltigem Aufwand versucht, gemeinsam mit der Handwerkskammer Auszubildende zu rekrutieren. Ausdrücklich waren Migranten aufgefordert, sich dem Aufnahmetest zu stellen. Es lockte außerdem eine garantierte Lehre in einem Handwerk. Natürlich waren unter den 400 Bewerbern viele, die sich überschätzten. Doch fast 60 Prozent scheiterten schon an einem simplen Sprach- und Lesetest. Sie sollten zum Beispiel in einen Satz über die Länge des Halses einer Giraffe die richtige Maßeinheit (Zentimeter, Meter oder Kilometer) einfügen. (…) Elf Bewerber bestanden schließlich alle Tests, fast alle Abiturienten, doch kein einziger Migrant.«[109]

Die Lernbereitschaft der Menschen eines Kulturkreises entscheidet darüber, welchen Stellenwert sie in der Welt einnehmen. Dazu gehört vor allem auch die Einstellung von Menschen eines Kulturkreises gegenüber Menschen aus anderen Kulturkreisen. Die Menschen des islamischen Kulturkreises verstehen sich vor dem Hintergrund der sie einenden Islamideologie als die beste aller Gemeinschaften – sie müssen von anderen Kulturen und Ideologien/Religionen nichts mehr lernen. Das steht so ausdrücklich im *Koran*, und zwar in Sure 3, Vers 110. Diese kulturelle Arroganz stellt ein unüberwindliches Integrationshindernis dar und hat auch schlimme wirtschaftliche Folgen. Das europäische Schulsystem fördert eigenständiges kritisches Denken, das Hinterfragen und die innovative Kreativität. Darauf basierte der wirtschaftliche und kulturelle Erfolg der Europäer. Durch den Import von Zuwanderern aus dem islamischen Kulturkreis, die sich uns von Natur aus überlegen fühlen und sich demgemäß flächendeckend als bildungsresistent erweisen, haben wir unser Bildungssystem zerstört. Dennoch wollen unsere Politiker die Wahrheit nicht hören. Ihr Rezept lautet: immer mehr Geld für die Bildung von Zuwanderern auch aus dem islamischen Kulturkreis, die diese aber ablehnen. Bis zu elf Milliarden Euro im Jahr sollen nun in Deutschland allein für die Förderung von Migrantenkindern ausgegeben werden.[110] Bis zu 50 Prozent der Migrantenkinder bleiben allerdings trotz maximaler Förderung beispielsweise in Berliner Schulen schon in der zweiten Klasse sitzen, weil sie nicht die einfachsten Kulturtechniken beherrschen, nicht einmal eine Schere benutzen können.[111] Diese Kinder werden nach offiziellen Angaben überhaupt nur noch deshalb in die nächste Klasse versetzt, weil Plätze für Nachrücker (mit den gleichen Problemen) freigemacht werden müssen. Wenn sie denn überhaupt (noch) in die Schule gehen, denn viele Migranten interessiert es überhaupt nicht, ob ihre Kinder die Schule besuchen. Das ist, juristisch gesehen, eine Verletzung der

Fürsorge- und Erziehungspflicht. Die (im Juli 2010 verstorbene) Berliner Jugendrichterin Kirsten Heisig schrieb dazu: »Dabei handelt es sich um einen Straftatbestand. Den Schulversäumnissen muss künftig durch konsequente Anwendung des Schulgesetzes entgegengewirkt werden. Das Berliner Schulgesetz sieht gegen die Eltern Bußgelder bis zu 2500 Euro, ersatzweise bis zu sechs Wochen Erzwingungshaft vor. Auch ein ALG-II-Empfänger kann ein Bußgeld von etwa 200 Euro in Raten leisten und muss bei Nichtzahlung mit Haft belegt werden, die dann bei etwa einer Woche angesiedelt werden könnte. Hier hat sich aber, wie jetzt festgestellt wurde, die Praxis eingeschlichen, bei ALG-II-Empfängern zum Teil gar nicht erst ein Bußgeld zu verhängen.«[112]

Wir könnten für das Geld zur Förderung von Migrantenkindern also auch wieder gleich Gift kaufen und es beispielsweise an den Schulen verteilen. Denn völlig unabhängig davon, wie viel Geld man in die Förderung von Migrantenkindern aus dem islamischen Kulturkreis steckt, kommt am Ende immer öfter nur eines heraus: Diese Kinder mindern einerseits die Leistung der Schulklassen insgesamt und ziehen andererseits auch die guten Schüler leistungsmäßig immer weiter nach unten. Je mehr Migranten in einer europäischen Schulklasse sind, umso mehr fallen die Leistungen der einheimischen Schüler ab. Das behauptet das staatliche österreichische Bundesinstitut für Bildungsforschung. Zeigt sich bei einem Migrantenanteil von bis zu 30 Prozent in einer Klasse keine negative Auswirkung auf die Leistung der Mitschüler, erbringen bei einem höheren Anteil »augenscheinlich sowohl Migranten als auch Einheimische schlechtere Leistungen«, so die Studienautoren. Darüber berichtete die Wiener Tageszeitung *Die Presse* im Sommer 2010 unter der Überschrift »Migranten scheitern am Schulsystem«[113].

Weil das nachprüfbare Tatsachen sind, hat man in anderen europäischen Ländern reagiert. In Italien etwa darf der Migrantenanteil in den Schulklassen seit dem Sommer 2010 30 Prozent nicht übersteigen.[114] Die Italiener haben erkannt, dass noch mehr Migranten in den Klassen dann alle Schüler mit in den Abgrund reißen.

Völlig unbeeindruckt von solchen Erkenntnissen hält man in Deutschland den Kurs in der Politik bei und betrachtet jeden weiteren Migranten in einer Schulklasse als eine »Bereicherung«. Wie an der Bergkamener Pestalozzi-Grundschule. Dort sind in der ersten Schulklasse (Stand Mai 2010) schon 97 Prozent der Schüler Migranten. Schulleiter Franz-Josef Welte sagt, er bedaure die Entwicklung, und fügt hinzu: »Wir können es ja nicht ändern.«[115] Über die Zustände in Bergkamen schrieb die der SPD gehörende *WAZ*-Gruppe unlängst unter der Überschrift »Wenn Stadtviertel fest in türkischer Hand sind«, viele Deutsche fühlten sich heute fremd in der eigenen Stadt. Dazu hieß es weiter:

»Radio Wendel, Schuhe Büscher, Metzger Bittner – alle weg. Der Uhrmacher und die alte Drogerie Martin auch. Und dort, wo das kleine Blumenlädchen Generationen von Bergleutefrauen mit Nelken und Tulpen versorgte, dreht sich heute Putenfleisch im Grill der Dönerschmiede. In bester Nachbarschaft zum türkischen Café, Handyshop und Gemüseladen. Doch das Gefühl, dass sich die Deutschen im Zentrum der ehemaligen Kohlestadt auf dem Rückzug befinden, macht sich am kleinen Eckladen am Ende der Einkaufsstraße fest. Im Schaufenster: Burkas, Schadore, bodenlange Mäntel und Kopftücher in Schwarz und Dunkelblau für die muslimische Frau. ›Viele Deutsche empfinden diese Abgrenzung und Überlegenheit als unangenehm. Sie fühlen sich fremd in der eigenen Stadt. Das ist ein Dauerthema. Es gibt viele Beschwerden‹, berichtet der Sozialdezernent der Stadt, Bernd Wenske. Die Migranten haben in Bergkamen eine Stadt in der Stadt gebildet. Ganze Siedlungen direkt im Stadtzentrum sind fest in türkischer Hand. Nimmt man türkische Geschäfte, Arztpraxen, Reisebüros und Fahrschulen dazu, in denen Menschen türkischer Herkunft arbeiten, besteht an manchen Stellen überhaupt keine Notwendigkeit, Deutsch zu sprechen. Geschweige denn, zu lernen.«[116]

In Dortmund gibt es inzwischen Schulklassen, in denen nicht ein deutsches Kind mehr vorhanden ist.[117] Selbst an der katholischen St.-Franziskus-Schule in Mörsenbroich stellen Migranten in manchen Klassen jetzt schon die Mehrheit.[118]

Der aus dem Libanon stammende Lehrer Rafik Succari hat eine ungewöhnliche Botschaft an die Deutschen: »Man sagt immer, dass die Ausländer diskriminiert werden, aber hier läuft es genau andersherum.«[118a] Rafik Succari ist Lehrer an einer Essener Schule, an der die meisten Schüler einen »Migrationshintergrund« haben. Werden Deutsche in Deutschland wirklich diskriminiert? An immer mehr deutschen Schulen sind deutsche Schüler in der Minderheit. Wie an der Essener Karnap-Schule. Man muss die wenigen deutschen Schüler dort nicht lange fragen, ob sie die Auffassung des libanesischen Lehrers Rafik Succari teilen. Sebastian, ein Schüler der 10b an der Karnap-Schule, ist einer von nur noch wenigen Deutschen in seiner Klasse. Er sagt: »Wir haben immer wieder erlebt, dass wir als Nazis beschimpft werden, wenn wir Kritik äußern, deshalb ziehen wir uns immer mehr zurück, das ist für uns die einzige Möglichkeit, hier zu überleben.« Wenn sie Glück haben, werden die deutschen Schüler in dieser Schulklasse von den ausländischen Schülern nur verhöhnt, wenn sie Pech haben, auch geschlagen. Mit den Deutschen wird in der Klasse kaum geredet, sie ziehen sich zurück, sagen kaum noch ihre Meinung – sie sind nicht integriert in der Schule. Die Rede ist aber nicht von Migrantenkindern an einer deutschen Schule, sondern von deutschen Schülern an einer Hauptschule in Essen! Es ist »normal«, dass deutsche Schülerinnen von den Zuwanderern als »deutsche Schlampe« beschimpft werden. Und wenn der islamische Fastenmonat Ramadan begangen wird, dann herrscht Ausnahmezustand an der Schule. »Beim letzten Mal ging es so weit, dass sie uns ins Essen gespuckt haben«, berichtet die Hauswirtschaftslehrerin der Karnap-Schule und fügt hinzu: »Man sagt immer, dass die Ausländer diskriminiert werden, aber hier läuft es andersrum.«

In Essen existiert nach Berlin und Bremen die drittgrößte Konzentration von Migranten aus dem Libanon oder von orientalischen »Staatenlosen« mit unklarer Herkunft. Nach offiziellen Angaben des Essener Rathauses (*Umsetzungsbericht über die interkulturelle Arbeit*) sichern ganze 7,7 Prozent dieser Bevölkerungsgruppe der Stadt ihren Lebensunterhalt durch eigene legale Erwerbstätigkeit. Und immerhin 88 Prozent der Libanesen und angeblich staatenlosen Orientalen in Essen leben von Sozialhilfe.[118b]

Brigitta H. arbeitete 27 Jahre als Lehrerin an der Karnaper Hauptschule. Als sie einst an dieser Schule anfing, träumte sie von einer großen Gemeinschaft: Türkische und deutsche Kinder waren Freunde, und sie unterrichtete gern. Das ist lange her. Seit die Religion den Schulhof erobert hat, ist alles anders. Die deutschen Schüler ziehen sich zurück, die muslimischen Jugendlichen bleiben unter sich. Eine Zeitung berichtete im Juli 2010 über die Zustände unter der Überschrift »Der tägliche Wahnsinn in Essens Horror-Schule«[118c]. 40 Prozent der Libanesen an Essener Schulen verlassen diese ohne einen Abschluss.[118d]

Der aus dem Libanon stammende Lehrer Rafik Succari sagt, er frage die ausländischen Schüler manchmal, was sie über die Deutschen denken. Rafik Succari berichtet, was die Schüler dann antworten: »Herr Succari, die Deutschen sind Scheiße. Dann habe ich gesagt, nein, dieses Wort kannst du nicht benutzen, du bist hier in Deutschland, und du bekommst alles von Deutschland, deine Klamotten von Deutschland, dein Essen von Deutschland.«

Man kann das alles für Einzelfälle halten. Man kann aber auch die große Zahl solcher Einzelfälle geballt zur Kenntnis nehmen. Die Gewerkschaft Erziehung und Wissenschaft (GEW) hat das im Sommer 2010 getan. Die GEW Berlin schreibt zu dieser erschreckenden Lage: »Viele deutsche SchülerInnen empfinden sich als eine abgelehnte, provozierte, diskriminierte Minderheit, meist ohne nichtdeutsche Freunde.«[118e] In den Klassen komme es, äußern deutsche Schüler, immer wieder zu Beschimpfungen und Konflikten: Namen würden verballhornt, Schüler bedroht und gemobbt. Bei Konflikten erhielten die nichtdeutschen Schüler meist rasch Hilfe von Verwandten oder Freunden. Bei der Gruppe der deutschen Schüler sei das oft nicht der Fall. Vor allem der

Aufenthalt auf dem Schulhof werde zuweilen als ein Spießrutenlaufen mit diversen Beschimpfungen erlebt. Vielfach würden deutsche Schüler auch provozierend gefragt, was sie »hier« wollten, das sei doch nicht ihre Schule. Auch hätten die deutschen Schüler zuweilen das Gefühl, dass sie aus der Schule gedrängt werden sollten. Sehr oft gingen sie mit Wut im Bauch nach Hause und fühlten sich unterwegs bedroht. Auch Richter und Polizisten berichten über eine deutlich zunehmende Deutschenfeindlichkeit vor allem unter türkisch- und arabischstämmigen Jugendlichen.

Die GEW hat nach den Ursachen für dieses verbreitete Verhalten vor allem unter türkisch- und arabischstämmigen Schülern gesucht und berichtet: »Der heutige Mehrheitsislam hat eine rückwärtsgewandte Grundhaltung, denn sein gesellschaftliches Ideal ist die Zeit in Medina vor 1400 Jahren. Die Veränderungsfeindlichkeit bezieht sich zwar auf die gesamte Gesellschaft, vor allem aber auf das Geschlechterverhältnis und die väterliche Autorität. Die Fähigkeit, Angst zu erzeugen, verschafft Achtung und Respekt und gilt als Tugend von Autorität.«[118f]

Die GEW hat im Jahr 2010 also erkannt, dass es unter zugewanderten rückwärtsorientierten Muslimen einen gegen Deutsche gerichteten Rassismus gibt. Sie fordert, dass dagegen eingeschritten wird: »Uns scheint, dass es nicht reicht, allen Formen des Rassismus pädagogisch entgegenzutreten, man muss den SchülerInnen auch juristisch den Tatbestand der Volksverhetzung verdeutlichen. Jüngst hat Baden-Württembergs Bundesratsminister Wolfgang Reinhart (CDU) einen Vorstoß seines Bundeslandes angekündigt, wonach deutschenfeindliche Parolen künftig als Volksverhetzung bestraft werden sollen.«[118g]

Seit 2003 – dem Jahr der PISA-Studie – ist in Deutschland bekannt, dass Ausländerkinder in deutschen Schulen das Schulniveau drücken.[119] Und bereits seit dem Jahr 1995 (Schwind-Studie) ist hierzulande offenbar, dass die Gewaltbereitschaft eines jeden Schülers in seiner Klasse proportional zu jedem weiteren Ausländer in seiner Klasse steigt: Je mehr Migranten in einer Schulklasse, umso gewaltbereiter werden demnach alle Schüler dieser Schulklasse. Seit 2005 spricht man in Österreich ganz offen über das Thema und ändert etwas, indem man den Migrantenanteil an Schulklassen möglichst gering hält.[120] Ganz anders ist das in Deutschland – hier hält man strikt Kurs auf die Klippen: An 38 Berliner Schulen lag der Migrantenanteil im Jahr 2005 bei mehr als 80 Prozent, an neun Schulen sogar bei mehr als 90 Prozent.[121] Bremen ist seit Jahren Schlusslicht bei den PISA-Studien, denn hier beträgt der Ausländeranteil in den Grundschulen bis zu 90 Prozent.[122] Man plant nun mit unseren Steuergeldern neue Förderkonzepte. Nein, wie Sie vielleicht jetzt denken könnten, nicht für aufgeschlossene ethnische deutsche Kinder, sondern nur für lernfaule Migrantenkinder.[123]

Als der frühere Berliner Finanzsenator und jetzige Vorstand der Deutschen Bundesbank, Thilo Sarrazin (SPD), diese Zustände Ende 2009 zu kritisieren wagte und auf eine Veränderung drängte, da verunglimpfte man ihn öffentlich als »eindeutig rassistisch«[124]. Ein Jahr später wiederholte Sarrazin seine Äußerungen. »Sarrazin warnt vor Verdummung durch Einwanderer«, titelte die Zeitung *Die Welt* und schrieb: »Sarrazin provoziert wieder: Einwanderer aus der Türkei, Afrika und dem Nahen und Mittleren Osten machen seiner Meinung nach Deutschland dümmer.«[125] Sofort gab es den üblichen Aufschrei der Empörung. Die Fakten interessierten dabei offenkundig nicht. Und sofort wurde selbst von der Bundeskanzlerin die »Bereicherungskeule« herausgeholt. Angela Merkel erklärte bezugnehmend auf die Äußerungen Sarrazins im Juni 2010: Es sei zwar richtig, »dass die Bildungsabschlüsse von Schülern mit Migrationshintergrund verbessert werden müssen und der wichtigste Schlüssel dabei die Beherrschung der deutschen Sprache ist«, sie behauptete dann jedoch weiter: »Aber wenn wir genau das fördern und fordern, dann haben diejenigen, die zu uns kommen und in unserem Land leben wollen, große Chancen und bereichern uns alle.«[126]

Wir zahlen eben lieber. Wir opfern seit Jahrzehnten unvorstellbare Milliardensummen für die Bildungsförderung von Migranten. Herausgekommen sind nur immer größere Probleme mit ihnen, was zur Folge hat, dass noch mehr für die Problembekämpfung gezahlt werden muss. Wir nehmen die horrenden Kosten und die schweren gesellschaftlichen Probleme, die uns Migranten aus bestimmten Kulturkreisen bescheren, gern immer weiter in Kauf – Hauptsache, wir gelten nicht als »Rassisten«.

Wir zahlen in den Berliner Problemschulen jetzt sogar schon Psychiater für Erstklässler aus den »sozialen Brennpunkten«. Eine Berliner Zeitung berichtete Mitte 2010: »Die Berliner Amtsärzte warnen: Die unzureichende Förderung von Schulkindern führt zunehmend zu psychischen Auffälligkeiten.«[127] Jedes fünfte Migrantenkind in Berlin aus einer sozial schwachen Familie wird demnach schon in der ersten Klasse einen Psychiater benötigen. Endlich wissen wir jetzt, wohin mit unseren vielen Steuergeldern.

An nur einer einzigen Grundschule in Berlin-Neukölln müssen die deutschen Steuerzahler für die staatliche Alimentierung der Migrantenkinder 400 000 Euro ausgeben – und zwar pro Monat: »Aus den Belegen für kostenlose Lernmittel weiß Schulleiterin Astrid-Sabine Busse, dass allein für die Familien ihrer Schulkinder Monat um Monat 400 000 Euro an Sozialhilfe gezahlt werden.«[128] Und zwar ohne den geringsten sichtbaren Erfolg. Das sind pro Jahr rund fünf Millionen Euro Alimentierungshilfen für Schüler mit überwiegend türkischen oder arabischstämmigen Kindern. Wir sprechen hier nur von EINER Schule!

Bundesweit gibt es immer mehr Förderprogramme nur für Migranten[129], während die Leistungen für ethnische Deutsche wegen der leeren Kassen gekürzt werden müssen. Darüber hinaus gibt es an immer mehr deutschen Schulen »Islamunterricht«. Das ist angeblich der Ausweg aus allen Problemen. Dummerweise muss in diesem »Islamunterricht« der authentische *Koran* mit den Grundzügen des Islam gelehrt werden. Und einer der wichtigsten Pfeiler des Islam ist eben die schon oben erwähnte *Koran*-Sure 3, Vers 110, nach der Muslime über allen anderen Menschen stehen und diesen überlegen sind, sich von Nicht-Muslimen nichts sagen lassen sollen und im Gegenteil über Nicht-Muslime zu herrschen und zu bestimmen haben. Hinzu kommt der Unterricht über die Dschizya, die Tributpflicht der »Ungläubigen« gegenüber den Muslimen (auf die wir später noch eingehen werden). Wozu also noch lernen und arbeiten?

Der westliche Kulturkreis wurde über viele Jahrhunderte von ehernen Prinzipien getragen, die den Aufstieg Europas aus dem Mittelalter ermöglichten. Einen großen Beitrag dazu haben Forschung und Wissenschaft geliefert. Angeblich wurde und wird unser Kulturkreis durch zuwandernde Mitbürger aus dem islamischen Kulturkreis »bereichert« – doch wo finden wir diese »Bereicherung«? Auf den Gebieten, die die Menschheit vorangebracht haben, wie Wissenschaft und Forschung, ganz sicher nicht. Im November 2007 hat der ganz sicherlich nicht rassistische oder ausländerfeindliche *Spiegel* einen Bericht über die wissenschaftliche Bedeutungslosigkeit der islamischen Welt verfasst. Der Bericht beginnt mit den Worten: »Islamische Wissenschaftler waren einmal Weltspitze – wenn auch vor tausend Jahren.«[130] Die islamische Welt trägt seit vielen Jahrhunderten beinahe nichts mehr zur Entwicklung der Menschheit bei. Dabei ist jeder fünfte Mensch der Welt ein Muslim – trotzdem bilden sie die Schlusslichter bei der wissenschaftlichen Forschung. Die Zahl der Muslime, die jemals einen Nobelpreis erhalten hat, lässt sich an wenigen Fingern abzählen – unter ihnen ist der Mörder Yassir Arafat, der einen Friedensnobelpreis erhielt. Es gibt viele Gründe dafür, dass die islamische Welt ihren Blick eher in die glorreiche Vergangenheit als in die Realität richtet und deshalb rückwärtsgewandt ist. Einen davon, die fehlende Trennung zwischen Wissenschaft und Glauben, präsentierte der *Spiegel* seinen Lesern erstaunlich offen. In dem Bericht wurde der Islamwissenschaftler Thomas Eich, Universität Bochum, mit den Worten zitiert: »Alles Wissen ist schon im *Koran* angelegt und Wissenschaft muss sich daran messen.« Und: »Ist der *Koran* mit der

Wissenschaft nicht vereinbar, liegt automatisch die Wissenschaft falsch.«[131] Wissenschaft soll letztlich den *Koran* bestätigen. Wissenschaft ja – aber nicht, um Wissen zu schaffen, sondern um bestehendes Wissen zu bewahren.

Der von Politikern aller Parteien gewünschte und geförderte »Islamunterricht« ist somit leistungs- und entwicklungsfeindlich, fördert die Ausgrenzung von Muslimen aus unserer Wissensgesellschaft, behindert ihre Bildung, da sie sich – so wird es im »Islamunterricht« gelehrt – uns Nicht-Muslimen von Natur aus überlegen fühlen müssen (Sure 3, Vers 110). Muhammad Sven Kalisch, der 2004 als erster deutscher Islamwissenschaftler an die Universität Münster berufen wurde und islamische Religionslehrer ausbilden sollte, hat von solchem Irrsinn offenkundig die Nase gestrichen voll: Der im Alter von 15 Jahren zum Islam konvertierte Deutsche legte 2010 seinen islamischen Vornamen Muhammad ab und sagte sich vom Islam los. Er will künftig kein Moslem mehr sein.[132] Kalisch ist jetzt wieder ein »Ungläubiger« – einer von jenen, die aufgewacht sind.[133]

Illegale Ausländer besser gestellt als Hartz-IV-Empfänger

Ständig werden wir von den Profiteuren der Migrationsindustrie mit Parolen berieselt. Sie behaupten, Zuwanderung sei eine »große Chance« für Länder wie Deutschland.[134] Migrations-Schönredner wie der frühere nordrhein-westfälische Integrationsminister Armin Laschet (CDU) fordern inzwischen ein »Bundesministerium für Zuwanderung« und heben hervor: »Meine Empfehlung ist, einen Zuwanderer zu nehmen, der diese Funktion ausübt.« Und natürlich forderte der damalige NRW-Integrationsminister Laschet auch, dass illegale Einwanderer selbstverständlich hier in Europa bleiben dürfen.[135] Wir haben aus dieser Sichtweise immer noch viel zu wenig Zuwanderer. Menschen wie der CDU-Mann Laschet müssen offenbar so denken, weil sie ständig nach mehr Macht streben. Noch mehr Zuwanderer bedeuten noch mehr Macht für unsere »Integrationsfachleute«. Man kann diesen absurden Teufelskreis, der sich selbst reproduziert, aber ganz einfach durchbrechen: Man jagt »Integrationsfachleute« wie Laschet zum Teufel, schließt ihre überflüssigen Behörden, reduziert die ehemaligen Minister auf den Hartz-IV-Satz und lässt sie den Rest ihres Lebens darüber nachdenken, welche unglaublichen Schäden sie durch ihre »Bereicherungspolitik« und ihre grenzenlose Offenheit gegenüber zugewanderten »Potenzialen« angerichtet haben.

Zur Erinnerung: In Deutschland haben Ende März 2010 immerhin rund 88 000 (genau 87 901) Personen gelebt, deren Aufenthalt lediglich geduldet wird – gemeint sind Illegale. Die Zahlen gehen aus der Antwort der Bundesregierung auf eine Anfrage der Linksfraktion im Bundestag hervor.[136] Zur Klarstellung: Es handelt sich immerhin um die Einwohnerzahl einer mittelgroßen deutschen Stadt wie Düren oder Lünen. Ein jeder Illegaler hat nach 48 Monaten Aufenthalt in Deutschland den vollen Anspruch auf Leistungen analog zum Sozialgesetzbuch und erhält dann Hartz IV sowie alle deutschen Sozialleistungen inklusive gesetzlicher Krankenversicherung. Wenn man für jeden der offiziell genannten 88 000 Illegalen – ohne Zusatzkosten wie eine vom Staat finanzierte Wohnung und weitere Sozialleistungen – nur den Regelsatz von Hartz IV in Höhe von etwa 360 Euro ansetzt, dann kommt man allein hier auf monatlich 31,7 Millionen – jährlich also rund 380 Millionen – Euro.

Geduldete Ausländer, die Leistungen nach Paragraf 2 des Asylbewerberleistungsgesetzes (AsylbLG) analog zum SGB XII erhalten, sind somit normalen Sozialhilfeempfängern voll gleichgestellt. Halt – das ist eine Lüge. Denn ein Leistungsberechtigter nach dem AsylbLG kann im Gegensatz zum Sozialhilfeempfänger nach dem SGB II (allgemeinsprachlich »Hartz-IV-Empfänger« genannt) nicht durch Leistungskürzung oder -entzug bestraft werden, wenn dieser beispielsweise eine zumutbare Tätigkeit verweigert. Man kann Illegale, die in Deutschland staatliche Transferleistungen aus den Steuertöpfen beziehen, nicht dazu verpflichten, Parks zu reinigen oder Behinderten zu helfen. Demzufolge sind Illegale, also geduldete Leistungsberechtigte nach dem AsylbLG, in Deutschland sogar besser gestellt als Hartz-IV-Empfänger von Arbeitslosengeld II. Warum also sollte ein Illegaler in Deutschland auch nur das geringste Interesse daran haben, seine Lage zu verändern? Willkommen im Schlaraffenland – die dummen Europäer zahlen doch!

Im Jahr 2009 waren 126 946 der insgesamt 4 906 916 erwerbsfähigen Hilfebedürftigen (SGB II) von einer Leistungskürzung auf null Euro betroffen. Dies geht aus der Antwort der Bundesregierung (17/1837) vom Juni 2010 auf eine Kleine Anfrage im Bundestag (17/1642) hervor.[137] Abgeordnete hatten von der Bundesregierung eine Übersicht der verhängten Sanktionen differenziert nach Altersgruppen und Sanktionsstufen erbeten. Für das Jahr 2007 beziffert das Ministerium für Arbeit und Soziales die Gesamtzahl der Hilfebedürftigen mit 5 098 218, von denen 130 812 eine Leistungskürzung auf null Euro und somit die höchstmögliche Strafe erfuhren. Im darauffolgenden Jahr war dieser Anteil bei einer Gesamtzahl von 4 798 063 Arbeitsuchenden und 131 443 entsprechend Sanktionierten um einen Prozentpunkt gewachsen. Als Gründe zur Verhängung von Sanktionen nennt die Regierung unter anderem Meldungsversäumnis, Verweigerung zumutbarer Arbeit und Pflichtverletzung. Sie wissen nun als Leser der vorangegangenen Absätze, dass unter den 131 443

Sozialhilfeempfängern, denen man 2008 die Leistungen wegen der Verweigerung zumutbarer Arbeit komplett gestrichen hat, ganz sicher nicht ein Illegaler war. Die können sich in Deutschland beruhigt umdrehen und schlafen, während andere schlaflose Nächte verbringen.

In den USA gibt es seriöse Organisationen, die für die Bürger ausrechnen, was sie als Steuerzahler für die illegal im Lande lebenden Mitbürger pro Jahr entrichten müssen. Wer die Zahlen kennt, kann dann als mündiger Bürger selbst entscheiden, ob er für oder gegen mehr Zuwanderer oder Illegale ist. Was glauben Sie, wie viel die USA pro Jahr für Illegale bezahlen müssen? Allein der bankrotte Bundesstaat Arizona muss umgerechnet 2,7 Milliarden Euro pro Jahr für Illegale ausgeben. Nimmt man alle US-Bundesstaaten zusammen, so sind es mehr als 100 Milliarden Dollar (etwa 80 Milliarden Euro) im Jahr.[138] Darin sind allerdings noch nicht die Kosten für die Schäden, die sie anrichten, enthalten. Nur ein Beispiel: Im US-Bundesstaat Arizona werden die Versicherungsprämien immer wieder nur deshalb erhöht, weil Illegale den Amerikanern dort häufig die Fahrzeuge stehlen.[139] Die Kosten werden Jahr für Jahr auf die Solidargemeinschaft der Versicherten umgelegt. Illegale sorgen also für Kostensteigerungen und Abgabenerhöhungen, mehr nicht. Das ist in Deutschland nicht anders als in den USA. Es gibt zwischen Europa und den USA allerdings einen Unterschied: In den USA lässt auch der als liberal geltende Präsident Barack Obama die Grenze zur Abschottung gegen die Flut der Illegalen, die vor allem aus Mexiko kommen, schließen. Selbst auf dem Höhepunkt der Wirtschaftskrise bewilligte die Obama-Regierung eine halbe Milliarde Dollar für die Grenzsicherung zur Abwehr von Illegalen und beschloss, dass die Nationalgarde die unerwünschten Eindringlinge stärker vertreiben solle.[140] Den Amerikanern – egal ob sie Demokraten oder Republikaner sind – ist klar, dass die Illegalen nur die Löhne drücken und Kosten produzieren. In Europa aber geht man den umgekehrten Weg – man kann von solchen Mitbürgern, die uns Verarmung bringen, ganz offenkundig nicht genug bekommen.

»A bisserl was geht immer«: anonyme Krankenscheine für Illegale

Es geht in Deutschland unterdessen munter weiter mit dem Griff in die Geldbörsen jener, die arbeiten und das alles finanzieren. Nun sollen die deutschen Steuerzahler auch noch anonyme Krankenscheine für Illegale finanzieren. Ein Scherz? Nein – sondern Realität im Jahre 2010. Dazu eine Mitteilung der Bundesärztekammer: »Die medizinische Versorgung von Menschen ohne legalen Aufenthaltsstatus ist nach wie vor mit Zugangsbarrieren versehen. (…) Der Ärztetag schlug dem Gesetzgeber vor, einen anonymen Krankenschein für diese Menschen einzuführen. Gerade die finanzielle Belastung eines Arztbesuches halte sie vom Arztbesuch ab. Entweder seien ihnen die Kosten zu hoch oder sie fürchteten, dass ihr illegaler Aufenthaltsstatus aufgedeckt werde, wenn sie einen Antrag auf Kostenübernahme stellten.«[141]

Schlimmer noch: Das Oberverwaltungsgericht hat die Ausländerbehörde Bremen im Jahr 2010 im Wege einer einstweiligen Anordnung dazu verpflichtet, zwei Schülern, die sich nur als vorübergehend geduldete Mitbürger in Deutschland aufhalten, durch Ausstellung eines Notreiseausweises die Teilnahme an einer Klassenfahrt in die Türkei zu ermöglichen.[142] Die beiden Schüler – 16 und 19 Jahre alt – besuchen die Klasse 9 einer erweiterten Hauptschule. Sie sind beide in Deutschland geboren, ihr Aufenthalt ist aber lediglich geduldet. Der Duldungsstatus hängt damit zusammen, dass ihre Eltern in der Vergangenheit falsche Angaben über die Staatsangehörigkeit der Familie gemacht haben. Die Schule beabsichtigte, im Rahmen eines Schüleraustauschvorhabens eine Klassenfahrt nach Istanbul durchzuführen. Es sollte dort die Partnerschule besucht werden. Aufgrund ihres lediglich geduldeten Aufenthalts mussten die Schüler damit rechnen, nicht in die Türkei einreisen zu dürfen. Erst recht mussten sie aber davon ausgehen, von den Grenzbehörden an der Wiedereinreise in das Bundesgebiet gehindert zu werden. Das Oberverwaltungsgericht hat die Ausländerbehörde auf Antrag der beiden Schüler zur Ausstellung eines Notreiseausweises verpflichtet. Zur Begründung führt das Gericht aus, dass dieser Ausweis in Ausnahmefällen auch an geduldete Ausländer erteilt werden kann, denn es bestehe ein »besonderes öffentliches Interesse« an der Teilnahme an der Klassenfahrt. Da freuen sich die Steuerzahler sicherlich gewaltig, dürfen sie doch jetzt auch noch die Gerichtskosten übernehmen.

Aber es kommt inmitten der schlimmsten deutschen Wirtschafts- und Finanzkrise noch ärger für die Steuerzahler: Zehntausende Asylbewerber erhielten 2010 erhebliche Nachzahlungen vom Staat, weil ihnen die Kommunen zum Teil über viele Monate hinweg zu wenig Geld ausbezahlt hatten. So erhalten Asylbewerber in den ersten vier Jahren ihres Aufenthalts in Deutschland Unterstützung nach dem Asylbewerberleistungsgesetz – je nach Bundesland sind das Sachleistungen, Gutscheine oder Geldleistungen, maximal 230 Euro pro Monat für Erwachsene und 180 Euro für Kinder. Nach Ablauf dieser Frist haben aber alle Familienmitglieder Anspruch auf eine Erhöhung auf das Hartz-IV-Niveau. Viele Städte und Gemeinden kamen dieser gesetzlich vorgeschriebenen Pflicht nicht nach, weil sie kein Geld dafür hatten. Die

Kommunen ächzen ja schließlich unter den immer höheren Sozialleistungen, die sie für zugewanderte Mitbürger ausgeben müssen. Viele Flüchtlinge haben die Gemeinden und Kommunen dann verklagt, waren erfolgreich und erstritten sich hohe Nachzahlungen. So bekam eine Familie aus Serbien 31 500 Euro überwiesen. Das alles erzeugt ein neues Milliardenloch inmitten leerer Kassen! Das Statistische Bundesamt kennt die Milliardensummen ganz genau.[143]

Und das alles zahlen wir inmitten der schlimmsten Finanzkrise für unsere Mitbürger, weil wir Gutmenschen sind – zuzüglich der anderen bereitgestellten Leistungen für Illegale kommt man so jährlich schnell allein für die registrierten (!) Illegalen auf weit mehr als eine Milliarde Euro. Wie schön für Europa. Und wie schön für die Steuerzahler, denen man die Folgen dieser Politik aufzwängt. Zuwanderung kostet uns viel Geld. Geld, das wir schon lange nicht mehr haben. Geld, das wir den Einheimischen irgendwo abnehmen müssen.

Den Gürtel enger schnallen: Gehaltserhöhung für Angela Merkel

Bevor wir uns den brutalen Folgen der Einwanderung und dem angeblich so »Lustigen Migrantenstadl« zuwenden, rufen wir uns noch einmal in Erinnerung, wie die großen Politiker uns bei anderen Themen hinters Licht geführt und betrogen haben. So war es in der schlimmsten Wirtschaftskrise seit dem Zweiten Weltkrieg 2010 das vordringlichste Interesse der im Bundestag vertretenen Abgeordneten, erst einmal ihre Bezüge zu erhöhen. Während die Regierungsparteien noch darüber diskutierten, wie sie die sozialen Leistungen für die Deutschen kürzen könnten, erhöhte sich Kanzlerin Angela Merkel (CDU) ihr Monatsgehalt um 334 Euro. Es stieg damit von bisher 15 833 Euro (ohne Abgeordnetenbezüge) auf 16 167 Euro. Aber nicht nur sie erhielt mehr Geld, sondern auch das Gehalt der Minister stieg von 12 860 Euro auf 13 132 Euro.[144] Zudem sollte auch jeder einfache Abgeordnete 2,3 Prozent mehr bekommen. Eben jene Politiker forderten die Bevölkerung zeitgleich dazu auf, den Gürtel enger zu schnallen. Am gleichen Tag, als die Politiker im Mai 2010 das Gesetz für die Erhöhung ihrer Bezüge vorbereiteten, verlangte der deutsche Finanzminister Wolfgang Schäuble (CDU) von den Menschen, einschneidende Sparmaßnahmen zu akzeptieren.[145] Muss man ein Revolutionär sein, um angesichts eines solchen Treibens Wut im Bauch zu entwickeln? Denn völlig unabhängig davon, welche der großen Parteien wir wählen – wir Bürger müssen all diesen Irrsinn bezahlen.

Wir lassen uns solche Dreistigkeiten allerdings gefallen. Immer wieder. Schlimmer noch: Wir haben uns sogar daran gewöhnt, dass wir belogen und betrogen werden. Von den CDU-Politikern Norbert Blüm (»Die Rente ist sicher!«) über Helmut Kohl (»Der Euro wird so stark wie die D-Mark sein«) bis hin zu den Größen der SPD haben sie uns alle beim Thema Geld und Bereicherung belogen: Erinnern Sie sich noch? Der frühere SPD-Chef Franz Müntefering versprach am 19. August 2005 in der *Sächsischen Zeitung*: »Keine Erhöhung der Mehrwertsteuer. Nicht in nächster Zeit und nicht in der kommenden Legislaturperiode.« Kaum war die Bundestagswahl 2005 vorbei, da wurde die Mehrwertsteuer mit den Stimmen der SPD eiskalt von 16 auf 19 Prozent erhöht. Der damalige Bundeskanzler Gerhard Schröder (SPD) versprach den Wählern am 25. August 2005 vor der Bundestagswahl in der *tz*: »Wir wollen Mobilität, da darf man auf keinen Fall die Pendlerpauschale kürzen.« Kaum war die Wahl vorüber, da wurde als erste Maßnahme die Pendlerpauschale gestrichen. Die damalige CDU-Kanzlerkandidatin Angela Merkel versprach ihren Wählern am 8. September 2005 im Bundestag: »Wir werden ein Programm auflegen, mit dem wir den Eingangssteuersatz auf zwölf Prozent und den Spitzensteuersatz auf 39 Prozent senken.« Fakt ist: Auch Jahre nach der Wahl betrug der Eingangssteuersatz noch immer 14 Prozent. Und 2009 versprachen CDU und FDP im Wahlkampf Steuersenkungen – ein Jahr später kamen dann die Steuererhöhungen.

Was also haben wir davon zu halten, wenn die Integrationsbeauftragte der Bundesregierung, Maria Böhmer (CDU), den Bürgern in Hinblick auf den von der Politik nach Kräften geförderten Zustrom von Migranten zuruft: »Diese Menschen mit ihrer vielfältigen Kultur, ihrer Herzlichkeit und ihrer Lebensfreude sind eine Bereicherung für uns alle.«? Ist das die Wahrheit oder ein weiterer schamloser Betrug an uns Bürgern? Diese Frage wollen wir in den nachfolgenden Kapiteln näher betrachten. Sollte sich dabei herausstellen, dass wir auch in dieser Frage gnadenlos hinters Licht geführt werden, dann werden unsere Politiker bald nur noch Friedhofswächter sein: Sie haben dann zwar viele Leute unter sich, aber keiner hört ihnen mehr zu.

Wachsende Spannungen absehbar

Zuwanderung und Migration sind zur dramatischsten Facette der Globalisierung geworden. Verglichen mit den Fieberkurven der Finanzmärkte, deren Krisen durch Umschuldungen und Staatsbankrotte noch überwunden werden können, sind die Wirkungen der Migration »nachhaltig«. Sie mischen demografische Strukturen und religiöse Traditionen auf, verändern mit brutalster Macht dauerhaft das Gesicht unserer Gesellschaft. Und sie kosten vor allem unendlich viel Geld. Immer schneller müssen in Deutschland Bund, Länder und Gemeinden ständig mehr Gelder für Migranten bewilligen. Denn schon in fünf Jahren, sagen Soziologen, hat in jeder deutschen Großstadt im Durchschnitt jedes zweite Grundschulkind einen Migrationshintergrund. Und in spätestens 15 Jahren werden sich die Unternehmen Lehrstellenbewerbern gegenübersehen, von denen mehr als 50 Prozent keine deutschsprachigen Wurzeln haben. Deutsche werden in Deutschland zu einer ethnischen Minderheit. Albert Schmid, Präsident des Bundesamtes für Migration und Flüchtlinge in Nürnberg, spricht das aus, was viele denken, aber aus Angst, nicht politisch korrekt zu sein, dann doch lieber nicht öffentlich artikulieren: »Wir steuern auf eine Multi-Minoritäten-Gesellschaft zu. Die deutsche Ethnie wird in bestimmten Regionen auf lange Sicht eine von mehreren Minderheiten sein.«[146] Das sei heute in bestimmten Stadtteilen und Altersgruppen schon so, ergänzt er dann noch.

Der Friedensforscher Alfred Mechtersheimer, ein Politologe und Oberstleutnant a. D., war von 1987 bis 1990 Mitglied des Deutschen Bundestages für die Grünen. Er ist ganz sicher kein Rechtsextremist. Erinnern wir uns an seine vor Jahrzehnten getätigte Voraussage: »Wer Einwanderung zulässt, wird eines Tages mit dem *Bosnien-Menetekel* bezahlen müssen!« Im Klartext heißt das: Es wird wachsende Spannungen, Unruhe und Verteilungskämpfe geben – bis hin zum Bürgerkrieg.

Es ist noch nicht lange her, da kamen Zuwanderer als unsere Gäste. Es waren Gastarbeiter. Unsere Eltern bemitleideten sie, wenn sie mit alten rostigen Fahrzeugen beispielsweise aus Anatolien kamen. Auf den Dachgepäckträgern beförderten sie Berge von Plastiktaschen, die als Kofferersatz dienten – »Türkenkoffer« nannten wir die umfunktionierten Aldi-Tüten damals verächtlich. Und wenn wir die Gastarbeiter in ihren Heimatländern besuchten, dann sahen wir, wie die Menschen dort im Müll nach Resten suchten.

Heute sind es oftmals unsere Gastarbeiter, die vor unseren Haustüren die dicksten Autos fahren. Heute sieht man an jedem Busbahnhof, an jedem europäischen Bahnsteig und auf jedem Autobahnrastplatz nicht etwa Gastarbeiter, sondern ethnische Europäer, die in den Müllcontainern nach Verwertbarem Ausschau halten: Pfanddosen oder -flaschen etwa. Unsere zugewanderten »Potenziale« und ihre Nachkommen sind bestens versorgt, während immer mehr ethnische Europäer ums nackte Überleben kämpfen. Darüber hinaus greifen immer mehr dieser zugewanderten »Potenziale« uns in zunehmender Zahl an, machen uns zu Menschen zweiter Klasse in unserer eigenen Heimat.

Aus Gastarbeitern werden immer häufiger dreist abkassierende Mitesser und brutale Schläger, die uns in steigender Tendenz bedrohen. Jeder »Einzelfall« verursacht Kosten. Kosten, über die wir uns als Gesellschaft bisher nie Gedanken gemacht haben.

Beispiel Duisburg-Marxloh: Dort förderte der CDU-Ministerpräsident Jürgen Rüttgers den Bau der größten Moschee Deutschlands, hoffte auf eine friedliche Zukunft zwischen Deutschen und Türken. Versprochen wurden den ethnischen Deutschen dort eine multikulturelle Idylle und die »Bereicherung« durch die zugewanderten »Potenziale«. Die Realität? Die Türken greifen immer öfter Anwohner und Polizisten an. Marxloh ist jetzt türkisch. Deutsche haben dort nichts mehr zu sagen. Und wehe, sie machen den Mund auf – wie am 16. Mai 2010. Da hatten sich Anwohner über einen Türkenaufmarsch in der Weseler Straße von Marxloh beschwert. Hunderte Türken blockierten einfach die Straße und randalierten. Die Anwohner riefen die Polizei. »Es handelte sich um eine nicht bei der Stadt angemeldete Spontanversammlung von Jugendlichen und Heranwachsenden, die angeblich gegen die Tötung von Kurden in der Türkei demonstrieren wollten«, erklärte Polizeisprecher Ramon van der Maat.[147] Als die Polizei eintraf, wurde sie von den Türken angegriffen. Letztere versuchten, einen in Haft genommenen Landsmann zu befreien, beschädigten einen Polizeiwagen – Sachschaden: 2000 Euro – und griffen weitere Polizisten an. Anderthalb Stunden später mussten die Anwohner schon wieder die Polizei rufen. 150 türkische Fahrzeuge bildeten einen Autokorso, überfuhren rote Ampeln, beschlagnahmten den Stadtteil für sich. Inzwischen gibt es in Duisburg-Marxloh zwei deutsche Polizisten, die für nichts anderes zuständig sind, als Türken zu beschwichtigen und von Übergriffen auf Deutsche abzuhalten. Das alles bezahlen die Steuerzahler.

Die Tageszeitung *Die Welt* hat unter der Überschrift »Unter Feinden« über die unglaublichen Zustände in Marxloh berichtet.[148] Diese zugewanderten Feinde lernen immer mehr deutsche Familien auf tragische Weise kennen. »Made in Marxloh« – das ist heute eines der schlimmsten Schimpfwörter in Deutschland.

Das traditionsreiche und einst renommierte Kulturfestival *Duisburger Akzente* ist inzwischen heruntergekommen und zeigt eine multikulturelle Sonderausstellung mit dem Titel *Heiraten alla Turca – Türkische Hochzeitsbräuche in Duisburg*. Die Schau präsentiert vom Brautkauf und vom Versprechen über die Verlobung und den Brautumzug bis zum Henna-Abend alle wichtigen Stationen einer typisch türkischen Hochzeit. Dazu zählen auch Brautkleider, Schmuck, die Aussteuertruhe und viele andere türkische Hochzeitsbräuche. Wir fördern diese Zustände: Immerhin 3,2 Millionen Euro (!) hat das bankrotte Land Nordrhein-Westfalen für ein Begegnungszentrum auf dem großen Moscheegelände in Duisburg-Marxloh bezahlt.[149]

Die Begegnungen in der Realität sind andere als jene, die sich blauäugige Politiker gewünscht haben, eine Zeitung berichtet aus Marxloh: »Achtjährige treten alte Damen, fordern Frauen zum Geschlechtsverkehr auf, schmeißen mit Wasser gefüllte Luftballons gegen Geschäftsscheiben oder gehen absichtlich bei Rot über die Straßenkreuzung und erzeugen Staus. ›Ständig werden kleinere Verstöße provoziert, auch wenn ein Streifenwagen in Sichtweite steht‹, sagt Polizeioberkommissar Andreas de Fries. Sobald man die Kleineren zur Räson bringen will, tauchen die aggressiveren Geschwister auf. ›Das ist unsere Straße‹, rufen sie. Dann wird es gefährlich.«[150]

Duisburg-Marxloh ist inzwischen überall: In vielen Städten haben wir Mitbürger mit »Migrationshintergrund« in die Reihen der Polizei aufgenommen. Wie schön für uns, wenn wir daraus erwachsenden Folgen verdrängen – wie in Offenbach: Da wurde 2010 einer der drei Ausländerbeauftragten verhaftet, ein Deutsch-Marokkaner. Der Mitbürger, der seit zwei Jahren das Vertrauen der Kollegen genoss, soll sich laut Staatsanwaltschaft des Geheimnisverrats schuldig gemacht haben. In mehreren Fällen habe der Migrant Informationen aus Computerdatenbanken abgerufen und an seine Landsleute weitergegeben.[151]

Doch zurück ins »bereicherte« Duisburg-Marxloh: Die Möglichkeiten unserer zugewanderten Mitbürger, uns nach Strich und Faden zu betrügen, sind vielfältig. Jeder Polizist kennt in Duisburg-Marxloh seine Rauschgifthändler mit »Migrationshintergrund«, die angeblich unsere Kultur bereichern. Man kennt die türkischen Zuhälter. Und man kennt auch die dort agierenden Einbrecherbanden. Im multikulturellen Duisburg-Marxloh – der langjährige NRW-Ministerpräsident Jürgen Rüttgers (CDU) sprach in Bezug auf die Islamisierung der Stadt vom »Wunder von Marxloh« und forderte dreist noch mehr Moscheen[152] – ist aus der multikulturellen Wunschidylle längst eine Hochburg der Kriminellen geworden. Jede ethnische Zuwanderergruppe trägt offen ihren Hass gegen andere Zuwanderergruppen vor sich her. Ein Beispiel, über das die *Rheinische Post* im Mai 2010 berichtete: »In Marxloh leben Türken, Kurden, Albaner, Libanesen, Iraker und Araber Tür an Tür. Sie eint neuerdings die Feindschaft gegen eine Migrantengruppe, die in großen Familienverbänden in NRW unterwegs ist. ›Es gibt oft Streit mit Nichtsesshaften aus Bulgarien und Rumänien‹, berichtet de Fries. ›Die kulturellen Unterschiede sind groß‹, sagt der Polizist. ›Ruckzuck könne es zur Sache gehen.‹«[153] Gemeint ist die Bereicherung durch Sinti und Roma, die in Duisburg-Marxloh anderen Zuwanderern billigen Schund als angebliches »Gold« verkaufen. Die

»Rotationseuropäer« verdienen ihr Geld mit diesem Betrug. Auch sie wollen eben möglichst viel beiseiteschaffen – mit allen Mitteln.

Viele Migranten sind kriminell. Das sagt nicht etwa der Autor dieses Buches. Nein, das sagt die Integrationsbeauftragte der Bundesregierung, Maria Böhmer (CDU). Sie ließ 2009 folgende Fakten mitteilen: Die Kriminalitätsquote bei Zuwanderern liegt doppelt so hoch wie bei der Gesamtbevölkerung.[154] Da werden Scheinehen geschlossen, um Sozialhilfe erschleichen zu können.[155] Da fälschen Pfarrer Aufenthaltsgenehmigungen für Migranten.[156] Da werden Zusatzeinkünfte unserer Zuwanderer über Jahre hinweg beharrlich verschwiegen. Zugewanderte Kriminelle und ihre Großfamilien melden sich arbeitslos, gehen krummen Geschäften nach und kassieren parallel Sozialhilfe ab. Man darf nur nicht darüber berichten. Das ist politisch nicht erwünscht. Politisch korrekt ist es vielmehr, darüber zu berichten, dass unsere »armen Migranten« – etwa aus der Türkei – auch nach Jahrzehnten Aufenthalt in Deutschland noch immer nicht unsere Sprache verstehen, deshalb durch unsere Schuld in Massen psychische Probleme haben, für die wir nun unbedingt Therapeuten, die der Muttersprache der ehemals Zugewanderten mächtig sind, finanzieren sollen. So beginnt 2010 ein Artikel in der Wochenzeitung *Die Zeit* unter der Überschrift »Psychosoziale Hilfe für Migranten« mit den Worten: »Unter Einwanderern breiten sich seelische Krankheiten überproportional aus. Doch sie finden keine psychotherapeutische Hilfe.«[157]

Die billigste psychosoziale Hilfe für unsere liebreizenden Türken, die unsere Landessprache nicht verstehen und sich hier nicht wohlfühlen, muss allerdings nicht von europäischen Steuerzahlern finanziert werden. Diese Migranten müssten nur brav ihre Koffer packen und wieder dorthin fahren, wo sie verstanden werden und kulturell akzeptiert sind. Dann klappt's auch mit der Psyche. Wir benötigen keine weiteren Sozialarbeiter zur Betreuung psychisch gestörter Migranten – wir brauchen stattdessen Rückführungsbetreuer, die diesen Migranten beim Packen der Koffer helfen und sie in den richtigen Zug Richtung Heimat setzen.

Doch wir wollen ja politisch korrekt sein und Migranten möglichst hier im Land ihrer Schmerzen, wo sie sich unwohl fühlen, wunschlos glücklich machen. Die Kosten für jeden Irrsinn, den wir in den folgenden Kapiteln kennenlernen werden, die zahlen SIE! Und die Einzigen, die derweilen garantiert beständig reicher werden, sind jene, die uns das alles eingebrockt haben.

Rette dich, wer kann: der Exodus der Leistungsträger

Aus der Sicht von Gutmenschen ist Deutschland ein Einwanderungsland. In der Realität ist die Bundesrepublik allerdings ein Auswanderungsland. Ein Politiker sagt: »Unsere Zuwanderer haben meist eine geringe Bildung, unsere Auswanderer dagegen sind hoch qualifiziert.« Er nennt ein Beispiel: In Nordrhein-Westfalen seien im ersten Halbjahr 2008 ganze elf hoch qualifizierte Ausländer zugewandert. »Zugleich sind die meisten jungen Türken, die unser Land wieder verlassen, hoch qualifiziert und machen dann in der Türkei eine tolle Karriere.« Dies sei »ein Alarmsignal für den Standort Deutschland und ein echtes Problem für die Wirtschaft«[158].

In Massen wandern die pflichtbewussten Steuerzahler aus. Und es wandern Migranten ein, die häufig bis an ihr Lebensende auf staatliche Sozialleistungen angewiesen sind. Sie holen durch den Familiennachzug noch Vater, Mutter, Onkel, Tanten und andere Verwandte nach Deutschland nach, die niemals in die deutschen Sozialkassen eingezahlt haben, aber staatliche Transferleistungen (Sozialhilfe, Rente, Wohngeld, Krankenkassenbeiträge, Kindergeld usw.) erhalten. Die Milliarden, die wir in die Sozialleistungen investieren, fehlen uns nun beim Straßen- und Brückenbau, bei der Errichtung von Schulen, Kindergärten, Bibliotheken, Sportanlagen, Schwimmbädern, Universitäten, Polizeidienststellen und anderen öffentlichen Einrichtungen.

Von 1971 bis 2000 stieg die Zahl der eingewanderten Mitbürger von 4,5 auf 7,5 Millionen. Die Zahl der Erwerbstätigen in dieser Gruppe stagnierte jedoch nach Angaben des Statistischen Bundesamtes in Wiesbaden bei zwei Millionen. Die meisten der seit 1971 neu eingewanderten Migranten – drei Millionen Ausländer – sind also nicht erwerbstätig, nicht produktiv. Sie leben von staatlichen Sozialleistungen. Sie beanspruchen die Sozialsysteme mehr, als dass sie zu ihrer Finanzierung beitragen. Einwanderung schwächt unsere Sozialsysteme.

Siegfried Kohlhammer schrieb im April 2010 in der Zeitschrift *Merkur* über das »Ende Europas« die folgenden Sätze: »Niemals zuvor in der Migrationsgeschichte hat es einen derartig hohen Grad an materieller, rechtlicher und ideologischer Unterstützung der Migranten von staatlicher und nichtstaatlicher Seite gegeben wie im heutigen Europa, und Deutschland nimmt dabei einen der Spitzenplätze ein. Seit Jahrzehnten werden hier erhebliche Summen für Integration ausgegeben, in die Sprachprogramme allein sind Milliardenbeträge investiert worden. Schon die Gastarbeiter in den sechziger Jahren waren von Anfang an arbeits- und sozialrechtlich gleichgestellt, erhielten also Tariflohn,

Arbeitslosengeld und -unterstützung, Kinder- und Wohnbeihilfe, BAföG, ärztliche Betreuung – das volle Programm. Das hatte denn auch zur Folge, dass das (1973 eingestellte) Gastarbeiterprogramm zwar für die Privatwirtschaft, auf deren Druck es eingeführt worden war, einen Erfolg darstellte, nicht aber gesamtwirtschaftlich, da die Folgekosten die Gewinne schließlich übertrafen. Generell gilt in Europa, dass die Migranten insgesamt den Wohlfahrtsstaat mehr kosten, als sie zu ihm beitragen. Eine Lösung der Probleme Europas durch mehr Migranten, wie sie die EU wünscht, ist eher unwahrscheinlich.«[159]

Man muss neben den vielen Milliarden für die Arbeitslosen- und Sozialhilfeunterstützung auch noch die weiteren Kosten für die Folgen der Masseneinwanderung berücksichtigen: Wir benötigen im Bildungssystem mehr Lehrer, wir brauchen wegen der Migranten mehr Sozialarbeiter, wir müssen zudem immer mehr Polizisten, Richter und Gefängnismitarbeiter beschäftigen. Masseneinwanderung hat somit eine katastrophale Fehlentwicklung zur Folge, die Europa in seiner bisherigen Form rasend schnell zerstört.

Immer mehr Deutsche haben die Nase voll von den Zuständen hierzulande. Deutschland avanciert zum Auswanderungsland. Zuwanderer kommen nur noch aus bildungsfernen Ländern, die Intelligenten sagen »Goodbye Deutschland!«. Schon jeder vierte Deutsche spielt mit dem Gedanken, seine Heimat zu verlassen und auszuwandern.[160] Allein im Jahr 2008 haben 165 000 bis 175 000 Menschen Deutschland den Rücken gekehrt.[161] Die meisten von ihnen sind jung und haben eine akademische Ausbildung. Sie sehen keine Zukunft mehr in ihrer Heimat. Das vom deutschen Steuerzahler mit ihrer Ausbildung in die Zukunft investierte Geld verschwindet wie Schwarzgeld über die Landesgrenzen. Nach einer Studie des ifo-Instituts zieht die Auswanderung hoch qualifizierter deutscher Arbeiter und Angestellter eine erhebliche Belastung der öffentlichen Haushalte und der Sozialkassen nach sich. In einem Bericht aus dem Jahr 2009 heißt es dazu: »Über die gesamte Lebenszeit betrachtet führe das zu einer negativen Bilanz für die öffentlichen Kassen in Deutschland, erklärten die Forscher. Da die Auswanderer in den betrachteten Beispielfällen vor dem Schritt ins Ausland nur wenig Steuern und Sozialabgaben gezahlt haben, aber besonders von einer kostenlosen Ausbildung profitieren konnten, belasten sie die Allgemeinheit bis zum Zeitpunkt der Auswanderung mit rund 160 000 Euro im Fall des Facharbeiters und 436 000 Euro im Fall der Ärztin. Blieben sie in Deutschland, würden sie hingegen über ihre gesamte Lebenszeit einen positiven Beitrag von 121 000 Euro (Facharbeiter) beziehungsweise 639 000 Euro (Ärztin) für die Allgemeinheit leisten.«[162] Zwischen 160 000 und 436 000 Euro kostet die Steuerzahler demzufolge auch nur die Abwanderung eines einzigen qualifizierten Deutschen ins Ausland! Jene, die neu zuwandern, kommen aus Ländern wie Rumänien (47 000), der Türkei (26 200), Ungarn (25 100) und Bulgarien (23 600).[163]

Eine große Zukunft – für die Bildungsfernen

Jeden Tag verliert Deutschland – bildlich gesprochen – ein Dorf voller gut ausgebildeter Arbeitskräfte, die integriert sind und unsere Sprache sprechen.[164] Alle vier Minuten verlässt ein Deutscher sein Heimatland – das sind Zahlen, wie es sie zuletzt vor 120 Jahren gegeben hat!

Deutschland ist angeblich ein »Einwanderungsland«.[165] Das möchten politische Parteien und Stiftungen – etwa die SPD-nahe Friedrich-Ebert-Stiftung – die Bürger gern glauben machen.[166] Seit Jahren schon wird die Worthülse »Einwanderungsland« beständig unkritisch wiederholt – so lange, bis es (fast) jeder glaubt. Schaut man in die Statistiken des Statistischen Bundesamtes, dann finden sich im Kleingedruckten allerdings Wanderungsbewegungen, die aufhorchen lassen: Die Deutschen verlassen in Scharen ihre Heimat – Jahr für Jahr. Zitat aus dem Jahresbericht des Amtes: »2007 wurden 165 000 Fortzüge deutscher Personen registriert. Die Zahl der Fortzüge nahm somit gegenüber dem Vorjahr (155 000) um sechs Prozent zu und blieb damit auf hohem Niveau. Die Hauptzielländer bei den Fortzügen deutscher Personen waren die Schweiz (20 000), die USA (14 000), Polen und Österreich (jeweils 10 000).«[167] Deutschland ist ein Auswanderungsland – zumindest für ethnische Deutsche.

Das Gleiche gilt auch für viele andere europäische »Einwanderungsländer« – die einheimische Bevölkerung packt die Koffer, und Migranten wandern ein. Beispiel Großbritannien: In den letzten zehn Jahren haben fast zwei Millionen ethnische Briten ihre Heimat für immer verlassen und sind ausgewandert. Nach Angaben der renommierten *Yale University* erlebte Großbritannien eine solche Auswanderungswelle zuletzt in den Jahren 1911 bis 1914. Britische Politiker führen die große Auswanderungsbereitschaft auch auf ständig steigende Steuern und die laufend zunehmende Kriminalität zurück.[168] Und während allein zwischen 1997 bis 2006 1,97 Millionen ethnische Briten ihrer Heimat den Rücken gekehrt haben, wanderten im gleichen Zeitraum 3,9 Millionen Migranten aus anderen Kulturkreisen ein. Man kann Großbritannien somit als »Einwanderungsland« bezeichnen. Politisch wäre das sicherlich korrekt.

Nun sind jene, die im Massenexodus ihre Heimat verlassen, nicht die unterprivilegierten Armen, nicht schlecht Ausgebildete – sondern es sind Menschen, die gut verdienen und für ihre neue Zukunft über Jahre hin gespart haben. Sonst hätten sie in Kanada, Australien und den Vereinigten Staaten keine Chance auf eine Aufenthaltserlaubnis. Es gehen also nicht die Armen und Mittellosen, sondern die Gutverdienenden. Folglich bleiben jene in der alten Heimat zurück, die ein weniger gutes Einkommen haben – und noch ärmere Mitbürger wandern aus anderen Kulturkreisen zu. Das aber alarmiert die Politiker, denn Jahr für Jahr erfährt die Bevölkerung in sogenannten Armutsberichten die Folgen dieser Wanderungsbewegungen: Die Zahl der Armen nimmt überall in Europa beständig zu. Das beklagt man dann bitterlich und sinnt auf Wege, die Steuern zu erhöhen. Im Endeffekt haben dann noch mehr Bürger die Nase voll – und wollen für immer weg. Auf die Idee, die gut ausgebildeten – aber ausgewanderten – Deutschen und anderen Europäer mit Anreizen wieder in die Heimat zurückzulocken, ist noch niemand gekommen.

Der Bremer Soziologe Professor Gunnar Heinsohn (er ist seit 2009 im Ruhestand) findet die Entwicklung schlicht verrückt. Im Jahr 2010 schrieb er für die *Frankfurter Allgemeine Zeitung* auf, was dem Durchschnittsbürger bei dieser Thematik kaum bekannt sein dürfte: »Die Bedrohung für die Wirtschaft, den Sozialstaat, das Gemeinwesen insgesamt wird als so groß empfunden, dass es unter den Demografen kaum einen gibt, der dem Land noch Hoffnungen macht. (…) Eine demografische Zukunft haben nur die Bildungsfernen. So besteht im Februar 2010 die Hartz-IV-Bevölkerung von 6,53 Millionen Menschen zu 26 Prozent aus Kindern unter 15 Jahren (1,7 Millionen). (…) So hatte Bremerhaven vergangenes Jahr zwar ›nur‹ 33 Prozent der Kinder von sieben bis 15 Jahren auf Hartz IV. Bei den Null- bis Dreijährigen aber waren es 45 Prozent. Deshalb steht zu befürchten, dass in einigen Jahrzehnten weit mehr als ein Viertel der Menschen in eine Hightech-Gesellschaft mit ihren hohen Qualifikationsanforderungen nicht passt. (…) Der Königsweg wäre qualifizierte Einwanderung. (…) Seit 1987 hat man über zwölf Millionen Fremde geholt. (…) Zwischen Rhein und Oder hingegen liegen Migrantenkinder – von den begabten Ausnahmen abgesehen – tiefer unter dem einheimischen Leistungsniveau als irgendwo sonst auf der Welt. (…) Deutschland rekrutiert seine Einwanderer vorrangig nicht aus Eliten, sondern aus den Niedrigleistern des Auslands, weshalb man eben nur etwa fünf Prozent qualifizierte Einwanderer gewinnt. Und deren Nachwuchs schleppt die Bildungsschwäche weiter. Die deutsche politische Führung scheint fest entschlossen, weiter auf dem erfolglosen, immer teurer werdenden Weg der verfehlten Einwanderungs- und Sozialpolitik zu gehen. (…) Solange die Regierung das Recht auf Kinder als Recht auf beliebig viel öffentlich zu finanzierenden Nachwuchs auslegt, werden Frauen der Unterschicht ihre Schwangerschaften als Kapital ansehen. Allein eine Reform hin zu einer Sozialnotversicherung mit einer Begrenzung der Auszahlungen auf fünf Jahre statt lebenslanger Alimentierung würde wirken – nicht anders als in Amerika. Eine solche Umwandlung des Sozialstaats würde auch die Einwanderung in die Transfersysteme beenden.«[169]

Doch wir ändern nichts. Wir halten die Mythen aufrecht, denen zufolge Zuwanderer entscheidend für unser künftiges Wohlergehen sind. Das Gegenteil ist allerdings der Fall: Lag die Beschäftigtenquote der im Deutschland der 1960er-Jahre lebenden und arbeitenden Türken noch über jener der Deutschen, so stellen die Muslime heute in vielen deutschen und europäischen Städten oft 40 Prozent und mehr der Arbeitslosen. Christopher Caldwell schreibt dazu: »Gastarbeiter drücken in allen europäischen Ländern die Produktivität. Da sind sich alle Experten einig.«[170]

Europa hat den Bedarf an Arbeitskraft von Zuwanderern eben weit überschätzt. Noch im Januar 2008 behauptete der Grünen-Politiker Joschka Fischer, einer der Vordenker der Zuwanderungswelle, allen Ernstes, Deutschland sei »ökonomisch auf Zuwanderer angewiesen«[171]. Da hatte die Wirtschaftskrise schon längst begonnen. Und es war klar, dass jeder weitere Zuwanderer in absehbarer Zeit jedenfalls nicht als Arbeitskraft gebraucht werden würde.

Boxkurse – »damit sie auch morgen noch kräftig zuschlagen können«

Wir erleben die größte Auswanderungswelle der deutschen Geschichte. Und jene, die neu ins Land kommen, haben überwiegend keine Ausbildung, sprechen nicht unsere Sprache und zeigen wenig Interesse daran, sich zu integrieren. Für sie organisieren wir (der Steuerzahler finanziert es ja) merkwürdige Dinge, um sie von Raubüberfällen und Gewalttaten abzuhalten: In Berlin gibt es beispielsweise für zugewanderte jugendliche Roma »Nachtboxen« – speziell vom Senat entwickelt für die vielen Roma an der Neuköllner Okerstraße. Von 22 Uhr bis drei Uhr frühmorgens (die Zeitspanne, in der Roma-Jugend-Gangs die Gegend an der Berliner Okerstraße bevorzugt unsicher machen) werden nun staatlich beaufsichtigte Boxwettkämpfe veranstaltet; beteiligt sind Jugend- und Gesundheitsamt, Ordnungsamt, Bauaufsicht, Schulverwaltung und Polizei.[172] Es war die Berliner Zeitung *Tagesspiegel*, die positiv über das von deutschen Steuerzahlern finanzierte »Nachtboxen« für zugewanderte Roma-Kinder berichtete. Doch was für Migranten als Aggressionsabbau aus Journalistensicht völlig in Ordnung ist, macht ethnische Deutsche zu obskuren Personen. Dominik Brunner, der in München von Migranten in einer S-Bahn-Station erschlagen wurde, weil er Kinder beschützen wollte, war früher einmal beim

Kickboxen gewesen. Und deshalb warf der Berliner *Tagesspiegel* im Juli 2010 beim Prozess gegen seine zugewanderten Mörder mit Dreck nach ihm, schrieb über Dominik Brunner und sein früheres Interesse am Kickboxen unter der Überschrift »Der Held muss Held bleiben«[173]. Dominik Brunner war eben ein Mensch zweiter Klasse, kein Migrant, sondern ein ethnischer Deutscher. Wäre Brunner nicht Deutscher, sondern einer der zugewanderten Roma-»Nachtboxer« gewesen, der *Tagesspiegel* wäre wohl nie auf die Idee gekommen, das Mordopfer so zu behandeln.

Auch für die jüngsten Roma-Kinder greifen wir als Steuerzahler gern tief in die Tasche. Beispiel Gelsenkirchen: Die Stadt ist finanziell am Ende, völlig bankrott. So bankrott, dass sie selbst 31 Schulen und Verwaltungsgebäude an US-Investoren verkauft hat. Die Stadt kürzt finanziell, wo sie nur kann, lässt heute selbst die Kinderspielplätze verrotten. Ganz anders ist es bei Migranten. Damit illegal nach Deutschland eingereiste Roma-Kinder nicht in Gelsenkirchen betteln, bringt die Stadt sie in Heimen unter und betreut sie dort liebevoll. Eine Lokalzeitung schreibt dazu: »… wie etwa in Gelsenkirchen. Dort haben sie drei Kinder von der Straße weg ins Heim gesteckt. Ein Irrsinn, der den Steuerzahler pro Tag 1000 Euro kostet!«[174] Das sind pro Monat mehr als 30 000 Euro für drei Migrantenkinder. Als Leser dürfen Sie ganz sicher sein, dass Steuergelder in dieser Größenordnung in einer Stadt wie Gelsenkirchen für ein ethnisches deutsches Kind nicht einmal in dessen ganzem Leben ausgegeben werden.

Die deutschen Steuerzahler wissen wahrscheinlich gar nicht, welche absurden Freizeitgestaltungen sie unseren zugewanderten Mitbürgern sonst noch so finanzieren: Trommeln etwa. Ja, Sie haben richtig gelesen. Ein Beispiel: In Bad Urach in Baden-Württemberg dürfen junge Migranten, die beispielsweise Menschen zusammengeschlagen haben, am Alten Bahnhof eine ganz besondere Strafe genießen. Die Richter haben die 14 bis 24 Jahre alten Migranten zum Trommeln verurteilt. Mitbürger, die durch Raubüberfälle in Erscheinung getreten sind, sollen »durch das Trommeln positiv auffallen« und ein Gemeinschaftsgefühl entwickeln, so Projektleiter Dierk Zaiser. »Klassische Kulturangebote erreichen unsere Jugendlichen nicht«, sagt Zaiser. »Das ist besser als Arbeitsstunden, man hat was davon«, erklären Ramadan und Lulzim, zwei 18- und 21-jährige albanische Trommler.[175]

Für die Frauen unserer Zuwanderer werden vom Steuerzahler finanzierte Alphabetisierungskurse angeboten. So berichtet die *Südwest-Presse* 2010 etwa aus dem baden-württembergischen Eislingen: »Unter den vielen Maßnahmen zur Förderung der Integration in Eislingen gibt es jetzt auch einen Alphabetisierungskurs für türkische Frauen (…).«[176]

Das ist aber noch nicht alles: Man darf sich inzwischen sogar an »Turbanwettbewerben« erfreuen, die in westlichen Staaten veranstaltet werden.[177] Damit wirbt man für »mehr Toleranz«. Nein, nicht den Einheimischen gegenüber. »Mehr Toleranz« gegenüber den Integrationsresistenten selbstverständlich. Wir bezahlen doch gern dafür.

Die Folge? Diese Zuwanderer lachen über uns. In Städten wie Krefeld bitten Politiker die Bürger inzwischen öffentlich darum, die Frechheiten dieser Mitbürger zu übersehen. Wenn dort rumänische Zuhälter in Wohngebieten Prostituierte abliefern und mit ihren Nobelkarossen in zweiter Reihe auf der Fahrbahn parken, dann sollen wir »keine Selbstjustiz üben«, sprich den Mund halten. Denn selbst die Polizei ist gegen die Dreistigkeit offenkundig machtlos: »Wenn die mal ein Knöllchen bekommen, lachen die noch und zerreißen es gleich, weil sie ja sowieso nichts befürchten müssen«, sagt ein Lokalpolitiker.[178] Also immer schön ruhig bleiben, lächelnd zusehen – und bezahlen.

Auch Hamburg pumpt kaum vorstellbare Summen in die Ruhigstellung junger Zuwanderer. Die Folge? Die Gewalt auf den Straßen gegen ethnische Deutsche nimmt unaufhaltsam zu. Während in Berlin problematische Zuwanderer auf Staatskosten im Niederschlagen von Menschen trainiert werden, wird das in Hamburg mit Spendengeldern finanziert. Im südöstlichen Stadtteil Neuallermöhe-West gibt es Boxkurse für Zuwanderer, die der Integration dienen sollen. Deklariert wird das Boxtraining als »Abbau von Ängsten«. In einem Bericht heißt es: »Mit einem Boxtraining sollen die besonders schwierig einzubindenden und zu erreichenden Jugendlichen und jungen Erwachsenen bis 25 Jahre ihr oft auffälliges bis gewalttätiges Verhalten in den Griff bekommen.«[179] Wie schön für die Hamburger, dass die Fausthiebe der »Integrationsarbeit« auch noch mit einem »Integrationspreis« honoriert wurden. Auch das finanzieren wir Steuerzahler doch gern, oder?

Auch im »Haus der Zukunft« in Bremen-Lüssum, einem Migrantenghetto, werden Problemjugendlichen Kampfsporttechniken beigebracht. Man nennt es »Sozialarbeit«, wenn zugewanderte Jugendliche, die ohnehin schon als Schläger aufgefallen sind, weiter im Zuschlagen trainiert werden. Und unsere Gesellschaft akzeptiert es, dass darüber auch noch positiv in den Medien berichtet wird. Da heißt es dann etwa: »Kickboxer Ali G. (16) spannt die Arme an, das rechte Bein federt hoch. Treffer. Ein sogenannter Middle-Kick!«[180]

Weshalb finanzieren wir es, dass Problemkinder in Kampfsportarten unterrichtet werden? Werden wir demnächst auch aggressive Problemhunde auf Kosten der Steuerzahler im Zubeißen trainieren? Wenn wir schon Geld für Kampfsportarten unter Jugendlichen verteilen, warum unterrichten wir dann nicht lieber die Schwächsten an den Schulen, die gemobbt, gehänselt, abgezockt und bisweilen von jungen Mitbürgern zusammengeschlagen werden? Dann hätten diese wenigstens eine Möglichkeit, sich ihrer Angreifer zu erwehren.

Nachdem fünf bis sechs Ausländer den Hamburger Auszubildenden Stephen S. (19) im Frühjahr 2010 in Hamburg-Billstedt mit Hieben ins Koma geprügelt hatten – er liegt noch immer mit halbseitigen Lähmungen in einer Klinik –, fragte eine Hamburger Zeitung bei den Behörden nach, ob denn die Gewalt auf den Straßen rückläufig sei. Die überraschende Antwort: Die Zahl der brutalen Gewaltdelikte in Hamburg ist seit 2005 um 70 Prozent gestiegen.[181] Zur Erinnerung: Seit 2005 verleiht die Hamburger Sozialbehörde jährlich einen Integrationspreis unter dem Motto »Hamburg wächst zusammen«.[182] Schaut man sich seither die Gewaltstatistik an, dann sind den vielen teuren Preisverleihungen für Integration zum Trotz die Zustände nicht einen Deut besser, sondern um 70 Prozent schlimmer geworden; ein »toller« und vor allem teurer (!) Integrationserfolg.

Da werden von Politikern im Hamburger Rathaus mit multikulturellem Hip-Hop Integrationspreise verliehen[183] – und anschließend auf den Straßen Menschen ausgeraubt. Die SPD, die lange Zeit Hamburg regierte und diese Entwicklung durch untätiges Zusehen gefördert hatte, fordert nun mehr Härte von der CDU-Regierung gegen »Ausländerkriminalität« in Hamburg.[184] Parallel dazu erinnert ein Hamburger Polizeibeamter daran, dass es zu rot-grünen Regierungszeiten in der Hansestadt strikt untersagt war, bei Meldungen über einen polizeilichen Vorfall zu erwähnen, ob der Tatverdächtige Ausländer gewesen sei. »Erlaubt waren nur die Begriffe Mann, Frau oder Deutscher. Wir durften über Funk nicht einmal das Wort Südländer benutzen«, berichtet der Polizist.[185]

Wenn Zuwanderung in Massen aus rückständigen Staaten mit ungebildeten Bürgern erfolgt, dann kostet das Geld, viel Geld. Das Einzige, was uns Zuwanderer aus solchen Herkunftsländern also ganz sicher bescheren, sind höhere Steuern und Sozialausgaben. Aber Politiker wie der frühere SPD-Vorsitzende Kurt Beck sprechen derweilen davon, die »Potenziale« unserer Migranten besser zu nutzen.[186]

Zur Erinnerung: Die gesamten Steuereinnahmen des Bundes reichten im Jahr 2010 nicht mehr aus, um die Sozialkosten und die Zinsen auf die Bundesschulden zu zahlen. Alle Ausgaben für Bildung, Wissenschaft und Forschung, für eine moderne Infrastruktur und nicht zuletzt für die Kultur (also alle Zukunftsaufgaben) werden mit neuen Schulden finanziert, die von unseren Kindern irgendwann einmal zurückgezahlt werden müssen.[187]

Irgendwann kommt es zum Crash. Dann brechen die Sozialsysteme einfach zusammen. Mit ungewohnt deutlichen Worten hat die EU-Kommission die

Mitgliedsstaaten der EU schon im Herbst 2009 vor einem möglichen baldigen Zusammenbruch der Sozialsysteme gewarnt.[188] Die EU stellte damit zum ersten Mal in ihrer Geschichte das Überleben der sozialen Sicherungssysteme in Europa öffentlich generell infrage.

Im Vergleich zu den meisten anderen Weltregionen haben die EU-Staaten ein eng geknüpftes soziales Netz, das Menschen im Alter, bei Krankheit und Arbeitsplatzverlust eine Grundabsicherung bietet. Die wichtigste Voraussetzung für diese Sozialtransfers ist jedoch, dass ständig genügend Menschen die Kosten durch Steuern oder Sozialabgaben tragen. Aber arbeitslose Zuwanderer tragen nichts zu den Sozialsystemen bei.

Kulturelle »Bereicherung«: gemeinsam abwärts in die Gosse

Migranten werden jetzt überall bevorzugt eingestellt, erhalten sogar vor Gericht einen Migrantenbonus. Dieser Irrsinn wird immer schlimmer: Seit Mitte 2010 gibt es beispielsweise bei der britischen Stadt Bristol (dem dortigen größten Arbeitgeber) Stellenangebote, die nur für nichtweiße Bewerber sind![189] Es handelt sich dabei nicht etwa um Stellen, die mit Integrations- oder Migrationsfragen zu tun haben, sondern um ganz normale Arbeitsplätze. Ethnische weiße Briten werden in ihrer eigenen Heimat gezielt diskriminiert. Man muss jetzt schwarz sein oder einer »ethnischen Minderheit« angehören, um bei der Stadt Bristol einen öffentlich ausgeschriebenen Arbeitsplatz zu bekommen. Ethnische Briten, die in Bristol einen Arbeitsplatz suchen, nannten das in den Kommentarbereichen der Zeitung *Daily Mail* und des *Independent* »rassistisch«. Aber wer das so offen ausspricht, dass er gegen die Bevorzugung von Migranten ist, dem drohen in Großbritannien gleich Strafverfahren wegen »Rassismus«. Sie haben richtig gelesen: Wer die Bevorzugung von Zuwanderern als »Rassismus« kritisiert, der ist in Großbritannien heute ein »Rassist«. Es ist also völlig »normal«, wenn in einer britischen Stadt wie Bristol bestimmte Arbeitsplätze nur noch an nichtweiße Nicht-Briten vergeben werden. Dafür musste sich im Sommer 2010 niemand entschuldigen.

Der umgekehrte Fall rief zeitgleich eine Welle des Protests hervor: In Northampton hatte die Stadtverwaltung für den regelmäßigen Transport eines behinderten Kindes im Juni 2010 per öffentlicher Ausschreibung eine »weiße weibliche, nichtmuslimische Taxifahrerin« gesucht. Die Zuständigen der Stadtverwaltung mussten sich einen Tag nach der Ausschreibung öffentlich entschuldigen. Es gab sofort Ermittlungen gegen sie wegen »Rassismus« und Verstoßes gegen die »Antidiskriminierungsgesetze«. In der Zeitung *Northampton*

Chronicle wurde über Tage hinweg beinahe kein anderes Thema als die Benachteiligung zugewanderter Menschen bei dieser Ausschreibung behandelt.[190]

Ein ähnlicher Fall: In den Niederlanden drohte im Juni 2010 zwei niederländischen Managern einer Ladenkette ein Jahr Gefängnis, weil sie sich geweigert hatten, Marokkaner einzustellen.[191] Das wurde als diskriminierend angesehen. Dabei hatte die niederländische Polizei zuvor öffentlich mitgeteilt, dass Marokkaner die kriminellste Bevölkerungsgruppe im Land stellen. Und die Stadt Gouda weist in den Niederlanden landesweit die meisten marokkanischen Kriminellen aus.[192] Die niederländische Polizei selbst hatte dann den nächsten »Diskriminierungsskandal«. Sie veröffentlichte im Juni 2010 in den größten Zeitungen des Landes eine Stellenanzeige für den gehobenen Polizeidienst, auf die sich ethnische weiße Niederländer nicht bewerben durften. Die Stelle war nur für Migranten mit »bi-kulturellem Hintergrund« ausgeschrieben.[193] Wenige Tage zuvor hatten die Niederländer mit Geert Wilders einen Kritiker des multikulturellen Schmusekurses in die Regierung gewählt. Und die Stimmung änderte sich schlagartig: Sofort wurde die Stellenanzeige der Polizei von der Antidiskriminierungsstelle öffentlich als diskriminierend gegenüber ethnischen Niederländern gerügt. Man sieht daran, wie schnell sich die Position der politischen Korrektheit verändern kann.

Im Juni 2010 veröffentlichte die niederländische Fachzeitschrift für Kriminologie (*Tijdschrift voor Criminologie*) eine Sonderausgabe zum Thema »Kriminalität und ethnische Gruppen«. Da konnten die Niederländer zum ersten Mal im Detail nachlesen, welche ungeheure Kriminalität von zugewanderten Türken, Marokkanern und Asylbewerbern ausgeht. Jeder fünfte in den Niederlanden lebende Marokkaner ist danach spätestens im Alter von 22 Jahren wegen Straftaten polizeibekannt. Die Studie hatte es in Europa so noch nie zuvor gegeben. Die Kriminologen hatten jeden, der im Jahr 1984 in den Niederlanden geboren worden war, bis zum Alter von 22 Jahren mit allen Polizeikontakten und sonstigen Auffälligkeiten statistisch beobachtet. Heraus kam das sensibelste Abbild ethnischer Gruppen und ihrer Kriminalität, das je in einem europäischen Land wissenschaftlich erforscht worden war: Den Untersuchungen zufolge gibt es einen direkten Zusammenhang zwischen ethnischer Zugehörigkeit zu einer Bevölkerungsgruppe und Kriminalität. Die wichtigsten Ergebnisse: 54 Prozent aller jungen Marokkaner werden straffällig (zum Vergleich: Bei den ethnischen Niederländern sind es 20 Prozent).[194] Statistisch gesehen verübt jeder Marokkaner in den Niederlanden bis zum Alter von 22 Jahren 4,1 Straftaten. 16,6 Prozent aller jungen marokkanischen Mädchen werden beim Diebstahl ertappt (zum Vergleich: 4,5 Prozent der ethnischen niederländischen Mädchen). Während Marokkaner mehr Eigentumsdelikte begehen, sind Türken vor allem brutale Gewalttäter. Die niederländische Kriminologie-Zeitschrift wird auch von belgischen (flämischen) Kriminologen und Polizisten gelesen. In den Niederlanden ist es gestattet, die ethnische Zugehörigkeit von Straftätern zu registrieren und Zusammenhänge zu erforschen. In Belgien ist es verboten, die Zugehörigkeit einer Person zu einer Bevölkerungsgruppe festzuhalten. Vor diesem Hintergrund gab es Schwierigkeiten mit der Auslieferung der kriminologischen Fachzeitschrift in Belgien, die für »rassistisch« erklärt wurde. Die Belgier wissen, dass mehr als 50 Prozent der jungen Marokkaner in Brüssel arbeitslos sind. Aber sie dürfen nicht erfahren, wie kriminell diese sind. Politisch korrekt ist es in Belgien allerdings, dass Einheimische gegenüber Zuwanderern auf allen Gebieten benachteiligt werden. Man nennt das auch Apartheid. Und die gibt es nicht nur in Belgien.

In den Niederlanden gehen Türken und Marokkaner nur noch ein extrem geringes Risiko ein, nach einer Straftat verurteilt und auch inhaftiert zu werden. Nach offiziellen Angaben sind die Niederlande so bankrott, dass sie sich die Strafverfolgung schlicht nicht mehr leisten können. So laufen 463 verurteilte Schwerverbrecher (Mörder, Bankräuber, Totschläger) ebenso frei herum wie mindestens 3500 weitere rechtskräftig verurteilte Mitbürger, die eigentlich im Gefängnis sitzen müssten.[195] Die Niederlande haben den Kampf gegen die Zuwandererkriminalität offenkundig weitgehend aufgegeben. Sie können ihn sich nicht mehr leisten, denn sie müssen die Zuwanderer ja auch noch finanziell mit Sozialleistungen versorgen.

Die Apartheid gegenüber Einheimischen ist nach all den Jahren der multikulturellen Politik überall in Europa inzwischen fest im System verwurzelt. Nachfolgend ein weiteres Beispiel für die Apartheid in Großbritannien gegenüber ethnischen Briten. Und zwar zur Abwechslung einmal nicht aus dem islamischen Kulturkreis: Das britische Unternehmen *Forza AW Ltd.* produziert Fleisch und ist der größte Zulieferer für die britische Lebensmittelkette *Asda*, die zur *Wal-Mart*-Gruppe gehört. Beim britischen Großunternehmen *Forza AW Ltd.* bekommen ethnische Briten 2010 keine Arbeit mehr – wenn sie nicht polnisch sprechen.[196] Der Grund: Als Polen EU-Mitglied wurde, hatte man bei dem britischen Unternehmen immer mehr billige polnische Arbeitskräfte eingestellt. Diese mussten auch geschult werden. Und weil immer mehr Polen kamen, wurden alle Schulungen eines Tages nur noch in polnischer Sprache realisiert. Briten würden kein Wort davon verstehen. Also stellte man schließlich nur noch Polen ein. Das Ganze verstößt zwar gegen die seit 1976 geltenden britischen Antidiskriminierungsgesetze, aber da ja nicht Zuwanderer, sondern Briten diskriminiert werden, sah die frühere sozialdemokratische Regierung von Premierminister Gordon Brown es über Jahre hin als »kulturelle

Bereicherung« an. In Cleckheaton, West Yorkshire, regte sich kein Widerstand gegen diese Einstellungspraxis. Widerstand regte sich erst, nachdem britische Zeitungen darüber berichteten und britische Reporter sich um eine Tätigkeit im 600-Mann-Unternehmen *Forza AW Ltd.* bewarben. Jeder, der nicht polnisch sprach, wurde tatsächlich abgelehnt. Die eigene Landesprache wurde ganz offen diskriminiert und als Hinderungsgrund für die Einstellung in einer britischen Fabrik betrachtet.

Für das dritte Quartal 2010 spricht das britische Institut für Migrationsforschung von einer fünfprozentigen Arbeitslosenquote unter den Osteuropäern in Großbritannien. Die allgemeine britische Arbeitslosenquote beläuft sich dagegen zeitgleich auf 7,8 Prozent.[197] Während Millionen Briten arbeitslos werden[198], behalten Polen in Großbritannien ihren Job. Das schürt den Unmut vieler Briten. Um die kochende Volksseele zu beruhigen, führte die sozialdemokratische Brown-Regierung eine Migrantensteuer ein. Konkret wird die Steuer auf die jeweiligen Visa der Einwanderer erhoben und beträgt 50 Pfund.[199] Doch die Polen brauchen kein Visum. Sie interessiert das neue Gesetz nicht. Sie sind EU-Bürger. Und sie akzeptieren den Mindestlohn von umgerechnet rund 6,40 Euro, wo einheimische britische Arbeiter mehr verlangen.[200]

Der Sog des Niedergangs

Unsere führenden Politiker wünschen sich für Deutschland derweilen seit 2010 sogar offiziell einen türkischstämmigen Bundeskanzler. Sie glauben das nicht? Die Integrationsbeauftragte der Bundesregierung, Maria Böhmer (CDU), freute sich in einem Interview 2010 ganz offen darauf, dass Deutschland möglicherweise bald schon von einem türkischstämmigen Kanzler oder einer Kanzlerin regiert wird. Das sei »keine Utopie mehr«, so die CDU-Politikerin.[201] In Massen strömen Menschen aus kulturfernen Ländern nach Europa. Sie werden irgendwann über uns bestimmen. Ganz sicher. Allein im Jahr 2008 kamen 2,83 Millionen Zuwanderer aus Marokko nach Europa, 1,11 Millionen aus Algerien, 847 000 aus Tunesien, 178 000 aus Ägypten und 28 000 aus Libyen – um nur einige wenige Zahlen zu nennen. In Frankreich hatten im Jahr 2009 immerhin 25,6 Prozent aller Neugeborenen eine nichtweiße Hautfarbe.[202] Nehmen wir die Zahl der jugendlichen oder schon erwachsenen Zuwanderer aus fernen Kulturkreisen hinzu, dann stammen gegenwärtig weit mehr als ein Drittel aller Einwohner Frankreichs aus nichteuropäischen Ländern. Doch jeder vierte Zuwanderer fühlt sich in Europa laut Studien aus dem Jahre 2010 irgendwie unerwünscht.[203] Woher das wohl kommt?

Sonntag, 9. Mai 2010. Autobahn A8 südlich von Stuttgart, Rastplatz Schönbuch. Um 21.10 Uhr hält ein schwarzer Kombi. Der Fahrer will rasten. Im Heck seines Fahrzeuges sitzt ein großer, furchteinflößender Hund. Und der will nach längerer Fahrt endlich mal wieder Gassi gehen. Doch kaum hat der ältere Fahrer die Heckklappe geöffnet, um den Hund anzuleinen, da schlägt sie ein fremder junger Mitbürger mit Gewalt wieder zu und sagt bedrohlich: »Weiterfahren. Sofort.« Dem verdutzten Fahrer werden in gebrochenem Deutsch Schläge angedroht. Weil der Hund, ein spanischer Mastino (diese Rasse zählt nach Behördenauffassung zu den größten und gefährlichsten Kampfhunden der Welt), nach längerer Fahrt aber mal wieder dringend ein Geschäft verrichten möchte, versucht der Deutsche mit einem der Jugendlichen zu diskutieren. Er versteht da noch nicht, was hier gerade passiert. Denn zeitgleich schlagen andere Jugendliche einem Motorradfahrer, der neben ihm geparkt hat und sich eine Zigarette anstecken will, diese wortlos aus dem Mund. Sie pressen ihm mit Gewalt den Helm auf den Kopf und zwingen ihn mit Tritten und Schlägen, wieder wegzufahren. Ein ärmlich gekleideter Deutscher, der in einem Müllcontainer nach Pfandflaschen sucht, wird mit brutalen Tritten weggescheucht.

Keine zehn Meter weiter rollen unterdessen auf dem Gehweg, zwischen Parkbuchten und Grünfläche, zwei ältere bärtige Männer mit gehäkelten Kappen und fast bodenlangen dunklen Mänteln im leichten Nieselregen eine Art Badewannenvorleger neben einem grünen Abfallcontainer auf den Pflastersteinen aus. »Reiseabfälle« steht in schwarzen Buchstaben auf dem Abfallcontainer. Dann heben sie die Hände an die Ohren und werfen sich in Richtung Autobahn auf den Boden. Werden hier vielleicht gerade »Streiche mit versteckter Kamera« gedreht? Der Hundehalter ist ratlos, bekommt, weil er immer noch begriffsstutzig ist, den ersten Schlag ins Gesicht. Der im Fahrzeug gefangene Hund wird jetzt aggressiv, bellt und springt gegen die Heckklappe. Würde der Deutsche den Hund aus dem Auto lassen – das blutige Massaker wäre absehbar.

Nun hält ein dunkelblauer Kleintransporter. Laut Aufschrift gehört er zu einer österreichischen Dönerbude. Weitere Männer steigen aus. Auch sie entrollen Badewannenvorleger. Erst da wird dem Deutschen klar, dass der Autobahnrastplatz offenkundig ein Treffpunkt orientalischer Mitbürger ist, die hier Rituale für die Islamideologie praktizieren. Allah ist offenkundig überall.

Ein ganz normaler Autobahnrastplatz als Moschee-Ersatz? Und »Ungläubige« müssen unter Androhung von roher Gewalt weichen? Deutschland 2010. Willkommen in der Realität. Willkommen im kostenpflichtigen »Lustigen Migrantenstadl«.

Der Hundehalter hat seinen Mastino an jenem 9. Mai 2010 nicht aus dem Fahrzeug gelassen. Der hätte den aggressiven muslimischen Islamtrupp mit seinem kräftigen Gebiss nämlich binnen weniger Sekunden zu Dönerfleisch zerlegt – und erst dann sein Geschäft verrichtet. Der verdutzte Deutsche suchte noch an jenem Abend im nahegelegenen Rottenburg die Polizeistation auf. Tief verunsichert fragte er dort nach, seit wann es in Deutschland verboten sei, mit einem Hund am Autobahnrastplatz spazieren zu gehen, während Anhänger der Islamideologie dort Allah huldigen. Die junge Polizistin, mit der der Mann sprach, sagte, eine entsprechende Verordnung sei ihr (noch) nicht bekannt. Aber es verändere sich alles so rasend schnell. Wer weiß, vielleicht ist es in Wahrheit längst schon von der Politik untersagt, dass »Ungläubige« mit ihren »unreinen« Hunden auf einem deutschen Autobahnrastplatz Gassi gehen, wenn Orientalen am Straßenrand auf den Pflastersteinen ihre Gebetsteppiche ausrollen? Die Rottenburger Polizistin verwies übrigens an die Autobahnpolizei. Die sei »zuständig« für Konflikte zwischen betenden Orientalen und Hundehaltern an deutschen Autobahnrastplätzen. Kostenstelle Autobahnpolizei. Willkommen in der Realität der kulturellen Verarmung ...

Sie halten die Nötigung, Körperverletzung und Bedrohung durch Migranten gegen Europäer für absolute »Einzelfälle«? Dann sitzen Sie wahrscheinlich abends vor dem Fernseher, schauen *Wer wird Millionär?* oder *Bauer sucht Frau*, während sich die Welt da draußen verändert.

Wir befinden uns in einer Abwärtsspirale, die sich wie in einem Toilettenbecken nach unten dreht. Und nach dem Ausguss kommt für ethnische Europäer nur noch die Kanalisation. Wir werden dort alle gemeinsam enden, wenn wir nicht endlich aufstehen und uns dem Sog des Niedergangs entziehen!

Schauen wir uns einige weitere Beispiele an und fragen wir uns, welche Kosten unsere Gesellschaft dafür – nicht nur in finanzieller Hinsicht – bezahlen muss.

Zu »haftempfindlich« – der Arnsberger Kindervergewaltiger Muslija B.

Haben auch Sie früher stets darüber gelächelt, wenn unsere Eltern und Großeltern sagten: »Es muss uns allen noch viel schlechter gehen, damit wir endlich aufwachen.«? Jetzt geht es uns Europäern ziemlich schlecht. Lange Zeit waren wir in einem Zustand der tiefen geistigen Bewusstlosigkeit. Ganz langsam wachen wir jetzt auf und müssen erkennen, dass wir wohl ziemlich lange geschlafen und vieles nicht mitbekommen haben: Das Europa, das wir von früher kannten, steht vor dem Zusammenbruch. Wir werden gegenwärtig Zeugen tief greifender Veränderungen. Diese Veränderungen treiben den Kontinent in eine brachiale Zukunft. Es geht in diesem Buch nicht etwa um Haut- oder Haarfarben. Es geht um eine gigantische Völkerwanderung und die Umverteilung unserer Werte mit Folgekosten, die unsere Kinder zu Almosenempfängern machen werden. Das Europa, in dem die Leser dieses Buches noch aufgewachsen sind, hört einfach auf zu existieren. In Massen importieren wir Menschen, denen unsere Kultur fremd ist. In Massen importieren wir Ballast und Probleme. Doch viele von uns wollen die Folgen unserer Trance noch immer nicht zur Kenntnis nehmen. Tauchen wir deshalb ein in die Realität. Eine Realität, die schlagartig abseits der politischen Korrektheiten schon jetzt grausam ist. Aber sie ist nur ein erster Vorgeschmack auf das, was unseren Kindern noch bevorstehen wird.

Die Eltern von Manuela H. sahen die Zukunft bis zum 3. Juli 2009 wahrlich positiv.[204] Doch an jenem Tag wurde ihre junge Tochter im sauerländischen Schmallenberg auf der Straße von zugewanderten Mitbürgern angesprochen. Es waren Menschen aus dem islamischen Kulturkreis – Roma aus dem Kosovo. Im Elternhaus hatte man Manuela von klein auf beigebracht, dass man solche Roma nicht »Zigeuner« nennen darf. Man darf über Jahrhunderte entstandene Beurteilungen heute nicht länger offen aussprechen. Und so hatte sich die kleine Manuela völlig unbefangen mit den Roma unterhalten. Die deutschsprachigen Medien wollen nicht, dass man über Schicksale von Menschen wie Manuela H. berichtet. Denn die Legende von der »kulturellen Bereicherung« würde dann wohl schnell wie ein Kartenhaus zusammenstürzen. Im Falle der Manuela H. haben die Roma eine der brutalsten bekannten Vergewaltigungen verübt. Und das Landgericht Arnsberg hat den Haftbefehl »außer Vollzug« gesetzt. Täter Muslija B. nutzte das zur Flucht und läuft nun frei herum. Er kann seine »Potenziale« weiter frei entfalten. Sein Opfer Manuela H. befindet sich derweilen in einer geschlossenen psychiatrischen Abteilung. Die Medien verschweigen Fälle wie den der Manuela H. – wie ist das möglich?

Am Landgericht Arnsberg hatten der Vorsitzende Richter Erdmann, Richter Teipel, Richterin Werthmann und die Schöffen wenige Tage vor Weihnachten 2009 über einige besonders abartige Vergewaltiger zu urteilen.[205] Da war zum einen der 1976 im Kosovo geborene Haljilj B., ein Mitbürger der Volksgruppe der Roma, der nicht lesen und schreiben kann, seit 1990 in Deutschland lebt, wegen ständigen Schulschwänzens von der Schule verwiesen wurde, 1995 eine Deutsche heiratete und mit ihr zwei Kinder zeugte, dann mit einer Serbin in Düsseldorf zwei Kinder in die Welt setzte und danach ein weiteres Kind in Wuppertal. Der Analphabet ist in Deutschland wegen Diebstahls und Betruges vorbestraft. Und da war zum anderen ein weiterer Täter, ein Verwandter, der 1982 im Kosovo geborene gläubige Muslim Muslija B., der ebenfalls keine Schulbildung, keine Berufsausbildung, aber viele Kinder vorzuweisen hat. In der Nähe des nordrhein-westfälischen Ortes Schmallenberg haben die beiden gemeinsam mit ihrem Verwandten Seljman B. die kleine Manuela unvorstellbar brutal vergewaltigt: vaginal, anal und oral.

Das Mädchen wimmerte an jenem 3. Juli 2009 vor Todesangst. Und weil Manuela die Zähne bei der analen Vergewaltigung vor Schmerzen zusammenbiss, schlug ihr einer der Roma so lange auf den Kopf, bis sie den Mund für den Oralverkehr öffnete. Wir ersparen Ihnen hier weitere Einzelheiten. Die Roma haben dem Mädchen danach nicht nur das Mobiltelefon, mit dem es nach dem Martyrium hätte Hilfe rufen können, sondern auch noch ihre schwarze Leggins geraubt. Das Kind kam nach der bestialischen Vergewaltigung mit schwersten Verletzungen stationär in eine Siegener Kinderklinik. Es unternahm einen Selbstmordversuch. Sein Leben ist wohl für immer ruiniert. Manuela H. ist derzeit immer noch in einer geschlossenen kinderpsychiatrischen Klinik. Die Kosten dieser »Bereicherung« durch die »Potenziale« unserer lieben Roma-Mitbürger wollen wir hier erst gar nicht ansprechen.

Was aber sollen die Eltern und Verwandten über den Umgang des Landgerichts Arnsberg mit den zugewanderten Vergewaltigern, gegen die wir keine Vorurteile haben sollen, sagen? Sie mussten sich beim Prozess gegen die Vergewaltiger wenige Tage vor Weihnachten 2009 von den Richtern anhören, dass die Roma – Zitat – »Untersuchungshaft erlitten haben und aufgrund des Anklagevorwurfs und ihrer familiären Situation als haftempfindlich anzusehen«[206] sind. Der Vorsitzende Richter Erdmann, Richter Teipel und Richterin Werthmann haben nicht nur diesen Satz am Ende des Urteils eigenhändig unterschrieben. Die Verwandten von Manuela mussten sich von den Richtern auch noch anhören, dass »beide Angeklagten unter ungünstigen Umständen aufgewachsen sind und migrationsbedingte Schwierigkeiten und Probleme zu überwinden hatten bzw. haben«. Durch Beschluss der Kammer wurde der Haftbefehl gegen eine Meldeauflage außer Vollzug gesetzt.

Roma-Mitbürger Muslija B. wurde zwar wegen gemeinschaftlicher Vergewaltigung zu einer Freiheitsstrafe von vier Jahren und sechs Monaten verurteilt. Doch er freute sich über die Großzügigkeit der netten deutschen Richter, die ihm zunächst einmal »Haftempfindlichkeit« bescheinigt hatten – und nutzte die Befreiung aus der Untersuchungshaft zur Flucht. Seine Ehefrau hat bald darauf vom deutschen Steuerzahler rund 10 000 Euro als »Rückkehrprämie« bekommen und sich mitsamt den fünf Kindern des Vergewaltigers Muslija B. in das Kosovo abgesetzt. Dort wurde nach dem Autor vorliegenden Informationen mit dem deutschen Geld erst einmal eine große Party gefeiert. Vielleicht hat man dabei ja lachend gesungen *Lustig ist das Zigeunerleben*. Das abartig vergewaltigte Mädchen wird vielleicht nie wieder lachen können. Es hat, so die vorliegenden Informationen, inzwischen einen zweiten Selbstmordversuch hinter sich.

Im Namen des Volkes ließ die Richterkammer Muslija B. wegen »Haftempfindlichkeit« laufen. Aber geschah das auch mit Rückendeckung der Bevölkerung? Wer schützt die Deutschen eigentlich vor solchen Richtern? Haben sie etwa keine Kinder? Und was denken solche Richter, wenn sie morgens in den Spiegel schauen? Freuen sie sich auf die multikulturell »bereicherte« Zukunft? Wenn diese Richter Werte hätten, dann würden sie sich öffentlich bei der Familie des Opfers entschuldigen, ihr Amt aufgeben und auf ihre Gehälter und späteren Pensionen verzichten. Im Kreise der Roma würden Gutmenschen wie die Arnsberger Richter dann im wunderschönen Kosovo sicherlich auch schnell eine neue multikulturelle Zukunft finden.

Wir werden in den folgenden Kapiteln sehen, dass es sich keineswegs um einen Einzelfall vor deutschen Gerichten handelt. Wir alle sind umgeben von Gutmenschen, die es verlernt haben, bei Zuwanderern mit Rückendeckung der Bevölkerung – und nicht nur in deren Namen – unsere Werteordnung hochzuhalten und gegen Verstöße hart durchzugreifen. Oder haben Sie schon einmal gehört, dass deutsche Vergewaltiger wegen ihrer »Haftempfindlichkeit« auf freien Fuß gesetzt werden? Welche Folgekosten bürden die Richter da der Bevölkerung auf?

Die Frauenrechtlerin Alice Schwarzer ist unverdächtig, eine Rassistin zu sein. Sie kennt die hier geschilderten Probleme mit zugewanderten Vergewaltigern aus dem islamischen Kulturkreis und spricht ganz offen darüber, sagt etwa: »Ein Kölner Polizist hat mir kürzlich erzählt, 70 oder 80 Prozent der Vergewaltigungen in Köln würden von Türken verübt. Ich habe ihn gefragt: Warum sagen Sie das nicht, damit wir an die Wurzeln des Problems gehen können? Er antwortete: Das dürfen wir ja nicht, Frau Schwarzer, das gilt als Rassismus.«[207]

Dieses Buch ist politisch nicht korrekt. Hier erfahren Sie als Leser die ungeschminkte Realität: Ein 27 Jahre alter türkischer Raumpfleger hat in der Schweiz eine 21 Jahre alte Frau in einer Anwaltskanzlei, in der er putzte, vergewaltigt. Ihm war halt danach. Einige Zeit später entschuldigte er sich per SMS bei seinem Opfer dafür, dass er »etwas falsch gemacht« habe. Die Staatsanwaltschaft forderte mindestens zwei Jahre Haft, die Richter sprachen ihn im Juni 2010 frei.[208] Schließlich könne nicht ausgeschlossen werden, dass sein Opfer insgeheim einen Beziehungswunsch zu dem Türken gehabt habe.

Ein anderes Beispiel: In Nürnberg-Gostenhof wurde im April 2010 ein sieben Jahre altes Mädchen auf dem Schulweg von einem 41 Jahre alten arbeitslosen Mitbürger vergewaltigt. Der Ermittlungsrichter erließ gegen den Täter bis zur Gerichtsverhandlung keinen Haftbefehl. »Es gibt keine Anhaltspunkte für Flucht- und Wiederholungsgefahr«, erklärte die Justizsprecherin. Dabei hatte das Mädchen den Mann in einer Kinderschänder-Fotodatei der Polizei identifiziert, und dieser hatte die Tat auch gestanden.[209]

Ein 28 Jahre alter Türke, der im Mai 2010 in Olpe wegen versuchter Vergewaltigung vor Gericht stand, erhielt gerade einmal sieben Monate auf Bewährung. Während seine Frau arbeitete, hatte der arbeitslose Türke das vom deutschen Sozialamt bezahlte 18 Jahre alte Kindermädchen zu Hause unsittlich berührt, sexuell genötigt und – so das Kindermädchen – zu vergewaltigen versucht. Der Türke sagte, er habe das Kindermädchen doch nur »ein wenig massieren wollen«. Das Gericht glaubte ihm. »Bewährungsstrafe für ›Massage‹«, überschrieb eine Lokalzeitung das Urteil der verständnisvollen Richter.[210] Wie »schön« ist es doch für unsere zugewanderten Mitbürger, dass arbeitslose Türken ein deutsches Kindermädchen vom Sozialamt finanziert bekommen, es dann sexuell belästigen und danach auf verständnisvolle Richter hoffen können – wahrlich eine »kulturelle Bereicherung« für unser Land.

Ethnische europäische Kindervergewaltiger kommen nicht so milde davon. Ein Beispiel aus Österreich vom April 2010: Dort hatte der 23 Jahre alte Christian H. eine Elf- und eine 15-Jährige vergewaltigt, die nun ebenso traumatisiert sind wie die oben zuvor erwähnte Deutsche Manuela H. Der Österreicher Christian H. muss neun Jahre ins Gefängnis und anschließend lebenslang in eine Anstalt für geistig abnorme Rechtsbrecher.[211]

Bei Zuwanderern, die sich wie die letzten Schweine verhalten und hohe gesellschaftliche und finanzielle Kosten verursachen, haben wir jedoch stets nur eines: vollstes Verständnis. Wie etwa im Falle jener 16 bis 20 Jahre alten Kolumbianer und Dominikaner, die im Mai 2010 auf der Bahnfahrt von Bremen nach Hamburg eine Fahrkartenkontrolleurin »angriffen«. Die zugewanderten Mitbürger sahen gar nicht ein, dass sie einen Fahrschein brauchten. Sie bespuckten die 38 Jahre alte Kontrolleurin, schlugen ihr mit der Faust ins Gesicht, traten sie zusammen und ließen auch nicht von ihr ab, als sie wehrlos am Boden lag.[212] Einer von ihnen öffnete dann seine Hose, entblößte sein Geschlechtsteil und wollte auf sie urinieren. Die Männer wurden zunächst verhaftet – und dann freigelassen. Schließlich befanden sie sich möglicherweise in einem »Verbotsirrtum«. Die Folgekosten werden einfach auf unsere Gesellschaft umgelegt. Ein Irrsinn!

Weshalb aber sind den Lesern dieses Buches der Fall des zugewanderten

Vergewaltigers Muslija B. ebenso wie die vielen anderen noch zu schildernden Fälle völlig unbekannt? Die Antwort ist einfach: Wir nennen es Toleranz, wenn wir unsere Werte aufgeben und uns ausnehmen lassen. Vor unseren Gerichten findet religiös oder kulturell begründete Gewalt immer häufiger mildernde Umstände. Wie im Falle der Manuela H. werfen wir unsere Werte über Bord und bürden der Gesellschaft die Folgekosten auf. Und das nicht nur vor Gericht.

Todesangst in Brüssel – eine Stadt wird islamisch

Mit kaum vorstellbarer Geschwindigkeit wird aus der europäischen Hauptstadt Brüssel eine islamische Stadt. Waren im Jahr 2008 »nur« 56,5 Prozent der Einwohner Ausländer (vornehmend aus dem islamischen Kulturkreis), so sind es 2010 schon 68 Prozent! Im Jahr 2020 werden 85 Prozent der Einwohner Brüssels Ausländer sein[213] – die meisten davon Muslime. Manche Brüsseler Stadtteile sind schon heute so gut wie islamisch, etwa Sint-Joost-ten-Node mit 96 Prozent Muslimen und Sint-Gillis mit 91,7 Prozent. Auf der Homepage der Stadt Brüssel wird das als großartige Zukunft gefeiert, da heißt es etwa über die islamische Stadt Sint-Joost-ten-Node inmitten der europäischen Hauptstadt: »Trotz ihrer geringen Größe ist sie erstaunlich kontrastreich. Gegenüber den internationalen Hotels an der Place Rogier/Rogierplein, den Bürotürmen der Place Madou/Madouplein oder auch des Klein-Manhattans des neuen Nordviertels erstrecken sich die Viertel, deren Bewohner, mehrheitlich türkischer Abstammung, die freundschaftliche und belebte Atmosphäre orientalischer Städte zu neuem Leben erwecken.«[214] Die angebliche »freundschaftliche und belebte Atmosphäre orientalischer Städte« existiert in den islamischen Stadtvierteln Brüssels allerdings nur in den Köpfen von Politikern. Die Realität sieht völlig anders aus. Ausschreitungen, Plünderungen, brennende Autos – Vorboten des Bürgerkriegs, das ist die Realität in den Stadtvierteln Sint-Joost-ten-Node und Sint-Gillis. Es gibt viele Videos im Internet, die zeigen, dass die Polizei sich am liebsten nur noch in Hubschraubern über dem Gebiet bewegt, wenn die jungen Zuwanderer wieder einmal mit Gewalt über Belgier herfallen, brennende Barrikaden errichten und Europäer angreifen.[215]

In beinahe allen großen belgischen Städten werden ethnische Belgier bis 2020 zur ethnischen Minderheit – der ethnische Belgier wird inmitten seines Heimatlandes eine vom Aussterben bedrohte Bevölkerungsgruppe.[216] Und die Muslime übernehmen die belgischen Ballungsgebiete. Diese Entwicklung ist nach Angaben belgischer Wissenschaftler seit 2010 unumkehrbar.[217]

Als die Wirtschaftszeitung *Financial Times Deutschland* 2010 unter der Überschrift »In Brüssels Europaviertel boomt das Verbrechen« über brutale Raubüberfälle und schier unglaubliche Kriminalität in der europäischen Hauptstadt berichtete, da waren viele Leser schockiert. Man las dort Sätze wie etwa: »Gangster aller Art haben weite Gebiete der belgischen Hauptstadt unter ihre Kontrolle gebracht. Die Polizei schaut mancherorts nur noch zu.«[218] Und weiter: »Brüssel droht in Kriminalität und Anarchie zu versinken.«

Die europäische Hauptstadt in den Händen von Gangstern? Die Polizei schaut tatenlos zu? Wie kann das nur sein? Was ist da passiert? Davon hatte man zuvor in deutschsprachigen Medien schlicht nichts mitbekommen.

Dabei führt Brüssel in Europa schon seit Jahren bei bestimmten Delikten die Kriminalitätsstatistiken an. Ein Beispiel: Nach Angaben des statistischen EU-Amtes *Eurostat* kommen auf 1000 Einwohner pro Jahr 11,2 Einbrüche. In Berlin ist die Gefahr mit statistisch 1,8 Einbrüchen sechsmal geringer. In London sind es 8,5, in Paris 5,5 Einbrüche. Weitaus schlimmer ist die Lage bei Raubüberfällen. Tag für Tag werden EU-Beamte und -Parlamentarier in Brüssel überfallen, beraubt und zusammengeschlagen. Schlimmer noch: Von der Polizei ist keine Hilfe zu erwarten.

Die CSU-Europaabgeordnete Angelika Niebler ist eine von vielen, die nach einem der üblichen brutalen Raubüberfälle vergeblich auf das Eintreffen der gerufenen Polizei wartete.[219] Der Täter trat beim Straßenraub immer wieder auf die Frau ein, als sie schon lange am Boden lag. Nach 40 Minuten kam endlich der Rettungswagen, die Polizei meldete sich bis heute nicht. Ein Einzelfall? Keineswegs. Einen Tag nach dem Überfall auf die CSU-Abgeordnete Niebler erwischte es eine Mitarbeiterin der Bremer Landesvertretung bei der Europäischen Union, einen Tag darauf einen Mitarbeiter des Deutschen Bundestages, der durch mehrere Messerstiche auf der Straße lebensgefährlich verletzt wurde. Zeitgleich wurde die Mitarbeiterin eines großen deutschen Energiekonzerns mitten in der Brüsseler Innenstadt überfallen, ausgeraubt und zusammengeschlagen, ihre linke Gesichtshälfte ist seither gelähmt. Die Polizei wollte den »Vorfall« nicht einmal aufnehmen.

Es gibt kaum noch EU-Büros, in denen die Mitarbeiter heute nicht Angst vor Einbrüchen oder Raubüberfällen haben.[220] In der Vergangenheit musste die belgische Polizei tatenlos zusehen, wie die Hauptstadt in der Kriminalität versinkt. Demonstrationen der Einwohner gegen die grassierende Kriminalität wurden – so etwa im Sommer 2007 – kurzerhand verboten.

Inzwischen werden EU-Mitarbeiter bei der Entsendung auf ihren neuen Posten intern mit Faltblättern vor der schlimmen Lage gewarnt. So schreibt etwa die österreichische Botschaft in Belgien an ihre Dienststellen: »Generell gilt die Sicherheitslage in Brüssel als schlecht. (...) Dabei scheint das Aggressionspotenzial im Vergleich zu anderen Städten außergewöhnlich hoch.«[221] Das ist noch höflich formuliert. Die Brüsseler Staatsanwaltschaft spricht ganz offen über die »drohende Todesgefahr bei Gegenwehr in der Innenstadt«. Auch die Bremer Landesvertretung bei der EU warnt ihre neuen Mitarbeiter inzwischen vor einer »neuen Qualität der Straßenkriminalität« in der europäischen Hauptstadt.

Inzwischen regt sich glücklicherweise Widerstand. Immerhin sagte der Präsident des EU-Parlaments, Jerzy Buzek, dem Schweizer Fernsehsender SF zur Lage in Brüssel: »Es gibt einige Probleme.« Und Dagmar Roth-Behrendt, die langjährige stellvertretende Präsidentin des Brüsseler EU-Parlaments, verkündet ganz offen, sie traue sich nicht mehr, nach neun Uhr abends in der Nähe des Parlaments spazieren zu gehen: »Das ist zu gefährlich.«[222] Es ärgert sie, dass Brüsseler Polizisten dort zwar Falschparker aufschreiben, aber bei Raubüberfällen wegsehen.

Der sozialistische Brüsseler Bürgermeister Freddy Thielemans wurde schließlich aufgefordert, die Polizeipräsenz im EU-Viertel endlich zugunsten der Eurokraten zu verstärken. Die Polizei, die in der Vergangenheit bei Verbrechen wegsehen musste, soll in einem ersten Schritt eine eigene Dienststelle im EU-Parlament einrichten. Eine eigene Polizeidienststelle für ausgeraubte Parlamentarier mitten im Parlament – das gibt es in keiner anderen Hauptstadt der Welt!

Der Druck auf die Brüsseler Behörden war zuletzt stetig größer geworden. Immerhin forderten Mitarbeiter auf den Fluren schon lautstark die Errichtung hoher Mauern oder Sicherheitszäune um die EU-Gebäude herum – oder gleich den kompletten EU-Umzug in eine sicherere Stadt.

Die grassierende Kriminalität ist ein Ergebnis der Parallelwelten, die in Brüssel auf engstem Raum aufeinandertreffen: auf der einen Seite das wohlhabende Brüssel der EU-Technokraten, auf der anderen Seite die große Zahl der Zuwanderer vor allem aus arabischen Ländern, die nicht selten ums Überleben kämpfen müssen. Da erscheint die mit teuren Laptops, *BlackBerrys* und *iPhones* ausgestattete EU-Diplomatenwelt vielen Zuwanderern als eine Art Selbstbedienungsladen. Mehr als 40 Prozent der Brüsseler Einwohner sind Zuwanderer der ersten, zweiten oder dritten Generation. Jeder zweite ausländische Jugendliche ist in der Stadt arbeitslos. Die Wirtschaftskrise hat die Lage noch verschlimmert – überall fehlt das Geld.[223] Etwa ein Drittel der Brüsseler Einwohner sind junge Muslime. Mohammed ist seit Jahren schon der häufigste Vorname für männliche Neugeborene. Die belgische Universität Leuven prognostiziert, dass die EU-Hauptstadt Brüssel in wenigen Jahren bereits eine islamische Stadt sein wird – mit den daraus resultierenden Folgen, die alles andere als positiv sein werden.

Weil es Arbeit für die schlecht ausgebildeten Zuwanderer nicht gibt, verlegen sich immer mehr von ihnen auf Raubüberfälle. Mehr als 35 000 EU-Beamte leben in Brüssel, 2500 Diplomaten, Zehntausende Vertreter von Lobbyverbänden, Instituten und Unternehmen, zudem 1400 Journalisten und Hunderte ranghoher Militärs. Es ist die wohl größte internationale Gemeinschaft in Europa, bestens ausgerüstet mit dicken Brieftaschen. An den Taxiständen, U-Bahn-Stationen und Busbahnhöfen müssen Kriminelle nicht lange Ausschau halten, um einen EU-Bürokraten als Opfer zu finden. In der Vergangenheit hatten sie keine Angst vor der Polizei. Weil die islamischen Stadtviertel gleich unmittelbar neben den EU-Komplexen liegen, fürchtete die Polizeiführung den Ausbruch von sozialen Unruhen, wenn man zu hart gegen die arbeitslosen, räuberischen Jugendlichen vorging. In der Regel sollte die Polizei deshalb einfach wegsehen – der politischen Korrektheit und des inneren Friedens in der Hauptstadt zuliebe. Brüssel wurde so zur einzigen europäischen Hauptstadt, in der Monat für Monat sogar Frauen auf den Straßen gefahrlos vergewaltigt werden konnten – die Polizei griff in der Vergangenheit garantiert nicht ein. Das reiche EU-Viertel um die Metrostation Schuman zog so immer mehr Kriminelle an.

Doch seitdem die Polizei aus Angst vor »sozialen Unruhen« sogar drei Zuwanderer auf freien Fuß setzen musste, die mit scharfer Munition in Tötungsabsicht auf Polizisten geschossen hatten, findet ganz langsam ein Umdenken statt. So kann es jedenfalls nicht weitergehen. Darin sind sich alle politischen Parteien inzwischen einig. Und man wartet nun gespannt darauf, ob die neue polizeiliche Meldestelle für Raubüberfälle auf EU-Bürokraten an der Lage etwas ändern wird. Ansonsten wird man wohl doch eine Mauer oder einen hohen Sicherheitszaun errichten müssen. Oder aber den Sitz der EU-Kommission in eine andere Stadt verlegen.

Was für die einen als multikulturelle und bunte Vielfalt angepriesen wird, ist für die einheimische Bevölkerung der Stadtteile Sint-Gillis (91 Prozent Ausländeranteil), Schaarbeek und Sint-Jans-Molenbeek (beide 74 Prozent) der tägliche Horror. Die Polizei hat dort längst vor der Gewalt der Straße kapituliert. Der Stadtteil Molenbeek wird von Brüsselern nur noch »Klein Marokko« genannt. Ist dies die Zukunft europäischer Ballungsgebiete, die dem »Lustigen Migrantenstadl« die Tore weit geöffnet haben?

In der europäischen Hauptstadt wohnen die meisten Muslime in »multikulturellen« Brüsseler Stadtteilen wie Molenbeek, ballen sich dort in Gettos zusammen, wollen mit den ethnischen Europäern nichts zu tun haben. Ihre

Aggressivität und Integrationsverweigerung führt zur kulturellen Verarmung Brüssels. Das beklagen inzwischen in Belgien auch bekannte Abgeordnete der Partei Die Grünen. »Die Gettos von Brüssel« heißt ein langer Artikel, den der Grünen-Abgeordnete Luckas Vander Taelen in der renommierten Zeitung *De Standaard* über die katastrophalen Zustände veröffentlicht hat. Er hat sich seinen Frust Ende 2009 von der Seele geschrieben. Er hat das Tabu gebrochen – und politisch nicht korrekt die Wahrheit aufgeschrieben.[224]

Der Mann wohnt in einem islamischen Brüsseler Stadtteil. Und er weiß, wovon er spricht. Frauen trauen sich dort nach seinen Angaben schon lange nicht mehr allein auf die Straße, seine Tochter wird ständig als »Nutte« und »Schlampe« auf der Straße angesprochen[225], und ethnische Europäer sind den multikulturellen Bewohnern nur für eines gut – zum Abzocken.

Wenn der grüne Abgeordnete durch die Straßen geht, dann spucken ihm junge Zuwanderer ins Gesicht und sagen ihm, er solle sich von hier »verpissen«. Dabei wohnt er dort, ist Grüner und setzte sich lange für die netten Mitbürger ein. Jetzt aber hat er offenkundig die Nase voll von der »Bereicherung«, aufhalten aber kann auch er sie wohl nicht mehr.

In den Niederlanden ist die Entwicklung bei den Grünen ähnlich – dort hat 2009 die Politikerin Femke Halsema, die immerhin die Vorsitzende der Partei ist, den Islam öffentlich als großes Problem angeprangert. Von der angeblichen großen kulturellen »Bereicherung« durch den Islam will auch die niederländische Grünen-Vorsitzende heute nichts mehr wissen.[226] Die deutschen Grünen verstehen das alles nicht – und fahren fort, zugewanderte Kriminelle und Integrationsunwillige aus dem islamischen Kulturkreis in Belgien und den Niederlanden zu unterstützen. Ein Beispiel dafür: Als Mitte September 2009 die Polizei in Molenbeek einen 14 Jahre alten Marokkaner verhaftete, der Polizisten zusammengeschlagen und Passanten ausgeraubt hatte, da organisierte der Vater des Jungen sofort einen gewalttätigen Protestmarsch gegen die Brüsseler Polizei und verkündete in »Presseerklärungen«, sein Sohn sei ein anständiger Moslem und würde niemals Straftaten verüben. Die gewalttätige Demonstration richtete sich gegen die angebliche »Islamophobie« der Brüsseler Polizei. Es gab schwere Straßenschlachten in Brüssel, etwa 100 Polizisten wurden bei den Mohammedaner-Unruhen verletzt.[227]

Nicht ein belgischer Grünen-Abgeordneter zeigte sich in Brüssel bei diesen »Demonstrationen« gemeinsam mit den gewalttätigen Zuwanderern auf den Straßen in Molenbeek. Einzig deutsche Mitglieder der Grünen reisten an und bekundeten auf von der Polizei fotografierten Transparenten ihre »Solidarität« mit den zugewanderten Mitbürgern und forderten einen verstärkten »Kampf gegen Islamophobie«. Die Demonstranten riefen den Polizisten entgegen:

»Verpisst euch!« Man darf gespannt sein, was der belgische Grünen-Abgeordnete, dessen Familie ständig im multikulturellen Brüsseler Stadtteil Molenbeek von den jungen Zuwanderern »bereichert« wird, über seine deutschen grünen »Freunde« denkt. Da gab es mal ein Sprichwort: Wer solche Freunde hat, der braucht keine Feinde mehr.

Türken erobern Europa

Muss man unseren türkisch-arabischen Zuwanderern wirklich ständig applaudieren, wenn sie bei uns nur Kosten produzieren? Muss man bei ihnen wirklich ständig politisch korrekt wegsehen? Muss man ihre oftmals schlimmen Verhaltensweisen auch noch unterstützen? Oder muss man da nicht irgendwann Dampf ablassen? Vielleicht mit Witzen?

Ein junger Türke kommt ins Sozialamt, geht zum Schalter und sagt zu dem Beamten: »*Hallo, isch wolle nix lebe mehr von die Stütze – isch wolle gehe arbeite.*« *Der Beamte des Sozialamtes strahlt den Mann an:* »*Sie haben irrsinniges Glück. Wir haben hier eine Offerte eines reichen Herrn, der einen Chauffeur und Leibwächter für seine nymphomanische Tochter sucht. Sie müssen mit einem riesigen schwarzen Mercedes fahren und ein- bis zweimal täglich Sex mit dem Mädchen haben. Ihnen werden Anzüge, Hemden, Krawatten und Freizeitkleidung gestellt. Weil Sie viele Überstunden leisten, werden Ihnen sämtliche Mahlzeiten bezahlt. Da die junge Dame oft verreist, werden Sie diese auf Ihren Reisen begleiten müssen. Das Grundgehalt liegt bei 100 000 Euro jährlich.*« *Darauf der junge Türke zum Beamten:* »*Du Idiot, willsu mich verarschen?!*« *Antwortet der Beamte:* »*Wer hat denn damit angefangen?*«

Der Witz stammt nicht etwa aus einem rassistischen, rechtsextremistischen Pamphlet, sondern aus dem Internetauftritt der *Hannover-Zeitung*.[228] Viele andere Portale würden solche Witze aus Gründen der politischen Korrektheit heute wohl eher nicht mehr veröffentlichen. Dabei ist es mitunter nützlich, auch an ernste Themen nicht bierernst heranzugehen. Solange Menschen noch über ihre Fehler und Schwächen lächeln können und auch noch (!) Witze über die religiös-ideologischen Unterschiede der Menschen erlaubt sind, so lange besteht noch Hoffnung. Doch die Hoffnung schwindet. Wir überlegen inzwischen bei jedem Witz, ob dieser nicht möglicherweise andere Gemeinschaften beleidigen könnte. Darf man heute noch über Türken- und Moslemwitze lachen?

Ein Moslem stirbt und kommt in den Himmel. Er ist total aufgeregt, sein ganzes Leben hat er darauf gewartet, Mohammed zu begegnen. Er kommt an die Himmels-

pforte. Dort steht ein Mann mit einem Bart. Ergriffen und zittrig fragt der Mann: »*Mohammed?*« »*Nein, mein Sohn, ich bin Petrus, Mohammed ist weiter oben*«*, und er deutet auf eine Leiter, die in die Wolke führt. Der Mann beginnt die Leiter hochzuklettern. Endlich begegnet ihm ein Mann mit einem Bart.* »*Mohammed?*«*, fragt er wieder voller Hoffnung.* »*Nein, ich bin Jesus, Mohammed ist weiter oben.*« *Der Mann klettert und klettert. Wieder ein Mann mit Bart.* »*Mohammed?*«*, stöhnt er.* »*Nein, ich bin Moses, Mohammed ist weiter oben!*« *Mit seinen letzten Kräften schleppt er sich nach oben – wieder ein Mann mit Bart.* »*Mohammed?*«*, keucht der Mann.* »*Nein, mein Sohn, ich bin Gott. Du siehst ja total fertig aus. Willst du einen Kaffee?*« »*Ja gerne!*« *Gott dreht sich um, klatscht in die Hände und ruft:* »*Mohammed – zwei Kaffee!*«

Ein solcher Witz ist heute wahrscheinlich politisch nicht mehr korrekt. Man darf bedenkenlos Witze über Christen machen und diese beleidigen. Aber nicht über Zuwanderer aus einem angeblich ganz besonderen Kulturkreis – dem islamischen. Doch dieses Buch spricht offen das aus, was sich nur wenige Menschen noch offen zu sagen getrauen. Menschen wie Thilo Sarrazin etwa.

Hand aufs Herz: Zählen auch Sie zu jenen politisch nicht korrekten Menschen, denen der Bundesbanker Thilo Sarrazin (SPD) manchmal mit seinen freimütigen Äußerungen über den »Lustigen Migrantenstadl« aus dem Herzen spricht? Dann dürfen Sie sich beruhigt zur (schweigenden) Mehrheit der Bevölkerung zählen. Sarrazin sagt, ein Großteil der arabischen und türkischen Einwanderer sei »weder integrationswillig noch integrationsfähig«. Und 51 Prozent der Deutschen stimmen ihm in Umfragen zu.[229] Die Berliner Staatsanwaltschaft prüfte im Frühjahr 2010 untertänigst, ob man nicht ein Ermittlungsverfahren gegen Sarrazin einleiten könne. Denn Sarrazin hatte in einem Interview mit der Zeitschrift *Lettre International* gesagt: »Die Türken erobern Deutschland genauso, wie die Kosovaren das Kosovo erobert haben: durch eine höhere Geburtenrate.« Und: »Ich muss niemanden anerkennen, der vom Staat lebt, diesen Staat ablehnt, für die Ausbildung seiner Kinder nicht vernünftig sorgt und ständig neue kleine Kopftuchmädchen produziert.« Er warf den türkischen und arabischen Einwanderern in Berlin zudem vor, sie hätten »keine produktive Funktion, außer für den Obst- und Gemüsehandel«. Das saß tief. Das sorgte für Empörung. Das hielten die einen für Volksverhetzung, während Sarrazin für die anderen das Opfer eines Denkverbots ist.

Hat der Mann wirklich so unrecht? Erleiden wir eine geistige und wirtschaftliche Veröpfung und Verblödung durch bestimmte Zuwanderer? Nehmen wir die Fakten aus der Bundeshauptstadt: Berlin ist die Hartz-IV-Hauptstadt. Es gibt interessante Ideen in Städten wie Berlin, wie man die Zahl der Hartz-IV-Empfänger schnell reduzieren könnte: Man schult sie zu Wahrsagern um.

Sie glauben das nicht? Sie halten das für einen Witz? Keineswegs: Nach Hamburg zahlen seit Frühjahr 2010 nun auch die Berliner Jobcenter Hartz-IV-Empfängern das Berufsbild »Wahrsagen« und fördern die »psychologische Astrologie« mit Bildungsgutscheinen. In esoterischen Buchläden oder als Programmierer für Astrosoftware haben die Absolventen nach Auffassung der Jobcenter angeblich in einer multikulturellen Welt unglaublich gute Zukunftsaussichten. Sie lernen Horoskope zu erstellen, die Menschen aus Ratlosigkeit oder negativen Lebensphasen helfen. Die Berliner FDP ist begeistert von dem Konzept. So sagt der Berliner FDP-Fraktionsvize Björn Jotzo zur Umschulung der Hartz-IV-Empfänger zu Wahrsagern: »Wenn da die Aussicht auf Beschäftigung besteht, ist das ein guter Ansatz.«[230]

Am meisten unterstützt werden bei den Hartz-IV-Empfängern in der Bundeshauptstadt türkische und arabische Berliner. Von allen Einwanderern sind die Muslime in Berlin am wenigsten integriert. 30 Prozent haben keinen Bildungsabschluss, das Abitur schaffen nur 14 Prozent. Diese Informationen stammen nicht aus einem rechtsextremen Heftchen, sondern aus dem offiziellen Integrationsbericht der Bundesregierung.[231]

Auch der alarmierende Befund des neuesten Bildungsberichts von Bund und Ländern, der im Juni 2010 vom Bundesbildungsministerium (BMBF) und von der Kultusministerkonferenz (KMK) vorgestellt wurde, nennt erschreckende Zahlen. In der Studie mit dem Titel *Bildung in Deutschland 2010* heißt es: »Die schlechtesten Karten auf dem Ausbildungs- und Arbeitsmarkt haben nach den aktuellen Zahlen junge Migranten. Von ihnen sind über 30 Prozent ohne Berufsabschluss und Weiterqualifizierung. Bei jungen Frauen türkischer Herkunft beträgt der Anteil derer ohne jede berufliche Perspektive sogar 47,5 Prozent.«[232] Zeitgleich veröffentlichte das österreichische Wirtschaftsministerium im Sommer 2010 Zahlen, die noch höher sind: Danach verlassen derzeit schon bis zu 50 (!) Prozent der Migranten in Österreich die Schulen ohne einen Abschluss (zum Vergleich: Bei ethnischen Österreichern sind es nach Angaben des Ministeriums »deutlich unter zehn Prozent«).[233] Das Ministerium prognostiziert eine weitere Steigerung dieser Zahlen.

Es mag also aus der Perspektive der Betroffenen unschön sein, was Herr Sarrazin sagt, aber inhaltlich entspricht es der Wahrheit. Dabei gibt es Gruppen von Einwanderern, wie etwa die 1978 nach Deutschland gekommenen vietnamesischen Boat-People, die mit nichts kamen – und sich von der ersten Sekunde an um Integration bemühten. Auch die Kinder der aus der früheren Sowjetunion nach Deutschland gekommenen Juden verhalten sich vorbildlich und stellen ethnische Deutsche beim Leistungswillen inzwischen oft in den Schatten, erreichen sie doch Abiturquoten von durchschnittlich 80 (!) Prozent, während von den ethnischen Deutschen nur noch 38 Prozent das Abitur schaffen. Nur drei Prozent der Aussiedler sind ohne Abschluss (bei Türken sind es 30 Prozent).[234]

In Österreich ist es nicht anders. Aber was macht man nur, damit das multikulturelle Weltbild wieder ins Lot kommt? Antwort: Man schafft Migranten zuliebe den Gleichheitsgrundsatz ab. In Österreich unterstützt das Innenministerium ein Stipendiensystem exklusiv nur für Migranten. Die Zuwandererkinder dürfen auf einen Geldsegen für den Schulbesuch hoffen, von dem österreichische Kinder nur träumen können: »Die Stipendiaten erhalten ein monatliches Bildungsgeld, einen Laptop mit Internetzugang und nehmen gemeinsam an Seminaren, Bildungs- und Kulturveranstaltungen teil. Besonders wichtig: Die Schüler werden auch bei der Ausbildungs- und Studienplanung beraten.«[235] Da kommt Stimmung auf bei den ethnischen österreichischen Jugendlichen, die von diesen Fördertöpfen einfach ausgeschlossen werden, nur weil sie keinen »Migrationshintergrund« haben. Die Finanzierung der Migrantenkinder kostet eben Geld, viel Geld. Doch die tatsächlichen Kosten sind weitaus höher, denn wir verramschen zugleich unsere Identität, unsere Werte und unsere Kultur – wir verkaufen den gesellschaftlichen Konsens, der die Nationalstaaten der Europäer bis dato zusammengehalten hat.

Wir gestalten etwa unseren Schulunterricht um: Im deutschsprachigen Raum geschehen derzeit wahrlich merkwürdige Dinge. Da wird an den Schulen immer öfter der Holocaust aus dem Unterrichtsplan genommen[236], weil viele Muslime den Holocaust leugnen. Und da werden in den Schulen unter Hinweis auf »strikte religiöse Neutralität« die Kreuze aus den Klassenzimmern entfernt. Man kann das gut oder schlecht finden. Aber dort, wo nun angeblich »strikte religiöse Neutralität« herrschen soll, da werden eben neben den Klassenzimmern islamische Gebetsräume eingerichtet. In Berlin etwa: Das Verwaltungsgericht Berlin entschied Ende 2009, dass ein 16 Jahre alter muslimischer Schüler des Diesterweg-Gymnasiums in Berlin-Wedding täglich in der Schule islamische Gebete verrichten können muss. Dafür benötigt er natürlich einen islamischen Gebetsraum.[237] Im Mai 2010 wurde das Urteil aufgehoben, weil es immer mehr Proteste in der Öffentlichkeit dagegen gab. Die Moslemgebete an der Schule in Berlin-Wedding stören den Schulfrieden, entschied das Gericht nun in diesem »Einzelfall«.[238] Doch inzwischen gibt es nicht nur an dieser einen Schule betende Moslems. Es gibt an anderen Berliner Schulen jetzt sogar schon islamische Wachen, die darauf achten, dass »ungläubige« Schüler die muslimischen Schüler nicht bei ihren islamischen Gebeten stören – etwa an der Berliner Theodor-Heuss-Schule. Im Mai 2010 berichtete eine Berliner Lokalzeitung dazu: »Dort hatten sechs Schüler und Schülerinnen im Aufenthaltsraum gebetet und sogar ›Wachen davorgestellt‹, um ungestört zu bleiben, berichtet Direktorin Andrea Beyenbach. Andere Schüler habe das verunsichert: ›Sie wussten nicht, wie sie damit umgehen sollten, und waren unangenehm berührt‹, fasst Beyenbach die Reaktionen zusammen.«[239]

Deutsche Politiker finden den Ausverkauf unserer Kultur, das Abhängen der Kreuze und das zeitgleiche Einrichten von islamischen Gebetsräumen inzwischen offenkundig völlig normal. Angeblich christliche Politiker wie der Innenexperte der Unionsfraktion, Hans-Peter Uhl (CSU), wollen Menschen im deutschsprachigen Raum, die den Vormarsch bildungsresistenter Menschen aus dem islamischen Kulturkreis und ihrer Islamideologie nicht tatenlos hinnehmen möchten, nach eigenen Worten von nun an sogar »bekämpfen«. Der CSU-Politiker ließ 2010 die Bevölkerung allen Ernstes wissen, es gebe keine »Islamisierung« Europas. Und er spricht vom Islam in Deutschland als einer »friedlichen Religion«.[240] Für die vielen Opfer der brutalen Islamideologie sind ehemalige Volksparteien wie die CSU mit solchen Aussagen heute schlicht nicht mehr wählbar.

Dieser angeblich so »friedliche« Islam hat unsere Kultur, auf der unser früherer Wohlstand basierte, grundlegend verändert. Wer durch deutsche Landschaften geht, erfährt an jeder Ecke, wie sehr das Christentum dieses Land einst geprägt hat. Man muss dabei kein Christ sein, um das alles zu erkennen: An den Autobahnen gibt es Autobahnkirchen, die zur Besinnung und Rast einladen. An Wanderwegen wachen Marienstatuen über Erholungssuchende. Auf den Bergen ragen Gipfelkreuze in die Höhe, und zumindest im Süden der Republik hängen auch heute noch Kruzifixe in Klassenzimmern und Gerichtssälen. Wenn Politiker das christliche Abendland lobpreisen, dann klingt das zwar aufgesetzt, aber völlig falsch ist es nicht: Ganz Europa ist tief geprägt von der christlichen Geschichte. Zudem sind Staat und Kirche in Deutschland in einem Maße miteinander verwoben, wie es in vielen anderen Ländern unvorstellbar ist. Der Staat zieht in Deutschland die Kirchensteuer ein, er zahlt aus Steuermitteln das Gehalt der Bischöfe, er gibt Geld für jeden kirchlichen Kindergartenplatz. Das alles steht nun auf dem Prüfstand. Und es wird mit voller Wucht mit Rücksicht auf die Anhänger des Islam zerschlagen. Wir bezahlen dafür letztlich mit der Aufgabe unserer Kultur. Dafür sorgen Menschen wie der CSU-Politiker Hans-Peter Uhl.

Wir schreiben Zuwanderern aus dem islamischen Kulturkreis zuliebe unsere Geschichte um. Denn wir lassen uns einreden, dass wir in der Geschichte – bildlich gesprochen – Schulden gemacht haben, die wir nun gegenüber unseren Migranten endlich abbezahlen müssen. Ein Beispiel: Angeblich schuldet der Westen dem Islam die Erweckung aus dem tiefsten Mittelalter. Angeblich haben wir Tausende wissenschaftliche Ideen nur vom Islam gestohlen. Wir lobpreisen in verlogenen Ausstellungen die angeblichen Beiträge des islamischen Kulturkreises zur Entwicklung der Menschheit, obwohl es diese bei nüchterner Betrachtung in der Realität niemals gegeben hat. Der französische Historiker Professor Sylvain Gouguenheim verfasst umfangreiche Fachbücher darüber, dass der Islam nicht den geringsten Beitrag zur Entwicklung der westlichen Welt geleistet hat.[241] Und der französische Philosoph und Islamwissenschaftler Rémi Brague stellt in einem Interview klar, wie groß der Beitrag der Religion mit dem Namen Islam zur abendländischen Kultur ist: NULL. Der Mann ist nicht irgendjemand. Rémi Brague, 1943 in Paris geboren, studierte Philosophie, klassische Sprachen, später Hebräisch, Arabisch und Islamkunde. Seit 1990 ist er Professor für mittelalterliche und arabische Philosophie an der Universität Paris am *Centre de recherche Tradition de la pensée classique*. Seit 2002 ist er zudem Inhaber des Guardini-Lehrstuhls für Philosophie der Religionen Europas an der Universität München. Weitere Lehrtätigkeiten unterhält er auch in Pennsylvania, Boston, Lausanne und Köln. Der Mann ist weder links- noch rechtsextremistisch. Er ist nur der Wahrheit verpflichtet. Menschen wie Professor Rémi Brague gelten in Deutschland als unbequem, weil sie den Menschen im deutschsprachigen Raum, die sich anscheinend selbst hassen und heute noch für die Kreuzzüge büßen wollen, Dinge sagen, die ihr selbstzerstörerisches Weltbild auffliegen lassen würden. Rémi Brague sagt etwa über das weitverbreitete Vorurteil, demzufolge die Orientalen die Europäer zu allen Zeiten für die Kreuzzüge gehasst hätten: »Die muslimische Welt hatte die Kreuzzüge völlig vergessen. Erst im 19. Jahrhundert hat eine ins Arabische übersetzte französische Geschichte der Kreuzzüge von einem gewissen Joseph François Michaud sie wieder daran erinnert. Der arabische Übersetzer musste dabei neue Wörter für Kreuzzug und Kreuzfahrer finden, das Arabische hatte gar keine dafür! (…) Völlig absurd wird es, wenn die Kreuzzüge als erste Etappe der Kolonialisierung gesehen werden.«[242]

Wir erhalten demzufolge von Politik und Medien ein völlig falsches Bild von der Realität – und den angeblich von uns noch abzubauenden Schulden gegenüber Migranten – präsentiert. Von den vermeintlichen Errungenschaften der islamischen »Wissenschaften« über die Kreuzzüge bis in die Gegenwart müssen wir gegenüber der islamischen Welt angeblich beständig unsere angebliche Schuld abarbeiten und tiefe Dankbarkeit für all das erweisen, was sie uns – genauso angeblich – beschert haben. Nur vor diesem Hintergrund kann man verstehen, warum wir Menschen aus diesem Kulturkreis heute bereitwillig und bedingungslos alles nachsehen, uns selbst und unsere Werte aufgeben und beständig bezahlen, ohne Gegenleistungen einzufordern.

Die christliche Nächstenliebe gebietet es, auch unsere Feinde zu lieben. Aber mit wie viel Nächstenliebe wollen wir noch gegenüber Zuwanderern, die uns mehrheitlich schlicht ausnehmen, aufwarten, ehe wir aufwachen? Auch kirchliche Vertreter haben inzwischen ansatzweise erkannt, dass da etwas nicht stimmt. So schrieb der Chefredakteur der Katholischen Nachrichtenagentur (KNA), Ludwig Ring-Eifel, im Mai 2010 über die Zustände vor unseren europäischen Haustüren: »Hierzulande hat die christliche Nächstenliebe in ihrer säkularisierten und verrechtlichten Form – den staatlichen Transferleistungen für Bedürftige – ein Ausmaß erreicht, das der Migration eine ganz neue Dynamik verleiht. Wenn die jüngsten Berichte zutreffen sollten, wonach in Deutschland die Mehrzahl der Migranten nicht durch Arbeit zur Mehrung des Wohlstandes beiträgt, sondern am Tropf staatlicher Leistungen hängt, ist selbst die klassische kirchliche Migrantenfreundlichkeit mit ihrem Latein am Ende. Den deutschen Spezialfall eines ›Sozialstaats mit eingebauter Wohlfahrtsgarantie‹ zu reformieren, bevor er durch Ausnutzung implodiert, ist auch Christen erlaubt – mehr noch: Es ist eine moralische Pflicht.«[243]

Es geht in diesem Buch um weitaus mehr als um das ungebremste Ausplündern und Ausnehmen unserer europäischen Wohlfahrtsstaaten – es geht auch um Menschen, die, kaum bei uns angekommen, immer öfter alle Hemmungen zivilisierter Wesen fallen lassen und neben dem Grauen vor unseren Haustüren auch grauenvolle Folgekosten produzieren. Wie kommt es eigentlich, dass bestimmte Gruppen von Migranten sich integrieren, bilden und fleißig arbeiten, während andere Migrantengruppen in Lethargie verfallen und in immer größeren Zahlen in den Fluren der Sozialämter zu finden sind? Gibt es dafür Erklärungen, die zwar politisch nicht korrekt sind, aber nachprüfbar der Wahrheit entsprechen?

Sozialhilfebezug zum Wohlgefallen Allahs

Verwundert rieben sich die Leser der *Bild-Zeitung* sowie die Zuschauer von *Sat.1* die Augen: Da berichtete man ihnen, dass ein türkischer Sozialhilfeempfänger in der Heimat eine Luxusvilla baute und sich auch noch einen neuen BMW-Geländewagen im Wert von 70 000 Euro kaufte. Sozialhilfe in Deutschland beziehen und parallel dazu ein Luxusleben führen; so etwas ist ganz bestimmt nur ein »Einzelfall« – sehen Sie das auch so? Dann dürfen Sie nun nicht weiterlesen, denn die nachfolgenden Zeilen könnten Sie nachdenklich stimmen. Überspringen Sie diesen Teil des Buches bitte, wenn Sie ein schwaches Herz haben. Oder fragen Sie vor dem Lesen Ihren Arzt oder Apotheker.

Es gibt eine Religionsgemeinschaft, in der manche Vorbeter ganz offen zum Sozialhilfebetrug aufrufen. Sie sind sich dabei keiner Schuld bewusst, denn das »glorreiche Zeitalter des Islam« hat es ihnen ja so vorgelebt. Manche Mitbürger nehmen sich solche Aufrufe zu Herzen. Für die Sozialsysteme sind sie eine Bürde. Es ist ein Tabuthema. Doch die Belege sprechen eine deutliche Sprache.

Drei Reinigungsunternehmen, ein prall gefülltes Auftragsbuch – und trotzdem Sozialhilfeempfänger. Üzgür Ö. kassierte allein im Jahr 2008 mehr als 20 000 Euro vom Staat.[244] Dabei war er sich keiner Schuld bewusst. Man hat beim Lesen solcher Zeilen den – politisch korrekten – Eindruck, dass es sich ganz bestimmt nur um einige wenige Einzelfälle handelt. Bedauerlicherweise ist das nicht der Fall. Eines von vielen weiteren Beispielen: In Hamburg ist Mitbürger Hamid T. (48) der »schlimmste Sozialschmarotzer«[245]. Hamid T. prellte das Hamburger Arbeitsamt um fast 12 500 Euro – dabei verdiente er als Unternehmer 93 656 Euro pro Jahr. Vor Gericht hatte der Mitbürger tausend Ausreden – seine Frau sei krank, und er habe doch auch noch drei Kinder. Die Richterin ließ Milde walten, sie verurteilte den Angeklagten zu nur zehn Monaten auf Bewährung. Und das, obwohl Hamid T. auch schon zuvor in einem anderen Fall wegen Betruges verurteilt worden war. Das sind keine Einzelfälle – es sind *typische* Fälle. Zudem gibt es sie in ganz Europa. Ganz zu schweigen von den moslemischen Führern, die das alles ganz offenkundig unterstützen.

In Europa rufen manche islamische Vorbeter ihre Mitbürger mitunter ganz eindeutig zum Sozialhilfebetrug auf. Es gibt viele solcher Beispiele, die gut dokumentiert sind. Die Aufzählung würde viele Seiten füllen. Nehmen wir nur zwei Beispiele: Die Londoner Zeitung *Daily Mail* berichtete über Moslemprediger Abu Waleed, der bei Vorträgen vor seinen Mitbürgern in Europa gefilmt wurde. Und in diesen forderte er sie dazu auf, den britischen Wohlfahrtsstaat der »Ungläubigen« nach Kräften zu betrügen. Dasselbe tat er an der Londoner *Scharia*-Schule, auch hier forderte er dazu auf, die britische Regierung zu betrügen. Der Mitbürger gab zugleich Hinweise und Hilfestellungen, wie man denn die »ungläubigen« Briten am besten finanziell übers Ohr hauen könne.[246]

In den Niederlanden durfte Imam Ahmed S. aus Tilburg, der nach 15 Jahren Aufenthalt in dem Land weiterhin nur Arabisch spricht und inzwischen einen Integrationskurs auf Kosten der niederländischen Steuerzahler absolvieren durfte, die Moslems nach Angaben des *Brabant Dagblat* dazu aufrufen, den niederländischen Staat zu schädigen – und keine Steuern mehr zu zahlen.[247] Inzwischen gibt es Zeitschriften und auch Tipps im Internet, wie man den niederländischen Sozialstaat am besten betrügt.

Auch der schwedische Wohlfahrtsstaat macht seine Erfahrungen mit solchen Mitbürgern. Es gibt viele Zugewanderte aus dem islamischen Kulturkreis, die in Schweden Zuflucht gefunden haben und Sozialhilfe beziehen. Inzwischen ist das einst vorbildliche schwedische Sozialmodell bankrott. Sozialhilfebetrug durch zugewanderte Mitbürger wurde in Schweden lange Zeit als Kavaliersdelikt betrachtet. Dabei wurden manchmal sogar gutgläubige Medien als Helfershelfer der Sozialhilfebetrüger aus dem islamischen Kulturkreis missbraucht. Ein Beispiel: Eine aus dem Irak stammende Großfamilie hatte mithilfe der Medien die Sozialbehörden zu betrügen versucht. Die Familie wurde angeblich von einem »Retter« kurz vor Weihnachten in einem Keller der Stadt Gälve gefunden und hatte – genauso angeblich – schlimme Rauchvergiftungen. Sie kam sofort in ein Krankenhaus und wurde umsorgt. Die Familie behauptete, die Behörden verweigerten ihr die Sozialhilfe und im bitterkalten Winter auch eine Unterkunft. Das war eine »schöne« Geschichte, über die schwedische Medien allzu gern berichteten. Arme Flüchtlinge, denen man in der christlichen Vorweihnachtszeit die Tür vor der Nase zuschlug und sie einfach frieren ließ. Nachdem viele schwedische Medien über die »Not« der von den Behörden angeblich ungerecht behandelten Familie berichtet hatten, stellte sich dann bei den Recherchen allerdings heraus, dass die Familie schon in Malmö registriert war und dort auch über eine Wohnung verfügte.[248] Der »Retter«, der die Familie vor dem angeblichen Erstickungstod in einem Keller geborgen und die Medien informiert hatte, war ein Familienmitglied.

Inzwischen sind die Sinne der Schweden hinsichtlich des Sozialhilfebetrugs geschärft. Es sind Iraker, die in den Statistiken beim Sozialhilfebetrug an führenden Positionen auftauchen. Kein anderes europäisches Land hat so viele irakische Asylbewerber aufgenommen wie Schweden. Und in keinem anderen europäischen Land werden die Sozialkassen von Irakern so dreist betrogen wie dort. Darüber berichtete die schwedische Zeitung *The Local*. Ihren Angaben zufolge nehmen die Iraker staatliche finanzielle Rückkehrhilfen in Anspruch – und die Schweden zahlen und glauben, dass die Iraker wieder in ihre Heimat zurückkehren. Ist das Geld ausbezahlt, dann wollen die Mitbürger plötzlich doch lieber in Schweden bleiben – und beantragen (und bekommen) Sozialhilfe. 5345 Euro kann so jede irakische Familie, die sich zunächst als rückkehrwillig zeigt, auf einen Schlag steuerfrei zusätzlich erschwindeln.[249]

Gehen wir ins Nachbarland Norwegen, Beispiel Oslo: Dort berichteten Zeitungen im Sommer des Jahres 2007 verschämt darüber, dass muslimische Taxifahrer ihre Einnahmen nicht versteuerten[250] – aber zugleich Sozialhilfe bezogen.[251] Einige dieser Taxifahrer hatten sogar ganz offen zum Steuerbetrug aufgerufen. Das alles hielt man zunächst für einige Einzelfälle, die man verdrängen konnte. Doch dann platzte eine Bombe: Die Ermittlungen der Behörden ergaben, dass allein in Oslo etwa 900 Taxifahrer Steuerbetrüger waren – und rund 500 von ihnen bezogen zugleich Sozialhilfe. Die Mehrzahl dieser Betrüger sind Pakistaner. Es handelte sich um den größten bisher bekannten Sozialhilfebetrug des Landes.[252] Die Kriminellen gaben in der Vergangenheit sogar Interviews und Tipps für den Sozialhilfebetrug. In deutschsprachigen Medien fanden sie allerdings keine Aufmerksamkeit.

Um das alles zu verstehen, muss man nur zwei islamische Begriffe kennen: Dhimmi und Dschizya. Als Dhimmi bezeichnet man in der islamischen Rechtstradition Anhänger monotheistischer Religionen, die von Muslimen mit eingeschränktem Rechtsstatus geduldet werden. Juden und Christen sind nach islamischer Lesart Dhimmi. Solange sie den Islam nicht angenommen haben, müssen sie an die Muslime eine Dschizya genannte Abgabe zahlen. Der Islam will das so – und es ist fester Bestandteil des islamischen Rechts (*Scharia*). Diese Abgabe der »Ungläubigen« muss bar oder in Naturalien entrichtet werden. Diese Logik des *Koran* war eine der Grundvoraussetzungen für die erste Blütezeit und Ausbreitung des Islam. Während das Christentum erst die Menschen bekehrte und dann mit zunehmender Zahl der Christen Gebiete christlich wurden, ging der Islam seit Mohammeds Zeiten den umgekehrten Weg: Man eroberte ein von »Ungläubigen« besiedeltes Gebiet durch den friedlichen oder gewaltsamen Zuzug von Muslimen (wie es heute in Europa auch der Fall ist) und leitete dann über das Dschizya genannte Tributsystem die Umverteilung des vorhandenen Vermögens der arbeitenden »ungläubigen« Bevölkerung ein. Selbst in der größten Blütezeit des Islam haben Muslime in den von ihnen beherrschten europäischen Gebieten (etwa Andalusien) nie die Mehrheit der Bevölkerung gestellt. Aber sie haben auf Kosten der Bevölkerungsmehrheit gelebt. Der *New-York-Times*-Bestsellerautor Mark Steyn, ein Kanadier, beschrieb in seinem 2006 erschienenen Buch *America Alone* auf den Seiten 164/165 die hier skizzierten Zustände.

Muslime waren und blieben in der Geschichte in den eroberten europäischen Gebieten eine Minderheit, die sich am Wohlstand der »ungläubigen« Mehrheit wie selbstverständlich labte. Das war keinesfalls ein böser Wille, sondern Bestandteil jenes Systems, das den Gefolgsleuten Mohammeds in der großen Zeit der Ausbreitung des Islams Erfolg bescherte. Heute nennt man es anders, aber die Tatsachen bleiben. Und diese Umverteilung gilt auch für die »Ungläubigen« in islamischen Staaten: In jedem dem Autor bekannten, mehrheitlich islamischen Staat der Welt benötigt ein »ungläubiger« Ausländer einen lokalen Geschäftspartner, wenn man eine Firma eröffnen oder Geschäfte machen möchte. Selbst ethnische Chinesen müssen in ihrer Heimat Malaysia, das eine chinesische Minderheit hat, einen muslimischen Geschäftspartner vorweisen. Und wer in Dubai Handel treiben will, kennt das ebenso wie jener, der in Ägypten ein Büro eröffnen möchte. Man braucht einen örtlichen – muslimischen – »Sponsor«. Dabei ist das Wort »Sponsor« eine intelligente Umschreibung für einen Vermittler, der von der Energie eines anderen lebt. Dieses Tributsystem begünstigte die Ausbreitung des Islam, denn die von Muslimen durch Dschizya Ausgeplünderten konvertierten irgendwann aus Frustration zu dieser Religion oder wanderten in nichtmuslimische Gebiete ab. So musste der Islam sich zwangsweise ausbreiten, wenn er denn weiterhin den Extrakt aus arbeitenden Bevölkerungen genießen wollte – nach Persien, Zentralasien, nach Indien und auch nach Europa. Immer auf der Suche nach »Ungläubigen«, die bereit waren, in einer wie auch immer genannten Form die Dschizya zu entrichten.

Das alles ist fester Bestandteil der islamischen Geschichte. In den *Koran*-Schulen Europas wird Dschizya auch heute wieder gelehrt – die Europäer wollen das aber lieber nicht hören. Sie fordern und unterstützen »Islamunterricht« an unseren Schulen. Und sie denken, es gehe nur um »Religion«. Das entspricht der politischen Korrektheit. Blind unterstützen die Europäer dieses System der Ausplünderung »Ungläubiger«, indem sie für den Islamunterricht eintreten. Dort wird unter anderem das islamische Dschizya-System gelehrt. Wer das weiß, der versteht, warum beispielsweise immer mehr muslimische Jugendliche wie selbstverständlich von ihren nichtmuslimischen Mitschülern Abgaben (Mobiltelefone, Kleidung etc.) erpressen.

Das Dschizya-System erklärt, weshalb ein wachsender Teil unserer muslimischen Mitbürger keinen Antrieb verspürt, sich um sein Einkommen und um die Zukunft zu bemühen. Es erklärt, warum Muslime mit zunehmender »Religiosität« immer gewalttätiger in Europa werden.[253] Der Islam hat doch zur Zeit der glorreichen Ausweitung seiner Grenzen nach Mohammeds Tod vorgelebt, wie man es macht. Und er hat vor genau diesem Hintergrund eine glorreiche Blütezeit erlebt. Ein Großteil der islamischen Welt lebt auch heute von Dschizya. Man lässt andere für sich arbeiten. Man importiert in der arabischen Welt ausländische Arbeitssklaven – und lehnt sich selbst zurück. Wie selbstverständlich erwartet man Tributzahlungen und Transferleistungen aus »ungläubigen« Staaten. Freilich nennt man das Ganze heute anders. Noch einmal: Der Islam lebte und lebt als Ideologie oftmals von nichts anderem als vom Transfer vorhandenen Wohlstands – und zwar immer in eine Richtung: von wohlhabenden »Ungläubigen« in Richtung der Muslime. Genau das wird auch heute in europäischen *Koran*-Schulen und im Islamunterricht unter dem Begriff Dschizya gelehrt. Allah hat das alles angeblich so gewollt. Jene, die die

Leistungen erbringen müssen, werden diese Zeilen mit Unverständnis lesen. Wer das alles nun gar für »rassistisch« oder »ausländerfeindlich« hält, dem sei an dieser Stelle noch einmal die Quelle all dieser Beispiele verraten: Kein Geringerer als der *New-York-Times*-Bestsellerautor Mark Steyn, ein Kanadier, beschrieb in seinem 2006 erschienenen Bestseller *America Alone* auf den Seiten 164/165 die hier skizzierten Zustände. Es gab einen Aufschrei in der islamischen Welt – aber die Darstellungen entsprachen und entsprechen der Wahrheit. Noch weitaus detaillierter belegt die Historikerin Bat Yeor das Auspressen des vorhandenen Wohlstandes der »Ungläubigen« in ihrem Buch *Der Untergang des orientalischen Christentums unter dem Islam*. Auch Bat Yeor wurde oftmals angegriffen – widerlegen konnte ihre Ausführungen bislang allerdings niemand. Bat Yeor gilt international als renommiert und wurde mit vielen Preisen geehrt. Man darf jenen Mitbürgern, die das System der Dschizya in den *Koran*-Schulen der Gegenwart auch heute noch wie selbstverständlich erlernt und verinnerlicht sowie von muslimischen Führern offen verkündet bekommen haben, nun ganz bestimmt keinen Vorwurf machen. Aus der Sicht des Islam handelt es sich doch um einen von Allah so gewollten Zustand. Wer wollte das kritisieren?

Wenn der 47 Jahre alte Mitbürger Zahid Ali nachweislich Millionär ist[254], Villen in Dubai und anderen islamischen Städten besitzt, parallel dazu in Europa Sozialhilfe und andere Unterstützungsgelder abkassiert, dann ist das eben kein »bedauerlicher Einzelfall« – es ist nichts anderes als die Realität des nach Europa transferierten islamischen Dschizya-Systems, das wir Europäer einfach nicht zur Kenntnis nehmen. Der Sozialhilfebetrug ist aus der Sicht von Mitbürgern wie Zahid Ali eben kein Unrecht, sondern der Wille Allahs.

Wer am Ende dieses Kapitels immer noch glaubt, dass es sich hier um einen üblen und islamophoben Scherz des Autors handele, der muss keine teuren Nachschlagewerke oder Fachbücher kaufen, es reicht ein Blick in Internetenzyklopädien.[255] Aus der Sicht islamischer Vordenker heißt es auch weiterhin zu dieser bei europäischen Politikern verdrängten Thematik: »Die Geldeinnahme an sich ist bei der Legitimation der Dschizya nicht ausschlaggebend. Ausschlaggebend ist vielmehr die Unterwerfung der Schutzbefohlenen (*ahl al-dhimma*) der Herrschaft der Muslime, in ihrem Kreis zu leben, um die Vorzüge des Islam und die Gerechtigkeit der Muslime kennenzulernen. Damit diese Vorzüge für sie überzeugende Beweise dafür sind, sich vom Unglauben (*kufr*) abzuwenden und den Islam anzunehmen.«[256] Diese Interessenlage wird mit allen Mitteln durchgesetzt.

Der aus Ägypten stammende islamische Prediger Hamdan Badr gehört – wie Tausende andere Wanderprediger auch – der Internationalen Schule muslimischer Gelehrter an. Er reist durch die (westliche) Welt, um den Menschen die Schönheiten des Islam näherzubringen. Der Mann ist auch in Deutschland bekannt. Weil seine Reden in Europa aber nicht von Sicherheitsbehörden aufgezeichnet werden, zitieren wir ihn nachfolgend mit dem, was er in arabischen Fernsehsendern sagte, etwa am 8. Dezember 2009 im Sender *Al-Shabab TV* über die Besteuerung der »Ungläubigen« in der Umgebung von Muslimen: »Wir schlagen vor, dass sie zum Islam konvertieren und gerettet werden. Oder aber sie müssen die Dschizya-Steuer zahlen. Und wir können sie bei ihnen mit Gewalt eintreiben. Das ist aus unserer Sicht keine Aggression, sondern eine Verteidigung unseres islamischen Glaubens.«[257]

Wenn Sie als Leser nun sagen, Sie haben von dieser islamischen Kopfsteuer Dschizya, die Muslime bei »Ungläubigen« eintreiben dürfen, noch nie etwas gehört, dann glaubt der Autor Ihnen das gern. Denn Ihre Satellitenschüsseln sind wahrscheinlich auch nicht auf die arabischen TV-Sender *Nilesat* und *Arabsat* ausgerichtet. Sie lesen keine Zeitungen aus der islamischen Welt, hören keine Radiosender aus fernen islamischen Ländern und besuchen keine Veranstaltungen wie etwa jene mit dem ägyptischen Prediger Hamdan Badr. Wie schön, dass Sie noch in einer geistigen Idylle leben und die Realität da draußen bisher verdrängen können – bis auch von ihren Kindern, Enkeln oder Verwandten auf der Straße unter Vorhaltung eines Messers etwas eingefordert wird, das manche zugewanderte Mitbürger für völlig selbstverständlich halten. Jetzt wissen Sie, wieso das so ist.

Zahltag im Schlaraffenland – wie arme Migranten Reichtümer anhäufen

Viele unserer zugewanderten Mitbürger haben angeblich ungeheure Potenziale. Nun erklären uns Politiker der deutschen Bundesregierung gern, wie wir das am besten machen mit den noch zu nutzenden »Potenzialen« unserer Migranten aus fernen Kulturkreisen: Sie wollen unseren Migranten dabei helfen, die »Finanztransfers zu vereinfachen«[258]. Im Klartext: das in Deutschland kassierte Geld unbürokratischer in die Heimatländer der Zuwanderer zu überweisen. Zitat der Bundesregierung: »Diese Finanztransfers sind oftmals die einzige verlässliche Einkommensquelle für die Familien der Migrantinnen und Migranten. Sie sichern die Existenz der Angehörigen, ermöglichen den Zugang zu Bildung und Gesundheitsversorgung oder dienen dem Aufbau einer neuen Existenz. Ein Problem bei den Überweisungen ist jedoch, dass die Übermittlung oft teuer und unsicher ist. Abgesehen davon existiert in vielen Ländern gar kein flächendeckendes Bankensystem. Die GTZ wird deshalb mittels einer Website und Broschüren dazu beitragen, dass sich Migrantinnen und Migranten über bestehende Angebote von Banken und anderen Geldtransfer-Instituten informieren können. Dadurch sollen der Markt für den Geldtransfer transparenter und der Wettbewerb angekurbelt werden mit dem Ziel, dass die Gebühren für Remittances sinken.«[259]

Der Hintergrund: Mehr als 32 Milliarden Euro pro Jahr überweisen in Europa arbeitende Einwanderer derzeit in ihre Heimat. Und dieser Wert steigt seit Jahren an. Die aktuellen Zahlen findet man in den Statistiken des EU-Statistikamtes *Eurostat*:[260] Diesen zufolge verzeichnen wir auf der einen Seite eine Erhöhung der Überweisungen von Migranten aus Europa in ihre Heimatländer in Höhe von 64 Prozent in nur vier Jahren. Auf der anderen Seite wächst angeblich die Armut unserer Migranten in Europa von Jahr zu Jahr. Der *Focus* berichtete etwa 2009: »Migranten: Bildung schlechter, Armut größer«[261]. Regelmäßig finden wir Schlagzeilen, denen zufolge unsere Migranten angeblich immer häufiger von Armut betroffen sind.[262]

Wie macht man das? Wie schafft man als angeblich verarmender und sozial schwacher, mittelloser Zuwanderer von Jahr zu Jahr immer mehr Geld ins Ausland? Das alles ist ganz einfach. Schließlich ist Europa ein Dorado für Sozialbetrüger. Sie haben in Europa nichts zu befürchten.

Vor allem Moslems haben es als Sozialbetrüger in Europa wahrlich gut, denn sie können jeden Betrug unserer Sozialsysteme eiskalt mit dem Islam begründen. Wer dagegen etwas einzuwenden wagt, der ist natürlich »islamfeindlich« und ein böser »Rassist«. Ein Beispiel aus dem Jahr 2010: Da saß eine fünffache Moslemmutter (26) mit ihrem Mann (28) auf der Anklagebank im Solinger Schöffengericht. Innerhalb von viereinhalb Jahren hatte das aus dem Libanon stammende Asylbewerber-Paar zu Unrecht mindestens 75 000 Euro aus dem Asylbewerberleistungsgesetz bezogen. Bei einer Wohnungsdurchsuchung fand die Polizei 26 000 Euro Bargeld und Schmuck im Wert von rund 64 000 Euro. Die Moslems erklärten das mit dem »kulturellen Brauchtum« und begründeten es zudem mit ihrer Islamideologie. Bei dem Schmuck handele es sich, so die Angeklagten, um Familiengeschenke zu familiären und religiösen Anlässen. In ihrem muslimischen Kulturkreis seien solche Geschenke zu respektieren, dürften nicht verkauft werden, seien deshalb nicht anzurechnen.[263] Egal ob Bargeld oder Schmuck. Die Staatsanwältin forderte wegen schweren Betruges eine dreijährige Freiheitsstrafe. Die Richterin verhängte mit Rücksicht auf die Islamideologie und den Kulturkreis der Zuwanderer nur eine Bewährungsstrafe. Die Mitbürger lachten darüber. Zudem klagten die Libanesen im Sommer 2010 sofort auf Kosten der Steuerzahler gegen den Rückforderungsbescheid in Höhe von 75 000 Euro, forderten darüber hinaus weiterhin Sozialhilfe ein. Immerhin hatte die Richterin ihnen allen Ernstes während der Verhandlung gütig gesagt: »Bestimmt hatten Sie Anspruch auf Leistungen – aber auf weniger.«[264] Sozialschmarotzer dürfen sich so bestätigt fühlen. Wenn Sie die zu Unrecht gezahlten 75 000 Euro, die Prozesskosten, die Durchsuchung und die Ermittlungen sowie die laufenden weiteren Zahlungen und die Klagen der Zuwanderer gegen die Rückzahlungspflicht zusammenrechnen, dann hat allein diese eine Familie nachweislich einen Schaden in Höhe von 100 000 Euro verursacht. Wie viele Steuerzahler müssen dafür arbeiten, um allein die von dieser einen Migrantenfamilie angerichteten Schäden wieder auszugleichen?

Stellen Sie sich einmal vor, Sie hätten als ethnischer Deutscher 75 000 Euro Steuern hinterzogen. Dann müssten Sie ins Gefängnis, denn der Bundesgerichtshof hat im Jahr 2008 entschieden, dass ab einem Steuerbetrugsschaden von 50 000 Euro Gefängnisstrafen verhängt werden müssen.[265] Als Migrant (also als Mensch erster Klasse) droht Ihnen im vergleichbaren Fall (siehe oben) natürlich höchstens die Fortzahlung der Sozialhilfe, mehr nicht.

Berichten wir nun noch über einige weitere, typische, aktuelle Beispiele aus der Schweiz, die genauso an jedem Ort in Europa stattfinden könnten. Die in Zürich erscheinende Zeitung *Weltwoche* schrieb im Juni 2010: »Veli E. kam 1988 als angeblich politisch Verfolgter in die Schweiz. Der Flüchtlingsstatus wurde ihm zwischenzeitlich aberkannt, geblieben ist er trotzdem. Und weil der Türke von allerlei Gebrechen geplagt wurde – mal waren es Depressionen, mal Kopf- und Rückenschmerzen oder ganz einfach eine überwältigende Müdigkeit –, hat er nur während rund sechs Jahren offiziell gearbeitet. Während insgesamt 15 Jahren bezog er mehrere hunderttausend Franken an Sozialhilfe, Invalidenrente und Ergänzungsleistungen. In Wahrheit führte der vermeintlich arbeitsunfähige Sozialrentner E. jahrelang als Gerant diverse Restaurants in Zürich, etwa den vormaligen *Tell* an der Weststraße, aus dem er ein Restaurant *Deniz* machte. (…) Wie die Staatsanwaltschaft feststellte, hatte er nicht nur die Sozialwerke betrogen. Der mit zwei Frauen verheiratete Türke hatte zudem mit falschen Papieren Kredite erschlichen. Gegen 8000 Franken Kaution kam Veli E. Anfang März 2008 gleichwohl auf freien Fuß. Letzte Woche ist nun das Strafurteil gegen ihn wegen mehrfachen gewerbsmäßigen Betrugs und einer Reihe von Nebendelikten rechtskräftig geworden: zwei Jahre Gefängnis bedingt [auf Bewährung, Anm. d. Autors]. Neben 6000 Franken Gerichtskosten wurde Veli E. die Rückzahlung von 28 679,25 Franken für die amtliche Verteidigung auferlegt. Die 8000 Franken Fluchtkaution bekommt der Türke trotzdem zurück – schließlich handelte es sich um eine ›Zuwendung Dritter‹.

Die Rückforderungen der Sozialversicherungen hat das Gericht dagegen ›auf den Zivilweg verwiesen‹. Das Geld wird wohl abgeschrieben (…) Fazit: Für Veli E. hat das Verfahren keinerlei Konsequenzen. Die bedingte Strafe muss er nicht absitzen, und weil er mittellos ist, wird der Staat sogar noch seinen Prozess bezahlen. Der Fall ist keine Ausnahme. So wurde kürzlich die Fürsorgerentnerin S. verurteilt, die gerne mit Luxuskarossen durch die Gegend fuhr. Die Tunesierin unterhielt unter anderem einen fabrikneuen BMW X5 im Wert von 100 000 Franken. Die damalige (grüne) Sozialvorsteherin war im Bilde und ließ sie gewähren. Da S. ihre Limousinen über Strohleute leaste, war der Nachweis des Betrugs schwierig (…). Zum Betrug kamen eine ganze Reihe weitere Delikte, darunter ›Falschanschuldigung‹. Die Tunesierin hatte sich beim Polizisten, der sie überführt hatte, mit frei erfundenen Anwürfen wegen angeblicher sexueller Übergriffe gerächt. Per Strafbefehl wurde sie deshalb im letzten November zu drei Monaten gemeinnütziger Arbeit verurteilt. Weil S. aber Kinder zu betreuen hat, wird sie die ›Strafe‹ in absehbarer Zeit kaum verbüßen. Früher hatte die Tunesierin ihren Nachwuchs auf Kosten des Sozialamtes in einer Krippe deponiert«.[266]

Der systematische Betrug unserer Sozialsysteme durch angeblich schrecklich arme zugewanderte Einzelpersonen ist die eine Seite. Jeder Mitarbeiter eines europäischen Sozialamtes könnte umfangreiche Bücher über seine Fälle schreiben. Die angeblich todkranken Mitbürger kassieren gnadenlos ab und arbeiten parallel schwarz. Und auch in der Freizeit schädigen viele von ihnen uns finanziell, wenn sie in ihre Wohnungen zurückkehren.

Ein Beispiel aus dem hessischen Langen. Da befindet sich in der Dieburger Straße 1 ein Hochhaus, in dem viele multikulturelle Zuwanderer – vorwiegend aus dem islamischen Kulturkreis – wohnen. Ein Großteil der Hausbewohner lebt von den Segnungen des Sozialstaates. Die Stadtwerke haben den Bewohnern damit gedroht, ihnen von September 2010 an die Wasser-, Gas- und Stromzufuhr zu kappen. Seit 2007 nämlich haben rund 40 Prozent der 300 Bewohner des 17-stöckigen Gebäudes weder für Wasser, Strom und Gas noch für Müllabfuhr oder Straßenreinigung bezahlt. Rund 400 000 Euro Schaden sind so entstanden.[267] Im Erdgeschoss des Gebäudes befinden sich eine Spielhalle, Geschäfte und Gastronomie. Angeblich haben – so die Presseberichte[268] – auch einzelne Geschäfte seit Langem die Abgaben nicht mehr bezahlt. Bürgermeister Frieder Gebhardt (SPD) sprach von einer »unerfreulichen Situation«. Stadtwerke-Direktor Manfred Pusdrowski hob hervor, man könne »nicht zusehen, wie sich die Forderungen Monat für Monat erhöhen«[269].

Was hier geschieht, ist besonders dreist, denn – ich schrieb es bereits – nicht wenige der Bewohner leben von staatlichen Sozialleistungen. Die Ämter überweisen ihnen die Gelder, die sie eigentlich weiterleiten müssten. Drei Jahre lang hat man zugesehen, wie ein beachtlicher Teil der Bewohner des Hauses die Gelder aber lieber in die eigene Tasche steckte. So kommt man eben auch zu Wohlstand. Bezahlen müssen die Folgen jene dummen Deutschen, die sich an die Regeln halten und für Wasser, Gas, Strom und Müllabfuhr die Gebühren überweisen. (Wenn die Kommunen Ihnen also demnächst wieder einmal eine Gebührenerhöhung ankündigen, dann kennen Sie nun einen der Gründe dafür.)

Die Stadt könne es sich einerseits »nicht leisten, die Forderungen einfach niederzuschlagen«, sagte der für Langen zuständige Bürgermeister Gebhardt. Das sei »ungerecht« gegenüber jenen Bürgern, die die Gebühren zahlten. Andererseits gebe es eine Fürsorgepflicht für die in dem Hochhaus lebenden Menschen. Was also soll man tun? Am besten nicht darüber sprechen, Strom, Wasser und Gas einfach weiterlaufen und die ehrlichen Bürger mitzahlen lassen. Das ist politisch korrekt und bereitet den geringsten Ärger.

Man kann als Zuwanderer mit diesen Leistungen des Sozialstaates gut abkassieren. Nehmen wir ein Beispiel aus dem Jahr 2010, einen Iraner, der in Hamburg Hartz IV bezieht und monatlich (!) vom Sozialamt Wassergebühren für einen Ein-Personen-Haushalt von weit mehr als 200 Euro überwiesen bekommt. Ist der Mann etwa extrem reinlich und duscht unentwegt? Nein, er stellt seine vom deutschen Steuerzahler finanzierte Hartz-IV-Unterkunft anderen Orientalen für rituelle islamische Waschungen zur Verfügung.[270] Und dafür müssen wir doch Verständnis haben. Und zahlen.

Gibt es das alles nur in Deutschland? Nein, mit dieser Art von Sozialhilfebetrug kann man überall in Europa ohne Arbeit schnell wohlhabend werden. Beispiel Großbritannien: Die Irakerin Mahira Rustam Al-Azawi hat das den ethnischen Briten eindrucksvoll vor Augen geführt. Sie kam als arme irakische Asylbewerberin nach Großbritannien, hat dort nie gearbeitet und ist heute Eigentümerin von drei exklusiven Villen. Zudem schickt sie ihren Sohn in eine der teuersten Privatschulen des Landes. All das finanzierten ihr die britischen Steuerzahler. 700 000 britische Pfund (umgerechnet etwa 850 000 Euro) kassierte das irakische Flüchtlingsmädchen in wenigen Jahren allein an Sozialhilfe, indem sie sich unter drei verschiedenen Namen in unterschiedlichen Städten als bedürftig bei den Behörden ausgab.[271] Seit 2010 gibt es in immer mehr britischen Zeitungen wöchentliche Sonderseiten über die dreistesten Tricks zugewanderter Sozialhilfebetrüger, die vor allem von den acht Millionen britischen Arbeitslosen, die am Existenzminimum leben, gern gelesen werden. Sie erfahren dort, dass Zuwanderer Ade Orogbemi (30) zwar an den Olympischen Spielen teilgenommen, zugleich aber eine Behindertenrente vom britischen

Staat bezogen hat.[272] Sie können lesen, dass Remi Fakorede (46), die eine Million Pfund (1,21 Millionen Euro) zu Unrecht an Sozialhilfe bezogen hat, gar nicht anders konnte, weil ihre Nachbarin sie mit einem afrikanischen Voodoo-Zauber verhext hatte.[273] Und sie dürfen sich an Geschichten wie jener der überglücklichen Asylbewerberin Enid Bell (67) erfreuen, die sich von erschwindelter Sozialhilfe in Großbritannien acht (!) Häuser gekauft hat.[274]

Abzocke höchstrichterlich abgesegnet

Zurück nach Deutschland. Offenbar im Zuge der »Liechtensteinaffäre« war das Nürnberger Hauptzollamt in den Besitz von Datenträgern gelangt, aus denen sich Geldflüsse zwischen hier lebenden Ausländern und Banken in ihren Heimatländern ergaben. Ein Datenabgleich führte die Ermittler zu 73 »Stütze-Empfängern« in Mittelfranken, gegen die auch die Staatsanwaltschaft wegen Betruges ermittelte. Die meisten von ihnen waren Türken. Ein Beispiel: Sechs Jahre lang zahlte eine in Nürnberg wohnende Türkin, die von 1998 bis 2004 von Arbeitslosengeld und -hilfe lebte, insgesamt 49 000 Euro an ihre Verwandten in der Türkei. Als die Bundesagentur für Arbeit dahinterkam, verlangte die Behörde Teile des Geldes – 31 000 Euro – von der früheren Grundig-Mitarbeiterin zurück. Doch diese Rückforderung wollte die Mutter zweier Kinder nicht hinnehmen. Sie zog vor das Sozialgericht und bekam dort recht. (Andere Türken verschoben bis zu 160 000 Euro, und zwar als Sozialhilfeempfänger!) Das Gericht entschied: Das sei als »kulturelle Besonderheit« der Türken zu »respektieren« und voll in Ordnung.[275] Sozialhilfebetrug richterlich abgesegnet – das gibt es nur in der Bananenrepublik Deutschland.

Neben Sozialhilfebetrug in kaum vorstellbarem Umfang und dem Diebstahl von Strom existieren noch weitere Betätigungsfelder unserer Mitbürger, die nichts anderes bezwecken, als uns zu ruinieren und sich selbst zu bereichern: Man zahlt beispielsweise als Döner- oder Gemischtwarenladen-Türke einfach keine Steuern mehr. Unsere lieben türkischen Mitbürger treiben das alles (völlig unbemerkt von der Öffentlichkeit) inzwischen so weit, dass Landräte ihnen für alle Zeiten untersagen, in Deutschland ein Gewerbe zu betreiben. Nachfolgend ein typischer Fall.

Saarlouis: Millionenbetrug beim Kebab-Türken

Ein 36 Jahre alter türkischer Kebab-Hersteller hat im Jahr 2010 unter anderem mit 60 türkischen Schwarzarbeitern rund 1,1 Millionen Euro an Steuern hinterzogen. Im Mai 2010 kamen die Fahnder, durchsuchten den Betrieb.[276] Offiziell zahlte der Türke seinen regulär bei ihm beschäftigten Landsleuten nur rund 300 Euro Lohn. In Wahrheit berappte er aber bis zu 1500 Euro monatlich. Sozialversicherungen und Finanzamt gingen natürlich leer aus, weil die tatsächlichen Gehälter vom Türkenbetrieb niemals deklariert wurden. Schlimmer noch: Der Kebab-Hersteller beschäftigte auch noch bis zu 60 Schwarzarbeiter, die offiziell arbeitslos waren, und neben ihrem Lohn auch noch Hartz IV kassierten. Das ging mindestens seit 2007 so. Die ganze Großfamilie lebte nur vom Betrug. Die existierenden Schwarzgeldkassen wurden durch Barverkäufe von Kebab-Spießen an Abnehmer im Saarland, Luxemburg und Lothringen gespeist. Die *Saarbrücker Zeitung* schreibt dazu: »Beamte des Landeskriminalamtes (LKA) Saar entdeckten diese ›schwarzen Kassenbücher‹ eher durch Zufall bei einer Durchsuchung in einem anderen Ermittlungsverfahren bei einem Verwandten des Ex-Firmenchefs. Die Polizisten schickten die Dokumente an die FKS-Fahnder, die sich dann in einer gemeinsamen Ermittlungsgruppe mit LKA und Steuerfahndung der Sache annahmen.«[277]

Ein Einzelfall? Nein, der Normalfall. Eine 42 Jahre alte Türkin hat nach Angaben des Stuttgarter Landgerichts mit zwei Dönerbuden mehr als eine Million Euro an Steuern hinterzogen. Die Richter sprachen von viel krimineller Energie und erklärten: »Wir haben schon erhebliche Bedenken für ihre Sozialprognose.« Das systematische Vorgehen an der Steuer vorbei sei »eine Bereicherung auf Kosten der Gesellschaft« gewesen. Die 13. Große Wirtschaftsstrafkammer des Landgerichts Stuttgart beschäftigte sich im Jahr 2009 allein mit diesem türkischen Dönerfall ein Vierteljahr.[278] Nochmals zur Erinnerung: Die Türkin avancierte mit ihren zwei Dönerbuden in Ludwigsburg zur Millionärin.[279] Wer das kritisiert, der gilt in Deutschland heute als »ausländerfeindlich« oder »rassistisch«.

Wieder alles nur Einzelfälle? Nein, keineswegs. Dönertürken stehen bundesweit vor Gericht, weil sie betrügen, belügen und andere finanziell schädigen. Gehen wir aus dem Saarland in jenen Tagen im Mai 2010 nur nach Lünen in Westfalen. Dort wurde ein 55 Jahre alter Türke, der eine Dönerfirma leitete, zu einer extrem milden Bewährungsstrafe von einem Jahr und zehn Monaten verurteilt. Der Dönerspezialist hatte sich der Insolvenzverschleppung und des schweren Betruges in fünf Fällen strafbar gemacht, Geflügelfleisch für 50 000 Euro nicht bezahlt, Handwerker auf Rechnungen im Wert von 90 000 Euro sitzen lassen und Leasinggeräte im Wert von 112 000 Euro beiseitegeschafft.[280] Und als der türkische Familienpatriarch finanziell völlig am Ende war, verkaufte er seine Dönerfirma nach Polen, damit alle Forderungen seiner deutschen Gläubiger garantiert ins Leere liefen. Nochmals: 252 000 Euro Schaden hat der Türke angerichtet und dafür gesorgt, dass kein deutscher Handwerker oder Zulieferer sein Geld bekam. Er hat damit deutsche Firmen in den Ruin getrieben und Arbeitsplätze vernichtet. Der Türke läuft frei herum, betreibt seine Geschäfte über Strohmänner in der Verwandtschaft munter weiter und schimpft auf die bösen Richter: Er muss nämlich lächerliche 1800 Euro Geldbuße zahlen. Ist das nicht schrecklich »ausländerfeindlich«, »rassistisch« und »diskriminierend«?

Seit 2008 ist auch noch etwas anderes amtlich: Wenn ein Türke mit einem angebissenen Döner nach einem deutschen Kunden wirft, ist der Beworfene dadurch nicht in seiner menschlichen Würde und Ehre schwerwiegend verletzt. Der Dönerwurf hatte das Amtsgericht in München beschäftigt. Und Türken dürfen so etwas.[281] Einem Kunden hatte der Ekeldöner nicht geschmeckt. Er gab ihn dem Türken zurück. Und der benutzte ihn als Wurfgeschoss. Das sei völlig in Ordnung, urteilten die deutschen Richter.

Dönertürken werfen nicht nur nach Kunden, hinterziehen nicht nur Steuern, sie »glänzen« oftmals auch durch Gammelfleisch oder durch die Züchtung von Kakerlaken, die sich an den mangelnden hygienischen Zuständen erfreuen. Eine Zeitung schrieb im Mai 2010 unter der Überschrift »Immer mehr Ekel-Imbisse in Stuttgart!« über die Zustände in der baden-württembergischen Landeshauptstadt etwa: »… liegt ein Auszug aus dem Mängelbericht des Ordnungsamts über einen Stuttgarter Dönerimbiss vor: ›Die Grundreinigung im gesamten Küchenbereich fehlt. Dönerspieß verschmutzt, Dichtungen versport und verschimmelt.‹«[282]

Als es im Jahr 2006 den ekeligen Döner-Gammelfleischskandal in Deutschland gab, da gelobten die türkischen Budenbetreiber überall Reue und künftige Besserung.[283] Doch die Zustände wurden seither offenkundig nicht besser, sondern von Jahr zu Jahr schlimmer. Als das deutsche Bundesamt für Verbraucherschutz und Lebensmittelsicherheit (BVL) seinen Jahresbericht 2008 publizierte, da wurde bekannt, dass beim Geflügeldöner jeder zweite (!) Betrieb wegen unzureichender Sauberkeit beanstandet werden musste.[284] Bei Kontrollen in 875 Imbissbetrieben, die Geflügeldöner anbieten, seien häufig mangelnde Reinigung und Desinfektion reklamiert worden.

Immer häufiger finden sich auch Fäkalkeime in türkischen Speisen. Und das nicht nur in Deutschland. Eine Schweizer Zeitung berichtete 2010 aus Bern: »(…) jedenfalls blieb dem bernischen Kantonschemiker Otmar Deflorin nach der Inspektion einer orientalischen Bäckerei, die hauptsächlich Taschenbrot für Kebab und Fladenbrot herstellte, nichts anderes übrig, als diese sofort zu schließen. ›Das war das Schlimmste, was ich je gesehen hatte‹, betont Deflorin und ergänzt: ›Was mich besonders entrüstete, war, dass es im ganzen Betrieb kein Papier hatte – weder WC-Papier noch Papiertücher für die Hände.‹ Und weil es im WC kein fließendes Wasser hatte, um sich nach dem Stuhlgang die Hände zu waschen, sondern einzig mit Wasser gefüllte PET-Flaschen, dürfte der Teig für das Taschenbrot mit schmutzigen Fingern geknetet worden sein. Solche Erfahrungen machen die Lebensmittelinspektoren des Kantons Bern alle Jahre wieder.«[285]

Überall in Europa nehmen immer mehr orientalische Dönerbudenbetreiber Hygiene nicht ernst.[286] Auch in Österreich sind bei Kontrollen nur drei von zehn Proben von Döner- oder Kebabfleisch ohne hygienische Beanstandung.[287]

Die angebliche Bereicherung durch die orientalischen Fast-Food-Betriebe erreicht auch noch völlig andere Dimensionen, die *Lübecker Nachrichten* berichten beispielsweise: »Viele der türkischen Imbisse im Kreis verkaufen illegale Coca-Cola-Dosen ohne Pfand aus dänischer Produktion. Ein durchaus lukratives Geschäft für Dönerbudenbetreiber und Kunden. Der Händler muss kein Pfandgeld beim Einkauf vorfinanzieren, spart die Gebühren für das Pfandlogo beim Einkauf und benötigt kein personal- und platzaufwendiges Sammelsystem.«[288]

Cola-Dosen ohne Pfand? Das illegale Geschäft der Dönertürken findet man bundesweit. Besonders gern importieren sie Getränkedosen nicht nur aus Polen, sondern auch aus Belgien, den Niederlanden oder Frankreich – und kassieren von den dummen Deutschen den vollen Preis. Die leeren Dosen werden nirgendwo zurückgenommen und landen dort, wo sie eigentlich nicht hingehören: in der Umwelt oder im Restmüll.

Doch es geht noch weitaus schlimmer. Ein Beispiel: In Großbritannien hatten zugewanderte Muslime das 14 Jahre alte britische Mädchen Charlene Downes erst vergewaltigt, dann zerhackt und anschließend zu Kebab verarbeitet. Nein, das ist kein Scherz. Die Täter wurden für ihr Verbrechen nie zur Rechenschaft gezogen, weil die Polizei ermittlungstaktische und Verfahrensfehler begangen hatte. Die Polizei hat sich inzwischen öffentlich dafür entschuldigt, dass sie die Döner-Kindermörder wegen Formfehlern hat laufen lassen. Wer das alles nicht glauben mag, der kann es in Zeitungen wie der *Daily Mail* vom Oktober 2009 im Internet unter der Überschrift »Police rapped for blunders in murder case of girl ›turned into kebab meat‹« in allen Details nachlesen – inklusive Foto des ermordeten und als Dönerfleisch verkauften Mädchens und der Entschuldigung der Polizei.[289] Guten Appetit!

Für 36 Prozent der Deutschen ist türkischer Döner inzwischen das beliebteste Fast Food.[290] Und das, obwohl es regelmäßig Pressemitteilungen der Polizei gibt, denen zufolge beispielsweise bis zu 800 Kilogramm Gammelfleisch für Dönerbuden allein in einem einzigen Fahrzeug zu solchen Betrieben ungekühlt auf den Autobahnen transportiert wurde.[291] In ganz normalen Autotransportern wird das Dönerfleisch auf die Ladefläche geworfen und ohne Kühlung durchs Land kutschiert – wie im Orient üblich.[292] In der Bundeshauptstadt Berlin warnte eine Lokalzeitung ihre Leser mit der Schlagzeile »Döner stark mit Keimen belastet«[293]. Doch das will man offenkundig in der Bevölkerung nicht hören. Döner wird ja schließlich immer beliebter. Sieht es im Süden anders aus? Kaum, denn selbst die Zeitung *Schwarzwälder Bote* wunderte sich und berichtete unter der Schlagzeile »Gammelfleisch: Noch Lust auf Döner?«[294]

In Italien ist man da jetzt einen Schritt weiter. In immer mehr Gemeinden werden Döner- und Kebabbuden einfach verboten und dichtgemacht. Zu schmutzig, zu ekelig und vor allem: kulturell und auch kulinarisch keine Bereicherung.[295] In Deutschland findet das erste Nachahmer. In Gechingen im Kreis Calw wehren sich die Bürger zumindest mit Unterschriftenaktionen inzwischen gegen die Eröffnung weiterer Dönerbuden, die das einst malerische Ortsbild verschandeln.[296]

An manchen Schulen scheint man in Deutschland inzwischen ebenfalls aufzuwachen. So gibt es für Lehrer im Internet bei einem Schulprojekt Lehrmaterial, mit dem die Schüler errechnen sollen, wie viele in Deutschland verkaufte Döner pro Jahr mit Keimen belastet sind. Dazu müssen die Schüler zunächst einen vorgedruckten Bericht über die schlimmen Hygienezustände in Dönerbuden lesen, dann aufschreiben, wie viele Dönerläden es in ihrer Stadt gibt, und können sich dann selbst ausrechnen, wie groß die Chance ist, dass sie einen Ekeldöner kaufen.[297]

Schauen wir uns einen solchen typischen türkischen Dönerbetrieb – aus Sicht von Politik und Medien eine »kulturelle Bereicherung« – einmal näher an. Auch hier wünscht Ihnen der Autor beim Lesen schon einmal: Guten Appetit!

Brilon: der Döner-Saustall des Mehmet Ö.

Karl Schneider (CDU) ist Landrat des Hochsauerlandkreises mit Sitz in Meschede. Er hat einem in Brilon wohnenden Türken im Mai 2010 ein ungewöhnliches Schreiben geschickt. Nennen wir den Türken, der in Brilon ein türkisches Geschäft mit einer angeschlossenen typischen türkischen Lokalität betreibt, aus Gründen des Persönlichkeitsschutzes hier einfach Mehmet Ö. Dieser Herr Mehmet Ö. hat 2010 eine Gewerbeuntersagung gemäß Paragraf 35 Gewerbeordnung bekommen. Er darf in der Bundesrepublik Deutschland bis an sein Lebensende kein Gewerbe mehr ausüben. Er darf nicht einmal mehr Schnürsenkel verkaufen. Sie werden die nachfolgenden Ausführungen – aus Gründen der politischen Korrektheit – in keiner deutschen Zeitung finden. Sie können erahnen, dass Mehmet Ö. Dinge getan haben muss, die ziemlich schlimm und ekelig sind, denn sonst hätte Landrat Karl Schneider gegen Mehmet Ö. wohl nicht bis an dessen Lebensende ein Berufsverbot verhängt.

Es war das Finanzamt Brilon, das erstmals im Mai 2009 ein Gewerbeuntersagungsverfahren gegen Mehmet Ö. beim Landrat angeregt hatte. Mehmet Ö. hatte im Januar 2007 bei der Briloner Stadtverwaltung das Gewerbe »Schank- und Speisewirtschaft und Herstellung türkischer Backwaren« angemeldet. Obwohl der Türkenladen gut lief, zahlte er keine Steuern. Im Dezember 2008 gab es einen Pfändungsversuch. Der blieb erfolglos. Weil das Finanzamt immer wieder mit seinen Besuchen im Laden den Betrieb »störte«, gab Mehmet Ö. dem deutschen Fiskus im März 2009 500 Euro. Mehmet Ö. hatte da aber schon Steuerrückstände in Höhe von rund 24 000 Euro. Man muss in diesem Zusammenhang wissen, dass Mehmet Ö. das Gewerbe nicht ganz freiwillig bei der Briloner Stadtverwaltung angemeldet hatte: Seiner Mutter Cemile Ö. war mit Ordnungsverfügung vom 30. Oktober 2006 zum Jahresende 2006 die Ausübung des gleichen Gewerbes untersagt worden – sie hatte bis dahin rund 12 500 Euro Steuerschulden angehäuft. Mehmet Ö. hatte das Gewerbe bewilligt bekommen, weil er einen Haftungsbescheid unterschrieb – er bürgte für die Steuerschulden des Türkenladens seiner Mutter und durfte diesen deshalb fortführen.

Gegen Mehmet Ö. lagen des Weiteren zwei Haftbefehle vor. Man muss dazu wissen: Der Mann wird ständig von Deutschen »diskriminiert« und schlägt dann gern resolut zu. Deshalb hatte ihn etwa das Amtsgericht Recklinghausen wegen Körperverletzung verurteilt. Doch Steuerschulden, Körperverletzung und Haftbefehle waren nicht alles, was Mehmet Ö. in seinem Wohnort Brilon vorzuweisen hatte: Er musste mehrfach Geldbußen wegen saustallähnlicher Hygienezustände in seiner Küche bezahlen. Nach zwei derartigen verhängten Geldbußen sah sich dann die Ausländerbehörde im Dezember 2009 den türkischen »Gaststättenbetrieb« einmal näher an. Den Beamten wurde speiübel: Die zum Verkauf bestimmten Lebensmittel wurden zusammen mit vergammelten Lebensmitteln zubereitet. Mitten im Abfall wurden die Speisen für die Kunden angerichtet. In einer Schüssel, in der sich nach

Behördenangaben nur noch Schimmelpilze wohlfühlten, wurde eine türkische Fleischspeise geknetet – auch sie war für den Verkauf an die dummen Deutschen bestimmt.

Im Schreiben des Landrats Karl Schneider an den Türken, in dem diesem für ganz Deutschland die Ausübung jedweden Gewerbes untersagt wurde, heißt es etwa: »In der Schüssel wurde scheinbar eine Fleischmasse zubereitet, soweit man dieses wegen des sich bereits gebildeten Schimmels noch erkennen konnte.« Im Obergeschoss des Gebäudes, wo die Familie wohnt, fand sich im Wohnzimmer bei einer von den Beamten gemessenen Raumtemperatur von 20 Grad Celsius »auf dem Fußboden« (!) eine Platte mit Hähnchenschenkeln, die – so das Schreiben des Landrats – »offensichtlich zum Verkauf vorgesehen waren!«

Mehmet Ö. hatte schimmelige Gammelprodukte an die Briloner Bevölkerung als »türkische Spezialitäten« verkauft. Er hatte die Briloner Bürger betrogen. Er hatte das Finanzamt hinters Licht geführt. Er hatte damit viel Geld verdient. Die Mitarbeiter des Landratsamtes und des Finanzamtes interessierte zu erfahren, ob sich der junge Mehmet Ö. in seiner türkischen Heimat schon ein schönes Haus mit dem erschwindelten Geld gebaut hatte. Denn die bisher aufgeführten Betrugsfälle waren noch nicht alles. Zitat aus dem Schreiben des Landrats an Mehmet Ö.: »Die Knappschaft Bahn-See-Minijob-Zentrale hat mir ebenfalls mitgeteilt, dass Herr (…) seinen Zahlungs- und Meldepflichten nur unzureichend nachkommt.« Im Klartext: Mehmet Ö. hatte Mitarbeiter beschäftigt, ohne für diese die üblichen Abgaben abzuführen. Wundern Sie sich da noch, warum viele Türken protzige Autos fahren, in ihrer Heimat Häuser bauen und hier über die dummen Deutschen lachen?

Türkische Mitbürger wie Mehmet Ö. sind nicht nur typische Beispiele dafür, wie wir ausgenommen und betrogen werden. Mehmet Ö. zeigt uns auch deutlich, dass dieses Verhalten von klein auf im Elternhaus antrainiert wurde. Mehmet Ö. kann aber auch als Beleg dafür dienen, dass zugewanderte Bildungsverweigerer ihr Leben lang Versager in unserer Gesellschaft bleiben. Denn der Mann wurde schon in der Schule als türkischer Vollversager auffällig. Mehmet Ö. besuchte von 1994 bis 2001 die Christophorus-Schule in Brilon, eine Sonderschule. Betrachten wir zunächst sein Zeugnis des Schuljahres 1998/1999. Da fehlte er in dem einen Schulhalbjahr 30 Stunden – stets unentschuldigt. Das war bei Sonderschüler Mehmet Ö. keine Ausnahme. Es war die Regel, heißt es doch etwa in diesem Zeugnis: »… hatte wieder hohe unentschuldigte Fehlzeiten. (…) Er hatte wenig Interesse an schulischer Arbeit … Aufgrund seiner häufigen Fehlzeiten und der Tatsache, dass er seine Hausaufgaben so gut wie nie erledigte, waren kaum Lernfortschritte zu verzeichnen.«

Seine Note in Erdkunde: ausreichend; in Geschichte: mangelhaft; in Biologie: mangelhaft; in Physik: ausreichend; musischer Bereich: ausreichend; Sport: ausreichend; Religion: nicht teilgenommen. Die Fächer Deutsch und Mathematik wurden mit Rücksicht auf den »Migrationshintergrund« des in Deutschland geborenen Türken von der Briloner Sonderschule erst gar nicht bewertet. Das war 1998/1999. Man zeigte damals an der Sonderschule noch viel Verständnis für Mehmet Ö. – der nutzte das aus und glänzte fortan durch noch mehr Faulheit. Zum Vergleich sein Zeugnis des Schuljahres 2000/2001: Deutsch: ungenügend; Mathematik: ungenügend; Sachfächer: ungenügend; Erdkunde: ungenügend; Geschichte: ungenügend; Biologie: ungenügend; Wirtschaftslehre: ungenügend; Technisches Zeichnen: ungenügend; Kunst/Werken: ungenügend; Sport: ungenügend. Im Abgangszeugnis (zehntes Schuljahr) des türkischen Schülers heiß es: »… erbrachte an 24 von 179 Schultagen Teilleistungen«. Unterschrieben wurde das Zeugnis am 22. Juni 2001 von der Schulleiterin Pflüger-Hartmann.

Wir haben Bildungsverweigerer, Betrüger und Abzocker wie Mehmet Ö. in Massen importiert. Unsere Politiker behaupten, dass sie einmal unsere Renten zahlen werden. Mehmet Ö. sei ein Einzelfall … Die Wahrheit jedoch ist, dass Mehmet Ö. nicht etwa die Ausnahme, sondern die Regel ist. Er ist der lebende Beweis dafür, dass unsere Politiker die Realität nicht wahrnehmen.

Mit den Müllbergen kommen die Ratten

Unsere liebreizenden Mitbürger aus dem islamischen Kulturkreis und ihr eigentümliches Hygieneverständnis zwingen uns in Europa mittlerweile zu eigenartigen Regelungen: Auf immer mehr niederösterreichischen Erdbeerplantagen müssen die Pflückerinnen seit dem Jahr 2008 Hosen tragen. Im »Erdbeerland« in Pottenstein und auf mindestens zehn weiteren Erdbeerplantagen existiert der Hosenzwang, weil Türkinnen, die dort saisonal gearbeitet hatten, bei der Arbeit auf die Erdbeeren uriniert und zwischen den Pflanzen auch noch andere, »größere Geschäfte« verrichtet hatten. Nun konnte man bestimmten zugewanderten Bevölkerungsgruppen nicht generell den Zutritt zu den Erdbeerfeldern verweigern, das wäre nach österreichischen Gesetzen heute »rassistisch« und »diskriminierend«. Also wurde wegen der vielen beobachteten »Geschäftsfrauen« aus dem islamischen Kulturkreis der Hosenzwang eingeführt.[298]

Gehen wir aus Österreich in eine deutsche Gemeinde, nach Bonn-Lannesdorf. Dort ist das Stadtviertel »Im Gries« die Migrantenhochburg. Türken,

Iraker, Iraner, Jugoslawen und Libanesen werfen dort ihren Müll nicht etwa in die Abfallcontainer – sondern wie in ihrer Heimat einfach aus dem Fenster oder an die nächste Straßenecke. Die Folge? Eine Rattenplage. Noch leben auch ethnische Deutsche dort. Im März 2010 berichtete eine Lokalzeitung unter der Überschrift »Lannesdorf: Ein Karree versinkt im Unrat« über die ekelhaften Zustände im Migrantenviertel: »Die mehrstöckigen Häuser gehören der Immobiliengesellschaft Deutsche Annington. Katja Weisker, Pressesprecherin der Deutschen Annington, sagt auf GA-Nachfrage: ›Wir haben in den vergangenen 15 Monaten 20 Mal den Müll entsorgen lassen.‹ Die Anwohner sind bereits mehrfach angeschrieben worden, unter anderem sind sie mit Handzetteln in sechs verschiedenen Sprachen informiert worden.«[299] Danach gab es eine Bürgerversammlung, bei der die Deutschen ihrer Wut freien Lauf ließen. Die Zeitung berichtete über den »Lösungsvorschlag« der Politiker für die Beseitigung der Müllberge, Bezirksbürgermeisterin Schwolen-Flümann »lud alle Anwohner zum Fest des interreligiösen Dialogkreises ein, das am Sonntag, 20. Juni, in der Straße Im Gries stattfinden wird. Außerdem will sie einen Brief an die Moscheegemeinde schreiben. ›Vielleicht hilft es, wenn sie auf dem Fest offen und ehrlich gemeinsam über die Probleme sprechen‹, sagte sie zum Abschluss.«[300]

Ein wenig »interreligiöser Dialog«, ein Brief an die ansässige Moscheegemeinde – und schon sind die Müllberge und die Ratten wieder weg? Das ist typisch Deutsch. Man löst die Probleme nicht. Man pflegt den »Dialog«. So schieben deutsche Politiker die sich auftürmenden Probleme vorübergehend aus dem Weg.

Während man in Bonn-Lannesdorf bei interreligiösen Dialogen über die vielen Probleme sprechen will, bieten in Städten wie Bonn/Bad-Godesberg findige Zuwanderer einen ganz besonderen Service an, um die Mieten zu senken und unerwünschte ethnische Europäer allmählich aus Migrantenstadtvierteln zu vertreiben: Sie verändern mit Bausätzen gezielt das äußere Erscheinungsbild von Wohnungen und Wohnvierteln, indem sie dieses vorsätzlich verschlechtern: Ein in Bad-Godesberg ansässiger (aber nicht beim Gewerbeamt angemeldeter) türkischer Versandhändler bietet bundesweit »Abwertungs-Kits« an, mit denen man als Mieter die Mietpreise angeblich dauerhaft senken kann. Im Angebot finden sich etwa zerschlissene Vorhänge, Fensteraufkleber von Discountern für Billigangebote, Klebestreifen für die Hauswand, Fassadenhalterungen für gebrauchte Wäscheständer und Aufkleber in nichteuropäischen Sprachen als Zusatz zu den Klingelschildern. Je mehr Mieter die Fassaden und Fenster damit »ausrüsten«, umso schneller falle in der Umgebung der Mietpreis, so der Anbieter. Investoren würden abgeschreckt, die Restaurantpreise in der Umgebung gesenkt. Ob das der erwünschten »kulturellen Bereicherung« tatsächlich dienlich ist?

Der Dreck, die Müllberge und die Ratten sind überall dort zu finden, wo Migranten aus fernen Kulturkreisen in großer Zahl nach Europa kommen. Es ist selten, dass man offen darüber spricht. Im Juni 2010 berichtete der *Spiegel* über die Lage in Italien unter der Überschrift »Mafia, Müll, Migranten«. Der Artikel begann mit den Worten: »Dreck, Anarchie, Chaos: 25 000 Italiener leben im einstigen Badeort Castel Volturno – und 18 000 Flüchtlinge aus Afrika.«[301] Das sagt alles.

Offenbach: pro Familie 50 000 Euro Wohngeld erschwindelt

Es ist unschön, wenn manche Fakten, die unsere Mitbürger betreffen, bekannt werden. Die deutschen Steuerzahler könnten dann nachdenklich werden. Beispielsweise hat eine türkische Familie aus Offenbach über viele Jahre hinweg Sozialleistungen bezogen, unterhielt parallel dazu Luxusfahrzeuge und baute eine Villa in der Türkei.[302] Gleich mehrere Dutzend türkische Sozialhilfeempfänger aus dem hessischen Langen und aus Offenbach bezogen in Hessen Sozialhilfe – und brachten dazu parallel das Kunststück fertig, im spanischen Pamplona in einem VW-Werk zu arbeiten.[303] Mit unrichtigen Namen haben – ebenfalls in Offenbach – Asylbewerber aus Jordanien mehr als 7,2 Millionen Euro Sozialleistungen zu Unrecht kassiert. Nach Angaben des Kreises Offenbach hatten rund 200 Personen in ihrem Asylantrag angegeben, staatenlose Palästinenser und politisch verfolgt zu sein. Selbst wenn ihr Antrag abgewiesen wurde, konnten sie daher nicht abgeschoben werden. So kamen allein bei einer achtköpfigen Familie 208 000 Euro zusammen. In einem anderen Fall zahlte der Kreis medizinische Hilfe im Wert von 534 000 Euro.[304] Dieser »Palästinensertrick« wurde in den vergangenen Jahren im Raum Offenbach so oft angewendet, dass 2006 die Ermittlergruppe »AG Wohlfahrt« gegründet werden musste, die sich auf Sozialbetrug spezialisiert hat.[305] Die aufgedeckten Fälle hätten deutlich gemacht, »dass die Verdächtigen zumeist gemeinschaftlich, bei Verschleierung der Identität, mit hoher krimineller Energie und unter Ausnutzung aller rechtlichen Möglichkeiten« unberechtigt Sozialleistungen bezögen, heißt es in einer Pressemitteilung der Polizei. »Die Liste der Verdächtigen ist lang«, erklärte Kriminalhauptkommissar Jürgen Höfer, der Leiter der AG Wohlfahrt, »und es ist noch lange kein Ende in Sicht«.[306] Da werden schnell mal pro Familie 50 000 Euro Wohngeld erschwindelt.[307]

5,7 Millionen Euro Schaden sind allein Stadt und Landkreis Offenbach durch systematischen Asylbetrug angeblicher Palästinenser in einem kurzen Zeitraum entstanden. Offenbach ist aber nur eine von vielen hundert deutschen Gemeinden in dieser Größenordnung. Besonders interessant ist, dass, wenn derlei Informationen in die Öffentlichkeit gelangen, es anschließend noch eine Anzeige wegen »Geheimnisverrats« gibt.[308]

111 000 Euro Sozialhilfe für ein Roma-Paar

Bleiben wir noch kurz in Offenbach, denn der Leser könnte durch das bisher Dargestellte den Eindruck gewonnen haben, dass Jordanier oder Türken die größten Sozialhilfebetrüger in der Stadt seien. Die Lokalzeitung *Offenbach-Post* hat da allerdings ganz andere Einblicke. Nachfolgend ein Auszug aus einem Bericht, der in dieser Zeitung erschien: »Irgendjemand musste Josef G. verpfiffen haben. Ohne dass er etwas Böses getan hätte, sollte er plötzlich selbst für den Unterhalt der Familie zahlen. Dabei hatte es so gut geklappt: Der Patriarch mit Immobilien und Limousine machte sich ein schönes Leben. Und für das der Angehörigen kam die Allgemeinheit auf. Für jene, denen das nicht passte, hatte Josef G. eine Ladung Speichel übrig, die er jedem vor die Füße rotzte, der sich über den Lebenswandel auf Kosten des Sozialsystems ärgerte. So klischeehaft, als stamme sie aus einer hetzerischen Karikatur, klingt die Geschichte des Offenbacher Roma-Paares, das sich im Lauf der Jahre 111 000 Euro an Sozialhilfe und Wohngeld erschlichen hat. Die Pressemitteilung von Stadt und Polizei deutet die ethnische Herkunft Josef G.s und Maria K.s nur dezent an. Schließlich wollen die Behörden keinen Ärger mit dem Zentralverband der Sinti und Roma, der jeden Bericht zum Anlass für Rügen und Proteste nimmt, der Verfehlungen Angehörigen dieser Volksgruppen zuordnet. Darum ist bei den Behörden nur hinter vorgehaltener Hand zu erfahren, dass ein großer Teil des in Offenbach aufgedeckten Sozialhilfebetrugs auf das Konto dieser Gruppe geht. Als typische Masche gilt unter den Ermittlern etwa, dass leibliche Mütter Neugeborene anderen Frauen überlassen, um sie gegenüber Behörden als eigene Kinder zu deklarieren. Auch unter Sozialhilfebetrügern anderer Herkunft sei es verbreitet, leistungsfähige und unterhaltspflichtige Personen oder eigenes Einkommen und Vermögen zu verschweigen, um Ansprüche zu erschleichen. Falsche Angaben über die Staatsangehörigkeit, um einer Abschiebung zu entgehen, zählen ebenfalls zum Repertoire. Häufig werden zudem Leistungen für nicht existente Personen beantragt. Seltener sind die Behörden mit Fällen konfrontiert, in denen Ansprüche auf Sozialhilfe länderübergreifend doppelt geltend gemacht werden. Gelegentlich kommen die Ermittler Hilfsempfängern auf die Schliche, die sich durch falsche Angaben eine zweite Identität verschaffen, um doppelt zu kassieren.«[309]

Zu Fällen wie dem vorgenannten Migranten-Sozialhilfebetrug gab es 2008 sogar eine gemeinsame Presseerklärung der Stadt Offenbach und des Polizeipräsidiums Südosthessen, in der es etwa hieß[310]:

»›Das sind über 100 000 Euro, die alle denen zugutekommen, die wirklich unsere Hilfe brauchen‹, zeigten sich Offenbachs Oberbürgermeister Horst Schneider und Polizeipräsident Heinrich Bernhardt gleichermaßen zufrieden, nachdem Bedienstete ihrer Behörden in enger Zusammenarbeit jüngst einen Sozialleistungsbetrug in sechsstelliger Höhe aufgedeckt hatten. Über Jahre hinweg bezog eine Frau aus Offenbach für sich und ihre drei Kinder Sozialleistungen und Mietzuwendungen, die sie nur erhielt, weil sie den Ehemann und Vater der Kinder den Behörden verschwieg. Die intensive und gute Zusammenarbeit zwischen der Stadt, der Polizei und der Justiz brachten nun ans Licht, dass sie nach traditioneller Art mit ihrem Vermieter verheiratet ist und tatsächlich mit ihm zusammenlebt. Ein DNA-Abgleich erbrachte zudem, dass er der leibliche Vater der Kinder ist. Der inzwischen 50 Jahre alte Mann war im Besitz von zwei Miethäusern, die ihm stattliche Einnahmen bescherten. Durch die Vertuschung, ja sogar das Bestreiten der familiären Verhältnisse, bezogen Frau und Kinder staatliche Hilfen in Höhe von 111 000 Euro, die das Sozialamt nun zurückfordert. (…) Aufgrund der Kontrollen ergaben sich immer wieder Verdachtsmomente, die den Schluss zuließen, dass bei der Beantragung von Sozialleistungen bestimmte Angaben nicht ganz der Wahrheit entsprochen haben, sodass ein Betrugsverdacht abgeleitet werden konnte. (…) Als erkannte Tathandlungen zeigten sich immer wieder: – das Verschweigen von leistungsfähigen unterhaltspflichtigen Personen, – das Verschweigen von Erwerbstätigkeit oder Einkommen, – falsche Angaben über die Staatsangehörigkeit, um ein Abschiebehemmnis zu erzeugen, – Verschweigen von Vermögenswerten (die oft aus Straftaten gewonnen wurden), – Beantragung von Leistungen für nichtexistente Personen (…), wurden – Ansprüche auf Sozialhilfe länderübergreifend doppelt geltend gemacht, – sogenannte »Klone« geschaffen, um Leistungen doppelt zu kassieren (Person verschafft sich unter falschen Angaben gegenüber den Behörden eine zweite Identität und erhält auf diese Weise echte Personalpapiere), – neugeborene Kinder von der leiblichen Mutter anderen Frauen »überlassen«, die sie gegenüber den Behörden als ihre leiblichen Kinder deklarierten (…).«

Es existieren noch ganz andere Einkommensmöglichkeiten dieser Mitbürger, um die Hartz-IV-Bezüge aufzubessern. Am 2. Juni 2010 hatte das Polizeipräsidium München nach einer Razzia in einem Mitbürgerwohnheim folgende Presseerklärung herausgegeben:

»Seit Monaten treten vornehmlich ungarische, rumänische und bulgarische Staatsangehörige in München als Kontoeröffnungsbetrüger auf. Durch organisierte Zwischenmänner werden ganze Gruppen mit gestohlenen Ausweisen ausgerüstet und nach München gebracht. Hier werden zum Schein Wohnsitze angemeldet, um mit gefälschten Gehaltsbescheinigungen bei Banken Konten zu eröffnen. Ziel der Kontoeröffnungen ist die Erlangung von EC- und Kreditkarten, um betrügerisch ohne Kontodeckung einkaufen zu können. Des Weiteren werden Barkredite erlangt und mittels der EC-Karte Mobilfunkverträge abgeschlossen, um in den Besitz hochwertiger Handys zu gelangen. Auch werden mit den gestohlenen Pässen und den EC- bzw. Kreditkarten Finanzierungsgeschäfte jeglicher Art abgewickelt. In allen Fällen fehlt es letztlich an der Kontodeckung, sodass eine Vielzahl betrogener Geschäfte und Unternehmen übrig bleibt. Um diesem Phänomen Einhalt zu gebieten, wurde Ende März 2010 bei der Kriminalpolizei eine Ermittlungsgruppe eingesetzt. Die seitdem geführten Ermittlungen ergaben bisher Hinweise auf über 300 tatverdächtige Kontoeröffner, die über 70 Scheinadressen nutzten. In mehr als 50 Fällen gaben tatverdächtige Kontoeröffner ein Arbeiterwohnheim in Riem als Wohnsitz an. Aus diesem Grund führte die Ermittlungsgruppe der Münchner Kriminalpolizei mit Unterstützungskräften am Dienstag, 01.06.2010, beginnend in den frühen Morgenstunden, eine Razzia in diesem Wohnheim durch. Angetroffen und kontrolliert wurden nahezu 80 Bewohner bulgarischer Herkunft, von denen 16 vorläufig festgenommen wurden. 13 bulgarische Staatsangehörige im Alter zwischen 22 und 59 Jahren sind des gewerbs- und bandenmäßigen Kontoeröffnungsbetrugs verdächtig. Entsprechende Beweismittel konnten sichergestellt werden.«[311]

Für die angerichteten Schäden zahlen natürlich die dummen Europäer. So etwas finanzieren Sie doch sicher gerne mit, oder?

»Entgrüßungsgeld« für Rotationseuropäer

In Berlin kassieren die zugewanderten Roma, viele von ihnen sind Muslime, besonders dreist ab: Offiziell dürfen sie sich als EU-Bürger mit einem Touristenvisum drei Monate in Deutschland aufhalten. Eine Arbeitserlaubnis gibt es jedoch nur in Ausnahmefällen. Das heißt, wenn sie betteln, ist das nicht verboten. Zuständig sind hier die Ordnungsämter. Die sehen sie ebenso wie die Bürger lieber gehen als kommen. Und genau darauf spekulieren die Roma. Seit

2009 wächst dem Berliner Senat die Roma-Plage über den Kopf: Einer solchen Gruppe (127 Personen) zahlte die Sozialsenatorin in bar bis zu 22 000 Euro als sogenanntes »Entgrüßungsgeld«, damit die »Rotationseuropäer« die Stadt endlich wieder verlassen. »Es handelt sich dabei um eine zweckgebundene Rückkehrpauschale«, erklärte Karin Rietz, Sprecherin der Sozialverwaltung damals.[312] Ob die Familien zurückkehren würden, so Rietz, könne man allerdings nicht überprüfen. Recherchen ergaben: Sie blieben in Berlin. Und sie kassieren unter anderen Namen abermals ab.

In Ungarn, neben Bulgarien und Rumänien eines der Heimatländer der Roma, hat die Europäische Union (also wir Steuerzahler) viel Geld in Bildung und die Schaffung von Arbeitsplätzen für Roma investiert – 15 Jahre lang. Die Roma haben sich an die Hilfe gewöhnt. Geändert hat sich nichts. Die Roma haben weder Bildungsangebote noch Arbeitsangebote in größeren Zahlen akzeptiert. Und deshalb gibt es nun – aus liberalen Kreisen der Ungarn – einen völlig neuen Vorschlag, wie man Roma integrieren und an Bildung heranführen könnte: Man nimmt ihnen die Kinder weg und steckt diese in »Boarding-Schulen«. Gemeint sind Ganztagsschulen mit angeschlossenem Internat.[313] Die Intellektuelle Eszter Babarczy , die ganz gewiss keine Rechtsradikale ist, hat diesen Vorschlag unterbreitet – und stieß damit auf große Zustimmung. Unklar sind allerdings die Fragen, ob damit nicht gegen Menschenrechte verstoßen wird und wer die Kosten der Maßnahme übernehmen soll.

Die »mobile ethnische Minderheit«

Beständig sind Europäer auf der Suche nach politisch korrekten Begriffen, die unsere Zuwanderer nicht »diskriminieren«. Wir überlegen in Europa seit Langem krampfhaft, wie wir künftig Menschen bezeichnen, die man früher »Zigeuner« oder »Sinti und Roma« nannte. Denn auch der Begriff »Sinti und Roma« ist inzwischen für bestimmte Landfahrer politisch nicht mehr korrekt. Die *Frankfurter Allgemeine Zeitung* schrieb dazu:

»Für Polizei und Ordnungsamt sind diese Gruppen allerdings schwer zu greifen. Das fängt schon mit der Begrifflichkeit an. Die Bezeichnungen ›Sinti und Roma‹ sowie ›Zigeuner‹ dürfen aufgrund ihrer Verwendung während des Nationalsozialismus von den Behörden nicht verwendet werden. So behelfen sich die Beamten bei ihren Ermittlungen oftmals mit Ausdrücken wie ›Personen mit häufig wechselndem Aufenthaltsort‹ oder ›Mobile ethnische Minderheiten‹, kurz: ›Mems‹. Als jüngster Begriff hat sich nun die Formulierung ›Rotationseuropäer‹ durchgesetzt. Aber die Beamten vermuten, dass es nur eine

Frage der Zeit ist, bis auch diese Bezeichnung aus Gründen der ›Political Correctness‹ nicht mehr genutzt werden darf.«[314]

Wie also verhält man sich? Wie nennen wir denn nun jene Landfahrer, die man früher »Zigeuner«, »Sinti und Roma« und dann zwischendurch »Rotationseuropäer«, »Personen mit häufig wechselndem Aufenthaltsort« oder »mobile ethnische Minderheit« nannte? Wahrscheinlich rotiert der Zigeunerbaron im Grabe, wenn er erfährt, dass wir ihn nun »Rotationseuropäer« nennen. Und wahrscheinlich werden jene Niederländer, die in Sommermonaten auf deutschen Autobahnen mit ihren Campingwagen in den verdienten Urlaub fahren, die Deutschen massenweise wegen Diskriminierung verklagen, wenn in deutschen Polizeiberichten künftig nach einer »mobilen ethnischen Minderheit« gefahndet wird.

Merkwürdigerweise haben die Sinti und Roma selbst noch gar nicht mitbekommen, dass der Ausdruck »Sinti und Roma« sie beleidigt. Denn allen Ernstes lädt der »Zentralrat der Sinti und Roma« regelmäßig Journalisten unter genau diesem Namen als Verband der zugewanderten Bevölkerungsgruppe ein – und fordert deutsche Medien energisch dazu auf, Sinti und Roma nicht länger zu diskriminieren.[315] Und während die Europäische Union 2010 nicht wusste, woher sie das Geld für bankrotte EU-Mitgliedsstaaten wie Griechenland, Spanien und Portugal nehmen sollte, lud sie parallel dazu mit unvorstellbarem Finanzaufwand zum »Sinti und Roma-Gipfeltreffen« ins spanische Córdoba ein.[316] 400 Vertreter von »Rotationseuropäern«, EU-Institutionen, nationalen Regierungen und Nicht-Regierungs-Organisationen (NGOs) sprachen über Projekte und Strategien zur finanziellen Förderung der Sinti und Roma in Europa. Die EU-Kommission machte dafür – wieder einmal – Mittel aus dem Strukturfonds locker. Parallel dazu forderten in Deutschland die Grünen und die CDU in seltener Einigkeit einen Abschiebestopp für Sinti und Roma. Die Bundesvorsitzende von Bündnis 90/Die Grünen, Claudia Roth, und der ehemalige Hohe Repräsentant für Bosnien-Herzegowina, Christian Schwarz-Schilling (CDU), beklagten in einer gemeinsamen Erklärung, Abschiebungen von »Rotationseuropäern« in ihre Heimatländer zerstörten »den Zusammenhalt und das Glück vieler Familien, sie zerstören die beruflichen Perspektiven besonders der jungen Leute, für die diese Abschiebung die erste Vertreibung ihres Lebens ist«[317].

In Großbritannien ist man unterdessen schon einige Schritte weiter bei der »Integration« unserer »Rotationseuropäer«. Dort hat man den Briten 2010 mitgeteilt, dass die Menschenrechte dieser Bevölkerungsgruppe Vorrang vor allen anderen Rechten haben. Im Klartext: »Rotationseuropäer« müssen beim Bau ihrer Wohnwagensiedlungen weder auf Umwelt- und Naturschutz achten noch auf andere Gesetze, Verordnungen oder gar die Interessen der ansässigen Bürger. Auch in ausgewiesenen Naturschutzgebieten, in denen »normale« Briten nicht einmal die Wanderpfade verlassen dürfen, dürfen »Rotationseuropäer« nun an jedem von ihnen gewünschten Ort Wohnwagensiedlungen errichten. Das entspräche ihrer Mentalität und zähle zu ihren Menschenrechten, so die Londoner Regierung. Briten, die gern einmal einfach in der Natur zelten möchten, dürfen dieses Recht allerdings auch künftig nicht in Anspruch nehmen. Die Londoner Zeitung *Daily Mail* berichtete darüber im Mai 2010 unter der Überschrift »Gipsies can ignore green belt laws: Rules put their human rights above local residents«.[318]

Es ist mitunter schwierig, sich an die vielen politisch korrekten neuen Sprachregelungen zu gewöhnen, die wir regelmäßig neu lernen müssen. Auch die Polizei hat da so ihre Probleme. Ein Beispiel: Kamen Ausländer ohne Genehmigung nach Europa, dann nannte man das früher politisch korrekt »illegale Einreise«.[319] Gutmenschen haben jedoch darauf hingewiesen, dass Menschen nicht »illegal« sein können. Deshalb mussten die Polizisten einen neuen Begriff erlernen – die »unerlaubte Migration«.[320] Das klingt harmloser, eher nach einem leichten Vergehen, einer Ordnungswidrigkeit. Weil sich aber noch nicht alle Beamten daran gewöhnt und auch die Medien noch ihre Schwierigkeiten mit dem neu verordneten politisch korrekten Begriff haben, gibt es eben derzeit immer noch Menschen, die von »illegaler Einreise« sprechen. Wahrscheinlich gilt es irgendwann als Beleidigung, wenn man einem »unerlaubt« nach Europa gekommenen Mitbürger eine »illegale Einreise« vorwirft.

In Österreich darf man Ausländer jetzt übrigens nicht mehr Ausländer nennen, nach den neuen Antidiskriminierungsgesetzen sind es »Bürger mit Migrationshintergrund«. Taubstumme muss man jetzt als Gehörlose bezeichnen, und Behinderte dürfen nur noch »körperlich eingeschränkte Menschen« genannt werden. Nur so ist es politisch korrekt.

In der Schweiz wurde das Wort »Fußgängerstreifen« im Beamtendeutsch für unzulässig erklärt. Begründung: Es diskriminiert Frauen, denn es müsste eigentlich politisch korrekt »FußgängerInnenstreifen« heißen. Im Juni 2010 lachte man nicht nur in der Schweiz unter normal denkenden Menschen über einen Bericht der Berner Behörden, demzufolge man künftig zum »Fußgängerstreifen« nur noch »Zebrastreifen« sagen darf.[321] Und wenn Sie bei Ihrer nächsten Durchreise in der Schweiz von einem Polizisten am Steuer Ihres Fahrzeugs nach Ihrem »Fahrausweis« gefragt werden, dann ist damit der inzwischen politisch nicht mehr korrekte »Führerschein« gemeint. Auch das Wort »Mannschaft«, das angeblich Frauen diskriminiert, wurde im offiziellen Sprachgebrauch der Schweizer nun durch die jetzt dafür vorgeschriebenen Begriffe »Team« und »Gruppe« ersetzt.[322] Und die Begriffe »Vater« und »Mutter« sollen durch »Elternteil« ersetzt werden.

Angesichts solcher Maßnahmen stellen sich Fragen wie: Sind wir eigentlich komplett gaga? Wann kümmern wir uns endlich einmal wieder um die wirklich wichtigen Probleme, statt uns ständig Gedanken darüber zu machen, wie wir unserer Kultur fremden Völkern in unserer Heimat das Leben möglichst angenehm machen können?

Auch in den Niederlanden wird gerade in den großen Parteien darüber diskutiert, das niederländische Wort »allochtoon« (Ausländer, Zuwanderer) in den Medien, der Politik, bei Behörden und im allgemeinen Sprachgebrauch der Niederländer generell als »rassistisch« zu verbieten und durch den Begriff des »bi-lingualen« oder »bi-kulturellen Mitbürgers« zu ersetzen.[323] Die Begründung: Die zweite und dritte Generation türkischer und marokkanischer Einwanderer sei auf dem Papier rein niederländisch, werde aber von der Bevölkerung noch immer als »irgendwie anders« (und zwar negativ) mit dem Begriff »allochtoon« klassifiziert – was man mit aller Macht unterbinden müsse.

Endziel Europa: die neue Völkerwanderung

Seit Januar 2010 brauchen Bürger aus Mazedonien, Serbien und Montenegro kein Visum mehr, wenn sie in die noch wohlhabenden EU-Staaten wollen. Über die Folgen hat sich die Brüsseler Regierung offenkundig zuvor keine Gedanken gemacht. Seit Januar 2010 leisten die Reisebüros auf dem Balkan Überstunden. Und nicht nur Roma-Rotationseuropäer begeben sich in Scharen auf den Weg in die EU. Die Österreicher haben schon Zehntausende »Touristen«, die nun nicht mehr gehen wollen.

Selbst in Schweden kommen in Städten wie Malmö jeden Tag Massen von Roma aus dem Balkan in Bussen an. In nur wenigen Tagen trafen allein 1000 von ihnen in Malmö ein. Sie hoffen dort, wo ohnehin schon jetzt 52 Prozent der Migranten dauerhaft arbeitslos sind[324], auf ein Bleiberecht. Sie beantragen Asyl und Sozialhilfe. Die schwedische Zeitung *The Local* berichtete etwa im März 2010: »Roma duped into seeking Swedish asylum«.[325] Asyl – und nochmals Asyl, das ist das Ziel. Schwedische Menschenrechtsgruppen unterstützen es, dass die Armutsflüchtlinge bleiben dürfen. Doch es geht letztlich nicht nur um einige tausend Roma in Schweden – auf ganz Europa rollt seit Jahresbeginn 2010 eine gewaltige Welle von armen Bürgern aus dem Balkan zu, denen man die Grenzen geöffnet hat: Armutsflüchtlinge.

Die Fluchtwelle begann mit einer Lüge. Nachdem die EU den Visumzwang für Balkanbürger aufhob, setzten Menschenhändler unter den Roma ein Gerücht in Umlauf: Wer im Besitz eines neuen biometrischen Passes sei, der könne nach Westeuropa auswandern. In vielen EU-Staaten erhalte man jetzt Bargeld und Asyl.

Hunderttausende Bürger vom Balkan beantragten seit Jahresbeginn Sozialhilfe und Asyl in Europa: Aus vielen Dörfern fuhren täglich durchschnittlich fünf Reisebusse in die EU. Die armen Migranten suchen trotz Arbeitsverbots als »Touristen« Schwarzarbeit – allein in Österreich von Januar bis Ende Februar Zehntausende Albaner und Ex-Jugoslawen. Nicht nur österreichische Zeitungen sprachen von einer »Völkerwanderung«.[326] Da heißt es etwa: »Nach Angaben des Innenministeriums und der Grenzpolizei in Skopje haben bisher bis zu 170 000 Mazedonier ihre Heimat verlassen. Davon sind mehr als zwei Drittel nicht zurückgekehrt. Experten in Brüssel befürchten, dass sie in der EU untergetaucht sind.«

Schlimmer noch als Österreich trifft es Deutschland, die Schweiz und skandinavische Länder. Mehrere hunderttausend Albaner und Angehörige anderer Balkanstaaten reisen mit auf 90 Tage befristeten Touristenvisa ein und werden wohl in die Illegalität abtauchen, um einer Ausweisung zu entgehen. Aufhalten kann das alles niemand, denn in den Schengenstaaten wurden die entsprechenden Kontrollen ja von der EU bewusst abgeschafft. Auf Druck der EU gehen die mazedonischen Behörden nun (halbherzig) gegen Reisebüros vor, die die Roma nach Westeuropa befördert haben.[327] Aber was sollen sie tun? Die EU hat es schließlich so abgesegnet und die Visumsfreiheit für Balkanbürger erklärt.

Während man nun in Österreich über ein Bettelverbot für Roma diskutiert[328], richtet man in Berlin Dauerquartiere für vom Balkan zugewanderte Roma ein.[329] In anderen EU-Staaten werden derweilen rassistische Äußerungen ranghoher Politiker in Bezug auf die armen Roma registriert. »Wir haben in Rumänien ein natürliches psychologisches Phänomen der Kriminalität unter bestimmten Minderheiten, vor allem bei den Roma«, erklärte beispielsweise der rumänische Außenminister Teodor Baconschi während eines Treffens mit dem französischen Staatssekretär für europäische Angelegenheiten, Pierre Lellouche, und handelte sich damit umgehend Forderungen von Menschenrechtlern nach seinem Rücktritt ein.[330] Baconschi hatte diese Aussage im Zusammenhang mit einer Klage der Franzosen über die stark gestiegene Kriminalität in Frankreich durch rumänische Kriminelle geäußert.

Nach der Visumsfreiheit für den Balkan erwägt die Europäische Union in einem nächsten Schritt, auch die Visumspflicht für die Türkei abzuschaffen.

Die Regierungen der Mitgliedsstaaten werden auch das nicht verhindern, wohl genauso wenig wie die Folgen.

Viele in Deutschland lebende Türken hegen derzeit die Hoffnung, dass ihre Verwandten und Freunde aus der Türkei bald kein Visum mehr beantragen müssen, wenn sie zu Besuch kommen. Grund zur Zuversicht bietet ein Urteil des Europäischen Gerichtshofs (EuGH) in Luxemburg, demzufolge Lastwagenfahrer aus der Türkei kein Visum mehr benötigen[331], wenn sie als Dienstleister einreisen.[332] Rechtsexperten haben inzwischen erklärt, im Umkehrschluss ergebe das sogenannte Soysal-Urteil[333], dass auch Empfänger von Dienstleistungen ohne Visum einreisen dürfen[334] – also jeder, der bei seinem Besuch in Deutschland etwa zum Friseur geht oder etwas einkauft. Mit dem Assoziierungsabkommen zwischen der Türkei und der Europäischen Wirtschaftsgemeinschaft (heute EU) wurde 1963[335] ein freier Dienstleistungsverkehr vereinbart. 1970 wurde ein Zusatzprotokoll angefügt, demzufolge beide Seiten »keine neuen Beschränkungen der Niederlassungsfreiheit und des freien Dienstleistungsverkehrs einzuführen« haben. Als diese »Stillhalteklausel« festgelegt wurde, brauchten Türken noch kein Visum, um nach Deutschland zu gelangen. Erst 1980 hoben die Bundesrepublik und andere EG-Staaten die Visumsfreiheit für Türken auf, weil die Zahl der Asylbewerber aus dem politisch angespannten Land stark stieg. Das ist – nach Auslegung zahlreicher Experten – bis heute nicht rechtmäßig. Es ist (nach dem Urteil des EuGH) eine reine Frage der Zeit, bis die Visumsfreiheit für Türken flächendeckend eingeführt wird.

Die Türkei dringt nun auf die rasche Aufhebung des Visumszwangs. »Es gibt keinen Grund, Türken das Recht auf Einreise ohne Visa vorzuenthalten«, sagte der türkische Außenminister Ahmet Davutoglu im Dezember 2009 in Brüssel und verwies auf den Verzicht der EU auf Einreisevisa für Bürger Serbiens, Mazedoniens und Montenegros.[336] Der türkische Professor Harun Gümrükçü von der Universität Akdeniz empfiehlt türkischen Staatsangehörigen, die wegen der Visumspflicht bei ihrer Reise in die europäischen Länder behindert würden, zudem, sich auf gerichtlichem Wege für ihre Rechte einzusetzen. Er fordert: »Verweigerung der Visumsfreiheit für Türken muss strafbar gemacht werden«.[337] Beinahe monatlich unternimmt die Türkei nun Anläufe, um die Visumsfreiheit von der EU einzufordern.[338] Der neue EU-Erweiterungskommissar, der Tscheche Stefan Füle, will unbedingt sicherstellen, dass die Türkei EU-Mitglied wird.[339] Allerdings müssen deutschsprachige EU-Bürger schon die bulgarischen Nachrichten lesen, um die Einzelheiten dieses neuen EU-Projekts zu erfahren.[340] Die Eurokraten treiben das alles voran – und verschweigen es den EU-Bürgern.

Die EU-Kommission stellte 2009 eine Umfrage vor, bei der sich 74 Prozent der Bundesbürger gegen einen EU-Beitritt der Türkei aussprachen. Hingegen waren nur 21 Prozent für einen Beitritt. In Österreich sind sogar 80 Prozent gegen einen Türkei-Beitritt, nur zehn Prozent dafür. Als das ZDF im Jahre 2009 im Internet eine Umfrage zum EU-Beitritt der Türkei anstellte, da waren 89 Prozent gegen den Beitritt der Türken. Das ZDF war entsetzt und nahm die Ergebnisse aus dem Internet.[341]

Genau umgekehrt ist es in der Türkei: Rund 90 Prozent der Türken wollen, dass ihr Land möglichst schnell EU-Mitglied wird.[342]

Die Türkei drängt also mit Macht in die Europäische Union. Aus diesem Grund haben Forscher zum ersten Mal in der Türkei die dort lebenden Menschen befragt, was sie denn eigentlich von den Einwohnern der Europäischen Union halten. Die Ergebnisse sind bisher nur in der Türkei veröffentlicht worden – für all jene Europäer, die die Türken gern in der EU sähen, sind sie wohl zu schockierend. Das demoskopische Institut *Frekans* hat – finanziert mit Geldern der Europäischen Union – im Mai und Juni 2009 in der Türkei 1108 Menschen zu ihren Erwartungen und Einstellungen gegenüber der Europäischen Union befragt. Die Umfrageergebnisse sind erschütternd: Zwar wollen die Türken danach auf jeden Fall schnell in die EU und gern die finanziellen Vorteile der Mitgliedschaft voll auskosten. Aber Christen, Juden oder gar Atheisten aus der Europäischen Union will die Mehrheit der Türken auf gar keinen Fall als Nachbarn haben.[343] Auch als Ärzte, Beamte, Polizisten und in vielen anderen Berufen arbeitende Nicht-Muslime sollten nach Meinung der Türken künftig in der EU keine Rolle mehr spielen.[344]

Schockierend ebenso die Ergebnisse der EU-Umfrage in der Türkei zur türkischen Geschichte: Den offiziellen Anteil der Nicht-Muslime an der türkischen Bevölkerung konnten nur sieben Prozent der Befragten korrekt mit weniger als einem Prozent angeben. Alle anderen überschätzten den nichtmuslimischen Anteil der Bevölkerung entweder auf bis über 30 Prozent, oder sie konnten gar keine Antwort geben. Tatsächlich waren vor 1914 mehr als 30 Prozent der Bevölkerung auf dem heutigen Territorium der Türkei Christen. Die heutige Türkei – das wissen viele Menschen nicht mehr – war dermaleinst ein christliches Land. Die Situation änderte sich mit dem Ersten Weltkrieg: Die Christen wurden von den muslimischen Türken systematisch vertrieben oder ausgerottet.

Jene, die uns und unsere Werte ablehnen, sind auf der anderen Seite scharf darauf, die bei uns lockenden Vorteile wahrzunehmen. Ein Beispiel: 300 000 türkischstämmige Bulgaren leben seit dem Ende des Kommunismus heute wieder in der Türkei. Seitdem Bulgarien aber EU-Mitglied ist, haben Zehntausende von ihnen sofort einen EU-Pass beantragt (und bekommen), mit dem sie ohne Probleme – also ohne Visumsantrag – in die Europäische Union einreisen können. Mit folgenden Worten berichtete eine diesbezügliche typische Meldung aus dem Jahr 2010 dazu: »Im Passamt des Regionalzentrums Kardschali in Südbulgarien brach am Dienstag dieser Woche das Computersystem zusammen. Hunderte von Türken mit doppelter Staatsbürgerschaft waren schon in der Früh aus der benachbarten Türkei eingereist, um Anträge für die Ausstellung eines neuen bulgarischen EU-Passes zu stellen. Die Aussiedler wollen eines der begehrten Reisedokumente erhalten, um künftig ohne Visum in die EU und mit wenig bürokratischem Aufwand auch in Partnerstaaten wie die USA einreisen zu können.«[345]

Diese Dreistigkeit der Türken zielt vor allem auf eines ab: Geld aus der EU abzuziehen. Es geht immer nur um finanzielle Vorteile, auch wenn wir das alles nicht wahrhaben wollen.

Umfassende Fürsorge: Dienstmädchen für integrationsresistenten Pakistaner

Gehen wir zwischendurch einmal in die Schweiz nach Zürich. Auch dort ist das Abkassieren durch Migranten überall bekannt. »Fürsorge« nennen die Schweizer die Sozialhilfe. Und man sorgt wahrlich fürstlich für die Schweizer Sozialhilfeempfänger, sofern es sich um Migranten handelt. Zwischen 5000 und 9000 Schweizer Franken (3500 bzw. 6270 Euro) erhalten Flüchtlingsfamilien mit drei Kindern im Monat in der Schweiz. Die Schweizer *Weltwoche* berichtete über die Sozialhilfeansprüche der zugewanderten Mitbürger:

»Bisweilen steigen die Ansprüche ins Unermessliche, wie ein Fall aus Zürich zeigt. Amir Zaki meldet sich am 21. Oktober 2002 bei der Fürsorge, weil er völlig überschuldet sei. Wenige Tage später sind die dringendsten Rechnungen über 6504 Franken beglichen. Das Problem: Der 54-jährige gebürtige Pakistaner mit Schweizer Pass hatte eine 17 Jahre jüngere Frau geheiratet und mit ihr sofort vier Kinder gezeugt (Begründung gemäß Fürsorgefiche: ›Es sei ihm eben darum gegangen, einen Sohn zu zeugen.‹). Und jetzt kann er ihre Ansprüche nicht befriedigen. Die Arbeitslosenrente von monatlich Fr. 5944,45 reiche nicht zum Leben, zudem sei ›seine Frau total überfordert mit den vier Kindern‹, rapportiert der Sozialarbeiter. Daher, so erzählt Zaki seinem Betreuer, brauche seine junge Ehefrau unbedingt eine Haushaltshilfe, wie er früher schon eine hatte, damit sie sich um die Erziehung kümmern könne. Am besten ein Au-pair aus Pakistan. Denn seine Frau verstehe kein Wort Deutsch. Eine

Sozialpädagogin nimmt sich des Falles an, schließlich bewilligt das Sozialamt eine Erziehungshilfe. Das entpuppt sich als Missverständnis: Frau Zaki besteht auf einem Dienstmädchen, und zwar einem, das auch ihre Sprache versteht. Eine Erzieherin will sie nicht. Weil die Sozialbehörde auf diesen Wunsch zunächst nicht eingeht, ergreifen Zakis andere Maßnahmen: Im Juli 2003 taucht der Vater mit seinen vier heulenden Kleinkindern im Büro seines Sozialarbeiters auf. Dieser notiert: ›Ich frage ihn, was das solle und warum er mit Kind und Kegel hier erscheine. Er meinte, das habe er extra gemacht, damit ich sehe, in was für einer Situation sie seien.‹ Das wirkt. Mit Unterstützung des Sozialamtes stellt Zaki wenig später bei der Fremdenpolizei den Antrag, die gewünschte Haushaltshilfe aus Pakistan einfliegen zu lassen. Ein Hilfswerk ist bereit, die Reisekosten zu übernehmen. Aus den Aktennotizen gibt es indes keine Hinweise darauf, dass das Dienstmädchen je in Zürich angekommen ist. Wenig später reist Frau Zaki mit ihren Kindern ferienhalber in ihre Heimat. Auch Amir Zaki weilt öfter im Ausland. So notiert der Sozialarbeiter am 28. März 2006: ›Ehefrau kann/will am Telefon nichts verstehen. Nach langem Hin und Her erfahren wir, dass der Ehemann wieder in Pakistan ist. Dieser ruft später an, sein Vater sei gerade gestorben, er müsse noch ungefähr zehn Tage bleiben.‹ Das Monatsbudget der Familie Zaki beläuft sich zurzeit auf 9121 Franken und 70 Rappen – Kinderbetreuung und IV-Rente inklusive, die er mittlerweile bezieht. Total wurde die pakistanisch-schweizerische Familie in den letzten vier Jahren mit 421 735 Franken Steuergeldern unterstützt. Ein Ende ist nicht absehbar.«[346]

Unter dem Deckmantel der Existenzsicherung wurde überall in Europa die Sozialhilfe von einem System zur Überbrückung von Notfällen zu einer Art Migrantenvolksrente umgebaut. Es ist inzwischen zu einem System geworden, das viele Menschen aus aller Welt anzieht. Diese milliardenteure Umverteilungsaktion von Steuerzahlern zu immer mehr zugewanderten Sozialhilfeprofiteuren wurde nie offen diskutiert oder gar beschlossen – nicht vom Parlament, geschweige denn von den Stimmbürgern.

Pöbeln, schlagen, treten: So pressen Mitbürger das Maximum heraus

Nicht nur die Europäische Union, auch die einzelnen Mitgliedsstaaten müssen inzwischen horrende Sozialausgaben für immer mehr unproduktive Zuwanderer aufbringen, die darin geübt sind, aus den Sozialstaaten das Maximum herauszuholen.

Die Grundbegriffe, die man hierzu benötigt, lauten: drohen, beleidigen, pöbeln, schlagen, treten und Knochen brechen. Im Ausländeramt verbreiten zugewanderte Leistungsempfänger zunehmend Angst und Schrecken, äußern gegenüber den Sachbearbeitern gern Sprüche wie »Hundesohn, ich hau dir aufs Maul«[347]. Sie brechen Mitarbeitern der Agentur für Arbeit im Vorbeigehen die Knochen, wenn sie nicht schnell genug Geld bekommen. So wie Khalid B. (26), der wegen seiner Gewalttätigkeit längst Hausverbot in dem für ihn zuständigen Jobcenter Herne hat. Eine Zeitung schreibt: »Ingo Schneider (35) ist Wachmann. Groß, stark, Furcht einflößend. Acht Euro bekommt er pro Stunde. Er würde sich als Türsteher in einer Disco gut machen oder auch als Bodyguard. Doch Ingo Schneider beschützt Jobcenter und ihre Mitarbeiter. Das ist mittlerweile nötig in Deutschland.«[348] Khalid B. hat Wachmann Ingo Schneider zwei Finger gebrochen, einfach so.

Immer öfter rasten unsere Zuwanderer aus, nachfolgend ein ganz normaler, willkürlich ausgewählter Fall vom Mai 2010: Weil sie eine Behördenmitarbeiterin mit einem Stuhl beworfen hatte, musste die Türkin Ayse C. (34) sich wegen gefährlicher Körperverletzung vor dem Amtsgericht Hamburg-Harburg verantworten. Der Richter stellte das Verfahren gegen eine Zahlung von 500 Euro Schmerzensgeld ein. Die Türkin war am 10. November 2009 im Wilhelmsburger Ortsamt ausgerastet, forderte eine schönere, größere Wohnung für ihre Mutter von den deutschen Behörden. Und dann warf sie einen Stuhl auf die Sachbearbeiterin. Der Richter verurteilte die Sozialhilfeempfängerin – und Ayse C. akzeptierte die Schmerzensgeldzahlung.«[349]

Schauen wir uns einmal an, wie unsere Mitbürger die Flure der Sozialämter mit ihrer Lebensfreude bereichern. Das Landgericht Krefeld berichtete 2010 beispielsweise über die kulturelle Andersartigkeit des zugewanderten Iraners Siamak H.: »Die Staatsanwaltschaft Krefeld wirft dem 21 Jahre alten, unter diversen Aliasnamen auftretenden, Angeklagten Folgendes vor: Am 23.11.2009 habe der Angeklagte gegen 12.10 Uhr das Dienstzimmer des Zeugen B. auf dem Sozialamt der Stadt Krefeld aufgesucht, um sich – grundlos – zu beschweren. Als der Zeuge den Angeklagten gebeten habe, sein Dienstzimmer zu verlassen, damit er in der den Angeklagten betreffenden Angelegenheit ungestört telefonieren könne, habe der Angeklagte eine massive Schreibtischlampe vom Tisch genommen und diese gegen die Wand geworfen. Sodann habe er mit der Faust die Schiebetür der Schrankwand eingeschlagen. Des Weiteren habe er sämtliche Kabel von einem PC abgezogen, sodass das gesamte Netz der Datenverarbeitung im 1. Obergeschoss ausgefallen sei. (…) Am 26.11.2009 habe der Angeklagte das Büro des Zeugen R. vom Fachbereich Ordnung der Stadt Krefeld betreten, seine rechte Hand gehoben, mit den Fingern eine

Schusswaffe angedeutet und gedroht, ›wenn mein Bruder ein Problem bekommt, irgendwo in einem anderen Land, dann mach ich hier im Büro im Sozialamt und in ganz Deutschland eine große Schießerei. Du wirst sehen, das ist kein Spaß, das ist Ernst, ich schwöre. Ich habe keine Angst vor dem Tod. Ich habe keine Angst.‹ Beim Verlassen des Rathauses habe er sodann die städtische Mitarbeiterin S. mit den Worten ›Lach' nicht so blöd, du alte Fotze‹ beschimpft. Am 14.12.2009 gegen 09.45 Uhr habe der Angeklagte das Dienstzimmer der Zeugin C. betreten und sie grundlos als ›Fotze‹ beschimpft, wobei er sich in den Schritt gegriffen habe. Am 17.12.2009 gegen 10.30 Uhr habe der Angeklagte im Dienstzimmer des Zeugen B. des Sozialamtes der Stadt Krefeld vorgesprochen, von diesem unter anderem ein Ticket 2000 gefordert und lautstark diverse Beschwerden vorgebracht. Der Zeuge B. habe vergeblich versucht, beruhigend auf den Angeklagten einzureden. Die Aggressivität des Angeschuldigten habe sich gesteigert, als der Bote K. in Begleitung des Hausmeisters ihn wegen des von dem Oberbürgermeister der Stadt Krefeld verhängten Hausverbots aufgefordert habe, das Rathaus zu verlassen. Der Angeklagte sei mit geballten Fäusten drohend mit den Worten ›Was willst du‹ auf den Zeugen K. zugegangen und habe ihn mit beiden Fäusten zur Seite gedrängt. Der Zeuge K. habe sich von dem Angeklagten bedroht gefühlt und ihm einen Faustschlag gegen den Hals versetzt. Äußerlich unbeeindruckt von dem Schlag habe der Angeklagte den Zeugen K. weggedrängt, aus seiner hinteren Gesäßtasche ein Taschenmesser mit einer etwa fünf Zentimeter langen geöffneten Klinge gezogen, damit den Zeugen K. bedroht und auch in Bauchhöhe nach ihm gestochen. Der Zeuge habe die Angriffe mit den Händen bzw. mit einem Ventilatorfuß abgewehrt und sei dabei durch das Nachbarbüro in das dahinterliegende Büro des Zeugen D. geflohen. Auf dem Weg dorthin habe der Angeklagte den Zeugen K. mit allem beworfen, was er habe greifen können, unter anderem mit einem Blumentopf und einer Thermoskanne, wobei er in der anderen Hand nach wie vor das Messer gehalten habe. Zuletzt habe er einen Metallschlüsselkasten nach ihm geschleudert, der ihn an der Stirn getroffen habe. Sodann habe sich der Angeklagte dem Besucher H. K. zugewandt, der sich auf den Flur geflüchtet habe. Er habe ihm einen Tacker hinterhergeworfen, der ihn am Kopf traf. Der Zeuge H. K. habe eine Platzwunde am rechten Ohr davongetragen. Der Zeuge K. habe eine Jochbeinprellung, eine Schürfwunde an der rechten Hand und eine Prellung des linken Handgelenkes erlitten. Der Sachschaden der durch den Angeschuldigten verursachten Verwüstungen belaufe sich auf ca. 676 Euro. Bei Eintreffen der Polizeistreife im Rathaus habe der Angeklagte einen TFT-Monitor mit Verkabelung in der Hand gehalten und sich in drohender Haltung gegen den Polizeibeamten S.

gerichtet. Seiner Aufforderung, den Monitor fallen zu lassen, sei der Angeklagte nicht nachgekommen. Vielmehr habe er den Monitor gezielt in Richtung des Kopfes des Polizisten geworfen, welcher den Monitor mit dem Oberarm habe abwehren können. Nur durch den Einsatz von Pfefferspray sei es den Polizeibeamten gelungen, den Angeschuldigten am Boden zu fixieren. Während der Behandlung einer Schnittverletzung im RTW habe der Angeklagte gegenüber dem Polizeibeamten S. erklärt, dass er das nächste Mal statt eines Messers eine Pistole mitführen werde. Er werde damit mindestens zehn Köpfe zerschießen. Er werde sich die Waffen im Iran besorgen. Außerdem kenne er viele Araber, die ihn mit Waffen versorgen könnten. Die Polizeibeamten haben sich sein Gesicht merken sollen, denn diese werde er ebenfalls töten. Der Fehler – nur mit einem Messer das Rathaus aufzusuchen – werde ihm nicht noch einmal unterlaufen. Am 20.12.2009 gegen 05.30 Uhr habe der Angeklagte, der im Alexianer-Krankenhaus in Krefeld untergebracht gewesen sei, das Zimmer der dort ebenfalls untergebrachten Geschädigten N. aufgesucht. Er habe sie zu sich herangezogen, sodass sie mit den Füßen den Boden berührt habe. Er habe ihre Schlafanzughose und seine Hose heruntergezogen. Um ihren erwarteten Widerstand zu brechen, habe er mit seinem linken Gipsarm den Oberkörper der Geschädigten im Brust-/Halsbereich auf das Bett gedrückt und sie sodann vergewaltigt. Der Angeklagte habe erst von der Geschädigten abgelassen, als ein Krankenpfleger das Zimmer betreten habe.«[350]

Weil solche Fälle inzwischen zum traurigen Alltag in den Arbeitsagenturen und Sozialämtern gehören, berichten die meisten Medien kaum noch darüber. Wer nimmt schon noch Notiz von einem typischen Vorfall im Saarland: »Zu einer handfesten Auseinandersetzung kam es heute in einem Burbacher Büro der Agentur für Arbeit. Ein 26-jähriger Mann aus Saarbrücken nahm in der Außenstelle Burbach einen Termin wahr. Ein Mitarbeiter erklärte ihm, dass ihm wegen mehrfachen unentschuldigten Fehlens bei der Wahrnehmung von Arbeitsstunden vonseiten der Arge der Geldhahn zugedreht wird. Die Reaktion des jungen Mannes, geboren im nördlichen Kosovo, war handfest: Er sprang unvermittelt auf, schlug den Mitarbeiter der Arge mit der Faust zu Boden und trat auf ihn ein. Ein weiterer Angestellter der Arge eilte zu Hilfe. Der 26-Jährige griff sich auch diesen, schlug ihm ebenfalls mit der Faust ins Gesicht und knallte den Kopf gegen den Türrahmen. Nur durch weitere Mitarbeiter konnte der Beschuldigte festgehalten und beruhigt werden. Nach Personalienfeststellung und der Fertigung einer Strafanzeige durfte der 26-Jährige die Polizeidienststelle in Burbach wieder verlassen.«[351]

In Hagen hat ein 26 Jahre alter Zuwanderer eine 46-jährige Mitarbeiterin der Agentur für Arbeit beim Beratungsgespräch mit einem Küchenmesser angegriffen und schwer verletzt. – Es gibt viele solche »Einzelfälle«, zusammen ergeben sie ein Bild.

Nach Angaben der Deutschen Gesetzlichen Unfallversicherung (DGUV) von Ende 2009 werden Arge-Mitarbeiter inzwischen durchschnittlich einmal im Monat beispielsweise mit einer Waffe bedroht oder müssen sexuelle Belästigungen wie unsittliches Berühren ertragen. Jeder vierte Arge-Mitarbeiter gab bei der Umfrage an, schon einmal Opfer eines Übergriffs geworden zu sein.[352]

Allein in Hamburg werden Jahr für Jahr rund 1200 Angriffe gegen Arge-Mitarbeiter verzeichnet.[353] Dabei kommt es nicht nur zu Bedrohungen mit Messern oder brennbaren Flüssigkeiten, sondern häufig zu unbewaffneten Tätlichkeiten – Faustschlägen, Tritten und Ohrfeigen. Fast überall gibt es inzwischen einen Sicherheitsdienst. Andere statten die Büroräume mit Alarmknöpfen aus. Spitze Gegenstände, wie etwa Brieföffner, liegen gar nicht erst herum oder werden in Erwartung »schwieriger Kunden« beiseite geräumt. Die Kriminalpolizei veranstaltet inzwischen Seminare, in denen Arge-Mitarbeiter lernen, wie sie sich vor aggressiven »Kunden« schützen können.[354]

Innenansichten einer Ausländerbehörde

Natürlich gibt es Fälle, die so dreist sind, dass irgendwann die Rückführung der zugewanderten Mitbürger in ihre Heimatländer angeordnet wird. Doch da versagt das System dann noch kläglicher. Der Autor hat die Erklärung des Mitarbeiters einer für die Rückführung von Ausländern zuständigen Behörde vorliegen, in der die Zustände ausführlich beschrieben werden. Nachfolgend ein Auszug (einige Stellen wurden bewusst unkenntlich gemacht, um den Mitarbeiter vor Verfolgung zu schützen):

»Bei der Dienstbesprechung der Ausländerbehörden im Regierungsbezirk A. vom 23.03.2010 wurde Folgendes mitgeteilt: Für die Sammelabschiebung nach Pristina/Kosovo am 16.03.2010 waren 152 Ausreisepflichtige gebucht, geflogen sind 51! Eigentlich ein ganz normaler Wert der letzten fünf Jahre, seit ich im Ausländeramt tätig bin. Viele waren wieder im Vorfeld untergetaucht, auch das war normal. Seit Langem hegten wir die Vermutung über eine undichte Stelle in unseren Reihen. Im Verdacht hatten wir früher die UNMIK im Kosovo, die auch über die Fluglisten verfügte. Doch jetzt kommt der Hammer: Bei der Besprechung am 23. März berichteten die Kollegen aus L., dass dort die örtlichen Flüchtlingsberatungsstellen von ihren übergeordneten Stellen am Tag vor der Abschiebung die Mitteilung über die konkret gebuchten Personen bekommen haben mit der Aufforderung, die Betroffenen zu informieren! Das muss man sich erst mal zwei Mal durch den Kopf gehen lassen: Flüchtlingsberatungsstellen, welche mit über 28 000,- Euro pro Person/Stelle und Jahr von unseren Steuern finanziert werden und die Aufgabe haben, dafür zu sorgen, dass die ausreisepflichtigen Ausländer das Land verlassen und wieder in deren Heimatländern Fuß fassen und nicht mehr unser Sozialsystem belasten, begehen so einen Verrat! Man muss sich auch die Kosten vor Augen führen: Da wird eine Linienmaschine von der Größe einer *Boeing-747* gebucht, über die Kosten kann ich jetzt nichts Genaues sagen, die müssen aber ziemlich hoch sein. Hinzu kommen als Begleiter einige Ärzte, Ärztinnen und jede Menge Bundespolizisten, bei Einzelabschiebungen im Verhältnis eins zu drei, das heißt drei Polizisten auf einen Ausländer. Hier müsste das Verhältnis aber umgekehrt sein. Bei einigen ähnlichen Sammelabschiebungen waren an die 30 Polizisten und bis zu sieben Ärzte anwesend, das Flugpersonal nicht mitgerechnet! Ärztliche Begleitung kostet am Tag ca. 950,- Euro, der Bundespolizist ca. 450,- Euro (Personalkosten), Flug-, Reise-, Übernachtungs- und Verpflegungskosten der Begleiter nicht mitgerechnet. Auf jeden Fall kommt man bei so einer Aktion auf mehrere 100 000,- Euro! Um sich das zu veranschaulichen, ein ähnlicher Fall: Zwei Schwarzafrikaner wurden in einer eigens für diese Maßnahme gemieteten kleinmotorigen Düsenmaschine mit sechs Polizisten und einem Arzt nach Guinea abgeschoben. Kosten: über 120 000,- Euro! Der ganze Verwaltungsaufwand (Gerichte, Ausländeramt, Bezirksregierung usw.) ist hier natürlich nicht mitgerechnet! Kommen wir aber auf die letzte Aktion zurück: Es gibt also eine undichte Stelle in den Reihen der obersten Behörde, die mit beteiligt ist. Das wäre die Bezirksregierung in Düsseldorf (zuständig für Flugbuchungen). Aber ehrlich gesagt, die Vermutung hatte ich schon lange, bei Namen der Sachbearbeiter wie zum Beispiel S., K., A., Ö. usw.! [Es handelt sich um orientalische Namen, Anm. d. Autors]. Ich vermute aber, dass so etwas hier politisch gewollt ist! (…) Es wäre nicht schlecht, wenn Sie diese Geldverschwendung irgendwie publik machen könnten. Die Wähler und Steuerzahler müssen mitbekommen, wie ihre Steuergelder vernichtet werden.«

Scheinehen und Scheinvaterschaften

Es ist eine Tatsache: Immer mehr illegal eingereiste Zuwanderer erschleichen für sich und ihre Angehörigen durch Scheinvaterschaften Daueraufenthaltspässe.[355] Beispiel Berlin: Nach Recherchen vom *rbb-Inforadio* sind in Berlin die Bezirke Marzahn-Hellersdorf, Lichtenberg und Neukölln am stärksten betroffen. Allein in Berlin sind danach derzeit rund 600 solcher Fälle bekannt[356], die den Sozialetat zusätzlich in Millionenhöhe belasten. Das aber sind nur die aufgeflogenen Fälle von Betrug durch Scheinvaterschaften! Allein in Neukölln sind nach Angaben der dortigen Behörde 60 Verfahren wegen solcher Fälle anhängig. Ein Bezirksbürgermeister: »Jede Woche kommen vier weitere hinzu. Wir müssen dieses Thema ernst nehmen.« Als Scheinväter gelten in der Regel deutsche Männer, die die Kinder ausländischer Frauen anerkennen, um ihnen dadurch ein Aufenthaltsrecht zu verschaffen und damit Zugang zu deutschen Sozialleistungen. Der Sender *rbb* beschreibt die Methode dieser Sozialbetrüger: Eine Frau trifft einen Mann, der eine deutsche Aufenthaltsberechtigung hat. Er gibt sich als Vater des vor Jahren geborenen Kindes aus und wird in die Geburtsurkunde eingetragen. Hierdurch erhält die Frau eine dauerhafte Aufenthaltserlaubnis plus Sozialstütze. In Berlin bedienen sich dieser »Tricks« vor allem »zugereiste« Personen aus Vietnam, Palästina und dem Balkan. Auch Personen mit türkischem Pass, die von Abschiebung bedroht sind, »besorgen« sich zunehmend über die Scheinvaterschaft einen Daueraufenthalt. »Man muss diesem Sozialhilfemissbrauch endlich entschieden entgegentreten«, sagte dazu der innenpolitische Sprecher der CDU-Fraktion im Berliner Abgeordnetenhaus, Frank Henkel. Der Staatssekretär in der Berliner Justizverwaltung, Hasso Lieber (SPD), sieht das offenkundig anders: »Die Aufgabe, gegebenenfalls für die Anfechtung einer auf missbräuchlicher Anerkennung beruhenden Vaterschaft zu sorgen, ist nicht von gesamtstädtischer Bedeutung.«

Nach Angaben einer Statistik, die die Innenminister der Bundesländer erhoben haben, wurde innerhalb eines Jahres knapp 1700 unverheirateten ausländischen Müttern deutscher Kinder, die zum Zeitpunkt der Vaterschaftsanerkennung ausreisepflichtig waren, aufgrund dieser Anerkennung ein Aufenthaltstitel erteilt. Tatsache ist: Scheinvaterschaften haben immer häufiger einen ausländerrechtlichen Bezug. Sie dienen der Erschleichung von Aufenthaltsrechten und führen zu zusätzlichen Belastungen der Sozialkassen.[357] Und sie dienen dem Betrug. Allein bei den Berliner Gerichten waren im März 2010 immerhin 98 Anfechtungsverfahren wegen Scheinvaterschaften anhängig. Das teilte damals Innensenator Ehrhart Körting (SPD) auf eine mündliche Anfrage im Abgeordnetenhaus mit. Die meisten der Verfahren sind in Neukölln (27), Mitte (21) und Spandau (19) anhängig. Dem Innensenator zufolge hat die Ausländerbehörde in den vergangenen zwei Jahren 231 Fälle gemeldet, in denen der Verdacht auf Scheinvaterschaften besteht.[358]

Die neue Großzügigkeit: 4000 Euro Begrüßungsgeld

Wir machen uns unterdessen ständig Gedanken darüber, wie wir Zuwanderern noch mehr Geld zukommen lassen könnten. Zumindest auf EU-Ebene: 4000 Euro Begrüßungsgeld gibt es nach dem Willen der EU-Kommissare demnächst für jedes Neugeborene in der Europäischen Union. Halt – das ist eine Lüge. Nun die Wahrheit: 4000 Euro Begrüßungsgeld gibt es nach dem Willen der EU-Kommissare für jeden neuen Flüchtling aus dem Irak und aus dem Sudan, der nach Europa kommt und von einem EU-Staat aufgenommen wird. Das hat die EU-Kommission auf ihren Websites veröffentlicht. Unter der Überschrift »Ein neues Leben für Flüchtlinge« beklagt sich die EU-Kommission auf ihren offiziellen Internetseiten darüber, dass die EU-Staaten viel zu wenig neue Mitbürger aus dem Irak und aus Sudan bei sich aufnehmen.[359] Insgesamt 747 000 Flüchtlinge suchen eine neue Heimat – bevorzugt in der EU. Und damit die Mitgliedsstaaten schnell ihre Pforten für diese erwartungsfrohen Menschen öffnen, gibt es 4000 Euro Begrüßungsgeld für jeden dieser aufgenommenen EU-Neubürger.[360] So steht es schwarz auf weiß auf den EU-Seiten – und das in Zeiten angeblich knapper EU-Kassen. Das zu dieser freudigen Finanznachricht auf den Seiten der EU im Internet abgebildete Foto zeigt nach den dortigen Angaben Iraker, die schon Neuansiedlungsanträge für die Europäische Union gestellt haben.[361]

Sie, liebe Leser, werden vergeblich ein Begrüßungsgeld für die Kinder von Europäern auf diesen Internetseiten für jene EU-Staaten suchen, die die Zahl der Geburten erhöhen wollen. Damit werden Ihnen auch die Hintergründe für folgende Meldung klar: »Die Zahlungen Deutschlands an den EU-Haushalt werden (…) im nächsten Jahr ein Rekordhoch erreichen. Netto wird die Bundesrepublik voraussichtlich rund 13,3 Milliarden Euro mehr nach Brüssel überweisen, als an Geld zurückfließt. Das sind gut vier Milliarden Euro mehr als 2009 und so viel wie noch nie. Laut Haushaltsplan 2010 will Deutschland insgesamt 25,8 Milliarden Euro an Brüssel überweisen.«[362] Da freut man sich doch als Steuerzahler.

Deutschland: Auch illegale Türken bekommen Kindergeld

Wenn Sie dieses Buch gelesen haben, dann können Sie Ihren Nachbarn vieles erklären: Zum Beispiel, warum das Bundessozialgericht einem blinden Deutschen beschieden hat, dass er keinen Anspruch auf ein speziell für solche Menschen entwickeltes »Leitsystem für Blinde und Sehbehinderte« (GPS-System) hat.³⁶³ Ein Blindenstock muss einem blinden Deutschen heute trotz Weiterentwicklung der technischen Möglichkeiten reichen. Für alles andere ist kein Geld mehr da. Schließlich muss man bei den einheimischen Behinderten Härte zeigen und kräftig Einsparungen vornehmen, damit das Geld auch unter immer mehr bevorzugt behandelten Zuwanderern verteilt werden kann.

Da fordert der hessische Gesundheitsminister Jürgen Banzer (CDU) beispielsweise die Verbesserung der medizinischen Versorgung von »Frauen mit Migrationshintergrund«. Schließlich gebe es ja »Sprachbarrieren«. »Gerade für Frauen mit Migrationshintergrund muss ein barrierefreier Zugang zum Gesundheitssystem geschaffen werden«, sagte der extrem übergewichtige und offenkundig vom maßlosen Essen aufgedunsene Gesundheitspolitiker Banzer. Anderenfalls könne es zu einer medizinischen Unterversorgung dieser Menschen kommen.³⁶⁴ Wie schön für unsere Zuwanderer, dass sich der beleibte Herr Banzer Gedanken darüber macht, wie man unsere sozialen Leistungen noch besser unter Zuwanderern verteilen kann. Das freut gewiss vor allem auch jene, die zur Finanzierung Zusatzbeiträge für die Krankenkassen zahlen müssen. Sie wissen wahrscheinlich nicht, dass ethnische Deutsche gegenüber Zuwanderern aus bestimmten orientalischen Ländern bei den Krankenkassen benachteiligt werden (müssen). So will es das Gesetz.

Sie finden den Hinweis auf die Bevorzugung von Zuwanderern gegenüber Deutschen unerhört und können das nicht glauben? Nun, Sie können Ihrem Nachbarn nach dem Lesen dieses Kapitels ohne Angst vor politisch unkorrekten Äußerungen in aller Ruhe erklären, warum ethnische Deutsche bei der Agentur für Arbeit und beim Kindergeld vorsätzlich schlechtergestellt werden als beispielsweise illegale Türken in Deutschland. Denn Türken, die sich illegal in Deutschland aufhalten, können nicht nur für ihre Kinder Kindergeld beanspruchen – nein, sie erhalten dieses sogar für Kinder, die in der Türkei leben.³⁶⁵ Doch damit nicht genug: Für illegale Türken existiert in Deutschland ein Merkblatt, das von der Arbeitsagentur/Abteilung Familienkasse erstellt wurde. Es wurde zweisprachig verfasst – in deutscher und türkischer Sprache. Es beginnt mit den Worten: »Bitte sorgfältig durchlesen und aufbewahren!« Den darin gegebenen Hinweisen zufolge wird deutsches Kindergeld nicht nur an Türken gezahlt, die sich mindestens sechs Monate lang illegal in Deutschland aufgehalten haben und die eigene Kinder in Deutschland und der Türkei haben, sondern auch für angenommene Kinder, Stiefkinder und angenommene Kinder naher Verwandter. Und zwar maximal bis zu deren 25. Lebensjahr. Die Überweisungsformalitäten sind ganz einfach, heißt es doch auf dem netten Merkblatt: »Die Zahlung erfolgt auf das angegebene Konto.«³⁶⁶ Da freut sich der Leser dieses Buches gewiss, dass er auch für illegale Türken und ihre in der

Türkei lebenden Kinder mit seinen Steuergeldern zur Völkerverständigung beitragen darf. Die Höhe der Kindergeldsätze für Kinder in der Türkei bzw. türkische Kinder, die sich nur vorübergehend in Deutschland aufhalten, werden regelmäßig von der Arbeitsagentur/Abteilung Familienkasse im Internet veröffentlicht – natürlich ebenfalls in türkischer Sprache, um es unseren illegal hier lebenden Mitbürgern leichter zu machen, ihre »Ansprüche« einzufordern.[367] Stellen Sie, liebe Leser, sich zwischendurch einfach einmal vor, Sie lebten illegal in den Vereinigten Staaten oder in der Türkei und würden dort nach einem Merkblatt in Ihrer Landessprache fragen, mit dem Sie als Illegaler Kindergeld für Ihre im Ausland lebenden Kinder beantragen könnten ...

Das reicht Ihnen noch nicht? Dann freuen Sie sich über die neueste Aktion unserer Regierungs-Integrationsbeauftragten Maria Böhmer (CDU), die eine »interkulturelle Öffnung im Gesundheitswesen« fordert. Auf der Jahrestagung des Ethikrates in Berlin erklärte die Staatsministerin im Bundeskanzleramt im Mai 2010, Zuwanderer müssten den gleichen Zugang zu medizinischen Angeboten haben wie andere Bürger. Um hierfür bestehende Barrieren wie sprachliche und kulturelle Hemmnisse zu überwinden, brauche es nach Ansicht der CDU-Politikerin »interkulturell und medizinisch geschulte Dolmetscher«[368]. Die damit verbundenen Kosten müssten von den Krankenkassen übernommen werden. Laienübersetzer wie Angehörige oder Pflegekräfte reichten für eine gleichwertige medizinische Versorgung nicht aus. Unsere Krankenkassen, unser ganzes Gesundheitssystem mit allen Facetten, brechen unterdessen auseinander – und die Politik fordert allen Ernstes, dass wir Dolmetscher für Migranten in Arztpraxen und Krankenhäusern bezahlen!

Zwischendurch sei angemerkt, dass es den Österreichern beim Thema Dolmetscher für Migranten nicht anders ergeht als den Deutschen. *Amnesty International* kritisiert die angeblich schlimme Lage der Menschenrechte in Österreich, weil viele Migranten Bescheide von Behörden nicht lesen können, da sie nicht in ihrer Landessprache verfasst wurden. »Stellen Sie sich vor«, sagt ein österreichischer Menschenrechtsvertreter, »Sie erhalten einen Rechtsbescheid, in dem es um Leben und Tod geht, können ihn aber weder lesen noch verstehen. Sie haben eine Woche Zeit, dagegen zu berufen, dabei steht Ihnen weder ein Dolmetscher noch Rechtsbeistand zur Verfügung.«[369] Unglaublich, diese fürchterlichen Zustände in Österreich! Müssen die Österreicher zur Abhilfe nun alle Formulare und Behördenbescheide in die Heimatsprachen ihrer Migranten übersetzen? Das wäre ganz sicher politisch korrekt. Zudem freuen sich die Steuerzahler garantiert ob der anfallenden Kosten.

Sie können Ihrem Nachbarn nach dem Lesen dieses Kapitels ohne Angst vor politisch unkorrekten Äußerungen darüber hinaus in aller Ruhe erklären, warum ethnische Deutsche auch in der Gesetzlichen Krankenversicherung vorsätzlich schlechtergestellt werden als beispielsweise türkische Krankenversicherte in Deutschland. Hierzulande legal lebende Türken haben Anspruch darauf, dass auch ihre im Ausland lebenden Angehörigen kostenlos mitversichert werden.[370] Sie haben richtig gelesen: Wenn in Deutschland lebende Türken ihre minderjährigen Töchter in der Türkei zwangsverheiraten, dann sind diese in der gesetzlichen deutschen Krankenversicherung mitversichert. Hier lebende Türken haben – trotz leerer Kassen – auch weiterhin Anspruch darauf, dass ihre in der Türkei lebenden Angehörigen – sogar die Eltern – im Krankheitsfall Leistungen aus der deutschen Krankenversicherung erhalten, und zwar auch dann, wenn diese niemals in Deutschland gewesen sind. Rechtsgrundlage dieser Regelung ist das deutsch-türkische Abkommen vom 30. April 1964 über Soziale Sicherheit. Die Bevorzugung ausländischer Familienangehöriger in der kostenlosen Mitversicherung deutscher Krankenkassen widerspricht genau genommen dem Gleichbehandlungsgrundsatz und stellt Deutsche erheblich schlechter als in Deutschland lebende Türken. Schließlich ist deutschen Krankenversicherten die Einbeziehung von Eltern in die Familienmitversicherung verwehrt. Bei Deutschen dürfen nur Ehegatten, Lebenspartner und Kinder beitragsfrei in die gesetzliche Familienversicherung aufgenommen werden.

Es war das in Bielefeld beheimatete *Westfalen-Blatt*, das am 18. Juli 2003 zum ersten Mal über dieses Thema berichtete. Die Überschrift des Artikels lautete »Ein Tabu – milliardenschwer«. Dem Bericht zufolge kostet die beschriebene Praxis die deutschen Krankenversicherungen viele Milliarden Euro. Der Artikel erregte Aufsehen – und die Politik wurde wach: Die Arbeitsgruppe Gesundheit der CDU/CSU-Bundestagsfraktion teilte dann 2003 zum Thema »beitragsfreie Krankenversicherung der Eltern ausländischer Arbeitnehmer« in der gesetzlichen deutschen Krankenversicherung lapidar mit: »Insofern besteht hier in der Tat eine Ungleichbehandlung gegenüber den in Deutschland lebenden Eltern von GKV-Versicherten.«[371] Geändert haben die Politiker allerdings nichts. Wir Deutschen zahlen weiterhin viele Milliarden Euro für Menschen, die nie in Deutschland waren und dennoch hierzulande krankenversichert sind.

Als Mitglied einer gesetzlichen Krankenversicherung wissen Sie, dass Sie und Ihre Kinder in Deutschland jetzt vom Kassenarzt nicht einmal mehr eine Warze entfernt bekommen, ohne dass Sie einen bestimmten Betrag zuzahlen müssen. Und wenn Ihre Kinder eine Zahnregulierung benötigen, dann wird es ziemlich teuer – für SIE. Nicht so für Onkel Mehmet aus Anatolien oder einen Opa in Mazedonien, im Kosovo oder im früheren Jugoslawien, selbst wenn dieser noch niemals in seinem Leben in Deutschland gewesen ist. Man hat ja Verwandtschaft, die in Deutschland versichert ist. Diese Mitbürger erhalten dann die neuen Zähne oder andere Gesundheitsleistungen komplett von den deutschen Krankenversicherungen finanziert – selbstverständlich ohne Zuzahlung.

Türken und Balkanbürger werden also gegenüber Deutschen mit Wissen der zuständigen Bundestagspolitiker bewusst in der Gesetzlichen Krankenversicherung bevorzugt. Warum kündigt man das Abkommen dann nicht einfach? Die CDU/CSU teilte dazu mit, wenn das Abkommen mit der Türkei ersatzlos gestrichen werde, dann dürfte auch die deutsche Rentenversicherung an Türken, die in Deutschland gearbeitet haben und ihren Lebensabend nun in der Heimat verbringen, keine Renten mehr ins Ausland überweisen. Zitat: »Schließlich sehen die Sozialversicherungsabkommen verschiedene Regelungen im Bereich der Rentenversicherung vor, deren Wegfall für die betroffenen Arbeitnehmer von Nachteil wäre. Dies gilt insbesondere für die Zusammenrechnung von deutschen Versicherungszeiten mit Versicherungszeiten des anderen Vertragsstaats. Sie bietet den betroffenen ausländischen Staatsangehörigen, die auch in Deutschland Rentenbeiträge gezahlt haben, die Möglichkeit, durch die Zahlung einer Rente für ihre deutschen Versicherungszeiten ihren Lebensabend in ihren Heimatstaaten zu verbringen. (...) Ich bitte daher um Ihr Verständnis, dass die CDU/CSU-Bundestagsfraktion nach einer eingehenden Befassung mit dem Themenkomplex keine kurzfristige Kündigung der von Ihnen zu Recht kritisierten Sozialversicherungsabkommen anstrebt. Wir werden gleichwohl in unserer weiteren parlamentarischen Arbeit gegenüber der Bundesregierung auf Mittel und Wege dringen, die zu einer alsbaldigen Abänderung der ungerechten Mitversicherungsregelungen führen.«[372] Der Text wurde im Jahre 2003 formuliert. Was ist seither geschehen? Nichts! Wir zahlen weiter.

Die Kosten für die Überweisungen in die Türkei und andere Staaten – ähnliche Abkommen existieren mit Serbien, Montenegro sowie Bosnien und Herzegowina – sind in den vergangenen Jahren beständig gestiegen. Über immer neue »Zusatzgebühren« (höhere Beitragssätze) steigen parallel dazu auch die Krankenversicherungskosten für deutsche Arbeitnehmer beständig weiter. Das deutsch-türkische Abkommen vom 30. April 1964 über Soziale Sicherheit wird dabei allerdings nicht angetastet. Türkische Mitbürger werden auch weiterhin keine zusätzlichen Kosten für ihre automatisch mitversicherten Eltern zahlen müssen. Die deutschen Versicherten sind aus dieser Perspektive gesehen Menschen zweiter Klasse.

Zudem werden auch jene ausländischen Mitbürger, die nicht über in

Deutschland lebende Verwandte in der deutschen Krankenversicherung abgesichert sind, trotzdem – illegal – mitversorgt. Es handelt sich um einen Milliardenbetrug mit Krankenversicherungsausweisen, die über einen Mikrochip verfügen. Deutschland ist demzufolge für unsere Mitbürger ein Schlaraffenland in puncto ärztlicher Versorgung. Ein Fachmann, der Funktionär der Kassenärztlichen Vereinigung ist, sagt zur deutschen Gesundheitsversorgung: »Auf dem Balkan beispielsweise gibt es so gut wie keine. Da braucht nur einer vom Balkan zu kommen, der einen Bekannten oder Verwandten in Deutschland mit gleichem Namen und einer gewissen Ähnlichkeit hat, und sich dessen Chipkarte ausleihen. Schon ist das Ding geritzt. Mit dieser Chipkarte ist der Fremde bei der ersten Arztbehandlung in das deutsche Gesundheitssystem integriert – bis hin zur Herzoperation.«[373] Mehrere Personen ohne gesetzliche Krankenversicherung nutzen dann gemeinsam eine Chipkarte, die sogenannte »wandernde Chipkarte«. Oder »Gesundheitstouristen« aus dem Ausland sind mit der Karte ihrer Angehörigen oder Bekannten unterwegs. Es wurden in Deutschland schon Chipkarten identifiziert, die zeitgleich von mehr als 75 (!) verschiedenen Personen eingesetzt wurden. Auch das sind keine Einzelfälle.[374]

Den gesetzlichen Krankenkassen droht in Deutschland nach eigenen Angaben etwa ab 2011 der finanzielle Kollaps, der Ruin, der totale Zusammenbruch. Das komplette System funktioniert nicht mehr.[375] Die Idee der Krankenversicherung, die ja allen Beitragszahlern gerade Schutz vor Unsicherheit bringen soll, wird mit dem absehbaren Zusammenbruch ad absurdum geführt. Zu verdanken haben wir das vor allem dem aggressiven Ausplündern unseres Gesundheitssystems durch Mitbürger, die nicht einen Cent in das System einzahlen, dafür aber stets und ständig massenhaft Mittel aus ihm kassieren, die letztlich jedes Jahr in die Milliarden gehen.

Der Trick ist im Übrigen noch extrem ausbaufähig. Er funktioniert auch auf anderen Ebenen. Ein typisches Beispiel: Die Besitzer von Dönerbuden, in denen Gammelfleisch mithilfe scharfer Gewürze zu angeblich bekömmlichem »Hammelfleisch« wird, schleusen flächendeckend türkische Männer nach Deutschland, die einen Job auf 400-Euro-Basis bekommen. Diese Türken dürfen dann Frauen und Kinder mitbringen. Aufgrund der Arbeitserlaubnis, die diese Personen ohne Probleme erhalten, ist der Familiennachzug erlaubt. Das Sozialamt nimmt die 400-Euro-Jobs als Berechnungsgrundlage und füllt den Rest auf die Anzahl der Personen der »Familie« auf (oft mehrere tausend Euro pro Familie). Alle Mitglieder der Familie sind zudem (anders als Deutsche, siehe oben) rundum mitversichert. Und selbst die Kosten für ihre in der Türkei lebenden Verwandten und angenommenen Kinder werden beglichen; auch diese werden mitversorgt. Jeder einzelne eingeschleuste Dönermitarbeiter richtet so Jahr für Jahr unermessliche Schäden an, die letztlich den deutschen Sozialstaat zerstören werden.

Doch es wäre ungerecht allen anderen Türken gegenüber, sich nur der Dönerbranche zu widmen. 6000 Euro kostet beispielsweise in einer deutschen Großstadt wie Hamburg ein Gefälligkeitsgutachten, mit dem Türken zu Frührentnern werden. Ein Beispiel aus dem Jahre 2007 zeigt, wie so etwas funktioniert: Eine Türkin suchte mithilfe einer türkischen Krankenschwester Landsleute, die keine Lust mehr hatten, in Deutschland zu arbeiten. Die beiden wurden schnell fündig: 100 Türken meldeten sich, zahlten jeweils 6000 Euro in bar für ein medizinisches Gutachten eines Arztes, demzufolge sie dauerhaft depressiv und arbeitsunfähig seien. Die Landesversicherungsanstalt zahlte ihnen dann sofort Rente. 3,6 Millionen Euro Schaden richtete allein ein einziger türkischstämmiger Hamburger Arzt an, der 100 Türken dauerhaft arbeitsunfähig schrieb. Viele Türken ließen sich das Geld von der LVA direkt in die Türkei überweisen, lebten dort auf Kosten der deutschen Steuerzahler. Wer zur Kontrolluntersuchung nach Deutschland zum Amtsarzt musste, wurde von Türken begleitet, die dolmetschten und Tipps gaben, wie man sich als dauerhaft Depressiver zu verhalten habe. Teilweise kassierten die Türken von der Landesversicherungsanstalt mehrere tausend Euro Rente im Monat ab. All das ergab im Jahr 2007 nur eine kleine Meldung in einer Hamburger Lokalzeitung.[376] Mehr nicht. Bloß nicht darüber sprechen! Bloß kein Aufsehen! Man könnte ja sonst die Summen addieren und nachdenklich werden.

Der Ehrlichkeit halber wollen wir an dieser Stelle allerdings darauf hinweisen, dass Türken in Hamburg mehr für gefälschte medizinische Gutachten zahlen müssen als etwa im Ruhrgebiet, wo so etwas billiger ist. Ein in Wuppertal als »Onkel Mehmet« bekannter 54 Jahre alter türkischer Gemüsehändler hat mithilfe befreundeter Ärzte im Großraum Solingen über Jahre hin Gefälligkeitsgutachten an Türken verteilt, die von Ausweisung oder Abschiebung bedroht waren. Zwischen 200 und 1000 Euro kostet nach Angaben der Staatsanwaltschaft im Ruhrgebiet ein solches Gefälligkeitsgutachten unter Türken, in dem den Patienten schwere Depressionen und suizidale Absichten angesichts der drohenden Ausweisung bescheinigt werden.[377] Damit dürfen sie dann in Deutschland bleiben. Die Sozialhilfe fließt anschließend unbegrenzt weiter.

In der Schweiz ist es nicht anders: Das Invaliditätsrisiko ist bei dort lebenden Türken dreimal höher als bei ethnischen Schweizern. Im Klartext: Auf jeden invaliden Schweizer kommen mindestens drei invalide Türken.[378] Wie sie das schaffen? Ganz einfach: Sie simulieren in Massen seelische Krankheiten, deren Existenz sich weder leugnen noch belegen lässt. Nach Angaben der Schweizer Zeitung *Weltwoche* vom Juli 2010 leiden 80 Prozent der IV-Rentner aus der Türkei im Alpenland an angeblichen seelischen Beschwerden oder an körperlichen Schmerzen, die »sich nicht objektivieren lassen«. Zehn Prozent der Türken im Alter zwischen 30 und 39 Jahren erhalten derzeit in der Schweiz eine Invalidenrente wegen seelischer Schmerzen. In der Altersgruppe der bis 60 Jahre alten Türken kassieren sogar schon 45 Prozent der Türken in der Schweiz eine Invalidenrente wegen dieses gesundheitlichen Problems.[379] Die Türken sind offenkundig ein von seelischen Schmerzen zerfressenes Volk, das in Massen unfähig ist, mit eigener Arbeit sein Überleben zu sichern.

Zurück zum Sozialabkommen, das uns Deutschen horrende Gesundheitskosten für Türken und Vertreter von Balkanvölkern sowie deren Verwandte beschert. Die Schweizer gehen anders mit der Realität um als die Deutschen. Sie sind intelligenter, wollen die Wahrheit wissen, analysieren die Zustände – und handeln. Auch die Schweiz hatte ein solches Sozialabkommen mit dem Balkan, kündigte es aber im Jahr 2010 auf, weil die Schweizer Abzocke und Betrügereien einfach leid waren. Seit 2008 führte das Schweizer Bundesamt für Sozialversicherungen (BSV) Pilotprojekte zur Betrugsbekämpfung im Ausland durch. Doch auf dem Balkan wurden die Schweizer Ermittler von den Empfängern der Schweizer Sozialleistungen bei den Überprüfungen derart bedroht, dass die Betrugsaufklärungen abgebrochen werden mussten. Vergebens forderte der Schweizer Grünen-Chef Ueli Leuenberger, Schweizer Gelder fröhlich weiter auszuzahlen, bis beispielsweise irgendwann im Kosovo einmal ein Sozialsystem aufgebaut sei. Diese Denkweise, nach der die Europäer für alle sozial Schwachen der Welt zahlen sollen, kam in der Schweiz nicht länger gut an. Im Dezember 2009 beschloss der Schweizer Bundesrat, das mit dem früheren Jugoslawien 1962 abgeschlossene Sozialversicherungsabkommen Ende März 2010 auslaufen zu lassen.[380, 381] Die Schweizer hatten 2010 den Mut, Schluss damit zu machen, dass beispielsweise für nicht existierende Kinder von zugewanderten Ausbeutern des Sozialstaates etwa im fernen Kosovo Kindergeld oder für Angehörige Renten- und Krankenversicherungsleistungen erschlichen wurden.

Die Schweizer beendeten im Jahr 2010 auch den Asylmissbrauch durch kriminelle Nigerianer – und zeigten damit Rückgrat. Sie sprechen das aus, was Deutsche nur noch zu Hause hinter verschlossenen Türen denken dürfen. Ein Beispiel: Der Direktor des Schweizer Bundesamtes für Migration (BFM), Alard du Bois-Reymond, sagte über die Nigerianer: »Sie kommen nicht als Flüchtlinge, sondern um Geschäfte zu machen.«[382] Ein großer Teil von ihnen betätige sich in der Schweiz in der Kriminalität. 99,5 Prozent der Nigerianer hätten nicht die geringste Chance, in der Schweiz Asyl zu erhalten. Man will sie fortan gleich wieder hinauswerfen. So einfach kann das sein – wenn man es will.

Die Wahrheit lautet, dass die Deutschen diesen Mut nicht aufgebracht haben. Sie häufen lieber enorme Staatsschulden auf Kosten der nachfolgenden Generationen an, um hier und heute möglichst alle zugewanderten Mitbürger glücklich machen zu können.

Der Wahnsinn hat in der Europäischen Union Methode, Beispiel Berlin: Jeder zweite Einwohner der Stadt, der türkischer Herkunft ist, lebt inzwischen von Sozialleistungen. Das geht aus einer Studie des Deutschen Instituts für Wirtschaftsforschung (DIW) hervor.[383] Diese Situation fördert die Europäische Union noch zusätzlich. Nein, nicht finanziell – sondern juristisch. So hat der Europäische Gerichtshof 2010 die »Rechte türkischer Arbeitnehmer in Deutschland weiter gestärkt«. Eine türkische Arbeiterin mit nur 5,5 Arbeitsstunden pro Woche und 175 Euro Lohn fällt unter den Arbeitnehmerbegriff und bekommt eine Aufenthaltsgenehmigung für Deutschland. Es ging um eine türkische Putzfrau, die zwecks Familienzusammenführung nach Deutschland eingereist war. Mittlerweile von ihrem Ehemann geschieden, arbeitete sie seit 2004 als Reinigungskraft. Laut Arbeitsvertrag beträgt ihre wöchentliche Arbeitszeit 5,5 Stunden bei monatlich 175 Euro Durchschnittslohn.[384] Im Klartext bedeutet das EU-Urteil: Die türkische Putzfrau, die eigentlich wieder ausreisen müsste, darf in Deutschland bleiben und erhält den vollen Hartz-IV-Anspruch und bis an ihr Lebensende alle Sozialleistungen. Der Europäische Gerichtshof urteilte schließlich, es sei irrelevant, ob die türkische Putzfrau ihren Lebensunterhalt aus eigener Kraft bestreiten könne. Laut EuGH ist es den Mitgliedsstaaten nicht gestattet, »den Inhalt des Systems zur schrittweisen Integration türkischer Staatsangehöriger in den Arbeitsmarkt des Aufnahmemitgliedsstaats einseitig zu verändern« …

Teil II

Alles nur getürkt: die Profiteure der Migrationsindustrie

Türken-Knigge: So klappt's auch mit dem Sozialamt

Es ist unter zugewanderten Mitbürgern zum Volkssport geworden, das Sozialamt zu betrügen. Da ist etwa Halil T. (22) aus Berlin-Kreuzberg. Der Türke ist offiziell arbeitslos. Er bekommt monatlich 353 Euro sogenannten Regelsatz. Heute sucht er eine Wohnung, die das Jobcenter finanzieren soll. 378 Euro warm darf sie kosten. Halil T. gibt zu, dass er den Staat betrügt. »Ich mache Geld mit Drogenhandel und Trickdiebstählen – warum soll ich auf Hartz IV verzichten?« Er verdient 1000 Euro mit dem Verkauf von Marihuana, Kokain sowie geklauten Handys und Laptops monatlich nebenbei. Halil T. brach die Schule in der 9. Klasse ab und hat keine Ausbildung. »Eine Bewerbung habe ich noch nie geschrieben. Ja, ich bescheiße den Staat. Ich kann doch nichts dazu, dass die Leute im Jobcenter so doof sind!«[385]

Sind die Zuwanderer erst einmal älter, werden die »Nebengeschäfte« größer. 63000 Euro kassierte ein 59-jähriger Troisdorfer Zuwanderer vom Sozialamt an Hartz IV ab – und arbeitete zugleich als Kapitän auf seiner Yacht *Hique*, mit der er insgesamt 4,4 Tonnen Kokain im Gesamtwert von 88 (!) Millionen Euro nach Europa schmuggelte. Das Kölner Landgericht hatte viel Verständnis für die Nöte des zugewanderten Hartz-IV-Empfängers, schließlich wies er ja einen »Migrationshintergrund« auf.[386]

Werden zugewanderte Sozialbetrüger ertappt, dann setzt man sie schnell wieder auf freien Fuß, selbst wenn sie Polizisten angreifen. Ein Beispiel: »Energisch durchgreifen musste die Bundespolizei Kleve (…), als sie im Zug nach Emmerich einen 35-jährigen Türken überprüfte. Der Mann soll im Verdacht stehen, Sozialleistungen erschlichen zu haben. Bei der Durchsuchung im Zug wurde außerdem eine Schreckschusswaffe mit 111 Patronen gefunden.

Später auf der Dienststelle wehrte der Türke sich so heftig, dass die Beamten Pfefferspray einsetzen mussten. Der Mann wurde danach im Emmericher Krankenhaus untersucht, ehe er wieder auf freien Fuß gesetzt wurde.«[387]

Es gibt einige Grundregeln für Zuwanderer, wie man aus unseren Sozialsystemen möglichst viel rausholen kann. Sie sind in den nachfolgenden Punkten eins bis zehn aufgeführt. Bevor detailliert auf sie eingegangen wird, hier aber noch kurz einige allgemeine Hinweise vorab:

Erlernen Sie keinesfalls die Landessprache. Sprechen Sie bei Behördengängen und der Beantragung von Leistungen möglichst gebrochen Deutsch. Sie können dann bei möglichen Ungereimtheiten sofort dreist behaupten, man habe Sie völlig falsch verstanden. Sie gewinnen so auch Zeit, um sich in aller Ruhe Antworten zu überlegen. Und wenn Sie antworten, dann nie eindeutig mit einem Ja oder Nein. Lassen Sie sich alle Möglichkeiten offen.

Und hier die Details:

1. Machen Sie den Sachbearbeitern klar, dass es in Ihrem Kulturkreis absolut verpönt ist, soziale Unterstützungsleistungen zu beziehen. Sie sind rund um die Uhr auf der Suche nach Arbeit. Mit dieser Grundaussage gewinnen Sie die Herzen der Sachbearbeiter, die sich fortan besonders rührig um Sie kümmern werden.
2. Lassen Sie immer wieder eigene schlimme rassistische Erlebnisse auf Ihrer unermüdlichen Suche nach Arbeit in die Angaben einfließen. Machen Sie den Sachbearbeitern klar, wie fremdenfeindlich ihr Land ist und dass es nun an diesen liegt, Ihr Leid ein wenig zu mildern.
3. Lassen Sie niemanden daran zweifeln, dass Sie ein Opfer sind. Und für Opfer gibt es Entschädigungen. Sie haben einen Anspruch darauf, denn Sie müssen Zeit haben, die erlittenen Traumata zusammen mit Ihrer Familie ohne Druck zu verarbeiten.
4. Nehmen Sie gelegentlich ruhig einmal eine stundenweise Arbeit an. Das zeigt Ihren guten Willen. Und dokumentieren Sie alles, was Sie später beim nächsten Gespräch als »Diskriminierung« und »Rassismus« gebrauchen können.
5. Trennen Sie sich – natürlich nur zum Schein – von Ihrem Ehepartner. Die notwendigen Papiere dafür bekommen Sie kostengünstig in Ihrem Heimatland. So haben Sie schnell zwei Wohnungen und ein Maximum an Rundumversorgung. Eine der Wohnungen können Sie ja auch immer noch zeitweise an Landsleute untervermieten. Das schafft zusätzliche finanzielle Flexibilität.
6. Bei der Suche nach neuen Einnahmemöglichkeiten achten Sie auf Frauen mit möglichst vielen Kindern in Ihrem Heimatland. Jedes Kind ist bares

Geld wert. Und Sie müssen ja nicht tatsächlich zusammenleben, wenn Sie eine entsprechende Frau für eine Scheinehe gefunden haben. Das Geld kann man sich ja auch zu Ihren Gunsten teilen.
7. Haben Sie lange genug schwarzgearbeitet und sich ein redliches Vermögen durch die vorhergehenden Verhaltensregeln angeeignet, dann sollten Sie sichtbare Vermögenswerte wie Immobilien oder protzige Fahrzeuge auf nahe männliche Verwandte übertragen, die in der Rangordnung unter Ihnen stehen und Ihnen bedingungslos gehorchen. Mögliche Betrugsvorwürfe der Behörden laufen damit ins Leere.
8. Werden Sie nun nach all den Mühen und Strapazen Hartz-IV-Rentner. Es gibt genügend Internetseiten, die hilfsbereite multikulturelle Ärzte vermitteln. Die Juristen Ihres Sozialamtes werden alles Weitere für Sie erledigen. Sind Sie später nach all den Leiden und Entbehrungen erst einmal eingebürgert, dann können Sie Ihren sauer verdienten Lebensabend genießen, wo immer es Ihnen gefällt. Auch in Ihrem Heimatland.
9. Bei auftauchenden Schwierigkeiten wenden Sie sich sofort an die Medien. Lassen Sie sich vom örtlichen Kulturverein Ihres Heimatlandes einen Journalisten empfehlen, der alljährlich zu kulturellen Ereignissen eingeladen wird und tiefe Zuneigung zu den Schönheiten Ihrer Heimat empfindet. Schildern Sie ihm zusammen mit dem Vorsitzenden Ihres Kulturvereins Ihre Notlage. Und wenn man Sie trotz allem des Sozialmissbrauchs und der Schwarzarbeit überführt, dann entspannen Sie sich: Man kann bei Ihnen nichts pfänden. Sie haben als kluger Mitbürger ja alles an andere übertragen. Der Staat wird also auch weiterhin für Sie sorgen. Alles andere schieben Sie auf »Verständigungsschwierigkeiten«. Zeigen Sie dann tiefe Reue und bekunden Sie, wie sehr es Sie in Ihrer Ehre kränkt, dass man Sie übel verdächtigt. Geloben Sie Besserung. Und stellen Sie den Behördenmitarbeitern schon einmal Ihre Kinder vor. Die sollen ja schließlich eines Tages die Renten der Behördenmitarbeiter zahlen. Wiegen sie diese in dem Glauben: Man braucht Sie und Ihre Kinder dringend. Ohne Sie und Ihre engagierte Familie hätte das Land Ihrer Wahl fern der Heimat keine Zukunft. Wenn Journalisten und Behördenmitarbeiter Ihnen das endlich glauben, dann haben Sie alles richtig gemacht![388]
10. Falls Sie trotz aller Widrigkeiten wegen Sozialhilfebetruges ungerechterweise angefeindet werden, dann begründen Sie das mit den »kulturellen Besonderheiten« Ihrer Heimat! Es gehört eben zum »kulturellen Brauchtum« im islamischen Kulturkreis, zu Hause Schmuck und Bargeld zu horten. Das sind dann Familiengeschenke zu familiären und religiösen Anlässen. In Ihrem islamischen Kulturkreis sind solche Geschenke zu

respektieren, dürfen nicht bei der Sozialhilfe angerechnet werden. Zumindest sollten Sie das behaupten.[389] Oder schieben Sie alles auf Ihre Kinder, denn dann können Sie sich freuen: Ihr Geld läuft weiter! Und wenn Ihre Kinder straffällig werden? Kein Problem: Sehen Sie zu, dass diese in den Jugendarrest kommen, dann läuft Hartz IV weiter. Das hat das Sozialgericht Gießen im Jahr 2010 entschieden.[390]

Sie kennen nun die Tricks, mit denen unsere geliebten zugewanderten Mitbürger sich an unserem Wohlfahrtsstaat laben. Vielleicht sind Sie, lieber Leser, ja abenteuerlustig und wollen einmal ganz persönliche Erfahrungen in der Heimat unserer zugewanderten Mitbürger machen. Eventuell versuchen Sie dann einfach einmal, den Spieß umzudrehen:

1. Reisen Sie illegal beispielsweise in die Türkei, nach Marokko, Eritrea oder in den Irak. Am interessantesten wird Ihre Abenteuerreise, wenn Sie ohne Visum unter Missachtung der Gesetze als blinder Passagier in einem Container oder durch sonstigen illegalen Grenzübertritt im Land ankommen.
2. Beantragen Sie nach Ihrer Ankunft umgehend Asyl und alle Sozialleistungen für sich und für ihre ganze Familie. Schließlich werden Sie in Ihrer Heimat Europa als ethnischer Europäer durchweg wie ein Mensch zweiter Klasse behandelt und gegenüber Zuwanderern benachteiligt.
3. Fordern Sie sofort von den Behörden die kostenlose medizinische Versorgung für sich und für Ihre ganze Familie. Sie haben ja in Europa erleben dürfen, dass dieses auch den Zuwanderern – aber nicht Ihnen als Steuerzahler – zusteht.
4. Bestehen Sie darauf, dass alle Mitarbeiter, denen Sie die Gunst eines Gespräches erweisen, Deutsch sprechen und dass die Kliniken Ihre Mahlzeiten nur so zubereiten, wie Sie es aus Deutschland gewohnt sind. Wenn Sie islamische Kost unappetitlich finden, bestehen Sie auf gegrillter Schweinshaxe mit Sauerkraut, Bratwurst oder Schweineschnitzel. Alles andere würde Sie ja diskriminieren!
5. Fordern Sie zudem, dass alle Formulare, Anfragen und Dokumente in Ihre Sprache übersetzt werden. Weisen Sie Kritik an Ihrem Verhalten empört zurück, indem Sie ausdrücklich betonen, dass dies mit der Eigenheit Ihrer Kultur zu tun habe, die unbedingt respektiert werden müsse. Passen Sie sich in Ihrem neuen Gastland keinesfalls an. Hängen Sie eine Deutschland-Fahne ans Fenster Ihrer Unterkunft. Und wenn der Muezzin ruft, drehen Sie Ihre heimatlichen Schlager – egal ob die *Toten Hosen* oder bayerische Volksmusik – so laut auf, dass auch Ihre neuen Gönner teilhaben können an dieser kulturellen Bereicherung.

7. Sprechen Sie überall nur Deutsch. Sorgen Sie dafür, dass auch Ihre Kinder nicht die Landessprache erlernen. Bestehen Sie darauf, dass an den Schulen Ihres Gastlandes westliche Kultur unterrichtet wird, und bestehen Sie auf einer christlichen Gebetskapelle in der Schule Ihrer Kinder.
8. Verlangen Sie das Wahlrecht in Ihrem Gastland, die unbefristete Aufenthaltsgenehmigung und eine Arbeitserlaubnis. Treten Sie in die lokalen Parteien ein und unterwandern Sie diese, indem Sie sich als Kandidat aufstellen lassen, der für kulturelle Vielfalt bürgt! Gründen Sie in jedem Dorf Kulturvereine, in denen die Einheimischen nicht willkommen sind. Bauen Sie so allmählich eine Parallelgesellschaft auf und erhöhen Sie beständig den Druck auf die »ungläubigen« Bewohner Ihres Gastlandes, denen Sie endlich die wahre Zivilisation, den richtigen Glauben und den ewigen Frieden bringen.
9. Lassen Sie sich niemals diskriminieren. Sie werden schnell merken, dass es in Ihrem neuen Gastland viele Rassisten gibt, die Ihre berechtigten Forderungen zu unterdrücken versuchen. Demonstrieren Sie für Ihre Rechte! Protestieren Sie überall gegen Ihr Gastland. Fordern Sie von seiner Regierung eine »Dialogkonferenz«, damit sichergestellt werden kann, dass die einheimischen Bürger Ihres Gastlandes Sie und Ihre in Massen einreisenden Freunde nicht diskriminieren und Ihnen den gebotenen Respekt erweisen! Verhalten Sie sich dabei am Gesprächstisch bei den Regierungsvertretern so, dass klar wird, dass SIE der Gesprächsführer bei diesen Kapitulationsverhandlungen Ihres Gastlandes sind!
10. Fordern Sie Kindergeld und Sozialleistungen für all Ihre in der Heimat zurückgebliebenen Verwandten. Denken Sie darüber hinaus an die Familienzusammenführung. Verlangen Sie, dass Ihre Frau sich nicht an die lokalen Sitten anpassen muss, ein Recht darauf hat, nicht von Ihnen geschlagen zu werden, und am Strand im Bikini liegen darf. Wenn Sie mit den Gesetzen Ihres Gastlandes in Konflikt kommen, dann bestehen Sie vor Gericht auf einem Migrationsbonus. Und parallel dazu tun Sie bitte Folgendes: Weichen Sie die Rechtsordnung Ihres Gastlandes auf. Bestehen Sie darauf, dass für Sie und Ihre Freunde das Rechtssystem Ihres Heimatlandes angewandt wird.

Sofern Sie diese Schritte korrekt einhalten, dann garantiert Ihnen der Autor dieses Buches einen wahrlich unvergessenen Aufenthalt in der Heimat jener Zuwanderer, die all diese Ansprüche wie selbstverständlich in Europa an uns stellen. Und es gibt Heerscharen von Menschen, die Sie dabei begierig unterstützen werden.

Die Helfershelfer zugewanderter Sozialschmarotzer erklären Migranten, wie man das meiste aus dem Sozialstaat herausholt. Es ist eine Industrie entstanden, die im eigentlichen Sinne des Wortes zwar nichts produziert – außer Kosten –, dafür aber im Erfinden von Forderungen eine ungeahnte Produktivität besitzt. Es handelt sich dabei um eine Industrie, die begierig den erarbeiteten Wohlstand ethnischer Europäer verteilt – bis diese am Ende verarmen. Es ist eine verlogene Industrie, die unsere tiefste Verachtung verdient.

Die große Chance zum Abkassieren

Überall in Europa blüht die Integrations- und Migrationsindustrie. Da existieren Heerscharen von Rechtsanwälten, die sich darauf spezialisiert haben, immer mehr Leistungen für unsere zugewanderten Mitbürger einzufordern – die natürlich aus ihrer Sicht stets zu niedrig und menschenunwürdig sind. Ganze Horden von Anwälten wären auf einen Schlag arbeitslos, wenn sie unsere Zuwanderer nicht bei Sozialklagen oder wegen deren Straftaten vor Gerichten vertreten würden. Für diese Anwälte bedeutet jeder neue Zuwanderer: Die Kasse klingelt!

Da gibt es Dachverbände für die vielen einzelnen Migrationsunterstützer, wie etwa in der Schweiz das Forum für die Integration der Migrantinnen und Migranten (FIMM Schweiz).[391] An jeder Straßenecke sitzen Institute, die nichts anderes tun, als die verborgenen Wünsche unserer Zuwanderer zu erkunden. In daraus resultierenden Studien erfahren wir dann, dass 40 Prozent der in Deutschland lebenden Türken sich bei uns nicht wohlfühlen. Das Geld für derartige Studien, die immer wieder das gleiche Ergebnis liefern, fließt vom Staat – der Steuerzahler finanziert diesen Migranten-Studien-Wahn. Eine Zeitung schrieb dazu 2010: »Man hat sich in Deutschland leider an Studien wie die vorliegende gewöhnt. Regelmäßig versorgen Institute die Öffentlichkeit mit solchen Untersuchungen, oft von staatlichen Stellen beauftragt.«[392]

Es existiert eine Fülle von Nicht-Regierungs-Organisationen (NGOs), die sich den absurdesten Themen widmen. In Österreich kümmert sich eine solche Institution allen Ernstes ausschließlich um die psychische Gesundheit von Zuwanderern. Viele solche NGOs benehmen sich wie Schmarotzer und leben parasitär von Geldern, die andere erwirtschaften. Ihr einziges Ziel: noch mehr Menschen aus fernen Kulturkreisen nach Europa zu holen, damit man noch mehr Geld vom Staat bekommt, noch mehr Menschen mit der Verwaltung von Migranten beschäftigen und sich wie ein alles verschlingender Krake mit seinen Tentakeln verhalten kann. Ohne den Import von psychisch gestörten Zuwanderern müsste die österreichische Organisation ihre Pforten schließen. Das aber ist ganz bestimmt nicht ihr Ziel!

Doch es gibt auch Privatpersonen, die in der Migrationsindustrie im Verborgenen viel Geld verdienen: Da sind Menschen wie Herr Abdullah Azad, der heute 76 Jahre alt ist und schon 15 000 Mitbürger aus dem islamischen Kulturkreis mit gefälschten Papieren illegal nach Europa geschleust hat. Abdullah Azad wurde 2002 zum ersten Mal wegen seiner fast schon industriell betriebenen Passfälschungen ins Gefängnis gesteckt. Kaum wieder in Freiheit, nahm der Mann seine Tätigkeit sofort wieder auf.[393] Abdullah Azad hat nachweislich einen Schaden in Höhe von vielen Millionen Euro angerichtet. Aber er ist nur einer von vielen, die auf diesem Gebiet tätig sind. Andere Organisationen kümmern sich begierig um jene, die eingeschleppt wurden. Es ist für alle Beteiligten ein profitables Geschäft, denn mit all den vielen Bürgern aus fernen Kulturkreisen gibt es zahlreiche Probleme. Und mit dem vorgeblichen Versuch, diese allmählich zu lösen, kann man auf Dauer viel Geld verdienen.

Murat Tebatebai ist ein früherer wissenschaftlicher Mitarbeiter der FDP-Fraktion im Berliner Abgeordnetenhaus (er war dort zuständig für die Bereiche Arbeit, berufliche Bildung, Soziales und Migration). Dieser Murat Tebatebai veröffentlichte 2010 einen Artikel mit der Überschrift: »Wo es ein Vorteil ist, Türke zu sein!« Darin heißt es: »Zum einen kann man sich einen guten Arbeitsplatz schaffen, wenn man das Zeug dazu hat, Landes- oder Bundesfördermittel zu erlangen, die etwas mit dem Thema Integration zu tun haben. Ich kenne viele sogenannte türkische Migranten, die den ganzen Tag nichts anderes tun, als Anträge für neue Projekte zu schreiben. Das kommt im bundesdeutschen Mainstream immer gut an. Noch besser wäre es, Integration mit Gender und Antidiskriminierung in jeglicher Form zu verbinden. Das ist ein todsicherer Tipp. Und falls das Projekt ausläuft, wird eben der nächste Antrag geschrieben. Ok, diese Projekte tragen nicht gerade dazu bei, dass es mit der Integration vorangeht, doch dienen sie immerhin dazu, einige türkische Berufsmigranten von den Jobcentern fernzuhalten. Der zweite Vorteil betrifft die Politik. Es gilt in den meisten Parteien als schick, sich mehrere Politiker in ihren Reihen zu halten, die einen Migrationshintergrund vorweisen können. Da der größte Migrantenanteil von den Türken gestellt wird, sitzen auch meistens Türken in den deutschen Parlamenten. Ob der eine oder andere auch dort sitzen würde, wenn es nur nach Qualitätskriterien ginge, sei mal dahingestellt.«[394]

In Deutschland gibt es heute – als sei das selbstverständlich – in mehreren Bundesländern »Werkstätten der Kulturen« oder »Institute für interkulturelle

Kommunikation e. V.«[395] Es gibt ein »Institut für interkulturelle Management- und Politikberatung« (IMAP).[396] Wir verfügen außerdem über ein »Institut für interkulturelles Management«[397], ein »Institut für Interkulturelle Kompetenz und Didaktik e. V.« (IIKD)[398], ein »Institut für Interkulturelle Pädagogik«[399], ein »Kölner Institut für Interkulturelle Kompetenz«[400] und natürlich auch über ein »Berliner Institut für Interkulturelle Arbeit«[401]. Man könnte diese Auflistung über viele Seiten fortsetzen. Interkulturelle Kompetenz ist eines von vielen Geschäftsfeldern der Migrationsindustrie. Ein absurder Geschäftszweig, denn dort lernen nicht etwa Zuwanderer, wie sie sich an uns anpassen können, um uns nicht zu beleidigen. Nein, wir lernen, wie wir uns an die Vorstellungen von Migranten und an die Kulturen ihrer Heimatländer anpassen können. Wir sind eben für alles offen. Und wir sind offenkundig nicht mehr ganz dicht.

Man sieht das an der Bundeswehr. Ihre oberste Aufgabe war früher die Landesverteidigung. Doch seitdem selbst unsere Armee mit Berufsmigranten aus dem islamischen Kulturkreis geflutet wird, ist die »interkulturelle Kompetenz« auch dort offenkundig wichtiger als der eigentliche Dienst. Das Koblenzer Zentrum Innere Führung baut allen Ernstes eine »Koordinierungsstelle Interkulturelle Kompetenz« auf. Deutsche Soldaten sollen auf den Umgang mit »Menschen mit Migrationshintergrund« – gemeint sind vor allem islamische Migranten – vorbereitet werden. Das erste Pilotseminar startete am 17. Mai 2010, ein weiteres im November 2010.[402] Deutsch-Türken bereiten dort die deutsche Armee jetzt auf die islamisch geprägte Zukunft vor. Und Allah wird unterdessen in unseren Kasernen heimisch.

Auch Bataillone von Journalisten leben von der Berichterstattung über die angebliche Bereicherung durch Zuwanderer. Sie entwickelten etwa das *Migazin*, das ohne Zuwanderung wohl bald eingestellt werden müsste. Im *Migazin* wird erklärt, warum Islamerfinder Mohammed heute angeblich ein Grüner wäre.[403] Man erfährt dort außerdem, wo es in deutschen Museen Sonderführungen in türkischer Sprache gibt.[404] Und man wird als Migrant in solchen überflüssigen Publikationen natürlich an vorderster Stelle darüber informiert, wann, wo und wie Deutsche die angeblich so wertvollen Migranten beständig demütigen, beleidigen und diskriminieren. Erklärtes Ziel solcher Heftchen der Migrationsindustrie ist es, den politischen, gesellschaftlichen und kulturellen Einfluss von Migranten beständig weiter zu erhöhen.

Migrantenschutzjournalisten verdrängen im eigenen Interesse zur Sicherung ihrer Daseinsberechtigung zumeist Ursache und Wirkung. Viele sind jedenfalls Lohnschreiber, die die Bringschuld unserer Zuwanderer bei der Integration offenkundig nicht einsehen wollen. Als auf dem Höhepunkt der Finanzkrise der ehemalige hessische CDU-Politiker Roland Koch auch nur den

Vorschlag unterbreitete, Gelder für Kitas zu kürzen, weil schließlich irgendwo gespart werden müsse, da schrieb das ehemalige Nachrichtenmagazin *Spiegel* etwa: »Stehen nicht ausreichend Kita-Plätze zur Verfügung, wird es kaum möglich sein, die große Zahl von Migrantenkindern rechtzeitig mit der deutschen Sprache und modernem Lernen vertraut zu machen.«[405] Demnach ist es nicht die Pflicht unserer Migranten, zu Hause die Sprache ihres Gastlandes zu erlernen, sondern die Aufgabe der Steuerzahler. Straßenmagazine wie der *Spiegel* haben uns die Migration über Jahrzehnte schöngeredet. Nunmehr sollen wir Bürger für die Folgen der von Migrationsschutzjournalisten über Jahre propagierten Fehlentwicklung zahlen? Ein Irrsinn!

Um eine ansatzweise Vorstellung von der Integrations- und Migrationsindustrie in Deutschland zu bekommen, betrachten wir einmal ein einziges auf diesem Gebiet tätiges Gebilde – die Organisation »Internationaler Bund« (IB). Auf der Homepage, die mit den Worten wirbt: »Betreuen, Bilden, Brücken bauen«, heißt es: »Mehr als 12 000 Mitarbeiterinnen und Mitarbeiter unterstützen in 700 Einrichtungen an 300 Orten jährlich über 350 000 Jugendliche und Erwachsene. Sie helfen bei der persönlichen und beruflichen Lebensplanung mit zahlreichen Dienstleistungen und Serviceangeboten.«[406] Eine der Hauptaufgaben der Vereinigung ist nach eigenen Angaben »soziale Gerechtigkeit und Chancengleichheit aller Bürger«. Der IB wurde 1949 gegründet, damals mussten eltern-, heimat- und arbeitslose Jugendliche in den Nachkriegswirren in die junge Bundesrepublik integriert werden. Die gibt es heute nicht mehr. Immer stärker konzentriert sich das Mammut-Konglomerat mit inzwischen mehr als 9000 Festangestellten und fast 3000 Honorarkräften nun auch auf den Markt der »Integration« von Zuwanderern. Auf der Website heißt es: »Der IB unterstützt Menschen mit Migrationshintergrund dabei, ihre Potenziale in der deutschen Gesellschaft zu entfalten.« Was wir von diesen »Potenzialen« halten können, haben wir ja bereits anhand zahlreicher Beispiele gesehen.

Man bietet in den Reihen von IB Hilfen an für Dinge, die Zuwanderer eigentlich von sich aus in unsere Gesellschaft einbringen sollten. Da heißt es etwa in einem IB-Migranten-Merkblatt: »Vermittelt werden in den Kursen das Grundwissen und die sprachlichen Fertigkeiten für Themen wie Kindererziehung, Kindergarten und Schule, Krankenpflege, Ernährung, Behördengänge oder Konfliktbewältigung.«[407] – Diesen Unsinn finanzieren wir!

Die Organisation Internationaler Bund (IB) ist aber nur eine von einer kaum noch zu übersehenden Zahl von Vereinigungen, die ohne Zuwanderung ganz sicher so nicht existieren könnte. Können Sie sich vorstellen, wie der Moloch und Migrationsprofiteur IB finanziell und personell aussehen würde, wenn man die Migration beschränken würde? Er würde wohl zusammenschrumpfen wie ein Eis in der Sonne. Das aber kann nicht sein Ziel sein. Und nicht zuletzt deshalb ist man dort »gegen Rassismus« und zeigt »interkulturelle Kompetenz«.

Wir sprechen heute bei Organisationen wie dem Internationalen Bund (IB) viel über die angeblichen »Potenziale« unserer Migranten. Die beherrschen allerdings in Wirklichkeit oftmals nicht einmal die einfachsten Dinge des täglichen Lebens. So gibt es beispielsweise andere Initiativen – eine für alleinerziehende Türken: Selbsthilfegruppen, in denen Türken in Berlin kochen oder den Umgang mit einem Tampon lernen.[408]

Bremer Stadtgespräch – der »König von Marokko«

Eine Erkenntnis gewinnt man sehr schnell: Überall dort, wo die Migrations- und Integrationsindustrie besonders stark ausgeprägt ist, ist die Integration völlig gescheitert. Beispiel Bremen, wo die Bürger inzwischen offenbar auch dieser Meinung sind.[409] Bremen ist ein typisches Beispiel dafür, wie man mit hochgelobten und angeblich wundervollen Projekten für Zuwanderer ganz tief (rein-)fallen kann. Betrachten wir nur einmal den über viele Jahre von deutschen Medien bewunderten Bremer Zuwanderer Hafid Catruat, der im multikulturellen Problemstadtteil Tenever in der Migrationsindustrie verdient. Im Februar 2005 lobte das *Deutschlandradio* den Mann mit den Worten: »Hafid Catruat hat den Ausländertreff mit aufgebaut. Der gebürtige Marokkaner kam mit sechs Jahren nach Tenever. Er kennt das Leben dort in- und auswendig. Heute studiert der 34-Jährige Sozialpädagogik. Wer Hilfe braucht, wer Probleme hat, kann ins *Mosaik* kommen. Dort findet er sicher jemanden, der Rat weiß, oder einen, der jemanden kennt, der helfen kann.«

Deutsche Medien liebten den marokkanischen Migranten Hafid Catruat. Über viele Jahre hinweg galt er als einer der Vorzeigemuslime von Bremen. Bis 2009. Da erschien er auf einen Schlag in einem völlig anderen Licht. Die »Interkulturelle Werkstatt Tenever« (IWT) war zwischenzeitlich längst von einem kleinen Migrantenverein zu einem Unternehmen mit 1,3 Millionen Euro Umsatz geworden.[410] Man verfügte über einen Multikulti-Treffpunkt. Man beschäftigte 40 Hartz-IV-Mitarbeiter. Wie selbstverständlich wurde aus der Vereinskasse eine Lebensversicherung für Catruat bezahlt. Die Bremer Sozialbehörde gab dem Migrantenverein Tipps, wie man nicht korrekte Belege so umschreiben müsse, damit sie korrekt aussähen. Eine Zeitung berichtete: »Mit ›Hallo Hafid‹ gab sie dem Geschäftsführer der IWT Tipps, wie er die Kosten so deklarieren soll, damit es – ›wie auch immer‹ – korrekt aussieht. Der

Schriftwechsel dokumentiert, dass die Mitarbeiterin der Bremer Arbeit ihren Job als Hilfe zum Geldausgeben versteht. ›Schon wieder ein Monitor, der am Ende des Projektes gekauft wurde‹, fällt ihr auf – und sie folgert: ›Hier brauchen wir eine Erklärung.‹ Die kam postwendend, dann floss das Geld. Hinter dem System der systematisch fehlenden Kontrolle steckt Überzeugung: Man kennt sich, man ist per ›Du‹ und irgendwie links, Genosse mit oder ohne Parteibuch.«[411]

Im Sommer 2009 erhielt die Interkulturelle Werkstatt Tenever (IWT) dann unangemeldeten Besuch von Angehörigen der Anti-Korruptions-Abteilung des Bremer Sozialressorts, der »Innenrevision«: Die Vorwürfe reichten von Veruntreuung bis zur persönlichen Bereicherung. »Wir haben nichts Entlastendes gefunden«, erklärte ein Sprecher der Behörde im Anschluss. »Von einer geordneten Geschäftsführung kann nicht die Rede sein«, sagte er weiter.[412] Geschäftsführer Catruat soll mit Drohungen und Schikanen wie der »König von Marokko« im Integrationsverein regiert haben, wird kolportiert. »Unmenschlich«, sagt ein Mitarbeiter. Die vorerst letzte Ungereimtheit: Als die Mitarbeiter des »Vereins Quartier«, Nachbarn der IWT, ihre Stromabschlussrechnung sahen, trauten sie ihren Augen nicht. Ein Elektriker fand heraus: Die IWT hatte seit einem Jahr die Leitung angezapft ... (Wir haben dieses Vorgehen ja schon an anderer Stelle bei Migranten in seiner ganzen Bandbreite kennengelernt.)

Im Dezember 2008 waren zuvor die Gehälter der Mitarbeiter des »Königs von Marokko« um 20 Euro gekürzt worden, weil angeblich das Geld fehlte. Was niemand erfuhr: Das Salär des Geschäftsführers stieg zur selben Zeit. Hilfstransporte nach Marokko, darunter teures medizinisches Gerät, gingen in Catruats Heimatdorf. Über ihren Verbleib gab es keinen Vermerk in den Akten der IWT.[413] Geschäftsführer Hafid Catruat wies alle Vorwürfe weit von sich, sagte: »Ich bin entsetzt.«[414] Das waren die Staatsanwaltschaft, das Bremer Sozialressort, das Bremer Bauressort, Bagis, die Bremer Arbeit GmbH (bag) und die Agentur für Arbeit wohl auch, die wegen falsch abgerechneter Fördermittel ermittelten. Im Oktober 2009 kündigte das Bremer Arbeits- und Sozialressort an, es wolle mit dem Träger Interkulturelle Werkstatt Tenever künftig nicht mehr zusammenarbeiten.[415] Und der Bremer Erwerbslosenverband gab eine Erklärung heraus, in der es hieß: »Die aktuellen Vorwürfe gegen die Geschäftsführung der Interkulturellen Werkstatt Tenever, IWT, sind nach Auffassung des Bremer Erwerbslosenverbandes nur ein kleiner Ausschnitt eines in Bremen flächendeckend praktizierten Systems der Bereicherung von Einzelpersonen und Trägern im großen Geschäft mit Erwerbslosen.«[416]

Und wer war für das Desaster verantwortlich, weil die Kontrolle fehlte? Die Bremer Arbeit GmbH (bag). Ein Vorstandsmitglied der Partei Die Linke war dort für die Zuwendungen an die Interkulturelle Werkstatt Tenever (IWT) zuständig.[417] Ausgerechnet Vertreter dieser Partei tönten dann, mit dem Niedergang des multikulturellen Projekts werde »ein Stück soziales Kapital im Stadtteil vernichtet«.[418]

Die Selbsthilfe für die armen Migranten war wohl auch eine Selbsthilfe für den Marokkaner Hafid Catruat, der die IWT leitete – gefördert von der Partei Die Linke. Nach dem Desaster schmiedete der Marokkaner übrigens gleich neue Selbsthilfepläne, erklärte: »Es gibt einen riesengroßen Bedarf an Kleingärten.« Hafid Catruat erwog also, sich nun im Bereich der »Interkulturellen Gärten«[419] zu engagieren. Migranten brauchen demzufolge mehr eigene Schrebergärten. Das alles lässt einen durchschnittlichen Europäer wohl eher sprachlos zurück. Bei einem Zuwanderer wie Hafid Catruat scheinen die Dinge anders zu liegen, weil er möglicherweise kulturell bedingt eine andere Mentalität besitzt.

Hinter jedem bildungsfernen Mitbürger ein Betreuer

Die Sprache ist für Zuwanderer der wichtigste Weg in die europäische Gesellschaft, darüber sind sich alle einig. Trotzdem sprechen immer weniger Zuwanderer die Sprache ihres Gastlandes bzw., wenn sie es tun, dann immer schlechter. Wir haben bereits in anderen Kapiteln darüber berichtet. Bestimmte Personen haben entdeckt, dass es auf diesem Sektor gutes Geld zu verdienen gibt. Die Integration ist missglückt, aber die Integrationsindustrie läuft hervorragend. Sie ist ein Fass ohne Boden. Je mehr an Aufwand investiert wird, desto entmutigender die Ergebnisse.

Neben den interkulturellen Kompetenzkursen und den Sprachkursen gibt es den Rat für Migration. In ihm sitzen Ethnologen wie Werner Schiffauer und andere Migrationsfreunde, deren erklärtes Ziel es ist, sich für eine verstärkte Zuwanderung nach Deutschland einzusetzen.[420] Kein auf dem Gebiet der Integrations- und Migrationsindustrie tätiger Mensch will sich selbst wegrationalisieren. So ist es denn auch kein Wunder, dass der seit Jahrzehnten ausgefochtene Wettbewerb, wer die meisten »Integrationserfolge« vorweisen kann, letztlich zu einem gemeinsamen Erfolg geführt hat: Die Probleme werden trotz einiger weniger kleiner »Integrationserfolge« augenscheinlich insgesamt täglich größer. Wer einen Sumpf trockenlegen will, der sollte das eben nicht den Fröschen überlassen.

Am 26. September 2009 berichtete der *Westdeutsche Rundfunk* über die Problematik, der Ankündigungstext der Sendung lautete: »Es muss etwas getan werden für die Integration von Migranten. Das hat sich der Staat auf die Fahnen geschrieben und gibt viel Geld für allerlei Integrationsprojekte aus. Ob Sprachkurse, Jugendprojekte, Frauengruppen oder Seminare für Senioren. Für jede Gruppe gibt es gleich mehrere Projekte. Durchgeführt meist von Wohlfahrtsverbänden. Bezahlt von Steuergeldern. Aber was gut gemeint ist, ist oft nicht gut gemacht. Die Erfolge der Projekte sind nur schwer messbar. Außerdem sind sie zeitlich begrenzt. Die Integrationsindustrie blüht, um ein nachhaltiges Gesamtkonzept kümmert sich niemand.«[421]

Dabei ist Integration eine Bringschuld. Man kann sie Zuwanderern nicht aufzwingen. Die Migrations- und Integrationsindustrie ist deshalb ein Potemkinsches Dorf, das nur eines bringt: die stetige Vernichtung von Vermögen. Jeder durchschnittlich begabte Sanierer kann aus unseren Problemen mit Zuwanderern nur einen Schluss ziehen – die Abteilung Zuwanderung muss in Deutschland sofort abgestoßen und geschlossen werden. Und künftig werden nur noch Bewerbungen von Zuwanderern angenommen, die in unser erwünschtes Profil passen. Wer die erforderlichen Qualifikationen heute immer noch nicht vorweisen kann, der muss wieder in seine Heimat gehen. Das Problem dabei: der Sozialplan. Es leben einfach zu viele zu gut von der Abteilung Zuwanderung, die mehr Kosten verursacht als Nutzen bringt. Allen voran die für viel Geld engagierten Projektleiter für Integration und Migration, die sich im Laufe der Jahrzehnte so eingerichtet haben, dass ihnen die Arbeit niemals ausgehen wird. Letztlich wird irgendwann hinter jedem bildungsfernen Migranten in Europa ein Gutmensch als Betreuer stehen – am besten noch ein weiterer mit Migrationshintergrund.

Wissenschaftler, die das anders sehen, werden tabuisiert. Oder ausgeschlossen. So wie der Soziologe Hartmut Esser. Er wurde zur »Arbeitsgruppe Sprachförderung im Nationalen Integrationsplan« nicht zugelassen, weil er zuvor in einer international vergleichenden Studie zu dem Schluss gekommen war, dass die Förderung der Muttersprache bei Zuwanderern für deren Integration in das Aufnahmeland zwar förderlich und nützlich ist – aber nur dann positive Effekte hat, wenn es sich um eine global verbreitete Muttersprache handelt. Türkisch gehört eben nicht zu den Sprachen, von denen wir künftig positive Effekte zu erwarten haben.

Wachstumsindustrie Migrantenimport

Seit Jahrzehnten importieren wir in großer Zahl Zuwanderer aus bildungsfernen Ländern. Kein Wunder, wenn die Armut in Deutschland unaufhörlich zunimmt. Diese Armut muss erfasst, betreut und verwaltet werden. Die Profiteure der Migrations- und Integrationsindustrie behaupten, es sei ein Skandal, dass es in einem (früher) so reichen Land wie der Bundesrepublik heute so viel Armut gibt. Manche von ihnen tun etwas dagegen. Sie werden reich. Mithilfe der Armen. Das geht einfacher, als Sie denken. Sie müssen nur einen Verein oder eine gemeinnützige GmbH gründen, die ein soziales Anliegen vertritt. Zum Beispiel: Hilfe für arme Zuwanderer. Oder noch besser: Hilfe für kriminelle arme Zuwanderer. Dann werden Sie und Ihr Projekt vom Staat – also vom Steuerzahler – oder von gutgläubigen Spendern großzügig gefördert. Schließlich wollen wir ja weder Kriminalität noch Armut. Je mehr kriminelle arme Migranten ins Land kommen, umso besser für die Migrationsindustrie.

Um die Heerscharen von Migranten, von denen immer mehr auf dem Arbeitsmarkt chancenlos sind, ruhig zu halten, zahlen wir ihnen zunächst einmal jährlich viele Dutzend Milliarden Euro an Sozialleistungen. Auch über Vereine, Verbände, Organisationen, Stiftungen – die ganze Palette der Migrationsindustrie – fließt viel Geld.

Besonders leicht verdient man dieses Geld, wenn man es unter dem angeblichen Gütesiegel »Gemeinnützigkeit« einsammeln kann. Man benötigt nur einige Schlagworte, um als Profiteur an der Migrationsindustrie teilhaben zu können: Völkerverständigung, Solidarität, Toleranz, Hilfe, Benachteiligung, soziale Randgruppe – das sind die gängigen Schlagworte. Aber so richtig weit öffnen sich die öffentlichen – aus Steuergeldern gespeisten – Fördertöpfe erst, wenn noch einige weitere Stichworte hinzukommen: Antirassismus, Kampf gegen Fremdenfeindlichkeit, Kampf gegen Islamophobie, Kampf gegen Rechtsextremismus. Die türkischstämmige Islamkritikerin Necla Kelek schrieb dazu die bezeichnenden Sätze: »Rassismus ist wie Nazismus und Antisemitismus das Schlüsselwort, um zum Beispiel öffentliche Gelder zu akquirieren. Wer es schafft, Rassismus, Antisemitismus und Islamkritik und -feindlichkeit in einem Atemzug zu nennen, der steht kurz davor, seine *Koran*-Schulen und Moscheeführungen mit Mitteln aus den Fonds gegen Rechtsradikalismus zu finanzieren.«[422]

Der britische Moslemführer Noor Ramjanally hat genau das geschafft. Der 36 Jahre alte Mann mit Wohnsitz in Loughton/Essex war der britischen Polizei ursprünglich eher als Krimineller bekannt, der sich mit Betrügereien durchs Leben schlug. Dann verlegte er sein Betätigungsfeld auf die Migrations- und Integrationsindustrie. Schnell wurde Mitbürger Noor Ramjanally im ganzen Land bekannt, forderte er doch für alle Moslems von den Briten mehr (finanzielle) Fürsorge und weniger »Rassismus«. Er wurde Ansprechpartner britischer Behörden, wenn es um Integrationsfragen ging. Im Juni 2010 musste er allerdings erst einmal einige Jahre ins Gefängnis. Denn Noor Ramjanally behauptete immer wieder, er werde von Briten auf der Straße wegen seiner antirassistischen Einstellung diskriminiert, verfolgt, bedroht und angegriffen. Die britische Polizei bildete Ermittlungsgruppen, schickte Fahndungstrupps los, baute (auf Wunsch des Moslemführers) Kameras in dessen Haus ein. Und immer wieder erzählte Noor Ramjanally, wie fürchterlich er angeblich bedroht werde. In einem Fall bezichtigte er die rechte britische *National Party*, Angreifer geschickt zu haben, die ihn gekidnappt und in ein Auto gezerrt hätten. Diese Geschichte war erstunken und erlogen. Alle Überwachungs-Videoaufnahmen zeigten den Moslemführer zur angeblichen Tatzeit der »Entführung durch rechtsgerichtete Briten« munter und vergnügt auf britischen Straßen spazieren. Es gab diese »rassistischen« Angriffe nicht.[423] Das sah ein Richter ebenfalls so, und wegen der von dem Moslemführer angerichteten horrenden Schäden für die Steuerzahler muss er nun erst einmal ins Gefängnis. Schließlich hat er – so die Begründung – das britische Rechtssystem durch seine erfundenen Strafanzeigen wegen »Rassismus« pervertiert. Die von ihm zu verantwortenden Kosten belaufen sich laut Gericht auf 1300 Pfund (1560 Euro) für den Einbau von Überwachungskameras in seine Wohnung und auf 1850 Stunden (!) Ermittlertätigkeit wegen der angeblichen Entführung. Hinzu kamen die Gerichtskosten.[424] Für all das mussten die Steuerzahler von Loughton/Essex aufkommen. Weil die vielen Überwachungskameras den vorgenannten Moslemführer der Lüge überführten, der beim angeblichen »Kidnapping« in Wahrheit vergnügt durch die Straßen ging und dabei dummerweise gefilmt wurde, fordern andere Moslemführer seither, dass in Großbritannien die allerorten vorhandenen Überwachungskameras abgebaut werden. Diese seien zumindest in mehrheitlich islamischen britischen Wohnvierteln nun nämlich »diskriminierend«.[425] Nein, das ist kein Scherz. Überwachungskameras dürfen die Briten gern in »ihren« Stadtvierteln anbringen, bei Muslimen haben sie einen »rassistischen« Hintergrund.

Die einfachste Art des unproduktiven Geldverdienens ist es, Initiativen gegen »Rassismus« zu gründen oder in irgendeiner Form »Rassismus« zu »beobachten«. Überall wird der Kampf gegen »Rassismus« mit Steuergeldern unterstützt. Es gibt öffentlich bezahlte »Antirassismustrainer«. Es handelt sich bei ihnen um erstaunliche Menschen, die eine hohe Kunst beherrschen: Immerhin können sie erklären, warum wir uns als Europäer in Ländern wie der Türkei unbedingt an die dortigen kulturellen Gepflogenheiten anpassen oder indigene Volksstämme am Amazonas vor westlichen kulturellen Einflüssen schützen müssen, aber hier in unserem eigenen Kulturkreis keinen Schutz vor Eindringlingen genießen und nicht diese sich uns, sondern wir uns ihnen anpassen müssen. Es sind Menschen, die ohne Migration garantiert bis an ihr Lebensende Hartz-IV-Empfänger wären.

In der Bundesrepublik wird heute schon an staatlichen Schulen mit steuerlich finanzierten Gastdozenten und »Antirassismustrainern« in den Grundschulen gelehrt, dass es »rechtspopulistisch« ist, sich auf christliche Werte und christlich-abendländische Traditionen zu berufen. Das lernen deutsche Schüler im staatlichen Projekt »Schule gegen Rassismus«. Sie lernen zudem, dass einzig der Islam eine friedliche Religion ist und wertkonservative oder gar christliche Positionen von Menschen eher fortschrittsfeindlich seien.[426] Alles, was das neue multikulturelle Zeitalter behindern könnte, wird heute von klein auf als »rassistisch« gebrandmarkt. Dass dies so ist, hat einen tieferen Hintergrund: Die Migrationsindustrie verdient nur, wenn immer mehr Migranten kommen. Deshalb muss es Menschen geben, die aufmerksam beobachten, wo sich Widerstand gegen neue Migrantenströme regt. Und diesen Widerstand muss man dann sofort als »Rassismus« brandmarken.

Fallstudien: Umstrittene Organisationen

Der Verein Hatun & Can e. V.

Manche Migrantenförderungsvereine werden mit Schlagworten wie Antirassismus, Kampf gegen Fremdenfeindlichkeit, Kampf gegen Islamophobie, Kampf gegen Rechtsextremismus, Solidarität, Schutz vor Verfolgung oder Hilfe für Arme »gemeinnützig«. Doch bei den Teilhabern der Migrationsindustrie bedeutet Gemeinnützigkeit noch lange keine Bescheidenheit.

Ein Beispiel: Da gibt es den gemeinnützigen Verein *Hatun & Can e. V.*[427] Der Verein hatte sich angeblich der Hilfe und dem Schutz verfolgter Migrantinnen verschrieben. Ein ehrenwertes Anliegen, das finanzielle Unterstützung verdient hätte. Vor allem gegen »Ehrenmorde« in Zuwandererkreisen hat sich in Deutschland inzwischen gesellschaftlicher Widerstand gebildet. Es formieren sich Hilfsvereine wie eben der am 7. Februar 2007 gegründete Verein *Hatun und Can e. V.* Er benannte sich nach der genau zwei Jahre zuvor von ihrem Bruder auf offener Straße durch Kopfschuss ermordeten Hatun Sürücü. Solche Vereine werben um Spenden und staatliche Zuschüsse. Die von der SPD zu den Grünen gewechselte Abgeordnete Bilkay Öney beklagte angebliche »bürokratische Hürden« für die Arbeit von *Hatun und Can e. V.* Geld für den Verein – das ist also aus ihrer Sicht in Ordnung. 2009 kam die Idee auf, vier Jahre nach der Ermordung der Namensgeberin des Vereins eine Straße in

Berlin nach ihr zu benennen. Das fand die Politikerin Bilkay Öney allerdings gar nicht gut. Die migrationspolitische Sprecherin der Berliner Grünen, Frau Öney, erklärte dazu: »Straßen werden nach Personen benannt, die sich um die Gesellschaft verdient gemacht haben. Hatun Sürücüs einziger Verdienst wäre, durch ihre Brüder ermordet worden zu sein, weil sie ein selbstbestimmtes Leben führen wollte.«[428]

Es ist also offenkundig nicht so wichtig, die Erinnerung an von Zuwanderern ermordete Menschen zu erhalten. Aber das Geld darf ruhig fließen. SPD und Grüne unterstützten den Verein. Und Zeitungen wie der Berliner *Tagesspiegel* umjubelten ihn etwa mit den Worten: »Nach dem gewaltsamen Tod der jungen Türkin Hatun Sürücü hilft ein Verein Migrantinnen in Not. Integrationsexperten loben das Projekt als vorbildhaft.«[429] Der Berliner Integrationsbeauftragte Günter Piening sah den Verein *Hatun und Can e. V.* als »einen zivilgesellschaftlichen, weiteren Akteur im sehr gut mit Hilfsangeboten ausgestatteten Berlin«.[430] Die Integrations- und Migrationsindustrie funktioniert eben wie geschmiert. Doch mit der Festnahme des Vereinschefs im Frühjahr 2010 wurde die Fassade des gemeinnützigen Vereins zerstört.[431] Gegen den 40-Jährigen wurde ein Haftbefehl wegen Betrugs und Untreue vollstreckt. Die Frauenrechtlerin Alice Schwarzer hatte mit einer Anzeige die Ermittlungen gegen den Migrantinnen-Nothilfeverein ins Rollen gebracht.[432] Sie hatte in der Prominentenausgabe des RTL-Gewinnspiels *Wer wird Millionär?* 500 000 Euro gewonnen und die Summe *Hatun und Can e. V.* zukommen lassen.[433] Aber irgendwie kam das Geld nicht dort an, wo es ankommen sollte. Nach Auffassung der Staatsanwaltschaft wurde es beispielsweise für den Erwerb eines nur privat genutzten Geländewagens, für eine Reise in ein Madrider Fünf-Sterne-Hotel mit der Lebensgefährtin des Vereinsvorsitzenden, für Renovierungsarbeiten für eine Privatwohnung und für den Kauf einer 5000 Euro teuren Luxusuhr ausgegeben.[434] Angeblich verschwanden Hilfsgelder auch im Bordell.[435] Der Verein bestritt alle Vorwürfe.[436]

Der Verein Katachel e. V.

Das Bestreiten von Vorwürfen gehört bei Unregelmäßigkeiten jeglicher Art zum Handwerk wie der Sonnenaufgang zum Tagesablauf. Das gilt auch für den Verein *Katachel e. V.*, der in Deutschland Gelder einsammelt und in Afghanistan tätig ist. Vom Auswärtigen Amt über die Gesellschaft für technische Zusammenarbeit bis zum Entwicklungshilfeministerium reicht die Liste derer, die mit der Organisation zusammenarbeiten. So floss viel Geld in die Kassen.

Darüber freute sich besonders der frühere Projektleiter Dadgul Delawar. Er bereicherte sich an den Spenden.[437] Die deutschen Helfer haben inzwischen einsehen müssen, dass sie offenkundig zu gutgläubig waren und betrogen wurden. Das Entwicklungshilfeministerium forderte 2010 wegen der finanziellen Unregelmäßigkeiten Gelder zurück.[438] Zunächst 15 000 Euro, vielleicht auch noch mehr. Die Staatsanwaltschaft ermittelt zumindest wegen Unterschlagungen in sechsstelliger Höhe.[439]

Der NDR berichtete: »Bundesverdienstkreuz, niedersächsische Verdienstmedaille, Einsatzmedaille der ISAF: Sybille Schnehage galt als Vorzeige-Entwicklungshelferin für Afghanistan – weit über die Grenzen ihrer Heimat im niedersächsischen Kreis Gifhorn hinaus. Für ihren Verein *Katachel* konnte sie den damaligen niedersächsischen Ministerpräsidenten Christian Wulff als Schirmherrn gewinnen. Doch der lässt die Schirmherrschaft seit Mitte Januar wegen Veruntreuungsvorwürfen gegen *Katachel* ruhen. Auch das Bundesministerium für wirtschaftliche Zusammenarbeit fordert nun Entwicklungshilfegelder, die in Projekte des Vereins geflossen sind, zurück. Die Hilfsorganisation ist Sybille Schnehages Lebenswerk. 1994 gründete sie den kleinen, nach einem Dorf in der nordafghanischen Provinz Kundus benannten, Verein. Mit bis zu 500 000 Euro jährlich von engagierten Spendern baute *Katachel* Schulen, Brunnen, Brücken, eine orthopädische Werkstatt, half Kindern, Behinderten und Witwen. Doch bei *Katachel* wurden mehrere hunderttausend Euro veruntreut.«[440] Der frühere Projektleiter Dadgul Delawar bestreitet alle Vorwürfe. So kann es einem ergehen, wenn man mit sich mit den Profiteuren der Migrationsindustrie einlässt.

Die Treberhilfe

In der Migrationsindustrie ist es heute oftmals üblich, mit der Not von Zuwanderern zu werben – und Spendengelder in die eigene Tasche zu stecken oder damit ein Leben in Saus und Braus zu finanzieren. Innerhalb von mit dem Thema verbundenen Hilfsorganisationen verstecken sich zahlreiche Betrüger, denn es gibt keine staatlichen Kontrollen – zum Leidwesen der sauber arbeitenden Organisationen.

Ein unschönes Beispiel: die Treberhilfe. Sie ist gemeinnützig. Auf ihrer Internetseite hat sie viele bunte Fähnchen abgebildet. Wer als Migrant Hilfe braucht, der klickt beispielsweise auf das türkische Fähnchen und liest dort etwa: »Bu Siginmaevi Yardim Projesi 1988 yilindan beri kamu yararina calisan sosyal …«[441] Man muss nicht unbedingt Türkisch sprechen, um zu erahnen, was »sosyal« in deutscher Sprache bedeutet. Doch man hat als Durchschnittsbürger wohl keine Vorstellung davon, was man als Sozialarbeiter der Treberhilfe so verdient.

Harald Ehlert, Sozialarbeiter und langjähriger Chef der Treberhilfe, erhielt im Jahr 2009 neben einem Jahresgehalt von 322 000 Euro satte 113 000 Euro Urlaubsgeld. Darüber hinaus nannte er eine Dienstwohnung in einer Traumvilla, für die er nur eine geringe Miete zahlte, sein Eigen.[442] Zum Ensemble des Landsitzes gehörten ein Pavillon für 600 000 Euro und ein Bootshaus für 250 000 Euro. Das Badezimmer soll für 75 000 Euro saniert worden sein, berichteten Zeitungen 2010.[443] Der *Maserati*, den der gierige multikulturelle Sozialarbeiter Ehlert als Dienstwagen benutzte, stand mit rund 150 000 Euro in den Unterlagen. Zudem fuhr Ehlert einen BMW X5, der mehr als 100 000 Euro gekostet hatte.[444] Nur allein im Jahr 2009 bezahlte die Migrantenhilfe 5000 Euro für Hummer und das Fleisch von Jacobsmuscheln.[445]

Den Profiteuren der Zuwanderungsindustrie geht es offenkundig prächtig.

Die migrantenfreundliche Treberhilfe ist ein eingetragener gemeinnütziger Verein. Wer dieser sozialen Einrichtung eine Spende zukommen lässt, der kann sie steuerlich absetzen. Die Organisation kümmert sich um sozial Schwache, um Zuwanderer, um Obdachlose und um die Wiedereingliederung von Intensivstraftätern in die Gesellschaft. Mitunter werden die Projekte für die Ärmsten der Armen direkt mit Steuergeldern finanziert.

Im Sommer 2008 etwa beschloss die Berliner Regierung, mit der Treberhilfe etwas gegen die grassierende »Jugendkriminalität« zu unternehmen. In einem Bericht hieß es dazu: »Die Eingreiftruppe gegen 13- bis 15-jährige Jugendliche, die auf dem Weg zum Intensivtäter sind, soll aus deutsch- und türkisch- beziehungsweise arabischsprachenden Sozialarbeitern bestehen.«[446] Es war eindeutig, an wen sich das Modellprojekt vorrangig richtete: an kriminelle türkisch- und arabischsprachige Migranten. In der Tageszeitung *Die Welt* erfuhren die Leser im Berliner Regionalteil, wer das Projekt für den Berliner Senat aus der Taufe gehoben hatte: »Die Treberhilfe hat das Konzept des neuen Modellversuchs mit dem Namen ›STOP‹ (›Soziale Task Force für offensive Pädagogik‹) entwickelt.«[447] Es war eines von vielen solchen Projekten, die mit Steuergeldern finanziert werden. Und was zahlen wir dafür? »Die Kosten für das Modellprojekt, das in Neukölln und Tempelhof-Schöneberg beginnen soll, belaufen sich auf insgesamt 200 000 Euro im Jahr.«[448]

Im Aufsichtsrat der gemeinnützigen Treberhilfe saß auch die frühere Berliner Sozialsenatorin Heidi Knake-Werner (Die Linke). Sie setzte sich sehr für die Interessen der Organisation ein. Die Politikerin der Linken betonte auf dem Höhepunkt des *Maserati*-Skandals, die Treberhilfe müsse als wichtige soziale Struktur der Stadt erhalten bleiben.[449] Die Mitarbeiter leisteten ja gute Arbeit. Heidi Knake-Werner erklärte dann aber doch 2010 ihren Rücktritt aus dem Aufsichtsrat, als bekannt wurde, wie die gemeinnützige Treberhilfe öffentliche Gelder eigennützig verprasste.[450]

Nicht nur der im März 2010 zurückgetretene Vorsitzende der Treberhilfe, Harald Ehlert, verfügte über luxuriöse Dienstwagen.[451] Andere Mitarbeiter fuhren ebenfalls Luxuskarossen, die von der gemeinnützigen Organisation angeschafft wurden. Für Sozialarbeiter Harald Ehlert gab es sogar einen Chauffeur. Die mit Spenden- und Steuergeldern finanzierte soziale Einrichtung prasste nur so mit ihren Finanzmitteln. Harald Ehlert fand das auch völlig in Ordnung, sagte frech, es sei an der Zeit, darauf aufmerksam zu machen, dass die Sozialwirtschaft eine unternehmerische Tätigkeit sei.

Auf der Bundesstraße 198 geriet der italienische Luxusdienstwagen der Marke *Maserati* eines Tages in eine Geschwindigkeitsmessung. Ob der damalige Chef der Treberhilfe, Harald Ehlert, selbst am Steuer saß, konnte nicht ermittelt werden. Daraufhin wurde er beauflagt, künftig ein Fahrtenbuch zu führen. Doch dagegen klagte die gemeinnützige soziale Einrichtung dreist.[452] Der Paritätische Wohlfahrtsverband reagierte schließlich 2010 auf die *Maserati*-Affäre und schloss die Treberhilfe aus.[453] Natürlich geschah das erst, als die Berichte über die ihren Reichtum zur Schau stellenden Teilhaber der Migrationsindustrie wirklich überall zu lesen waren.

Es waren übrigens Straßenmagazine wie der *Spiegel*, die in ihren Berichten zuvor noch ganz offen für die Treberhilfe geworben hatten.[454] Der *Spiegel* leitete einen Bericht über die angeblich so fabelhafte Treberhilfe beispielsweise mit den Worten ein: »Die einzige Rettung vor dem totalen Absturz sind oft soziale Einrichtungen.«[455] Angesichts solcher Lobeshymnen spendet man doch gern, oder? Nun ja, mit solchen lobhudelnden Berichten als Rückendeckung konnte die Treberhilfe ihre multikulturellen Modellprojekte jedenfalls bei den Behörden vortragen – und danach abkassieren. Von dem Geld leistete man sich dann den puren Luxus.

Die Schnittstelle zur Betrugsindustrie

Der Migrationsindustrie liegt nur eines am Herzen: dass sie selbst nicht zu kurz kommt. Ein Beispiel: Die Funktionäre der türkischsprachigen »Hilfsorganisation« *Deniz Feneri e. V.* (türkisch für »Leuchtturm«) wurden wegen Spendenbetrugs im Umfang von mindestens 16 Millionen Euro verurteilt.[456] Nach Feststellung der Wirtschaftsstrafkammer des Landgerichts Frankfurt landeten die als »Hilfsgelder« eingesammelten finanziellen Mittel in Wahrheit im Umfeld der islamistischen AKP-Partei des türkischen Ministerpräsidenten Erdogan. Dieser drohte damals allen Medien, die über den Spendenskandal berichteten.[457] Deutsche Medien kuschten – und veröffentlichten nur wenige Informationen über den Skandal im tiefen Sumpf der Migrationsindustrie.

Im Jahr 2009 erlebten wir bundesweite Durchsuchungen bei einer weiteren Türkengruppe: Die Kölner Staatsanwaltschaft warf der *Milli Görüs* »in größerem Umfang« Spendenbetrug und Unterschlagung von Sozialbeiträgen ihrer Mitarbeiter vor. Bundesweit beschlagnahmten die Ermittler Material in 26 Büros und Wohnungen, allein in Nordrhein-Westfalen wurden zwölf Objekte durchsucht. Razzien gab es unter anderem in Berlin, Hamburg, Frankfurt am Main und München.[458]

Besonders dreist betreiben den Betrug viele »Kulturvereine« der Migranten. Zwei Beispiele aus zwei Bundesländern, aufgefunden Mitte 2010 in nur einer Woche:

Es klingt unglaublich: Eine Gruppe von 15 Türken hatte aus ihren Essener Kulturvereinen heraus Gewinne im dreistelligen (!) Millionenbereich erwirtschaftet. Kleiner Schönheitsfehler: Die Familienangehörigen bezogen parallel Sozialhilfe! In Nordrhein-Westfalen hatten diese 15 Türken, die im Juni 2010 festgenommen wurden, bei illegalen Glücksspielen Geldspielautomaten manipuliert, über Jahre hinweg Steuern hinterzogen und so mit ihren Geschäften Gewinne in dreistelliger Millionenhöhe verbucht. Die *WAZ*-Mediengruppe berichtete: »Die Bande soll in eigenen und auch fremden Spielhallen und Lokalen Automaten manipuliert haben, um die tatsächlichen Umsätze vor den Finanzbehörden zu verschleiern. (...) Im Zuge der Ermittlungen stellte sich außerdem heraus, dass die Bandenmitglieder eine von ihnen kontrollierte GmbH aus Essen in den betrügerischen Bankrott trieben. Um sich die Gläubiger vom Leib zu schaffen, verschwand das Geld aus der Insolvenzmasse kurzerhand in den eigenen Taschen.«[459]

Ein zweites Beispiel aus dem Norden Deutschlands: Im Juni 2010 wurden mehr als 40 illegale Glücksspielautomaten von der Bremer Polizei in türkischen Kulturvereinen und -cafés beschlagnahmt. Die Millionenumsätze der dahinterstehenden Wettmafia wurden komplett an der Steuer vorbei nach Österreich und England abgeführt.[460]

All das sind »Einzelfälle«. Seltsam nur, dass sie sich Tag für Tag ereignen. Legt man die Bausteine zusammen, dann ergeben sie ein einheitliches Bild: Wir werden betrogen, belogen, ausgenutzt und ausgeplündert.

Doch es sind nicht nur die Migrantenkulturvereine und Migrationsverbände, die immer wieder ins Zwielicht geraten. Man kann auch als Kleinunternehmer in Deutschland, der in der Migrationsindustrie tätig ist, ganz gut abkassieren. Da gibt es Mitbürger wie den arbeitslosen Türken Hussein B. (38) aus der Nähe von Sigmaringen. Der »Altkleider-Pate« lässt Asylbewerber über Monate Textilien einsammeln und verkauft sie an eine Verwertungsfirma. Dafür kassiert er schwarz mehrere zehntausend Euro im Jahr.[461] Die von Sozialhilfe lebende Türkenfamilie stellt auch ohne Genehmigung in Wohnvierteln wohlhabender Deutscher Kleidercontainer auf – und veräußert die besten Sachen dann auf dem Flohmarkt. Das Geschäft brummt, währenddessen die alteingesessenen seriösen Hilfswerke wie der Malteser Hilfsdienst gegenüber solchen Ganoven das Nachsehen haben. Die Masche beherrschen im Übrigen Zehntausende Zuwanderer, die offiziell Hartz IV beziehen und Tag für Tag auf Flohmärkten gebrauchte Kleider sowie andere gebrauchte Artikel verkaufen. Die Flohmarkt-Standplätze erhalten sie von den Gemeinden als »sozial Bedürftige« meist zum Nulltarif, die Ware von gutgläubigen Deutschen geschenkt – und am Monatsende haben sie viele tausend Euro steuerfrei zusammen. Die Sozialbehörden drücken alle Augen zu. Das ist politisch so korrekt.

Wirklich gut im Geschäft ist auch die aus Nigeria stammende Mitbürgerin Peace S. Sie hatte zunächst Asyl in Schweden beantragt, sich dann aber in Großbritannien niedergelassen. Dort eröffnete sie einen multikulturellen Laden, schmuggelte afrikanische Kleinkinder nach Großbritannien, die sie als eigene Kinder mit gefälschten Papieren einführte – und verkaufte diese dann an Briten. Als der Handel aufflog, deportierte man die Nigerianerin wieder nach Schweden. Von dort aus bestieg sie das nächste Flugzeug und spazierte im Flughafen Heathrow bis zu den Einreisekontrollen, wo sie Strafanzeige gegen einen Mann stellte, der ihr in Großbritannien einmal Arbeit gegeben hatte. Der Mann habe sie »sexuell belästigt« und auch irgendwie »diskriminiert«.[462] Die Briten mussten die mit ihren interessanten »Potenzialen« ausgestattete Frau, die offenkundig nicht nur als Kinderhändlerin im Abkassieren geübt war und nun auch noch ein Schmerzensgeld für das ihr »beigefügte Unrecht« forderte, wieder ins Land lassen, verpflegen, unterbringen und einen Prozess für sie gegen einen Briten führen, der keine Ahnung hatte, was da aus heiterem Himmel wegen seiner Hilfsbereitschaft auf ihn zukam. Mit Migration und Betrug kann man viel Geld verdienen, wenn man es nur geschickt anstellt!

Im Juli 2010 reagierten die Niederländer geschockt. Da erfuhren sie nämlich, welche unschönen Folgen es hatte, dass sie 26 000 illegalen Ausländern Papiere für ein dauerhaftes Bleiberecht in ihrem Land ausgestellt hatten. Die Illegalen und die Asylbewerber freuten sich sehr darüber – viele von ihnen verkauften die begehrten Papiere für Beträge zwischen 5000 und 8000 Euro an andere Migranten gleich weiter. Es mussten dabei nur die Fotos der Personen ausgetauscht oder von einem Fachmann einige Angaben gefälscht werden. Und schon waren die zugewanderten Mitbürger wieder um einige tausend Euro reicher.[462a] Angst vor Abschiebung mussten sie auch ohne diese Papiere nicht haben. Das wussten die Mitbürger nur zu gut. Die Niederländer haben inzwischen viel zu viel Angst vor Migrantenunruhen. Deshalb sehen sie bei solchen massenhaften Betrügereien weg und zahlen brav weiter.

Die Integrationsindustrie wird immer öfter zur Betrugsindustrie. Erinnern Sie sich noch an den Deutsch-Äthiopier Ermyas M., der 2006 angeblich von hierzulande lebenden Rassisten zusammengeschlagen wurde? Seine Geschichte als angebliches Opfer ging damals durch alle Medien. Es kam in der Folge zu Mahnwachen.[463] Ermyas M. avancierte zum umjubelten Medienstar.[464] Dann kamen erste Zweifel an den Aussagen des »Opfers« auf.[465] Die deutschen »Täter« waren plötzlich gar keine Täter mehr.[466] Der Verdacht eines Delikts mit ausländerfeindlichem Hintergrund löste sich in Luft auf.[467] Die Männer, die unlängst noch medienwirksam beim »Kampf gegen rechts« mit dem Polizeihubschrauber zum Generalbundesanwalt nach Karlsruhe geflogen worden waren, wurden freigesprochen.[468] Und Zuwanderer Ermyas M. geriet selbst ins Visier der Staatsanwaltschaft. Doch da wurde es plötzlich ganz still in den Kreisen der Migrationsindustrie. Logischerweise waren auch keine Fernsehkameras dabei, die die Bürger hätten informieren können, was schließlich aus dem netten Zuwanderer wurde: Der wurde im Jahr 2009 nämlich wegen Betruges verurteilt.[469] Er hatte zu Unrecht Gelder eingefordert – und er hatte Zehntausende Euro Spendengelder, die er dank der Medienkampagne erhalten hatte, auf seinem Privatkonto deponiert.[470] Ein feiner Zuwanderer. Ein Gewinn für unsere Gesellschaft?

Grüße aus Absurdistan: Parkbetreuer

Es werden immer absurdere Projekte der Integrationsindustrie installiert. Beispiel Österreich: Da gibt es in der Hauptstadt Wien allen Ernstes unter der sozialdemokratischen SPÖ-Stadtregierung »Parkbetreuer«. Nein, das sind keine Gärtner. Es sind Sozialarbeiter, die in Zusammenarbeit mit den Wiener Volkshochschulen auf jene Migrantengeneration von Männern zugehen, die im Rentenalter ihre Freizeit vornehmlich in den Parks verbringen und auch nach Jahrzehnten in Österreich immer noch nicht Deutsch sprechen können. Denen versüßt man nun durch »Parkbetreuer« den Lebensabend. In einer Wiener Zeitung hieß es Mitte 2010 dazu: »Zunächst sollen die Parkbetreuer allgemein Kontakt knüpfen und über die verschiedensten Angebote und Themen informieren, zu denen dann auch Seniorensprachkurse gehören könnten. Man sei hier sehr experimentell unterwegs (...) Es sei das Ziel, in Vielfalt zusammenzuleben, in einer gemeinsamen Sprache und mit einer klaren Positionierung gegen Rassismus ...«[471] Parkbetreuer werden also künftig mit älteren »Männern mit Migrationshintergrund« verstärkt das Gespräch suchen. Die Veröffentlichung des Berichts über das neue Angebot der Wiener SPÖ-Stadtregierung fiel übrigens zeitlich zusammen mit der Ankündigung eines finanziellen Rettungspaketes für den angeschlagenen Euro in Höhe von rund einer Billion Euro, zu dem auch Österreich gewaltige Summen beitragen muss. Dennoch scheint man in Wien genügend Geld zu haben, um Gesprächspartner für zugewanderte Mitbürger in die Parks zu schicken. Unsere Kinder werden das einst wohl für einen Aprilscherz halten.

In der belgischen Region Flandern hat man die Berichte der Österreicher über den dort neu erfundenen Job als »Parkbetreuer« in der Migrationsindustrie aufmerksam verfolgt – und sofort aufgegriffen. Immerhin sind in großen belgischen Städten wie Antwerpen schon 15,5 Prozent aller zugewanderten Bürger im Alter von mehr als 55 Jahren, die vorzeitig Rente beziehen, häufig in den Parks anzutreffen.[472] Da sitzen sie einfach in Gruppen rum. Sie kapseln sich dort gezielt von den Einheimischen ab. Sie wollen auch nicht ins Seniorenheim, wo man ihnen Migrantenbetreuer zur Seite stellen könnte. Also schafft man nun auch im schönen Belgien den neuen Migrationsjob des »Parkbetreuers«, der integrationsresistente Senioren aus fernen Kulturkreisen in den Grünanlagen mit Gesprächsunterstützung die Zeit vertreibt.

Putzfrauen als »Integrationshelfer«

In der Integrations- und Migrationsindustrie kann wirklich jeder Geld verdienen. Eine Ausbildung braucht er nicht. Wichtig sind allein die politisch korrekte, multikulturelle Gesinnung und möglichst ein Migrationshintergrund. Dann kann man sofort mit dem Abkassieren beginnen. Wenden wir den Blick einmal in die Schweiz. Dort hatte im Mai 2010 ein Pakistaner im Westen von Zürich seine 16 Jahre alte Tochter islamisch korrekt mit der Axt erschlagen.[473] Sie hatte sich vom islamkonformen Leben abgewendet, wollte frei und westlich sein. Nach dem islamischen Rechtssystem, der *Scharia*, hatte der Vater völlig korrekt gehandelt. Nach unserer westlichen Auffassung ist er ein Barbar. Anhand der Begleitumstände dieses »Ehrenmordes« kann man den Irrsinn der Integrationsindustrie beispielhaft darlegen. Die Stadt Zürich hatte der islamischen pakistanischen Familie bereits lange vorher einen muslimischen Betreuer zur Seite gestellt, der ihr bei der Integration helfen sollte. Der »professionelle muslimische Sozialarbeiter«, der aus Schweizer Steuergeldern bezahlt wurde, war bei näherer Betrachtung allerdings ein arbeitsloser islamischer Zuwanderer, der sich als Islamlehrer durchs Leben schlug. Die Schweizer Zeitung *Weltwoche* schockierte ihre Leser im Juni 2010 mit der Enthüllung, dass zugewanderte Putzfrauen, Taxifahrer oder Arbeitslose für 100 Franken pro Stunde (etwa 70 Euro) als »interkulturelle Vermittler« in Migrantenfamilien tätig würden, und das ohne die geringste Ausbildung.[474] 70 Euro pro Stunde bar auf die Hand für warme Worte bei Kaffee und Kuchen! Leichter kann man sein Geld nicht verdienen.

Viele Millionen Franken hat allein die Stadt Zürich im Jahr 2009 für diese »interkulturellen Vermittler«, die in zugewanderten Migrantenfamilien tätig sind, ausgegeben. Die Schweizer *Weltwoche* berichtete: »Tatsächlich haben diese ›interkulturellen Vermittler‹, die für die Sozialen Dienste arbeiten, überhaupt keine professionelle Ausbildung. Es gibt dafür weder einen eidgenössischen Fachausweis noch einheitliche Qualitätsstandards. Der *Weltwoche* liegen verschiedene dokumentierte Fälle vor, in denen Taxifahrer, Migros-Verkäuferinnen, IV-Rentner oder Arbeitslose für 100 Franken pro Stunde mehrmals wöchentlich bei ausländischen Familien, die Probleme mit ihren Kindern haben, auf einen Kaffeebesuch gehen dürfen.«[475] Der Irrsinn hat offenkundig Methode, heißt es doch weiter in dem Bericht: »Es gibt dokumentierte Fälle von Beiständen der Vormundschaftsbehörde, die sämtliche Arbeit an die interkulturellen Vermittler delegieren und die Kinder, die sie betreuen sollten, auch nach drei Jahren noch nie zu Gesicht bekommen haben. In anderen Fällen durften Ausländer bereits nach einem Jahr Aufenthalt in der Schweiz als interkulturelle Vermittler arbeiten. Sie haben wenig bis keine Ahnung von der Schweizer Kultur und von erzieherischen Maßnahmen. An einer erfolgreichen Integrationsarbeit sind sie wohl schon darum nicht besonders interessiert, weil sie nirgends sonst wieder einen derart gut bezahlten Job erhalten würden.«

Ein typischer Fall sieht danach etwa so aus: »Im Kanton Zürich wohnt die albanische Familie P., die Probleme mit ihren vier Töchtern hat. Die Mädchen zwischen zwölf und 16 Jahren treffen sich mit ihren Freundinnen, gehen aus, versuchen sich zu integrieren und werden dafür vom Vater regelmäßig mit Prügeln bestraft. Nachdem die Schule eine Gefährdungsmeldung machte, stellte ihnen der Familienbeistand eine albanische Putzfrau zur Seite. Seit einem Jahr versucht die ›interkulturelle Vermittlerin‹ nun, den jungen, eingebürgerten Mädchen im Konflikt zwischen der albanischen und der Schweizer Kultur zu helfen. Auf wessen Seite sie steht, ob sie die Kinder zur albanischen oder die Eltern zur Schweizer Kultur drängt, ist nicht bekannt. Die vier

Mädchen ritzen sich regelmäßig die Arme auf und sind zum Teil von zu Hause ausgerissen.«[476]

Zum Schluss hat dann in einer solcherart von einem »interkulturellen Vermittler« betreuten pakistanischen Familie in Zürich der Vater die Axt genommen und seine Tochter damit erschlagen. Dafür muss man doch Verständnis haben, oder? Vielleicht haben die Schweizer mit umgerechnet 70 Euro pro Stunde schlicht zu wenig für den »interkulturellen Vermittler« bezahlt?

Schauen wir einmal kurz nach Dänemark. Auch dort unternimmt man ebenso wie in Deutschland vielfältige Versuche, zugewanderte Orientalen zu integrieren. Dummerweise verweigern sich viele Moslems diesen Integrationsbemühungen. Aus diesem Grund erprobt man in Dänemark seit Ende 2009 ein neues, revolutionäres Modell der Integrationsförderung: Man bezahlt zugewanderte Mitbürger jetzt für Integration. Es gibt Bargeld auf die Hand. Zuwanderern aus fernen Kulturkreisen in Dänemark werden jetzt nicht nur Sprachkurse finanziert, sondern der Staat gibt ihnen auch noch Geld dafür, dass sie dort sitzen. 15 000 dänische Kronen (etwa 2000 Euro) erhält derjenige, der seine Stunden abgesessen hat.[477] Normale Dänen müssen für dieses Geld arbeiten gehen und Steuern zahlen. Nur die Migranten bekommen es einfach so ausbezahlt. Stellen Sie sich einmal vor, Sie wanderten in die USA aus. Können Sie dann erwarten, dass die Amerikaner Ihnen Bargeld dafür geben, dass Sie die Landesprache erlernen? Und wie ist es in der Türkei? Bekommen europäische Rentner, die dort den Winter verbringen, Geld von der türkischen Regierung, wenn sie Türkischkurse besuchen? Unsere Zuwanderer müssen uns eben für völlig degeneriert halten, aber wenn wir ihnen das Geld unbedingt aufdrängen – was sollen sie machen? Und überhaupt: Wer sich nicht integriert, der kann gut abkassieren.

Nicht anders ist es mit den vielen Integrationsgesprächen, die es in fast jedem europäischen Land mit zugewanderten Moslems gibt. Die Teilnehmer werden vom Steuerzahler dafür bezahlt, dass sie dort sitzen – wussten Sie das? Als steuerzahlender Europäer denkt man ja immer politisch korrekt dergestalt, dass sich bei Integrationsgesprächen an runden Tischen zugewanderte Mitbürger mit offiziellen Repräsentanten unseres Gemeinwesens versammeln, um aus eigenem Antrieb heraus über eine gemeinsame Zukunft mit uns zu sprechen. Das ist allerdings eines von vielen Märchen der Integrations- und Migrationsindustrie. Beispiel Niederlande: In Amsterdam wurde offiziell bestätigt, dass Moslems, die an »Integrationsgesprächen« teilnehmen, dafür 40 Euro vom Steuerzahler bekommen. Mit Aushängen in Schaufenstern in den islamischen Stadtvierteln werden immer wieder Orientalen in Amsterdam gesucht, die 40 Euro für »Integrationsgespräche« mit dem Bürgermeister einheimsen wollten. Bis zu 150 meldeten sich allein im September 2009.[478] Die Niederländer waren entsetzt, als das bekannt wurde, denn sie glaubten bis dahin, die Moslems kämen zu solchen Gesprächen, weil sie diese für ethisch und moralisch wertvoll hielten und sich integrieren wollten. In Deutschland ist das nicht anders – nur tarnt man die finanziellen Zuwendungen für die Teilnahme an Integrationsgesprächen als »Unkostenvergütungen« und »Reisespesenersatz«.

Sie finden das »unglaublich«? Aber bitte doch – es kommt noch drastischer. In den Niederlanden bekommen marokkanische Jugendliche zu Festtagen sogar Bargeld in die Hand gedrückt, damit die Festtage ruhig verlaufen und sie an jenen Tagen keine ethnischen Niederländer angreifen. Ein Scherz? Nein, keineswegs, ein Beispiel: In der niederländischen Stadt Gouda gibt es große Probleme mit zugewanderten marokkanischen Jugendbanden, die die einheimische Bevölkerung terrorisieren. Die Behörden gehen seit Ende 2009 einen völlig neuen Weg, um des Terrors Herr zu werden. Man gibt den Banden Bargeld dafür, damit sie die Einheimischen in Ruhe lassen – man zahlt also Schutzgeld! So erhielten marokkanische Kriminelle etwa an Silvester 2009/2010 stolze 2250 Euro in bar ausbezahlt, damit sie an diesem Tag nicht pöbelnd und grölend durch den Ort zogen.[479] Zusätzlich werden Arabischkurse absolviert, damit die Migranten den *Koran* in der Originalversion studieren können. Eine Stadträtin ist entsetzt: »Ein Skandal. Sie werden für ihr kriminelles Verhalten belohnt.« Aber dieser kostspielige Wahnsinn ist immerhin politisch korrekt. Aus der Sicht der gewalttätigen jungen Migranten sind die vorgenannten vielfältigen Zahlungen nichts anderes als Dschizya, die Tributpflicht der »Ungläubigen« gegenüber den Muslimen. Über diese hatten wir bereits in einem vorhergehenden Kapitel berichtet.

Die Niederlande unternehmen viel – verbunden mit horrenden Kosten –, um kriminelle marokkanische Jugendliche von den Straßen zu holen; ein weiteres Beispiel: In Amsterdam wurde im Jahr 2010 eine marokkanische Hockeyakademie gegründet.[480] Kriminelle arbeitslose junge Marokkaner werden dort auf Kosten der niederländischen Steuerzahler nun sechs Stunden täglich im Hockeyspiel unterrichtet, um ihnen eine Zukunft als Hockeyspieler in Marokko zu ermöglichen.[481] Marokko hat aber gar keine Hockeymannschaft und auch keinerlei Interesse an dieser Sportart. Doch die Niederlande wollen eine marokkanische Hockeymannschaft aufbauen und finanzieren, nur damit die kriminellen Marokkaner erst einmal von der Straße kommen.

Damit unsere zugewanderten Mitbürger aus fernen Ländern von uns nicht allzu sehr gefordert werden, finanzieren wir parallel dazu in Deutschland flächendeckend Kurse, in denen etwa deutsche Polizisten Türkisch lernen. Egal ob in Hamburg, Duisburg, Frankfurt, Berlin oder Heilbronn: Deutsche Beamte richten sich auf die neue Klientel ein – nicht etwa umgekehrt. Die *Heilbronner Stimme* berichtete etwa im Juli 2007 über diese Pervertierung der Integration: »Rund 9000 Türken leben in Heilbronn, es ist die größte ausländische Gruppe. Weil es türkische Geschäfte, Firmen, Ärzte oder Fahrschulen gibt, sind türkische Mitbürger nach Angaben des Revierleiters ›nicht unbedingt gezwungen‹, die deutsche Sprache zu verstehen. Als bürgerorientierte Polizeiarbeit wertet Mayer den Türkisch-Sprachkurs. Er soll ein Symbol sein, dass auch staatliche Stellen ihren Beitrag zu einer positiven Integrationspolitik leisten.«[482]

Positive Integrationspolitik ist es demnach, wenn wir uns anpassen und wenn wir auch noch dafür zahlen. Das ist Realsatire in Absurdistan, der deutschen Bananenrepublik. Trotz aller Finanzmittel, die in dieses System gepumpt werden, gestehen inzwischen selbst Migranten ein, dass zumindest die Sprachförderung bei ihnen bisher offenkundig gescheitert ist.[483] Und in Ländern wie Österreich wird der einheimischen Bevölkerung auch weiterhin bewusst verschwiegen, wie viele Migranten beim Deutschtest scheitern.[484] Auch über die Kosten erfahren sie nichts.

Im Gegensatz zu Deutschland und Österreich sind alle Zahlen in Dänemark öffentlich bekannt. Rund 300 000 Euro kostet den dänischen Steuerzahler – statistisch gesehen – beispielsweise jeder Zuzug eines Moslems. Das sagt nicht nur der dänische Psychologe Nicolai Sennels.[485] Das bestätigt auch die dänische Staatsbank, die mit ähnlichen Zahlen rechnet. Die dänische Nationalbank schätzt, dass Einwanderer aus nichtwestlichen Staaten die dänische Gesellschaft jährlich drei (!) Milliarden Euro kosten. Die in Dänemark lebenden Muslime, vier Prozent der Bevölkerung, beanspruchen schon seit 2002 ganze 40 (!) Prozent der staatlichen Sozialausgaben.[486] Da Migranten aus nichtwestlichen Ländern in Dänemark nichts anderes als dauerhaft lästige Kostenstellen sind, fördert die dänische Regierung inzwischen rückkehrwillige Mitbürger aus dieser Bevölkerungsgruppe mit hohen »Entgrüßungsgeldern« zur Rückkehr in ihre heimatlichen Kulturkreise auf: Es gibt jetzt 100 000 Kronen Rückzugsprämie (umgerechnet 13 500 Euro) für Mitesser, die das Land wieder verlassen und ihre »Potenziale« in der Heimat entfalten.[487]

Unsere Zuwanderer ziehen immer mehr Kapital aus Europa ab, ein Beispiel vorweg: Die Deutsche Rentenversicherung zahlt schon jetzt 1,4 Millionen Renten ins Ausland – nein, nicht an Deutsche, die im Ausland leben, sondern an Ausländer, die Rentenansprüche bei uns erworben haben: 1,4 Millionen Rentenansprüche, die nun monatlich bedient werden wollen.[488] Die Zahl der Auslandsrentenansprüche hat sich in den vergangenen Jahren verdoppelt. Und sie steigt und steigt. Das ausbezahlte Geld wird nicht in Deutschland konsumiert, sichert nicht einen deutschen Arbeitsplatz. Im Gegenteil: Es wird im

Ausland ausgegeben, sichert dort Arbeitsplätze und zerstört deutsche Arbeitsplätze, weil die Migranten so beständig mehr Kapital aus Deutschland abziehen! Die Zuwanderer, die aus rückständigen Ländern kamen, schafften weder den ersehnten wirtschaftlichen Wohlstand, noch entlasteten oder retteten sie den Sozialstaat. Sie saugen ihn vielmehr aus – bis zum Zusammenbruch. Siegfried Kohlhammer schrieb im *Merkur* im April 2010 (Nr. 731) unter der Überschrift »Das Ende Europas?« über die immensen Kosten dieser Zuwanderung: »Seit Jahrzehnten werden hier erhebliche Summen für Integration ausgegeben, in die Sprachprogramme allein sind Milliardenbeträge investiert worden. (…) Generell gilt in Europa, dass die Migranten insgesamt den Wohlfahrtsstaat mehr kosten, als sie zu ihm beitragen.«[489] Er fährt fort: »So machen etwa die Muslime in Dänemark fünf Prozent der Bevölkerung aus, nehmen aber 40 Prozent der wohlfahrtsstaatlichen Leistungen in Empfang – und andere Länder weisen ähnliche Missverhältnisse auf.«

Gutmenschen behaupten, diese vielen Zuwanderer würden irgendwann plötzlich zu Verdienern mutieren und eines Tages einmal unsere Rente zahlen. Doch noch hat kein Gutmensch erklären können, wie den zugewanderten Mitbürgern, die weder unsere Sprache erlernen noch Leistung erbringen wollen und die in immer größerer Zahl als Hartz-IV-Empfänger unter uns leben, auf einmal Beitragszahler für die Rentenversicherungssysteme werden könnten.

Fass ohne Boden – horrende Kosten ohne Erfolge

Zwischen Nordsee und Alpen leben bereits jetzt 15,4 Millionen Menschen mit Migrationshintergrund – Tendenz stark steigend. Die Regierung lässt sich die Integrationsversuche, die weitgehend gescheitert sind, trotz leerer Kassen jährlich viel Geld kosten: Rund zwei Milliarden Euro geben Bund, Länder und Gemeinden allein für Kurse, Migrationsberatung, für die »Förderung interkultureller Kompetenz« und Tausende weiterer Projekte aus. Die Regierung plant zudem ein Gesetz zur Verbesserung der Ausbildungschancen förderungsbedürftiger junger Menschen mit einem Finanzrahmen in Höhe von 660 Millionen Euro bis zum Jahr 2012. Das Geld fließt an ethnischen deutschen Jugendlichen vorbei. Es soll zum überwiegenden Teil Jugendlichen nichtdeutscher Herkunft zugutekommen, die im Fachjargon gerne auch einmal »n. d. H.-Jugendliche« genannt werden. Aber Erfolge sind nur schwer zu greifen.

Ein Beispiel für die enormen Kosten der Integrationsversuche aus Berlin: »Zwei Drittel seines Haushaltes muss Berlin-Neukölln jetzt schon für Wohlfahrtsleistungen verplanen, 20 zusätzliche Millionen sind in soziale Projekte geflossen, über 40 Millionen Euro jährlich bekommt allein dieser Berliner Bezirk für sogenannte ›Hilfen zur Erziehung‹ zugewiesen. Das wird für Familienhelfer, Sozialpädagogen, Therapien und anderes ausgegeben, und es reicht nie, weil es immer mehr Fälle gibt. Ein Jahresaufenthalt für einen dieser straffällig gewordenen Jungen in einem Heim, das ihn, weit entfernt vom brutalen Milieu seines Viertels, wieder auf den rechten Weg zu bringen versucht, kostet um die 45 000 Euro. Dagegen ist ein Platz im ersten Berliner Schwänzer-Internat fast preiswert (2400 Euro im Monat), aber davon bräuchte man mindestens drei sofort.«[490]

Um den staatlichen Geldsegen buhlen viele Konkurrenten: von türkischen Gemeinden über die Arbeiterwohlfahrt, das Deutsche Rote Kreuz, die Caritas, die Volkshochschulen, Privatschulen, Technische Überwachungsvereine und verschiedenste kommunale Bildungswerke bis hin zu Moscheevereinen oder Deutsch-Russischen Hilfswerken. Es gibt etwa 1800 (!) anerkannte freie Träger, die sich um die »Integration« von Menschen mit Migrationshintergrund kümmern. Im Klartext: Sie überlegen sich Projekte und versuchen, dafür Geld von staatlichen Stellen zu erhalten.

Derzeit ganz groß im Kommen ist das neue Gebiet der islamischen »Notfallseelsorge«. Der öffentlich-rechtliche Sender SWR berichtete etwa Ende Juni 2010: »Die Muslime in Deutschland wollen künftig vergleichbar den christlichen Kirchen Gefängnis-, Krankenhaus- und Notfallseelsorge betreiben. Bei einer Tagung am Montag in Stuttgart stellten Vertreter dreier islamischer Dachverbände in der Bundesrepublik ihre Pläne vor.«[491] Der Islam soll also in Zukunft in das deutsche (Notfall-)Seelsorgekonzept eingebunden werden. Auf diese Idee können allerdings nur jene Menschen kommen, die vom Islam so viel Ahnung haben wie eine Nonne von der Pornoindustrie. Denn die Wahrheit lautet: Der Islam kennt keine Seelsorge. Er kennt auch kein »Notfall«-Seelsorgekonzept. Ein Imam ist niemals ein Seelsorger seiner Gemeinde, sondern einfach nur ein Vorbeter, der die wichtigsten Bausteine der Islamideologie vermitteln kann. Die garantiert nicht rechtsextremistische, SPD-nahe Friedrich-Ebert-Stiftung schrieb 2001, Seelsorge sei im Islam »nicht vorgesehen«[492]. Das ZDF strahlte 2007 den Film *Seelsorge im Islam* aus, in dessen Begleittext es heißt: »Im Gegensatz zum Christentum kennt der Islam die Institution der Seelsorge nicht. (…) ›Wenn wir von Seelsorge sprechen, dann ist jedes Familienmitglied ein Seelsorger, egal ob Vater, Mutter, ein Freund oder ein Bekannter‹, erklärt der Kölner Islamwissenschaftler Rafet Öztürk.«[493]

Die Bundesregierung hat allerdings offenkundig zu viel Geld. Deshalb fördert sie nun bundesweit die Ausbildung von islamischen »Seelsorgern«, die es in dieser Religion gar nicht gibt. Das Ganze zahlen wir Steuerzahler. Da die dummen Deutschen das nicht wissen, zahlen sie freudig für die Schaffung dieser imaginären Jobs. Und wo setzen wir die »islamischen Seelsorger« dann ein? In Gefängnissen wie etwa in Heilbronn. Die vielen muslimischen Häftlinge werden dort nun von einem »islamischen Seelsorger« betreut. Die Integrationsindustrie hat auch hier, wie sich zeigt, wieder eine lukrative Marktlücke gefunden. Selbst bei der Deutschen Islam-Konferenz, die mit Steuergeldern finanziert wird, ist die im Islam unbekannte »islamische Seelsorge« inzwischen angekommen.[494]

Es ist kein Geheimnis mehr, dass die deutsche Mehrheitsgesellschaft mit der Integration ihrer nicht deutschstämmigen Mitbürger ein gravierendes Problem hat, weil die nachfolgenden Migrantengenerationen immer schlechter in die Gesellschaft finden. Das kostet den Steuerzahler jährlich etwa zwölf bis 16 Milliarden Euro allein an entgangenen Steuern, schätzt die Bertelsmann-Stiftung.[495] Die betreffende Bertelsmann-Studie erfasst indes nur einen geringen Teil der Kosten der Zuwanderung nicht integrationsbereiter Menschen. So sind etwa die Kosten der Migrantenkriminalität und der vielen sozialen Einrichtungen zur Förderung von Migranten in der Studie nicht enthalten. Die Bundesregierung würde solche Zahlen nie veröffentlichen, denn dann könnte man im Zusammenhang mit Zuwanderern aus bildungsfernen Ländern nicht mehr von »Bereicherung« sprechen.

Teil III

Kulturferne Migranten zerstören Lebensqualität

Subkultur als Importschlager

Aus allen Ländern der Welt importieren wir »Folkloregut«. Vor allem aus dem islamischen Kulturkreis. Gab es 1945 noch kaum mehr als 500 000 Mitbürger aus dem islamischen Kulturkreis innerhalb Europas (in Deutschland waren es nach Angaben von Muslimen damals nur 3000[496]), so waren es nach Angaben des in Soest ansässigen Islam-Archivs im Jahr 2005 europaweit schon mehr als 53 Millionen[497] – Tendenz steigend. Lag die Beschäftigtenquote der im Deutschland der 1960er-Jahre lebenden und arbeitenden Türken noch über jener der Deutschen, so stellen solche zugewanderten Mitbürger schon heute in vielen europäischen Städten oftmals mehr als 40 Prozent der Arbeitslosen und Sozialhilfeempfänger. Man kann das alles durchaus als »Bereicherung« auffassen. Man kann schließlich auch in der Alten Pinakothek in München, einer der bedeutendsten und ältesten Gemäldegalerien der Welt[498], Comic-Zeichnungen aufhängen und dafür immer mehr Gemälde klassischer Meister entfernen und vernichten. Subjektiv betrachtet könnte man dies auch als »Bereicherung« sehen. Aber irgendwann ist die Alte Pinakothek dann keine Sammlung klassischer Meister mehr. Sie wird dann unweigerlich zur belanglosen Comic-Ausstellung. Auf diesem Wege befinden wir uns. Wir basteln an einem »Lustigen Migrantenstadl«, in dem unsere klassischen Werte systematisch vernichtet werden. Darüber hinaus schreiben wir die Geschichte um, akzeptieren jetzt wie selbstverständlich die historischen Sichtweisen unserer Zuwanderer.

Ein Beispiel: Niemals kämen wir auf die Idee, in unseren multikulturellen Stadtvierteln jene Mahnmale aufzustellen, die dort eigentlich aufgestellt werden müssten. Wie wäre es etwa mit einem Mahnmal für die – nach Angaben anerkannter Historiker – rund 50 Millionen von Muslimen versklavten Afrikaner mitten im von arabischen Zuwanderern bewohnten Berlin-Neukölln? Ein solches Mahnmal würde sicherlich keine 24 Stunden überstehen. Stattdessen werden Mahnmale für die angeblich so schlimme Kolonialvergangenheit der Europäer in Afrika installiert. Realität aber ist: Keine andere Bevölkerungsgruppe der Welt hat so viele Afrikaner versklavt wie die muslimische Welt. Der renommierte Historiker Egon Flaig hat das 2009 in seinem Buch *Weltgeschichte der Sklaverei* eindrucksvoll dargelegt. Er schreibt: »Erst die europäischen Siedler setzten diesem Treiben ein Ende.«[499] Im März 2010 erschien in Deutschland das Buch des senegalesischen Völkerkundlers Tidiane N'Diaye mit dem Titel *Der verschleierte Völkermord*. In ihm sind die gleichen Fakten zu den millionenfachen islamischen Sklavenjagden in Afrika enthalten.[500]

Haben wir jemals auch nur einen Araber oder Muslim in Europa gesehen, der in seiner Heimat oder bei uns in Europa die Aufarbeitung der eigenen barbarischen Vergangenheit gefordert hätte? Nein, eingefordert wird Vergleichbares nur von uns Europäern. Wir werden von den Nachfahren der barbarischen Sklavenjäger immer nur angeklagt. Und wir knien reumütig vor solchen Zuwanderern nieder. Wie in Trance tun wir alles dafür, um unsere europäische Heimat für immer unwiederbringlich zu zerstören. Wir begrüßen die Invasion der uns beständig anklagenden »Antirassisten«, die uns alle nicht nur finanziell, sondern in unserem Erbe und in unserer kulturellen Identität bedroht.

Haben Sie sich eigentlich jemals gefragt, wie unsere großen Migrantengruppen uns sehen? Sind sie uns dankbar? Akzeptieren sie unsere Demokratie und unser Rechtssystem? Schauen wir uns einmal an, wie Türken darauf antworten: Mehr als die Hälfte der österreichischen Türken wünschen sich die Einführung des grausamen *Scharia*-Rechts.[501] Dazu ein Zitat aus dem Jahr 2010: »Eine vom österreichischen Innenministerium in Auftrag gegebene und kürzlich veröffentlichte Studie der GfK Austria – einer Tochter der in Nürnberg ansässigen Gesellschaft für Konsumforschung – über ›Integration in Österreich‹ belegt nun, wie sich türkische Migranten von Zuwanderern aus anderen Staaten unterscheiden. Mehr als die Hälfte der etwa 220 000 türkischstämmigen Migranten – 2,65 Prozent der österreichischen Gesamtbevölkerung von 8,3 Millionen – verlangt vom österreichischen Justizsystem allen Ernstes die Einführung des islamischen Rechtes, also der *Scharia*. Für fast drei Viertel (72 Prozent) ist die Befolgung der Gebote der Religion wichtiger als die der Demokratie. Gesetze und Vorschriften der Religion sind für 57 Prozent der Türken wichtiger als diejenigen Österreichs. Und fast die Hälfte der Zuwanderer aus der Türkei meint, dass man an den vielen Kriminellen in Österreich sehe, wohin die Demokratie führe. Auch das führt die Studie vor: Junge Türken entwickeln einen starken Hang zur Subkultur, sie fühlen sich dem Islam stärker verpflichtet als der Gesellschaft, in der sie leben – und das, obwohl sie in den meisten Fällen bereits in Österreich geboren und dort aufgewachsen sind. So bekennen 45 Prozent der Türken ein mangelndes Einverständnis mit der österreichischen Gesellschaft, ihrer Lebensweise und dominierenden Werten. Und rund die Hälfte der türkischstämmigen Bevölkerung fühlt sich dem alten Heimatland mehr verpflichtet als Österreich. 55 Prozent lehnen für Sohn oder Tochter einen nichttürkischen Ehepartner ab.«[502]

Schauen wir uns einmal weitere Fakten an. Die wollen wir nämlich immer noch nicht zur Kenntnis nehmen. Wir verweigern uns weiterhin den simpelsten Fragen, die unsere Zukunft betreffen, und den Tatsachen, die diese zerstören: Warum schaffen 80 Prozent der vietnamesischen Kinder den Sprung aufs Gymnasium, die türkischen aber nicht einmal die Hauptschule? Es heißt, Bildung sei der Schlüssel der Integration. Doch die *Frankfurter Allgemeine Zeitung* schrieb: »Bei türkischen Jungen liegt die Schwierigkeit darin, dass sie Frauen als Lehrer nicht akzeptieren«[503]. Was soll man da tun? Immerhin sind in einer typischen Stadt des Ruhrgebiets wie Dortmund schon derzeit 40 Prozent aller Migranten Türken.[504] Die riegeln dann dort und andernorts »ihre« Wohngebiete einfach ab, lassen etwa die deutsche Polizei nicht mehr durch. Ein typischer Fall aus dem Juni 2010 aus Dortmund: Ein älteres Ehepaar wählt den Notruf, nachdem es zuvor von Zuwanderern überfallen worden war. Doch in der Wohnstraße scheiterte die Hilfeleistung der Polizei zunächst an der multikulturellen Bereicherung. Mit den Worten »Das ist unsere Straße. Da machen wir, was wir wollen« stellte sich eine türkische Bande der Polizei in den Weg. Das ist typisch für türkische Stadtviertel in Dortmund. Eine Zeitung berichtet über diesen Fall: »Ein Polizeisprecher: ›Die Gruppe behinderte in unglaublicher Weise diesen dringenden Einsatz.‹ Vier weitere Streifenwagen mussten anrücken (…). Metin A. (27) wurde festgenommen: ›Er ignorierte einen Platzverweis, trat um sich, beschädigte einen Polizeiwagen.‹«[505]

»Ich mach euch alle einzeln kalt«

In den Schulen fallen immer mehr Kinder unserer Migranten aus fernen Kulturkreisen durch Bildungsresistenz und als Gewalttäter auf – europaweit. Ein ganz »normales« Beispiel aus Österreich aus dem Jahre 2010. Da musste sich ein 16 Jahre alter Tschetschene in Villach verantworten, weil er Mitschüler schlug und Geld von ihnen erpresste (als Leser vorhergehender Kapitel erinnern Sie sich ja an diese Dschizya, die Tributpflicht der »Ungläubigen« gegenüber den Muslimen). Die Schule interessierte ihn weniger, das Geld der Mitschüler schon mehr. Die Österreicher hatten dem Flüchtling Asyl gegeben, eine Unterkunft, warme Mahlzeiten, die Chance auf Bildung – und er zog es vor, seine Gastgeber auszurauben. Im österreichischen Villach haben die Österreicher heute Angst vor den vielen Tschetschenen. Über einen Fall, der vor Gericht verhandelt wurde, berichtete eine Zeitung: »›Alles Lüge‹, mault der Tschetschene, kleinwüchsig, aber mit großem Mundwerk versehen. Warum er denn so aggressiv sei und sich im Internet stolz mit Messern bewaffnet zeige, will die Staatsanwältin wissen. ›Haben Sie die Bilder gesehen?‹, fragt der 16-Jährige zurück. ›Junger Mann, die Fragen stelle ich‹, reagiert die Anklägerin etwas fassungslos.«[506]

Man muss den Menschen die Wahrheit sagen: Bestimmte zugewanderte Bevölkerungsgruppen haben sich über Jahrzehnte hin als weitgehend bildungs- und integrationsresistent erwiesen. Sie gehören nicht nach Europa. Wir müssen und wir werden sie wieder loswerden. Wir dürfen unsere integrationsresistenten Zuwanderer nicht länger höflich fragen: »Wo kommst du her?« Die aufrichtige Frage lautet: »Wann gehst du endlich wieder?« Nur so wird aus der bildungsfernen Migrantenflut endlich die von vielen Bürgern ersehnte Migrantenebbe.

Diese Frage müssen wir beispielsweise dem in Hamburg-Billstedt lebenden Zuwanderer Seleiman Karimi stellen. Zwei Jahre saß er wegen Schutzgelderpressung in Haft. Lange Zeit galt Karimi als unangefochtene Größe seines Viertels. Als er 2010 aus dem Gefängnis entlassen wurde, präsentierte er sich stolz einem deutschen Fernsehteam und gab Sätze von sich wie: »Wir Ausländer sind nicht hierhergekommen, um zu ackern. Wir sind hierhergekommen, um unseren Traum zu leben.«[507] Heute träumt er von einer Karriere als Sänger und brüllt ins Mikrofon: »Ich mach euch alle einzeln kalt.«[508] Brauchen wir solche Zuwanderer wirklich in Europa, oder sollten wir sie nicht ganz schnell wieder dazu ermuntern, ihre Träume dort zu verwirklichen, wo sie wirklich hingehören?

Wissenschaftler und Studien im Visier – die Wahrheit ist heute »rechtsradikal«

Wie halten Sie es mit der Wahrheit? Sind Sie wirklich gut informiert? Ja? Das haben vor Ihnen auch schon andere gedacht – und tanzten fröhlich dem eigenen Untergang entgegen. Wer Entscheidungen treffen muss, der braucht verlässliche Informationen. Was hätten wohl die Passagiere der *Titanic* getan, wenn man ihnen vor dem Antritt der Fahrt am 10. April 1912 im Hafen von Southampton gesagt hätte, dass ihr Schiff nicht – wie behauptet – »unsinkbar« sei und schon auf der Jungfernfahrt im eisigen Meer untergehen würde? Mehr als 1500 Menschen kamen damals ums Leben, weil die Informationen, auf die sie vertrauten, nicht der Wahrheit entsprachen.

Hundert Jahre später sitzen wir alle gemeinsam in einem Boot. Und im Gegensatz zu den Passagieren der *Titanic* könnten wir uns heute jederzeit per Mausklick über die Realität informieren. Doch wir versinken in Informationen. Ein durchschnittlicher Europäer erfährt aus einer einzigen Zeitungsausgabe heute mehr Neuigkeiten als ein Mensch im Mittelalter während seines ganzen Lebens. Dennoch spüren immer mehr Menschen, dass die wirklich wichtigen Informationen in der Informationsflut an ihnen vorbeiziehen. Während Sie dieses Buch lesen, werden Sie ganz sicher immer wieder entsetzt sagen: »Das habe ich alles nicht gewusst.« Es ist völlig unabhängig davon, ob sie politisch links oder rechts oder gar nicht eingestellt sind. Und Sie werden darüber nachdenken, ob es Informationen gibt, die man Ihnen ganz bewusst vorenthält.

So wie man die Passagiere der *Titanic* mit der Mär von der angeblichen »Unsinkbarkeit« betrogen hat, so werden auch Sie heute von Politik und Medien in vielen Bereichen immer öfter belogen. Das Boot, in dem wir heute alle gemeinsam sitzen, hat inzwischen eine bedenkliche Schräglage bekommen. Und langsam dämmert es dem einen oder anderen, was die Führung schon lange weiß: Auch unser Boot wird in absehbarer Zeit in stürmischer See untergehen. Wie damals bei der *Titanic* ist auch heute nicht für jeden genug Platz in den Rettungsbooten. Am Ende wurde ja sogar auf der *Titanic* beim Kampf um die Rettungsplätze auf verzweifelte – aus allen Bevölkerungsschichten stammende – Menschen geschossen. Doch bis dahin hat die Kapelle munter Musik gemacht und Frohsinn verbreitet. Im Falle der *Titanic* ist der Kapitän vor einem Jahrhundert mit seinem Schiff untergegangen. Kapitän Edward John Smith besaß eben noch Werte wie Anstand und Ehre. Doch die politischen und medialen Kapitäne der Gegenwart, die uns in den vergangenen Jahren in eine bedenkliche Schräglage manövriert haben, kennen solche Werte nicht mehr. Sie stehen stets in der Nähe der Rettungsboote und sind jederzeit bereit, das sinkende Schiff als Erste zu verlassen. Der Rest ist ihnen egal. Freiheit, Eigenverantwortung, Familie, Glaube, Ordnung, Sicherheit, Bewahrung der Schöpfung, solide Haushaltspolitik: Das waren einmal konservative Werte, die Parteien wie die CDU verkörpert haben. Doch wer tritt heute noch öffentlich für diese Begriffe ein? Menschen wie der frühere hessische Ministerpräsident Roland Koch (CDU) oder Bundespräsident Horst Köhler (CDU) werfen einfach alles hin, treten zurück und freuen sich über gut dotierte Angebote aus der freien Wirtschaft, statt – wie dem Wähler versprochen – den Bürgern zu dienen.

Es gibt Fachleute mit großem Erfahrungsschatz, die noch an Werten festhalten und uns seit Jahren davor warnen, gemeinsam mit unserem rostigen Boot immer weiter aufs stürmische Meer hinauszufahren. Menschen, die vor Jahren schon vor dem sich abzeichnenden Zusammenbruch etwa des Sozial- und Bildungssystems gewarnt haben und uns erklärten, dass in der Realität nicht jeder Zuwanderer eine »Bereicherung« sein muss.

Doch wehe, wenn renommierte Wissenschaftler dieser religionsähnlichen neuen »Bereicherungs-Ideologie« zu widersprechen wagen. Man stempelt selbst weltweit anerkannte Forscher dann in den Medien entweder zu »Rechtsradikalen« oder zu »Wahnsinnigen« ab. So hat der Bielefelder Bevölkerungsforscher Professor Herwig Birg bereits im Jahr 2002 in einem Gutachten für das bayerische Innenministerium prognostiziert: »In vielen Großstädten wird schon ab 2010 der Anteil der Zugewanderten bei den unter 40-Jährigen die 50-Prozent-Schwelle erreichen bzw. überschreiten. Dann stellt sich die Frage, wie sich Deutsche in eine neue Mehrheitsgesellschaft von Zuwanderern integrieren können.«[509] Professor Birg wies die Politik in diesem Gutachten vor rund einem Jahrzehnt zudem darauf hin, dass durch »Zuwanderung die deutsche Bevölkerung in vielen Städten und Regionen zu einer Minderheit im eigenen Land werden würde«[510]. Der bekannteste deutsche Bevölkerungswissenschaftler warnte: »Die gesellschaftlichen und kulturellen Konsequenzen einer Fehlentscheidung in der Zuwanderungspolitik, insbesondere das schon eingetretene Absinken des Ausbildungsniveaus der Bevölkerung, lassen sich auf Jahrzehnte hinaus nicht mehr korrigieren.« Professor Birg betonte, »dass deshalb die Verwirklichung der von der Koalition vorgesehenen Ausweitung der Zuwanderung eine falsche Weichenstellung von geschichtlicher Tragweite« wäre.

Die Politik hat nicht hören wollen. Professor Birg griff die Lüge von der »Bereicherung« durch Zuwanderer an, er schrieb schon 2002: »Bilanziert man die fiskalischen Auswirkungen der Zuwanderung, ist eine deutliche Umverteilung von den Einheimischen zugunsten der Zugewanderten festzustellen. (…) Nur bei einer langen Aufenthaltsdauer von 25 Jahren und mehr ergibt sich ein Überschuss der geleisteten über die empfangenen Zahlungen. Als Ergebnis ist festzustellen: Von Zuwanderung profitiert in erster Linie der Migrant, nicht der Staat, denn die restliche Lebensarbeitszeit nach 25 Jahren genügt in aller Regel nicht, um die negative Bilanz noch auszugleichen.«[511]

Das saß tief. Der führende deutsche Bevölkerungsfachmann strafte die Politik und ihre offenen Tore, die angeblich zu mehr Wohlstand führen würden, Lügen. Das hatte natürlich Folgen für Professor Birg. Die Wochenzeitung *Die Zeit* warf dem Professor bei seinen Bevölkerungsprognosen vor, zur »Dramatisierung« zu neigen. Und sie rückte ihn in die braune Ecke: »Im

Internet findet sich kaum eine NPD-Seite, die nicht vor Äußerungen des Bielefelder Katastrophisten strotzt.«[512] Andere nennen Birg heute verächtlich »wahnwitzig«.[513]

Erdrückende Ausländeranteile in Ballungsgebieten

Wer sich als Wissenschaftler heute politisch nicht korrekt äußert, der wird abgestempelt. Doch halten wir einen kurzen Moment inne. Was ist denn aus der 2002 erfolgten Äußerung Birgs geworden, derzufolge in vielen Großstädten schon ab 2010 der Anteil der Zugewanderten bei den unter 40-Jährigen die 50-Prozent-Schwelle erreichen bzw. überschreiten werde? Hatte der Mann, der wegen dieser angeblich völlig absurden Äußerung für »rechts« erklärt und in eine braune Ecke gestellt wurde, recht oder unrecht? Im Spessartviertel in Dietzenbach/Kreis Offenbach liegt der Ausländeranteil im Jahr 2010 bei 98 Prozent.[514] In Berlin-Neukölln lag der Ausländeranteil schon 2008 bei rund 70 Prozent, in Kreuzberg bei mehr als 60 Prozent.[515] In Hamburg-Wilhelmsburg sind mehr als 70 Prozent der Einwohner Ausländer oder Mitbürger mit »Migrationshintergrund«.[516] In Wilhelmsburg leben 16 854 Einwohner mit »Migrationshintergrund« – so viele wie in keinem anderen Hamburger Stadtteil.[517] In Hamburg-Billbrook sind 90 Prozent der Schüler Ausländer.[518] In Duisburg-Hochfeld waren im Jahr 2010 40 Prozent der Einwohner Ausländer, also ohne deutschen Pass.[519] Rechnet man jene Menschen mit »Migrationshintergrund« hinzu, kommt man auf weit mehr als 50 Prozent. In Duisburg-Hüttenheim sieht es nicht anders aus.[520] In Lüdenscheid liegt der Ausländeranteil 2010 in den Schulen bei 50 bis 60 Prozent.[521] Im kompletten Ruhrgebiet werden 2015 Migranten in den Städten die Mehrheit der jungen Erwachsenen stellen.[522] Der Frankfurter Stadtteil Frankfurter Berg hatte 2009 eine Ausländerquote von 70 Prozent.[523] Im Frankfurter Gallusviertel liegt der Ausländeranteil bei mehr als 50 Prozent, an den Schulen gar bei 80 Prozent.[524] In dem bereits genannten Dietzenbach/Kreis Offenbach liegt der Ausländeranteil in den Kindergärten bei mehr als 95 Prozent.[525] In Stuttgart betrug der Ausländeranteil nach offiziellen Angaben bereits im Jahr 2007 schon mehr als 40 Prozent.[526] Man könnte die Auflistung bundesweit beliebig fortführen. Die Zahlen geben Birg also recht. Seine Prognosen wurden in den Ballungsgebieten häufig sogar übertroffen. Nur aussprechen darf man das heute nicht mehr.

Immer dann, wenn Bürger diese Zahlen verunsichert auf den Tisch legen, reagiert die Politik: Man startet dann mit Steuergeldern finanzierte Einbürgerungskampagnen. Wie etwa 2009 in NRW. Die Landesregierung warb unter den Ausländern dafür, sich einbürgern zu lassen. 500 Großflächenplakate mit der entsprechenden Botschaft waren 2009 in zehn NRW-Städten zu sehen. Bei diesen Städten handelte es sich um Kommunen mit einem prozentual hohen Ausländeranteil: Aachen, Bonn, Dortmund, Duisburg, Düsseldorf, Gelsenkirchen, Herne, Köln, Remscheid und Wuppertal. Parallel zu den Großflächenplakaten gab es 50 – ebenfalls mit Steuergeldern finanzierte – Informationsveranstaltungen rund um das Thema Einbürgerung. Und das alles nur, damit man einige Monate später die Statistiken schönen und sagen konnte: Wir haben (angeblich) immer weniger Ausländer in unseren Ballungsgebieten. So wirft man die Steuergelder der Bürger mit vollen Händen zum Fenster hinaus, der Statistiken und der politischen Korrektheit zuliebe. Trotz aller vorgenannten Manipulationsversuche kommt man allerdings an der Tatsache nicht vorbei, dass der Bevölkerungswissenschaftler Professor Birg die Entwicklung völlig korrekt prognostiziert hat!

Verhaltensforscher Eibl-Eibesfeldt: Müssen wir unsere eigene Verdrängung begrüßen?

Hand aufs Herz: Wissen Sie eigentlich, welche Persönlichkeiten Sie noch zitieren dürfen, um jederzeit rundum politisch korrekt zu sein? Immer wieder fallen ja auch die berühmtesten Vorbilder schlagartig der politischen Korrektheit zum Opfer. Es gibt Menschen, die haben so viele Auszeichnungen bekommen, dass sie selbst den Überblick verloren haben. Menschen, die ihr ganzes Leben in den Dienst am Menschen gestellt haben. So wie Professor Irenäus Eibl-Eibesfeldt. Der 1928 geborene Verhaltensforscher war ein Schüler von Konrad Lorenz. Sein ganzes Leben widmete er der Ethnologie (Völkerkunde) und der Verhaltensforschung. Er erhielt das Große Verdienstkreuz der Bundesrepublik Deutschland, den Bayerischen Verdienstorden, österreichische Orden, zahllose Ehrendoktorwürden und andere Auszeichnungen. Man kann sie kaum alle aufzählen. Der Wissenschaftler hat stets die Wahrheit gesagt. Und auf einen Schlag wurde ihm das zum Verhängnis. Der letzte noch lebende, wirklich große führende Verhaltensforscher im deutschsprachigen Raum wurde zusammen mit Konrad Lorenz, dem unangefochtenen Altmeister der Verhaltensforschung, von deutschen Medien zu einer Art Unmensch degradiert. Professor Eibl-Eibesfeldt wurde zum politisch »Rechten« abgestempelt, weil er schier Ungeheuerliches gewagt hatte: Als Länder wie Deutschland, Österreich und die Schweiz sich anschickten, die Grenzen für Millionen Zuwanderer aus anderen Kulturkreisen zu öffnen, da sagte er unmissverständlich: »Man macht mit Menschen nicht solche Experimente.« Der Fachmann warnte vor den absehbaren Folgen – er sprach in Zusammenhang mit dem Zuzug von immer mehr Türken nach Europa von einem kommenden »Bürgerkrieg«. Fortan wurde er in deutschsprachigen Medien zu einer Art Unperson. Man stigmatisierte ihn als »Rassisten« und bezeichnete sein Lebenswerk als »rassistisch«.

Schauen wir einmal genauer hin. Wie lauteten eigentlich jene angeblich so ungeheuerlichen Äußerungen des weltweit anerkannten Verhaltensforschers? Professor Eibl-Eibesfeldt sagte 1996 voraus, dass die multikulturelle Zukunft in Europa eine sehr unfriedliche werde: »Es gibt diese schöne Idee, dass Immigranten ihre Kultur behalten und sich als deutsche Türken oder deutsche Nigerianer fühlen sollen, weil das unsere Kultur bereichert. Das ist sehr naiv. In Krisenzeiten hat man dann Solidargemeinschaften, die ihre Eigeninteressen vertreten und um begrenzte Ressourcen wie Sozialleistungen, Wohnungen oder Arbeitsplätze konkurrieren. Das stört natürlich den inneren Frieden. Die Algerier in Frankreich etwa bekennen sich nicht, Franzosen zu sein, die sagen: Wir sind Moslems.«[527] Er fuhr fort: »Wenn jemand den Grenzpfahl in Europa nur um zehn Meter verschieben würde, gäbe es furchtbaren Krach, aber die stille Landnahme über Immigration soll man dulden?« Und an all jene, die behaupten, Zuwanderung sei grundsätzlich eine Bereicherung, richtete Professor Eibl-Eibesfeldt die Worte: »Die Leute, die so demonstrativ ihren Heiligenschein polieren, tun das ja nicht aus Nächstenliebe, sondern weil sie dadurch hohes Ansehen, hohe Rangpositionen, also auch Macht, gewinnen können – früher als Held, heute als Tugendheld. Der Mensch kann alles pervertieren, auch Freundlichkeit oder Gastlichkeit, und wenn die Folgen sich als katastrophal erweisen, schleichen sich die Wohlmeinenden meist davon und sagen: Das haben wir nicht gewollt. (...) Die heute für die Multikultur eintreten, sind eben Kurzzeitdenker. Sie sind sich gar nicht bewusst, was sie ihren eigenen Enkeln antun und welche möglichen Folgen ihr leichtfertiges Handeln haben kann. (...) Zu allen Zeiten haben Gruppen andere verdrängt, und es gibt sicherlich kein Interesse der Natur an uns. Aber es gibt ein Eigeninteresse. Man muss nicht notwendigerweise seine eigene Verdrängung begrüßen.«[528]

Wer so etwas vor anderthalb Jahrzehnten sagte, der galt als Hindernis auf dem Weg zur multikulturellen Zukunft. Ganz langsam erkennen nun jene, die Menschen wie Professor Eibl-Eibesfeldt vor vielen Jahren einfach abstempelten, dass nicht er, sondern sie geirrt haben. Da berichtet der *Stern*, lange Jahre Vorreiter der multikulturellen Bewegung, unter der Schlagzeile »Die vergrabene Bombe«: »Migranten ohne Berufsabschluss: 44 Prozent; Migranten im Alter zwischen 22 und 24 Jahren ohne Berufsabschluss: 54 Prozent; türkische Migranten ohne Berufsabschluss: 72 Prozent; (...) Es gilt noch immer als politisch inkorrekt und gefährlich, solche Zahlen an die Öffentlichkeit zu geben. Sie werden beschwiegen und weggeschlossen, die übrigen Daten still in Reserve gehalten.«[529] Die Erkenntnis ist zwar immer noch politisch unkorrekt, aber unübersehbar: Statt der Bereicherung haben sich Länder wie Deutschland gewaltige Probleme importiert. Migranten konkurrieren jetzt mit Einheimischen um »begrenzte Ressourcen wie Sozialleistungen, Wohnungen oder Arbeitsplätze« – ganz so, wie der Verhaltensforscher Professor Eibl-Eibesfeldt es vor langer Zeit als Wissenschaftler prognostiziert hatte.

Experiment gescheitert: Politiker wollten den multikulturellen Menschen züchten

Überall in der Welt warnen renommierte Bevölkerungswissenschaftler vor der tickenden Zeitbombe der Migration, die westliche Staaten in der bisher bekannten Form ihrer Existenzgrundlagen berauben wird. In Australien ist Dr. Bob Birrell von der Monash-Universität der führende Wissenschaftler auf diesem Gebiet. Er sagte 2010, die »Masseneinwanderung erstickt die australische Kultur«.[530] Die Lebensqualität in Australien gehe mit jedem neuen Einwanderer, der weder die englische Sprache spreche noch die Kultur des Landes teile, ein weiteres Stück verloren. Man müsse blind sein, wenn man das nicht schon jetzt in jeder australischen Stadt erkenne. Bis 1950 kamen 80 Prozent der Einwanderer in Australien aus Großbritannien, zwischen 1950 und 1960 stammten die meisten aus Europa – seither kommt der größte Teil aus Staaten der Dritten Welt.[531] Es sind mehrheitlich Menschen, die sich weder anpassen noch die Landessprache lernen wollen. Der Wissenschaftler Bob Birrell hat das unbefangen und ganz offen ausgesprochen. Seither wird er von der Politik gemieden.

Viele Europäer fragen sich, warum Politiker die Masseneinwanderung zugelassen und die Grenzen für alle Zuwanderer geöffnet haben. Die Briten haben Ende 2009 einen brisanten Geheimplan aus dem Jahre 2000 veröffentlicht. Diesem zufolge wollten europäische Sozialdemokraten einen neuen »multikulturellen Menschen« züchten.

Als die Londoner Tageszeitung *Telegraph* im Oktober 2009 einen Artikel unter der Überschrift »Labour wanted mass immigration to make UK more multicultural« veröffentlichte, da glaubten viele Briten zunächst an einen Scherz oder an eine Verschwörungstheorie.[532] Unter Berufung auf das dortige Informationsfreiheitsgesetz (»Freedom of Information Rule«) bekamen die britischen Journalisten Unterlagen in die Hände, die endlich eine klare Antwort auf die Frage geben, warum Europa seit vielen Jahren für die Masseneinwanderung die Grenzen weit geöffnet hat. Die Antwort: Nicht nur die britischen Sozialdemokraten wollten mit der Öffnung der Grenzen für Zuwanderer aus allen Kontinenten ihren Traum von einem neuen »multikulturellen Menschen« verwirklichen. Ihr Ziel war ein neuer Einheitsmensch, der sich so lange vermischte, bis weder Rasse noch Herkunft, Sprache oder Hautfarbe unterschieden werden konnten. Sie hatten Gutes im Sinn, wollten einen Europäer, der in keinem anderen Menschen einen Konkurrenten oder Gegner sah.

Andrew Nether, früherer Berater des ehemaligen sozialistischen Londoner Premierministers Tony Blair, hat diese Pläne der europäischen Sozialdemokraten inzwischen in der Londoner Zeitung *Evening Standard* in einem von ihm verfassten Bericht offiziell bestätigt. Er schreibt darin, Ziel sei es gewesen, aus Europa unter sozialdemokratischer Herrschaft »a truly multicultural country« (»ein absolut multikulturelles Land«) zu machen. Vor dem Hintergrund dieser politischen Anweisungen habe allein Großbritannien zu Beginn des neuen Jahrtausends etwa 2,3 Millionen neue Einwanderer ins Land gelassen. Andrew Nether verteidigt diese sozialdemokratische Politik auch heute noch, behauptet, sie habe aus Großbritannien ein »kosmopolitisches Land« gemacht, das nun durch die vielen Zuwanderer »kulturell bereichert« worden sei. Sir Andrew Green, einer der bekanntesten britischen Migrationsforscher, spricht von »politischem Dynamit«, das durch die Veröffentlichung dieser geheimen Pläne verbreitet worden sei, fügte aber hinzu: »Endlich ist die Wahrheit heraus.« Man könne nun nicht länger von einer angeblichen »Verschwörungstheorie« sprechen.

Nach dem Zusammenbruch des Marxismus-Leninismus und Sozialismus wollten britische Sozialdemokraten als »New Labour« im Verbund mit anderen europäischen Sozialdemokraten demnach fortsetzen, was hinter dem Eisernen Vorhang gescheitert war. Sie wollten in ihrer Tradition verhafteten Europäern bewusst die Wertesysteme zerschlagen und ihnen neue sozialistische Wertesysteme aufzwängen. Mit Parolen von »sozialer Gleichheit« und der angeblichen »Modernisierung Europas« sollte eine gleiche und gerechte sozialistische Zukunft für alle Menschen der Welt – zunächst in Europa – begründet werden.[533]

Inzwischen sehen die Repräsentanten der britischen Sozialdemokraten ein, dass sie eine Realität geschaffen haben, die selbst mit dem Wort »Katastrophe« nur noch beschönigend beschrieben werden kann. Während vor dem Hintergrund der Wirtschaftskrise immer mehr ethnische Briten ihre Arbeitsplätze verlieren, wandern immer mehr Menschen aus allen Kontinenten zu, die weder die englische Sprache sprechen noch eine verwertbare Ausbildung haben. Der Kollaps der britischen Sozialsysteme ist deshalb programmiert. Anstelle »kultureller Bereicherung« bringt der lange geleugnete Geheimplan der Massenzuwanderung nun nichts als Verarmung.

Halt – mit einer Ausnahme: Der Sozialist Tony Blair, der das alles initiiert hat, benötigt heute nach Angaben der führenden Londoner Tageszeitungen sechs Millionen Euro im Jahr (!), um seinen aufwendigen Lebensstil zu finanzieren.[534] Jener Mann, der die Briten mit der von ihm angestrebten »Bereicherung« durch die multikulturelle Gesellschaft direkt in den Abgrund führte, verdingt sich heute in fernen Ländern für Millionenbeträge als Berater, um gegen die Interessen seiner Heimat zu arbeiten.

In Deutschland ist es nicht anders: Politiker haben die Grenzen für Migranten geöffnet – und die Folgen bezahlen die Einheimischen, während unsere Politiker nach dem Ende ihrer Amtszeit in Saus und Braus leben und mit Millionenberaterverträgen im Hintergrund ihre Bevölkerung im Stich lassen. Die Niederländer haben von dieser multikulturellen Idylle, die sie einst mehrheitlich unterstützt haben, inzwischen die Nase gestrichen voll: Nur noch 13 (!) Prozent von ihnen wollen eine multikulturelle Zukunft. Und nur noch 17 Prozent haben eine positive Einstellung gegenüber den zugewanderten Moslems.[535]

Wahlbetrug: Wie Zuwanderer unser politisches System zerstören

Die Folgen der politisch gelenkten Masseneinwanderung sind überall gleich schlimm. Sie zerstören sogar unsere europäischen Demokratien. Ein Beispiel: Zuwanderer aus islamischen Staaten haben bei den letzten britischen Parlamentswahlen im Mai 2010 nach Angaben der Wahlkommission offenkundig massiv bei der Wahlfälschung geholfen.

Die Zeitung *Telegraph* nannte eines von vielen Beispielen: »Bei den Europawahlen vor weniger als einem Jahr enthielt die Wahlliste in London Borough of Tower Hamlets 148 970 Namen. Im Januar dieses Jahres war sie auf 160 278 hochgeschnellt. Und allein im letzten Monat kamen mysteriöserweise weitere 5000 neue Namen auf den Wählerlisten dazu. Es gibt nur zwei Möglichkeiten. Entweder wächst Tower Hamlets zweimal so schnell wie die am schnellsten wachsende Stadt Chinas oder es handelt sich um massiven und systematischen Wahlbetrug. Wir können uns die Antwort denken, wenn erwiesenermaßen Dreizimmerwohnungen im Viertel dort mit angeblich zwölf Erwachsenen belegt sein sollen, während die tatsächlichen Hausbewohner, wenn man sie befragt, noch nie etwas von ihren zehn neuen Mitbewohnern gehört haben!«[536]

Demnach hat die mehr als ein Jahrzehnt allein regierende und im Frühjahr 2010 abgewählte sozialistische britische *Labour*-Partei vor allem an nahöstliche Migranten in großem Umfang Staatsbürgerschaften und das damit verbundene Wahlrecht ausgegeben, obwohl die Personen nur auf dem Papier existierten. Die Familienoberhäupter durften dann als »Entlohnung« für den gezielten Wahlbetrug, bei dem etwa gar nicht existierende Pakistaner per Briefwahl *Labour* wählten, für alle von ihnen »vertretenen« Wähler Sozialleistungen beziehen. Die Briefwahlunterlagen zu den britischen Wahlen 2010 wurden sogar in Bangladesch gefunden.[537] Die Demokratie ist in Großbritannien dank der islamischen Zuwanderer, die Wahlen – wie in ihren Heimatländern üblich – nach eigenem Gutdünken fälschen, offenkundig längst zur Farce geworden.

Ein weiteres Beispiel für die Zerstörung der Demokratie aus der britischen Stadt Burnley: Dort wurden die Abgeordneten Manzur Hussain und Mozaquir Ali, die für die Liberaldemokraten kandidierten, im Jahr 2006 verhaftet und zu 18 Monaten Gefängnis verurteilt, weil sie bei den Wahlen im Jahr 2004 in großem Umfang das Wahlergebnis gefälscht hatten. Trotzdem änderte sich nichts – auch bei der Wahl 2010 (die dann dort der *Labour*-Kandidat Shah Hussain gewann) kam es wieder zu Wahlfälschungen und zu polizeilichen Ermittlungen.[538] Nicht anders war es in der Stadt Southampton. Dort wurde der 40 Jahre alte Kandidat Syeh Fayaz Shah unter dem Vorwurf der Wahlfälschung im Mai 2010 verhaftet.[539] Man könnte die Auflistung noch viele Seiten weiter fortführen. Überall dort, wo Mitbürger aus dem islamischen Kulturkreis kandidierten, wurde in Großbritannien wegen Wahlbetrugs ermittelt. Spricht das nicht Bände?

Das aber ist noch nicht die ganze Wahrheit, denn britische Sozialdemokraten der *Labour*-Partei hatten vor der Wahl 2010 sogar ganz offen zum Wahlbetrug aufgerufen. In allen westlichen Demokratien gilt es als Wahlbetrug, wenn jemand einen Wahlzettel für eine andere Person ausfüllt. Doch die *Labour*-Partei startete die Aktion »give your vote« (etwa: »Gib deine Stimme ab«) und forderte die Briten dazu auf, ihre Stimmzettel abzugeben. Das Problem dabei: Die Aufgeforderten gaben zu mehreren Zehntausend ihre Stimmzettel an nicht wahlberechtigte Migranten aus Pakistan, Afghanistan, Bangladesch und Ghana weiter.[540] Die Initiatoren des Projektes vertraten allen Ernstes die Auffassung, wahre Demokratie werde in Europa erst herrschen, wenn alle ethnischen Europäer ihre Wählerstimmen an Migranten übertragen haben.

Britische Medien sprachen im Zusammenhang mit den chaotischen Verhältnissen 2010 zum ersten Mal von einer Wahl »wie in einem Land der Dritten Welt«. Der Londoner *Telegraph* titelte etwa: »General Election 2010:

Electoral Commission accused over ›third world‹ ballot«.⁵⁴¹ Aber muss einen das wirklich wundern angesichts der Tatsache, dass Wählerstimmen an Zuwanderer aus Staaten der Dritten Welt abgegeben wurden und eine der beiden großen britischen Volksparteien die eigenen Wähler offen zum Wahlbetrug aufforderte? Wie wir sehen werden, ist das in Deutschland nicht anders.

Man muss in diesem Zusammenhang wissen, dass illegal einreisende Asylbewerber in Großbritannien sofort Anspruch auf wöchentlich 40 Pfund (47 Euro) Bargeld haben.⁵⁴² Nicht nur für einen schwarzafrikanischen Flüchtling aus dem islamischen Eritrea, wo das Jahresdurchschnittseinkommen derzeit 157 Euro beträgt, ist das eine kaum vorstellbare Wohltätigkeit. Zudem gibt es kostenlose Unterkunft und Verpflegung – und eben immer öfter auch gleich noch das Stimmrecht bei Wahlen oben drauf.

In Dänemark ist es (leider) auch nicht anders: Da steht auf der einen Seite die dänische Bevölkerung. Sie will die Einwanderung vor allem von Mitbürgern aus dem islamischen Kulturkreis begrenzen. Doch die Sozialdemokraten, die auf Wählerstimmen von Zuwanderern hoffen, wollen genau das Gegenteil. Sie haben deshalb sogar einen Leitfaden für die neuen Mitbürger herausgegeben, in dem diese erfahren, wie sie die strikten dänischen Einwanderungsgesetze umgehen und möglichst problemlos Freunde und Verwandte aus ihren Heimatländern nach Dänemark nachholen können, damit auch diese die Vorzüge des Wohlfahrtsstaates genießen und die Sozialdemokarten wählen können. Diesem Leitfaden zufolge müssen die Muslime ihre Verwandten zuerst nach Südschweden holen, dort einige Zeit leben lassen, Familienzusammenführung beantragen und können dann ganz problemlos mit ihnen nach Dänemark – und zwar dauerhaft.⁵⁴³

Sie glauben vielleicht, unsere lieben Mitbürger, die als Politiker auftreten, verhielten sich bei Wahlen in Deutschland natürlich völlig anders, also korrekt? Ja, es gebe nicht einmal den geringsten Verdacht auf Unzuverlässigkeit? Diese Annahme ist falsch – die Qualitätsmedien berichten aus Gründen der politischen Korrektheit nur meist gar nicht oder kaum darüber. Ein Beispiel: Der frühere Hamburger SPD-Sprecher Bülent Ciftlik, ein türkischstämmiger Mitbürger, hat offenkundig Stimmzettel entwendet. Die Staatsanwaltschaft teilte im März 2010 mit, man habe verschollene Stimmzettel der SPD-Ortsvereinswahl Hamburg-Flottbek-Othmarschen bei einer Durchsuchung des Audi von Bülent Ciftlik gefunden.⁵⁴⁴ Der orientalischstämmige Politiker, der bei der SPD-Wahl nicht wieder als Vorsitzender kandidierte, nahm die Unterlagen nach den Wahlen des Distrikts am 4. März 2010 an sich und erklärte sich bereit, diese bei der Kreisgeschäftsstelle abzuliefern (darum bat ihn der neue Vorsitzende Andreas Bernau). Doch da kamen die Dokumente nie an. Orientalische Schlamperei zieht eben heimlich auch bei Wahlen in Deutschland ein, wie man unschwer erkennen kann.

Als der Autor im Sommer 2010 das Manuskript für dieses Buch erstellte, ermittelte der Essener Staatsschutz wegen des Verdachts der Wahlfälschung gegen die Essener »Allianz gegen die Diskriminierung von Ausländern«, die nach Erkenntnissen der Polizei »60 Prozent ihrer Stimmen über die Briefwahl erhielt und seitdem mit einem Sitz im Integrationsrat vertreten ist. Für die Ermittler ein naheliegender Verdacht: Einer der drei mutmaßlichen Wahlfälscher, die sich jetzt im Zentrum des polizeilichen Interesses wiederfinden, trat für eben diese ›Allianz‹ an.«[545] Seit Juni 2010 wird außerdem gegen drei Vorstandsmitglieder »des arabisch-islamischen Moscheevereins *Alsalam e.V.* wegen des Verdachts des Betrugs und der Urkundenfälschung ermittelt. Die Männer aus Essen und Mülheim stehen unter dem Verdacht, bei der Stadt im großen Stil Briefwahlunterlagen angeblich im Namen wahlberechtigter Ausländer an die Adresse ihrer Alfaraq-Moschee an der Bersonstraße geordert zu haben. Um an die Dokumente zu kommen, sollen sie die Unterschriften auf eidesstattlichen Erklärungen gefälscht und anschließend ihre Stimme im Namen von Wählern abgegeben haben, die vermutlich von all dem nichts wussten.«[546] Auch bei der Wahl des Integrationsausschusses in Remscheid gab es 2010 Ermittlungen wegen des Verdachts der Wahlfälschung.[547] Besonders schlimm: Türkische Wahlhelfer begleiteten die Wähler in die Wahlkabinen, halfen ihnen, ihre Kreuzchen zu machen. Wahlfälschung ist kein Kavaliersdelikt: Das Gesetz sieht bis zu fünf Jahre Haft dafür vor. Das gilt augenscheinlich nur für Inländer in Deutschland. Ausländer haben auf diesem Gebiet bei uns offenkundig Narrenfreiheit und zerstören so unsere Demokratie.

Hinsichtlich der Erfahrungen mit der politischen Integration von bestimmten Zuwanderern ist kein anderes europäisches Land weiter fortgeschritten als Frankreich. Dort ist man einen Schritt weiter mit der politischen »Integration« der vielen nordafrikanischen Zuwanderer – und was passiert? Die Zuwanderer kapseln sich ab, bilden autonome politische Einheiten, gegen die die Regierung völlig machtlos ist. Ein Beispiel: Clichy-sous-Bois, eine Gemeinde, die auch in Deutschland in die Schlagzeilen geriet, als dort 2005 die schweren Mohammedaner-Unruhen ausbrachen.[548] Von 9650 Wahlberechtigten gingen dort bei der Regionalwahl im März 2010 immerhin 6656 Menschen nicht zu den Wahlurnen. In Prozentzahlen sind das beinahe 70 Prozent! In anderen Vorstädten der Region Île-de-France sah das ähnlich aus: Die Großwohnblockbewohner von Bobigny blieben den Wahlen ebenfalls fern: Man verzeichnete fast 14 000 Nichtwähler bei knapp 21 000 Wahlberechtigten (66 Prozent).[549] In Stains, einem Zuwanderergetto, verweigerten 10 593 von 15 678 Wahlberechtigten

(67,6 Prozent) den demokratischen Akt der Stimmabgabe.[550] Die vorgenannten französischen Stadtviertel sind weitgehend islamisch. Die französische Politik, der französische Staat, haben dort nichts mehr zu suchen. Die Franzosen sind dort nur noch für eines gut: für die zugewanderten Einwohner dieser islamischen Stadtviertel zu arbeiten und deren Lebensunterhalt zu finanzieren.

Während bestimmte Zuwanderer sich in Frankreich völlig abschotten, versucht man in anderen Ländern, ihnen allmählich die künftige Lenkung der Zukunft anzuvertrauen. In Finnland gestaltet man die multikulturelle Zukunft völlig anders als in Frankreich. Finnland wird 2011 das erste Land der Welt sein, in dem es neben dem ganz normalen Parlament auch ein reines »Zuwandererparlament« geben wird. Am gleichen Tag, an dem die ethnischen Finnen 2011 ihr finnisches Parlament wählen, sollen alle Migranten ein neues »Migrantenparlament« mit 50 Sitzen wählen dürfen.[551] Die im Land lebenden Somalier und Iraker üben unterdessen schon mal den Wahlbetrug.

Teil IV

Europa verblödet durch Zuwanderung

Migrantengeneration doof

Wie groß war der Aufschrei der Gutmenschen, als einige Politiker im Sommer 2010 einen Intelligenztest für Zuwanderer forderten. Die Österreicher sprechen über diese Thematik viel unverkrampfter als die Deutschen, FPÖ-Generalsekretär Harald Vilimsky erklärte etwa: »Prinzipiell kämpft Deutschland mit denselben Problemen wie Österreich: Es wurden mehr anatolische Schafhirten als Uni-Professoren ins Land gelassen.«[552]

Auffällig ist in Deutschland nicht nur die an der schnell steigenden Zahl der Hartz-IV-Empfänger unter Zuwanderern abzulesende Verarmung, sondern die parallel dazu erfolgende Verblödung durch Zuwanderung. Das gilt zumindest für unsere Zuwanderer aus der islamischen Welt. Bei den Asiaten ist das völlig anders. Ganz ähnlich verhält es sich in Großbritannien: Jeder fünfte Schulabgänger im Alter zwischen 16 und 19 Jahren beherrscht dort nach offiziellen Angaben weder Lesen noch die Grundrechenarten.[553] Und beinahe alle, die in diese Kategorie fallen, sind Kinder von islamischen Zuwanderern. Wir züchten in ganz Europa ein Heer von Analphabeten, die angeblich einmal unsere Renten zahlen sollen. In Finnland das gleiche Bild: 61 Prozent der dort lebenden Afghanen waren 2010 arbeitslos, ebenso 61 Prozent der Iraker, 55 Prozent der Somalier und 51 Prozent der Sudanesen, während die offiziell gemeldete Arbeitslosenquote unter ethnischen Finnen zeitgleich 8,7 Prozent betrug und die der in Finnland lebenden Deutschen, Inder, Niederländer und Nepalesen jeweils sieben Prozent.[554]

Europa verblödet durch Zuwanderung. Besonders schlimm ist es in Deutschland. Die Deutschen mutieren rasend schnell zu einer Nation der Minderintelligenten, um es höflich zu formulieren. Intelligenzforscher der Universität Erlangen warnen seit Langem: Seit Ende der 1990er-Jahre werden die Deutschen immer dümmer – pro Jahr sinkt der Intelligenzquotient durchschnittlich um zwei Punkte. Weil wir Deutschen aber immer weniger Kinder zeugen und unsere Zuwanderer immer mehr, liegt die rapide sinkende Intelligenz in Deutschland – was ihre Ursachen angeht – an den Migranten – wir importieren die Dummheit. In Hamburg-Wilhelmsburg sind 90 Prozent der Schüler Ausländer.[555] Das *Hamburger Abendblatt* schrieb über die Folgen: »In der Mehrzahl sind es Ausländer, in Wilhelmsburg insbesondere Türken, die ohne Abschluss die Schule verlassen.«[556] Jeder fünfte Schüler beendet in einer Stadt wie Hamburg-Wilhelmsburg die Schule ohne Abschluss.[557]

Unsere Zukunft lautet: »Generation doof«. Erschreckende Defizite und eine fortschreitende Entfremdung der Jugendlichen von der Natur offenbarte im Sommer 2010 auch eine Jugendstudie des Natursoziologen Rainer Brämer von der Universität Marburg. So wussten nur 59 Prozent der 3000 befragten Jugendlichen, dass die Sonne im Osten aufgeht. Und viele Jugendliche sind fest davon überzeugt, dass Kühe H-Milch aus acht Zitzen geben und Hühner mehr als drei Eier am Tag legen.[558]

Den Doofen gehört die Zukunft. Trotzdem schauen die Deutschen optimistisch in die Zukunft, so die Zusammenfassung einer Umfrage aus dem Jahr 2010. Es gab einmal das Land der Dichter und Denker. Und »Made in Germany« war ein Exportschlager. Doch die uns umgebende Welt verändert sich rasend schnell. Schon in wenigen Jahren wird Deutschland international nur noch das »Land der Hilfsarbeiter« sein, denn in bestimmten Migrantenmilieus ist der Durchschnitts-IQ eben nachweislich niedriger als bei ethnischen Deutschen. *Die Welt* schrieb in ihrem Artikel »Der Intelligenzquotient der Türken«, darüber zu berichten sei heikel, weil »… es mittlerweile unstrittig ist, dass Intelligenz sehr stark auch von Erbanlagen bestimmt wird – und deshalb einschlägige Aussagen über ethnische Gruppen allzu schnell mit dem Vorwurf des Rassismus beantwortet werden«[559]. Der Präsident der Freien Universität Berlin, Dieter Lenzen, bekam nach einer Interviewäußerung, derzufolge der Intelligenzquotient türkischer Migranten möglicherweise geringer als jener der deutschen Bevölkerung sei, sofort Ärger.[560] Dabei hatte er nichts anderes als die Wahrheit gesagt. Lenzen berief sich auf eine Studie, die zwei Psychologen der Universität Hannover im Jahr 2004 veröffentlicht hatten. Nach einem Test von etwa 700 Schülern aus Hannover stellten Joachim Tiedemann und Elfriede Billmann-Mahecha bei den meisten untersuchten Grundschülern mit türkischem Migrationshintergrund »Beeinträchtigungen« in den »kognitiven Fähigkeiten« fest, wie es in dem Aufsatz heißt.[561] Intelligenz ist eben auch eine Frage der Herkunft. Man kann jetzt wissenschaftlich belegen, dass der islamische Kulturkreis viele gewalttätige Jugendliche hervorbringt[562], und man kann wissenschaftlich abgesichert behaupten, dass Schüler aus dem islamischen Kulturkreis in westlichen Staaten flächendeckend in den Schulen für ethnische europäische Schüler eine schwere Bürde[563] sowie diesen geistig häufig nicht gewachsen sind. Man darf das alles nur nicht sagen. Volkmar Weiss, bis zu seiner Pensionierung im Jahr 2008 Leiter der Deutschen Zentralstelle für Genealogie in Leipzig, forscht auf dem Gebiet des »Verfalls der nationalen Begabung«. Schuld daran, so Weiss, seien in Deutschland jetzt vor allem türkische Migranten, denn deren Intelligenzquotient liege im Durchschnitt nur bei 85. Aber wer will das schon wissen? In Österreich können Türken seit 2009 am Institut für Entwicklungspsychologie an der Universität Wien bei einem Intelligenztest in türkischer Sprache die Intelligenz ihrer Kinder für 190 Euro testen lassen. Das Interesse an diesen Türkenintelligenztests ist nach Angaben der Wissenschaftler allerdings extrem gering.[564] Die Türken wissen offenkundig auch ohne Tests in ihrer Muttersprache, welche Ergebnisse auf sie warten.

Vielleicht hat das Problem der mangelnden Intelligenz auch damit zu tun, dass die Eltern der türkischen Kinder häufig schon vor der Hochzeit miteinander verwandt waren.

Importierte Inzucht: Verwandtenheiraten als kulturelle »Bereicherung«

In unserem westlich-abendländischen Kulturkreis existieren bestimmte Verhaltensregeln, die uns bei unserer Entwicklung sowie unserem wirtschaftlichen und kulturellen Fortkommen hilfreich gewesen sind. Dazu zählte in der Vergangenheit etwa die Sanktionierung von Heiraten unter Verwandten. Denn die Inzucht im engsten Familienkreis (»Blutschande«) hat schwerwiegende Folgen, die wissenschaftlich belegt sind. Weil gerade in der Türkei und in arabischen Ländern Ehen zwischen Blutsverwandten verbreitet sind, gibt es unter ihnen auffällig oft geistige Behinderungen und Stoffwechselkrankheiten sowie Erkrankungen des zentralen Nervensystems durch Störung einzelner Gene.[565] Eine Berliner Zeitung berichtete: »Immer mehr Kinder im Berliner Stadtteil Neukölln kommen mit angeborenen Behinderungen zur Welt. Als Grund wird Inzest vermutet. Die Ehe zwischen Verwandten unter türkischen und arabischen Migranten ist weit verbreitet und ein Tabuthema.«[566]

Die Heirat mit der eigenen Cousine ist unter Migranten aus bestimmten rückständigen Kulturkreisen gang und gäbe. In Städten wie Duisburg wird jede fünfte Ehe zwischen Cousin und Cousine abgeschlossen. Nach Angaben des Essener Zentrums für Türkeistudien (ZfT) machen solche Verwandtenheiraten sogar ein Viertel (!) der Verbindungen von Türkischstämmigen in Deutschland aus.[56] In Städten wie Berlin ist es offenbar noch weitaus schlimmer: »Da es sich bei den Berliner Türken überwiegend um Migranten aus ländlichen Gebieten und der sozialen Unterschicht handelt, könnte der Anteil an Verwandtenehen hier sogar noch größer sein«, vermutet Ali Ucar vom schulpsychologischen Dienst in Kreuzberg. Als er 1997 mehr als 60 türkische Familien von Vorschulkindern befragte, stellte sich heraus, dass fast alle Ehepartner miteinander verwandt waren. Für ganz Berlin geht Ucar davon aus, dass rund 40 Prozent der Türken zweiter Generation ›ihren Ehegatten unter Verwandten ausgesucht haben‹.«[568]

Das ist riskant: Zeugen Cousin und Cousine ersten Grades ein Kind, ist die Wahrscheinlichkeit schwerster Anomalien und Krankheiten beim Kind doppelt so hoch wie bei einer gewöhnlichen Ehe.[569] Der importierte Inzest ist eine der vielen »Bereicherungen«, die beispielsweise Mitbürger aus dem Orient zu uns gebracht haben. Für die Folgen zahlen wir mit unvorstellbaren Summen: für die körperlichen Missbildungen ebenso wie für die immer häufigeren brutalen Angriffe der psychisch Gestörten.

Zunächst ein typischer »Einzelfall«, der die schlimmen Folgen der psychischen Störungen bestimmter Migranten und unseren Umgang damit dokumentiert. In einem Wahnanfall hatte Mitte Juni 2010 die 25 Jahre alte Palästinenserin Shahad Q. in Düsseldorf-Flingern ihrem drei Jahre alten Kind den Kopf abgeschnitten.[570] Sie ließ ihr Kind nach einem Schnitt in die Halsschlagader ausbluten, schnitt ihm dann den Kopf ab und gab die Tötung auch sofort zu. Sie wähnte sich und ihr Kind von Geheimdiensten verfolgt. Die Migrantin leidet an einer schweren schizophrenen Psychose. Eine Lokalzeitung beichtete: »Laut einer psychiatrischen Sachverständigen leidet sie bereits seit Langem unter einer schweren Psychose mit schizophrenen Formen.« Die mit einem Palästinenser verheiratete Frau war im achten Monat schwanger, wurde wegen ihrer psychischen Störung, die zur Kindestötung führte, nicht strafrechtlich verfolgt. Stattdessen erfuhr sie eine Betreuung in einer Klinik – und wir alle zahlen für die Folgekosten. Die Zeitungen berichten über solche Fälle klein und verschämt als »Familientragödien«.[571] Sie hinterfragen die weitverbreitete Schizophrenie solcher Zuwanderer niemals. Das wäre politisch nicht korrekt. Im Gegenteil. Der zuständige Staatsanwalt Andreas Stüve sagt verständnisvoll über die irre Migrantin, die ihrem Kind den Kopf abgeschnitten hat: »Aus ihrer Sicht war die Tat erforderlich«.[572] Shahad Q. wird jetzt auf unsere Kosten liebevoll in einer psychiatrischen Fachklinik betreut.

Wenn die Produkte von »Verwandtenheiraten« in Deutschland morden, vergewaltigen, Rentner ausrauben, U-Bahn-Fahrgäste zusammenschlagen, von

Mitschülern Geld erpressen oder ihre eigenen Kinder töten, dann werden sie dafür häufig nicht wie ethnische Europäer bestraft. Da, wo ethnische Europäer mit der vollen Härte des Gesetzes zur Verantwortung gezogen werden, da mildern Richter bei Migranten sofort die Urteile ab, weil diese ja extrem häufig »psychisch gestört« und nicht voll zurechnungsfähig sind. Egal ob in Stuttgart gegen die zugewanderten türkischen Mörder von Yvan Schneider verhandelt wird[573] oder in Kassel ein Türke einen Priester mit dem Messer zu ermorden versucht[574], die Täter erhalten stets sofort mildernde Umstände, weil sie ja häufig aus Inzucht-Verwandtenheiraten stammen, schizophren, depressiv oder geistig so debil sind, dass wir sie für ihre Taten nicht wirklich bestrafen dürfen. Das geht schon seit vielen Jahren so. Als vor zehn Jahren in Wiesbaden eine Polizeistreife einen 25 Jahre alten Türken kontrollierte, schoss dieser einem Polizisten in die Leber, dem anderen in den Kopf.[575] Ein 32 Jahre alter Polizist starb, sein junger Kollege war für den Rest seines Lebens berufsunfähig. Der Türke? Der kam natürlich nur in eine psychiatrische Abteilung – wie üblich in solchen Fällen. Seither hat sich nichts geändert. Am 18. Juni 2010 schnitt der 27 Jahre alte Moslem Server I. auf einem Kinderspielplatz im Sandkasten einem fünf Jahre alten Jungen einfach so den Kopf ab.[576] Der Täter kam sofort in die geschlossene Psychiatrie, schließlich hatte er bei der Tat laut »Allahu Akhbar« gerufen und behauptet, innere Stimmen hätten ihn zu dem Verbrechen gezwungen. Das reichte, um den Mitbürger sofort von seiner Schuld zu befreien.

Ein weiteres Beispiel: Mehmet Ö. (46) – er hatte seine 15 Jahre alte Tochter Büsra nahe Schweinfurt erstochen. Bei der Verhandlung vor Gericht ging es im Jahr 2010 beinahe nur noch um den Geisteszustand von Mehmet Ö., alles andere war nebensächlich. Ein Auszug aus einem Gerichtsreport: »Die Verteidigung will so beweisen, dass der Türke zum Tatzeitpunkt psychisch-depressiv erkrankt war und seine Tochter Büsra (15) steuerungsunfähig im Affekt getötet hat. Der psychiatrische Gutachter der Uni Würzburg blieb demgegenüber dabei, dass Ö. nur mittelschwer depressiv war und der gezielte Griff zum Messer eine tief greifende Bewusstseinsstörung zum Tatzeitpunkt eher ausschließt.«[577]

Sofern ein Türke der »Ehre« halber seine Frau erdrosselt, ihr die Kehle durchschneidet oder sie mit der Axt erschlägt, dann lockt ein Aufenthalt in einer europäischen Nervenklinik mit Betreuern, die viel Verständnis für die psychischen Probleme der zugewanderten Kriminellen aufbringen.[578] Die orientalischen Inzuchthochzeiten (verharmlosend »Verwandtenheiraten« genannt) bieten somit Vorteile in der zugewanderten Halb- und Schattenwelt der Kriminellen, die ethnische Europäer garantiert nicht genießen. Ein Türke, der in

Hamburg seiner Frau den Kopf abgeschlagen und diesen an einer Tankstelle abgelegt hatte, ging nicht etwa ins Gefängnis.[579] Er wird nun psychotherapeutisch betreut – wir zahlen doch gern dafür, oder etwa nicht?

Stellen Sie sich vor, irgendwo in Deutschland würde ein Christ mit einem Messer auf einen ihm völlig fremden Muslim einstechen, ihn als »Hurensohn« beleidigen und zum »Kreuzzug« im Namen des Christentums aufrufen. Alle Medien würden sofort empört darüber berichten. Am 18. Mai 2010 hat ein orientalischer Mitbürger in Nordrhein-Westfalen zum »Heiligen Krieg« aufgerufen und auf der Straße auf ein junges deutsches Paar mit einem ein Jahr alten Baby eingestochen. Einfach so – im Namen Allahs. Und alle deutschen Journalisten sahen erst einmal tapfer weg. Der Grund? Zuwanderer, die einfach so auf Deutsche einstechen, werden gutmütig automatisch als »psychisch krank« eingestuft. Es kann nicht sein, was nicht sein darf. Wenn ein Deutscher auf Muslime einstich, ermittelt sofort der polizeiliche Staatsschutz wegen des Verdachts auf Rechtsextremismus. Sticht ein Zuwanderer auf Deutsche ein, ist er wahrscheinlich irgendwie krank. Niemand interessiert sich für die dahinter stehenden Krankheiten, für die Ursachen: die Inzucht in bestimmten Kulturkreisen. Im Polizeibericht Mettmann vom Mai 2010 heißt es zum vorgenannten Fall: »Am 18. Mai, gegen 17.30 Uhr, befand sich ein 22-jähriger Langenfelder mit seiner 20-jährigen Lebensgefährtin und der einjährigen Tochter (in einer Babytrage) auf einem Fußweg der ›Alten Schulstraße‹. Unvermittelt kam ein unbekannter Mann, wie sich später herausstellte, ein 28-jähriger Langenfelder, schreiend auf sie zu und drohte mit einem Messer. Dabei schrie er: ›Ich bring dich um, du Hurensohn‹ sowie ›Heiliger Krieg‹ und ›Dschihad‹. Dem Langenfelder Paar war dieser Mann unbekannt, und es gab keine Vorbeziehung. Zunächst versuchte der 22-Jährige, den Täter zu beruhigen und ihn zu bewegen, das Messer aus der Hand zu legen. Kurz darauf erhielt er dabei Unterstützung durch seinen 29-jährigen Schwager. Als der Angreifer sich diesem zuwandte, versuchte dieser, den Täter zu entwaffnen. Dabei erhielt er mehrere Messerstiche in Körper und Bein. Auch der 22-Jährige verletzte sich bei der Auseinandersetzung leicht. Der Täter konnte unmittelbar danach durch eine hinzugerufene Streifenwagenbesatzung festgenommen werden. Der verletzte 29-Jährige wurde einem Krankenhaus zur stationären Behandlung zugeführt. Lebensgefahr bestand nicht. Bei der Tatwaffe handelt es sich um ein Klappmesser mit einer Klingenlänge von rund sieben Zentimetern. Zur Feststellung der Haftfähigkeit des 28-Jährigen wird heute ein psychologisches Gutachten erstellt.«[580]

Sie glauben das alles immer noch nicht und halten es für eine bösartige Verschwörungstheorie? Also noch zwei Beispiele, die an nur einem Tag beim

Abfassen des Manuskripts aus den aktuellen Nachrichten entnommen werden konnten: Im Juni 2010 hat in Brüssel ein Albaner (nach anderen Angaben ein Iraner[581]) im Gerichtssaal eine kurz vor ihrer Pensionierung stehende Richterin und eine Justizangestellte aus Wut über den Verlauf seines Prozesses erschossen. Sofort erklärte man ihn – Sie ahnen es vielleicht – für »geistig gestört«[582]. Am gleichen Tag wurde in der Türkei in der südtürkischen Hafenstadt Iskenderun der Vorsitzende der Bischofskonferenz, Luigi Padovese, erstochen. Der 63 Jahre alte italienische Christ wurde Opfer des Türken Murat Altun – nur wenige Minuten später erfuhren die Leser von *Spiegel online* schon, Türke Murat Altun habe – Sie ahnen es auch in diesem Fall – »offenbar psychische Probleme gehabt«[583]. Der Mörder Murat Altun ist tiefgläubiger Moslem, hatte sich lange auf die Tat vorbereitet, schnitt dem Bischof, dessen Vertrauen er sich als Angestellter erschlichen hatte[584], mit einem Messer die Kehle durch und brüllte dabei islamisch korrekt »Allahu Akhbar« (»Allah ist größer«).[585]

Wie man sieht, kann es jeden Europäer jeden Tag treffen: Sie ebenso wie mich. Es ist inzwischen völlig selbstverständlich geworden, dass jeder Mitbürger aus dem Orient, der eine grauenvolle Straftat begeht, »psychische Probleme« aufweist. Interessanterweise fragt aber niemand einmal nach, wo eigentlich die Ursachen dafür liegen, dass es Massen von Orientalen mit einer geballten Ladung derartiger Probleme gibt. Man behandelt stattdessen nur die Symptome – und das auch noch auf unsere Kosten.

Die Vorstellungen von »Blutschande« und ihren Folgen sind in den Kulturkreisen dieser Welt verschieden: Geschlechtliche Beziehungen zwischen Cousins und Cousinen ersten Grades (gemeinsame Großeltern) sind beispielsweise in Korea und auf den Philippinen verboten und gesellschaftlich tabuisiert, während diese verwandtschaftliche Beziehung vor allem im Kulturgebiet des Islams, also in Nordafrika, im orientalischen Raum und in Südasien als bevorzugte Form der Heirat gilt. Doch genau jene Menschen wandern in Massen in Europa ein. In Deutschland gilt es als absolutes Tabu, über die katastrophalen Folgen – Missbildungen und schwere psychische Störungen – der aus solchen Ehen hervorgehenden Kinder unserer Migranten zu sprechen.

In Großbritannien ist das anders: Die Äußerungen der *Labour*-Abgeordneten Ann Cryers und des ehemaligen *Labour*-Umweltministers Phil Woolas sorgten 2008 nicht für Unruhe im Land. Beide warnten öffentlich vor der »Inzucht« unter den Zuwanderern und ihren schlimmen Folgen, die für die Gesellschaft extrem kostspielig sind.[586] Sie bestanden darauf, dass die »Inzucht« etwa unter pakistanischen Mitbürgern endlich ohne Vorbehalte öffentlich diskutiert wird. Auch unter Indern ist Inzest weit verbreitet, wie die BBC berichtete.[587] Die Briten sprechen ganz offen darüber. Von deutschen Politikern wie etwa dem indischstämmigen SPD-Migrationsexperten Sebastian Edathy, hört man zu diesem Thema allerdings beinahe nie etwas.

Da solche nahen Verwandtenheiraten zur Stärkung der Familienbande im islamischen Kulturkreis oftmals ausdrücklich erwünscht sind, hatte der damalige britische Umweltminister Phil Woolas (ein Sozialist) 2008 mit ungewohnt offenen Worten die unter Orientalen verbreitete Verwandtenhochzeit angegriffen und auf die daraus resultierenden genetischen Schäden hingewiesen. Während pakistanischstämmige Briten nur drei Prozent der Neugeborenen stellten, seien sie für ein Drittel aller genetisch bedingten Missbildungen bei diesen in Großbritannien verantwortlich. Woolas wurde bei seinen Aussagen von der *Labour*-Abgeordneten Ann Cryers unterstützt, die ausdrücklich von »Inzucht« sprach. Woolers erklärte, das Thema dürfe nicht länger tabuisiert werden. Die britische Regierung ist ebenfalls davon überzeugt, dass Geistesgestörtheit und der radikale gewalttätige Islam eine Einheit bilden. Seit 2008 werden deshalb in Großbritannien mit vielen Millionen Pfund Steuergeldern finanzierte staatliche Programme betrieben, um Anhänger des radikalen Islam von ihren Geisteskrankheiten zu heilen. Islamische Extremisten kommen in Großbritannien seither nicht mehr ins Gefängnis, sondern in psychiatrische Kliniken.[588] Die aus der Inzucht resultierenden häufigen psychischen Störungen machen Mitbürger aus dem islamischen Kulturkreis demnach anfällig für die Ideologie des Terrors. Undenkbar, dass man so etwas in Deutschland seitens verantwortlicher Stellen aussprechen würde.

Im Juli 2008 veröffentlichten amerikanische Forscher eine Studie, derzufolge auch Autismus – eine Wahrnehmungs- und Informationsverarbeitungsstörung des Gehirns – eine Folge von Verwandtenheiraten sein kann. Sie hatten zuvor in Pakistan, der Türkei und in arabischen Staaten Familien untersucht, deren Kinder an Autismus leiden.[589] Während britische Politiker die Häufung schwerer psychischer und auch anderer Erkrankungen unter Muslimen im Lande auf die Verwandtenheiraten zurückführen, sehen die Muslime das völlig anders: Sie bestreiten zwar nicht die Häufung der psychischen Erkrankungen unter Mitbürgern aus dem islamischen Kulturkreis, machen dafür aber die Briten und deren »Islamfeindlichkeit« verantwortlich. In Großbritannien führen 61 Prozent der pakistanischen Muslime ihre psychischen Probleme auf »Diskriminierung« und »Islamophobie« zurück. Die psychisch belasteten Muslime werden kostenlos in staatlichen Einrichtungen des *National Health Service* behandelt. Das alles hat der Wissenschaftler Aap Ki Awaaz in einer repräsentativen Studie veröffentlicht.[590]

Unter solchem Druck von Migranten, in deren Kulturkreisen Verwandtenheiraten ausdrücklich erwünscht sind, weichen wir unser diesbezügliches Wertesystem auf. Nirgendwo in Europa werden Mitbürger aus Kulturkreisen, in denen Verwandtenheiraten üblich sind, strafrechtlich für die Inzestehen und die dadurch der Gesellschaft aufgezwungenen Folgekosten verfolgt. Im Gegenteil: Wir passen uns den Vorstellungen dieser Migranten immer mehr an. Nicht nur die gesellschaftliche Akzeptanz des Geschlechtsverkehrs unter engen Verwandten, auch die bisherigen entsprechenden gesetzlichen Reglementierungen werden schrittweise zum »Wohle« unserer Zuwanderer verändert.

Ein Beispiel: Kroatien ist ein katholisches Land. Dort galt Geschlechtsverkehr unter Geschwistern, Cousins und Cousinen und engsten Verwandten in der Vergangenheit gesellschaftlich als geächtet und wurde strafrechtlich verfolgt. Bis 2010. Da brachte die kroatische Regierung einen Gesetzentwurf ein, mit dem jeglicher Inzest künftig straffrei bleiben soll.[591] Der Vater mit der Tochter, der Bruder mit der Schwester, der Cousin mit der Cousine – in Kroatien will man sich den multikulturellen Vorstellungen der Mitbürger aus jenen Ländern anpassen, für die das Sexualleben eben von anderen als von unseren tradierten christlich-abendländischen Vorstellungen geprägt wird, die wir im Zuge der Zuwanderung allmählich einfach aufgeben. Und so fördern wir überall in Europa die Produktion von immer mehr Menschen mit schweren psychischen Problemen.

Wissenschaftler der TU Dresden haben untersucht, wie hoch die Folgekosten für psychiatrische Ausfallerscheinungen pro Jahr (unabhängig von der ethnischen Zugehörigkeit der Patienten) in der Europäischen Union sind. Dazu heißt es in einer Pressemitteilung: »So haben die gemeinsamen Analysen des *European Brain Council* und der ECNP-Arbeitsgruppe ergeben, dass psychische Störungen jedes Jahr fast 300 Milliarden Euro Gesamtkosten ausmachen, von denen allein 132 Milliarden Euro mit indirekten Kosten (krankheitsbedingte Ausfalltage, früherer Eintritt in den Ruhestand, vorzeitige Sterblichkeit und verringerte Arbeitsproduktivität wegen psychischer Probleme) zusammenhängen. Nur 110 Milliarden Euro werden demgegenüber für direkte Kosten (Hospitalisierung und Hausbesuche von Patienten) ausgegeben. Die Kosten für die medikamentöse Therapie – als die am häufigsten eingesetzte Behandlungsart – beansprucht dagegen nur vier Prozent der Gesamtkosten von psychischen Störungen; die für psychotherapeutische Leistungen liegen weit unter einem Prozent!«[592]

Allein in der Schweiz verursachen psychiatrische Kosten 16 Prozent (!) der Gesamtkosten im Gesundheitswesen, wie Forscher der Universität Zürich 2008 in einer ersten umfassenden Berechnung aufzeigten.[593] 15 Milliarden Franken (oder umgerechnet 2000 Franken pro Einwohner) geben die Schweizer für die Behandlung der psychischen Störungen ihrer Mitbürger pro Jahr aus.

Eine der vielen typischen psychischen Folgeerscheinungen von Inzucht ist die Schizophrenie. Das *Deutsche Ärzteblatt* hat die Kosten für einen typischen Schizophreniefall wie folgt angegeben: »Bei der Schizophrenie ergeben sich durchschnittlich folgende Kosten: Ambulant tätige Psychiater: 2959 Euro, Institutsambulanzen: 3588 Euro, betreutes Wohnen: 21 738 Euro, Langzeitpflege: 22 725 Euro, stationäre Behandlung und Aufenthalt in Fachkrankenhäusern: 33 061 Euro, Rehabilitation: 40 901 Euro Durchschnittskosten. Die Kosten der Erkrankung belasten außer der Gesetzlichen Krankenversicherung auch die gesetzliche Renten- und die Pflegeversicherung. Ursächlich dafür ist die relativ hohe Frühverrentung bei noch jungen Patienten. So werden 14,7 Prozent aller unter 40-jährigen Schizophrenen in Deutschland früh verrentet. Dies entspricht einem weltweiten Trend. In Deutschland erkranken jährlich 6000 Menschen an Schizophrenie.«[594] Rechnet man die rein medizinischen statistischen Durchschnittskosten eines einzigen Falles von Schizophrenie zusammen, kommt man demzufolge auf 124 972 Euro. Diese Zahlenangaben stammen allerdings schon aus dem Jahr 2003.

Schizophrenie ist die teuerste psychische Erkrankung in Deutschland. Der öffentlich-rechtliche Fernsehsender *Arte* berichtete 2005: »Schizophrenie zählt zu den zehn Krankheiten mit der größten Anzahl durch Behinderung verlorener Lebensjahre. Selbst unter optimaler Therapie sind circa 250 000 Patienten erkrankungsbedingt bereits in jungen Jahren erwerbsunfähig und auf öffentliche Unterstützung angewiesen. (…) Für die Schizophrenie werden die jährlichen direkten Kosten für das deutsche Gesundheits- und Sozialsystem mit circa 1,3 Milliarden Euro angegeben, die indirekten Kosten (zum Beispiel durch Arbeitsausfall) belaufen sich auf circa drei Milliarden Euro. Schizophrenie und Depressionen zählen zu den zehn häufigsten Ursachen für eine Frühverrentung.«[595]

Ein Beispiel aus der Schweiz: Das Invaliditätsrisiko ist bei in dem Alpenland lebenden Türken dreimal höher als bei ethnischen Schweizern. Im Klartext: Auf jeden invaliden Schweizer kommen drei invalide Türken.[596] Woher das nur kommt? Wir wollen die Antwort lieber nicht hören. Wir zahlen lieber.

Ein weiteres Beispiel: Im Juli 2010 veröffentlichten Forscher der Ludwig-Maximilians-Universität in München eine Studie, derzufolge immer mehr Kinder und Jugendliche an schweren seelischen Krankheiten leiden, bis zu 20 Prozent dieser Personengruppe sind schon davon betroffen. Und was sind das für Kinder und Jugendliche? Es sind »Kinder aus ärmeren Einwandererfamilien«[597] – den Rest kennen die Leser dieses Kapitels inzwischen bestens.

Wenn wir das alles wissen: Warum freuen sich unsere Politiker dann seit Jahren über die angebliche »Bereicherung« unserer Gesellschaft durch orientalische Verwandtenhochzeiten? Warum lassen sie die Inzucht mit all ihren horrenden Folgekosten zu, die wir so der Gesellschaft aufbürden? Ein Hinweis am Rande: Deutsche Hartz-IV-Empfänger können vom Steuerzahler zinslose Darlehen erhalten. Die meisten wissen das allerdings nicht. Im Jahr 2008 wurden beispielsweise mehr als 130 Millionen Euro an Hartz-IV-Empfänger für besondere Bedürfnisse verteilt.[598] Stellt sich die Frage: In welchen Fällen erhält man als Sozialhilfeempfänger solche zinslose Darlehen? Beispielsweise für Verwandtenhochzeiten – nein, das ist kein Scherz. Wir fördern die Verwandtenhochzeiten doch gern durch einen kleinen Zuschuss. Und für die dann in der Hochzeitsnacht gezeugten Folgekosten kommen wir ebenfalls gern auf.

Es geht, auch wenn man das kaum glauben mag, allerdings noch perverser. Die Türkei hat 2010 Rassengesetze eingeführt, die stark an diejenigen der Nationalsozialisten erinnern. Die »Abstammung der türkischen Rasse« soll jetzt geschützt werden. Türkische Frauen dürfen sich zum Beispiel im Ausland nicht mehr künstlich befruchten lassen. Wer gegen die »Reinhaltung der türkischen Rasse« verstößt, wird nun mit drei Jahren Haft bestraft.[599] Die Schweizer haben reagiert – türkische Männer und Mitbürger vom Balkan sind in der Schweiz nun auch nicht mehr als Samenspender willkommen.[600]

Dänemark: ein Drittel der Kinder von Asylbewerbern geisteskrank

In unseren Nachbarländern spricht man ganz offen über die Probleme. Die keinesfalls als rechtsextremistisch verdächtige niederländische Zeitung *Trouw* berichtete in einem Artikel über recht unschöne Erkenntnisse: Diesen zufolge sollen viele der kriminellen marokkanischen Jugendlichen in den Niederlanden psychisch gestört sein, viele leiden an Schizophrenie – so der Bericht. Mediziner führen das auf die weitverbreitete Inzucht – die Verheiratung muslimischer Kinder im Familienkreis – zurück. Nach Angaben des Artikels sind marokkanische Jugendliche in den Niederlanden 4,5 Mal häufiger von Schizophrenie betroffen als ethnische Niederländer des gleichen Alters. Die Zeitung *Trouw* suchte eine Antwort auf die Frage, warum in Amsterdam so viele junge Muslime zu blinden Gewaltausbrüchen neigen und in die Kriminalität abgleiten, obwohl keine andere Bevölkerungsgruppe finanziell stärker gefördert wird. Eine der Ursachen für die weitverbreiteten psychischen Störungen soll demnach die – unter Marokkanern übliche – Verwandtenheirat sein. Der Artikel trug die Überschrift »Dubbelleven Marokkanen fnuikt psyche«.[601]

Wenn marokkanische Jugendliche in den Niederlanden 4,5 Mal häufiger von Schizophrenie betroffen sind als ethnische Niederländer des gleichen Alters, dann heißt das im Klartext: Auf zwei Niederländer, die psychische Probleme haben, kommen neun Marokkaner.

Es war so ein »psychisch gestörter« junger Marokkaner, Mohammed Bouyeri, der 2004 in einem Park den niederländischen Filmemacher Theo van Gogh auf seinem Fahrrad angriff und ihm mit seinem Krummdolch die Kehle durchschnitt. In Städten wie Rotterdam stellen Muslime aus islamischen Ländern wie Marokko derzeit mehr als 40 Prozent der Bevölkerung. Im Jahre 2015 schon – so berichtete der *Stern* im Juni 2010 – werden sie in Rotterdam die Mehrheit der Einwohner bilden.[602] Und immer mehr von ihnen praktizieren die Verwandtenheirat und erhöhen so beständig die Quoten jener, die in ihrer Bevölkerungsgruppe an Schizophrenie oder anderen schlimmen Krankheiten leiden. Nicht nur die direkten finanziellen Folgen sind verheerend für die Europäer.

Solch hohe Quoten psychischer Störungen weisen Zuwanderer auch in anderen europäischen Staaten auf – etwa in Dänemark: Zum ersten Mal hat man 2007 dortzulande in einer repräsentativen Studie den Gesundheitszustand der Kinder von Asylbewerbern erkundet. Die Universität Kopenhagen verfasste die Studie zusammen mit dem Roten Kreuz. Das Ergebnis war erschreckend: Ein Drittel der Kinder von Asylbewerbern nennt eine oder gleich mehrere psychische Störungen/Geisteskrankheiten sein Eigen. Die Studie wurde in der medizinischen Fachzeitschrift *Ugeskrift for Læger* veröffentlicht.[603] Die Ursache für all das lässt sich ganz einfach erklären: Jeder Mensch hat einen doppelten Chromosomensatz, also von jeder Erbanlage zwei Varianten. Gibt nun ein Elternteil einen Gendefekt an sein Kind weiter, kann das durch die Chromosomen des anderen ausgeglichen werden, weil es sehr unwahrscheinlich ist, dass zwei nicht miteinander verwandte Menschen den gleichen Gendefekt aufweisen. Aus biologischer Sicht ist eine Verwandtenheirat demzufolge ein Problem, weil nahe Verwandte ein sehr ähnliches Erbgut haben. Das erhöht das Risiko, dass sie schwere Krankheiten an ihre Kinder vererben, um ein Vielfaches. Im schlimmsten Fall treffen zwei Chromosomensätze mit dem gleichen Gendefekt aufeinander. Dann fehlt die Möglichkeit zum Ausgleich.

Am 12. Juni 2008 publizierte das niederländische *NRC Handelsblad* weitere unliebsame Folgen der Verwandtenheiraten: Sie erklären die hohe Kindersterblichkeit bei Marokkanern und Türken in den Niederlanden. Die Babys weisen nach Angaben der Zeitung häufig einen »genetischen Defekt« auf, der innerhalb der Familien vererbt wird.[604] In Rotterdam hatte man es im März 2008 gewagt, offizielle Zahlen zu den Verwandtenheiraten unter Migranten zu veröffentlichen. Diesen zufolge sind 24 Prozent der Türken und 22 Prozent der Marokkaner in Rotterdam mit Familienangehörigen verheiratet.[605] Die Versuche, solche Verwandtenheiraten der Mitbürger aus dem islamischen Kulturkreis zu unterbinden, schlugen bisher fehl.[606]

Dass das so ist, hat einen ganz einfachen Grund: den tief verankerten Volksglauben im islamischen Kulturkreis. »Nazar« ist ein arabisches Wort und heißt »Blick«. »Boncuk« ist der türkische Begriff für Perle. Beide zusammen erklären, warum die Aufklärung vergeblich sein muss. Vielleicht haben auch Sie schon am Innenrückspiegel eines türkischen Fahrzeuges eine Kette mit vielen kleinen Perlen gesehen. Oder an einem Kinderwagen der Migranten. Oder an deren Kleidung. Es gibt diese Ketten in allen Größen. Man wird schwerlich eine Familie aus dem islamischen Kulturkreis finden, die sich in Europa nicht mithilfe solcher Perlenketten vor unseren »bösen Blicken« schützt. Ja, »Nazar Boncuk« schützt Orientalen vor dem »bösen Blick«. Der in Deutschland lebende türkische Journalist Yücel Sivri berichtete dazu: »Nazar Boncuk ist kein reiner Schmuck. Es hat einen ganz bestimmten Zweck. Wir Türken schützen uns damit vor dem bösen Blick.«[607] Und weiter heißt es da: »Und deshalb hängen wir uns dieses Glasauge um den Hals. Oder in den Hausflur, an den Rückspiegel oder an den Kinderwagen, denn, wie jeder weiß, ist das eigene Baby das schönste und somit ganz besonders gefährdet.«

Wenn aus einer solchen Sichtweise ein Fahrzeug in einen Unfall verwickelt wird oder aber ein orientalisches Kind schwer erkrankt bzw. psychisch gestört ist, dann ist eben der »böse Blick« schuld daran – und nicht das eigene Fehlverhalten. Gegen diese rückständige Denkweise ist jede Aufklärungsarbeit vergeblich.

In der ARD-Sendung *Kontraste* vom 31. Juli 2008 wurde ein Bericht mit dem Titel »Die Cousine als Ehefrau – behinderte Kinder aus Verwandtenehen« gezeigt. In ihm bestätigte der in Berlin-Kreuzberg arbeitende Pränataldiagnostiker Ömer Kilavuz die dramatischen Folgen der Verwandtenhochzeiten auch in Deutschland mit den Worten: »Normalerweise in der Bevölkerung sehen wir fötale Fehlbildungen, ca. zwei bis vier Prozent. Bei den Familien, die Verwandtenehen haben, verdoppelt sich diese Zahl. Das heißt, bei diesen Familien haben wir ein Risiko von sechs bis acht Prozent. Das ist enorm hoch.« Die damalige Integrationsbeauftragte im Kanzleramt, Maria Böhmer, stand der ARD zu diesem Thema nicht für ein Interview zur Verfügung. Die damalige Jugend- und Familienministerin Ursula von der Leyen ebenfalls nicht. Lediglich die EU-Abgeordnete Hiltrud Breyer war gegenüber der ARD in Bezug auf diese Thematik gesprächsbereit. Sie erklärte: »Durch dieses Tabu gibt es leider keine Aufklärung. Wir bräuchten aber genau diese Aufklärung.«

Wie sich psychisch gestörte Muslime in Deutschland verhalten, das belegt ein *Phoenix*-Film mit dem Titel *Ein Dämon namens Ahmet – Mit dem Koran gegen böse Geister*, der im Internet dokumentiert ist.[608]

Immer öfter wird der bei Verwandtenhochzeiten gezeugte Nachwuchs wegen der folgenden Krankheiten zum Frührentner. Das ist überall in Europa so. Und bei den Rentenversicherungsträgern sind die Gutachter gehalten, Klagen von Patienten ernst zu nehmen, heißt es. In der Schweiz sind es besonders die Balkanbürger, die bei der Frührente für ihre Familienangehörigen Druck auf die Ärzte ausüben. Die Zeitung *Weltwoche* berichtete Anfang 2008, warum die Ärzte die erforderlichen Atteste auch dann ausstellen, wenn es dafür eigentlich gar keinen Grund gibt: »Die meisten Ärzte handeln wohl nicht vorsätzlich, aber, wie ein Rechtsmediziner sagt, ›recht gutgläubig und auch etwas naiv‹. Häufig würden dem Arzt ›Symptome aufgetischt, die er in der Dreiminutenkonsultation gar nicht überprüfen kann‹. Besonders dreiste Möchtegern-Kranke üben zum Teil massiven Druck auf die Ärzte aus. Dieser reiche, sagt ein Spezialist der Interessengemeinschaft Versicherungsmedizin Schweiz (SIM), ›von einfacher verbaler und körperlicher Drohung bis zur Gewalt (Schläge), Sachbeschädigung, Nötigung und Erpressung‹. Die Ärzte wüssten nicht, wie sie sich verhalten sollten: ›Sie stufen auch in diesen Situationen die Schweigepflicht sehr hoch ein, sodass sie eine Anzeige nicht wagen.‹ Ein Arzt, der als Gutachter tätig ist und die subjektiven Zeugnisse der Hausärzte häufiger revidieren muss, wurde Tag und Nacht mit Telefonterror belästigt. Einmal erhielt er gar eine Morddrohung. Es seien Angehörige bestimmter Ethnien wie Kurden, Serben und Albaner, die Druck ausübten. Ein paar Tage nach unserem Gespräch ruft der Arzt nochmals an: ›Bitte erwähnen Sie keine Nationalitäten.‹ Die Furcht vor weiteren Übergriffen sitzt offenbar zu tief ...«[609]

In Deutschland sind die Frühverrentung und die verbreitete Inzucht unter Menschen aus Ländern des islamischen Kulturkreises weiterhin ein Tabuthema. Wer über die Folgen aufklären will, der wird von allen Seiten behindert. In Duisburg kämpft eine Frau allen Anfeindungen zum Trotz gegen die Ehe unter Verwandten: Yasemin Yadigaroglu. Die türkischstämmige Sozialwissenschaftlerin sagt: »Selbst unter scheinbar intellektuellen Leuten ist Inzest keine Seltenheit.«[610] Eigentlich möchte sie an Schulen die Migrantenkinder über die Folgen von Verwandtenheiraten aufklären. Doch an vielen Duisburger Schulen verwehrt man es ihr, Vorträge zu halten. Sogar in der Gesamtschule, wo sie ihr Abitur abgelegt hat, ist ihre Tätigkeit unerwünscht. »Und wenn ich dann mal in die Klassen darf, muss ich einiges einstecken. Jugendliche drohen mir mit Gewalt. Sie fühlen sich persönlich angegriffen, weil sie Eheschließungen unter Verwandten aus ihren eigenen Familien kennen«, erzählt die Türkin. Die

Gemeinde der Duisburger Merkez-Großmoschee in Marxloh werfe ihr vor, sie würde Migranten »stigmatisieren« und das »eigene Nest beschmutzen«. Auch von deutscher Seite erfährt die Türkin keine Hilfe. »Mehrmals schon habe ich in NRW (Nordrhein-Westfalen) gegenüber Integrationsminister Armin Laschet Projektanträge zum Thema Inzestaufklärung gestellt. Alle wurden mit der Begründung abgelehnt, dass es keine statistischen Erhebungen zu dem Thema gäbe. Ohne Zahlen kein Thema«, sagt Yasemin enttäuscht.[611]

Es reicht nicht, Menschen wie den CDU-Politiker Armin Laschet für jene Kosten, die sie der Gesellschaft durch ihre Untätigkeit bei Themen wie diesem dreist aufgebürdet haben, zutiefst zu verachten. Das hilft uns allen keinen Schritt weiter. Wir müssen solche Menschen, die anders als die Großbanken garantiert nicht systemrelevant sind, aber keinen Rettungsfonds für die angerichteten Schäden geschaffen haben, vielmehr an den horrenden Folgekosten der von ihnen mit angerichteten Schäden beteiligen, sie vor Gericht stellen und dort nicht nur im Namen, sondern auch mit Rückendeckung der Bevölkerung klären lassen, ob und wie wir sie mit ihrem ganzen Vermögen haften lassen können. Menschen wie Laschet – die hätten handeln müssen, aber stattdessen weggesehen haben – sind die Verursacher dieser kaum noch wiedergutzumachenden kostspieligen Misere. Es kann nicht sein, dass immer nur die Steuerzahler und die Gesellschaft für die von solchen unfähigen Politikern angerichteten immensen Schäden aufkommen müssen.

Deutschland: Aus dem Land der Dichter und Denker wird das Land der Hilfsarbeiter

In einer Generation wird die Türkei Deutschland wirtschaftlich überholt haben – das prognostiziert der Finanzriese *Goldman Sachs*.[612] Die Türkei schickt immer mehr Bürger nach Europa. Die klügeren Türken kehren dann – gut ausgebildet auf Kosten der Europäer – in die Türkei zurück und werden etwa 2050 zur drittstärksten Volkswirtschaft in Europa aufsteigen, so *Goldman Sachs*. Deutschland hat dann das Nachsehen. Zeitgleich zu dieser Erkenntnis äußerte der frühere Bundeskanzler Gerhard Schröder (SPD), ohne die Türkei versinke die Europäische Union im Mittelmaß.[613] Politiker wie Schröder sagen also aus Gründen der politischen Korrektheit genau das Gegenteil von dem, was Fachleute prognostizieren. Übrigens wird in 20 Jahren auch Polen wirtschaftlich deutlich besser dastehen als Deutschland. Die Bundesrepublik wird spätestens dann zum »Land der Hilfsarbeiter« und Ungebildeten mutiert sein. Das prognostiziert nicht etwa ein umstrittener Zukunftsforscher. Nein, so sieht man im Jahr 2010 in den Reihen der Europäischen Union ganz offiziell die Zukunft der Deutschen.

Immer mehr in Deutschland gut ausgebildete Türken kehren in ihre Heimat zurück. Zurück bleiben jene, die auch in der Türkei keine Chance haben. Nach Angaben des Statistischen Bundesamtes vom Juni 2010 wird hinter der Abwanderung der Türken eine gute Karrieremöglichkeit in der Türkei vermutet. Es waren mehrheitlich besser qualifizierte Deutsch-Türken, die aus Deutschland abgewandert sind.[614] Das alles hat erhebliche Folgen für uns: Deutschland befindet sich im Niedergang.

Das Zentrum für Europäische Politische Studien (*Centre for European Policy Studies*, CEPS) ist eine der großen Denkfabriken der Europäischen Union. Es wird finanziell von der EU-Kommission unterstützt. Eine 2010 in Brüssel veröffentlichte Studie dürfte vor allem den Deutschen kaum gefallen: Polen wird ihr zufolge schon in spätestens 20 Jahren wirtschaftlich deutlich besser dastehen als Deutschland.[615] Die Deutschen werden in wenigen Jahren ärmer sein als die Polen. Die Bevölkerung der Bundesrepublik sei »alt, satt und behäbig geworden«[616]. Sie sei selbst in der schweren Wirtschaftskrise nicht gezwungen gewesen, radikal umzudenken. Wegen der sozialen Versorgungsmentalität der deutschen »Eliten«, die anstelle von Leistung Trägheit und Nichtstun belohnten, sei Deutschland auf dem Wege, ein Land der Hilfsarbeiter zu werden.[617] Die wirtschaftliche und geistige Entwicklung gehe dagegen in den neuen EU-Ländern Osteuropas deutlich schneller voran.

Nach den Angaben der Studie gibt es in Deutschland seit langen Jahren schon zu viele Schulabbrecher und zu wenige Absolventen der Universitäten. Das werde Deutschland in der nächsten Generation »zum Land der Hilfsarbeiter« machen. Verknüpfe man die Akademikerquote mit den Ergebnissen der PISA-Studie, dann liege Warschau schon jetzt vor Berlin. Fast nirgendwo in Europa seien so wenige Arbeitskräfte in Kindergärten, Schulen und Universitäten beschäftigt wie in Deutschland. Mit einer Quote von sechs Prozent liege Deutschland weit hinter Großbritannien mit neun und Polen mit sieben Prozent. Jeder fünfte Jugendliche komme in Deutschland nicht über das Hauptschulniveau hinaus. In Städten wie Berlin schafft weit mehr als ein Drittel der Zuwandererkinder nicht einmal den Hauptschulabschluss.

Einige dieser Prognosen hat der CEPS-Leiter Daniel Gros auch in dem Buch *Nachkrisenzeit* gemeinsam mit der Journalistin Sonja Sagmeister aufgestellt. Die Angaben decken sich mit zahlreichen anderen Studien. Ihnen zufolge wird Deutschland in der EU in wenigen Jahren schon auf das Niveau der Türkei zurückfallen. Die *Frankfurter Allgemeine Zeitung* schrieb dazu im Jahr 2010: »Nur 13 Prozent der Türkischstämmigen in Deutschland haben das

Abitur, 30 Prozent hingegen keinen Schulabschluss.«[618] Schöne Zukunft? – Zum Vergleich: Beinahe zwei Drittel der hier lebenden Polen und immerhin 60 Prozent der Griechen verfügen über eine mittlere oder gar hohe Schulbildung. Türken sind eben die ewigen Sorgenkinder der Integration.[619] Sie stellen die Schlusslichter unserer Entwicklung dar. Doch angeblich sind sie unsere Zukunft ...

Man muss in diesem Zusammenhang wissen, dass 17,5 Prozent dieser liebreizenden Mitbürger tickende Zeitbomben darstellen. Nach einer 2010 veröffentlichten wissenschaftlichen Studie sind sie »aggressive Misserfolgs-Egozentriker und konfliktbelastete Negativisten« – Mitbürger mit extrem hoher Gewaltbereitschaft.[620] Der Zusammenprall zweier völlig unterschiedlicher Kulturkreise produziert demnach eines ganz sicher: eine extrem schnell wachsende Zahl von bildungsresistenten, psychisch gestörten und gewaltbereiten jungen Gewalttätern. Und mit einem solchen Heer von Mitbürgern wollen wir unsere Zukunft gestalten?

Der Meister der Zukunft ist Türke

Bei einer öffentlichen Veranstaltung erklärte Handwerkspräsident Otto Kentzler im Jahr 2010: »Der Meister der Zukunft ist ein Türke.«[621] Im ausbildungsfähigen Alter von bis zu 25 Jahren habe schon jetzt jeder Vierte in Deutschland einen »Migrationshintergrund«, sei also Einwanderer oder Kind von Einwanderern. Diese Jugendlichen brächten allerdings in vielen Fällen nicht die Voraussetzungen für eine erfolgreiche Ausbildung mit. Handwerk sei heute auch Hightech: »Da muss man schon lesen und schreiben können«, hob Kentzler hervor. Doch 16 Prozent der ausländischen Jugendlichen hätten keinen Schulabschluss und knapp 40 Prozent der 25- bis 34-Jährigen keine abgeschlossene Berufsausbildung.

Bildungsferne Hauptschüler bekommen nach einem Beschluss des Deutschen Bundestages aus dem Jahr 2010 nun immerhin 3200 Sozialarbeiter an die Seite gestellt, für die der Steuerzahler 775 Millionen Euro aufwenden muss.[622] Wir nennen das »Bildungslotsen«. Es kostet uns unendlich viel Geld – das wir genauso gut gleich in den Kamin werfen könnten.

Mehr als jeder zweite deutsche Betrieb (54 Prozent) organisiert inzwischen für Migranten in unterschiedlichen Formen Nachhilfe im eigenen Unternehmen, ergab eine Umfrage unter 15 000 deutschen Firmen. Sie müssen zunehmend ausbügeln, was bildungsferne Migrantenelternhäuser und Schulen versäumt haben. Dabei geht es bei unseren Mitbürgern nicht nur um Rechnen,

Schreiben und Lesen. Immer häufiger mangelt es ihrem Nachwuchs bei der Ausbildung auch an Disziplin, Teamfähigkeit und Pünktlichkeit. Im Klartext: Sie lehnen unsere Werte ab.

Viele von ihnen haben einfach keinen »Bock auf Arbeit«, Beispiel Berlin 2010: Der Berliner Senat, die Industrie- und Handelskammer (IHK) sowie die Handwerkskammer werben mit der Kampagne »Berlins Wirtschaft braucht dich« um Schulabgänger mit »Migrationshintergrund«. Die Berliner Arbeitssenatorin Carola Bluhm (Die Linke) investierte eine halbe Million Euro, um potenzielle Schulabbrecher unter den Migranten zu unterstützen und für einen Ausbildungsberuf zu interessieren. 2000 von ihnen befinden sich Jahr für Jahr in Berlin in einer Warteschleife für eine Ausbildung. Im Herbst 2009 wurde jeder von ihnen persönlich angeschrieben, nur 700 kamen zu Vermittlungsgesprächen.[623] Der Rest hatte einfach keine Lust auf Bildung, Ausbildung oder Arbeit. Der Staat zahlt doch. Der Islam schreibt zudem die Tributpflicht der »Ungläubigen« vor. Und Sure 3, Vers 110 des *Koran* erklärt Muslime doch zu den Herrenmenschen dieser Welt. Warum sich da um die Zukunft Gedanken machen? Zwei Drittel der arbeitslosen Schulabbrecher unter den Migranten sind bei näherer Betrachtung nichts anderes als faulenzende Drückeberger.

Händeringend suchen deutsche Unternehmen derweilen qualifizierte Mitarbeiter – sie finden sie nicht. Allein Siemens hatte Mitte 2010 immerhin 2000 Stellen zu vergeben.[624] Gefragt sind dort vor allem Bewerber mit Abschlüssen etwa in Informatik, Maschinenbau, Elektrotechnik und Naturwissenschaften, aber eben keine Döner-Fachverkäufer.

Die Dummheit potenziert sich

Vor allem Zuwanderer aus dem islamischen Kulturkreis sind mehrheitlich keine sonderlich wissensdurstigen Mitbürger. Sie werden nie eine künftige, vor Leistung sprudelnde Elite bilden können, die eine komplexe, arbeitsteilige Hightech-Kultur schon mit der Muttermilch aufgesogen hat und die Zukunft der Europäer sichern könnte. Vor wenigen Jahrzehnten noch hatten wir inmitten Europas ein (positives) Problem mit vielen hochbegabten Kindern. Zur Förderung ihrer außergewöhnlichen Fähigkeiten wurden Stiftungen und Beratungsstellen für die Eltern gegründet, die mit ihren hyperaktiven intelligenten Kindern oftmals überfordert waren. Heute hat sich das (positive) Problem dank der demografischen Entwicklung durch Zuwanderung bildungsresistenter Bevölkerungsgruppen im Nichts aufgelöst. Heute registrieren wir nicht mehr den »Störfall Intelligenz«, sondern den »Störfall Dummheit«. Je mehr Migrantenkinder aus bildungsfernen Schichten geboren oder eingeschleust werden, desto mehr Verblödung ist zu beobachten. Stadtteil für Stadtteil. Stadt für Stadt. Region für Region. Die Dummheit potenziert sich.

Die frühere niederländische Integrationsministerin Rita Verdonk findet für diese Situation klare Worte: »Den Niederländern steht das Wasser wegen der Zuwanderer bis zum Hals.« Und sie hält rund 100 000 Zuwanderer für »zu dumm zum Arbeiten« – vor allem junge Mitbürger aus dem islamischen Kulturkreis.[625] In Deutschland ist man politisch korrekt – und zu feige, um das ganz offen auszusprechen.

Parallelgesellschaft: Steuergelder für Türkenschulen

Deutschland verblödet. In Mecklenburg-Vorpommern etwa kann man seit 2010 den Realschulabschluss auch mit dem Prüfungsergebnis »mangelhaft« (5) bestehen.[626] Die Botschaft, die dort an den Realschulen jetzt vermittelt wird, lautet: Du kommst durch – auch wenn du Mist baust! Weil viele unserer zugewanderten jungen Türken zu faul oder zu wenig intelligent sind, um die deutsche Sprache zu erlernen, fordert Türken-Ministerpräsident Erdogan nun separate türkische Gymnasien in Deutschland, in denen unsere türkischen Gastarbeiterkinder es einfacher haben und Türkisch sprechen können.[627] Er begründete seinen Vorschlag mit den anhaltenden Sprachproblemen vieler der drei Millionen Türken in Deutschland. Auch nach dem Abitur sollten seine Landsleute in Deutschland eine türkisch geprägte Ausbildung verfolgen können. Im Klartext: Für Türken ist Deutschland viel zu schwierig. Und deshalb müssen die Deutschen ihr Niveau den Türken anpassen – das heißt absenken. Wer das anders sieht, der schürt angeblich »Hass gegen die Türkei«. Der türkische Premier Erdogan unterstellte der deutschen Regierungschefin Angela Merkel sofort diesen »Hass gegen die Türkei«, als sie türkische Schüler in Deutschland höflich darum ersuchte, doch deutschsprachige Schulen zu besuchen.[628] Ende März 2010 fuhr Frau Merkel in die Türkei, um die Angelegenheit direkt mit Erdogan zu klären. Ihr Erfolg? Die Bundeskanzlerin zeigte sich danach offen für türkische Schulen in Deutschland und sagte: »Wenn Deutschland Auslandsschulen in anderen Ländern hat, zum Beispiel in der Türkei (…), dann kann es natürlich auch die Türkei sein, die Schulen in Deutschland hat.«[629] Wie leicht man sich doch als deutscher Politiker verbiegen lassen kann, wenn man kein Rückgrat hat.

Die ganze Debatte um die mögliche Gründung türkischer Schulen, die 2010 geführt wurde, war allerdings ziemlich verlogen. Denn schon längst existieren überall in diesem Land türkische Schulen.[630] Die derzeit mehr als 30 türkischen Schulen sind in Deutschland genau das Gegenteil von Integration: Alle Veranstaltungen sind bei ihnen auf die Türkei ausgerichtet. Sie entstanden aus Hausaufgabenhilfen für türkischstämmige Kinder. Sie bieten Ganztagsunterricht mit Schulspeisung; Abschottung lautet die Devise. Etwa die Hälfte der Kosten für die Türkenschulen in Deutschland zahlen Länder oder Kommunen, also die deutschen Steuerzahler. Den Rest finanzieren die Träger über Mitgliedsbeiträge und Spenden. Auch Lale Akgün, deutsch-türkische SPD-Bundestagsabgeordnete, fürchtet, die Türkenschulen würden zur Abschottung der Türken in Deutschland beitragen. Als Angela Merkel sich 2010 für diese Schulen aussprach, da gab es sie schon längst in großer Zahl. Damit nicht genug: Auch Altkanzler Gerhard Schröder setzte sich 2010 für noch mehr Türkenschulen in Deutschland ein. Und für noch mehr türkische Lehrer an deutschen Schulen.[631]

Kommt auch bei uns das »Dönerabitur«?

Wo man an staatlichen Schulen im Deutschland der Zukunft selbst mit mangelhaften Noten nun sogar noch die Mittlere Reife erlangt, da müssen die kirchlichen Schulen natürlich nachziehen: Dort steht nun immer öfter anstelle von abendländischen Werten Islamunterricht auf dem Stundenplan.[632] Und wir beschleunigen den Abschied vom einstigen Land der Dichter und Denker, indem wir Bildungsabschlüsse aus Ländern der Dritten Welt in Deutschland künftig als gleichberechtigt anerkennen.[633] Vor wenigen Jahren noch haben wir im deutschsprachigen Raum an allen Schulen jedes Jahr Goethes Geburtstag gefeiert, uns an die Weisheiten und Aphorismen des großen Deutschen erinnert. Welcher Jugendliche kennt heute noch Johann Wolfgang von Goethe? Stattdessen feiern wir heute an immer mehr Schulen Mohammeds Geburtstag. Und weil so das Bildungsniveau im einstigen Goethe-Land beständig sinkt, akzeptieren wir auch die Bildungsabschlüsse aus jenen Ländern, die fest in den Händen der Mohammed-Anhänger sind.

Ein in der Türkei oder Pakistan für ein wenig Bakschisch gekauftes Abitur berechtigt dann in Deutschland zum Hochschulstudium, ein afrikanischer Doktortitel macht aus einem Zuwanderer einen Klinikarzt. In einem Land, in dem immer mehr Migranten an unseren Schulen scheitern, kann man Defizite nun mit Dritte-Welt-Bildungsabschlüssen kompensieren. So wollen wir den Fachkräftemangel beheben. In Wirklichkeit ruinieren wir aber die geistige Basis des einstigen Landes der Dichter und Denker sowie das Ansehen von

»Made in Germany«. Deutschland avanciert zum Land der Ungebildeten und der Hilfsarbeiter – ist diese Prognose wirklich so gewagt, wie sie manchen noch auf den ersten Blick erscheinen mag?

Immer mehr gewerkschaftlich organisierte Lehrer helfen ihren Schülern bei der Verblödung – aus Gründen politischer Korrektheit. Sie nennen es eine »Diskriminierung«, wenn man von den Kindern unserer Zuwanderer die gleichen schulischen Leistungen verlangt wie von den Kindern ethnischer Deutscher. Der *Berliner Tagesspiegel* schrieb 2010 zu einem Aufruf von 1100 Lehrern: »Es sei eine ›Form der Diskriminierung‹, wenn Kinder aus sozialen Brennpunkten die Aufgaben lösen müssten, die für Schüler ›normal geförderter Mittelstandsfamilien‹ konzipiert seien.«[634] Im Klartext: Dummheit siegt. Dummheit und Faulheit müssen belohnt werden. Alles andere wäre ja »Diskriminierung«. Leistung darf sich nicht mehr lohnen.

In Berlin lohnt sich Leistung seit 2010 an den Schulen tatsächlich nicht mehr, obwohl die Schlagzeilen der Zeitungen auf den ersten Blick das Gegenteil suggerieren: Berliner »Abiturienten holen bayerische Schüler ein« hieß es da im Juli 2010 auf den Titelseiten.[635] Eine Zeitung jubelte: »Neue Bestimmungen bescheren Berlin die besten Ergebnisse aller Zeiten. Die Abiturienten haben sogar ihre bayerischen Mitschüler eingeholt. Auch viele Schüler mit Migrationshintergrund bekamen gute Abschlussnoten.« Was war passiert? Waren die Berliner Schüler über Nacht extrem fleißig geworden? Nein, man hatte einfach die Anforderungen für das Abitur in Berlin extrem abgesenkt. Und das Niveau soll sogar noch weiter zurückgefahren werden. Vielleicht werden Berliner Schüler mit »Migrationshintergrund« schon im nächsten Jahr bundesweit die besten Abiturzeugnisse haben. Darüber hinaus sollen auch Intensivstraftäter, die häufig in der Schule fehlen und keine Chancen auf einen Bildungsabschluss haben, in der Bundeshauptstadt die Chance auf das Abitur erhalten, um von der Gesellschaft nicht ihr Leben lang »diskriminiert« und »ausgegrenzt« zu werden.

Gutmenschen fordern, die Schulklassen zu verkleinern und Migrantenkinder intensiver zu betreuen. Dann klappt's angeblich auch mit deren Bildung. Dumm gelaufen: Eine bundesweite Studie des Dortmunder Bildungsforschers Wilfried Bos belegte 2010, dass die Verkleinerung von Schulklassen rein gar nichts bringt – außer höhere Kosten.[636] Dieses Ergebnis war natürlich politisch nicht korrekt. So stellte man einem anderen Bildungsforscher, Professor Jürgen Baumert, im Juni 2010 auch die Frage zu den Klassengrößen in der Hoffnung, die Antwort sei eine andere. »Je kleiner, desto besser?« Der Bildungsforscher antwortete: »Nein, gerade nicht. Die Verkleinerung von Klassen ist wenig wirksam, aber extrem teuer.«[637] So ein Pech aber auch!

Trotzdem werden die Klassen verkleinert – und wir Steuerzahler kommen mal wieder dafür auf. Das Ergebnis sieht man beispielsweise in den Schulen der Berliner Migrantenviertel: Drittklässler sind inzwischen durchweg nicht einmal mehr imstande, visuell acht Klötze zu erfassen, die vor ihnen auf dem Pult des Lehrers liegen. Stattdessen müssen sie diese einzeln nachzählen.[638]

Im Sommer 2010 wurde eine EU-weite Studie bekannt, die man den Steuerzahlern in den deutschsprachigen Ländern lieber gar nicht erst offenbarte. Mit ihr legte der Niederländer Jaap Dronkers im Juni 2010 an der Universität Maastricht seine Habilitationsschrift als Soziologe vor.[639] Dronkers, der sich seither Professor nennen darf, hatte über Jahre hinweg die Auswirkungen von Migrantenkindern auf das Lernverhalten in Schulklassen mit ethnischen europäischen Schülern untersucht.[640] Den Ergebnissen der Studie zufolge können Migranten als Schüler in Schulklassen extrem positive Auswirkungen haben, wenn sie etwa aus bildungsbeflissenen Regionen wie beispielsweise Asien stammen. Genau das Gegenteil ist allerdings der Fall bei Schülern aus islamischen Ländern. Wo sie in europäischen Schulklassen auftauchen, da ziehen sie alle ethnischen europäischen Schüler mit ihren Leistungen nach unten. Am schlimmsten sind diese Auswirkungen in hierarchischen Schulsystemen, wie es sie in den Niederlanden und in Deutschland gibt.[641] Ein weiteres Ergebnis der Studie: Dieser Effekt hat absolut nichts mit der sozialen Lage des Elternhauses der Migranten zu tun und auch nichts mit dem Schulsystem. Es liegt einzig an der Einstellung des Elternhauses zum Thema Bildung. In dieser Hinsicht bilden die Mitbürger aus der islamischen Welt eben das Schlusslicht. Daran wird auch noch so viel Geld, das man in sie hineinpumpt, nichts ändern. Ethnisch homogene Schulklassen weisen nach Angaben dieser Langzeitstudie der Universität Maastricht die besten Leistungen auf. Und mit Asiaten können diese Leistungen sogar noch gesteigert werden. Jeder Schüler aus dem islamischen Schulkreis aber verschlechtert die Leistung der ganzen Klasse. Solche Schüler führen ganze Schulklassen in die Verblödung.[642]

Das hier Geschriebene gilt nicht nur für Deutschland. Auch Österreich verblödet. Vor allem dank türkischer Zuwanderung. Eine OECD-Studie über Migration und Bildung bestätigte das den Österreichern im Jahr 2008 schwarz auf weiß: Über die Migranten aus der Türkei in Österreich hieß es da: »Von ihnen haben nur zwei Prozent Hochschulbildung, während 17 Prozent zumindest eine Berufsausbildung haben und 81 Prozent nicht einmal darüber verfügen.«[643] Rund 20 Prozent der österreichischen Türken schaffen nicht einmal den Hauptschulabschuss (»Primarabschluss«), und 81 Prozent aller Türken in Österreich können keine Berufsausbildung vorweisen. Wer soll da später mal die Rente für die Österreicher verdienen?

Wie wird sich das Ganze weiterentwickeln? So wie in Großbritannien? Dort gibt es das Abitur seit 2010 bei *McDonald's* zum Mitnehmen. Sie halten das für einen Scherz? Es ist aber keiner. Die Schnellimbisskette bietet ihren Mitarbeitern im Inselkönigreich eine Ausbildung an, bei der diese nicht mehr die Schulbank drücken müssen, sondern mit reiner Fast-Food-Praxis an das Studium herangeführt werden.[644] Die für Ausbildung zuständige britische Behörde wählte die Fast-Food-Kette als eines von drei privaten Unternehmen aus, die ihren Auszubildenden die Hochschulreife oder sogar ein staatlich anerkanntes Universitätsdiplom verleihen können. Auch der Billigflieger *Flybe* und die für die Instandhaltung des britischen Schienennetzes verantwortliche Firma *Network Rail* dürfen künftig entsprechende Diplome vergeben. In Zukunft kann dann also ein gelernter britischer Fast-Food-Mitarbeiter mit einem anderen Europäer, der mehr als ein Jahrzehnt lang Wissen in der Schule erworben hat, gleichberechtigt an einer Hochschule »studieren«. Kommt also auch in Deutschland bald das »Dönerabitur«?

Großbritannien zeigt uns deutlich, wohin die Entwicklung geht. An immerhin 1500 staatlichen Schulen hat die Mehrheit der Schüler Englisch nicht mehr als Muttersprache. Im Jahr 1997 – als die sozialistische *Labour*-Regierung (die der Masseneinwanderung die Tore öffnete) ihr Amt antrat –, existierten 866 solcher Problemschulen im ganzen Land. Im Jahr 2010 waren es schon 1545; die meisten von ihnen findet man im Großraum London.[645] In Birmingham stellen an 116 Schulen Schüler, die Englisch allenfalls als Zweitsprache haben, die Mehrheit. In Bradford an 60 Schulen, in Leicester an 34, in Manchester an 33, in Lancashire an 30 und in Kirklees an 30 Schulen. Ethnische Briten, deren Kinder Englisch sprechen, scheinen zu einer vom Aussterben bedrohten Minderheit zu werden.

Am Rande sei darauf hingewiesen, dass diese erschreckenden Zahlen inzwischen auch für Länder wie Österreich gelten. Einige Beispiele aus der Steiermark, die aus dem Jahr 2010 stammen: Die Zahl der Ausländer an steirischen Hauptschulen hat sich in den vergangenen 20 Jahren verelffacht. In Graz gibt es jetzt schon mehrere Hauptschulen, in denen Deutsch sprechende Kinder in der absoluten Minderheit sind. Der Grazer FPÖ-Chef Mario Eustacchio sieht massive Probleme auf die Steiermark zukommen: »Das Niveau in den Schulen sinkt. Das betrifft inländische, aber auch ausländische Kinder. Die Zukunft von jungen Menschen, die nicht ordentlich Deutsch können, sieht düster aus.«[646]

Ekel pur: Fäkalkeime in der Dönersauce

Wir lösen solche Probleme auf merkwürdige Art: Wir wollen beispielsweise Dönerbuden zu großen Ausbildungsbetrieben machen. Möglichst viele Türken sollen Verkäufer für Dönerspieße werden. Das ist angeblich Deutschlands Zukunft. Wir haben ja auch erst 16 000 Dönerbuden in Deutschland.

Eine davon haben wir bereits in einem früheren Kapitel kennengelernt, wo wir uns mit dem bildungsresistenten und unhygienischen Dönertürken im sauerländischen Brilon beschäftigen mussten, der wegen seiner Ekelküche nie wieder Döner verkaufen darf. Dabei dürfte es bundesweit nur noch wenige Lebensmittelkontrolleure und Polizeidienststellen geben, die nicht längst schon von ihren Kollegen wüssten, dass an immer mehr Orten in Europa bei Lebensmittelkontrollen in den Dönersaucen sogar Fäkalien gefunden wurden. Der Autor dieses Buches hatte es bei den ersten Recherchen 2009 noch für einen üblen und rassistischen Scherz gehalten, dass angeblich in manchen Dönerbuden aus reinem Hass auf die ethnischen Europäer von den männlichen Mitbürgern mitunter bei der Zubereitung in die weißen Dönersaucen onaniert wird. Auch die – etwa aus Großbritannien bekannte – gelegentliche Beimischung von Fäkalien hielt er bis dahin für Einzelfälle.

Ein Beispiel: Da verkauften Orientalen in der Nähe der britischen Universität Cardiff an die Passanten bei einem Take-away »leckere« braune Kuchen. Doch denen waren Fäkalien beigemischt.[647] Das Personal nahm Exkremente und strich die Kuchen damit ein. Einem der Käufer fiel der merkwürdige Geschmack auf. Daraufhin nahm er das Gebäck mit zum Gesundheitsamt. Anschließend ging alles ganz schnell. Die Migranten leugneten zunächst. Dann aber gestanden sie doch.

Bleiben wir in Großbritannien: Dort wurden in den vergangenen Jahren immer mehr dieser bizarren und äußerst merkwürdigen Fäkalienattacken auf unsere Nahrungsmittel registriert. Im Mai 2008 etwa stand in Großbritannien der aus Algerien stammende 42 Jahre alte Mitbürger Sahnoun D. vor Gericht. Er hatte die Briten auf eine bisher nicht bekannte Art kulturell »bereichert«: Er streifte durch die Lebensmittelabteilungen von Supermärkten und versprizte dort aus einem Umhängebeutel – über den Lebensmitteln – seinen Urin. Am 14. Mai 2008 suchte er zwei Supermärkte heim, am 16. Mai zwei weitere. Er hatte zuvor jeweils auf einer Toilette in eine Sprühflasche uriniert. Danach beglückte er die Lebensmittelabteilungen mit seinen »Wohlgerüchen« und Fäkalienkeimen. Der Mann war sehr von sich überzeugt. Eine Verkäuferin fragte er nebenher, was es denn kosten würde, wenn er sie vergewaltige …

Übrigens versprühte der Mitbürger seinen Urin nicht nur in Supermärkten, sondern überall dort, wo sich Gelegenheit dazu bot. In einem Pub beispielsweise. In der Stadt Cirencester suchte er gar eine große Buchhandlung auf. Er verteilte dort seinen Urin über 706 Bücher – die man danach alle wegwerfen musste. Die betroffenen Supermärkte und Buchhandlungen mussten nach dem Bereicherungstrip des Algeriers vorübergehend geschlossen werden. Über 10 000 britische Pfund Schaden hatte allein dieser Mitbürger bisher angerichtet – der sich übrigens nicht schuldig wähnte.[648] Man kann nicht mit Sicherheit sagen, in welchem islamischen Land der Fäkalien-Dschihad seinen Ursprung hat, denn die zugewanderten muslimischen Täter werden in vielen westlichen Staaten aktiv. In Dallas (Texas, USA) stand beispielsweise der Mitbürger Behrouz Nahidmobarekeh vor Gericht, weil er seine Fäkalien in der Mikrowelle getrocknet und dann auf Leckereien in Bäckereien verbreitet hatte, die arglose Kunden verzehrten.[649] Gewiss, das sind wahrlich unappetitliche Geschichten, und man kann verstehen, dass Medien sie nur ungern aufgreifen. Aber sie haben sich ereignet – und sollten nicht verschwiegen werden.

Immer wieder mal berichtete sogar die renommierte BBC über katastrophale Hygienezustände in orientalischen Restaurants, wo Mäusekot und Kakerlaken selbst in islamkonformen Halalspeisen gefunden wurden.[650] Sie ist mit dieser Berichterstattung nicht allein, gelegentlich – wenn auch ganz versteckt – berichtet auch die *Times* über ähnliche Vorfälle.[651]

In Deutschland dürfen die »Qualitätsmedien« nicht über derartige Fälle berichten, denn das würde ja unsere zugewanderten »Potenziale« »diskriminieren«. Doch nach Gesprächen mit deutschen Polizisten und Lebensmittelkontrolleuren hat der Autor 2010 den Eindruck gewonnen, dass die Lage hierzulande nicht anders ist als in Großbritannien. In manchen kontrollierten Dönerbuden hat man nach einem als vertraulich eingestuften Bericht bei Kontrollen im Jahr 2009 Fäkalkeime oder sonstige ekelerregende Beimischungen gefunden – vor allem in den weißen Saucen. Der Autor konnte mit Polizisten und Lebensmittelchemikern sprechen, die früher häufig mit Genuss türkische Döner mit weißer Knoblauchsauce gegessen hatten. Seitdem sie allerdings wissen, was diesen mitunter beigemischt wird, verzichten sie auf die »orientalischen Genüsse«. Häufig findet sich in Dönern auch das tückische Bacillus Cereus. Der Erreger überlebt höchste Erhitzung und wird aktiv, wenn die Temperatur unter 60 Grad fällt. Er bildet massenhaft Sporen, die dann gefährliche Giftstoffe im Döner produzieren.[652]

In Deutschland hat das ZDF einmal öffentlich vor dem Verzehr von Döner gewarnt: »Der Verzehr von Döner-Kebap kann die Gesundheit gefährden, so das Ergebnis einer WISO-Stichprobe in Berlin. In zwölf von 22 Dönerproben war die Gesamtkeimzahl extrem hoch. In vier Fällen wurden Krankheitserreger nachgewiesen, die in Nahrungsmitteln grundsätzlich nicht zulässig sind. Der Mikrobiologe Gero Beckmann kaufte in den Imbissen der Stichprobe insgesamt 22 Döner. Diesem Fleisch entnahm er seine Proben, die er dann auf Keime in einem Labor untersuchen ließ. Das Ergebnis: Bei zwölf Proben war die Gesamtkeimzahl mit mehr als einer Milliarde koloniebildender Einheiten extrem hoch.«[653] Der Bericht sorgte allerdings für Ärger unter der türkischen Dönerlobby. Sie protestierte energisch. Seither gibt es solche Berichte in den deutschen Medien nicht mehr.

In Italien wird die Bevölkerung demgegenüber jetzt in öffentlichen Mitteilungen darauf hingewiesen, dass die »ethnischen Speisen« (so nennt man in der italienischen Behördensprache die Gerichte unserer zugewanderten Mitbürger) häufig mit Parasiten verseucht sind oder extrem unhygienisch und ekelerregend zubereitet werden. Von 800 allein an einem Mai-Tag 2010 von den Carabinieri in Italien kontrollierten nichteuropäischen »Lokalen« verstießen 569 gegen die Hygienebestimmungen und andere Auflagen. 21 Tonnen für Europäer nicht genießbare »Speisen« wurden allein an diesem einen Tag bei unseren Mitbürgern beschlagnahmt![654]

Seit 2010 wird in Berlin die erste Messe für Dönerverkäufer veranstaltet.[655] Wir sehen hier den Abstieg von einstmals hoch qualifizierten deutschen Ausbildungsberufen in die mitunter ekeligen Gammelfleischbuden der Gosse. Doch wie sagte unsere Staatsministerin Maria Böhmer 2010: »Junge Migranten sind die Fachkräfte von morgen«.[656] Tatsächlich brauchen wir diese Dönerfachkräfte in Deutschland künftig nicht. Warum? Nun, ganz einfach: Auf der ersten türkischen Dönermesse wurde seitens türkischer Dönerfachverkäufer die erste vollautomatische Dönermaschine vorgestellt, die ferngesteuert die Arbeit der zugewanderten Arbeitskräfte übernimmt.[657] Unsere Zuwanderer sorgen also schon selbst dafür, dass auch jene, die trotz aller Ekelkeime weiterhin Döner essen möchten, türkische Mitbürger dafür garantiert nicht mehr in Europa benötigen.

Haben Sie sich beim Lesen dieses Kapitels einmal klargemacht, welche Folgekosten die ekeligen Dönergerichte uns allen auferlegen?

Tod im Krankenhaus: Hygieneschlamper schleppen Keime ein

Bekommen wir auch bald Zustände wie in britischen Krankenhäusern – dank der vielen Zuwanderer aus der Dritten Welt, die dort beschäftigt sind? Immer öfter wird man in Krankenhäusern nicht gesund, sondern krank. Überall sterben in europäischen Krankenhäusern immer mehr Menschen an Infektionen, die bei Einhaltung der Hygienerichtlinien vermeidbar wären. Die Kosten, die unsere Gesellschaft dadurch erleidet, sind gewaltig.

Einer europaweiten Studie aus dem Jahr 2010 zufolge gibt es vor allem bei Ärzten und Pflegepersonal ein mangelndes Hygienebewusstsein in Krankenhäusern. Die Zeitung *Die Welt* berichtete: »Auslöser der Infektionen sind fast immer Ärzte oder Pfleger, die beispielsweise aus Zeitmangel die Schutzmaßnahmen nicht beachten.«[658]

Aber was sind das für Ärzte und Pfleger? Handelt es sich bei ihnen um ethnische Europäer oder etwa immer häufiger um unsere zugewanderten »Potenziale«, die mit steigender Tendenz durch mangelnde Hygiene auffallen? Schauen wir uns die Hygieneschlamper doch einfach einmal etwas genauer an: Bestimmte Zuwanderer haben als Ärzte und Pfleger aus »religiösen« Gründen völlig andere Vorstellungen von Hygiene und der Einhaltung der diesbezüglichen Richtlinien in den Krankenhäusern als wir Europäer. Viele Muslime etwa lehnen Desinfektionsmittel ab, die den vom *Koran* verbotenen Alkohol enthalten. Das alles sollten Sie wissen, wenn Sie, ein Freund oder Angehöriger in ein Krankenhaus gehen und es wieder lebend verlassen wollen. So müssen sich in Großbritannien Zuwanderer aus dem islamischen und asiatischen Kulturkreis, die als medizinisches Personal in Krankenhäusern tätig sind, seit 2010 nicht mehr an die strengen Hygienerichtlinien halten, mit denen Hyperinfektionen verhindert werden sollen.[659] Nein, das ist kein Scherz – das ist eine katastrophale Folge der »kulturellen Bereicherung«.

Überall in Europa sterben immer mehr Menschen in Krankenhäusern, die ein Krankenhaus vor wenigen Jahren noch garantiert gesund und munter wieder verlassen hätten. Das Thema ist sensibel. Es gibt keine konkreten Statistiken, die veröffentlicht werden.[660] Warum das alles so ist, lehrt uns der Blick nach Großbritannien, denn dort sagt man den Menschen inzwischen die Wahrheit.

Vor wenigen Jahren fiel auf, dass muslimische Pfleger und Ärzte sich in den britischen Krankenhäusern Hände und Arme nicht vorschriftsmäßig desinfizierten.[661] Sie weigerten sich aus »religiösen« Gründen, alkoholhaltige Desinfektionslösungen zu benutzen. Vonseiten der Krankenhausleitungen reagierte man zuerst mit einer »Null-Toleranz-Politik«, wollte die Zuwanderer zur Einhaltung der Bestimmungen zwingen.[662] Doch viele orientalische und asiatische Hygieneschlamper verweigerten sich beharrlich. Sie errangen 2010 sogar einen Erfolg: Muslime und Angehörige der Religionsgemeinschaft der Sikhs sind in Großbritannien jetzt von den strengen Hygienerichtlinien in Krankenhäusern ausgenommen.[663] Immer mehr medizinisches Personal aus dem islamischen Kulturkreis hatte sich geweigert, den Anordnungen zur Einhaltung der Desinfektionsbestimmungen Folge zu leisten, sodass ihnen schließlich seitens der britischen Regierung 2010 nachgegeben wurde – ein ungeheuerlicher Vorgang![664]

Auch beim Besuch von Intensivstationen gibt es ja seit Langem schon die Ausnahme, dass muslimische Verwandte sich – aus »religiösen« Gründen – nicht die Hände mit einer Desinfektionslösung benetzen müssen. Das alles ist unter anderem eine Erklärung dafür, weshalb in unseren europäischen Krankenhäusern von Jahr zu Jahr mehr Hyperinfektionen auftreten – und mehr Patienten im Leichenwagen statt geheilt aus dem Krankenhaus kommen. Über die so verursachten Kosten, die wir alle tragen müssen, macht sich vorsichtshalber niemand Gedanken.

In Großbritannien werden Tag für Tag 1400 Zuwanderer gezählt, die in das Land strömen. Statistisch gesehen kommt jede Minute ein Migrant neu ins Land. Im Jahr 2009 waren es 518 000 Migranten, die nach Großbritannien einreisten. Man versucht, ihnen Arbeit zu geben, etwa als Pflegekräfte, Schwestern, Pförtner und Reinigungsfachkräfte in den staatlichen Krankenhäusern. Während die Ärzte des Landes zwingend – so will es das Gesetz – die englische Sprache beherrschen müssen, gilt dieses nicht für die Bediensteten britischer Krankenhäuser.[665] An manchen britischen Krankenhäusern arbeiten derzeit Zuwanderer aus 70 verschiedenen Ländern. In Oxford findet sich im größten Krankenhaus Personal aus Haiti, Polen, dem Irak, Afghanistan, Pakistan sowie Burma. Viele zugewanderte Pflegekräfte können weder lesen noch schreiben. In der Folge kommt es zu unglaublichen Vorfällen: Patienten, die intravenös ernährt werden müssen, werden durch solche zugewanderten Pfleger Mahlzeiten neben das Bett gestellt, und anderen, die vor Durst schreien, injizieren diese »Fachkräfte« so lange Schmerzmittel, bis diese dem Tode nahe sind. Allein am staatlichen *Stafford Hospital* sind nach offiziellen Angaben 1200 (!!!) Patienten nur deshalb ums Leben gekommen, weil die Hilfs- und Pflegekräfte nicht die geringste Kenntnis von dem hatten, was sie hätten tun sollen. Dort riefen verdurstende Patienten die Polizei (die sich zu kommen weigerte) und tranken in letzter Not das Wasser aus den Blumenvasen, bevor sie im Bett verdursteten.[666]

Sie halten das ganz bestimmt für rassistische Propaganda gegenüber bestimmten Pflegekräften? Dann lesen Sie den offiziellen Untersuchungsbericht im Internet.[667] Zustände wie in einem Land der Dritten Welt bescheinigte die Untersuchungskommission britischen Krankenhäusern. Die bettlägerigen Patienten mussten bis zu einen Monat in ihrem eigenen Kot und Urin liegen, weil Pflegerinnen sich weigerten, die schwerstkranken Patienten zu waschen. Der britische Premierminister musste sich – nachdem die unglaublichen Zustände in den staatlichen Kliniken bekannt wurden – öffentlich dafür entschuldigen. Eine von ihm eingesetzte Kommission tat nichts weiter, als alle Krankenschwestern und Pfleger dazu aufzurufen, künftig korrekt zu arbeiten.[668] Sonst gab es keine Konsequenzen. Eine Reinigungsfachkraft, die einem frisch operierten Bypass-Patienten im Jahr 2010 den Wischmob und Putzeimer hinstellte und ihn dazu ermunterte, sein Krankenzimmer selbst zu reinigen, hatte jedenfalls keine Konsequenzen zu fürchten.[669] Und Hilfspfleger Naraindrakoomar Sahodree, 59, der eine an Multipler Sklerose leidende bettlägerige Patientin im Krankenhaus vergewaltigte, durfte dort auch nach dieser Straftat 2010 weiter Dienst tun – schließlich herrscht Mangel an »guten« Pflegekräften.[670] All das und noch viel mehr muss man heutzutage in britischen Krankenhäusern schlichtweg hinnehmen. Wen wundert es, dass sich die Zustände nicht bessern, wenn man weiterhin die Arbeitskräfte aus Staaten der Dritten Welt importiert?

Ein Beispiel: Die 19 Jahre alte Mutter Rachel Mulhall hatte 2010 in Manchester sechs Mal in einem staatlichen Krankenhaus die Notaufnahme wegen extrem starker Schmerzen im Kopf aufgesucht.[671] »Kopfschmerzen«, diagnostizierte das Personal – und man schickte die junge Mutter mit Schmerztabletten wieder weg. Zwischenzeitlich ist Rachel Mulhall blind, wird ihre kleine Tochter nie mehr sehen können. Frau Mulhall hatte keine »Kopfschmerzen« – sie hatte einen Tumor, der sie inzwischen erblinden ließ.

Im Jahr 2010 recherchierte ein britischer Fernsehsender übrigens nach, ob der öffentlichen Entschuldigung des Premierministers für die grauenvollen Zustände in den Kliniken des Landes denn in der Realität auch eine Besserung gefolgt sei. Das schockierende Ergebnis: In den staatlichen Krankenhäusern arbeiten jetzt noch mehr illegal eingereiste Migranten. Acht Prozent des Krankenhauspersonals sind den Nachforschungen des Fernsehsender zufolge Illegale, die nicht einmal Gesundheitskontrollen absolviert haben![672]

Glauben Sie allen Ernstes, in Deutschland verlaufe die Entwicklung anders? Nun, dann freuen Sie sich schon einmal auf den nächsten Besuch im Krankenhaus. Tatsache ist nämlich, dass auch hierzulande der Ruf, in Pflegeberufen endlich mehr Migranten zu beschäftigen, immer lauter wird: »Ausländer sollen Pflegenot beheben«, titelte etwa die *Financial Times Deutschland* im Jahr 2010.[673] Der Arbeitgeberverband Pflege fordert eine Greencard für Ausländer, die dann in Deutschland einen Pflegejob ergreifen sollen. Irgendwie scheint man da wohl noch nicht mitbekommen zu haben, welche Zustände in Großbritannien herrschen, weil man Migranten in Scharen zu Pflegern befördert hat. Wir wollen die Fehler anderer Staaten offenkundig begierig nachahmen – die Folgen tragen dann die Patienten. Der deutsche Ärztepräsident Jörg-

Dietrich Hoppe kritisierte 2010 die Zunahme von unqualifiziertem Personal in Kliniken. Häufig würden Ärzte und Pfleger mit unzureichenden Deutschkenntnissen eingesetzt, die es den Patienten erschweren, sich mitzuteilen. Der Grund für die Beschäftigung nichtqualifizierten Personals sei die chronische Unterfinanzierung der gesetzlichen Krankenkassen und der akute Mangel an Fachkräften.[674] Wir zucken da mit den Schultern und machen weiter wie bisher – bis wir selbst oder nahe Angehörige im Krankenhaus liegen und die katastrophale Realität mitbekommen.

Wie schlimm die Zustände in deutschen Krankenhäusern hinsichtlich des Themas Hygiene bereits sind, belegt eine Schweizer Maßnahme, die eigentlich alles sagt: Patienten, die in einem deutschen Krankenhaus an einer Wunde behandelt wurden und anschließend in ein Schweizer Krankenhaus gelangten, um dort eine weitere Behandlung zu erfahren, mussten wegen der dort bekannten mangelnden deutschen Hygiene erst einmal in Quarantäne! Ein entsprechender Schweizer Bericht wurde 2010 mit den Worten überschrieben »Der Tod lauert im Spital«.[675]

Wir importieren in Deutschland die Hygienestandards der Dritten Welt, etwa aus der Türkei, anstatt die unseren zu verbessern. Seit 1990 ist die Zahl der Krankenhausinfektionen hierzulande stetig gestiegen. Das hat natürlich auf den ersten Blick rein gar nichts mit der wachsenden Zahl von Krankenhausmitarbeitern aus Ländern der Dritten Welt zu tun – so jedenfalls die politisch korrekte Auffassung. Die Wirklichkeit ist freilich eine ganz andere. So verwundert es auch nicht, wenn immer mehr deutsches Pflegepersonal und auch deutsche Ärzte ihre Koffer packen und gehen. Es gibt andere Staaten, in denen es in den Kliniken (noch) sauber und hygienisch zugeht. Und bezahlt wird dort auch besser.

Etwa in der Schweiz. Wobei als Einschränkung hinzugefügt werden muss, dass es auch dort bereits Zuwanderer gibt, die in Krankenhäusern und Altenheimen ihr Unwesen treiben. Schauen wir uns nur einmal das Beispiel der Mitbürgerinnen Azra Z., Ganimeti A., Gordana A. und Marianna A an. Im schweizerischen Ort Entlisberg sind die Migrantinnen als die »Skandalpflegerinnen« bekannt. Sie haben mit Fäkalien verschmierte Patienten in ihren Betten liegen lassen, diese ausgelacht und auch noch mit der Kamera des Mobiltelefons gefilmt! Demente und mit Kot verschmierte Patienten wurden von ihnen in übelster Art verhöhnt. Nicht etwa aus Sorglosigkeit, sondern vorsätzlich haben sie die Würde ihrer Opfer verletzt. Und was geschah dann? Die Angeklagten Azra Z. und Ganimeti A. erschienen erst gar nicht vor Gericht, die beiden anderen bestritten jede Beteiligung, obwohl die Filmaufnahmen ganz eindeutig belegten, was vorgefallen war.[676] Deutsche Medien berichteten natürlich nicht darüber. Die Angeklagten hätten einen eklatanten »Mangel an Sozialkompetenz« gezeigt, erklärte der Richter.[677]

Über mangelnde »Sozialkompetenz« verfügte im Mai 2010 auch eine in ein islamisches Ganzkörpergewand gekleidete Mitbürgerin im Krankenhaus Maggiore von Parma/Italien. Die Mitbürgerin raubte einer hilflosen und an ein EKG angeschlossenen bettlägerigen Patientin die goldene Halskette. Im Flur spuckte sie dann noch auf ein Kreuz, das dort an der Wand hing. Das ergab die Videoauswertung der Überwachungskameras durch die Carabinieri. Die italienische Polizei sprach fassungslos von einem »Akt religiöser oder rassistischer Intoleranz«.[678]

Kostenfaktor Wachschutz: immer mehr gewalttätige Migranten in Krankenhäusern

Im Krankenhaus müssen die deutschen Patienten nunmehr lernen, dass zugewanderte kranke Mitbürger sehr viel Besuch bekommen können. Das berichtete etwa der Berliner *Tagesspiegel* unter der bezeichnenden Überschrift »Besondere Patienten«: »Wenn sich ein Muslim das Bein bricht und im Krankenhaus landet, kann der gewöhnliche deutsche Mitpatient schnell neidisch werden. Muslime bekommen nämlich viel Besuch. Es gilt als Ehre, einen Kranken zu besuchen – und so stehen schon mal 20 Verwandte und Bekannte um das Bett herum. ›Mit solchen Situationen muss das Pflegepersonal umgehen können, denn die Zahl der Patienten mit Migrationshintergrund wächst‹, sagt Ulrich Söding, Ausbildungsleiter der Berliner Vivantes-Kliniken.«[679]

Deutsche Kliniken bemühen sich jetzt um eine sogenannte »kultursensible Pflege«. Wir nehmen nicht länger Rücksicht auf die kranken deutschen Patienten in den Krankenzimmern, die ihre Ruhe haben und genesen wollen. Nein, wir sollen uns darüber freuen, wenn am Nachbarbett eines kranken deutschen Patienten zugewanderte Großfamilien palavern.

Die »kulturelle Bereicherung« in unseren Krankenhäusern nimmt mittlerweile sprichwörtliche Ausmaße an. Da ließ uns eine Berliner Zeitung im Februar 2010 über unsere Migranten als Patienten in den Krankenhäusern wissen: »Pöbeleien, körperliche Attacken, manchmal sogar lebensgefährliche Verletzungen – für die Mitarbeiter in den Rettungsstellen einiger Berliner Krankenhäuser sind die Zeiten hart geworden. Sie werden immer öfter angegriffen.«[680] Weil ein 27-jähriger Migrant mit Schmerzen im Fußgelenk in die Notaufnahme kam und nicht vor anderen deutschen Notfällen bevorzugt behandelt wurde – wie er es erwartete –, stach er mit seinem Messer zwei Mal auf einen Pfleger ein und verletzte diesen schwer. Der Pfleger erlitt eine Verletzung der Lunge und musste drei Tage lang auf der Intensivstation behandelt werden. Ein Einzelfall? Nein, keineswegs. Der Chefarzt berichtet: »So manche Schwester kommt weinend zu mir, wenn sie wieder einmal als Hure oder Abschaum beschimpft wurde.« Oft ist es wegen der Sprachprobleme schwierig, den Zuwanderern zu vermitteln, dass Schwerkranke Vorrang vor einfachen gesundheitlichen Problemen haben. Letztlich kann es nicht verwundern, wenn wir an immer mehr Krankenhäusern, in deren Umgebung viele bildungsferne Migranten leben, mit amerikanischen Verhältnissen konfrontiert werden: Bevor die Mitbürger ins Krankenhaus dürfen, müssen sie auf Waffen untersucht werden. Kliniken wie das Vivantes-Krankenhaus in Berlin-Neukölln verfügen inzwischen über einen Wachschutz. Anders ist die Sicherheit nicht mehr zu gewährleisten.

Schildbürgerstreiche: die Umbenennung von Straßen

Im Frühjahr 2010 kündigte das Bundesverkehrsministerium die Einführung neuer Straßenschilder an. Das Ministerium wollte den Kommunen die Kosten dafür aufbürden.[681] Die bankrotten Gemeinden hatten aber kein Geld für den Schilderirrsinn – sie protestierten. Also wurde die Aktion gestoppt.

Niemand käme im bankrotten Deutschland allerdings auf die Idee, die flächendeckenden und kostspieligen Aktionen der Umbenennung von Straßen sofort zu beenden. Hierbei geht es ja schließlich um den Wahnsinn der politischen Korrektheit. Und dafür spart man lieber an Kindergartenplätzen oder der Altenbetreuung – Hauptsache, unsere Migranten sind zufrieden.

Die Deutschen nennen aus Gründen politischer Korrektheit ihre Straßen um – und geben ihnen Namen von Migranten. Beispiel Berlin: Da wurde 2009 aus dem nach einem deutschen Forschungsreisenden benannten Kreuzberger »Gröbenufer« das »May-Ayim-Ufer«, benannt nach einem 1996 verstorbenen afrikanischen »Antirassisten«.[682] Politisch korrekt werden in Städten wie Köln und Berlin die »Mohrenstraßen« umbenannt – gegen den Willen der Anwohner.[683] Aber auf ihre Kosten. Allein in Berlin erhalten jetzt rund 70 Straßen den Zuwanderern zuliebe neue Namen. Dafür sorgen Menschen wie die zugewanderte Mitbürgerin Kwesi A. Sie arbeitet Medienberichten zufolge dafür, dass beispielsweise die Berliner Lüderitzstraße, der Nachtigallplatz, die Petersallee, die Woermannkehre, die Lansstraße, die Iltisstraße, der Maerckerweg und die Wissmannstraßen in Neukölln und Wilmersdorf neue, politisch korrekte Namen erhalten.[684] Vielleicht wird aus dem angeblich so rassistischen Berliner

Nachtigallplatz ja bald schon ein Mohammed-Platz und aus der Petersallee eine Öztürk-Allee.

Es existiert da allerdings ein winziges Problem: Während wir in Berlin dank Zuwanderern vom Schlage einer Kwesi A. Straßen wie die Lüderitzstraße politisch korrekt umbenennen wollen, weil der Name ja sonst wegen der deutschen Kolonialgeschichte möglicherweise Schwarze in Afrika beleidigen könnte, weigern sich die Schwarzen Afrikas, die Lüderitzbucht und die Stadt Lüderitz politisch korrekt umzubenennen. Die afrikanische Lüderitzbucht heißt Jahrzehnte nach der Unabhängigkeit Namibias (des früheren Deutsch-Südwestafrikas) heute immer noch Lüderitzbucht, und auch der nahe gelegenen afrikanische Stadt Lüderitz wollen die Schwarzen dort um keinen Preis einen anderen Namen geben. Bucht wie Stadt sind ebenso wie auch die Berliner Lüderitzstraße nach dem Bremer Kaufmann Adolf Lüderitz benannt, der die Bucht 1883 erworben hatte – »Antirassisten« sprechen von kolonialem »Betrug«.[685] Auch der nach dem Nachfolger Bismarcks benannte Caprivi-Zipfel, der Deutsch-Südwestafrika Zugang zum Sambesi-Fluss verschaffte, heißt heute in Afrika immer noch so. Während man nun das sogenannte Afrikanische Viertel in Berlin komplett »antirassistisch« und »antikolonialistisch« auf Kosten der Steuerzahler umbenennt, weigern sich parallel dazu die Afrikaner in ihrer Heimat, die Erinnerung an die angeblich so schlimme deutsche Kolonialvergangenheit auszuradieren.

Vielleicht erklären wir liebreizenden Mitbürgern wie Kwesi A. auch einmal in aller Ruhe, dass beispielsweise die Berliner Petersallee, die sie nach Medienberichten umbenennen lassen will, nach dem CDU-Politiker Hans Peters benannt ist. Man darf Kwesi A. bestimmt nicht für solche offenkundigen Bildungsdefizite kritisieren, wenn sie das zwar möglicherweise nicht weiß, aber schon einmal vorbeugend für die antirassistische Umbenennung der Allee eintritt.[686]

Das alles sind nicht etwa Einzelfälle, sondern typische Fälle der vergangenen Monate, für die SIE als Steuerzahler aufkommen müssen. Politisch korrekt wurde 2010 in München die »Meiserstraße« umbenannt[687] – wobei kurze Zeit später auffiel, dass auch der neue Name politisch nicht mehr korrekt war. So ist das eben im »Lustigen Migrantenstadl«: Bestimmte Menschen in Europa haben den ganzen Tag nichts Besseres zu tun, als danach Ausschau zu halten, ob nicht irgendetwas irgendeinen Zuwanderer irgendwie beleidigen oder verärgern könnte. Und wir zahlen offenkundig gern dafür.

Teil V

Ethnische Europäer als Menschen zweiter Klasse

»Deutschland gehört nicht den Deutschen«

Menschen mögen unterschiedliche Sprachen sprechen, andere Hautfarben und verschiedene politische Auffassungen haben, aus nahen oder fernen Kulturkreisen kommen, aber eines eint sie über alle Grenzen und Unterschiede hinweg: Sie wollen die Wahrheit wissen. Sie wollen wissen, was auf sie zukommt. Wie also sieht die ungeschminkte Wahrheit in Bezug auf unsere Zukunft aus? Und wie werden wir unsere massenhaft importierten kostspieligen Probleme wieder los?

Lassen wir zunächst einige Zitate auf uns wirken, die für jeden Zweifler leicht nachprüfbar sind. Wir wollen sie nicht hören, aber wir sollten sie hören, wenn wir uns auf die Zukunft und auf die Lösung unserer gewaltigen Probleme vorbereiten wollen.

Da ist etwa der 1968 geborene deutsch-afghanische Journalist und Fernsehproduzent Walid Nakschbandi. Er schleudert uns unüberhörbar entgegen: »Es ist Zeit, der Wahrheit ins Gesicht zu sehen. (...) Ihr werdet es nicht verhindern können, dass bald ein türkischstämmiger Richter über euch das Urteil fällt, ein pakistanischer Arzt eure Krankheiten heilt, ein Tamile im Parlament eure Gesetze mit verabschiedet und ein Bulgare der Bill Gates eurer New Economy wird. Nicht ihr werdet die Gesellschaft internationalisieren, modernisieren und humanisieren, sondern wir werden es tun – für euch. Ihr seid bei diesem leidvollen Prozess lediglich Zaungäste, lästige Gaffer. Wir werden die deutsche Gesellschaft in Ost und West verändern.«[688] Der Mitbürger mit Migrationshintergrund, der uns das mitten in Deutschland sagt, ist heute Berater des 2010 geschaffenen Expertengremiums der konservativen CSU für das Internet.[689] Es stört die CSU offenkundig nicht, welche Zukunftsvisionen der bisher beim eher linken Holtzbrinck-Verlag als Manager tätige Walid Nakschbandi für Deutschland hat. Im Gegenteil: Im rechten CSU-Zentralorgan *Bayernkurier* ist man offenkundig stolz auf Herrn Nakschbandi als »Zugewinn« für die konservative Partei.[690]

Und was sagen uns andere Migranten über unsere Zukunft? Çigdem Akkaya, die frühere stellvertretende Direktorin des Essener Zentrums für Türkeistudien, hob einmal hervor: »Die Leute werden endlich Abschied nehmen von der Illusion, Deutschland gehöre den Deutschen.«[691]

Ist das alles nur ein Witz? Der SPD-Europa-Abgeordnete Vural Öger (»Öger-Tours«) hat mit einer ähnlich »witzigen« Äußerung zur hohen Geburtenrate in der Türkei, die im Gegensatz zur geringen in Deutschland steht, für Verwirrung gesorgt: »Das, was Kamuni Sultan Süleyman 1529 mit der Belagerung Wiens begonnen hat, werden wir über die Einwohner, mit unseren kräftigen Männern und gesunden Frauen verwirklichen«, zitierte die türkische Zeitung *Hürriyet* den türkischstämmigen Öger, der einen deutschen Pass hat. Deutsche Politikerinnen reagierten empört und hoben hervor: »Was er gesagt hat, ist frauenfeindlich.«[692] Das war es. Mehr passierte nicht. Ein »Potenzial« wie Vural Öger darf so etwas sagen. Vural Öger will zudem, dass die Türkei in die EU aufgenommen wird. Im Internet unterstützt er einen Aufruf der Gruppe »Türken4SPD«, in dem es heißt, andere Parteien als die SPD stünden für die »Ausgrenzung der Türkei«.[693] Der türkisch-deutsche Zuwanderer und SPD-Politiker Öger würde gern Deutsche wie Thilo Sarrazin, die die Mehrheit der Deutschen mit ihrer Meinung hinter sich haben, aus der SPD ausschließen lassen.[694] Ögers Visionen könnten – und sollten! – uns die Augen öffnen.

Schnitzelalarm: Dampf der Kulturen im Westerwald

Ganz oben im Norden von Rheinland-Pfalz liegt die 10 000 Einwohner zählende Gemeinde Betzdorf. Die Westerwälder Stadt ist in Deutschland eine der Vorreiterinnen der multikulturellen Entwicklung, hat etwa eine Städtepartnerschaft mit der türkischen Gemeinde Denizli in Anatolien. Während früher Schützenfest und kirchliche Feste die Höhepunkte des Jahres in Betzdorf bildeten, verändern islamische Zuwanderer und muslimische Feste ganz allmählich die kleine Stadt. Betzdorf hat inzwischen eine ansehnliche türkische Gemeinde, eine nach dem türkischen Sultan Ahmet benannte islamische Moschee sowie mehrere muslimische Kulturvereine. Man sieht die Entwicklung auch in der Christophorus-Grundschule, in der inzwischen muslimische Kinder die Klassen in wachsenden Zahlen prägen. Die multikulturelle Idylle der Stadt schien – aus der Ferne betrachtet – lange Zeit vorbildlich zu sein.

Auch Bürgermeister Bernd Brato (SPD) ist stolz darauf, eine kleine multikulturelle Idylle geschaffen zu haben. Doch mit einem Schlag ist seit dem März 2010 alles anders geworden.

Was war passiert? An der Betzdorfer Ganztagsschule[695] sollen islamische Schüler seit einem Zeitraum von bis zu acht Jahren als Mittagsmahlzeit immer wieder heimlich Schweinefleisch serviert bekommen haben. Das zumindest behaupten türkische Eltern, denen die Mittagsspeisung in der nach dem heiligen Christophorus, einem Christen, benannten Grundschule schon lange irgendwie suspekt erschien. Schulleiter Alexander Waschow bestätigte dem Autor im Mai 2010 auf Nachfrage: »Es ist richtig, dass türkische Eltern immer wieder misstrauisch sind, dass wir ihren Kindern Schweinefleisch zu essen geben.« Er bestätigte einen »Einzelfall«, den viele Türken im Ort nun als Beleg für ihren seit Langem gehegten Verdacht heranziehen. Auf einen Schlag ist der Dampf der Kulturen inmitten der multikulturellen Idylle in Betzdorf angekommen. Und die Spannungen wachsen.

In Betzdorf greifen Türken inzwischen unvermittelt Deutsche an, schlagen gelegentlich auch einfach mal so eine Frau und ihre Begleiter zusammen. Etwa im Gewerbepark in Betzdorf-Dauersberg. Da pöbelten vier Türken zwei deutsche Männer und eine Frau an, um sie anschließend unvermittelt zusammenzuschlagen. Auch gegenüber der Polizei, die die Täter schließlich im Stadtgebiet festnahm, zeigten sie sich äußerst aggressiv.[696] Die Polizei nahm die Personalien der Schläger auf, um die Türken gleich wieder auf freien Fuß zu setzen – die multikulturelle »Idylle« ließ grüßen. In Betzdorf geht es allerdings inzwischen um weitaus mehr als um türkische Aggressionen gegenüber ethnischen Deutschen auf den Straßen. Türken üben überall Druck im einstmals beschaulichen Betzdorf aus. Immerhin stellen sie im Stadtgebiet schon mehr als 20 Prozent der Bevölkerung.

Im Islam gelten Schweine als unreine Tiere. Muslime dürfen deshalb – so das religiöse Gebot – kein Schweinefleisch essen. Seitdem die Christophorus-Grundschule 2002 die Ganztagsbetreuung einführte, essen dort muslimische Kinder zusammen mit nichtmuslimischen. Eine Großküche bringt wochentags etwa 160 Mahlzeiten. Diese verfügen bei der Anlieferung noch über einen deutlich sichtbaren Hinweis, welche der Gerichte Schweinefleisch enthalten – mithin also den mehr als 40 Muslimen nicht serviert werden dürfen. Somit ist es einfach zu erkennen, welches Essen »halal« (islamisch »rein«) ist. Sobald die Speisen aber ausgepackt und die Hinweise vom Küchenpersonal oder von den Lehrern entfernt worden sind, können zumindest die Grundschüler nicht mehr unterscheiden, welche der Mahlzeiten Schweinefleisch enthalten. Acht Jahre lief das alles wunderbar. Bis zum besagten März 2010.

Da übernahm eine Lehrerin, die seit 18 Jahren halbtags an der Schule unterrichtet, als Vertretung die Betreuung einer Ganztagsgruppe. Da die anderen Lehrer mit ihren Schülern bereits gegessen hatten, verteilte sie die restlichen Speisen – nicht wissend, dass es Gerichte für Muslime und für Nichtmuslime gab. Die Folien der Gerichte waren zu diesem Zeitpunkt schon abgezogen, alle Hinweise entfernt. Und niemand hatte ihr gesagt, dass bestimmte Kinder nur bestimmte Speisen zu sich nehmen dürfen. »Ich wusste das alles nicht«, sagt die heute noch sichtlich schockierte Lehrerin zu Beginn der Ausführungen über ein kleines Ereignis, das nicht nur ihr Leben auf einen Schlag nachdrücklich veränderte. Die Kinder waren hungrig und griffen beherzt zu. Nur der neun Jahre alte Sohn eines Betzdorfer Imams fragte plötzlich: »Was ist das für Fleisch, ist das etwa Schweinefleisch?« Die Lehrerin antwortete völlig unbefangen und wahrheitsgemäß: »Das weiß ich nicht.« Und sie fügte hinzu: »Wer es nicht essen will, der kann es ja stehen lassen und nur die Beilagen nehmen.« Ein türkisches Mädchen gab daraufhin sein Fleisch einem deutschen Mädchen. Man vergaß die Frage des Sohnes eines Imams. Bis zum Nachmittag. Da rief die Frau des Imams die Lehrerin an und erklärte: »Sie haben muslimische Kinder dazu gezwungen, Schweinefleisch zu essen!«

Einen Schultag später versammelten sich Eltern muslimischer Kinder im Büro des Schulleiters. Der sagt rückblickend: »Die Eltern der muslimischen Kinder haben mich quasi überfallen und versucht, unter Druck zu setzen.« Die Lehrerin, so die Forderung der Eltern, müsse die Schule sofort verlassen, dürfe dort nicht länger unterrichten.

Schulleiter Alexander Waschow ist überzeugter Katholik. Und selbst wenn er wollte, könnte er eine Lehrerin nicht einfach so vor die Tür setzen. Doch an jenem Tag untersagte er der Lehrerin, zu ihren Schülern in die Klasse zu gehen. Sie sollte erst einmal zu Hause bleiben, damit sich die Lage beruhigen könne. Seither sind viele Monate vergangen. Die Lehrerin aber ist immer noch daheim. Der »Schnitzelvorfall« hat kaum glaubliche Folgen: Die Lehrerin, die im Frühjahr 2011 pensioniert wird, sollte zuvor mit Rückendeckung der Schulrätin nach 18 Jahren Arbeit noch an eine andere Schule versetzt werden – damit die türkischen Eltern den »Schweineschnitzelvorfall« nicht weiter in die Öffentlichkeit bringen. Es wurde Druck von allen und auf alle Seiten ausgeübt. Inzwischen kam es auch zu Disziplinarverfahren und juristischen Auseinandersetzungen.

Das Pikante an der Geschichte: Kein Mensch kann rückblickend überhaupt noch wahrheitsgemäß sagen, ob eines der muslimischen Kinder wirklich je ein Stück Schweinefleisch auf dem Teller gehabt – geschweige denn gegessen – hat. Die rein theoretische Möglichkeit, dass ein muslimisches Kind ein Schnitzel serviert bekam, reichte offenkundig aus, um die Türken von Betzdorf in ihrem seit Jahren schon gehegten Verdacht zu bestätigen, dass die »Ungläubigen« ihre Kinder an der Schule mit Schweinefleisch »vergiften« wollen. Darüber hinaus reichte diese Möglichkeit aus, um eine Lehrerin, die niemand über die Essgewohnheiten von Muslimen unterrichtet hatte, zehn Monate vor ihrer Pensionierung zwangsweise zu versetzen.

Inzwischen hatte der Dampf der Kulturen Folgen für alle Ganztagesgrundschüler von Betzdorf: Auch die nichtmuslimischen Kinder erhalten jetzt nur noch islamkonformes Essen! Ob sie das wollen oder nicht. Schulleiter Alexander Waschow: »Ich habe dafür gesorgt, dass kein Schweinefleisch mehr auf den Tisch kommt – zack und fertig. Damit ich das Vertrauen der türkischen Eltern wieder habe.«

Offenkundig reicht diese Maßnahmen aber nicht allen türkischen Eltern. Denn einige erwägen die Lage nun zu nutzen, um mithilfe eines Kulturvereins eine alte Forderung wiederaufleben zu lassen: getrennte Essbestecke und Teller für muslimische und für nichtmuslimische Schüler. Sie sind immer noch davon überzeugt, dass ihre Kinder seit Jahren schon regelmäßig Schweinefleisch zu essen bekommen haben. Vielleicht haben sie nicht einmal unrecht, denn ein ehemaliger Lehrer bestätigt im Gespräch, dass man Verwechselungen der Mahlzeiten in den vergangenen Jahren grundsätzlich nicht ausschließen könne.

Im Jahr 2009 hatte die Bundesregierung auch das idyllische Städtchen Betzdorf auf einer geheimen Liste jener Orte aufgeführt, in denen man künftig möglicherweise Unruhen erwarten müsse. Die Bürger von Betzdorf haben das zu jenem Zeitpunkt wohl eher für einen Scherz gehalten. Doch im Gespräch mit manchen türkischen Bürgern von Betzdorf spürt man heute – nach dem »Schnitzelvorfall« – unverhohlenen Hass gegenüber deutschen Bürgern. Da wurden Gräben tief aufgerissen, die man längst für immer zugeschüttet zu haben glaubte. Immerhin drohten die Türken damit, den »Schnitzelvorfall« in die türkischen Medien zu bringen und einen Sturm der Entrüstung unter den in Deutschland lebenden Türken zu entfachen.

War der Betzdorfer »Vorfall« im Jahr 2010, was Deutschland anbetrifft, nur ein absoluter »Einzelfall«? Nein, keineswegs: Betrachten wir nur den Kindergarten in Eilendorf bei Aachen. Im Mai 2010 berichtete die WDR-Sendung *Lokalzeit* über den Plan des Kindergartens, den Jüngsten dort auch einmal ein deutsches Schnitzel zu servieren. Prompt kam es zum Streit. Heike Randenrath vom Elternbeirat des Kindergartens berichtete, die ausländischen Eltern hätten sich zusammengetan und wollten verhindern, dass es einmal pro Woche für die deutschen Kinder ein Schweineschnitzel gebe.[697] »Es soll kein Schweinefleisch in dieser Kita geben. Und ich denke, das ist sehr intolerant unseren Kindern gegenüber, weil man sollte auf alle Bedürfnisse der Kinder eingehen und nicht nur auf die der muslimischen Kinder«, sagte die Frau in die Fernsehkamera. Die meisten Eltern der muslimischen Kinder übten Druck auf die Stadt Aachen aus, beschwerten sich und forderten, dass es im Kindergarten grundsätzlich kein Schweinefleisch geben dürfe – für niemanden. 80 Kinder besuchen die Tagesstätte, unter ihnen 20 Muslime. Ein Viertel, eine Minderheit, will also der Mehrheit ihren Willen diktieren! Das ist gelebte islamische Toleranz. In den meisten Aachener Kindergärten gibt es jetzt kein Schweinefleisch mehr. Die Verantwortlichen haben dem Druck der Muslime nachgegeben. Wir zahlen den Migranten zuliebe für das besonders teure Rindfleisch und zudem noch mit der Aufgabe unserer Kultur.

Willkommen in der Unrechtsrepublik Deutschland

Die gesellschaftlichen Kosten, die bestimmte Migranten uns neben den rein finanziellen aufbürden, begreift man am besten, wenn man die hemmungslose Ausbreitung des Migrantenbonus' beobachtet, der einem Virus gleich unsere Gesellschaft zerfrisst.

»Deutschland hat fertig.« Diesen Eindruck muss zwangsläufig bekommen, wer die aktuelle Rechtsprechung verfolgt. Und das, was Politiker uns noch alles aufbürden wollen. Eigentlich haben wir Gesetze, die für alle Menschen gelten. Eigentlich sind alle Menschen vor dem Gesetz gleich. Eigentlich. Doch auf jedem Gebiet betreiben wir den Ausverkauf unserer Werte. Auch auf dem juristischen.

Der Autor hat dieses Kapitel geschrieben, nachdem er den Glauben an den deutschen Rechtsstaat endgültig verloren hat. Am 28. Mai 2010 stellte die Staatsanwaltschaft Koblenz ein Ermittlungsverfahren (Az.: 2090 Js 81399/09) gegen die türkischstämmigen Mitbürger Süleyman S. und Burak U. ein. Der Autor dieses Buches hatte vom E-Mail-Account der beiden Mitbürger im Juni 2008 ein Schreiben erhalten, in dem er als »Scheiß Christ« und »Scheiß Deutscher« bezeichnet wurde – unterschrieben war es mit dem Zusatz »Fahr zur Hölle!«. Der zuständige Staatsanwalt – ebenfalls rein zufällig ein Mitbürger mit »Migrationshintergrund« – fand die vorgenannten Äußerungen keineswegs bedrohlich und stellte das vom Autor beantragte Strafverfahren gegen die türkischstämmigen Mitbürger ein. Ein Türke darf einen Deutschen demzufolge heute straflos als »Scheiß Deutschen« titulieren. Das war die eine Seite. Die andere: Es gab parallel dazu auch eine ganze Reihe von schriftlichen Morddrohungen gegen den Autor und seine Familie. Mit einer Ausnahme wurden von deutschen Staatsanwaltschaften alle Verfahren gegen die türkischstämmigen Absender eingestellt. Nur in Bremen wurde ein Türke bestraft – mit acht Stunden gemeinnütziger Arbeit. Diese hat er allerdings bis heute »wegen Rückenproblemen« nicht antreten müssen.

So einfach ist es in Deutschland, für Mordaufrufe und übelste Volksverhetzung als Migrant nicht zur Rechenschaft gezogen zu werden. Versuchen Sie im Gegenzug aber bitte nie, einem Türken zu schreiben, er sei ein »Scheiß Türke« oder ein »Scheiß Moslem«, denn dann werden Sie durch unser Migrantenschutzsystem sofort am eigenen Leibe in diesem »Scheiß Land« mit einer brutal hohen Strafe zu spüren bekommen, was es heißt, ein »Scheiß Deutscher« zu sein – ein Mensch zweiter Klasse in der eigenen Heimat. Deutschland ist nicht nur nach Auffassung des Autors zur Unrechtsrepublik verkommen, sondern auch zu einer Bananenrepublik, in der es Zuwanderergruppen gibt, die bei der Rechtssprechung (wie wir weiter unten sehen werden) bevorzugt behandelt werden. Und die Politik unterstützt das alles ganz offensiv.

Sie glauben das nicht? Nun, dann sollten Sie wissen, dass der Petitionsausschuss des Deutschen Bundestages im Jahr 2008 es ausdrücklich abgelehnt hat, eine von vielen Bürgern unterzeichnete Petition anzunehmen und dem Deutschen Bundestag zu empfehlen, die immer häufigeren inländerfeindlichen Äußerungen – wie »Scheiß Deutscher« – von Migranten in den Straftatbestand der Volksverhetzung aufzunehmen und diesen um die Inländerfeindlichkeit zu erweitern.[698] »Scheiß Deutsche« müssen so etwas demnach in der Regel aushalten. Sie können ja auf dem Weg der Privatklage gegen solche Äußerungen wegen »Beleidigung« vorgehen, aber im öffentlichen Interesse ist das jedenfalls nicht.

Inzwischen zersetzen die Volksparteien unser tradiertes Rechtssystem. Da fordert die FDP allen Ernstes die Herabsetzung der Strafen für zugewanderte Genitalverstümmler – damit diese nach Verbüßung ihrer Strafen nicht in ihre Herkunftsländer abgeschoben werden müssen. Im Klartext: Die FDP will Täterschutz für Zuwanderer. Zitat aus einer Meldung vom März 2010: »In ihrem Gesetzesentwurf zur Schaffung eines Straftatbestandes ›Genitalverstümmelung‹ wollen die Justizminister Uwe Hahn (Hessen) und Ulrich Goll (Baden-Württemberg) die Herabsetzung der möglichen Mindeststrafe bei Genitalverstümmelung von ›nicht unter drei Jahren‹ auf ›nicht unter zwei Jahre‹ durchsetzen. Damit wollen die Politiker sicherstellen, dass die Täter nach einer Verurteilung nicht abgeschoben werden, wie aus der Bundesrats-Drucksache 867/09 hervorgeht.«[699]

Als ob das nicht schon schlimm genug wäre, fordert uns der ehemalige Vizepräsident des Bundesverfassungsgerichts, Winfried Hassemer, ganz offen dazu auf, die kulturellen Hintergründe von Straftätern stärker zu beachten. Zitat (wörtlich): »Man muss in Deutschland, wenn es um Mord geht oder um Raub oder um sonst irgendwas, man muss immer gucken, was waren die besonderen Bedingungen dieser Tat, was hat zu dieser Tat geführt, wer hat beispielsweise in der Situation wie gehandelt – das Opfer handelt ja sehr oft auch –, und wie kann man den Täter, der das alles gemacht hat, wie kann man den beschreiben, wie kann man ihm näherkommen? Der Strafrichter muss, soweit er das kann, die persönliche Situation des Betroffenen aufklären. Und dazu gehört dann möglicherweise auch der kulturelle Hintergrund.«[700]

Im Klartext heißt das wohl: Vorhang auf für den Migrantenbonus. Das Recht ist in Deutschland offenkundig nicht mehr für alle gleich. Zuwanderer werden besser behandelt als ethnische Europäer. Die sind inzwischen in ihrer eigenen Heimat oft nur noch der letzte Dreck.

Ein Beispiel: Den türkischen Mitbürger Yakup T., der in Kreuzberger Moscheen auf üble Weise gegen Deutsche »gepredigt« hatte[701], darf man hierzulande keinesfalls Hassprediger nennen – wer das tut, der macht sich strafbar! Zur Erinnerung: Seine Äußerungen hatte das ZDF-Magazin *Frontal 21* ausgestrahlt. Der Imam hatte unter anderem über die »Ungläubigen« behauptet, ihr Schweiß verbreite einen üblen Geruch. Außerdem hatte der Imam in seiner Predigt gefragt, wozu die Ungläubigen »nutzen«, und außerdem wissen wollen: »Haben wir jemals einen Nutzen von ihnen gehabt?« Der Imam beantwortete seine Frage mit den Worten: »Auf der ganzen Welt noch nicht«. Einen Hassprediger durfte der Fernsehsender den Imam dennoch nicht nennen.[702] Dieses Urteil des Landgerichts Potsdam (Az 2 O 221/05) ist ein typisches deutsches Migrantenschutzurteil. Würden ethnische Europäer das über einen Imam sagen, was dieser über uns Europäer gesagt hat, dann würden sie wohl wegen Volksverhetzung ins Gefängnis gesteckt.

In der Schweiz geht man kaum anders mit unschönen Äußerungen muslimischer »Prediger« um. Dort erklärte ein Imam 2010, »Ungläubige« – gemeint waren die Schweizer – seien »niedriger als gläubige Tiere«[703]. Am 6. April 2010 wurde wegen dieser Äußerung, die nichtmuslimische Schweizer also noch unter Tieren (!) ansiedelt, eine Strafanzeige wegen Rassendiskriminierung, Angriffs auf die verfassungsmäßige Ordnung und staatsgefährdender Propaganda erstattet. So schnell wie das Verfahren eröffnet wurde, so schnell wurde es auch wieder eingestellt. Man wollte aufseiten des Staates keinen Ärger mit zugewanderten Muslimen. Nach dem Schweizer Strafgesetzbuch wird eigentlich wegen Rassendiskriminierung unter anderem bestraft, wer öffentlich durch Wort oder Schrift eine Gruppe von Personen wegen ihrer Rasse, Ethnie oder Religion in einer gegen die Menschenwürde verstoßenden Weise herabsetzt oder diskriminiert. Damit dieser Tatbestand erfüllt ist, muss sich die Herabsetzung oder die Diskriminierung gegen eine bestimmte oder zumindest bestimmbare Rasse, Ethnie oder Religion richten. Diejenigen Menschen, die Allah nicht anerkennen, stellen indessen keine eigene – vom Schutzbereich der Strafnorm erfasste – Rasse, Ethnie oder Religionsgemeinschaft dar; vielmehr handelt es sich um die unbestimmte Gesamtheit aller Anders- und Nichtgläubigen. Und damit fehlt es an der Anwendbarkeit des Schweizer Strafgesetzbuches – so einfach ist es, islamistischer Hasspropaganda gegen Europäer den Boden zu bereiten.[704] Stellen Sie sich nur einmal vor, ein Europäer würde Mitbürger aus dem islamischen Kulturkreis – etwa alle Orientalen – mit Tieren vergleichen. Was wäre dann wohl los?

Man darf also auf der einen Seite als zugewanderter Moslem – straflos – in der Öffentlichkeit nichtmuslimische Schweizer mit Tieren vergleichen. Auf der anderen Seite darf man aber als Schweizer Priester nicht straflos behaupten, alle Nichtchristen stünden im Niveau unter den Tieren. Und man darf als österreichische Christin auch nicht wahrheitsgemäß über den Islamgründer Mohammed sagen, dieser sei aus *heutiger* Sicht ein »Kinderschänder«, weil er laut *Koran* Geschlechtsverkehr mit einer Neunjährigen hatte. Genau das hatte die österreichische Politikerin Susanne Winter gesagt, wofür sie im Jahr 2009 wegen »Volksverhetzung« rechtskräftig verurteilt wurde. Sie musste 24 000 Euro Geldstrafe zahlen.[705] Ein zugewanderter Muslim darf die Politikerin nun allerdings in der Schweiz völlig legal und straffrei auf die Stufe unterhalb eines Tieres stellen. Das ist zwar absurd, aber die Realität im heutigen Europa. Ethnische Europäer müssen so etwas erdulden. Das ist schließlich modern, schick und »multikulturell«.

Würde ein deutscher Restaurantbetreiber allen Türken den Zutritt verbieten, Staatsanwaltschaft und Journalisten würden sofort aufmarschieren, um über den »Rassisten« zu berichten. Was aber passiert, wenn ein Türke allen Schwarzen den Zutritt zu seinem Lokal verbietet? Falls Sie jetzt denken: So etwas gibt in Deutschland nicht, andernfalls hätten Sie davon gehört, dann muss ich Sie enttäuschen. Doch, so etwas gibt es: Der Berliner Dönerwirt Isa Öztürk (30) hatte 2010 allen Schwarzen den Zutritt zu seinem Türkenrestaurant, das in der Nähe des Görlitzer Parks liegt, verboten, weil viele Schwarze angeblich Rauschgifthändler seien. Und die wollte er in seinem ehrenwerten Dönerladen natürlich als Gäste nicht haben. Also verweigerte er Afrikanern, die er damit unter Generalverdacht stellte, generell den Zutritt. Man muss in diesem Zusammenhang allerdings wissen, dass in Städten wie Berlin viele Rauschgifthändler wohl eher Türken und Araber sind – denen aber hat er kein Dönerladenverbot erteilt! Der Mann wurde dann wegen Rassismus angezeigt, meinte aber nur: »Ich bin doch kein Rassist. Ich wusste mir nicht anders zu helfen.«[706] Dieser Fall war im Mai 2010 nur eine kleine Meldung in einer Lokalzeitung wert. Schließlich »wissen« wir ja, dass es keine türkischen Rassisten in Deutschland gibt. Rassisten – das sind doch immer nur die ethnischen Deutschen. Mitbürger Isa Öztürk muss Afrikaner jetzt übrigens wieder in seinen Dönerladen lassen.

Interessant ist Folgendes: Auch unter Zuwanderern existiert das Phänomen, dass andere Bevölkerungsgruppen pauschal als kriminell oder minderwertig betrachtet werden. Statistisch erfasst wird dieser Rassismus, Nationalismus und Ethno-Chauvinismus allerdings nicht.[707] Das wäre politisch nicht korrekt. Rassisten sind angeblich immer nur ethnische Europäer!

Im multikulturellen Europa ist kein Zuwanderer mehr für Äußerungen und Taten verantwortlich. Der Zuwanderer ist niemals selbst schuld, weil seine Sozialisation in unseren angeblich so schrecklichen Ländern ihn unweigerlich zu dem machen musste, was er ist. Schuld sind heute vielmehr stets die Opfer. Sie dürfen sich nicht wehren. Und wenn sie es tun, dann werden sie zu Tätern, die hart bestraft werden.

Betrachten wir ein weiteres Beispiel: den jungen Afghanen Elias A. Er ist 16 Jahre alt, lebt in Hamburg und besitzt bereits 15 Einträge in seiner Polizeiakte. Er brach seinem Lehrer den Kiefer, schlug einfach so den Leiter eines Supermarktes zusammen, ist als Räuber aufgefallen und greift immer wieder wahllos Menschen auf der Straße an. Obwohl der junge Afghane seinem Lehrer vorsätzlich den Schädel eingeschlagen hat, wurde er noch nie verurteilt. Der junge Afghane kennt stattdessen viele Sozialarbeiter. Vier von ihnen sollen sich nur mit ihm befassen. Sie werden dafür bezahlt, den jungen Afghanen immer wieder einmal höflich anzusprechen und darauf hinzuweisen, dass man mit Menschen auch sprechen kann, ohne sie gleich zusammenzuschlagen.

Am 14. Mai 2010 wurde der junge Afghane telefonisch von einem seiner Sozialarbeiter »belästigt«. Der junge Afghane wurde wütend, zückte sein Messer und erstach den nächstbesten Menschen in seiner Nähe. Einfach so. Es traf den 19 Jahre alten Hamburger Mel D. Der deutsche Staat hatte bis dahin unglaublich viel Geld in den jungen Afghanen Elias A. gesteckt. Es half nichts, der Migrant wurde zum Mörder. Beinahe unglaublich ist, dass ihn seine gesamte Familie auf diesem Weg unterstützte. Sein afghanischer Vater lobte ihn für jede Straftat. Lehrer, Sozialarbeiter, Richter, Polizisten – der Staat hatte sich an der afghanischen Familie abgeschliffen. Es ist aber eben nur eine von vielen Zuwandererfamilien, auf die der Staat und die Steuerzahler immer nur Rücksicht genommen haben. Das Sozialamt bezahlt die Miete für die Familie von Elias A. und Vater Ali A. (60). Die Hamburger Baugenossenschaft, die Ali A.

und seinen Familienangehörigen eine vom Steuerzahler finanzierte Sozialwohnung vermietete, musste 2010 bewaffnete Sicherheitskräfte einstellen, die die Nachbarn rund um die Uhr vor der aggressiven muslimischen Familie schützte. Mehrfach bedrohte diese nämlich die Nachbarn unter Vorhaltung von Waffen. Ende Juni 2010 wurde die Wohnung der afghanischen Sozialhilfefamilie schließlich unter Polizeischutz zwangsweise geräumt[708] – und wieder bezahlten die Steuerzahler den Großeinsatz. Ali A. und seine Großfamilie haben jetzt ein ganzes Haus für sich. Es gibt keine Wohnungsnachbarn mehr, die sie tyrannisieren und mit Waffen bedrohen könnten.

Da ergeht es jungen Deutschen ganz anders. Diese dürfen sich nicht einmal mehr gegen die Gewalttaten unserer zugewanderten »Potenziale« wehren, falls sie das doch tun, dann werden sie sofort zu Straftätern abgestempelt. Ein Schwerbehinderter, der sich in Dresden mit Pfefferspray gegen jugendliche Gewalttäter zu wehren versuchte (wir kommen gleich noch etwas genauer auf den Fall zu sprechen), wird inzwischen von der Staatsanwaltschaft als Straftäter geführt, während die üblen Angreifer unbehelligt blieben. Dabei handelt es sich um keinen Einzelfall des Justizirrsinns. Immer öfter verhängen deutsche Gerichte Urteile »im Namen des Volkes«, die kein klar denkender Mensch mehr nachvollziehen kann. Richtern und Staatsanwälten fehlt der Respekt vor dem Volk.

Erinnern Sie sich noch an den Münchner Dominik Brunner? Der 50-jährige S-Bahn-Held opferte sein Leben, um bedrohten Kindern zu helfen. Er wurde dafür von zugewanderten Jugendlichen brutal totgetreten – und viele Erwachsene sahen einfach zu. Die Politiker fordern seither mehr Zivilcourage und haben dem tapferen Helden Dominik Brunner nach dessen Tod das Bundesverdienstkreuz verliehen. Der 40 Jahre alte schwerbehinderte Carsten Heidrich aus Dresden hatte das alles in den Nachrichten gesehen. Er hatte gehört, dass man bei Angriffen in S-Bahnen beherzt eingreifen solle. Der schmächtige – nur 1,66 Meter große – Carsten Heidrich wurde schon einmal von Jugendlichen zusammengeschlagen. Doch der Behinderte war allein, als eine Gruppe Jugendlicher ihn in Dresden wieder einmal in der Straßenbahn angriff. Dieses Mal wehrte er sich gegen den Angriff. Doch statt ein Verdienstkreuz zu erhalten, sollte das Opfer 1800 Euro Geldstrafe an seine jugendlichen Peiniger zahlen. Ein unfassbares Urteil! Carsten Heidrich hatte sich tapfer und mit Zivilcourage gegen die Angreifer gewehrt: Nachdem sie ihm auf den Kopf geschlagen, ihn als »deutschen Penner« beschimpft, bespuckt hatten und immer handgreiflicher geworden waren, zog der Mann in Notwehr sein Pfefferspray aus der Tasche und sprühte es einem der Angreifer ins Gesicht.[709] Die Tätergruppe stieg sofort an der nächsten Haltestelle hustend aus der Straßenbahn. Carsten Heidrich rief die Polizei. Bis zu diesem Zeitpunkt war noch klar, wer Opfer und wer Täter war.

»Für die Beamten vor Ort war der Behinderte der Geschädigte und der 17-Jährige der Tatverdächtige«, so der Dresdner Polizeisprecher Marko Laske (35). »Der Mann hatte die Polizei gerufen, da er angab, angegriffen worden zu sein. Daher wurden auch die Videoaufnahmen aus der Bahn nicht angefordert.« Ein wichtiges Beweismittel, das nun fehlt, denn Staatsanwaltschaft und Amtsgericht machten das Opfer anschließend zum Täter. Schließlich habe man als S-Bahn-Mitfahrer schon einiges auszuhalten, ehe man Pfefferspray einsetzen dürfe, so die juristische Begründung.[710] Im vorliegenden Falle bestritten die Täter, dass sie noch weiter auf ihr Opfer eindringen wollten. Letztlich wurde aus dem Opfer Carsten Heidrich der Straftäter Carsten Heidrich, der wegen »gefährlicher Körperverletzung« (durch den Einsatz des Pfeffersprays) laut Strafbefehl des Dresdner Amtsgerichts 1800 Euro an die Täter zahlen sollte. Carsten Heidrich nahm sich daraufhin einen Anwalt.

Das Ganze ist kein Einzelfall. In Deutschland werden Urteile immer öfter im Namen des Volkes, aber ohne dessen Rückendeckung gesprochen. Das hat eine ganz einfache Ursache: Staatsanwälte, die die Verfolgung der Bürger aufnehmen, sind hierzulande – wie sonst nur noch in Bananenrepubliken – an Weisungen von Politikern gebunden und können nach deren Belieben wie Marionetten dirigiert werden. Vor Gericht werden daher nicht Interessen der Bevölkerung, sondern – wo erforderlich – politische Interessen durchgesetzt. Und die stehen politisch korrekt aufseiten der Migranten. Sie haben richtig gelesen: Deutsche Staatsanwälte sind – wie in der Zeit des Nationalsozialismus – weisungsgebunden und werden von der Politik kontrolliert.[711]

Das erklärt auch, warum bei den einen Kriminellen strafrechtlich ermittelt, bei den anderen aber schlicht weggesehen werden muss – ganz wie es der Politik gefällt. Das ist die Farce eines Rechtsstaates!

Schlimmer noch: Immer häufiger werden Richterämter nach parteipolitischen Vorgaben besetzt. Die Parteien üben nicht nur auf die Ankläger (Staatsanwälte), sondern auch auf die Richter ihren direkten Einfluss aus. In der Folge ist die Berechenbarkeit der Rechtsprechung in Deutschland für den Bürger unmöglich geworden. Recht bekommen nur noch die großen »Volks«-Parteien und deren Klientel.

Der angebliche deutsche »Straftäter« Carsten Heidrich gehört aber keiner »Volks«-Partei an. Er hat nach den mutmaßlichen politischen Vorgaben in Sachsen vielleicht einfach nur den falschen Pass gehabt. Der Irrsinn hat derweilen im umgekehrten Fall allerdings schlimme Folgen: Während Carsten Heidrich in Dresden vom deutschen Opfer zum gefährlichen deutschen Täter mutiert wurde, lief in Hamburg der seit 2008 als übler Gewalttäter immer wieder in Erscheinung getretene türkische Straftäter Berhan I. frei herum. Der Junge hatte ein Vorstrafenregister, das nicht in ein normales Schulheft passt. Glücklicherweise verfügte er über eine türkische Herkunft – und das scheint ein politisch korrekter Freibrief zu sein. In der Unterführung am Hamburger Seeveplatz trat er einen 44 Jahre alten deutschen Dachdecker »einfach so« tot[712], weil dieser ihm kein Kleingeld geben wollte. Davor hatte Mitbürger Berhan I. am 16. Januar 2009 ebenfalls »einfach so« eine Glasflasche auf dem Kopf eines Menschen zertrümmert und diesen dabei schwer verletzt. Doch der polizeibekannte Türke Berhan I. wurde nie bestraft. Richter und Staatsanwälte hatten politischen Druck bekommen und gaben ihn weiter: Sie drängten die Opfer stets zum »Täter-Opfer-Ausgleich« – bis Berhan I. dann aus einer Laune heraus den ihm völlig unbekannten Dachdecker tötete.

Fazit: Berhan I. ist türkischer Mitbürger. Carsten Heidrich aber nur Deutscher. Und als Deutscher ist man in Deutschland vor Gericht immer öfter ein Mensch zweiter Klasse. Das ist politisch so korrekt und gewollt – im Namen, aber ohne Rückendeckung des Volkes.

Übrigens: Türke Berhan I. sprang beim feigen Mord an dem Dachdecker auf seinem Opfer herum wie auf einem Trampolin, brüllte immer wieder »Allahu Akhbar«. Den Anruf aus dem Krankenhaus wird die Mutter des Getöteten, Vera J. (64), niemals vergessen: »Ihr Sohn wurde überfallen, zusammengeprügelt. Es sieht nicht gut aus.« Das deutsche Opfer starb nach drei Wochen Todeskampf an den Folgen seiner Verletzungen. Der türkische Haupttäter Berhan I. wurde mithilfe von Videokameras identifiziert und verhaftet. Mehr als sechs Monate saß er danach in Untersuchungshaft, hätte längst verurteilt sein können. Immer wieder behauptete der Täter, er sei prozessunfähig, habe etwa schlimme Halsschmerzen. Am 18. März 2010 begann in Hamburg der Prozess gegen ihn. Ein Gerichtsarzt diagnostizierte eine leichte Mandelentzündung beim Täter, was dazu führte, dass das Verfahren sofort vertagt werden musste. Die Mutter des Opfers, Vera J., sagt rückblickend: »Alles drehte sich vor Gericht nur um die Täter. Mein von ihnen getöteter Sohn spielte überhaupt keine Rolle.« Im Mai 2010 wurde der türkische Mörder freigelassen, Grund: Einer der zuständigen Hamburger Richter der Großen Strafkammer hatte Urlaub in Spanien gemacht. Die Richterin wollte die Sonne genießen, von dem Prozess erst mal nichts mehr hören. Doch dann kam die isländische Vulkanaschewolke und verhinderte ihre Rückkehr mit dem Flugzeug. Ein Straftäter darf aber nicht länger als sechs Monate in U-Haft sitzen, und ein Prozess darf nur für höchstens drei Wochen unterbrochen werden. Also öffnete man dem Mörder einfach die Haftzelle, weil eine Richterin

Urlaub unter südlicher Sonne benötigte!⁷¹³ Die 64 Jahre alte Mutter des ermordeten Dachdeckers, eine Friseurmeisterin, kann jetzt vor Wut kaum schlafen, hat Albträume. Sie kann es einfach nicht fassen, dass der türkische Mörder wieder frei in Hamburg herumlaufen und neue Straftaten planen kann.

Selbst in der Schweiz steht der Täterschutz zunehmend im Vordergrund. Im Mai 2010 hatte beispielsweise ein Pakistaner seine Tochter – der »Ehre« halber – mit einer Axt erschlagen. Anschließend folgte die übliche politisch korrekte Migranten-Mitleidswelle. Eine Schweizer Zeitung berichtete: »Dem Mann gehe es schlecht, erklärte der zuständige Staatsanwalt Ulrich Krättli gegenüber *Radio 1*.«⁷¹⁴ Der Pakistaner wurde deshalb aus dem Gefängnis entlassen und zur seelischen Betreuung in ein Krankenhaus gebracht. Wie schön für den Mann, dass wir uns so rührend mit unseren Steuergeldern um zugewanderte Mörder kümmern.

Der Fall Susanna H.: Ein Mord passt nicht ins Bild der Gutmenschen

Ethnische Europäer müssen alles hinnehmen, unter anderem schweigen, wenn sie Opfer krimineller Zuwanderer werden. Dabei könnte man das alles – das Leid und die horrenden Kosten – verhindern. Dazu müsste man die Augen öffnen und tun, was ein vernünftiger Mensch tun würde. Doch das ist politisch nicht korrekt. Und so kommen Menschen ums Leben. Menschen wie die 18 Jahre alte Abiturientin Susanna H., die im Dezember 2009 in Dresden ermordet wurde.⁷¹⁵ In der Folge stellten die Eltern den Behörden unangenehme Fragen, denn es hatte sich unter anderem herausgestellt, dass der Mörder schon mehr als zwei Jahre vorher hätte abgeschoben werden müssen.

Tief empört hatte sich Bundeskanzlerin Angela Merkel (CDU) wenige Monate zuvor über den Mord an einer muslimischen Ägypterin in einem Dresdner Gerichtssaal geäußert.⁷¹⁶ Das Tötungsdelikt sorgte damals weltweit für Aufsehen.⁷¹⁷ Es kam zu Schweigemärschen und zu Gedenkveranstaltungen für das Opfer. Kurz darauf ereignete sich in Dresden abermals ein schrecklicher Mord – doch dieses Mal sahen alle weg, denn der mutmaßliche Mörder war Moslem und das Opfer eine tiefgläubige blonde Christin. Anders als bei der getöteten Ägypterin Marwa al-Sherbini wurden diesmal keine Schweigemärsche und keine Gedenkveranstaltungen durchgeführt. Schließlich passte das Geschehen nicht ins verordnete, politisch korrekte Weltbild.

Die blonde Dresdner Abiturientin Susanna H. stammte aus einer tiefgläubigen christlichen Familie. Sie fuhr gern Kanu und war Mitglied in einem Sportverein. An Weihnachten 2009 wollte sie mit dem Jazz-Chor ihrer Schule zwei öffentliche Konzerte geben. Darauf freute sie sich. Am Tag des Auftritts war sie allerdings schon tot. Sie war zu hilfsbereit und zu gutgläubig. Das kostete sie das Leben. Sie wurde gewürgt und erschlagen. Der Tatverdächtige hieß Syed Azif R.

Syed Azif R. wurde 1977 im Dorf Sahiwal in Pakistan geboren. Am 6. Januar 2007 reiste er in die Bundesrepublik ein und stellte einen Asylantrag (Vorgangsnummer 1930253). Der wurde am 8. Dezember 2007 endgültig abgelehnt. An jenem Tag erlosch auch die Aufenthaltsgenehmigung des schiitischen Moslems, der unter mehreren Aliasnamen Asylanträge stellte und als Geburtsort auch die Dörfer Moltan, Lalamusa und Seywal angegeben hatte. Die einzigen Fähigkeiten, die man bei dem Mann erkannte, waren eine große Bereitschaft zum Lügen und die fortgesetzte sexuelle Belästigung von Frauen. Viele der von ihm begangenen Belästigungen sind bei den sächsischen Polizeibehörden aktenkundig. Doch obwohl der Mann nach deutschem Recht seit Ende 2007 hätte abgeschoben werden müssen, verlängerte das Dresdner Amt für Ausländerangelegenheiten insgesamt mindestens sieben Mal (!!!) die Aufenthaltsgenehmigung des umtriebigen Mannes. Wann auch immer der Pakistaner wollte, bekam er in Dresden eine »Bescheinigung über die Aussetzung der Abschiebung« – das heißt die Duldung. Am 15. Mai 2008 erhielt er sie unter der Vorgangsnummer T03084624, befristet bis zum 14. August 2008, am 15. August 2008 befristet bis zum 18. November 2008, am 5. November 2008 befristet bis zum 26. Februar 2009, am 3. März 2009 befristet bis zum 8. September 2009, am 4. September 2009 befristet bis zum 8. Dezember 2009 und am 8. Dezember 2009 – wenige Tage vor dem Mord – befristet bis zum 9. März 2010. Nochmals in Kurzform: Asylantrag abgelehnt im Jahr 2007, Aufenthaltsgenehmigung erloschen 2007, Abschiebung angedroht 2007. Zudem lag eine unanfechtbare Ausweisungsverfügung vor. Dennoch erhielt der Mitbürger eine Unterkunft, wurde über Jahre hinweg rundum versorgt und musste offenkundig nur mit den Fingern schnippen, um die nächste Verlängerung für seinen von den Steuerzahlern gesponserten Aufenthalt in Deutschland zu erhalten. Monat für Monat, Jahr für Jahr erschlich sich der Abzuschiebende staatliche deutsche Förderleistungen. Und in seiner reichlich bemessenen Freizeit belästigte er Frauen.

Die 18-jährige Schülerin Susanna H. aus der Abiturklasse des katholischen St.-Benno-Gymnasiums wurde ebenfalls von Syed Azif R. angesprochen. In seiner Zwei-Zimmer-Wohnung im achten Stock des Asylantenheims (Zimmer 803) in der Florian-Geyer-Straße fand man sie am 16. Dezember 2009 ermordet auf. Zwei Wochen lang veröffentlichten die sächsischen Polizeibehörden kein Fahndungsfoto des mutmaßlichen Mörders Syed Azif R.. Da man in Sachsen nicht als »rassistisch« gelten und unbedingt politisch korrekt sein wollte, hatte man Syed Azif R. über Jahre hin nicht abgeschoben. Wohl aus den gleichen Gründen scheute man nun auch davor zurück, in der Vorweihnachtszeit ein Fahndungsfoto herauszugeben.

Die politisch korrekte Zurückhaltung gab Syed Azif R. viel Zeit und einen großen Vorsprung bei der Flucht. In Calais in Frankreich wurde der zugewanderte Verbrecher später festgenommen. Die Eltern der ermordeten Abiturientin Susanna H. wohnen im sächsischen Cossebaude und dürften den Behörden nun viele unangenehme Fragen stellen. Ihre Tochter könnte ganz sicher noch leben, wenn die Dresdner Ämter nicht regelmäßig eine »Bescheinigung über die Aussetzung der Abschiebung« ausgestellt hätten. Wie es aussieht, wird Syed Azif R. viele Jahre in Deutschland im Gefängnis bleiben dürfen. Derweilen spricht man besser nicht über den Fall in der Öffentlichkeit und veranstaltet lieber auch keine Schweigemärsche für das Opfer Susanna H. Denn das wäre ja politisch nicht korrekt. Stattdessen zahlen wir nun auch noch für die Haft des zugewanderten Mörders. Unsere Gesellschaft muss das alles (angeblich) aushalten. Dafür müssen Susannas Eltern Verständnis haben.

Die Ungleichbehandlung von Einheimischen und Zuwanderern

Wir diskutieren in Europa ganz ernsthaft darüber, unser Rechtssystem zu teilen – vor allem unseren Migranten aus dem islamischen Kulturkreis zuliebe. Da fordert beispielsweise Professor Christian Giordano in der Schweiz die Einführung des islamischen Rechts für Muslime, weil das Schweizer Rechtssystem den kulturell bedingten Bedürfnissen vieler dieser Menschen nicht genüge und parallele Rechtssysteme ohnehin schon bestünden. Unterstützung erhält das Vorhaben von Vertretern islamischer Gruppen. Farhad Afshar, Präsident der Koordination Islamischer Organisationen Schweiz, sagte etwa: »Angesichts der transnationalen Probleme muss auch das Rechtssystem flexibel werden.«[718] Dabei registrieren aufmerksame Beobachter schon längst immer häufiger eine Ungleichbehandlung von Einheimischen und Zuwanderern vor unseren Gerichten – auch ohne flächendeckende Einführung der islamischen *Scharia*. In Großbritannien gibt es seit 2008 zwölf offiziell zugelassene islamische *Scharia*-Gerichtshöfe, bei denen mitten im Land des britischen Rechtssystems nicht nach britischem, sondern nach islamischem Recht geurteilt wird.

In Deutschland entstand der erste *Scharia*-Gerichtshof in Berlin bereits 2006, in Belgien gibt es schon sieben von ihnen, und in den Niederlanden können auch Nichtmuslime seit dem 8. Juni 2010 im multikulturellen Amsterdamer DeBalie-Zentrum ihre Streitigkeiten von *Scharia*-Richtern beurteilen lassen.[719]

Es herrscht ganz offen Verständnis für Zuwanderer, die der »Ehre« halber ihre Frauen und Töchter ermorden, europäische Frauen vergewaltigen oder Europäer mit Messern überfallen. Und es gibt viel Verständnis für Zuwanderer, die deutsche Polizisten zusammenschlagen und dabei auch noch lachend »Fick die Bullen!« rufen. Was passiert Ihnen, lieber Leser, wenn Sie von einem Polizisten auf ein Fehlverhalten hingewiesen werden und diesen dann einfach so zusammenschlagen? Und was geschieht Mitbürgern wie Muhammed A. (16) und Cantekin E. (21), die genau das getan haben? Sie haben doch wohl bitte Verständnis dafür, dass die zugewanderten Schläger frei herumlaufen (während Sie in diesem Falle hinter schwedischen Gardinen verschwunden wären), oder?

Gegen Cantekin E. wurde schon mehrfach wegen gefährlicher und schwerer Körperverletzung, Bedrohung und Raubes ermittelt. Und auch sein Freund Muhammed A. gilt als Intensivstraftäter. Beide hatten am 30. März 2010 auf dem Bahnhof Wesel (Niederrhein) einen Polizisten auf dem Bahnsteig zusammengeschlagen, weil er sie auf das Rauchverbot hingewiesen hatte.[720] Sie schrien »Fick die Bullen« und traten dem Polizisten so lange vor den Kopf und in den Unterleib, bis er zusammenbrach. Die Polizei veröffentlichte damals keinen Bericht über den schwer verletzten Polizisten und die Mitbürger. Begründung: Man halte den »Vorfall« nicht für wichtig, weil so etwas inzwischen häufig vorkomme und keine Ausnahme mehr sei. Der Clou des Ganzen: Die Intensivstraftäter befinden sich auf freiem Fuß, obwohl sie schon zahlreiche Menschen verletzt haben. Wir müssen für Richter, die solche Verbrecher frei herumlaufen lassen, Verständnis haben. Da heißt es, Anweisung von oben wegen der politischen Korrektheit: Migranten sind Menschen erster Klasse, bloß kein Aufsehen, bloß keinen Ärger. Immer schön laufen lassen. Die darf man doch nicht durch harte Strafen »beleidigen«. Schließlich sollen sie sich doch in ihrer neuen Heimat wohlfühlen. Und wir zahlen die Kosten, die solche Mitbürger unserer Gesellschaft in horrender Höhe auferlegen, doch schließlich gern, oder?

Überall in Europa trifft man auch auf Verständnis für Mitbürger aus dem islamischen Kulturkreis, die ihre Ehefrauen und Töchter verprügeln. Freundlicherweise lässt uns ja sogar der deutsche Islamprediger Pierre Vogel öffentlich wissen, warum er Bücher mit Anleitungen zum Schlagen von Frauen vertreibt: »... sollte Nichtmuslimen erklären, dass das Schlagen der Ehefrau nur in bestimmten Situationen angebracht ist und auf keinen Fall eine schwere

Körperverletzung entstehen darf.«[721] Da wir Religionsfreiheit inzwischen über unsere bürgerlichen Freiheiten stellen, weicht unsere Rechtsordnung vollkommen auf. In diesem Zusammenhang sorgt derzeit Winfried Hassemer, früher immerhin Vizepräsident des Bundesverfassungsgerichts, mit der Forderung nach einer strafrechtlichen Relativierung von »Ehrenmorden« von Zuwanderern aus dem islamischen Kulturkreis für Aufsehen.[722] Stellt sich die Frage: Wo sind bei einer solchen Aufweichung von Recht und Ordnung dann die Grenzen unserer Toleranz festzulegen? Wenn ein 45 Jahre alter Türke in der Frankfurter U-Bahn-Station Bockenheim im April 2010 aus verletzter Ehre eine 27 Jahre alte und ihm völlig unbekannte Frau einfach so niederstach und lebensgefährlich verletzte[723], weil sie seine Annäherungsversuche zurückgewiesen hatte – müssen wir dies dann wirklich als »Bereicherung« erdulden und die Kosten seiner barbarischen Tat widerspruchslos tragen?

Viele Europäer sehen Ehrenmorde immer noch als absolute »Einzelfälle« an, die so selten sind, dass sie in der Praxis der Gerichte und in unserem Alltag absolut keine Rolle spielen. Dieser – völlig falsche – Eindruck wird von Politik und Medien gezielt verbreitet. Betrachten wir deshalb – völlig willkürlich – nur einmal die Ereignisse zweier Tage im Mai 2010 und schauen wir uns an, ob es innerhalb dieser solche »Einzelfälle« gegeben hat. Als Erstes erstach ein 43 Jahre alter Türke in Oberfranken seine von ihm getrennt lebende 38 Jahre alte Ehefrau – der »Ehre« halber.[724] Natürlich war das nur ein »Einzelfall«. Als Zweites ermordete der Türke Murat I. (34) in Iserlohn eine 32 Jahre alte Frau, die eine Beziehung mit ihm hatte und sich von ihm trennen wollte.[725] Selbstverständlich war das ebenfalls nur ein »Einzelfall«. Als Drittes stand beim Tübinger Landgericht ein 45 Jahre alter Kurde vor den Richtern, der seine 23-jährige Freundin »ehrenhalber« ermordet hatte.[726] Die Frau wollte sich von ihm trennen. Das verletzte die »Ehre« des Zuwanderers. Nun, nach der Tat, fühlte er sich wieder besser, war doch seine »Ehre« wiederhergestellt. Auch das war nur ein »Einzelfall«. Als Viertes musste sich ein 39 Jahre alter Türke vor dem Wiesbadener Landgericht verantworten, weil er seine Frau mit 56 Messerhieben »ehrenhalber« getötet haben soll. Die Staatsanwaltschaft legte dem Mann zur Last, seine von ihm getrennt lebende Ehefrau in ihrer Wohnung besucht und auf brutalste Weise erstochen zu haben.[727] Natürlich haben wir es auch hier nur mit einem »Einzelfall« zu tun. Und auch das fünfte Verbrechen ist nur ein »Einzelfall«: In Hamburg wurde zeitgleich gegen den »Ehren«-Mörder Hasan A. (56) verhandelt, der auf seine Freundin eingestochen und diese zu ermorden versucht hatte.[728]

Bevor die zahlreichen »Einzelfälle« nun langsam langweilig werden, sei der Hinweis gestattet, dass unsere orientalischen Zuwanderer nicht nur ihre Frauen und Töchter der »Ehre« halber bereitwillig ermorden, sondern gern auch bei Rauschgiftgeschäften der »Ehre« halber aufeinander einstechen. Daher sei der Vollständigkeit halber darauf hingewiesen, dass in jenen Tagen vor dem Münchner Landgericht als Sechstes auch noch Orientalen standen, die bei Rauschgiftgeschäften der »Ehre« halber aufeinander mit den Messern losgegangen waren.[729]

Die vorgenannten »Einzelfälle« – orientalische »Ehren«-Morde – hat der Autor innerhalb weniger Minuten an nur einem einzigen Tag in kleinen Lokalzeitungen gefunden. Sechs »Einzelfälle« binnen 48 Stunden, die man mühelos im Internet recherchieren konnte. Der Autor hat mit Sicherheit ebenso viele »Einzelfälle« an jenem Tag übersehen. Die sogenannten Ehrenmorde sind also keine »Einzelfälle«, bei ihnen handelt es sich inzwischen vielmehr um eine wahre Barbaren-Landplage. Wer die strafrechtliche Relativierung von Ehrenmorden fordert, der muss sich wirklich fragen lassen, ob er »Ehren«-Mörder, die in Wahrheit schlichtweg Verbrecher sind, letztlich nicht noch zu ihren Straftaten ermuntert? Zudem wird es nicht nur die ethnischen deutschen Bürger, sondern alle ethnischen Europäer interessieren, wo denn eigentlich unsere gutmenschliche Offenheit enden soll.

Bereicherung pervers: Menschenopfer und Sodomie

Anfang April 2010 berichtete der Afrikaner Jason Straziuso für die amerikanische Nachrichtenagentur AP über ein Phänomen besonderer Art: die Rückkehr von Menschenopfern in Afrika (»Ritual sacrifice of children on rise in Uganda«).[730] Geopfert werden nur Kinder. Nachdem die acht Jahre alte Caroline Aya in einem ugandischen Dorf wie eine Ziege lebend geschlachtet worden war – das Menschenopfer sollte »Wohlstand« über die Familien bringen –, fragte Jason Straziuso bei Behörden nach, ob es sich um einen »Einzelfall« handele. Das Ergebnis war erschreckend: Allein in Uganda wurden im Jahr 2009 nach offiziellen Angaben 154 Menschen wegen Menschenopfern, der rituellen Schlachtung lebender Menschen, verhaftet. Uganda verfügt nunmehr über eine Polizeieinheit (*Anti-Human Sacrifice Taskforce*), die sich nur mit derartigen Menschenopfern befasst. In jeder Polizeistation des Landes hängen Plakate mit der Aufschrift »Prevent Child Sacrifice« (»Verhindert Menschenopfer von Kindern«). Für umgerechnet 1500 Euro kann man nach Angaben des afrikanischen Journalisten heute in Uganda ein Kind für ein religiöses Menschenopfer kaufen und lebend schlachten. Von den 154 wegen Menschenopfern im Jahr 2009 Verhafteten wurde allerdings nicht ein Einziger vor

Gericht verurteilt. In Uganda hat man nämlich viel Verständnis für die »religiösen« Bedürfnisse der Menschen, zu denen Menschenopfer einfach dazugehören. Derartige Dinge passieren aber eben nicht nur in Uganda. Es geschieht überall auf dem Kontinent. Als der Autor dieses Buches in den 1990er-Jahren für die *Frankfurter Allgemeine Zeitung* aus Nigeria über grauenvolle Menschenopfer berichtete, da warf man ihm in Deutschland »Rassismus« vor. Inzwischen, so auch der Bericht des afrikanischen Journalisten Jason Straziuso, existieren überall in Afrika nigerianische Filme, die zeigen, wie man »korrekt« Menschenopfer darbietet. Damit ist widerlegt, dass es sich um »Einzelfälle« handelt. Stattdessen sind es Symptome religiöser Vorstellungen, die wir in abgewandelter Form auch in Europa erleben, die Menschen das Leben kosten, und für die wir Verständnis aufbringen und Milde walten lassen sollen. Von den entstehenden Kosten dieses Irrsinns ganz zu schweigen.

Erinnern wir uns zwischendurch noch einmal an die Worte des deutschen Ex-Verfassungsrichters, der 2009 zu »Ehrenmorden« in Deutschland sagte: »Meine Meinung ist da vielleicht ein bisschen anders als die der Mehrheit. Ich finde, bei einer derartigen Tat müssen auch der soziale Kontext und die Sozialisation des Täters bedacht werden. Er lebt vermutlich nach anderen sozialen Mustern. Deshalb muss man auch einen Verbotsirrtum in Erwägung ziehen.«[731]

Lieber Ex-Verfassungsrichter Winfried Hassemer: Türkische Bürger haben 2010 ganz »cool« ein zwei Tage altes Baby der »Ehre« halber in der Türkei erstickt. »Meine Familie hat beschlossen, mein Baby zu töten«, berichtete die 25-jährige türkische Mutter später gegenüber der Polizei. »Meine 55-jährige Mutter hat das Baby mit einem Stück Stoff erstickt. Meine Brüder haben danach das Mädchen in einem Loch im Garten vergraben und das Loch mit Beton aufgefüllt«, so die junge Türkin weiter.[732] Lieber Ex-Verfassungsrichter Winfried Hassemer: Wollen Sie bei der Bemessung der Strafe wirklich einen »Verbotsirrtum« in Erwägung ziehen und lange über den »sozialen Kontext« solcher Mitbürger philosophieren? Solche Babymörder gehören aus der Sicht anständiger Menschen eigentlich ohne weitere Diskussion lebenslänglich ins Gefängnis! Es ist eine Unverschämtheit, bei sogenannten Ehrenmorden, die in Wahrheit Schandmorde sind, auch nur eine Sekunde über Strafmilderungen nachzudenken.

Übrigens: Werden Menschen wie Richter Hassemer nun auch über mildere Strafen für religiöse Ritual- und Kindermörder (erinnert sei an die Beispiele aus Uganda) nachdenken, wenn diese irgendwann auch hier vor unseren Haustüren in Europa dank Migration ihre kulturell bedingten Menschenopfer darbringen wollen?

Es geht dabei keinesfalls nur um von Rassisten als »rückständig« betrachtete Afrikaner. Daher ein anderes Beispiel: Nach Angaben der britischen Zeitung *Daily Mail* wurde im März 2010 im Norden des islamischen Landes Bangladesch auf einer Großbaustelle ein Menschenopfer gebracht.[733] Der Bauherr eines Gebäudes fand die für den Neubau gebrannten Backsteine einfach nicht rot genug. Er ließ dann einen Wahrsager kommen, der ihm ein Menschenopfer empfahl. Daraufhin wurde ein 26 Jahre alter Bauarbeiter auf Befehl des Eigentümers von seinen Kollegen geköpft. Nochmals – das passierte im Jahre 2010! Derartige Menschenopfer sind verboten, sie sind geächtet. Doch im Falle der Zuwiderhandlung werden die Täter kaum oder gar nicht verfolgt.

Nun kann man derartige Erscheinungen dem jeweiligen Kulturkreis zuschieben. Andere Länder, andere Sitten. Wenn aber mittlerweile Zuwanderer in Deutschland mildere Strafen für »Ehrenmorde« erhalten sollen, was ist dann künftig zu erwarten? Wird man in ein paar Jahren Täter, die Menschenopfer darbringen, ebenfalls nur gering oder gar nicht bestrafen, nur weil sie aus einem ethisch gesehen nichteuropäischen Land stammen?

Sofern der frühere Vizepräsident des Bundesverfassungsgerichts Winfried Hassemer eine Relativierung der Strafen für Zuwanderer aus dem islamischen Kulturkreis im Hinblick auf ihre »Kultur« fordert, dann muss er sich auch die Frage gefallen lassen, wie er es mit der Sodomie der Muslime in deren Kulturkreis hält? Im islamischen Kulturkreis gilt es ausdrücklich nicht als islamkonform, Schafe, mit denen man zuvor Geschlechtsverkehr hatte, anschließend zu verspeisen.[734] In Ländern wie dem Libanon aber ist Männern die Sodomie mit – weiblichen – Schafen gesetzlich ausdrücklich gestattet. In Ländern wie Indonesien werden die Kühe, mit denen Männer dort Sodomie treiben, danach von allen Dorfältesten gemeinsam getötet – ihr Fleisch darf nicht verzehrt werden. Manchmal lädt man dazu sogar Journalisten ein, die das alles dokumentieren dürfen.[735]

Vor diesem Hintergrund wird verständlich, warum es in ländlichen Regionen westlicher Staaten immer häufiger Schilder gibt, die unseren Zuwanderern erklären sollen, dass Geschlechtsverkehr mit Schafen auf unseren europäischen Weiden verboten ist. Derartige Schilder finden Sie – falls Sie diese aus Ihrer Region (noch) nicht kennen sollten und das Ganze für einen Scherz halten – leicht im Internet.[736] Die ethnischen Europäer haben ein – verschwiegenes – Problem mit Mitbürgern, die in ihren Heimatländern Sodomie betreiben. Tierschutzorganisationen weigern sich, gegen die wachsende Zahl der Fälle von Geschlechtsverkehr mit Tieren durch Zuwanderer aus dem islamischen Kulturkreis in Europa ihre Stimmen zu erheben. Jene, die angeblich für Tierschutzrechte eintreten, schauen bei zugewanderten Sodomisten offenkundig generell weg. Ein Beispiel: In Großbritannien wurde im April 2010 wieder einmal der kurdische Asylant Hidyat Amin (34) aus Birmingham, der eigentlich längst hätte abgeschoben werden müssen, verhaftet. Er hatte in mindestens drei Fällen auf einer Weide in East Yorkshire Schafe missbraucht. Seine Unterhosen und Strümpfe fanden sich ebenso wie Zigarettenkippen am Tatort.[737] Ähnliche Fälle sind auch in Deutschland gut dokumentiert. In Hessen wurde etwa ein Türke auf frischer Tat gestellt. Im Schafstall hatte der Schäfer, der Verdacht geschöpft hatte, eine Videokamera installiert.[738] Und die Tageszeitung *Die Welt* berichtete im Juni 2010 ihren erstaunten Lesern über besonders tiefgläubige Muslime, die sich sexuell mit Eseln oder Kühen vergnügen und dabei gefilmt wurden.[739]

Sofern wir also Ex-Verfassungsrichter Winfried Hassemer beim Wort nehmen, dann müsste es demnächst wohl auch für Zuwanderer aus dem islamischen Kulturkreis, die auf unseren Weiden Schafe und Ziegen missbrauchen, mit Hinblick auf ihre »Kultur« mildere Strafen geben. Schließlich ist es in ihren Heimatländern ja ausdrücklich erlaubt!

Unsere Gesellschaft duldet immer öfter die Missachtung unserer Rechtsordnung. Sie fördert diese sogar, indem sie immer mehr Verständnis für die Straftaten von Zuwanderern aufbringt. Woher sollen unsere lieben Muslime denn nur wissen, dass das Schlagen von Frauen, Vergewaltigungen, »Ehrenmorde«, Messerüberfälle, Menschenopfer und Sodomie in Europa verboten sind? Schließlich haben unsere Gerichte doch für diese Fälle stets Verständnis, wenn man als Täter aus einem kulturfernen Land kommt.

Zur Belohnung gibt's die deutsche Staatsbürgerschaft

Mit einem schwarzen Aktenordner vor dem Gesicht ließ sich Zuwanderer Mohamad R. (27) im April 2010 von der Polizei in den Münchner Schwurgerichtssaal 101 führen. Schon wieder musste das Gericht über einen sogenannten »Ehrenmord« verhandeln. Der gebürtige Afghane war wegen Mordes an seiner Ehefrau angeklagt. Bei der ersten polizeilichen Vernehmung hatte der Angeklagte gesagt: »Die Tat ist durch den *Koran* gerechtfertigt.«[740] Mit einem 31 Zentimeter langen Messer hatte er 24 Mal auf seine Frau eingestochen – ehrenhalber! Das gebot ihm schließlich der *Koran*. Seine Frau wollte die Scheidung – und das darf man als Afghane nicht so einfach hinnehmen. Das Gericht hatte viel Verständnis für den Zuwanderer.

Im April 2010 stand in Schwabmünchen (24 Kilometer südlich von Augsburg) ein 23 Jahre alter Türke vor Gericht. Die 13 000 Einwohner zählende

Stadt weist als Sehenswürdigkeiten nach den Bombenangriffen des Zweiten Weltkrieges heute nur noch zwei Hexentürmchen aus dem 16. Jahrhundert auf. Diese bildeten früher die Einfahrt zu einer alten Vogtei. Schwabmünchen erhält aber zusehends eine neue Sehenswürdigkeit: radikale Türken, die dank milder Richter frei herumlaufen. Ein 23 Jahre alter Türke, der im April 2010 dort vor Gericht stand, hatte öffentlich damit gedroht, eine christliche Kirche in die Luft zu sprengen. Er wurde von den ortsansässigen Richtern – unter Berücksichtigung seines Migrationshintergrundes – nur wegen illegalen Waffenbesitzes und Störung des öffentlichen Friedens zu einer Geldstrafe von immerhin 1000 Euro verurteilt.[741] Der Türke besaß zudem auf seinem Mobiltelefon Filme, die ihn bei Schießübungen in der Türkei zeigten. Der Hammer: Der Mann bekam zur Belohnung auch noch die deutsche Staatsbürgerschaft, wurde eingebürgert. Das Schwabmünchner Gericht ermahnte ihn lediglich, er solle sich fortan »benehmen«. Diese Ermahnung dürfte ihn schwer beeindruckt haben.

Drohen Sie einmal damit, eine Synagoge oder eine Moschee in die Luft zu sprengen – ob Sie da als ethnischer Deutscher auch mit 1000 Euro Geldstrafe wegkommen, wenn Sie illegal scharfe Waffen besitzen und bei Schießübungen gefilmt worden sind? Tun Sie es bloß nicht! Denn sonst wird sich sofort der Generalbundesanwalt einschalten, und Sie werden, eskortiert von einem Sondereinsatzkommando, mit einem Hubschrauber der Bundespolizei zum Verhör nach Karlsruhe geflogen. Zudem wird Ihnen öffentliches Interesse gewiss sein, denn alles, was sie betrifft, wird von Fernsehkameras dokumentiert werden. Sie sind eben kein Türke, und Sie haben auch keinen Migrantenbonus.

Greift in Deutschland ein ethnischer Deutscher einen Afrikaner an, dann brandet (zu Recht) Empörung auf. Lichterketten werden gebildet, Kerzen entzündet, und alle Politiker geben Interviews und bekunden, dass man künftig gemeinsam stärker gegen Rassismus und Ausländerfeindlichkeit vorgehen müsse. Wenn Türken in Berlin aber einen Afrikaner ins Koma prügeln und das Opfer wohl sein Leben lang schwerbehindert bleiben wird, dann passiert ... nichts. So ist es nämlich politisch korrekt.

Berlin-Neukölln ist der antirassistische und ausländerfreundliche Stadtteil von Berlin – so stellen Medien und Politiker diesen Berliner Türkenbezirk jedenfalls gern öffentlich dar. Die Realität ist allerdings eine andere: In Berlin-Neukölln herrschen Zustände wie in der Türkei. Die Türken dort sind offen antisemitisch, integrieren sich nicht, fallen immer häufiger nur durch wachsende Kriminalität sowie Bildungsresistenz auf und machen immer öfter Jagd auf Menschen, die nicht ihrem Idealbild entsprechen. So wie zwei Türken, die 2010 vor dem Landgericht auf der Anklagebank saßen.[742] Sie hatten einen

35 Jahre alten Afrikaner aus Burkina Faso grundlos angegriffen, sprangen ihm mit Karatetechniken in den Rücken, sodass er auf das Pflaster fiel, bewusstlos wurde und bis heute schwerbehindert ist.

Versuchter Mord an einem schwarzen Mitbürger mitten in der Bundeshauptstadt! Und was tun unsere antirassistischen Politiker? Der Berliner Innensenator Körting (SPD) gab lieber erst einmal Ergebenheitsbekundungen in Berliner Türkenmoscheen ab[743], kniete sogar in einer dieser Einrichtungen nieder und betete – etwa zu Allah? Eine Zeitung berichtete: »Körting kniet sich mit den anderen hin, steht auf, kniet wieder. Vorne ruft der Muezzin, später predigt ein vielleicht 16-jähriger Imamlehrling auf Türkisch. Es geht um Kinder, die der größte Segen Gottes seien und wichtiger als alles andere im Leben. Deshalb müssten sich die Eltern gefälligst um sie kümmern. Körting hält eine kleine Ansprache, versichert den Betenden, dass Muslime zu Berlin gehören und wie wichtig es ist, dass wir alle zeigen, dass wir hier gut zusammenleben können.«[744]

Den Afrikaner, der von Türken brutal zusammengeschlagen wurde, hat der Innensenator nicht besucht. Darüber hinaus hat er die Türken während seines Moscheebesuchs auch nicht darum gebeten, mit ihrem Rassismus und der grundlosen Gewalt aufzuhören. Er hat keine Lichterkette gebildet, keine Kerzen entzündet. Er hat sich verhalten, wie sich ein typisch deutscher Politiker von heute eben verhält – feige und politisch korrekt. War Bundeskanzlerin Angela Merkel jemals am Krankenbett des Afrikaners? Fehlanzeige!

Nicht nur in Burkina Faso können Afrikaner jetzt behaupten, dass deutsche Politiker sie mit tiefster Verachtung behandeln. Wie sollen sie zudem jemals erfahren, dass es Türken waren, die ihren Landsmann ins Koma geprügelt haben, solange deutsche Medien schweigen? In Afrika wird man also denken, Deutschland sei für Afrikaner ein gefährliches Land – wegen der »bösen« Deutschen.

Die ganz normale Inländerdiskriminierung

Wer einem ethnischen Europäer einfach so einen Faustschlag verpasst und ihm dabei den Kiefer bricht, der wird vor Gericht als angeblicher »Kulturbereicherer« gefeiert, solange er einen Migrantenbonus ausweist. Und wer auf dem Körper seiner Kinder glühende Zigarettenkippen ausdrückt, der muss Strafe in Europa nicht fürchten, solange er nur aus dem Orient kommt. Ein ethnischer Deutscher, der Gummibärchen gestohlen hatte, musste hingegen für sechs Monate ins Gefängnis (Urteil vom Februar 2010). Auch wer sich als Europäer gegen die

Messerangriffe von Zuwanderern wehrt, wird sofort ins Gefängnis gesteckt, während die Täter Bewährungsstrafen erhalten. Stellen Sie sich bei jedem der nachfolgend dargestellten Beispiele einfach einmal vor, ein ethnischer Europäer wäre der Täter gewesen. Anschließend beantworten Sie sich selbst die Frage, ob wir Europäer nicht längst schon gegenüber Zuwanderern in unserer eigenen Heimat diskriminiert werden.

Beispielsweise hat ein Solinger Türke (51), der als Lehrer arbeitet, für 43 andere Türken in 85 (!) Fällen gewerbsmäßig Urkunden gefälscht. Die mit den falschen Dokumenten ausgestatteten Türken konnten so gegenüber deutschen Finanzbehörden »außergewöhnliche Belastungen« geltend machen. Der entstandene Schaden für den Fiskus belief sich auf 120 000 Euro. Das Urteil des Wuppertaler Schöffengerichts: zwei Jahre Haft auf Bewährung wegen 85-facher gewerbsmäßiger Urkundenfälschung, in fünf Fällen davon in Tateinheit mit Steuerhinterziehung.[745] Merke: Bei der genannten sechsstelligen Schadenshöhe verurteilte das Solinger Amtsgericht einen Türken zu einer Bewährungsstrafe. Am gleichen Tag im März 2010 sprach das Krefelder Amtsgericht einen arbeitslosen deutschen Maurer schuldig und verdonnerte ihn zu fünf Monaten Gefängnis, weil er 52 Euro Arbeitslosengeld II zu Unrecht erhalten hatte.[746] Woher kommt der große Unterschied beim Strafmaß? Man nennt das politisch korrekt »gelebte Toleranz«.

Noch ein Beispiel gefällig? Einen Tag zuvor wurde ein 27 Jahre alter Mann, der eine 55-Cent-Briefmarke zweimal benutzt hatte (das gilt als Betrug), zu sechs Wochen Gefängnis verurteilt.[747] Es gibt eben in bestimmten Situationen für bestimmte Menschen extrem harte und für andere zugleich extrem milde Strafen.

Im Mai 2010 verurteilte das Amtsgericht im rheinischen Greve einen 44 Jahre alten Türken, der in fünf Fällen Autounfälle vorsätzlich provoziert und Versicherungen betrogen hatte, zu einer milden Bewährungsstrafe. Der Türke war gewerbsmäßiger Versicherungsbetrüger, kaufte nach jedem provozierten Unfall ein neues Auto von den Versicherungsleistungen. Die Staatsanwaltschaft hatte zwei Jahre und sechs Monate Haft gefordert – vergeblich.[748] Die politisch korrekten Richter hatten vollstes Verständnis für den liebreizenden Mitbürger. Einen Europäer hätte man dafür wohl ins Gefängnis gesteckt.

Ein 43 Jahre alter türkischer Krimineller wurde 2009 vom Bochumer Schöffengericht ebenfalls zu einer milden Bewährungsstrafe verurteilt. Der Türke hatte für acht Menschen Pässe gefälscht. Diese dienten dann der betrügerischen Realisierung von Autofinanzierungen zum Beispiel in Bochum und Umgebung. Die Passkäufer hatten sich mit ihrer falschen Identität Kredite für die Finanzierung teurer Autos erschlichen und anschließend die fälligen Raten nicht bezahlt. Mittels der gefälschten Pässe konnten zwölf Pkw erbeutet werden, geschätzter Schaden zwischen 150 000 und 200 000 Euro. Alles nicht so schlimm – fanden die Richter.[749] Schließlich gibt's ja den Migrantenbonus.

Vergewaltigungen als »kulturelle Bereicherung«?

Vergewaltiger werden in Deutschland mit Gefängnis bestraft, und zwar auch im Falle versuchter Vergewaltigung, die nur wegen der Gegenwehr des Opfers nicht ausgeführt werden konnte. Nicht so bei Türken: In Neu-Ulm hatte ein Gericht einen türkischen Taxifahrer, der nach einer nächtlichen Fahrt in die Wohnung seines Fahrgastes eingedrungen war und die Frau zu vergewaltigen versuchte, im Januar 2010 nur zu einer Bewährungsstrafe verurteilt. Der Grund: Er hatte sich nach Angaben der Zeitung *Augsburger Allgemeine* einige Zeit später auf Anraten seines Anwaltes bei dem Vergewaltigungsopfer entschuldigt.[750]

Und überhaupt – Moslems würden doch niemals eine Frau vergewaltigen.

Ein 30 Jahre alter Maurer aus Troisdorf hatte allein zwischen August und November 2009 drei junge Frauen vergewaltigt. Der Serientäter fuhr mit seinem Opel Corsa durch die Straßen, lockte die Opfer ins Fahrzeug und verging sich an ihnen in dem Kleinwagen. Bei späteren kriminaltechnischen Untersuchungen fand man in dem Fahrzeug die DNA der Opfer, der Täter jedoch stritt vor Gericht beim Prozess in Bonn 2010 alles ab. Die drei Frauen hatten Anzeige erstattet und erkannten den Vergewaltiger auf Polizeifotos wieder. Bei der Polizei und vor Gericht beteuerte dieser jedoch, als strenggläubiger Moslem würde er so etwas doch niemals tun.[751] Was zählten angesichts einer solchen Erklärung noch die drei Aussagen »angeblich« vergewaltigter Frauen und die »DNA-Beweise« im Fahrzeug? Schließlich ging es nun um den *Koran* und den islamischen Glauben des Täters! Da hatten die Richter schlechte Chancen. Ein Moslem vergewaltigt keine Frauen! Punkt! Aus! Schluss! Basta! Und falls so etwas doch einmal als Ausnahme geschieht, dann beträgt der Migrantenbonus 100 Prozent.

Die Weichheit, mit der deutsche Richter Vergewaltigern aus dem islamischen Kulturkreis begegnen, ist schon seit vielen Jahrzehnten zu beobachten: Der Völkerkundler Werner Schiffauer schrieb in seinem erstmals 1983 erschienenen Buch *Die Gewalt der Ehre* unter anderem über die Vergewaltigung einer jungen Deutschen durch 14 Türken im Jahr 1978 in Berlin. Das Opfer hieß Petra Kaiser, der erste Vergewaltiger war der Türke Ali Kaynar. Er sah die Frau auf der Straße und gehorchte der »Tradition der türkischen Dorfkultur«, die lautet: Eine junge Frau, die nachts allein unterwegs ist, kann nur eine Hure sein. Er brachte die »deutsche Hure« (so seine Sicht) in seine Wohnung. Die Frau gehorchte, weil sie glaubte, der Türke habe ein Messer dabei und werde sie sonst ermorden. Anschließend kam es zu einer bestialischen, typisch türkischen Gruppenvergewaltigung. Die 14 Türken fielen wie Monster über die Deutsche her. Vor Gericht grinsten die Täter ihr Opfer dann nur frech an. Alle Türken erhielten lediglich Bewährungsstrafen oder wurden gar freigesprochen (!). In der Urteilsbegründung fabulierten die Richter über die »Schwierigkeiten, die sich aus dem Aufwachsen zwischen zwei Kulturen ergäben«. Zudem behaupteten sie, »die Strafe sei zur Bewährung auszusetzen, weil bei den Jugendlichen nicht von schädlichen Neigungen gesprochen werde könne und die Tat ihnen wesensfremd sei, Rückfälle also nicht zu befürchten seien«. Der Ethnologe Werner Schiffauer kannte einige der türkischen Vergewaltiger, denn er war damals in der Jugendarbeit tätig. Er beurteilte die Türken als Opfer und Gefangene ihrer eigenen Traditionen, sah ein »kulturelles Missverständnis zwischen Deutschen und Türken« und hob deren Auffassung hervor, nichts Unrechtes getan zu haben. Schiffauer bewies offensichtlich viel kulturelles Verständnis für zugewanderte Vergewaltiger – wie auch deutsche Richter. Aus Sicht der Täter mussten das ermutigende Signale sein.

Zu einer milden Bewährungsstrafe wurde Ende 2009 auch ein aus dem Nahen Osten zugewanderter, streng religiöser Vergewaltigungstäter verurteilt. Der Mann habe sich – so die Richter vom Gifhorner Amtsgericht – in einem »Verbotsirrtum« befunden. Wie sollte der Mann auch wissen, dass man Frauen in Deutschland nicht vergewaltigen dürfe und dass es auch nicht üblich ist, ihr danach ein wenig Geld für den unfreiwilligen Sex zuzustecken.[752] Das Urteil wurde von anderen Orientalen mit wohlwollendem Interesse aufgenommen.

Aus all dem kristallisiert sich heraus: Zuwanderer sind die guten Menschen, die stets zu Unrecht irgendwelcher Straftaten verdächtigt werden, weshalb auch der Migrationsbonus berechtigt ist. Der Migrationsbonus allerdings, den 2009 ein Iraker im holsteinischen Neumünster erhielt, könnte in die deutschen Geschichtsbücher eingehen: Der Mann verging sich an einem zwölf Jahre alten Mädchen – und erhielt dafür eine milde Bewährungsstrafe. Der Richter hielt dem Kinderschänder seine Jugend (19 Jahre) zugute. Das Signal an andere zugewanderte Kinderschänder dürfte klar sein: Einmal darf man in Deutschland problemlos ein Mädchen vergewaltigen.

Sie glauben immer noch nicht, dass es einen Migrationsbonus und mildere Strafen für Zuwanderer als für ethnische Deutsche gibt? Dann sollten Sie sich schnellstens mit den Tatsachen auseinandersetzen. Tag für Tag fällen deutsche Richter Urteile im Namen, aber ohne Rückendeckung des Volkes, und behandeln zugewanderte Räuber, Totschläger und Vergewaltiger mit an Weichheit nicht mehr zu überbietenden Samthandschuhen. Beispiel Neuburg: Dort hatten die Richter im Dezember 2009 einen 28 Jahre alten türkischen Vergewaltiger wegen dessen »kulturell geprägter Erziehung« nur zu einer Bewährungsstrafe verurteilt.[753] Der Mann schlug seiner mit ihm zwangsverheirateten Frau (inzwischen geschieden), die keinen Geschlechtsverkehr wollte, bei der Vergewaltigung auch noch auf den Kopf. Selbst die Staatsanwältin berücksichtigte, dass der Täter in einem türkischen Kulturkreis aufgewachsen war, in dem die Vergewaltigung in der Ehe bis zum Jahr 2005 laut dortiger Rechtsprechung nicht strafbar war. Somit habe der Angeklagte für seine Tat kein Schuldbewusstsein entwickeln können. Also auch hier das Signal an unsere Zuwanderer: In Deutschland gilt zwar für Deutsche der Rechtsgrundsatz »Unwissenheit schützt vor Strafe nicht«, aber wenn ihr Zuwanderer vor Gericht nachweisen könnt, dass ihr eine »kulturell geprägte Erziehung« in einem islamischen Land genossen habt, dann erhaltet ihr den Migrationsbonus und könnt hier tun und lassen, was ihr wollt! Beispiel: Das Abhacken von Händen bei Dieben ist weder im Jemen noch in Saudi-Arabien verboten. Falls also demnächst ein Jemenite oder Saudi in Deutschland einen Dieb ertappt, kann er ihm gleich eine Hand abhacken – und dafür in Deutschland nicht wie ein Deutscher bestraft werden. So die offenkundige Logik der deutschen Richter. Man könnte die Auflistung des Irrsinns unendlich fortsetzen.

Die vor deutschen Gerichten verhandelten Fälle kennen manchmal keine Grenzen, was die Forderungen der Täter anbetrifft. Der aus dem Iran zugewanderte Mitbürger Hajy Baba Rahmanian ist ein Vergewaltiger besonderer Art, der als Taxifahrer arbeitete und sich an einem Mädchen in seinem Fahrzeug verging. Das Mädchen war betrunken. Vergewaltiger Hajy Baba Rahmanian nahm das zum Anlass, um im Mai 2010 vor Gericht zu erklären, er habe doch nicht gewusst, dass man hilflose oder betrunkene Frauen als Taxifahrer nicht nach Belieben vergewaltigen dürfe. Er forderte allen Ernstes von den Richtern dreist den Migrantenbonus ein, weil er erst einige Jahre im Land lebe und die Sitten noch nicht so genau kenne.[754]

Als Migrant aus dem islamischen Kulturkreis darf man in Europa alles tun: Der Orientale Yassin G. (19) schlug im Dezember 2009 in Berlin einen 33 Jahre alten Polizisten beinahe tot. Ihm war gerade danach. Grund für das Verbrechen: weil der Polizist »so geguckt« hat! Das Opfer: Zivilfahnder Alexander W. (33). W. war auf Brandstreife, Nachtdienst mit Kollegen. Jagd auf Autobrandstifter. Der Beamte: »Plötzlich hatte ich einen Blackout.« Yassin G. war ihm ohne Vorwarnung ins Gesicht gesprungen. Ein Tritt mit voller Wucht. Der Beamte: »Dann würgte er mich.« Der Polizist zog während der Gewaltorgie seine Waffe, um den Brutalo Yassin G. (19) zu stoppen. Doch der machte trotz eines Warnschusses weiter. Ende Juli 2010 dann das unfassbar milde Urteil: 14 Monate Haft auf Bewährung für Yassin G. und 500 Euro Schmerzensgeld.[754a] Dies Urteil lässt deutlich werden, was das Leben eines deutschen Polizisten heute noch wert ist, wenn ein Orientale sich an ihm auslässt. Alexander W. ist seit dem 6. Dezember 2009 arbeitsunfähig!

Von der deutschen Hauptstadt nach Österreich: Als »allgemein begreiflich« bezeichnete ein Gericht in Wien im Januar 2010 den Mordanschlag eines gebürtigen Türken auf seine Frau. Diese wollte sich von ihm trennen und präsentierte ihrem Mann am 12. Oktober 2009 die Scheidungspapiere. Daraufhin griff der 46-jährige Familienvater zu einem Messer und stach seiner Frau damit über ein Dutzend Mal in Kopf, Brust und Hals. Anschließend attackierte er die lebensgefährlich Verletzte noch mit einem 50 Zentimeter langen Stahlrohr, ehe sich einer seiner Söhne dazwischen warf. Die Justiz billigte dem Täter allen Ernstes zu, in einer »allgemein begreiflichen, heftigen Gemütsbewegung« gehandelt zu haben.[755] In der Urteilsbegründung heißt es wörtlich: »Gerade Ausländer oder Personen mit Migrationshintergrund befinden sich häufig in besonders schwierigen Lebenssituationen, die sich, auch begünstigt durch die Art ihrer Herkunft, in einem Affekt entladen kann.« Und weiter: »Obwohl Affekte von Ausländern in Sittenvorstellungen wurzeln können, die österreichischen Staatsbürgern mit längerem Aufenthalt fremd sind, können sie noch allgemein begreiflich sein.« Ende Juni 2010 bestätigte das Wiener Oberlandesgericht das umstrittene Urteil gegen den Türken.[756]

Eine Frage: Wie lange geht ein ethnischer Europäer ins Gefängnis, wenn er immer wieder ein zwölf Jahre altes Mädchen vergewaltigt, Tag für Tag? Drei Jahre, fünf Jahre, acht Jahre? Moslem Yusuf Mangera kann Ihnen sagen, wie lange er ins Gefängnis muss. Der Mann gab *Koran*-Unterricht in britischen Moslemfamilien. Im Unterricht vergewaltigte er immer wieder ein kleines Mädchen, während das Kind im *Koran* lesen musste.[757] Nicht nur einmal, sondern immer wieder. Yusuf Mangera wurde daraufhin zu zwei Jahren und sechs Monaten Haft verurteilt.[758] Das war es. Unter Anrechnung seiner Untersuchungshaft befand er sich wenige Tage nach dem Urteil schon wieder auf freiem Fuß.

Ein Beispiel aus Schweden: Der 48 Jahre alte Imam von Stockholm hatte im August und September des Jahres 2009 in mehreren Fällen ein ihm für den *Koran*-Unterricht anvertrautes elf Jahre altes Mädchen sexuell missbraucht.[759] Bei dem Täter handelte es sich um einen der bekanntesten schwedischen *Koran*-Gelehrten. Da musste man für ihn und seine Tat besonders viel Verständnis aufbringen. Mehr als ein halbes Jahr ermittelte die Staatsanwaltschaft, ob das Vergewaltigungsopfer und die das Kind begutachtenden Ärzte sich nicht vielleicht doch geirrt haben könnten. Doch die Angaben waren stimmig. So griff man zu einem Trick: Der Prozess wurde – während der Imam frei herumlief – von Stockholm in die südlich gelegene Stadt Södertörn verlegt. Der Imam bestritt derweilen alle Vorwürfe. Er sei ja so »vorbildlich integriert«. Man vertagte den Prozess erneut und schob ihn immer weiter hinaus. Irgendwann wird er vergessen sein.

Dass österreichische Richter für Vergewaltiger – solange diese nur aus dem Orient kommen – besonderes Verständnis haben, schilderte der Autor bereits an einem Fall auf der vorhergehenden Seite. Hier ein weiterer: Das Oberlandesgericht Innsbruck hatte im April 2010 allen Ernstes die Strafen für vier Marokkaner abgemildert, die im Januar 2009 vier Stunden lang brutal eine 17-jährige, wehrlose Tirolerin in einer Innsbrucker Tiefgarage vergewaltigt hatten und dafür in erster Instanz vom Innsbrucker Landesgericht verurteilt worden waren. Offensichtlich konnte und wollte man den Orientalen nicht die gleichen Strafen zumuten wie Europäern. Das würde sie schließlich beleidigen. Eine Zeitung berichtete über die Verachtung der Marokkaner für das Innsbrucker Gericht: »Ein damals 20-Jähriger muss sechs Monate kürzer hinter Gitter. Obwohl ein damals 16-jähriger Mittäter zu 20 Monaten Haft verurteilt worden war, befand er sich auf freiem Fuß und war zur Berufungsverhandlung erst gar nicht erschienen.«[760]

Auch wer als Türke in Österreich seine Kinder bestialisch quält, gar glühende Zigarettenkippen auf ihren Körpern ausdrückt, stößt auf großes Wohlwollen seitens der Richter – wenn man denn seine Tat nur mit der Islamideologie begründen und darauf hinweisen kann, dass man Zuwanderer ist. – Furcht, Gewalt, Drohungen und mittelalterliche Methoden begleiteten zwei türkische Mädchen seit jeher in den eigenen vier Wänden. Der angeklagte Vater, ein kräftig gebauter türkischer Restaurantbesitzer, legte großen Wert auf Tradition und Religion. Der Islam stand im Zentrum seines Handelns und Denkens. Von diesen Werten wollten die Schwestern allerdings nichts wissen. Im ethnisch und geschlechtlich gemischten Freundeskreis wurde stets auf die alten Werte »gepfiffen«: Die Mädchen rauchten, gingen auf Partys, trafen sich mit Burschen und genossen die westliche Welt. Der Vater brannte den Töchtern den Islam deshalb mit Zigaretten auf ihre Körper: Vorliegenden Aussagen zufolge soll er sogar Zigaretten auf ihren Schenkeln ausgedrückt haben. Die Mutter sah tatenlos zu! »Ich wollte ihnen zu einem besseren Leben verhelfen«, erklärte sich der Täter. Dieser Plan beinhaltete unter anderem eine Reise in die Türkei. »Dort bin ich zwangsweise verlobt worden«, schilderte die Ältere der beiden Schwestern (sie ist 18) die Ereignisse. Die Ehe kam nicht zustande. Das

Urteil für den unzivilisierten Barbaren wurde im Februar 2010 gesprochen: zehn Monate – natürlich auf Bewährung.[761]

Bewährung, Bewährung und immer wieder Bewährung. Man muss nur Orientale sein oder zumindest aus dem islamischen Kulturkreis stammen – und schon erhält man für jedes Verbrechen eine Bewährungsstrafe. Islamische Vergewaltiger erhalten in Europa inzwischen beinahe durchweg Strafen, die sie nicht hinter Gitter bringen. Beispiel Schweiz: Migrantenbonus für einen Türken vor einem Gericht in Zürich. Die Tat ereignete sich in der Nacht auf den 12. Februar 2008. Ein bereits vorbestrafter Türke sprach in einem Restaurant an der Zürcher Langstraße eine 17-jährige Schweizerin an und folgte ihr auf die Toilette. Als die junge Frau seine 50 Franken für sexuelle Dienste ablehnte, drängte er sie in eine Toilettenkabine und vergewaltigte sie. Der Frau, die kurz darauf die Polizei anrief, drohte der Täter damit, sie umzubringen. Weil der Angeklagte geständig war und sich bei seinem Opfer entschuldigt hatte, kam er beim Zürcher Bezirksgericht mit einer Bewährungsstrafe davon.[762]

Beispiel Schweden: In Linköping (Zentralschweden) hatten zwei junge zugewanderte Mitbürger ein zehn Jahre altes Mädchen vergewaltigt. Die Tat war unstrittig. Dennoch passierte – nichts.[763] Die jungen Mitbürger waren zum Tatzeitpunkt erst zwölf und 13 Jahre alt, sie gelten in Schweden aber erst von 15 Jahren an als strafmündig. Aus diesem Grund durfte sie die Polizei nicht einmal verhören oder ermahnen, weil das angeblich ihrer weiteren Entwicklung schweren Schaden zufügen könnte. Die Schweden sind entsetzt darüber, wie weit es in ihrem Land, das inzwischen die höchste Vergewaltigungsrate in Europa hat (sechs Prozent der schwedischen Mädchen wurden nach offiziellen Angaben schon mindestens einmal vergewaltigt[764]), bereits gekommen ist.

In Schweden geschieht ohnehin das Gegenteil von dem, was ein durchschnittlicher Mensch erwarten würde, wenn Zuwanderer schreckliche Verbrechen verüben. Da hatte im April 2010 in Landskrona ein 23 Jahre alter Orientale eine 78-jährige schwedische Rentnerin, deren Vorname Inger lautet, auf dem Parkplatz eines Supermarktes mit Fausthieben und Messerstichen ermordet.[765] Der Grund: Die alte Dame hatte es gewagt, ihrem 71 Jahre alten Mann Sven zu Hilfe zu eilen, den der Migrant aus dem Wagen gezerrt und verprügelt hatte, weil der »Ungläubige« einen Parkplatz gefunden hatte, den der Migrant selbst gern nutzen wollte. Das alles war unstrittig.[766] Unstrittig war darüber hinaus auch, dass schwedische Medien zunächst nicht den geringsten Hinweis auf die Herkunft des Täters publizieren durften.[767] Die Schweden schockierte besonders, was dann passierte: Vier schwedische Moslemverbände gaben Pressekonferenzen und forderten ein Ende des »Rassismus« und der

»Islamophobie« der Schweden – die Täter wurden zu Opfern, die Opfer zu Tätern. Die Moslemverbände sprachen von einem »tragischen Unfall« und appellierten an die Schweden, etwas gegen die grassierende Ausländerfeindlichkeit zu unternehmen. Der Grund für diese Aufforderung: Die Familie des zugewanderten Totschlägers hatte unfreundliche Anrufe von schwedischen Bürgern erhalten, die sie dazu aufforderten, endlich wieder das Land zu verlassen.[768] Und wie reagierten die Schweden? Sie bildeten Lichterketten und veranstalteten sofort eine »Anti-Rassismus-Demonstration«, an der sich auch die Kirchen beteiligten – zugunsten der Familie des zugewanderten Mörders.[769] Schließlich wurde sogar ein »Manifest« verfasst, demzufolge man wegen des »Vorfalls« keine Vorurteile hegen werde.[770] Der Polizeisprecher von Landskrona, Tommy Lindén, erklärte öffentlich, die Familie des zugewanderten Mörders spiele nun »Opfer«, um vor Gericht eine »bessere Verhandlungsposition« zu haben. Das waren deutliche Worte, aber sie halfen nichts. Die Moslemverbände übten Druck aus, damit die Schweden von Landskrona gegen die »Bedrohung« der Familie des Mörders auf die Straßen gingen. Einige Tage später zeigte diese Manipulation Wirkung: Der Polizeisprecher von Landskrona trat abermals vor die Öffentlichkeit. Dieses Mal lautete seine Botschaft: Jeder Zuwanderer, der sich in Landskrona von Schweden bedroht fühlt, erhält Unterstützung und den Schutz der Polizei. Das sei doch »selbstverständlich«. An der Lage in dem vom »Vorfall« betroffenen Gebiet hatte sich seit seiner ersten Stellungnahme nichts geändert, es hatte nicht einen einzigen ausländerfeindlichen Übergriff gegeben – dafür allerdings wachsenden Druck seitens der Zuwanderer. Die Schweden wurden nach Strich und Faden von ihren Zuwanderern – man kann es gar nicht anders formulieren angesichts der Tatsachen – verarscht, für dumm verkauft, gaben schließlich nach und bedankten sich auch noch dafür!

Endlich kam es zur Gerichtsverhandlung gegen den zugewanderten Mörder. Am Amtsgericht in der schwedischen Stadt Lund wurde gegen den Palästinenser Ahmad Akileh[771], der den Mord an der 78-jährigen Frau begangen hatte, verhandelt. Sein gesamter Familienclan, der anwesend war, beschimpfte und bedrohte die Richter. Die libanesischen Palästinenser, die als Gäste (Asylanten) in Schweden von Sozialhilfe leben, bewarfen Staatsanwalt und Richter mit Gegenständen, drohten mit ihrer Tötung, falls ihr Familienmitglied für den Mord an der Rentnerin verurteilt werde.[772] Die Polizei musste den Gerichtssaal unter Einsatz von Gewalt räumen. Nicht einer der muslimischen Vereine, die – siehe oben – sich über den »Rassismus« gegenüber dem Mörder beschwert hatten, verurteilte die Angriffe des Familienclans auf Gericht und Staatsanwaltschaft.

Man hat es schwer heute in Europa, wenn man Daniel, Rüdiger oder Kevin heißt. Leicht hat man es hingegen, wenn man Vornamen wie Ali, Mehmet oder Ahmad trägt.

Zum Nulltarif: Wir geben unsere Werte auf und bekommen Hass und Gewalt

Mitten in Berlin haben zugewanderte Kinder im Dezember 2009 die 84 Jahre alte Rentnerin Elfriede M. auf der Straße getötet. Das alles passierte nicht etwa in einem amerikanischen Getto, sondern mitten in der deutschen Hauptstadt: Am 2. Dezember 2009 war Elfriede M. gerade auf dem Weg nach Hause. In der Berliner Havelberger Straße kamen ihr drei als südländisch beschriebene Kinder entgegen. Brutal zerrten sie an dem Stoffbeutel der 84-jährigen Dame, wollen ihn ihr entreißen. Doch die tapfere Elfriede M. hielt den Beutel fest, wollte ihr Geld den drei zugewanderten Kinderräubern nicht geben. Da drehten diese durch, warfen die hilflose Rentnerin auf die Straße und traten auf sie ein. Die Frau erlitt schwerste Verletzungen. Eiskalt ließen die Täter ihr Opfer liegen und rannten davon. Die Rentnerin starb. Und die Polizei? Und die Staatsanwaltschaft? Sie brauchten fünf (!) lange Monate, bevor sie endlich im Mai 2010 eine Belohnung für Hinweise auf die Täter aussetzten.[773] Man wollte offenkundig in der Vorweihnachtszeit 2009 keine unnötigen Vorurteile gegen unsere zugewanderten Mitbürger schüren, die doch so schrecklich »wertvoll« für unsere Gesellschaft sind. Man ließ lieber erst einmal Gras über die Sache wachsen. Elfriede M. war schließlich tot. Hatte nicht die frühere Familienministerin Ursula von der Leyen über die barbarischen Zuwandererknirpse gesagt: »(...) wie sehr wir diese Kinder brauchen: In 20, 30 Jahren erwarten wir von diesen Kindern, dass sie innovativ und verantwortungsbewusst dieses Land tragen.«[774] Da sie allerdings schon jetzt das genaue Gegenteil von dem tun, was von ihnen erwartet wird, und zum Beispiel deutsche Rentner auf den Straßen töten, wäre ein derartiges Verbrechen in der Öffentlichkeit wohl nicht gut angekommen und hätte den Seifenblasen der Politikerparolen den Nimbus genommen. Also schaute man lieber viele Monate lang weg. Hätten deutsche Jugendliche allerdings einen türkischen Rentner auf Berlins Straßen getötet – der Aufschrei wäre wohl enorm gewesen!

Ausländer, die in Deutschland Straftaten verüben, müssen deutschen Gesetzen zufolge in ihr Heimatland abgeschoben werden, wenn sie zu einer Haftstrafe von mehr als 36 Monaten verurteilt werden. Doch der Verwaltungsgerichtshof Mannheim hat Ende 2009 der Klage eines 38-jährigen Türken, der wegen eines brutalen Mordes immerhin zu lebenslanger Haft verurteilt worden war, gegen seine Ausweisung stattgegeben. Beklagte war die Stadt Kornwestheim. Sie hatte – wie im Gesetz gefordert – die Ausweisungsverfügung erlassen. Der 1971 in der Türkei geborene Mann sollte nach dem Verbüßen seiner Haftstrafe in sein Geburtsland deportiert werden. Doch die gutmenschlichen Richter fanden, die Stadt müsse erst einmal nachweisen, dass der Mörder nach der Haftzeit wieder eine Gefahr für deutsche Bürger werden könne.[775] Also einfach abwarten – bis zum nächsten Mord?

Täterschutz ist in Deutschland eben viel wichtiger als Opferschutz. Das bekommen jetzt auch die Verwandten des von einem Türken ermordeten deutschen Elitepolizisten Roland Krüger zu spüren. Im Jahr 2003 tötete Yassin Ali K. den Berliner Roland Krüger. Eigentlich wurde Yassin Ali K. zu lebenslanger Haft verurteilt, doch das findet man mittlerweile bei den multikulturellen deutschen Behörden irgendwie ungerecht und eigentlich viel zu hart, denn der Migrationsbonus muss schließlich irgendwie berücksichtigt werden. Also »prüft« man, ob der jetzt 39-jährige Polizistenmörder nicht wieder das Gefängnis verlassen darf. Die Berliner Justiz findet das in Bezug auf unsere ausländischen Mitbürger völlig »normal«.[776] Nach den Gefühlen der Verwandten des Opfers fragt niemand mehr.

Offensichtlich kann man es als Zuwanderer in Europa gar nicht weit genug treiben: Baha Uddin ist ein zugewanderter Orientale, der im Norden von London neben einer christlichen Kirche lebt. Der Mann fordert beständig von den Christen in seiner neuen Heimat mehr Toleranz ein – nur selbst will der Moslem nicht tolerant gegenüber seinen Mitmenschen sein. So hat er sich bei der Gemeinde über die Kirche in seiner Nachbarschaft beschwert. In dieser singen an den Wochenenden Christen. Das hört der Orientale Baha Uddin. Darüber ärgert er sich, denn er findet Christen schrecklich. Daher fordert er sie dazu auf, ihn und seine Tochter, die wegen der »schlimmen Christenlieder« angeblich nicht mehr im Garten spielen könne, nicht weiter so grausam und rücksichtslos zu quälen. Die Gemeinde hatte schließlich irgendwann ein Einsehen: Dem Zuwanderer aus dem islamischen Kulturkreis zuliebe wurden die Londoner Christen Ende 2009 dazu aufgefordert, in ihren Messen nicht mehr – oder wenn überhaupt noch, dann nur ganz leise! – zu singen. Maximal 20 Minuten dürfen die Christen jetzt pro Woche in der Kirche singen, bei Nichtbeachtung drohen 2250 Pfund Strafe und die Schließung der Kirche.[777]

Die Kirchen geben sich in Europa ohnehin selbst auf, Beispiel Belgien: Hier wächst die Zahl der Muslime unaufhörlich – das Land wird vom Islam geradezu geflutet. Kein Wunder, dass man mit dem Bau von Moscheen für die Anhänger der Islamideologie einfach nicht mehr nachkommt. Deshalb hilft die katholische Kirche den Muslimen jetzt, etwa in Charleroi. Dort dürfen die Orientalen in der katholischen Kirche Saint Lambert zu Allah beten.[778] Die christliche Kirchenführung findet es »normal«, dass man sich unter Gläubigen gegenseitig hilft. Dabei darf allerdings nicht vergessen werden, dass noch nie irgendwo in der Welt Mohammedaner den Christen eine islamische Moschee für ihre Gebete überlassen haben. Stattdessen werden die »ungläubigen« Christen in den Heimatländern der Muslime meist wie Dreck behandelt. Dafür erhalten sie dann in Europa Sonderrechte – eine wahrlich verrückte Welt.

Verbrechen lohnt sich

Kennen Sie den alten Spruch »Verbrechen lohnt sich nicht«? Bevor Sie die nachfolgenden Zeilen lesen, sollten Sie vielleicht erst einmal Ihren Arzt oder Apotheker danach fragen, ob Sie auch wirklich ganz gesund sind. Wenn Sie sich leicht aufregen, dann lesen Sie jetzt bitte NICHT mehr weiter. Zugewanderte Straßenräuber, Vergewaltiger und Mörder erhalten nämlich in Europa von Gerichten sogenannte Prepaid-Kreditkarten mit einem Guthaben. Finanziert wird das Ganze aus Steuermitteln. In den Genuss der Steuergelder – pro Person bis zu 5550 Euro – gelangen in Europa allerdings nur kriminelle Zuwanderer, keine ethnischen Gesetzesbrecher. Unglaublich?

Zugegeben, der Autor dieses Buches hat es auch zunächst nicht glauben wollen. Die Londoner Zeitung *Daily Mail* ist eine seriöse und renommierte britische Tageszeitung. Sie berichtete im Dezember 2009 über außergewöhnliche Kreditkarten, die die Regierung mit Steuergeldern finanziert. Viele tausend Kriminelle haben dem Bericht zufolge Kreditkarten mit jeweils einem Guthaben von bis zu 5550 Euro (5000 britische Pfund) erhalten: Vergewaltiger, Straßenräuber, Einbrecher und Mörder. Die Überschrift über dem Bericht lautet: »Bribed to quit Britain: Foreign criminals offered up to £5000 if they agree to go home«.[779] Das Programm der britischen Regierung war im Übrigen keine Eintagsfliege, sondern es existiert weiterhin. Jeder zugewanderte Kriminelle erhält auf Wunsch eine Kreditkarte. Die Höhe des auf das Konto einbezahlten Guthabens ist abhängig von der Schwere des verübten Verbrechens. Ein Beispiel: Agnes Wong, 29, ist eine Mörderin. Sie erhielt von der britischen Regierung eine Kreditkarte mit einem Guthabenbetrag von 4500 Pfund (5000 Euro). Alles, was die Mörderin für das Geld tun muss, ist, aus Großbritannien auszureisen.

Die britische Regierung will, dass möglichst viele zugewanderte Kriminelle das Land verlassen. Daher schenkt sie ihnen Kreditkarten mit Guthaben und ein Rückreiseticket. Unter Kriminellen hat sich diese Maßnahme schnell herumgesprochen. Tausende sind nach offiziellen Angaben ausgereist – und haben das Geld im Ausland abgehoben, um kurz danach auf illegalem Wege wieder nach Großbritannien zurückzukommen. Verbrechen lohnt sich also doch, zumindest in finanzieller Hinsicht.

Weshalb die britische Regierung das alles tut? Ganz einfach – eine Nacht im Gefängnis kostet sie statistisch gesehen 100 Britische Pfund (110 Euro). Wenn ein zugewanderter Vergewaltiger also freiwillig in sein Heimatland zurückkehrt, was sind dann 3000 Euro auf einer Kreditkarte, die einem Monat im Gefängnis entsprechen? Man wirbt derzeit in britischen Haftanstalten mit der Londoner Kriminellen-Kreditkarte. Vielleicht gibt es ja bald auch die Goldene und auch eine Platin-Kreditkarte für zugewanderte Wiederholungs- und Intensivstraftäter?

Den Preis für diese verfehlte Politik zahlen – wieder einmal – die Bürger und nicht die verachtenswerten Politiker, die dank Leibwächtern, Fahrdienst und Wohnorten weitab von den Brennpunkten der Großstädte die Folgen ihrer Politik nie selbst tragen müssen. Europa ist ein Staatenverbund, der die Sicherheit seiner Bürger nicht mehr gewährleisten kann und in dem die Ungleichheit von ethnischen Europäern und Zuwanderern immer weiter zementiert wird.

Anweisung von oben: für Migranten nur in Ausnahmefällen Gefängnis

Wie sich denken lässt, werden in einer politisch korrekten Medienberichterstattung nicht alle Vorkommnisse, die die Zuwanderer betreffen, veröffentlicht. Das, was Sie zuvor gelesen haben, stammt aus vielen verschiedenen europäischen Zeitungen. Zum Teil handelte es sich dabei nur um kleine Berichte, die oftmals in der Berichterstattungsflut einfach untergehen.

Darüber hinaus hat der Autor eine Vielzahl von Informationen von besorgten Lesern seiner Bücher erhalten. Einige Beispiele seien nachfolgend vorgestellt. Das schreibt ein Bürger:

»Ich war acht Jahre Jugendschöffe, vier am Landgericht xxx und dann vier am Amtsgericht xxx [Die Orte wurden unkenntlich gemacht; Anm. d. Autors]. Ich kann einem ›richtigen‹ Deutschen nur empfehlen, nicht mit Nachbars Quad zu fahren, dafür gibt es die gleiche Strafe wie für 70 (in Worten: siebzig) professionelle Einbrüche eines ›neuen guten‹ Deutschen. Heute ist es in Deutschland wieder so weit, dass die Stellung der Augen und die Haarfarbe bei der Urteilsfindung herangezogen wird. Ich habe da Bolzen erlebt, die sind einfach unbeschreiblich. Da kann man ein Buch von schreiben. Eine Berufsrichterin meinte in einer Schöffen-Besprechung nur: Man müsse ›die‹ (gemeint war die Summe der migrantischen Südländerdeutschen) einfach nur ›präventiv‹ drei Tage die Woche wegsperren, dann hätten wir halb so viel Kriminalität in Deutschland.

Ein kleines Beispiel aus dem Anfang meiner Schöffenperiode: Im Gerichtssaal, der Staatsanwalt verliest (eine halbe Ewigkeit) die Anklageschrift. Täter: Deutscher (Türke), Anführer einer Gang, muskelbepackt. Taten: extreme Körperverletzung, Raub, Diebstahl, Drogendealerei usw. Als der Staatsanwalt endete, stand der Täter auf, baute sich drohend auf und meinte voller Aggressivität: ›Jetzt weiß ich, wie Du heißt, heute Abend bin ich draußen und ficke deine Tochter.‹ Gut, das konnte verhindert werden, da der Staatsanwalt keine Tochter hatte. Urteil: drei Jahre drei Monate, ohne Bewährung. (Es geht auch ohne Bewährung.) Nachdem es viele Fälle mit Bewährungsstrafen gab, fragte ich dümmlicherweise die drei Berufsrichter, warum denn so viele mit Bewährung von den Amtsgerichten beim Landgericht landen. Antwort eines Berufsrichters am Landgericht: Wir (die Richter) haben eine mündliche Anweisung vom Justizministerium NRW, dass eben möglichst nur im Ausnahmefall Gefängnis vergeben werden solle. Die Begründung war:

1. die Gefängnisse sind voll;
2. die Kosten von über 3000 Euro pro Kopf und Monat sind nicht bezahlbar; und
3. (der echte Hammer) sonst wäre die Statistik so massiv negativ für die Migranten.

Das war noch zu rot-grüner Zeit. Nach dem Wechsel habe ich das unserem CDU-Abgeordneten mitgeteilt mit der Bitte, das anzusprechen. Nichts hat sich geändert. (Er hat es wohl nie angesprochen.) Jahre später (Ende 2006) war Wolfgang Bosbach bei dem CDU-Kreisparteitag. Es ging zufällig um das Thema »Jugendkriminalität« (man glaubt es kaum).

Schauen Sie hier[780] (2006) bei der ersten Veranstaltung und hier … (2008)[781]. Dort sagte Bosbach (und hat mit den Armen ganz wichtig gefuchtelt): Das sind alles Deutsche und ich (Bosbach) verwahre mich dagegen, diese jungen Menschen jemals in einer Statistik separat zu führen. Ferner war auf dem Kreisparteitag Bülent Arslan, Vorsitzender des Deutsch-Türkischen Forums der CDU NRW. Er meinte sinngemäß: Vor vielen Jahren war es die CDU, die die Katholiken und Protestanten geeint hat, jetzt muss es die CDU sein, die das Christentum mit dem Islam vereint. Alle (na ja, zumindest viele) waren rührselig am Klatschen. Es haben aber auch einige mit dem Kopf geschüttelt oder nur dumm geschaut. Ich bin an dem Abend aufgestanden und nach Hause gefahren. Im Mai 2008 bin ich dann aus der CDU ausgetreten.«

Ein ehemaliger Mitarbeiter des Sozialamtes Berlin-Neukölln, der dort vor dem Jahr 2004 für ausländische Mitbürger zuständig war [Zur Anonymisierung wurden personenbezogene Angaben unkenntlich gemacht; Anm. d. Autors] schrieb das Folgende:

»Ich war von xxxx bis xxxx Sachbearbeiter im Sozialamt Berlin-Neukölln, dem wohl größten Europas ... Ausländer wurden klar bevorzugt, haben über Anrufe vom Türkischen Verein usw. und ihre Heerscharen an Beratern, Sozialarbeitern sogar Urlaubsreisen bezahlt bekommen, weil sie ja natürlich Heimweh hatten, obwohl das BSHG dafür keine Ermächtigung gab. Haben auch mal ein paar Tausender extra bekommen für eine Sofalandschaft. Ein afghanischer Drogenhändler saß im Knast, Frau und acht Kinder haben jeden Monat 4000,- Sozialhilfe abgeholt. Als ich den Fall bekomme, stelle ich fest, dass sie einen neuen Mercedes für 50 000,- seit ein paar Wochen haben. Ich will Halteranfrage machen, um zu verlangen, dass nach §2 BSHG (nachrangige Leistung) das eigene Vermögen eingesetzt werden muss. Mein Vorgesetzter meint, das machen wir nicht, es gebe das ungeschriebene Gesetz, bei den Neuköllner Ausländern alles zu bewilligen, das sei politisch so gewollt, damit sie ruhig bleiben. Einer türkischen Familie musste mal eine Kollegin 15 000,- (sic, fünfzehntausend) für Malerarbeiten bezahlen inklusive Möbelrücken. Nach einem Jahr schrieb die Frau einen neuen Antrag, die Kinder hätten alle Tapeten abgerissen und bemalt, es müsse nochmals die Malerfirma kommen. Wie es weiterging, konnte ich nicht mehr nachverfolgen. Deutsche bekamen so was nicht! Einmal bekam ich eine Akte von einem Türken mit drei Lohnbescheinigungen der letzten Monate, danach war er nicht mehr hilfebedürftig, da der Lohn viel höher war als der SH-Anspruch. Ich stoppte die laufenden Zahlungen. Daraufhin kam er in die nächste Sprechstunde und schrie mich an, er wolle sofort das Geld. Ich bat mehrfach, er möge sich erst mal wie jeder andere in die Warteliste eintragen und draußen warten. Er verweigerte dies und sagte selbst- und siegesbewusst, er werde mich jetzt fertigmachen, und ging zu meiner Gruppenleiterin. Zusammen kamen sie rein, und sie schrie mich auch an, es sei eine Schweinerei, was ich mit dem Mann mache, ich solle ihm sofort sein Geld zahlen. Ich verwies auf die Gesetzeslage und verbat mir, mich zu einer Straftat zu nötigen, sie solle ihm selbst das Geld zahlen. Nachmittags bekam ich vor Ärger – nach diesem tausendsten Vorfall – wieder mal einen Hörsturz und ließ mich krankschreiben, deshalb weiß ich nicht mehr, wie es weiterging. Kurz darauf wurde ich ins Ausländer-Sachgebiet Soz 303 versetzt. Sie können mich auch gern anrufen: xxx-xxxxxxx. Ich bin kein Psycho, kein

Spinner, kein Alki, kein Drogi usw., nur ein ehemaliger naiver Gutmensch, der gezwungen wurde, aufzuwachen. Die multikriminelle Gesellschaft wird an den Gesetzen vorbei mit Geld erkauft – zulasten des deutschen Volkes und Steuerzahlers (die Dönerfritzen zahlen ja keine Steuern, da sie ihre Läden jedes Jahr ummelden). Die Bevorzugung von Ausländern beim Sozialamt ist Rassismus ...«

Eine weitere Zuschrift, die von einem Berliner Rechtsanwalt stammt:

»Ich bin in Berlin als Rechtsanwalt tätig. Ich habe einige Freunde in Berlin, die einen türkischen bzw. anderen ausländischen Pass besitzen. Diese schütteln mit dem Kopf und fragen mich immer wieder, warum ›wir‹ uns das gefallen lassen. So habe ich einen Polizisten als Nebenkläger vertreten, den ein ausländischer Mitbürger in den Kopf geschossen hat (der Polizist überlebte schwer verletzt). In der Verhandlung vor dem Landgericht Berlin wurde dieser Täter nicht wegen eines Mordversuchs, sondern wegen gefährlicher Körperverletzung und unerlaubten Waffenbesitzes zu einer Strafe von drei Jahren und sechs Monaten verurteilt. Noch in der Verhandlung wurde dieser Täter von der Haft verschont und freigelassen, damit er dann im offenen Vollzug (von 07.00 Uhr bis 24.00 Uhr kann er die Haftanstalt verlassen) die restlichen 21 Monate (Halbstrafe) ›abschlafen‹ kann. Er fährt weiter Mercedes (der ihm natürlich nicht gehört) und zahlte weder eine Entschädigung noch hat er die Kosten der Nebenklage gezahlt. Der Polizist selbst leidet unter schwersten psychischen Schäden (Ehe kaputt, da Aggressionsanfälle, Haus zwangsversteigert, da die anteilige Pension von 1200,00 Euro nicht ausreichte, keine Anerkennung als qualifizierten Dienstunfall durch die Polizeibehörde etc.). RTL wollte darüber berichten und hatte auch schon einen wahrheitsgetreuen Bericht erstellt, der dann aber nach Auskunft des verantwortlichen Redakteurs nicht vollständig gesendet wurde, weil die ›Oberen‹ bei RTL keinen ›Ausländerhass schüren wollten‹. Ein amerikanischer Kollege, den ich diesen Fall geschildert habe, wollte mir das nicht glauben und teilte mir mit, dass dieser Täter in den USA in die Todeszelle gekommen wäre. Ich könnte noch viel mehr über dieses Thema berichten. MFG Rechtsanwalt XXX.«

Der Autor dieses Buches erhält jeden Tag derartige erschütternde Zuschriften, die Sie in den deutschsprachigen Medien aus Gründen der politischen Korrektheit niemals finden werden. Nachfolgend eine weitere Zuschrift, die aus NRW stammt:

»Im Mai 2009 wurde unsere XX-jährige Tochter auf einer Party im Bonner Freizeitpark ›Rheinaue‹ gegen 23.00 Uhr von einem jungen xxx Mann überfallen. Es wurde ihr die Handtasche gestohlen. Am nächsten Tag waren wir bei der Polizei. Ich erzählte dem Beamten, der den Fall aufnahm, dass ich vor

Monaten in einer kleinen Zeitschrift eine unglaubliche Aufzählung gelesen hatte, wie viele Überfälle in Deutschland in einer Woche von Migranten an Deutschen stattgefunden hatten. (Die Quelle der Aufzählungen waren deutsche Lokalzeitungen.) Der Polizeibeamte nickte zustimmend und sagte: ›Können Sie sich vorstellen, was wir Polizisten für eine Wut haben, wenn zum Beispiel Folgendes passiert: In Bonn-Oberkassel, Königswinter und Bad Honnef waren schon seit einiger Zeit gehäuft Autoeinbrüche passiert. Dann ertappte eine Polizeistreife einen jungen Marokkaner auf frischer Tat bei einem Autoeinbruch in Oberkassel. Nach der Festnahme gestand der Marokkaner 70 Autoeinbrüche in der besagten rechtsrheinischen Gegend! – Nach einer Woche sahen Kollegen den Mann wieder frei herumlaufen!‹ Auf meine Frage an den Polizisten, wie so was passieren kann, antwortete er: ›Anweisung von oben!‹«

Vergessen Sie als Leser dieses Buches bitte niemals, sich zwischendurch zu fragen, was uns das alles kostet. Jeder einzelne geschilderte Fall ist schrecklich. Jeder einzelne geschilderte Fall ist teuer. Zusammen ergeben die bisher aufgelisteten und von Migranten angerichteten Schäden schon unvorstellbare Summen. Doch es kommt noch weitaus schlimmer.

Verbrecherimport: Die Folgekosten tragen die Steuerzahler

Es gibt ein Hobby orientalischer Mitbürger, über das man besser nicht in der Öffentlichkeit spricht. Es könnte zu Wut und Verärgerung unter deutschen Steuerzahlern führen: Zuwanderer aus Marokko, Algerien, Afghanistan, dem Irak, Indien und Pakistan kommen nach Deutschland und klopfen an die Türen der Jugendämter und Notaufnahmeheime. Dort geben sie sich als angebliche »minderjährige Flüchtlinge« aus – obwohl sie längst volljährig sind –, weil sie wissen, dass sie dann besonders gut vom deutschen Staat betreut werden – pro Person mit etwa 3000 Euro im Monat. Das ist aber nur die eine Seite der Medaille, die andere sieht so aus: Die »Jugendlichen« »arbeiten« hierzulande als Taschen- und Ladendiebe. Werden sie bei ihren Diebestouren erwischt, dann geschieht ihnen nichts, denn sie sind ja »minderjährig«, traumatisiert und bedürfen unseres tiefsten Mitgefühls. Im Gegenteil: Der deutsche Staat sorgt dann noch besser für sie, um sie wieder auf den rechten Weg zu bringen. Das alles ist ein einträgliches Geschäft – für kriminelle Migranten. Die deutschen Jugendämter sind nach Paragraf 42 des Sozialgesetzbuches VIII dazu verpflichtet, ein Kind aufzunehmen, wenn dieses darum bittet. Jeder, der noch nicht volljährig ist, hat Anspruch darauf, in Kinderhäusern der Jugendhilfe oder in betreuten Wohngemeinschaften mit hohem Personaleinsatz aufgenommen zu werden, wenn er keine Erziehungsberechtigten aufzuweisen hat. So weit das Gesetz. Hinzu kommt eine weitere deutsche Regelung: Minderjährige Verfolgte müssen besser behandelt werden als Erwachsene. Es gibt Personengruppen, die nutzen diese deutschen Gesetze schamlos aus: als minderjährige getarnte volljährige Flüchtlinge, die illegal nach Deutschland einreisen, sich dann ohne Papiere bei den Jugendämtern und Notaufnahmeheimen melden, ihre Identität, Alter und Herkunft verschleiern und einzig eine Rundumversorgung vom deutschen Steuerzahler anstreben – um in ihrer Freizeit in aller Ruhe Straftaten verüben zu können.

In der baden-württembergischen Landeshauptstadt Stuttgart existiert seit dem Jahr 2009 die Sonderkommission »Casablanca«. In ihr ist das eben geschilderte Problem gut bekannt. Zudem weiß man dort, dass die jungen und angeblich noch nicht volljährigen »Flüchtlinge« bestens über ihre Rechte informiert sind, wenn sie nach Deutschland kommen. Sie wissen ganz genau, dass hierzulande das Wohl eines Kindes stets Priorität vor allen anderen Belangen haben muss. Und deshalb geben sie sich als »traumatisierte Flüchtlingskinder« aus, während sie in Wahrheit oftmals nur ein Ziel haben: als Kriminelle in Deutschland möglichst schnell möglichst viel Geld zu machen. Die Stadt Stuttgart rechnet pro unbegleitetem »Flüchtlingskind« pro Monat mit rund 3000 Euro Kosten für »die Bearbeitung traumatischer Erfahrungen«, sprachliche sowie schulische Förderung und Versorgung. Allein in einer Stadt wie Stuttgart werden pro Monat derzeit mehr als 300 000 Euro dafür ausgegeben, um solche orientalischen »Kinder«, die über ein hohes Kriminalitätsrisiko verfügen, zu umsorgen.[781a] Da Stuttgart jedoch finanziell am Ende ist, versteht es sich von selbst, dass das Geld, das man auf der einen Seite mit vollen Händen aus dem Fenster wirft, auf der anderen Seite wieder irgendwie in die Kassen kommen muss. Die Stuttgarter Bürger dürfen sich freuen, denn sie werden demnächst unangemeldeten behördlichen Besuch bekommen: Fahnder der Stadt werden an den Türen klingeln und sollen Wohnung für Wohnung nicht angemeldete Hunde aufspüren. 300 000 Euro will die Stadt Stuttgart mit dieser Schnüffelaktion einnehmen.[781b]

Bund, Länder und Kommunen haben keinerlei Konzept, wie sie auf die wachsende Zahl von Flüchtlingen reagieren sollen, die sich gezielt jünger machen. Die Behörden wissen allerdings, dass sich viele »Flüchtlinge« dieser Gruppen untereinander kennen. Es handelt sich bei diesen Strukturen um Netzwerke, deren Mitglieder darauf spekulieren, von deutschen Steuerzahlern gutmütig gefördert zu werden. Sie wissen, dass sie sich in Deutschland nur als angebliche Opfer darstellen müssen – und schon werden sie von einem Heer der Gutmenschen umsorgt. Sie brauchen auch die Abschiebung in ihre Heimat nicht zu fürchten – schließlich haben sie ihre Pässe vernichtet und können sich wegen der angeblichen traumatischen Fluchterlebnisse an nichts mehr erinnern. Sie beantragen auch kein Asyl. Sie bleiben einfach hier. Wir sorgen ja für sie. Mit rund 3000 Euro pro Person und Monat. Darüber hinaus schicken wir doch gern Hundefahnder in die Wohnungen argloser Bürger, um die Betreuung solcher neuen Mitbürger finanzieren zu können. Und wir verzichten in einer Stadt wie Stuttgart gern auf den Bau neuer Kindergärten, damit wir uns um zugewanderte junge Kriminelle kümmern können. Schließlich ist das alles ja nur ein vorübergehendes Problem, denn die Europäische Union will eine Arbeitsgruppe gründen, die darüber beraten soll, wie man den Mythos vom angeblich guten Leben in den Mitgliedsstaaten der EU unter solchen Personengruppen künftig entkräften kann. Schon 2012 soll die Arbeitsgruppe gebildet werden. Ein paar Jahre noch, dann liegen bestimmt erste Arbeitsergebnisse vor. Das stimmt uns Steuerzahler doch optimistisch, oder?

Manchmal müssen alle Spuren der Wahrheit, die unsere zugewanderten Mitbürger betrifft, getilgt werden. Schnell. Unwiederbringlich. Folgen Sie einfach einmal dem unter der Quellennummer angegeben Internetlink der Berliner Polizei – Sie werden nur noch eine leere Seite finden.[782] Dort, wo heute gähnende Leere herrscht, stand einmal ein rund 50 Seiten langer Bericht des Berliner Landeskriminalamts über »Importierte Kriminalität«. Da konnte jeder Bürger im Klartext die »kulturelle Bereicherung« und die unverschämte Abzocke als arbeitslos gemeldeter zugewanderter Krimineller nachlesen. Es gab einen Aufschrei. Nein, es ging nicht etwa darum, die importierte Kriminalität einzudämmen und den Missbrauch des Sozialstaates zu verfolgen. Es ging darum, die Wahrheit ganz schnell auszulöschen. Politiker glaubten, zugewanderte Kriminelle könnten möglicherweise »beleidigt« werden. Und deshalb musste der Bericht aus dem Internet entfernt werden ...

LKA-Ermittler Peter K., der den Bericht verfasst hatte, verstand nun die Welt nicht mehr. Er hatte doch einfach nur Details über eine libanesisch-arabische Großfamilie zusammengetragen. Keine Übertreibungen, sondern nur die reine Wahrheit. Den Informationen zufolge war Mahmud al-Z. in der Bundeshauptstadt Berlin die herausragende Figur der Szene: Mit Autorität und hartem Durchgreifen hatte sich der offiziell arbeitslose Sozialhilfeempfänger nach Polizeierkenntnissen seinen Platz als Hauptstadt-Pate gesichert.

Spiegel-TV berichtete über den unliebsamen LKA-Bericht und die Geschichte von Mahmud al-Z.: »Als ›staatenloser Moslem‹ stellte er seinen ersten Asylantrag, der 1984 abgelehnt wurde. Da er zu diesem Zeitpunkt keinen gültigen Pass besaß, konnte der Mann, der sich zunächst als Libanese und später als Kurde bezeichnete, nicht ausgewiesen werden. Im Juli 1988, al-Z. war inzwischen straffällig geworden und im Besitz neuer Papiere, wurde seine Ausweisung per Gericht beschlossen. Doch wieder entzog er sich der Justiz: Zwar landete der ›Präsident‹ nach seiner Entlassung aus der Jugendstrafanstalt in Abschiebehaft, zwei weitere Asylanträge wurden abgelehnt. Eine Abschiebung scheiterte jedoch stets an der Tatsache, dass der inzwischen der Körperverletzung, des Diebstahls und Rauschgifthandels überführte Libanese keinen Pass vorweisen konnte. Ob mit Ausweis oder ohne: Al-Z.s Ehefrau und seine Kinder wollten derweil versorgt werden und beantragten Sozialhilfe. Über 4000 Mark kassierte die Familie im Monat, bis das Bezirksamt Schöneberg die Zahlungen einstellte, weil die Polizei klare Anhaltspunkte dafür hatte, dass der Libanese Teil der Organisierten Kriminalität war. Al-Z. übertrug das Problem seinen Rechtsanwälten – das Verwaltungsgericht ordnete die Fortführung der Zahlungen an.«[783]

Mahmud al-Z. heißt in Wahrheit Mahmut U. Er stammt nicht aus dem Libanon und ist auch kein Araber. Der Mann ist Türke: »U., so fand die Ermittlungsgruppe ›Ident‹ des Landeskriminalamts Berlin schon 2002 heraus, stammt aus der Türkei. Aber auch dorthin konnte der ›mehrfach vorbestrafte Schwerkriminelle‹ nicht abgeschoben werden, weil sein Heimatland ihn wie Tausende andere unliebsame Landsleute wegen vorgeblicher Wehrdienstverweigerung ausbürgerte.«[784]

Die 35. Große Strafkammer des Landgerichts Berlin verurteilte »El Presidente« – Mahmud al-Z. alias Mahmud U. – inzwischen wegen fortgesetzten Rauschgifthandels zu vier Jahren Haft. Der »arbeitslose« Sozialhilfeempfänger, dem zuvor immer viel Geld für teure Rechtsanwälte zur Verfügung stand, hatte es dieses Mal zu weit getrieben. Trotzdem ist der Bericht über seine kriminelle Großfamilie nicht wieder eingestellt wurden, sondern bleibt aus Gründen der politischen Korrektheit weiterhin gelöscht.

Sie halten den Fall des Mahmud al-Z. für einen absoluten Einzelfall? Das Berliner Justizministerium hat im März 2010 offiziell mitgeteilt, dass es immer mehr dieser »Einzelfälle« gibt: 79 Prozent der Intensivtäter wiesen einen »Migrationshintergrund« auf; 47 Prozent sind arabischstämmig. Und extrem hoch ist nach Angaben des Ministeriums die Zahl der »Bewährungsversager«, also der Täter, die während einer laufenden Bewährung rückfällig werden. Sie liegt inzwischen schon bei mehr als 60 Prozent. Den Berliner Angaben zufolge ist der typische Serientäter männlich, arabischer Herkunft und behält seine kriminellen Gewohnheiten auch als Erwachsener bei. Das alles behaupten nicht Rechtsradikale. Das behauptet die der SPD angehörende Berliner Justizsenatorin Gisela von der Aue.[785]

Ein Beispiel: Im März 2010 überfielen türkisch-arabische Gangster ein Pokerturnier in einem Berliner Luxushotel.[786] (Alle Täter gehören offiziell von Sozialhilfe lebenden zugewanderten Großfamilien an.) Sie erbeuteten bei der spektakulären Aktion 242 000 Euro. Die Täter hießen etwa Mustafa U., Jihad C. und Ahmad El A., waren zwischen 19 und 20 Jahre alt und hatten ein langes Vorstrafenregister aufzuweisen: schwerer Raub, gefährliche Körperverletzung, Diebstahl. Die Liste ihrer Verbrechen ist vielfältig. Einer von ihnen gilt als Intensivtäter, saß bis zum Raubüberfall in Haft.[787]

Der Vater eines Verbrechers jammerte gegenüber deutschen Medien bei der öffentlichen Fahndung nach seinem Sohn: »Ich bin so verzweifelt, ich denke schon an Selbstmord.« Ahmed U. (55) weiter: »Ich habe aber keine Ahnung, wo er jetzt sein könnte.« Eigentlich ist sein Sohn natürlich ein »guter Junge«.[788] Schon seit Kindertagen sei er mit Vedat S. (21), Jihad C. (19) und Ahmad El-A. (20) befreundet gewesen. Diese zugewanderten Kriminellen bilden heute die Pokerbande. Bereits zu Schulzeiten haben sie Mitschüler erpresst, in Geschäften gestohlen, auf offener Straße geraubt und als gläubige Muslime die ihnen zustehende Tributpflicht (Dschizya) bei den »Ungläubigen« eingefordert. »Wenn die gemeinsam rumgelaufen sind, haben andere Menschen aus Angst die Straßenseite gewechselt«, sagte ein Ermittler.[789]

Doch welcher Politiker hört schon zu, wenn Ermittler auf Gefahren aufmerksam machen und sie zum Handeln auffordern? So sagte der Chef der Deutschen Polizeigewerkschaft (DPolG) in Berlin, Bodo Pfalzgraf, nach dem Pokerüberfall von 2010: »Wenn man kriminelle Großfamilien aus dem Verkehr ziehen würde, ginge es Berlin viel besser.«[790] Die Deutsche Polizeigewerkschaft sieht durch kriminelle Clans aus Zuwandererfamilien die Sicherheit in Berlin stark gefährdet. In der Hauptstadt gebe es 15 ausländische Familienbanden, die ihr »Einkommen ausschließlich über Sozialleistungen oder kriminelle Machenschaften beziehen«, sagte Pfalzgraf. Am Pokerraub im Berliner *Grand-Hyatt*-Hotel am 6. März 2010 waren nach seinen Angaben Angehörige von zwei dieser Großfamilien beteiligt. »Deutsches Recht interessiert solche Banden nicht«, berichtete der DPolG-Landesvorsitzende. Die Entscheidungen treffe das Familienoberhaupt. In Berlin seien die 13 arabischen und zwei türkische Großfamilien unter anderem durch Schutzgelderpressung, Drogenhandel oder Prostitution aufgefallen. Teilweise hätten die betroffenen Familien in Neukölln, Wedding und Spandau »ganze Straßenzüge« unter sich aufgeteilt. Den Großteil der bis zu 300 Mitglieder einer Familie zählt Pfalzgraf zu »stadtbekannten Intensivtätern«. Von der Politik forderte Pfalzgraf deshalb ein härteres Vorgehen. Das Problem werde vollkommen unterschätzt. Der Polizeiführer hob hervor: »Solche Leute noch mit Sozialleistungen zu unterstützen, kann nicht richtig sein«.[791] Und: »Es handelt sich um Leute, die massiv Probleme machen.« Pfalzgrafs Äußerungen sind mutig, denn so etwas darf man inmitten Europas im Jahr 2010 normalerweise nicht mehr öffentlich artikulieren. Das kann massiven Ärger geben. Solche Aussagen werden, wenn sie im Internet publiziert werden, immer öfter gelöscht. Sie werden aus der Realität getilgt.

Man hörte es seitens der Verantwortlichen in Deutschland deshalb auch nicht gern, als der neue Chef der Deutschen Polizeigewerkschaft, Rainer Wendt, 2010 öffentlich vor »Chaos in Migrantenvierteln« warnte. Wendt sagte: »Es gibt Straßenzüge in manchen Vierteln Berlins, Hamburgs, Duisburgs, Essens oder Kölns, in die sich Polizisten nicht mehr alleine hineintrauen. Wenn dort ein Beamter einen Autofahrer wegen überhöhten Tempos kontrolliert, hat der blitzschnell 40 bis 70 Freunde herbeitelefoniert. Und wird der Beamte erst von so einer Menge bedrängt und beschimpft, muss der Rechtsstaat leider kapitulieren und sich zurückziehen. (…) Die Täter akzeptieren die deutsche Rechtsordnung und ihre Vertreter nicht. Übrigens ist bundesweit bekannt, dass diese Blitzmobilisierungen meist von jungen Männern mit türkischem oder arabischem Hintergrund ausgehen. In solchen Vierteln wankt das staatliche Gewaltmonopol. Ähnliches erleben viele Beamte, wenn sie bei Massenschlägereien Türkisch- oder Arabischstämmiger auftauchen. Immer wieder werden sie abgedrängt und mit der Aussage konfrontiert ›Das regeln wir untereinander, haut ab!‹ oder ›Verschwindet, das klären wir mit unserem Hodscha, nicht mit euch!‹ Mich besorgt die Vorstellung, dass der Funke überspringen könnte in diesen Stadtteilen. Man stelle sich vor, dort würde von Nazis eine Moschee angezündet. Solch ein Brandanschlag mit rechtsextremem Hintergrund würde heutzutage Krawalle auslösen, die über alles Bekannte hinausgingen. Dann würde Deutschland unbeherrschbar, zumindest in manchen Vierteln.«[792] Ein Journalist, der aufgrund dieser Aussage nachfragte, weshalb denn kein Politiker über diese Szenarien spreche, da sie doch der Realität entsprächen, erhielt von Wendt zur Antwort: »Um keine Angst und Wut zu schüren, schließlich könnten Mitbürger türkischer oder arabischer Abstammung dann geächtet werden.«

Was tun also unsere Richter mit zugewanderten Schwerverbrechern wie der Pokerbande? Alle Medien berichteten im März 2010 groß über den Fahndungserfolg der Polizei. So glaubten die Bürger, alle Pokertäter säßen im Gefängnis und warteten dort auf ihren Prozess. Weit gefehlt. Denn wer von den Tätern geständig war, wurde sofort wieder auf freien Fuß gelassen. Türke Vedat S. (21) gestand beispielsweise sein Verbrechen – und erhielt sofort Haftverschonung, läuft trotz des brutalen Überfalls also frei herum![793] Ein Gutes hatte das Ganze:

Die Polizei beobachtete das Pokerbanden-Mitglied nach der Freilassung. So kam man in Berlin-Neukölln gleich auf die Spur der nächsten Kriminellen in seiner Großfamilie. Die hatten nämlich 192 Kilogramm Rauschgift in der Wohnung gebunkert.[794] Eine schöne Familie! Eine Bereicherung für unser Land! – Wirklich?

Im April 2010 konnte man die »Bereicherung« in Berlin-Neukölln sogar etwa 20 Stunden lang auf den Straßen sehen. Kein Fernseh- oder Radiosender wagte es indes, das nachfolgend dargestellte Geschehen im Bild festzuhalten. Die Bürger der Bundesrepublik durften nicht erfahren, was da passierte, denn in Berlin-Neukölln herrschte fast einen Tag lang Krieg auf den Straßen, Krieg zwischen drei arabischen Großfamilien – ausgetragen mit Macheten, Baseballschlägern und Schusswaffen. Auch Unbeteiligte wurden angegriffen, etwa in der Thomasstraße. Eine Lokalzeitung berichtete: »15 Männer stoppten einen Golf. Schlugen mit Baseballschlägern auf das Auto ein, zerrten den Fahrer auf die Straße und verprügelten ihn. Das 31-jährige Opfer kam verletzt ins Krankenhaus. Hintergründe sind auch hier unklar, alle Vernommenen schweigen.«[795]

Tatsache ist: Die Polizei kennt die Gründe für diese gewalttätigen Auseinandersetzungen nicht, sie vermutet lediglich Konflikte zwischen kriminellen Großfamilien.

Es existieren viele Berichte der Landeskriminalämter zu kriminellen türkisch-arabischen Zuwanderern. Einen von ihnen findet man noch immer auf einer anonymen Internetseite.[796] Diesem LKA-Bericht zufolge zählen zu den überwiegend kriminellen und von Sozialhilfe lebenden Großfamilien die Sippen der Miri, Al-Zein, Fakhro, Khodr, Omeirat, Ali-Khan, Ghadban und Saado.[797] Mindestens ein Drittel der Sozialhilfebezieher arbeitet laut diesem Bericht nebenher schwarz, und viele verdienen Geld im Bereich der Organisierten Kriminalität. Schon 1998 besaßen mehr als 40 Prozent der kriminellen türkisch-arabischen Großfamilien deutsche Pässe, konnten also nicht mehr abgeschoben werden. Die meisten von ihnen leben im Ruhrgebiet, in Niedersachsen und in Berlin. Essen, Bremen sowie die deutsche Bundeshauptstadt sind fest in der Hand solcher krimineller Großfamilien, die als führend bei den Rohheitsdelikten (Gewaltbereitschaft, hemmungsloser Einsatz von Messern und Schusswaffen) gelten. Zur Einschüchterungsstrategie in ihren Gettos gehört die Drohung mit dem Clan. In dem LKA-Bericht heißt es auf Seite 25: »In Berlin führte dies so weit, dass zeitweise allein die Nennung des Namens einer bestimmten Großfamilie ausreichte, um eventuelle Gegenaktivitäten von Kontrahenten zu unterbinden.«[798] Auch vor Polizeibeamten haben sie keinen Respekt – im Gegenteil: Sie fordern diese bewusst heraus. Auf Seite 42 heißt es etwa: »Diese Gesinnung wird dann nicht selten auf der Straße gegenüber der

Polizei in Form von aggressivem Auftreten, Beleidigungen, Bedrohungen oder gar Körperverletzung geäußert.«

Ein normaler Bürger würde nun erwarten, dass den LKA-Beamten vom Staat geholfen würde; dass man nicht wegsehen muss. Doch die Realität lautet wie folgt, Zitat: »Wer nunmehr angesichts leerer Staatskassen und aufgrund von Sicherheitsaspekten der Meinung ist, dass derartige Ermittlungsansätze, wie hier beschrieben, auf ungeteilte Unterstützung aller Behörden und Institutionen treffen, muss enttäuscht werden.«

Absurd wirkt es, wenn man liest, dass sich die deutschen Gutmenschen für diese kriminellen Zuwanderer einsetzen. In dem Bericht heißt es dazu: »In einzelnen Bundesländern haben sich Bürgerrechtsbewegungen der Thematik angenommen und über bestimmte Medien den Behörden mitunter tendenziöse Ermittlungen gegen bestimmte Volksgruppen unterstellt, die geeignet waren, politische Entscheidungsträger schnell unter Druck zu setzen.«[799] Die Medien glauben lügenden zugewanderten Verbrechern demnach offenkundig einfach alles – und unterstützen sie. Das LKA nennt ein Beispiel für die Lügen der Kriminellen: »Besonders erstaunlich war in diesem Fall, dass nach umfassender medialer Agitation durch die Betroffenen bzw. deren Vertreter, der Leugnung türkischer Sprachkenntnisse und der daraus abgeleiteten Todesgefahr im Falle der Abschiebung in die Türkei, zum Ende der Ermittlungen das Familienoberhaupt seine türkischen Sprachkenntnisse offenbarte, die türkische Staatsangehörigkeit zugab, ebenso wie die Existenz von Verwandten in der angeblich entvölkerten Mhallamiyeh-Region, sogar um zügige Rückkehr seiner Familie in die Türkei bat und damit nicht zuletzt die lange durchgehaltene Verteidigungsstrategie unterminierte.«

Nach Angaben des Berliner LKA sind es linke Zeitungen wie die Berliner *taz*, die die Ermittlungen gegen die kriminellen türkisch-arabischen Großfamilien mit ihrer Berichterstattung schwer behindern, Zitat: »Als Beispiel für die vielfältigen Schwierigkeiten, die sich bei den Ermittlungen ergeben, bzw. für die Behinderung der Ermittlungsarbeit aus ideologischen Gründen sei die Verweigerungshaltung der Datenschutzbeauftragten eines Berliner Sozialamtes genannt, die die Herausgabe von Sozialdaten für die Ermittlungen wegen Sozialleistungserlangungsbetruges an die spezielle Ermittlungseinheit des LKA/ABH entgegen der geltenden Rechtslage grundsätzlich ablehnt und nur auf richterliche Herausgabebeschlüsse reagiert. Im Rahmen einer Beschlussvollstreckung in ihrem Amt zur Herausgabe entsprechender Daten äußerte sie grundsätzlich Zweifel an der Erforderlichkeit dieser Daten für die Erfüllung des polizeilichen Ermittlungsauftrages, die, wie sie unverblümt zu verstehen gab, durch eine entsprechende Berichterstattung in der *taz* begründet seien.«[800]

Der LKA-Bericht schließt mit den Worten: »Nicht nur vor dem Hintergrund erheblicher Kosten, die den Sozialkassen sowie durch Ermittlungsarbeit den Sicherheits- und Justizbehörden entstehen, sondern insbesondere aus Sicherheitsgründen erscheint in vielen Fällen die konsequente Einleitung aufenthaltsbeendender Maßnahmen, die Ermittlung der wahren Identität und letztlich die Rückführung krimineller Ausländer erforderlich, die ihre Integrationsunfähigkeit und Integrationsunwilligkeit im Gastland und zum Teil auch bereits im eigenen Kulturkreis unter Beweis gestellt haben.«

Die »Rückführung krimineller Ausländer« – das empfiehlt das Landeskriminalamt Berlin und nicht etwa eine rechtsextremistische Partei. Doch die Bürger dürfen das keinesfalls erfahren. Daher hat die Politik sofort dafür gesorgt, dass auch dieser ursprünglich auf den Berliner Polizeiseiten im Internet komplett einzusehende und nicht etwa geheime Bericht herausgenommen und seither unter Verschluss gehalten werden muss. Er ist eben politisch nicht korrekt.

Rechtsstaat am Ende: Wir zahlen jetzt Schutzgeld

Sitzen Sie jetzt wirklich gut? Ja? Schön, denn nun folgt eine Information, die man umgangssprachlich gern als »den Hammer« bezeichnet: Nachdem das Berliner Landeskriminalamt immer wieder Berichte über die kriminellen türkisch-arabischen Großfamilien in Berlin verfasste und Polizeigewerkschaften ein Eingreifen der Politik forderten, stellte im März 2010 ein Berliner CDU-Abgeordneter eine Anfrage an den Berliner Senat. Er wollte vom SPD-Innensenator Einzelheiten über die kriminellen zugewanderten Großfamilien, das Erschleichen von Sozialhilfe und die Aufteilung ganzer Straßenzüge unter ihnen für ihre kriminellen Geschäfte wissen. Die Antwort des Berliner Senats vom Mai 2010 können Sie im Internet nachlesen – derzufolge es all das, was der CDU-Abgeordnete wissen wollte, gar nicht gibt[801]: keine kriminellen türkisch-arabischen Clans in Berlin, keine zugewanderten Sozialhilfeabzocker und keine Kriminalität unter den Orientalen (und falls doch, dann handelt es sich dabei nur um »Einzelfälle«). Der Senat vertrat die Ansicht, dass anderslautende Behauptungen nur Erfindungen von Polizisten seien, die zu viel Zeit und zu wenig multikulturelle Kompetenz hätten.

Diese Verleugnung der Realität ist schon erstaunlich, denn die Auffälligkeiten zugewanderter türkisch-arabischer Großfamilien sind in ganz Deutschland bereits seit 1994 (!) bekannt. Schon damals wurde beispielsweise in Bremen ein erster Bericht dazu verfasst, in dem es hieß: »Vermehrt kam es in den letzten

Monaten zu Klagen aus den Bereichen KTH, Schulen, Jugendfreizeitheimen, Gemeinschaftszentren. Anlass dafür waren Drohungen gegen das Personal, Sachbeschädigungen, unregelmäßiger Schulbesuch, Körperverletzungen gegen Mitschüler und Sicherstellung von diversen Waffen durch Lehrer und Schulleiter sowie generelle Schwierigkeiten mit dem Sozialverhalten der Kinder und Jugendlichen. Dies führte unter anderem zu Hausverboten und punktuellen Schulverweisen. Auch im Wohnumfeld kam es zu erheblichen Spannungen mit der Nachbarschaft, welche zunächst zu gravierenden Reaktionen führten. (...) Belastend wirken sich aber auch unterschiedliche Tagesabläufe, Lärm, andere Lebensgewohnheiten und häufige Besuche anderer Großfamilien aus. (...) Am 26. Januar 1994 fand im Ortsamt Obervieland ein ›Runder Tisch‹ unter erweiterter Beteiligung der Jugendstaatsanwaltschaft und des Amtsgerichts/Jugendgerichts statt. (...) Am 24. Februar 1994 fand ein weiteres Gespräch auf Initiative der Kripo Süd, K 6, unter Beteiligung der Jugendstaatsanwaltschaft und der JGH statt. Hierbei wurde die schnellere Information für den Bereich der Intensivtäter 14 bzw. der Strafverdächtigen festgelegt, und zwar auch für den Bereich der Strafunmündigen. Hierbei geht es um mögliche und sinnvolle soziale Interventionen. (...) Die bisherige Deliktstruktur, soweit sie von der JGH erfasst ist, bezieht sich im Wesentlichen auf die unteren Bereiche von Diebstahl und schwerem Diebstahl, Sachbeschädigungen, Körperverletzungen, Hehlerei. Auffällig dabei ist der verhältnismäßig hohe Anteil strafunmündiger Kinder ab dem achten Lebensjahr. Diese Verfahren werden von der Staatsanwaltschaft nach § 19 StGB16 eingestellt und sind nach § 1 JGG17 für die Jugendgerichtshilfe zunächst nicht relevant. Dies bedeutet allerdings in der Praxis, dass die StA-Mitteilungen dieser Einstellungen über die JGH an den altersmäßig zuständigen Sozialdienst weitergegeben werden und dort geprüft wird, ob bereits Vorgänge (in Form von Hilfen) vorhanden oder aber ob durch die Häufigkeit der Meldungen Hilfebedarf notwendig erscheint. Weiterhin auffällig ist in allen Altersgruppen, dass es sich ausschließlich um männliche Personen und hier wiederum um eine relativ hohe Delikthäufigkeit pro Person handelt.«[802]

Nochmals: Die Hinweise existierten also bereits seit vielen Jahren. Allerdings wurden sie ignoriert, jeder, der mit diesen Dingen zu tun hatte, musste wegsehen. Im Jahr 2009 war dann schließlich nicht mehr zu verleugnen, dass zum Beispiel Bremen fest in der Hand der türkisch-arabischen Großfamilie Miri war. Über sie heißt es in einem Zeitungsbericht aus der Hansestadt: »Rund 1400 Personen zählen laut Polizei zu der Großfamilie. Etwa 440 von ihnen sind als kriminell verdächtig in Erscheinung getreten. In den vergangenen sechs Monaten haben 150 männliche Mitglieder der Familie 250 Straftаten begangen. Sie reichen von Diebstahl über Raubüberfall und Körperverletzung bis hin zu versuchtem Totschlag.«[803]

Ein Staat, der seine Bürger nicht mehr schützen will und kann, verliert das Gewaltmonopol und vor allem seine Existenzberechtigung. Das weiß man auch in Bremen. Man hat seitens der Politik vieles an Maßnahmen angekündigt – letztlich aber nichts getan. Doch, eines tut man: Man zahlt weiter fleißig und brav möglichst viel Sozialhilfe an die zugewanderten kriminellen Großfamilien, damit sie ruhig bleiben. Inzwischen erpressen Mitglieder dieser Familienclans sogar schon Schutzgeld von Bremer Polizisten und auch Journalisten. Sie haben richtig gelesen: Bremer Polizisten, die die Staatsmacht vertreten, sollen Schutzgeld an zugewanderte türkisch-arabische Kriminelle zahlen!!! (Mehr dazu später.)

In Bremen ist der Rechtsstaat am Ende. Polizisten, Journalisten und auch viele Bürger haben Angst vor der kriminellen türkisch-arabischen Großfamilie Miri – denn die bestimmt inzwischen über Leben und Tod.

Beispiel gefällig? Diana B. (38) hat Todesangst. In Gegenwart zweier Polizisten hatte ihr Mitte Juli 2009 in Bremen ein Mitglied der libanesischen Großfamilie Miri mit der Faust ins Gesicht geschlagen. Mehr noch: Herr Miri bedrohte die Frau lautstark mit dem Tod, und er kündigte an, ihre Boutique in Brand setzen zu wollen. Die Polizisten taten so, als sei das alles völlig normal – und sahen lieber weg.[804]

Was war geschehen? Die Polizisten waren von Diana B. und ihrem Mann Peter zu Hilfe gerufen worden, weil etwa 20 Frauen einer Hochzeitsgesellschaft in einem türkischen Bremer Kulturverein Designer-Ballkleider und Diademe trugen, die wenige Tage zuvor in der Boutique von Diana und Peter B. bei einem Einbruch gestohlen worden waren. Das ist unstrittig. Doch die herbeigerufene Polizei half nicht etwa den rechtmäßigen Eigentümern der wertvollen Kleidungsstücke – sie half stattdessen der libanesischen Großfamilie. Sie fragte sogar in Gegenwart der Miris die Personalien der Boutiquenbesitzer ab – und die Miris bedankten sich dafür und kündigten lautstark an, die beiden Deutschen dort demnächst zu ermorden. Nahezu unglaublich: Die Polizisten zwangen die Boutiquenbesitzer noch am Tatort, jene Beweisaufnahmen von der Kamera zu löschen, mit denen diese ihre geraubten Kleider auf dem Türkenfest dokumentiert hatten. In Bremen stellt sich heute niemand mehr den Miris entgegen. Schließlich hat man als Deutscher in Bremen untertänigst auf den Boden zu schauen. In immer mehr Bremer Stadtteilen bestimmen Mitglieder der Großfamilie Miri – und nicht länger die Polizei –, was in Ordnung ist und was nicht. Und im vorliegenden Fall hatten die Miri entschieden, dass die Polizei wegzusehen habe. So einfach ist das.

Der Bremer Innensenator Ulrich Mäurer (58) ist nun aufgrund dieses Vorfalls allerdings unter erheblichem Druck geraten. Weil die Bremer Polizei sich sogar weigerte, eine gegen die Miris gerichtete Strafanzeige von Diana und Peter B. aufzunehmen, gingen die beiden an die Öffentlichkeit. Sie wollten damit verhindern, dass ihre Stadt immer öfter vor der türkisch-arabischen Organisierten Kriminalität kapituliert. Immerhin hatten die Miris in einem anderen Fall in Bremen-Weyhe bei einer brutalen Auseinandersetzung mit einem Iraner sogar in Gegenwart von Polizisten angekündigt, sich »nicht einmal von der Bundeswehr« von ihren Taten abhalten zu lassen. Das hatte die Polizei offenkundig beeindruckt und in ähnlichen Fällen zum Stillhalten veranlasst.

Verwunderlich ist das nicht, denn allein die Miri-Sippe besteht aus 1400 Mitgliedern, die eigentlich aus dem Libanon stammen, jedoch türkische Pässe besitzen. Sie wird behördlich nachweislich als »Hochrisikofamilie« eingestuft. Die Miris, über die im Bremer Senat und in den Unterlagen nur als die »M.« gesprochen wird, sind im Raum Bremen und Bremerhaven tief in die Organisierte Kriminalität verstrickt. Nach offiziellen Angaben des Bremer Senats auf eine Anfrage in der Bürgerschaft sind mindestens 440 »M.« als Tatverdächtige in Erscheinung getreten. Das ist allerdings einige Monate her – inzwischen heißt es, bereits mehr als 500 Miris seien polizeibekannt. Viele von ihnen sind Intensivstraftäter. Zieht man die Kinder und die Alten ab, dann bleiben nur noch wenige »M.« übrig, die noch nicht als Intensivstraftäter registriert sind. Beinahe die gesamte Familie bezieht Hartz IV.

Im Jahr 2008 versuchte sich die Sippe sogar an einer Gefangenenbefreiung. Die Behörden haben seither eine Nachrichtensperre über die Aktivitäten der Familie verhängt, weil Berichte über deren Machenschaften und die weitgehende Untätigkeit der Sicherheitsbehörden zu Unmut in der Bevölkerung führen könnten. Diesen Umstand nutzt die Familie nun aus und erpresst »Schutzgeld« von norddeutschen Journalisten und Polizisten. Stolz verkündeten einige »M.« zwischenzeitlich sogar, als Nächstes müssten in mehreren Bremer Stadtteilen die Einwohner Schutzgeld zahlen, so etwa in Gröpelingen. Den Behörden soll das alles schon länger bekannt sein. Es gibt jedenfalls viele Aktenvermerke über die Aktivitäten der »M.«. Allerdings ist es politisch nicht korrekt, darüber zu sprechen. Und falls Journalisten über die »M.« berichten müssen, weil es einfach nicht anders geht, dann schreibt man keinesfalls den Namen Miri, denn das könnte die kriminelle Großfamilie in Wallung bringen. Man nennt sie lieber Müller oder Meyer. Das ist dann auch politisch korrekt, und die »M.« können in aller Ruhe weiter agieren.

Die Miris sind angeblich eine sehr religiöse Familie. Einer von ihnen, Ali

Miri, hat es gar zum Vorbeter der Bremer Abu-Bakr-Moschee gebracht. Der mehrfach vorbestrafte Ali M. hat für den Islam viel geleistet: Er hat sogar den Deutschen Murat K. zum militanten Islam bekehrt. Murat K. ist heute besser bekannt als der »Bremer Taliban«.

Inzwischen hat die Bremer Polizei angekündigt, unter den kriminellen Miris aufräumen zu wollen. Polizeipräsident Holger Münch kündigte eine Politik der »null Toleranz« an.[805] (Man sieht den kriminellen Zuwandererclan schon förmlich zittern.) Nachdem Münch klargemacht hatte, »dass es nicht angehen könne, dass Jugendliche sich zusammenschließen und dann machen, was sie wollen«, wurde er auf Nachfragen der Journalistin Lucia Hodinka etwas konkreter. Den Miris wurde nun die wichtige Botschaft überbracht, dass Kriminalität sich nicht lohne und dass man es auch mit ehrlicher Arbeit zum BMW bringen könne. – So sieht also die neue knallharte »Null-Toleranz«-Politik gegenüber den extrem gewaltbereiten kriminellen Miris in Bremen aus.

Was sagt eigentlich die Politik in Bezug auf unsere zugewanderten (kriminellen) Mitbürger? Betrachten wir nur einmal die Meinung der sich »christlich« nennenden Bundeskanzlerin Angela Merkel: Sie spricht dreist von einer »Bereicherung«.[806] Das nennt man wohl Realsatire. Während polizeiliche Ermittler von ganzen Straßenzügen in diesem Land berichten, die fest in der Hand krimineller Zuwanderer sind, lobt die ehemalige sozialistische FdJ-Aktivistin Merkel die immer problematischer werdende Bevölkerungsgruppe in höchsten Tönen.

Glücklicherweise gibt es noch Institutionen, die die »Bereicherung« etwas anders sehen. Der Bremer Rechnungshof schreibt zum Beispiel zu den hohen Kosten, die unsere geduldeten Mitbürger verursachen: »Die Durchsetzung der Ausreiseverpflichtung von rechtskräftig abgelehnten Asylbewerberinnen und Asylbewerbern ist seit längerer Zeit unzureichend. Dies hat seit Jahren zu vermeidbaren Sozialhilfeausgaben in erheblicher Höhe geführt und ist auch in ordnungs- und gesellschaftspolitischer Hinsicht bedenklich.«

Stefan Luft berichtet in seinem Buch *Abschied von Multikulti* zu den Folgen der finanziellen Verhätschelung dieser Personengruppen: »Aufgrund ihres gesicherten Aufenthaltsstatus konnten sie in vollem Umfang von wohlfahrtsstaatlicher Versorgung profitieren. Sie erhielten nunmehr den vollen Sozialhilfesatz. Über die Hälfte der befragten Familien lebte in Sozialwohnungen. Drei Viertel der Väter waren arbeitslos; von jenen, die einer offiziellen Arbeit nachgingen, bezog ein Teil noch ergänzende Sozialhilfe. Bei diesen Familien mit vielen Kindern wird ohne (oder nur durch geringe) eigene Arbeitsleistung ein Wohlstand erreicht, der in der Heimat nie erreicht worden wäre. Die wohlfahrtsstaatliche Versorgung bedeutet für die Betroffenen, die in ihrer

Heimat zu den Ärmsten gehörten, einen enormen sozialen Aufstieg. (...) ... besteht auch keinerlei Anreiz, durch die Aufnahme legaler Arbeit den Lebensunterhalt zu bestreiten. (...) ... läuft die Lebensplanung in eine andere Richtung, nämlich die Sozialhilfe als festes Einkommen zu betrachten und die noch freie Arbeitskraft in der Schwarzarbeit einzusetzen. Das führt zu spürbaren Einkommensverbesserungen. (...) Die Sozialhilfe wird als Regeleinkommen betrachtet. (...) Es besteht kein Zwang, eine geregelte Arbeit zu suchen, der Arbeitsplatz als Ort der Integration entfällt. (...) In vielen Fällen haben diese Personen ihre Aufenthaltsrechte in Deutschland von Beginn an unter falschen Behauptungen erlangt. Auf diese Weise bezogen sie über viele Jahre unberechtigterweise für ihre Großfamilien Sozialleistungen erheblichen Umfangs. Der Öffentlichkeit ist davon wenig bekannt, teilweise wird es ihr absichtlich verschwiegen.«[807]

Egal welchen Zeitungsartikel man über kriminelle türkisch-arabische Zuwanderer in Berlin liest, stets fällt in diesem Zusammenhang das Wort Sozialhilfe. Ein Beispiel: Da berichtet die *Berliner Zeitung* unter der Überschrift »Polizei zerschlägt kriminellen Familienclan« über die alltägliche Arbeit der Polizisten: »Der Polizei ist ein Schlag gegen kriminelle Mitglieder einer arabischen Großfamilie gelungen. Sie sollen ihre Aufenthaltsberechtigung in Deutschland durch falsche Identitätsangaben erschlichen haben und in kriminelle Geschäfte verwickelt sein. Wie die Polizei gestern mitteilte, durchsuchten Beamte bereits am Freitag bundesweit die Wohnungen von 27 Beschuldigten und fünf Zeugen, darunter in Baden-Württemberg, Nordrhein-Westfalen und Bayern. In Berlin und Umgebung wurden 21 Wohnungen und Geschäftsräume durchsucht.«[808]

Wovon die arabische Großfamilie neben den Einkünften aus der Schwerstkriminalität lebte, erfahren die Leser erst am Ende der Geschichte: »Etwa 50 der rund 80 Mitglieder der Familie wohnen in Berlin, ein weiterer Teil in Stuttgart. Jahrelang kassierte die Familie Sozialhilfe. Über die Höhe kann die Polizei keine Angaben machen.«

Wir hatten ja bereits weiter oben schon berichtet, warum die Polizei keine Angaben zu den Sozialbetrügereien der türkisch-arabischen Großfamilien machen kann: Im LKA-Bericht, den wir zitierten, heißt es ausdrücklich, dass die »Herausgabe von Sozialdaten für die Ermittlungen wegen Sozialleistungserlangungsbetruges an die spezielle Ermittlungseinheit des LKA/ABH entgegen der geltenden Rechtslage grundsätzlich abgelehnt« wird.

Wir erinnern hier nochmals daran, dass unsere Mitbürger schon von klein auf daran gewöhnt werden, dass Vater Staat sogar im Gefängnis mit netten Sozialleistungen für sie aufkommt: Wer im Jugendarrest landet, der hat – trotz der dort vom Staat übernommenen Vollversorgung – Anspruch auf den Hartz-IV-Regelsatz.[809] Wieso also auf die Einhaltung der Rechtsordnung achten? Die Kohle fließt doch unaufhaltsam weiter, egal wo man sich in Deutschland gerade aufhält.

Die Zustände in Städten wie Berlin sind inzwischen furchterregend. Die kriminellen arabischen Großfamilien sind berüchtigt bei Polizei und Justiz, und der Staat bekommt sie nicht mehr unter Kontrolle. Sie ziehen immer neue Intensivstraftäter heran. Richter und Bewährungshelfer fordern vergeblich, solchen Familien die Kinder wegzunehmen. Das wäre zwar eine wirksame Maßnahme, ist aber politisch nicht korrekt, weshalb sie unterbleibt. So hat sich binnen zweier Jahrzehnte in Deutschland ein System etabliert, das man besser nicht näher betrachtet. In Berlin-Neukölln liegt der Anteil der nichtdeutschen Intensivstraftäter inzwischen bei 95 Prozent.[810] Das Rollbergviertel in Berlin-Neukölln ist nunmehr für Deutsche und Polizisten eine verbotene Stadt[811], denn hier existiert eine geschlossene Gesellschaft. Zeitungen berichten über die Zustände mit Überschriften, die den Hass der Zuwanderer auf Deutsche kennzeichnen: »Verpisst euch von hier«, titulierte die *Süddeutsche Zeitung* etwa einen Bericht, der sich mit einem Viertel krimineller arabischer Großfamilien befasste.[812] Gegen die zugewanderten Verbrecher werden in Deutschland übrigens die ersten Bürgerwehren gebildet – ein deutsches Heer mit Knüppeln und Besen. »Wir müssen uns selbst verteidigen. Der Politik sind wir egal«, erklären ihre Mitglieder gegenüber *stern.de*.[813]

Der Berliner Oberstaatsanwalt Reusch sagte in einem Vortrag zu diesem Thema: »Die Masse der Intensivtäter wird demnach von orientalischen Migranten gestellt.«[814] Er fuhr fort: »Ausgerechnet bei der kriminell aktivsten Gruppe der Migranten, nämlich den Arabern, ist auch der Einbürgerungsanteil mit knapp 44 Prozent am höchsten. Zum Vergleich liegt er bei den Türken bei knapp 35 Prozent. (…) Der Annahme, dass es ohne die Migrationsbewegungen der letzten Jahrzehnte kein nennenswertes Intensivtäterproblem gäbe, könnte somit schwerlich widersprochen werden. (…) Aus Berichten von Mitarbeitern der Jugenduntersuchungshaftanstalt Kieferngrund wissen wir, dass Jugendliche aus solchen Familien schildern, wie sie von Kindesbeinen an von ihren Müttern bereits zum Stehlen angehalten wurden und zum Beispiel erst nach Hause zurückkehren durften, wenn eine bestimmte Mindestbeutesumme erreicht war. In diesen Familien gilt seit jeher – wie vor einiger Zeit die Geschäftsführerin des Arabischen Frauenvereins *Al-Dar*, Frau Abul-Ella, auf einer Diskussionsveranstaltung erläuterte – der Leitsatz: ›Knast ist für Männer.‹ Bei diesen Familien wird somit als völlig normale Gegebenheit vorausgesetzt, dass ihre Männer früher oder später Haftstrafen zu verbüßen haben, dies ist

Teil des ›Geschäftskonzepts‹. Jugendliche aus solchen Familien dazu anzuhalten, zu lernen und zu arbeiten, kommt dem Versuch gleich, Wasser mit einem Sieb aufzufangen. Sie erleben schließlich, dass ihr Vater, die älteren Brüder, Cousins, Onkel etc. ebenfalls kaum lesen und schreiben können und trotzdem ›dicke Autos‹ fahren.«[815] Der Oberstaatsanwalt weiter: »Sie haben eine Selbstbedienungsmentalität entwickelt, die darauf abzielt, sich zu nehmen, was immer sie wollen und wann und so oft sie es wollen. Ihre Taten dienen in erster Linie der Finanzierung eines aufwendigen Lebensstils, den sie sich bei ihrem Bildungs- und Ausbildungsstand durch Arbeit nie leisten könnten. Außerdem erlangen sie durch ihr ›Gangstertum‹ in ihrem Umfeld ein durch Arbeit ebenfalls nicht erlangbares Sozialprestige.« Und er erläuterte politisch nicht korrekt: »Bevorzugtes Delikt ›unserer‹ Täter ist der Raub in öffentlichen Räumen, also auf der Straße, in Verkehrsmitteln, auf Spielplätzen etc., da dort am leichtesten willkürlich ausgesuchte Opfer zu finden sind. Daneben werden aber auch handfeste bewaffnete Raubüberfälle auf Geschäfte aller Art, Lokale etc. sowie Einbrüche begangen. Örtlich am meisten heimgesucht werden die Wohnbezirke der Täter selbst, hier kennen sie sich aus, haben jederzeit halbwegs sichere Rückzugsräume, genießen ›Respekt‹, das heißt, man fürchtet sie. Einzig entlang von U- und S-Bahn-Linien werden auch einmal ›gutbürgerliche‹ Gegenden aufgesucht, was dazu führt, dass auch Kinder des liberalen Bildungsbürgertums einmal eine für sie zweifellos verzichtbare Bekanntschaft mit ›Gettokids‹ machen dürfen. (…) Mädchen und junge Frauen, die diesen Tätern im wahrsten Sinne des Wortes in die Hände fallen, müssen immer auch damit rechnen, Opfer sexueller Übergriffe zu werden, meist einhergehend mit wüsten Beschimpfungen wie ›deutsche Schlampe, deutsche Hure etc.‹. Gerade solche Taten sind häufig von einer Anmaßung und Menschenverachtung seitens der Täter geprägt, die ihre Wurzeln meist im national-religiösen Überlegenheitswahn muslimischer Jungkrimineller haben, der sich gerade gegenüber ›ungläubigen‹ Frauen und Mädchen in besonders abstoßender Weise äußert. Die diesen Taten zugrunde liegende Einstellung kommt auch darin besonders deutlich zum Ausdruck, dass der größte Vorwurf, der einem muslimischen Mädchen gemacht werden kann, der ist, sie benehme sich wie eine Deutsche. Generell ist zu konstatieren, dass in jüngerer Zeit ausgesprochen deutschfeindliche – wie übrigens auch antijüdische – Übergriffe zunehmen. (…) Etwa Ende des Jahres 2005 begann die Mitarbeiter der Abteilung das Gefühl zu beschleichen, einem Fass (oder besser wohl: Sumpf) ohne Boden gegenüberzustehen. (…) Es muss erreicht werden, dass besonders auffällige ausländische Kriminelle außer Landes geschafft oder sonst ›aus dem Verkehr‹ gezogen werden können, damit sie – insbesondere für nachwachsende Kinder und Jugendliche – kein Beispiel mehr geben und andere zur Nachahmung animieren können. (…) Es gilt ferner zu verhindern, dass immer mehr ausländische Kriminelle schon deshalb vor Ausweisung sicher sind, weil sie deutsche Staatsangehörige werden.«[816]

Was macht man mit einem Oberstaatsanwalt wie Reusch, der den Bürgern in Vorträgen und im Fernsehen die Wahrheit sagt? Man verpasst ihm einen Maulkorb – Auftrittsverbot.[817] Darüber hinaus versetzt man ihn[818] und macht ihn mundtot. Oberstaatsanwalt Roman Reusch (53) wurde als Leiter der Intensivtäterabteilung abgelöst. Er war wegen seiner Äußerungen zur Jugendkriminalität bei seinen Vorgesetzten in Ungnade gefallen. Nun befasst er sich statt mit zugewanderten Intensivstraftätern mit Beschwerden von Bürgern gegen gerichtliche Entscheide.[819] Ein nervtötender Job. Die Politik handelte in Bezug auf Oberstaatsanwalt Reusch nach ihrer Devise: Bestrafe einen – erziehe hundert. Seither halten die anderen LKA-Mitarbeiter und Staatsanwälte ganz brav den Mund.

Es gibt inzwischen andere europäische Länder, in denen man über derartige deutsche Entscheidungen nur noch lacht. Sehen wir uns einmal die Niederlande an. Seit 2010 ist es offiziell: Die niederländische Polizei hat öffentlich mitgeteilt, dass Marokkaner die kriminellste Bevölkerungsgruppe im Land stellen und dass die Stadt Gouda landesweit die meisten marokkanischen Kriminellen aufweist.[820] Man veröffentlicht solche Informationen, man spricht darüber – und man geht die Probleme an. Die niederländische Polizei hat mittlerweile die grassierende Marokkaner-Kriminalität in 181 Städten des Landes analysiert und festgestellt, dass nicht nur in Gouda Marokkaner als die übelsten Straftäter zu verzeichnen sind, sondern auch in Amsterdam. Dort leben offiziellen Polizeiangaben zufolge immerhin 2497 kriminelle Marokkaner.[821]

Guido van Woerkom ist Präsident des niederländischen Automobilclubs ANWB, der vier Millionen Mitglieder hat. Im Mai 2010 erklärte er öffentlich: »Ich will nicht, dass meine Frau mit dem Taxi fährt – der Fahrer könnte marokkanischer Abstammung sein.«[822] Der niederländische Marokkaner-Schutzbund SMN reagierte wegen dieser Äußerung entsetzt. Leitungsmitglied Faris Azarkan verklagte den Präsidenten des niederländischen Automobilclubs sofort wegen angeblicher »Diskriminierung«.[823] Er vergaß dabei allerdings die niederländischen Polizeistatistiken, die belegen, dass Marokkaner in den Niederlanden nachweislich die mit Abstand kriminellste Bevölkerungsgruppe sind. Darf der Präsident eines Automobilclubs diese Angaben nicht auf sein Privatleben übertragen, Konsequenzen daraus ziehen und an die Mitglieder weitergeben? Oder muss man wirklich alle Probleme unter den Teppich kehren?

Dass in den Niederlanden dennoch versucht wird, viele Probleme, die mit kriminellen Zuwanderern zu tun haben, durch Geld zu regeln, ist indes kein Geheimnis. In der Vergangenheit war es in den Niederlanden politisch korrekt, marokkanischen Kriminellen einfach Geld in die Hand zu drücken. Potenzielle Randalierer wurden im pittoresken Gouda noch vor wenigen Monaten finanziell dafür belohnt, wenn sie *nicht* randalierten. Gewaltbereite, zugewanderte Jugendliche erhielten vorbeugend Geld, damit sie keine Fensterscheiben einwarfen, Fahrräder in Grachten warfen, Passanten anpöbelten oder bestahlen. Die Gemeinde zückte überall dort, wo Schwierigkeiten auftauchen konnten, das Scheckbuch. Beginnend mit der Jahreswende 2009/2010 erhielten marokkanische Einwanderer beispielsweise 2250 Euro.[824] Mit dem Geld sollten sie ein Fest organisieren und gleichzeitig geloben, nicht pöbelnd durch Gouda zu ziehen. Das Geld wurde bar ausbezahlt. »Es hat funktioniert«, jubelte ein Sprecher der Stadt. Das Modell wird nun weiter erprobt. Man versprach zudem Gratiskurse in Arabisch, damit marokkanische Jugendliche den *Koran* im Original lesen können.

Wie sieht es in anderen europäischen Ländern aus? Ein Blick nach Norwegen: Bereits im Jahr 2001 (!) sagte der damalige Vorsitzende der norwegischen Polizeigewerkschaft, Arne Johannessen, dass sich die Kriminalität innerhalb eines Jahrzehnts verdoppelt habe – und zwar nur durch Zuwanderer. Die Kriminellen kämen vorwiegend aus Albanien und dem Kosovo.[825] Wer das nicht zur Kenntnis nehme, der sei »naiv«, denn die zugewanderten Kriminellen bildeten Gangs und tyrannisierten die Einheimischen.

Zurück nach Deutschland. Rainer Wendt, der bereits erwähnte Chef der Deutschen Polizeigewerkschaft, sagt zur Lage in der Bundeshauptstadt: »In Berlins Norden gibt es Stadtteile, in denen sich Polizisten kaum noch trauen, ein Auto anzuhalten, weil sie wissen, dass sie dann 50 Mann an der Backe haben.«[826] Und weiter: »Diese Übergriffe sind schon fast ein gezieltes Kräftemessen mit dem Staat.« Dazu passend erklärte eine Berliner Polizistin: »Es gibt Stadtteile oder Straßenzüge, da warten wir bei Einsätzen echt ab, bis wir einfach mehr Kollegen sind. Oder versuchen, das Geschehen zu verlagern. Es ist einfach zu gefährlich, direkt dort einzugreifen.«

In Berlin-Neukölln wohnt die libanesische Großfamilie O. Sie ist Anfang der 1980er-Jahre eingereist. Nicht eines der Kinder dieser Großfamilie geht regelmäßig zur Schule. Das Jugendamt traut sich schon lange nicht mehr in die zwei Straßenzüge, in denen die meisten Mitglieder der Familie O. wohnen. Abschieben ist keine Lösung, denn die meisten der O.s besitzen inzwischen deutsche Pässe. Heinz Buschkowsky, SPD-Bezirksbürgermeister von Neukölln, sagt dazu: »Es sind Familien, die sich offenbar dazu entschieden haben, außerhalb unserer Rechtsordnung zu leben.« Das Strafregister der Familie O. klingt dramatisch: Von den 15 Kindern leben längst nicht mehr alle. Hilal und Ibrahim sind tot. Sie sind auf der Flucht vor der Polizei nach einem Überfall mit dem Auto gegen einen Baum gerast. Zuvor hatten sie auch noch einen Rentner am Potsdamer Platz totgefahren. Ein anderes Kind der Familie, Mohammed, hat schon im Alter von zwölf Jahren seine Lehrerin pensionsreif geprügelt. Inzwischen ist Mohammed 15 und besitzt ein Strafregister, das reif ist fürs *Guinnessbuch der Rekorde*: Von Raubüberfällen bis zu Körperverletzungen reicht die Bandbreite der Fähigkeiten des schon lange nicht mehr in die Schule gehenden Mitbürgers. Vater O., selbst wegen Rauschgifthandels vorbestraft, kümmert sich angeblich liebevoll um seine Kinder. Mittlerweile hat sein zwölf Jahre alter Sohn Evren bei einem Neuköllner Stadtfest eine 20 Jahre alte Frau nach einer Rangelei am Autoscooter ins Koma geprügelt. Vater O. sagte zur Polizei, die das Prügelkind bei ihm ablieferte: »Das ist nicht weiter schlimm, da wir als Hartz-IV-Empfänger ohnehin nichts zahlen müssen.« Die Berliner Zeitungen haben diesen Auszug aus dem Polizeiprotokoll abgedruckt – zum Ärger der Integrationsbeauftragten der Stadt. Angeblich darf man über solche Familien nicht öffentlich sprechen, weil das Vorurteile schüre. Bürgermeister Heinz Buschkowsky sieht das anders, er spricht offen darüber: »Wir befinden uns hier in einem Bereich, wo Kriminalität erzogen wird, ja gelebt wird ...«

Peter-Michael Haeberer ist Leiter des Berliner Landeskriminalamts. Er sagt: »Außerhalb der Sippenstruktur wird von diesen Menschen nichts weiter anerkannt.« Seinen Angaben zufolge gibt es etwa 30 dieser kriminellen zugewanderten Großfamilien in Berlin mit insgesamt circa 8000 Personen.

Kirsten Heisig fungierte bis zu ihrem Tod im Juli 2010 als Jugendrichterin in Berlin. Sie wollte stets das tun, was Jugendämter bei solchen Familien über Jahrzehnte versäumt hatten: den Eltern das Sorgerecht für die Kinder entziehen. Sie wollte es nicht länger hinnehmen, dass diese Kinder ihr ganzes Leben lang keine andere Chance als die der Kriminalität in unserer Gesellschaft haben würden. Sie erklärte: »Wenn wir von solchen Familien mit unserer liberalen Haltung nicht verstanden werden, dann müssen wir eben unsere Haltung gegenüber solchen Familien ändern.« Sie stieß mit ihrer Auffassung allerdings auf ein Problem: auf Gutmenschen, die am liebsten noch zwei Jahrzehnte so weitermachen möchten wie bisher. Kirsten Heisig lief mit ihren politisch nicht korrekten Ansichten überall vor eine Wand. Man sagte ihr aus den Reihen der Politik, dass sie Intensivstraftäter nicht so hart anfassen solle. Im Juli 2010 nahm sie sich im Alter von 48 Jahren das Leben.

Unsere zugewanderten Mitbürger tragen – anders als von vielen Politikern behauptet – nichts zum Wohlstand unserer Gesellschaft bei. Im Gegenteil: Sie zehren unseren Wohlstand auf. Sie zahlen keine Steuern. Das müssen andere für sie besorgen. Und was tun wir gegen diese Tatsachen? Wir bilden Bundesland für Bundesland Polizisten zu »Harmoniebeauftragten« aus. Lachen Sie bitte nicht – denn Sie müssen das mit Ihren Steuergeldern bezahlen. Allein in Nordrhein-Westfalen gibt es 71 (Stand 2010) »Harmoniebeauftragte« der Polizei, deren Aufgabe es ist, als Kontaktbeamte »für ein entspanntes Verhältnis zwischen der Behörde und Migranten zu sorgen«. Sie machen Höflichkeitsbesuche in den Moscheen, bringen kleine Aufmerksamkeiten zu türkischen Hochzeiten von Großfamilien, sperren dafür die Straßen ab und hören sich die Sorgen und Nöte unserer Mitbürger an. Wir wissen irgendwie anscheinend nicht mehr, wohin mit unserem vielen Geld.

In Deutschland diskutiert man derzeit im Übrigen darüber, wie man den »Wohlstandskuchen« noch gerechter verteilen könnte – jenen, die Leistung bringen also mehr wegnehmen könnte. Millionen Deutsche, die in kleinen Teilen die Oberschicht und in großen Teilen die Mittelschicht bilden und die den ganzen Irrsinn bezahlen müssen, fühlen sich von dieser Gesellschaft bzw. den politisch Verantwortlichen immer weniger akzeptiert. Sie zahlen stets höher werdende Abgaben, erleben Wohlstandsverluste, werden bevormundet, müssen ihre Kinder in schlechte Schulen schicken und werden dem Wettbewerbsdruck der Globalisierung mit weniger Schutz ausgesetzt als die wachsende Heerschar der zugewanderten und sich massiv vermehrenden bildungsresistenten Hilfsarbeiter ganz unten, die diese Entwicklung zum Teil ganz offen ausnutzt. Das alles hängt auch mit dem rapiden Verfall unserer Werte zusammen. Wir brechen auf in ein neues Zeitalter.

Kennen Sie das neue Motto dieses neuen Zeitalters? Es lautet: »Lallelujah«. Man verwendet das Wort beispielsweise, wenn eine sich christlich nennende Landesbischöfin und Ratsvorsitzende der Evangelischen Kirche in Deutschland zur Fastenzeit volltrunken mit 1,54 Promille[827] ein Fahrzeug steuert. »Lallelujah« ist das berauschende neue Gefühl eines ebensolchen Zeitalters. Ein Zeitalter, in dem unsere bewährten Werte nicht mehr gelten, unser Menschen- und Weltbild zerrissen wird. Es gibt viele Menschen wie Bischöfin Margot Käßmann, die unserem Wertewandel Tür und Tor öffnen.[828] Missbrauchsfälle in kirchlichen Schulen[829], Ministerpräsidenten, die Gesprächszeiten mit Bürgern zu horrenden Preisen verkaufen[830], und ein amerikanischer Staatspräsident, dem die eigenen Ärzte inzwischen empfehlen, endlich den Alkohol- und Zigarettenkonsum einzuschränken[831] – all das sind Symptome des Werteverfalls, in dem es offenkundig keine Vorbilder mehr gibt, auf die wir uns noch 100-prozentig verlassen können. Alte Männer wie Ex-SPD-Chef Franz Müntefering (69) heiraten 40 Jahre jüngere Frauen[832], Politiker wie Gerhard Schröder und Joseph Martin Fischer wetteifern darum, wer mehr Scheidungen übersteht, und die CDU hält für ihre obersten Streiter gar Kreditkarten für Bordellbesuche bereit[833] – angesichts derartiger Entwicklung braucht man kein Diplom, um zu erkennen, dass das alles noch böse enden wird.

Es gibt keine Tabus mehr – auch nicht für die Kirche.

Unglückliche Zuwanderer – schuld sind die »bösen« Deutschen

Überall in Europa sind ethnische Europäer heute Menschen zweiter Klasse. Wir Europäer müssen Islamisierung, Entchristianisierung, Werteverfall, eine rapide steigende Kriminalität und ungeheure finanzielle Kosten für integrationsunwillige Zuwanderer als angebliche »kulturelle Bereicherung« hinnehmen.

Christliche Feiertage werden heimlich, still und leise abgeschafft. Die staatlichen Medien berichten nicht sonderlich darüber, denn es könnte ja Unmutsäußerungen in Teilen der Bevölkerung geben. Ein Beispiel: Das Bundesarbeitsgericht Erfurt hat 2010 entschieden (BAG 5 AZR 317/09), dass der Ostersonntag kein Feiertag ist.[834] Aufgrund dieses Urteils brauchen Unternehmen ihren Mitarbeitern, die an Ostersonntag arbeiten, keinen Feiertagszuschlag mehr zu zahlen. Die Kläger argumentierten, Oster- und Pfingstsonntag seien in der christlichen Welt Feiertage. In den Vorinstanzen gaben ihnen das Arbeitsgericht und das Landesarbeitsgericht Niedersachsen zunächst recht, doch die Bundesrichter kippten diese Entscheidung. Haben Sie jemals etwas von diesem unglaublichen Urteil mitbekommen?

Parallel zu dieser Entwicklung erfahren wir aus Zeitschriften wie dem ehemaligen Nachrichtenmagazin *Der Spiegel*, warum die Integration vieler Zuwanderer trotz Milliardeninvestitionen in unsere neuen Mitbürger gescheitert ist: Schuld sind nicht die armen Zuwanderer. Schuld sind angeblich die undankbaren und ablehnenden Deutschen, die sich immer noch nicht genug um ihre neuen Mitbürger bemühen.[835] Der indisch-pakistanischstämmige *Spiegel*-Reporter Hasnain Kazim schreibt diesbezüglich allen Ernstes: »In Deutschland kann man seiner Herkunft nicht entkommen. Ob in zweiter oder dritter Generation: Migrantenkind bleibt Migrantenkind.«[836]

Das ist wahrlich interessant. Schaltet man den Fernseher ein, dann tauchen in Sendungen wie *Deutschland sucht den Superstar* Namen wie Mehrzad Marashi, Fady Maalouf oder Frau Mukhamedova auf.[837] Benötigen wir verlässliche Wetterprognosen, dann werden uns diese von Fachleuten wie Mojib Latif, Sohn eines islamischen Imams, präsentiert.[838] Deutschlands renommiertester

Wissenschaftsjournalist heißt Rangar Yogeshwar, ist Diplom-Physiker und Fernsehmoderator. Bei ihm handelt es sich um den Sohn eines indischen Vaters und einer luxemburgischen Mutter.[839] Der Türke Emin Özel wurde Schützenkönig im erzkonservativen katholischen ostwestfälischen Paderborn.[840] Und im Deutschen Bundestag sitzt seit 2009 der 1972 in der Provinz Ordu in Fatsa/Türkei geborene Serkan Tören als Waffenrechtsexperte der FDP. Der türkischstämmige Mitbürger entscheidet heute in Deutschland an oberster Stelle mit darüber, ob und welche Bevölkerungsgruppen hierzulande noch Waffen tragen dürfen. Die Lobbyisten der Schützen- und Sportschützenvereine müssen sich gut mit dem Migranten im Bundestag stellen, wenn sie nicht riskieren wollen, dass es weitere Verschärfungen beim legalen Waffenbesitz in deutschen Traditionsvereinen gibt.

Man könnte diese Aufzählung über viele Seiten fortsetzen. Mehr Integration aufseiten der Deutschen geht wohl wirklich nicht!

Die deutsche Film- und Fernsehbranche setzt verstärkt auf die Beschäftigung von Migranten. Immer mehr von ihnen werden auf Wunsch der Bundesregierung beispielsweise in Spielfilmen oder im Infotainment eingesetzt.[841] Die irakischstämmige Dunja Hayali moderiert das *heute-journal*, der türkisch-syrischstämmige Mitri Sirin bereichert uns im *ZDF-Morgenmagazin*, und Hülya Özkan moderiert das ZDF-Magazin *Heute in Europa*. 2010 avancierte Alisar Ailabouni bei Heidi Klum zu *Germany's next Topmodel*. Im multikulturellen Wochenheftchen *Die Zeit* darf uns Mitbürgerin Deniz Baspinar mit einer »Kölümne« die angebliche friedliche multikulturelle Zukunft präsentieren, darf in einer Überschrift über einem Artikel sogar das Wort »Kanaken« verwenden und uns Europäer als Menschen beleidigen, deren Hautfarbe angeblich »ungetoastetem Toastbrot« ähnelt.[842]

Unsere Politiker diskutieren inzwischen allen Ernstes darüber, im öffentlichen Dienst und in den staatlichen Gymnasien eine Quote für Migranten einzuführen.[843] Wie das funktionieren soll, ohne ethnische Europäer zu diskriminieren, ist unklar. Das Ziel ist: Auch zugewanderte Leistungsverweigerer sollen zwangsweise mit Leistungsträgern assimiliert werden. Derweil mokieren sich Journalisten des Straßenmagazins *Der Spiegel* über die angeblich undankbaren und ablehnenden Deutschen, die sich immer noch nicht genug um ihre neuen Mitbürger bemühen!

Eigentlich müsste man von unseren Zuwanderern tiefe Dankbarkeit erwarten dürfen, vor allem von den Türken, bieten sich ihnen doch in Deutschland Chancen, die sie in ihren Herkunftsländern nicht haben. Doch anstelle von Dankbarkeit ernten wir von jenen, denen wir Arbeit, Unterkunft, Ausbildung und soziale Absicherung angedeihen ließen, immer öfter nur Hass – selbst von ihren obersten Repräsentanten. Ein Beispiel: Der türkische Generalkonsul in Düsseldorf, Hakan Kivanc, polterte los, man dürfe den Deutschen nicht trauen: »Die Deutschen würden, wenn sie könnten, allen aus der Türkei ein ›T‹ tätowieren und ihnen das Gleiche antun, was sie während der Nazidiktatur den Juden angetan haben. Wenn man den Deutschen die Pulsadern aufschneiden würde, würde bei ihnen braunes Blut herausfließen.«[844]

Diese Aussage wurde aus der alleruntersten Schublade hervorgeholt. Es handelte sich um eine Ausdrucksform der Gosse. Tiefer konnte man wohl nicht mehr sinken. Und die türkischen Verbände? Die schweigen dazu, eine öffentliche Empörung fand nicht statt. Türken dürfen Deutsche beleidigen. Wir müssen das als »Bereicherung« hinnehmen.

Türkenvertreter wie Kenan Kolat fordern dreist das Wahlrecht auch für Ausländer in Deutschland, Islamunterricht und die Förderung der türkischen Sprache an deutschen Schulen, die doppelte Staatsbürgerschaft und eine Zehn-Prozent-Quote für Türken innerhalb des Ausbildungs- und Arbeitsmarktes.[845] Das können sie gut: immer nur fordern, fordern, fordern.

Der Berliner Senat hat im Sommer 2010 nachgegeben. Obwohl laut Grundgesetz (Artikel 3 GG) die Benachteiligung oder Bevorzugung von Menschen wegen ihrer Zugehörigkeit zu einer bestimmten Gruppe verboten ist, haben die SPD und die Partei Die Linke in Berlin ein Gesetz auf den Weg gebracht, nach dem Einwanderer gegenüber ethnischen Deutschen eindeutig bessergestellt werden sollen. Mit dem Berliner »Integrationsgesetz« sollen Migranten gegenüber ethnischen Deutschen bei der Einstellung in den Öffentlichen Dienst und in alle landeseigenen Unternehmen (BSR, BVG usw.) bevorzugt werden. Die Bediensteten dieses Staates werden demnach künftig nicht mehr nach Leistung und Eignung ausgesucht, sondern nach ethnischer Herkunft. Eine Berliner Zeitung berichtete darüber unter der Überschrift »Der Senat will Einwanderer bevorzugen«.[846] Die Linke wie auch die SPD haben damit im Berliner Senat vorsätzlich das Grundgesetz gebrochen und verfassungswidrig gehandelt. Man darf die Volksverräter von SPD und Die Linke jetzt mit Recht Verfassungsfeinde nennen, denn sie streben ja eine andere als die vom Grundgesetz geforderte Ordnung an.

Mindestens 25 Prozent der Arbeitsplätze im Öffentlichen Dienst müssen nach dem Willen der genannten Verfassungsfeinde in der Bundeshauptstadt künftig mit Migranten besetzt werden.[847] In einem zweiten Schritt werden jetzt auch unsere Gesetze zugunsten dieser Migranten verändert; die *Berliner Zeitung* berichtete im Juni 2010: »Bereits vorhandene Gesetze sollen so umgeschrieben werden, dass sie die Einwandererstadt widerspiegeln. Im Feiertagsgesetz soll es künftig heißen religiöse Feiertage statt bisher kirchliche Feiertage.

›Alle Gesetze gehören auf den Prüfstand, ob sie noch den Bedingungen der Einwandererstadt entsprechen‹, sagt die Linkspolitikerin Carola Bluhm.«[848] Im Klartext: Wir Deutschen prüfen unsere Gesetze dahingehend, ob sie nicht möglicherweise unsere Migranten beleidigen.

Menschen wie der Zuwanderer Kenan Kolat haben sich demzufolge einmal mehr mit ihren Auffassungen durchgesetzt. Geht es nach ihnen, so sollen künftig deutsche Kinder sogar Türkisch in den Schulen lernen, um sich auf die multikulturelle Zukunft vorzubereiten. Und die Vorsitzende des Zentrums Sprachenvielfalt und Mehrsprachigkeit der Universität Köln, Claudia Riehl, unterstützt diese türkische Forderung noch.[849]

In diesem Zusammenhang darf auch nicht vergessen werden, dass zwei andere deutsche Parteien, die FDP und die Grünen, türkische Forderungen gutheißen, denen zufolge die deutsche Nationalhymne künftig auf Türkisch gesungen werden soll. Sie halten das für einen Aprilscherz? Nein, Grünen-Politiker Hans-Christian Ströbele findet, das sei ein »Zeichen der Integration« und ein »Symbol für die Vielsprachigkeit Deutschlands«. Die FDP unterstützt Ströbeles Forderung ebenso ausdrücklich und lässt dazu verlautbaren: »Das wäre eine interessante Möglichkeit für Menschen anderer Herkunft und Sprache, die deutsche Kultur zu verstehen.«[850]

Kaum gibt man einer Forderung nach, kommt gleich die Nächste, Beispiel Niedersachsen: Da beförderte man 2010 die türkischstämmige Muslima Aygül Özkan zur »Integrationsministerin«. Die Frau hatte bis dahin wahrlich Großes geleistet: Sie fiel dadurch auf, dass sie in der Vergangenheit als Juristin bei ihrem früheren Arbeitgeber viele Arbeitsverträge mit Bestimmungen am Rande der Legalität schloss.[851]

Eine solche Frau machte man nun zur Ministerin! Und kaum, dass sie im Amt war, forderte sie in Interviews ganz dreist: »Wir brauchen an unseren Gerichten dringend mehr Richter mit Migrationshintergrund. Damit die Betroffenen auch sehen, hier entscheidet nicht eine fremde Autorität, sondern wir gehören da auch zu.«[852] Man muss sich diese Sätze einmal auf der Zunge zergehen lassen und den umgekehrten Fall betrachten: Üben in der Türkei etwa deutschstämmige Richter ihr Amt aus, damit deutsche Touristen, die dort straffällig werden, die »fremde Autorität« der Türken bei der Urteilsfindung umgehen können? Bisher dürfte niemand davon gehört haben. In Deutschland jedoch darf man als Mensch mit »Migrationshintergrund« Forderungen aufstellen, die gegen die Rechte der Mehrheit verstoßen. Etwas Gutes hat dieses Beispiel allerdings: Frau Aygül, die als Ministerin immerhin für Soziales, Frauen, Familie, Gesundheit und Integration zuständig ist, hatte die Katze aus dem Sack gelassen, noch bevor sie in Niedersachsen vereidigt wurde.

Die politisch Verantwortlichen hätten gut daran getan, Integrationsfrau Aygül Özkan gleich wieder hinauszuwerfen: zum einen aus dem designierten Ministeramt und zum anderen aus der CDU, die die Reste ihrer deutschen Stammwähler offenkundig durch die Förderung von umstrittenen Personen wie Aygül Özkan mit Gewalt vergraulen will. Denn die angeblich liebreizende Migrantin, Tochter eines türkischen Schneiders aus Ankara, setzte gleich noch einen drauf: Sie forderte ein Verbot von Kruzifixen an staatlichen Schulen.[853] Ihr neuer Chef, der damalige niedersächsische Ministerpräsident Wulff (CDU), distanzierte sich daraufhin sofort von seiner neuen Ministerin, noch bevor diese ihr Amt angetreten hatte.[854] Die Dame war also ganz sicher eine »Bereicherung« für unsere Nation, zumindest in Hinblick auf die Unruhe, die sie hierzulande auslöste. Am 27. April 2010 wurde die Muslima vereidigt. Zwei Monate später avancierte Wulff, der die umstrittene Muslima in sein Kabinett geholt hatte, zum Bundespräsidenten dritter Wahl (bei den ersten zwei Wahlgängen erhielt er nicht die erforderliche Stimmenzahl). Die Zeichen des Verfalls und Niedergangs sind in Deutschland inzwischen unübersehbar.

Zurück zur Migrantin Aygül und ihrem Treiben im April 2010: Das Hamburger Straßenmagazin *Der Spiegel* verstand damals die Welt nicht mehr. Erst widmete *Der Spiegel* dem »Shooting-Star Aygül Özkan« eine ganze Themenseite – und dann erntete die Migrantin auch noch »Kritik von ihren Parteikollegen für ihre modernen Ansichten«[855]. Nun, man kann »Richter mit Migrationshintergrund« als »moderne Ansichten« verkaufen, man kann diese allerdings auch als interessengeleitete Politik für die Migrationsindustrie charakterisieren, in die Frau Özkan tief verstrickt ist: Sie unterstützte als Vorstandsvorsitzende die »Hamburger Stiftung für Migranten«, ist Gründungsmitglied der Hamburger Arbeitsgemeinschaft selbstständiger Migranten e. V. und engagiert sich darüber hinaus bei Türkenvereinen.[856] Sie will den Angaben ihrer Homepage zufolge »Menschen mit Migrationshintergrund mit schlechteren Startbedingungen im Übergang von Schule in die Berufswelt begleiten«[857].

Frau Özkan erklärte als Ministerin, sie wolle ein Vorbild für Migranten in Deutschland sein. Nun, das ist wohl auch dringend nötig, denn bis dahin war sie unter türkischen Migranten nur als Ausbeuterin aufgefallen.[858] Im Jahr 2006 gründete sie die Initiative »Hamburg Plus« und beförderte sich selbst zur Geschäftsführerin. Von der Stadt Hamburg und aus den EU-Kassen floss viel Geld: 370 000 Euro für die Vermittlung von Migranten in Jobs. 29 von ihnen konnten tatsächlich von Frau Özkan in Arbeit vermittelt werden, allerdings zu Dumpinglöhnen. Ethisch-moralisch bedenklicher ging es wohl kaum.[859]

Die CDU war mit der Nominierung der umstrittenen Migrantin offenkundig vor zugewanderten Türken eingeknickt. Das Experiment, mit Frau Özkan eine muslimische Exotin zur CDU-Ministerin zu machen, war in Deutschland de facto gescheitert, noch bevor es begonnen hatte.

Das ganze »Spiel« des Einknickens vor Türkenforderungen spielt sich auch in Nordrhein-Westfalen ab. Während Aygül Özkan in Niedersachsen »Richter mit Migrationshintergrund« forderte, beugte sich der nordrhein-westfälische Minister für Arbeit, Karl-Josef Laumann (CDU), dem Migrantendruck und forderte einen höheren Migrantenanteil in den Landesministerien von NRW.[860] Werden also im dortigen Ausländeramt, wo Aufenthaltsgenehmigungen bewilligt werden, demnächst Türken sitzen? Und werden jene, die »Ehrenmorde« aufklären sollen, künftig Iraker, Afghanen oder Pakistaner sein? Werden die Gammelfleischkontrollen in Dönerbuden in Zukunft durch Jordanier, Libanesen oder Syrer realisiert? Bewilligen Ägypter, Iraner oder Algerier demnächst die Wohngeldbescheide, Beihilfen für sozial schwache Familien und andere Zuschüsse?

Die NRW-CDU nahm jedenfalls schon einmal eine ganze Reihe von Türken in ihre Reihen auf. Man glaubte wahrscheinlich allen Ernstes, diese Maßnahme ziehe Migranten als Wähler an und schaffe eine Atmosphäre der Entspannung. Das Gegenteil war allerdings der Fall. *Der Spiegel* überschrieb 2010 einen entsprechenden Bericht mit den Worten »Migranten in der CDU – Neumitglieder tragen ihren Streit in die Union«.[861] In ihm heißt es unter anderem: »Mit muslimischen Jungpolitikern will die CDU Wähler unter den Migranten gewinnen. Doch während sich die Partei nach außen öffnet, gibt es intern Krach. Denn die neuen türkischstämmigen Mitglieder liefern sich prompt Streit (…), … der Konflikt schwelt weiter. Durch die Reihen der türkischstämmigen Politiker in der CDU geht ein Riss. Sie streiten über die Anerkennung des Völkermords an Armeniern im Osmanischen Reich, über den EU-Beitritt der Türkei und die Diskriminierung von Minderheiten dort (…)«.[862] Die Migranten haben der CDU anstelle der ersehnten Wählerstimmen bisher offenkundig nur eines gebracht: innere Unruhe. Die zahlreichen innertürkisch-ethnischen Probleme und Querelen sind somit auch zu CDU-internen Problemen geworden.

Kaum mehr als Unruhe trug auch der früheren Hamburger SPD-Sprecher Bülent Ciftlik, ein türkischstämmiger Mitbürger, in seine Partei. Er galt als Hoffnungsträger der SPD in Hamburg. Stolz nannte man ihn den »Obama von Altona«.[863] Doch diese Bezeichnung war offensichtlich kaum mit den Tatsachen zu vereinen, denn SPD-Star Ciftlik (37) musste sich schließlich vor dem Amtsgericht St. Georg verantworten.[864] In dem Verfahren mit dem Aktenzeichen 7101Js361/09 ging es um eine Scheinehe, die Ciftlik nach Überzeugung der Staatsanwaltschaft im Juli des Jahres 2007 eingefädelt hatte.⁸⁶⁵ Gemeinsam mit Ciftlik waren die Eheleute angeklagt – die inzwischen 33 Jahre alte Braut soll zum damaligen Zeitpunkt Ciftliks Lebensgefährtin gewesen sein.

Die Ehe diente dem Zweck, dem türkischstämmigen und ausreisepflichtigen Kenan T. eine Aufenthaltsgenehmigung zu verschaffen. Eine tatsächliche Lebensgemeinschaft soll nicht bestanden haben – auch wenn die 33-Jährige und ihr Gatte dies nach der Eheschließung beim Einwohnerzentralamt behauptet haben sollen. Ciftlik sprach nach Bekanntwerden der Vorwürfe von einer Intrige, die gegen ihn gesponnen worden sei.⁸⁶⁶ Er präsentierte daraufhin zwei LKA-Vermerke, denen zufolge es seine Parteifreunde waren, die ihn der Scheinehe-Stiftung bezichtigten. Die von Ciftlik präsentierten Dokumente waren jedoch angeblich gefälscht. Auch seine frühere Freundin belastete ihn schwer.⁸⁶⁷

Ins Visier der Staatsanwaltschaft geriet bei dem Prozess ebenfalls der SPD-Abgeordnete Metin Hakverdi. »Wir gehen von einer geringen Beihilfeschuld aus«, erklärte der Hamburger Oberstaatsanwalt Wilhelm Möllers.⁸⁶⁸ In solchen Fällen kann ein Verfahren gegen Geldauflage eingestellt werden: Hakverdi zahlte 750 Euro und war damit alle Sorgen los. Bülent Ciftlik hingegen wurde Ende Juni 2010 wegen Vermittlung einer Scheinehe verurteilt und muss insgesamt 150 Tagessätze à 80 Euro Strafe zahlen.⁸⁶⁹

Schauen wir uns eine weitere zugewanderte Politikerin und ihr großes »Potenzial« an. Es handelt sich dabei um die in der Türkei geborene Bundestagskandidatin Sultan Ulusoy, die lange bei der SPD arbeitete (etwa als zweite Sprecherin im SPD-Arbeitskreis Migration Heidelberg) und auch schon als Gemeinderatskandidatin der SPD in Heidelberg auftrat. Sie nennt uns im Internet ihre beruflichen Potenziale: »Schriftstellerin, Dichterin, Kommunikations-Journalistin«.⁸⁷⁰ In ihrem Faltblatt, das sie als Bundestagskandidatin 2009 verteilte, heißt es großsprecherisch: »Sei ein Spiegel für alle«. Das große Potenzial zerplatzte im Sommer 2009 wie eine Luftblase. Seinerzeit hingen die Wahlplakate, die ihr Konterfei zeigten, in ganz Mannheim. Lächelnd warb die damals 40 Jahre alte Mitbürgerin Sultan Ulusoy mit einer blauen Friedenstaube, einem Herz und dem Slogan »Suche bei Dir selbst« für den erstrebten Sitz im Bundestag. Auf dem Alten Messplatz im Stadtteil Neckarstadt wurde die Dame freundlich von einem Polizisten angesprochen: »Sind Sie etwa Frau Ulusoy?« Sie nickte freundlich zurück, woraufhin der Polizist sagte: »Dann müssen Sie jetzt mitkommen. Gegen Sie läuft ein Haftbefehl.«⁸⁷¹ Das angeblich so große zugewanderte Potenzial der Politikerin bestand aus Schulden, einem nicht bezahlten Strafbefehl und offenen Rechnungen – Frau Sultan schien irgendwie wohl doch keine Bereicherung für Deutschland zu sein. Die Politikerin ließ sich widerstandslos abführen. Vor Gericht erklärte sie später, sie sei eine »Persönlichkeit«.[872] Eine Deutsche hingegen, die Frau Ulusoy zwei Monate lang als Finanzbuchhalterin für sich arbeiten ließ – jedoch nicht bezahlte –, nannte sie vor Gericht eine »Betrügerin«. Die Bereicherung unserer Gesellschaft durch Potenziale wie Frau Ulusoy ist offenkundig, zumal sie – wie sollte es anders sein – alle Vorwürfe bestreitet.

Bei Parteien wie der SPD stoßen Migrantenforderungen trotz der Skandale weiterhin auf offene Ohren. Sie will allen in Deutschland lebenden Ausländern das Wahlrecht geben. Warum wohl? Weil die SPD annimmt, dass diese neuen Wahlberechtigten dann überwiegend die SPD wählen werden. Nach dem SPD-Entwurf aus dem Jahre 2010 soll im Grundgesetz festgeschrieben werden, dass auch andere Ausländer mit ständigem Wohnsitz im Bundesgebiet bei Wahlen in Kreisen und Gemeinden »nach Maßgabe des Landesrechts wahlberechtigt und wählbar« sind.[873]

SPD-Chef Siegmar Gabriel fordert: »Wir brauchen Migranten nicht nur als Gesichter, sondern wirklich in der Partei.«[874] Und Gabriel weiß genau, welche Migranten es sein sollen: Muslime. Daher unternahm er im Frühjahr 2010 eine Tour durch deutsche Moscheen, beispielsweise in Oberhausen, Gelsenkirchen, Essen, Mülheim und Bochum.[875] SPD-Mann Gabriel fordert, dass die Deutschen ein Noch-mehr an Islam akzeptieren – und natürlich noch mehr Moslems.

Die muslimischen Migranten jedoch traten in Nordrhein-Westfalen – trotz der SPD-Umarmung – nicht in die SPD ein. Stattdessen gründeten sie noch vor der NRW-Wahl 2010 ihre eigene Partei. Hülya Dogan ist die erste Frau mit Kopftuch, die in einem deutschen Parlament sitzt, und das Bündnis, das sie im Bonner Stadtrat vertritt, das »Bündnis für Innovation und Gerechtigkeit« (BIG), ist eine der ersten von Muslimen gegründeten Parteien Deutschlands, die sich vor allem um die islamischen Migranten kümmern wollen. Bei näherer Betrachtung handelt es sich vor allem um eine islamische Kopftuch-Partei.[876] Die Programme derartiger Gruppierungen kann man wie folgt zusammenfassen: noch mehr Moscheebauten, noch mehr Kopftücher, noch mehr Islam, für eine gerechte finanzielle Unterstützung der Zuwanderer und ihre soziale Absicherung. Bis zum Jahr 2015 wollen solche Moslem-Parteien, so das erklärte Ziel, in Deutschland zu den großen Parteien gehören.

Während man hierzulande Kopftuch-Frauen zu Volksvertretern befördert, kürzt man ihnen in der Schweiz (ebenso wie in den Niederlanden) die Sozialhilfe. Die Schweizer Stadt Freiburg hat 2010 gleich mehreren Musliminnen die Sozialleistungen beschnitten, weil die Frauen bei der Arbeit das Kopftuch nicht ablegen wollten.[877] Seltsam nur, dass in Deutschland so etwas unmöglich zu sein scheint.

Migranten sind – wie wir gesehen haben – angeblich eine große »Bereicherung« für unsere Parteien. Immer häufiger werden sie allerdings zur Belastung. Vielleicht sollten Politiker von SPD und CDU einmal mit klarem Bewusstsein betrachten, wie es anderen ergeht, die sich unseren Migranten aus dem islamischen Kulturkreis mit weit geöffneten Armen politisch annähern: Im norddeutschen Delmenhorst traten immer mehr Türken in die FDP ein. Als sie sich dann stark genug fühlten, übernahmen sie 2010 den Kreisvorstand, woraufhin eine absurde Situation entstand: Die Kreistagsfraktion der FDP trat geschlossen aus dem FDP-Kreisverband aus und gründete eine eigene Gruppierung. Einer der betroffenen FDP-Politiker sagte über die Türken in seiner Partei: »Die haben kein westliches Demokratieverständnis.« Diese Auffassung vertrat immerhin ein Politiker, der lange Jahre als FDP-Fraktionschef im Delmenhorster Rat saß. Der Mann sprach darüber hinaus von einer Unterwanderung durch türkisch-nationalistisch gesinnte Kräfte, um hinzuzufügen: »So etwas ist ja auch schon andernorts passiert.«[878] Übrigens: Die FDP-Bezirksvorsitzende und Bundestagsabgeordnete Angelika Brunkhorst ließ 2010 durch ihren Stellvertreter Lübbo Meppen hinsichtlich des Vorwurfs der Unterwanderung des Delmenhorster Kreisverbandes durch Türken mitteilen, dass man daran erst einmal nichts ändern könne. »Über die Jahre reguliert sich das wieder«, glaubt das Bezirksvorstandsmitglied, um dann doch noch einzuräumen: »Für uns als Partei ist das natürlich ein Problem.«[879]

Man kann im Internet ohne großen Rechercheaufwand an vielen Stellen nachlesen, dass muslimische Gelehrte europäische Muslime dazu auffordern, in bestehende Parteien einzutreten und diese zu unterwandern. Das sei Teil des islamischen »Heiligen Krieges« (Dschihad) gegen die »Ungläubigen«, wie es heißt. Als Muslim dürfe sich man sich dem Ganzen auch nicht entziehen, da es sich hierbei um eine religiöse Pflicht handele – denn schließlich »gehöre« Europa dem Islam.[880]

Um der politischen Ausgewogenheit willen weisen wir an dieser Stelle darauf hin, dass viele Türken auch in die CDU eintreten. Sie tun das nicht etwa, weil sie deren angeblich christliche Ausrichtung sonderlich interessiert. Sie tun dies deshalb, weil beispielsweise die vom Verfassungsschutz beobachteten rechtsextremistischen türkischen Grauen Wölfe sie offen dazu auffordern, um in der Partei ihren Einfluss geltend zu machen. Der Vorsitzende der ultranationalistischen türkischen MHP-Partei, Alparslan Türkes, hatte seine Gefolgsleute in Deutschland erstmals im Jahr 1996 dazu aufgerufen, in deutsche Parteien einzutreten – am besten in die CDU –, um diese anschließend zu unterwandern und türkischen Interessen gefügig zu machen. Letztlich muss sich niemand verwundert die Augen reiben, wenn 2010 selbst der Kölner

CDU-Chef Jürgen Hollstein bei extremistischen Türkengruppen auftrat und ob dieser obskuren Verbindungen in die Kritik geriet.[881] Das alles geschah, obwohl es erst ein Jahr zuvor Wirbel um die Nähe der Kölner CDU zu den extremistischen Türken gegeben hatte.

»Türkische Rechtsextreme – Graue Wölfe in Kölner CDU«, überschrieb der *Kölner Stadt-Anzeiger* im Juni 2009 einen Bericht, in dem es hieß: »Wirbel bei den Kölner Christdemokraten: Ein Vorstand des Deutsch-Türkischen Forums tritt zurück, weil sich die CDU-Organisation nicht klar von den türkischen Rechtsextremen der ›Grauen Wölfe‹ distanziert. ›Es kann nicht sein, dass wir uns auf der einen Seite gegen Pro Köln zusammenschließen und auf der anderen Seite die türkische NPD über die CDU Köln hofieren.‹ Mit scharfer Kritik hat das Vorstandsmitglied des Deutsch-Türkischen Forums (DTF) der Kölner CDU, Ali H. Yildiz, seinen Rücktritt erklärt. Er warf der CDU-Organisation Türkei-stämmiger Kölner eine Nähe zu den ›Grauen Wölfen‹ vor. Eine weitere Zusammenarbeit mit Sympathisanten der türkischen Rechtsextremen sei mit seinem Gewissen nicht zu vereinbaren.«[882] Tja, man muss sich die zugewanderten neuen Parteifreunde eben genau ansehen. Sonst wird man unterwandert.[883]

Im Übrigen hat die eher linksgerichtete Initiative »Schule ohne Rassismus« im Jahr 2010 eine Broschüre mit dem Titel *Rechtsextremismus in der Einwanderergesellschaft* herausgegeben, in der es vor allem um die rechtsextremistischen türkischen Gruppen und deren Aktivitäten in Schulen und Politik geht.[884] Die deutschen Politiker haben davon bisher nichts mitbekommen und umarmen die zugewanderten Extremisten stattdessen weiter.

Die rechtsextremistischen türkischen Grauen Wölfe versuchen einer Studie der Forschungsstelle für Interkulturelle Studien an der Universität Köln aus dem Jahr 2010 zufolge, weiter an Einfluss zu gewinnen. Anfällig für die rassistische Ideologie der türkischen Vereinigung sind türkische Jugendliche, die sich in Deutschland chancenlos sehen. »Durch Beitritte in diverse Parteien oder Gremien versuchen die Grauen Wölfe Einfluss zu gewinnen«, heißt es in der Studie. Vor allem die CDU scheint betroffen, so die Forscher.[885] Der *Kölner Stadt-Anzeiger* ließ dazu wissen: »Anlass für die Studie, die Integrationsrat und Sozialausschuss des Rates initiiert hatten, waren die zum Teil scharfen Diskussionen um den richtigen Umgang mit den Grauen Wölfen in Gremien der Stadt oder innerhalb von Parteien wie der CDU, der mehrere Anhänger der Bewegung beigetreten sind. Zuletzt hatte es eine heftige Auseinandersetzung im Kölner Rat der Religionen gegeben. Dort sitzt mit der Türkisch-Islamischen Union Europa, kurz Atip, eine Organisation, die nun auch in der Studie als deutscher Ableger der Grauen Wölfe benannt wird. Die Studie benennt zwei weitere in Köln zurzeit aktive Organisationen, die den Grauen Wölfen zuzuordnen seien ...«[886]

Den Lobbyexperten Murat Cakir wundert das alles nicht: »Die Türkei versucht über alle Kanäle, ihre Kontakte zu stärken«, erklärt der Mann, der ein Buch über türkische Lobbyisten geschrieben hat. Für Ankara sei die türkische Herkunft der Politiker wichtiger als ihre politische Orientierung. Nach den Angaben von Cakir hat die Türkei vor allem viele Kommunalpolitiker an sich gebunden. »Damit soll erreicht werden, dass sie sich für die Belange der Türkei im Ausland einsetzen und Kritik abblocken.« Cakir geht davon aus, dass solche türkische Lobbyarbeit in Deutschland zunehmen wird.[887]

In den türkischen Zeitungen werden unterdessen täglich ausführliche Berichte über die angeblichen Diskriminierungen der Muslime in Europa abgedruckt. Der Präsident jener weltweiten Organisation, die für die Islamisierung der Welt zuständig ist (Organisation der Islamischen Konferenz – OIC), hat Länder wie Deutschland 2010 sogar davor gewarnt, den Islam auch nur zu kritisieren! Jede Kritik an zugewanderten Mitbürgern sei eine Form von »Islamfeindlichkeit« und treibe die trotzdem hier ausharrenden Moslems auf »Kollisionskurs«.[888]

Der Ton gegenüber Deutschland und Europa wird von türkischer Seite zunehmend anklagender. Es scheint ein gezieltes türkisches Interesse daran zu bestehen, die Muslime aus der Europäischen Gemeinschaft auszugrenzen. Die türkische Tageszeitung *Hürriyet* schreibt täglich darüber, wie schrecklich es den Türken und Muslimen in Deutschland angeblich geht, gibt aber gleichzeitig Tipps, wie man nach Deutschland kommen kann, ohne einen Deutschkurs zu belegen. Nämlich: indem man schwanger wird. Man zeugt noch mehr Türken. Man flutet Europa. Bis der Kontinent jeden Widerstand gegen die islamische Unterwanderung aufgibt.

Bei einer genauen Betrachtung der Situation bleibt manches dennoch paradox. Wenn Rechtsextremisten Vereine unterwandern, dann vernimmt man in Deutschland (zu Recht) einen medialen Aufschrei.[889] Wenn türkisch-nationalistische rechte Kräfte unsere Parteien unterwandern – passiert allerdings nichts. Im Gegenteil: SPD und CDU hoffen offensichtlich weiterhin auf den Massenansturm von Migranten, der auch ihre Reihen verstärken soll. In Städten wie Delmenhorst kennt man die Folgen (siehe oben). Für die Migranten gibt es zwei Möglichkeiten der politischen Unterwanderung: Entweder sie infiltrieren eine europäische Partei und übernehmen nach und nach die Vorstände – wobei ihnen die Politikverdrossenheit der Europäer in die Hände spielt. Oder sie gründen eigene Parteien, wie etwa vor der niederösterreichischen Landtagswahl im März 2008. Damals trat eine neue »Liste für unser Niederösterreich«

an – zu jenem Zeitpunkt eine reine Türkenpartei. Die österreichische Türkenpartei tritt für Moscheenbau und für die Errichtung von Minaretten ein.⁸⁹⁰ Und sie spricht sich dagegen aus, dass Türken in Österreich die Landessprache lernen müssen. Anhand dieser wenigen Punkte kann jeder interessierte Zeitgenosse erkennen, was von der türkischen Dialogbereitschaft zu halten ist.

Kein Geheimnis ist, dass unsere türkischen Freunde mitunter das, was sie von uns fordern und nicht schnell genug bekommen können, auch gegen unseren Willen durchzusetzen versuchen oder sich einfach nehmen: Im Februar 2010 wurde der Präsident der Berliner Islamischen Religionsgemeinschaft, Abdurrahim Vural, verhaftet – wegen Betruges. Es war nicht das erste Mal, dass er mit dem Gesetz in Konflikt geriet. Der stolze muslimische Türke lebt in Berlin von Hartz IV, bereicherte sich jedoch an Elektronikprodukten im Wert von 6800 Euro, ohne sie zu bezahlen.⁸⁹¹ Außerdem blieb er die Rechnung für Zeitungsanzeigen in eigener Sache schuldig. Schon 2007 war er wegen Betruges verhaftet⁸⁹² und wegen Veruntreuung von 150 000 Euro Fördergeldern zu zwei Jahren und neun Monaten Haft verurteilt worden. Er selbst legte im aktuellen Fall schließlich ein Geständnis ab, angeblich unter großem psychischen Druck.⁸⁹³

Türkenvertreter Abdurrahim Vural, der gern Forderungen an Deutsche richtet, ist eine vielschichtige Persönlichkeit. Vor Gericht erstritt er beispielsweise den islamischen Religionsunterricht für islamische Kinder in Berlin, was ihn in den Augen seiner Landsleute populär werden ließ. Ganz nebenbei wurde 2010 bekannt, dass es hinsichtlich seiner Person aber auch Dinge zu verzeichnen gab, die seiner Popularität eher schadeten: Herr Vural firmierte auf seiner Internetseite als »Präsident der Islamischen Religionsgemeinschaft – Körperschaft des Öffentlichen Rechts«. Die Berliner Senatskulturverwaltung bestritt jedoch, der Islamischen Religionsgemeinschaft den Status einer Körperschaft des Öffentlichen Rechts gewährt zu haben. Erst zwei Wochen vor der Verhaftung des Deutsch-Türken hatte der Berliner Kulturstaatssekretär André Schmitz das Abgeordnetenhaus darauf hingewiesen, dass der genannte Verein keine Körperschaft des Öffentlichen Rechts sei: »Der Präsident des Vereins, Herr Vural, ignoriert unsere wiederholte – auch auf dem Rechtsweg eingeforderte – Aufforderung, diese Bezeichnung in seinen Publikationen und die damit verbundene permanente Täuschung des Rechtsverkehrs zu unterlassen«, so Schmitz.⁸⁹⁴

In diesem Zusammenhang muss man wissen, dass Herr Vural im Jahr 2007 einen Prozess um die Anerkennung seiner Organisation als Körperschaft des Öffentlichen Rechts gegen Berlin verloren hatte.⁸⁹⁵ Bereits 2005 hatte der umtriebige Herr Vural versucht, für einen von ihm geleiteten Moslemverein den Status einer Körperschaft des Öffentlichen Rechtes zu erlangen. Er überzog monatelang öffentliche Institutionen wie Senatsverwaltungen, Universitäten und Fernsehanstalten mit Briefen, um seine vorgeblichen Rechte einzufordern. Diese Briefe waren ohne jegliche rechtliche Grundlage mit dem Wappen der Stadt Berlin versehen.[896]

Irgendwann schien Herr Vural zu der Überzeugung gelangt zu sein, dass, wenn man als Türkenvertreter die eindringlich geforderte Anerkennung als Körperschaft des Öffentlichen Rechts nicht bekommt, man sie sich selbst nehmen muss.

Der Sozialhilfeempfänger Vural trat in Deutschland auch als Prof. hc. Dr. jur. auf.[897] Doch damit nicht genug. Auf den offiziellen Seiten des Berliner Senats stand am 24. März 2010 folgende Mitteilung über den Mitbürger: »Senatskanzlei: Abdurrahim Vural nicht für Bundesverdienstkreuz vorgeschlagen. Das Presse- und Informationsamt des Landes Berlin teilt mit: Auf den Internetseiten der Islamischen Religionsgemeinschaft in Berlin wird mit Datum vom 21. März 2010 eine Pressemitteilung verbreitet, wonach der Regierende Bürgermeister von Berlin dem Bundespräsidenten vorgeschlagen habe, Herrn Abdurrahim Vural mit dem Bundesverdienstkreuz auszuzeichnen. Diese Mitteilung entspricht nicht den Tatsachen. Der Regierende Bürgermeister von Berlin hat dem Bundespräsidenten einen solchen Vorschlag nicht unterbreitet.«[898]

Türken – vorbildliche Kinderfeinde?

Kaum ist man hierzulande bemüht, die eine Forderung unserer zugewanderten Mitbürger zu erfüllen, wird von diesen auch schon die nächste Maßnahme verlangt: Türken fordern von uns zum Beispiel mehr Kinderfreundlichkeit ein. Das klingt mehr als sarkastisch, wenn man weiß, dass jedes zweite türkische Kind in Deutschland daheim von den Eltern verprügelt wird: »Fast jeder zweite türkische Jugendliche wird zu Hause geschlagen. Viele Eltern halten das für normal«, berichtete der Berliner *Tagesspiegel* und fuhr fort: »Nicht selten tragen geschlagene Kinder ihren verdrängten Hass dann auf die Straße. Jugendliche mit türkischem, arabischem oder ex-jugoslawischem Hintergrund sind laut Kriminalstatistik dafür besonders anfällig. Die Berliner Gewaltstudie macht für die überproportional hohe Kriminalitätsrate bei jungen Migranten zwei Hauptursachen aus: innerfamiliäre Gewalt und traditionell-autoritäre Erziehung.«[899]

In Deutschland haben 2009 Türken anlässlich des »Tag des Kindes« die Deutschen zu mehr Kinderfreundlichkeit aufgefordert. Zeitgleich hat die Türkei zwölf Jahre alte, dort geborene Kinder zu langjährigen Haftstrafen verurteilt. Nach der Verurteilung von 13 Kindern und Heranwachsenden im Alter zwischen zwölf und 18 Jahren wegen der Teilnahme am kurdischen Newrozfest hat das Gericht im türkischen Adana (an der westlichen Grenze der Region Kurdistan) am 28. April 2009 elf weitere Kinder schuldig gesprochen. Sie wurden zu insgesamt 84,5 Jahren Gefängnis verurteilt. Die Prozesse wurden im Übrigen vor der 6. Kammer des Schwurgerichts Adana – und nicht etwa vor Jugendgerichtskammern – verhandelt. Das türkische Vorgehen widerspricht den Menschenrechten und der UN-Kinderrechtskonvention. Den Kindern und Heranwachsenden wurde die Teilnahme an Demonstrationen in Adana am 22. März 2009 vorgeworfen. Das Urteil für jedes Kind lautete: sieben Jahre und sechs Monate Haftstrafe wegen vermeintlicher Propaganda und des vermeintlichen Begehens von Straftaten für eine illegale Organisation.[900]

Während die Kinder also am 28. April 2009 in der Türkei ins Gefängnis geworfen wurden, hatten hierzulande überall Türken anlässlich des »Tag des Kindes« die Deutschen aufgefordert, endlich deren Rechte stärker zu beachten. Die Deutschen sollten sich ein Beispiel an der Türkei nehmen, wo dieser »Tag des Kindes« ein großer Festtag sei.[901]

Ob wir das wirklich tun sollten? Am »Tag des Kindes« werden in der Türkei Kinder unter der islamistischen AKP-Regierung immer häufiger öffentlich (ähnlich wie auch die Palästinenserkinder der *Hamas*) in Armeeuniformen gesteckt und darauf vorbereitet, als »Märtyrer« mit Gewalt die Ehre und Werte der Türkei zu verteidigen. Oder man erklärt ihnen den Gebrauch von Schusswaffen – und fotografiert sie bei deren Handhabung ...

Wir leben in einer verkehrten Welt: In der Türkei verurteilen Richter harmlose Kinder, die an einem Kulturfest teilgenommen haben, zu langjährigen Haftstrafen. In Deutschland hingegen lassen Richter türkische Kinder, die Menschen ins Koma geprügelt haben, immer wieder laufen. Zum Dank dafür ermahnen uns die Türken, hierzulande doch endlich stärker auf die Kinderrechte zu achten. Dabei steht fest, dass die Türkei global betrachtet zu jenen Staaten gehört, in denen Kinderrechte mit Füßen getreten und Kinder vorsätzlich misshandelt werden.

Einige Fakten (Stand 2010): Die Türkei hatte bereits im Jahr 2006 eine Änderung ihrer Anti-Terrorismus-Gesetzgebung beschlossen. Seither unterscheiden türkische Geschworenengerichte nicht mehr zwischen Minderjährigen und Erwachsenen. Allein in der türkischen Stadt Adana wurden im Jahr 2009 sage und schreibe 3155 Kinder verhaftet, in der Stadt Diyarbakir waren es 1300 Kinder. Während dieses Buch entstand, saßen mindestens 2814 Kinder in türkischen Gefängnissen. Mehrere tausend türkische Kinder wurden nach der Anti-Terror-Gesetzgebung der »Mitgliedschaft« oder der »Gründung einer terroristischen Organisation« beschuldigt und von einem Geschworenengericht verurteilt. Das alles geschieht, obwohl die Türkei die internationale Kinderrechtskonvention unterzeichnet hat. Einzig ein Schweizer Abgeordneten protestiert gegen diese Zustände.[902] Alle anderen sehen weg.

Migrantensprecher: »Wehrt euch gegen die Deutschen!«

Türken schüren in Europa bewusst Ängste. Wie etwa der Autor Cem Gülay. Der 39 Jahre alte Deutsch-Türke hat in der Vergangenheit etwa 100 Menschen zusammengeschlagen[903] und war zum Töten bereit. Über sich selbst sagt er: »Ich war eine Bestie.« Im Jahr 2009 veröffentlichte er seine Biografie, in der er ein erschreckendes Szenario über drohende Unruhen in deutschen Großstädten malte. Weil es in Deutschland nicht gelinge, jugendliche Zuwanderer zu integrieren, würden sich junge Leute ohne Zukunftsaussichten bald zusammenrotten, so Gülay. Er prophezeit: »Es kann jederzeit passieren. Es werden keine Vorstädte brennen wie in Paris. Nein, die Innenstädte werden brennen. Sie werden diesen Kampf in die Städte tragen, weil es euch dort am meisten schmerzt.« Für den Zuwanderer steht darüber hinaus fest: »Wenn wir nicht aufpassen, können wir uns auf etwas gefasst machen. In 20 Jahren werden Bürger mit Migrationshintergrund in den Großstädten bereits die Mehrheit bilden.« Zudem herrsche für die Migrantenkinder, so der Autor, die beispielsweise in den »Hamburger Gettos« lebten, eine »totale Perspektivlosigkeit«, und wenn sie dann Menschen sehen, die alles haben, »muss man sich nicht wundern, dass sie davon etwas abhaben wollen. Es kann jeden treffen, und es kann jederzeit losgehen.« Gülay erhält bei der Verbreitung seiner Auffassungen volle Rückendeckung durch die türkischen Medien, die die Stimmung noch weiter anheizen. So schreibt die *Hürriyet* etwa, dass »Misshandlungen« und »Diskriminierungen« von Türken in Deutschland an der »Tagesordnung« seien. Angesichts derartiger Formulierungen muss man sich fragen: Was kommt da eigentlich auf uns zu?

Schauen wir einmal kurz nach Frankreich – dort ist die Lage nicht anders. Das, was in Deutschland und Österreich integrationsresistente Türken sind, sind in Frankreich die integrationsresistenten Nordafrikaner. Einer von ihnen ist »Schriftsteller« Tahar Ben Jelloun, der die ethnischen Franzosen deutlich wissen lässt: »Weitere Aufstände werden kommen. Sie werden andere Formen annehmen und Unruhen provozieren, die schließlich in mehreren Städten aufflammen werden. Bisher hat die wütende Jugend sich von materiellen Gütern zerstreuen lassen und niemanden getötet. Aber sie verbreitet Angst unter den Mitbürgern. Niemand will mehr seinen Nachbarn sehen, das versteht sich. Das ist besonders der Fall bei Einwandererfamilien, die, wie die französischen, nicht länger in dieser Hölle leben können.«[904] Bemerkenswert: Die Franzosen lassen ihre armen Zuwanderer in der »Hölle« leben, und irgendwann halten es die Letzteren nicht mehr aus und müssen sich gegen die »bösen« Franzosen zur Wehr setzen.

Im Herbst des Jahres 2009 avancierte in Frankreich ein Buch eines »Unsichtbaren Komitees« (so lautete tatsächlich die Bezeichnung der Verfasser) zum Bestseller, in dem Zuwanderer ankündigten, das Land in Schutt und Asche zu legen. Der Buchtitel lautete zu Deutsch *Der Aufstand, der kommen wird* (im Original: *L'Insurrection qui vient*).[905]

Eric Zemmour ist ein aus Algerien stammender Intellektueller, der in Frankreich Mitte 2010 mit einem Sachbuch ebenfalls die Bestsellerlisten stürmte. Dem gebürtigem Algerier wurden beim Radiosender RTL täglich zwei Minuten Sendezeit eingeräumt. Dort sprach er ebenso wie in seinem Buch *Mélancolie Française* aus, was politisch als nicht korrekt gilt: Muslime führen Frankreich zurück in den Zustand der Barbarei.[906] Und sie führen Frankreich in den Bürgerkrieg. Sie seien nicht integrationsbereit. Die Zukunft laute Hass, Feindschaft und Bürgerkrieg. Der gebürtige Algerier forderte mit seinen Äußerungen die linken französischen Intellektuellen heraus, denn er warf ihnen vor, für diesen Niedergang des französischen Staates verantwortlich zu sein. Millionen Franzosen applaudieren Eric Zemmour, weil er offen aussprach, was viele sonst nur im Stillen dachten.

Damit zurück nach Deutschland. Der türkische Botschafter in Berlin, Seine Exzellenz Ahmet Acet, vertritt die Auffassung, dass unsere deutschen Türken zu nett und zu angepasst seien. Diesen aus seiner Sicht unhaltbaren Zustand beabsichtigt er zu ändern. »Wehrt euch gegen die Deutschen!«, lautet seine Forderung.[907] Er erwartet und verlangt von seinen türkischen Landsleuten nicht weniger, als dass sie künftig vermehrt den Klageweg gegen uns Deutsche einschlagen und das Demonstrationsrecht auf unseren Straßen in Anspruch nehmen sollen. Er empfiehlt den Türken außerdem, mehr auf die Tränendrüse zu drücken, und er will Gebetsräume in allen deutschen Schulen und den türkischen Sprachunterricht. Der Botschafter rief in der Türkenzeitung *Sabah* dazu auf, dass sich die Deutsch-Türken in Zukunft lautstark wehren sollen. Blumig formulierte er: »Wenn das Kind nicht weint, wird es auch nicht gestillt. Und unsere Türken hier weinen nicht genug.«

Kommt die große Deportationswelle?

In der Türkei werden seit dem Jahr 2009 die Häuser und Wohnungen von Nicht-Muslimen farblich gekennzeichnet.[908] Diese Maßnahme gegen christliche Behausungen weckte in Istanbul die Erinnerung an das Pogrom gegen die christlichen Minderheiten vom September 1955. Damals waren zuvor die Häuser und Geschäfte der Christen von nationalistischen türkischen Moslems gekennzeichnet worden. Natürlich berichtet man in Deutschland nicht über diese neuerlichen Markierungen, die in gewisser Weise an die Judensterne der Nationalsozialisten erinnern. Man müsste sonst auch unseren türkischen Zuwanderern hierzulande bestimmte Fragen stellen, etwa die, warum sie angesichts dieser Tatsache nicht auf den Straße gehen und dagegen protestieren? Stattdessen verschweigt man die Fakten, damit unsere türkischen Freunde durch unschöne kritische Fragen nicht »beleidigt« werden.

Das Vorgehen der Türken hat natürlich eine ganz bestimmte Zielsetzung: Ministerpräsident Erdogan will immerhin rund 100 000 christliche Armenier, die nicht die türkische Staatsbürgerschaft besitzen, aus dem Land »deportieren« lassen.[909] Er erklärte 2010 wörtlich: »In meinem Land sind 170 000 Armenier ansässig, von denen 70 000 türkische Bürger sind. Im Notfall würde ich morgen den restlichen 100 000 sagen, dass sie unser Land verlassen. Ich tue das, weil sie nicht meine Bürger sind und ich nicht verpflichtet bin, sie in meinem Land zu unterhalten.« Erdogan sprach in dem zitierten BBC-Interview mit dem majestätischen Besitzerstolz eines Sultans und meinte in Bezug auf die in der Türkei lebenden Christen: »Es sind nicht meine Staatsbürger«, also müsse er sie nicht in »seinem« Land dulden. In den Internetforen der Türkei waren es dann allerdings »seine« türkischen Bürger, die Erdogan auf die möglichen Folgen seiner (unbedachten?) Äußerungen hinwiesen: Das, was Erdogan gesagt habe, schaffe nämlich den Präzedenzfall, auf den ganz Europa warte, um die Türken aus den europäischen Ländern auszuweisen.

Nehmen wir also den von der deutschen Bundesregierung so verehrten obersten Türkenvertreter Erdogan, dessen Forderungen wir beständig nachgeben, ernst und wenden wir seine Äußerungen auch auf die in europäischen Ländern lebenden Türken an. Dann dürften wir mit Rückendeckung Erdogans also sagen:
1. Es sind nicht unsere Staatsbürger, die wir in unseren europäischen Ländern dulden müssen.
2. Wir haben das Recht, den Türken zu erklären, dass sie unsere Länder verlassen müssen.
3. Sollten sie nicht gehorchen, dann kündigen wir ihnen – so wie Türken-

Ministerpräsident Erdogan es auch bei den christlichen Armeniern getan hat – die mögliche Deportation in ihr geliebtes Heimatland an.

Der stellvertretende türkische Außenminister, Suat Kiniklioglu, versuchte übrigens sofort, den Worten Erdogans eine »positive Richtung« zu geben: Ministerpräsident Erdogan habe nur die »Toleranz der Türkei gegenüber den in der Türkei lebenden Armeniern unterstreichen« wollen.[910] Eine derartige Erklärung ist an Zynismus und Absurdität kaum noch zu übertreffen.

Es könnte also ziemlich einfach sein, unsere Türkenprobleme in Europa zu lösen. Man müsste unsere »geliebten« Zuwanderer nur konsequent genauso behandeln, wie sie selbst zu Hause ihre Zuwanderer behandeln. Ein Repräsentant der deutschen Politik könnten den Türken also völlig ruhig sagen: »In meinem Land sind zwei Millionen Türken ansässig, von denen 1,5 Millionen immer noch türkische Bürger sind. Im Notfall würde ich morgen den 1,5 Millionen sagen, dass sie unser Land verlassen müssen. Ich tue das, weil sie nicht meine Bürger sind und ich nicht verpflichtet bin, sie in meinem Land zu unterhalten.«

Die Folge einer solchen Erklärung wäre wahrscheinlich ein internationaler Aufschrei. Merkwürdig ist nur, dass Türken, die sich genauso gegenüber Christen äußern, nichts geschieht. Weshalb nehmen wir derartige Unverschämtheiten rückständiger Türken eigentlich einfach so hin?

Man muss in diesem Zusammenhang wissen, dass man der Türkei mit der massenweisen Deportation von Türken in ihre Heimat letztlich sogar einen großen Dienst erweisen würde. Seitdem nämlich viele Millionen Türken ihre Heimat in Richtung Europa verlassen haben, fehlen Millionen Arbeiter im Billiglohnsektor. Die Türkei importierte deshalb Arbeitskräfte mittels einer neuen Völkerwanderung aus Ländern wie Turkmenistan, Armenien und Georgien. Zugewanderte Frauen arbeiten in türkischen Haushalten, betreuen Kinder, Alte und Kranke. Und sie putzen für die Türken. Die österreichische Zeitung *Die Presse* schrieb dazu das Folgende: »Dazu kommen Männer, die zu Niedriglöhnen in kleinen Fabriken, Handwerksbetrieben und Bäckereien tätig sind. Einige Armenier sind Schuhputzer. Juweliere beschäftigen auch Gehilfen aus Armenien. Neben Armenierinnen sind viele Frauen aus Georgien und eine noch größere Zahl von Arbeiterinnen und Arbeitern aus den Turk-Republiken Mittelasiens, vor allem aus Turkmenistan, in die Türkei gekommen. Auf dem Höhepunkt der Migration dürfte es sich insgesamt wohl um zwei Millionen Menschen gehandelt haben. Sie alle sind mit einem nur für drei Monate gültigen Touristenvisum eingereist und dann geblieben.«[911] Das notwendige Geld, um die Zuwanderer in der Türkei zu bezahlen, überweisen die Auslandstürken aus Europa. Indes ist es kein Geheimnis, dass im Zuge der Wirtschaftskrise auch viele importierte Billigarbeiter in der Türkei nicht mehr gebraucht werden, Türken-Premier Erdogan will sie daher deportieren. Die Konflikte sind programmiert. Und wie berichten türkische Medien darüber? Betrachten wir nur einmal die Äußerungen des Portals *Turkishpress*, das im Internet mit dem Zusatz »Wir verbinden Menschen« auftritt. Die dortige Schlagzeile stimmte mit der Auffassung des türkischen Ministerpräsidenten durchaus überein: »Was bleibt übrig? Armenier zurückschicken!«[912]

Noch einmal zurück zu den in der Türkei lebenden christlichen Armeniern. Sie glauben, dass das Verhalten der Türken gegenüber dieser Bevölkerungsgruppe ein bedauerlicher »Einzelfall« sei, der von einer angeblich rechtsgerichteten europäischen Presse aufgebauscht werde? Nun, es handelt sich um keinen Einzelfall, sondern das Ganze hat Methode. Das deutsche Linksblatt *Junge Welt* berichtete über einen ähnlichen Fall unter der Überschrift »Türkei: Rassistische Diskriminierung«. In dem betreffenden Artikel erfuhren die staunenden Leser dort im Sommer 2010, wie die Türkei im eigenen Land in der Schwarzmeerregion Kurden systematisch unterdrückt und ausbeutet. Kurdische Erntehelfer werden dort jetzt besonders streng kontrolliert. Die Zeitung berichtete: »Vor allem Dörfer von Kurden und der religiösen Minderheit der Aleviten sollen so einer besonderen Kontrolle durch bewaffnete Aufseher unterstellt werden.«[913] Und weil die Türken den Kurden nicht trauen, geben sie ihnen kaum noch Arbeit, stellen stattdessen Arbeitskräfte aus Georgien als Saisonarbeiter ein.

Die österreichische *Kleine Zeitung* zitierte den türkischen Ministerpräsidenten Erdogan am 20. Juni 2010 in Hinblick auf die Kurden in der Türkei mit den Worten: »Sie werden in ihrem eigenen Blut ertrinken.«[914] In Deutschland protestieren unsere türkischen Mitbürger nicht gegen diese rassistischen und menschenverachtenden Äußerungen. Im Gegenteil: An jenem Tag, an dem Herr Erdogan fabulierte, die Kurden in der Türkei würden in »ihrem eigenen Blut ertrinken«, da demonstrierten Türken in Berlin nur gegen ihre angebliche »Diskriminierung in Deutschland«[915]. Die Demonstration vor dem Willy-Brandt-Haus der Berliner SPD galt als politisch korrekt. Alles andere wurde wie üblich ausgeblendet. Was wäre aber nun, wenn wir uns einmal genauso verhielten, wie es die Türken in ihrem Land gegenüber den dort lebenden Minderheiten tun, und ihnen in Deutschland einfach keine Arbeit mehr geben oder den ständig Fordernden unter ihnen sagen würden, sie werden »in ihrem eigenen Blut ertrinken«?

Freilich, das wäre dann eine »rassistische Äußerung«. Aber: Sind wir uns in diesem Kontext eigentlich darüber im Klaren, dass wir ständig mit zweierlei Maß messen? Wir importieren einerseits den Niedergang, fördern ihn, und leugnen andererseits die mit ihm verbundenen Effekte und Probleme völlig. Für diese Art des Umgangs mit Menschen gebührt unseren Politikern ein Ehrenplatz auf der Müllhalde der Geschichte.

Teil VI

Rette dich, wer kann – wie wir den Niedergang aufhalten

Der absehbare Zusammenbruch der Sozialsysteme

Fassen wir die unschönen Fakten zusammen. Unabhängig davon, ob man politisch gesehen links oder rechts oder nirgendwo anders steht, stellt sich die tatsächliche Lage im Jahre 2010 wie folgt dar:
1. Es existiert eine wahre Migrations- und Integrationsindustrie, die von den in diesem Buch dargestellten Zuständen profitiert. Ohne die beschriebenen Zustände wäre dieser Industriezweig komplett überflüssig. Er schafft nicht den geringsten Mehrwert für die Gesellschaft, sondern produziert nur Forderungen und vernichtet beständig Werte. Seine Lobbyisten und Repräsentanten sitzen in Politik, Medien, Verbänden, Vereinen, sozialen Einrichtungen und bei Behörden – überall in unserer Gesellschaft. Auf allen Ebenen fertigen diese Menschen von ihren eigenen Interessen geleitete Studien an, die Migration als angeblich potenzielle Bereicherung für uns alle darzustellen versuchen. In jeden Zuwanderer müsse man nur genügend Finanzmittel hineinpumpen, um irgendwann in fernen Generationen einmal ein günstiges Kosten-Nutzen-Verhältnis und die versprochene »Bereicherung« zu erhalten. So die verbreitete politisch korrekte Auffassung.

Doch die Wahrheit lautet: Zwischen zwölf und 23 Prozent ihres jeweiligen Bruttoinlandsprodukts (BIP) geben europäische Staaten inzwischen Jahr für Jahr allein dafür aus, um die gefräßigen Heuschrecken der Migrations- und Integrationsindustrie sowie ihre zugewanderten Schützlinge zu füttern. Aufgrund der Finanz- und Wirtschaftskrise sprudeln die Finanzquellen jedoch nicht mehr so wie früher, das heißt, den europäischen Staaten fehlen die finanziellen Mittel nun an allen Ecken und Enden – und man muss auf Pump leben. Überall in Europa werden daher schon die Steuergelder unserer noch nicht einmal geborenen Kinder an diese gefräßigen Migrations-Heuschrecken verteilt. Einst reiche Wohlfahrtsgesellschaften werden so in den Abgrund gezogen. Am Ende heißt es nun im »Lustigen Migrantenstadl«: Armut ist für alle da.

2. Unabhängig von den vorgenannten, politisch korrekt erscheinenden Studien der Migranten-Lobbygruppen gibt es allerdings auch viele nicht von Interessen geleitete Wissenschaftler und Forschungseinrichtungen, die nicht um öffentliche Gelder für die Migrationsindustrie buhlen. Sie gelangen zu völlig anderen Schlüssen als die Auftragsstudien der Zuwanderungslobbyisten. Wir haben in diesem Buch zahlreiche dieser unabhängigen Wissenschaftler und Institutionen kennengelernt: von Professor Wilhelm Hankel über die Professoren Birg, Irenäus Eibl-Ebesfeldt, Hans-Werner Sinn und das ifo-Institut, weiter über die Studien der Universitäten Maastricht und Wien, die Doktorarbeit des Niederländers Jan van de Beek bis hin zu den Berechnungen des niederländischen *Nyfer*-Instituts und der dänischen Staatsbank. Sie alle gelangen unabhängig voneinander zu dem Schluss, dass Einwanderung aus kulturfernen Ländern uns Europäer extrem viel Geld kostet, und sie sind sich einig in der Auffassung, dass Migranten pro Person (statistisch gesehen) mit mindestens 40 000 Euro netto zu Buche schlagen. Die Bandbreite bei den Summen nach oben ist allerdings groß und hängt vom Kulturkreis des jeweiligen Zuwanderers ab. Während beispielsweise Vietnamesen und Chinesen tatsächlich sehr schnell eine große Bereicherung für europäische Länder darstellen und große Potenziale für unsere Zukunft bilden, sind Orientalen und andere Mitbürger aus dem islamischen Kulturkreis statistisch gesehen dauerhaft eine schwere finanzielle und gesellschaftliche Bürde.

Wie wir anhand der einzelnen Studien gesehen haben, kostet uns jeder türkische Migrant statistisch gesehen insgesamt zwischen 300 000 und 500 000 Euro. Eine einzige fünfköpfige türkische Familie verursacht uns Europäern demzufolge statistisch gesehen Kosten in Höhe von 1,5 bis 2,5 Millionen Euro. Wie wir außerdem gesehen haben, sind schon jetzt nach offiziellen Angaben der Bundesregierung mehr als 40 Prozent der deutschen Sozialhilfeempfänger Migranten aus fernen Kulturkreisen. In der Schweiz sind 80 Prozent der Fürsorgeempfänger Migranten und in Dänemark beziehen Muslime (sie stellen dort vier Prozent der Bevölkerung) mehr als 40 Prozent der Sozialleistungen. Die Angaben sind somit in ihren Grundaussagen überall in Zentraleuropa deckungsgleich. Es gibt keinen europäischen Sozialstaat, in dem die Migranten aus fernen Kulturkreisen als Bevölkerungsgruppe nicht zu großen Teilen Netto-Transferleistungs-Empfänger sind. Und trotz aller sogenannten »Inte-grationsmaßnahmen« der sie mit Milliardensubventionen aus Steuergeldern unterstützenden Migrationsindustrie werden die horrenden Kosten für solche Gruppen immer größer, wo sie doch eigentlich, wenn man logisch denkt, bei einer wirklich vorhandenen Integration(swilligkeit) geringer werden müssten.

3. Es ist eine Tatsache, dass überall dort in Europa, wo nach Angaben unserer Politiker und Medien die größte Ansammlung an zugewanderten »Potenzialen« aus bestimmten Kulturkreisen anzutreffen ist, die Probleme am größten sind. Die Infrastruktur bricht am schnellsten dort zusammen, wo angebliche »Bercicherer« und »Potenziale« – etwa aus der Türkei oder aus Nordafrika – in Massen auftauchen. Entweder sind die jeweiligen Kommunalpolitiker zu dumm, die angeblichen »Potenziale« dieser geballt auftretenden »Bereicherer« zu nutzen, oder sie haben uns schlichtweg belogen, weil es diese »Potenziale« in Wahrheit gar nicht gibt. Erstaunlicherweise sieht man sie nämlich seit Jahren vorrangig in den Fluren der Sozialbehörden auftauchen.

4. Überall dort in Europa, wo Studien der Migrationsindustrie zufolge angeblich von Jahr zu Jahr die »Armut unter Migranten« wächst, registrieren wir parallel dazu die stetig steigende Anhäufung von Reichtümern solcher Migrantenfamilien, die entweder in die Heimatländer dieser Zuwanderer verschoben oder aber auf Verwandte im Inland überschrieben werden. Es existieren ausgefeilte Systeme, um auf allen Ebenen Leistungen zu erschleichen und uns zu schädigen. Wird der Betrug entlarvt, drohen allenfalls milde Strafen, denn immer öfter wird Leistungsbetrug bei Migranten höchstrichterlich als »kulturelle Besonderheit« akzeptiert und nicht verfolgt. Wir haben typische Beispiele dafür kennengelernt.

5. Neben den horrenden Kosten, die unsere Sozialsysteme gefährden, ächzen auch die Gesundheitssysteme unter der Bürde unserer Zuwanderer. Wir hatten etwa über die verbreitete Inzucht unter Orientalen und die damit verbundenen unglaublichen Folgekosten für unsere Gesellschaft berichtet. Wir durften zudem erfahren, dass alle Verwandten von bestimmten Zuwanderergruppen (auch wenn diese noch nie in Deutschland waren!) in der deutschen Krankenversicherung automatisch kostenlos mitversichert sind. Wir haben gesehen, dass es Merkblätter für illegale Ausländer gibt, mit denen sie von unserer Regierung in ihrer

jeweiligen Landessprache Tipps erhalten, wie sie Kindergeld für ihre in der Heimat zurückgelassenen Kinder beantragen können. Und wir haben belegt, dass ethnische deutsche Hartz-IV-Empfänger gegenüber illegalen Zuwanderern, die Hartz IV beziehen, vom deutschen Gesetzgeber vorsätzlich erheblich benachteiligt werden.

6. In diesem Buch wurden auch jene aktuellen Studien aus dem Jahr 2010 vorgestellt, denen zufolge die Islamideologie junge Menschen angeblich gewalttätig[916] und dumm[917] macht. Weitere renommierte Studien belegten, dass die Verkleinerung von Schulklassen nichts daran ändert[918], dass bestimmte Migrantengruppen eher bildungsresistent sind, weil Bildung für sie aus kulturellen Gründen keinen Wert darstellt[919]. Trotz dieser Tatsachen fördern wir eine vorrangig durch Dummheit und Gewalttätigkeit auffallende Bevölkerungsgruppe und verkleinern auf Kosten der Steuerzahler unsere Schulklassen, weil realitäts- und faktenresistente Politiker dies so wünschen. Aktuelle EU-Studien bescheinigen uns mittlerweile, dass sich Deutschland nun unumkehrbar vom Land der Dichter und Denker zum Land der Hilfsarbeiter wandelt.[920] Deutschland wird demzufolge schon in wenigen Jahren auf das Niveau der Türkei zurückfallen. So verwundert es auch nicht, dass hierzulande immer mehr Moslems in unseren Haftanstalten sitzen. In Berlin waren es im Jahr 2010 nach Angaben der Islamischen Religionsgemeinschaft immerhin rund 90 Prozent![921]

7. Die Heuschrecken der Migrations- und Integrationsindustrie erfinden unterdessen immer neue Bedürfnisse unserer Zuwanderer, für die angeblich die europäischen Steuerzahler aufkommen müssen. Von Kursen für junge Migrantinnen, die zum Inhalt haben, wie man einen Tampon verwendet oder ein Hemd bügelt, bis hin zu Migrantenkursen, die demonstrieren, wie man Menschen mittels des Kickboxens schnell kampffähig macht, reicht die Bandbreite der Angebote, für die wir Steuerzahler aufzukommen haben. Nicht zu vergessen sind die sogenannten Parkbetreuer, die sich inzwischen um die Rentnergeneration jener Migranten kümmern müssen, die sich beharrlich der Integration verweigert haben. Versprochen wurden uns Zuwanderer, die einmal unsere Rente zahlen sollten. In der Realität jedoch haben wir Massen von Zuwanderern ins Land und nach Europa strömen lassen, die nicht für uns zahlen, sondern einzig und allein von unserer Substanz leben. Eine Änderung der Lage ist nicht in Sicht.

8. Zuwanderer aus bildungsresistenten und rückständigen Gesellschaften sind demzufolge eine der größten Bürden für unsere Gesellschaft und

für unsere Sozialsysteme. Irgendwann wird es deshalb zum Crash kommen. Die Sozialsysteme brechen dann einfach zusammen. Mit ungewohnt deutlichen Worten hatte die EU-Kommission die Mitgliedsstaaten der Europäischen Union bereits im Herbst 2009 vor dem möglichen baldigen Zusammenbruch der Sozialsysteme gewarnt.[922]

Die EU stellte damit zum ersten Mal in ihrer Geschichte das Überleben der sozialen Sicherungssysteme in Europa öffentlich infrage. Unsere Politiker wollen das alles natürlich nicht wahrhaben, denn die Folgen wären neue Wanderungsbewegungen in Europa, die auch vor den wenigen noch wohlhabenden Staaten nicht haltmachen würden. Glücklicherweise gibt es noch verantwortliche Personen, die sich auf das, was kommen könnte, vorbereiten: Im Jahr 2010 warnte beispielsweise der Schweizer Armeechef Andree Blattmann vor dem Zusammenbruch europäischer Staaten und vor den dann auftretenden Flüchtlingsströmen.[923] Die Schweizer Armee wappnet sich bereits jetzt gegen die zu erwartenden Folgen[924] – und zwar mit militärischen Mitteln.

Die meisten Menschen lachen darüber, wenn sie solche Informationen vernehmen. Wie schön, dass Menschen noch lachen können. An Bord der *Titanic* lachten und tanzten die Menschen auch bis kurz vor dem Zeitpunkt, als allen an Bord auf dramatische Weise bewusst wurde, dass das Schiff nach der Eisbergkollision nicht mehr zu retten war und unterging. Während deutsche Qualitätsmedien die tatsächliche Lage weiterhin beschönigen und unliebsame Fakten verschweigen, sprach der EU-Kommissionspräsident Jose Manuel Barroso im Juni 2010 Klartext: Bei einem Treffen mit Gewerkschaftsführern prophezeite er eine »absehbare Apokalypse« in Europa, den Zusammenbruch der Sozialstaaten, das Abgleiten in den Bürgerkrieg und die mögliche Ablösung demokratischer Regierungen durch Diktaturen.[925] Barroso erklärte vor sichtlich geschockten Gewerkschaftsführern, die Kassen seien leer, die Bürger forderten aber ihre gewohnten sozialen Leistungen auch weiterhin ein. Blieben diese – wie absehbar – irgendwann aus, dann komme der große Knall. Nicht eine einzige deutsche Zeitung berichtete darüber. Man musste ausländische Zeitungen lesen, um Mitte 2010 diese beunruhigenden Zukunftsprognosen des höchsten EU-Repräsentanten zu erfahren.[926]

Auch der an der New Yorker *Columbia University* lehrende britische Historiker Simon Schama behauptete in jenen Tagen, dass die Europäer gegenwärtig wieder in einer »vorrevolutionären Zeit leben« würden, die durchaus mit dem Zustand vor der Französischen Revolution vergleichbar sei. Er warnte wegen der bevorstehenden tiefen Einschnitte in die Sozialsysteme vor einer explosiven

Situation, in der die derzeitigen politischen Führer in Europa und den Vereinigten Staaten von der Bevölkerung zum Tode verurteilt und hingerichtet würden.[927] Wir Deutsche finden solche Prognosen absurd oder witzig und lachen darüber, weil wir von Medien und Politikern keine Aufklärung über die tatsächlichen Zustände in der EU erhalten.

Unsere Politiker sprechen unterdessen lieber über die »Unruhe an den Finanzmärkten«. Sie verschweigen dabei stets, dass die Finanzmärkte als Pulsmesser der Realität fungieren, denn sie geben kein Geld mehr her für Systeme, die vom drohenden Kollaps gezeichnet sind. Und diesen Kollaps beschleunigen Tag für Tag die Heuschrecken der Migrations- und Integrationsindustrie, deren Schützlinge dauerhaft horrende Summen aus unseren Systemen absaugen. Man kann diese Entwicklung als stiller Beobachter zur Kenntnis nehmen. Man kann wegsehen, bis ihre Folgen vor der eigenen Haustüre ankommen. Man kann sich aber auch darauf vorbereiten.

Die Öffnung der Grenzen nach dem Ende des Kalten Krieges und die Globalisierung haben die voreilige Hoffnung genährt, dass die Menschheit nun über alle Barrieren hinweg zu einer großen Einheit gegenseitigen Verstehens zusammenfinden werde. Diesem Überschwang der Gefühle und Meinungen folgte allerdings ein Dämpfer nach dem anderen: Migrantenströme und die damit verbundenen Probleme machen erneut Abwehrmaßnahmen und Grenzen erforderlich. Die mit diesen modernen Völkerungswanderungen eingeschleppten Wertvorstellungen und Importreligionen verursachen überall Störfälle. Freiheit, Unabhängigkeit und Wohlergehen will der einzelne heutige Zuwanderer jederzeit gern für sich, seine Familie, seinen Stamm oder seine Volksgruppe in Anspruch nehmen – möglichst ohne viel dafür zu leisten. Neben den enormen volkswirtschaftlichen Kosten, die eine solche Denkweise unter den Zuwanderern verursacht und die wir in diesem Buch kennengelernt haben, treten die politischen, sozialen und kulturellen Dimensionen der Massen(migrations)bewegungen, die in der Geschichte der Menschheit stets zu Auseinandersetzungen führten.

Die Folgen bereiten uns Sorgen: Wenn eine kleine zugewanderte Minderheit schon jetzt mehr als 40 Prozent unserer Sozialleistungen konsumiert, dann stimmt etwas nicht mehr. Wenn Migranten – die fünf Prozent unserer Einwohner stellen – mehr als 20 Prozent der Schlagzeilen produzieren und uns ständig zwingen, uns mit den Problemen von vorgestern zu beschäftigen, dann stimmt etwas nicht mehr. Wenn Zuwanderer, die angeblich aus wirtschaftlich schlechten Verhältnissen oder wegen angeblicher Verfolgung zu uns kommen, hier aber nichts Besseres zu tun haben, als diese Zustände zu reproduzieren, dann stimmt etwas nicht mehr. Wenn eine Minderheit uns ständig signalisiert, dass sie uns für Menschen zweiter Klasse hält, uns als »Scheiß Europäer« oder »Scheiß Christen« beschimpft und Sonderrechte für sich in Anspruch nimmt – dann stimmt etwas nicht mehr. Wenn Menschen, denen wir Nahrung, Wohnung und Bildung angeboten haben, uns nach langer Gastfreundschaft »Rassismus« und »Ausländerfeindlichkeit« vorwerfen, dann stimmt etwas nicht mehr. Wenn unsere Gedanken immer öfter darum kreisen (müssen), wie wir die raffgierigen Heuschrecken der Migrations- und Integrationsindustrie füttern und ruhig halten können, dann stimmt etwas nicht mehr.

Doch wir können etwas ändern. Als die Franzosen und Belgier 2010 die Vollverschleierung für islamische Frauen verboten, da stieß das bei muslimischen Würdenträgern auf Unverständnis. Islamprediger sprachen von mangelnder Toleranz. Ranghohe muslimische Gelehrte forderten in Europa lebende Muslime dazu auf, sie sollten »das Land des Unglaubens verlassen«. Scheich Abdurrahman, der in der saudischen Al-Diraa-Moschee im Stadtzentrum der saudischen Hauptstadt Riad predigt, erklärte in diesem Zusammenhang beispielsweise unter voller Berücksichtigung der Tatsachen: »Wenn ein Muslim seine Religion nicht schützen kann, dann soll er auswandern. Denn das Land Allahs ist groß.« Er fuhr fort: »Wenn die Muslime, die dort leben, die Botschaft ihres Glaubens nicht verbreiten dürfen, dann sollen sie das Land des Unglaubens verlassen.«[928]

Der Autor dieses Buches schließt sich dieser Forderung ranghoher islamischer Würdenträger an. Liebe Mitbürger aus dem islamischen Kulturkreis: Wenn ihr euch hier in Europa nicht anpassen wollt, wenn ihr euch nicht integrieren wollt, wenn ihr hier nur abkassieren wollt, dann packt eure Koffer und geht dahin, woher ihr oder eure Vorfahren gekommen seid. Wir können gern auf eure Vernichtungspotenziale verzichten. Wir haben die Nase voll von euren ewigen Forderungen. Vor allem: Wir wollen nicht länger für ein Fass ohne Boden bezahlen! Ihr habt Billionen von Euros bei uns in Europa abkassiert – und immer mehr von euch fordern immer höhere finanzielle Leistungen von uns ein. Ihr habt Zustände, die wir früher nur vom Hörensagen aus der Dritten Welt kannten, direkt vor unseren Haustüren eingeschleppt. Statt der versprochenen Bereicherung habt ihr uns häufig nur Verarmung und Unglück gebracht: Bildungsarmut und soziale Abzocke, die unsere europäischen Staaten in den Ruin treiben. Ihr verdient nicht unseren Respekt, sondern unsere allertiefste Verachtung.

Das, was die führenden europäischen Politiker uns seit Jahren als »Bereicherung« verkauft haben, ist eine Spirale, die sich in der Realität wie in einem Toilettenbecken nach unten dreht. Und nach dem Ausguss kommt die Kanalisation. Dort werden wir alle gemeinsam mit dem aus fernen Kulturkreisen zugewanderten Bodensatz enden, wenn wir nicht endlich aufstehen und uns dem Sog des Niedergangs entziehen.

Bürgschaften für »Bereicherer«

Es ist eine reine Frage der Zeit, bis jene Zuwanderer, die unsere Sozialsysteme und unsere Gesellschaft durch ihr kulturfernes Gruppenverhalten immer stärker belasten, wieder in ihre Heimatländer zurückgeschickt werden (müssen). Schließlich können wir ihre Vernichtungspotenziale künftig beim besten Willen nicht mehr finanzieren. Wer bildungsresistente, arbeitsscheue, rückständige und kriminelle Migranten weiterhin hier in Europa behalten und finanziell verhätscheln will, der darf das in einer Demokratie selbstverständlich gern tun. Allerdings müssen jene Vertreter in Politik, Medien und Migrationsindustrie dann für die von ihnen behüteten »Potenziale« Bürgschaften übernehmen und mit ihrem gesamten persönlichen Vermögen für jeden einzelnen »Bereicherer« haften. Es ist nämlich absolut keine gesamtgesellschaftliche Aufgabe, eine als irrsinnig erkannte Entwicklung noch weiter zu fördern. Wenn Migrationsfreunde in der Politik wie Edathy (SPD) und Laschet (CDU) für eingeschleppte »Kulturbereicherer« bürgen und persönlich für jeden von ihnen haften wollen, dürfen sie das gern tun. Aber bitte nicht länger auf Kosten der Steuerzahler!

Wir können allerdings noch erheblich mehr tun, um den eingeschlagenen irrsinnigen Weg der eingeschleppten Wohlstandsvernichtung wieder zu verlassen. Erinnern Sie sich jetzt noch einmal an das Vorwort dieses Buches, in dem wir folgende Fragen gestellt hatten: Wie kann es sein, dass wir heute Angehörige von Gastarbeitern, die noch niemals in Europa gewesen sind, in ihren Heimatländern kostenlos in unseren gesetzlichen Krankenversicherungen mitfinanzieren? Wie kann es sein, dass deutsche Sozialgerichte Sozialhilfebetrug bei Migranten inzwischen ausdrücklich (!) als »kulturelle Besonderheit« akzeptieren und auf Rückforderung der betrügerisch abkassierten Summen verzichten? Wie kann es sein, dass wir Illegale (also Gesetzesbrecher) bei der Hartz-IV-Versorgung inzwischen besser stellen als einheimische Hartz-IV-Empfänger? Wie ist es möglich, dass junge Mitbürger, die wegen Straftaten im Jugendarrest landen, trotz der dort vom Staat übernommenen Vollversorgung Anspruch auf den Hartz-IV-Regelsatz haben, der ihnen nach der Haft von den Behörden in bar ausbezahlt werden muss? Wie kann es sein, dass wir Migrantenquoten einführen und zugleich ethnische Europäer bei der Vergabe von Arbeitsplätzen benachteiligen wollen?[929] Wie ist es zu erklären, dass wir trotz der schlimmsten

Wirtschafts- und Finanzkrise seit Jahrzehnten gewalttätigen jungen Migranten aus unseren Steuergeldern in vielen Bundesländern Boxkurse bezahlen, in denen sie lernen, wie man Menschen brutal zusammenschlägt? Wie kann es sein, dass wir zugewanderten Frauen aus fernen Kulturkreisen mit Steuergeldern Kurse finanzieren, in denen sie lernen sollen, wie man einen Tampon benutzt oder Hemden bügelt? Wieso bekommen Migranten, die medienwirksam bei Runden Tischen an »Integrationsgesprächen« und »Dialogforen« mit Bundes- und Landesregierungen teilnehmen, dafür von der Regierung Geld auf ihr Konto überwiesen? Weshalb zahlen wir immer mehr Zuwanderern 2000 Euro Prämie dafür, wenn sie einen Kurs besuchen, in dem sie die Landessprache ihres Gastlandes lernen könnten – und zwar bar auf die Hand neben den Kursgebühren? Wieso gibt es für gewalttätige junge Migranten Bargeldprämien, wenn sie vorübergehend ethnische Europäer einmal nicht überfallen und zusammengeschlagen haben? Warum schreiben wir in aller Heimlichkeit unsere Gesetze um mit der Begründung, dass diese künftig den »Bedingungen der Einwanderergesellschaft entsprechen« müssen? Wie kann es sein, dass wir Millionen von Menschen in der Migrationsindustrie dafür entlohnen, dass sie all diese Zustände im Eigeninteresse zur Sicherung ihrer Arbeitsplätze immer weiter verschlimmern und unseren einstigen Wohlstand so skrupellos vernichten? Welche Antwort gibt es darauf, dass wir so auf dem besten Wege sind, jedem Migranten einen Betreuer an die Seite zu stellen – möglichst zusammen mit einem Muttersprachler, der alles übersetzt? Und wie kann es sein, dass wir diesen Wahnsinn aus Gründen der politischen Korrektheit bisher niemals infrage gestellt haben? Diese gigantische Wohlstandsvernichtung bewirkt doch nur eines: Fremdenfeindlichkeit und wachsenden Unmut unter jenen ethnischen Europäern, die dafür bezahlen müssen.

Ein einfacher Vorschlag zur Durchbrechung dieses Teufelskreises: Warum nicht die Parallelgesellschaft, die so offensichtlich von den zugewanderten Mitbürgern aus dem islamischen Kulturkreis bei uns in Europa angestrebt wird, perfektionieren? Am besten mit komplett getrennten Steuer- und Sozialsystemen, aus denen solche Mitbürger nur das entnehmen können, was zuvor von anderen Migranten ihres Kulturkreises eingezahlt wurde. Man darf darauf wetten: Innerhalb von wenigen Monaten hätte sich das Problem der Integrationsverweigerung von selbst erledigt.

Jeder Leser kann etwas gegen die Entwicklung da draußen vor unseren Haustüren tun. Es nutzt nichts, zu Hause zu schimpfen. Schließlich haben auch Sie (noch) Grundrechte, die Sie nutzen können: Werden Sie Teil einer Armee von Aktivisten an den Schreibtischen, die Briefe an Politiker und die Medien schicken und diesen so klarmachen, wie angewidert Sie von der

Entwicklung sind. Machen Sie den Verantwortlichen klar, dass Sie die Volks(verarschungs)parteien nicht mehr wählen werden, wenn diese die Entwicklung nicht umgehend aufhalten und stattdessen Migranten weiterhin mit hohen Summen fördern, während Ihre Abgaben als ethnische Europäer auf allen Ebenen erhöht werden und für Ihre Kinder sowie die Kinder Ihrer Nachbarn und Freunde in den Kommunen kein Geld mehr da ist.

Wer die weitere finanzielle Ausblutung Europas durch bestimmte zugewanderte Migrantengruppen verhindern will, der darf sich nicht weiter auf Politik oder Justiz verlassen. Er kann und muss selbst aktiv werden: keine Wählerstimmen mehr für Politiker, die uns das alles beschert haben. Kündigen Sie auch die Abonnements von Zeitungen und Zeitschriften, die in der Vergangenheit frech pauschal behauptet haben, Zuwanderung sei eine »Bereicherung«. Machen Sie solche »Qualitätsjournalisten« endlich arbeitslos! Schreiben Sie zudem massenweise Leserbriefe zu Artikeln und Kommentaren, die immer noch über die angeblichen »Potenziale« unserer Migranten aus rückständigen Kulturkreisen berichten. Schicken Sie E-Mail-Kettenbriefe an Rundfunk- und Fernsehredaktionen, die Sendungen über die angebliche »Bereicherung« durch rückständige Mitesser ausstrahlen.

Zeigen Sie Richter an, die deutsches und/oder europäisches Recht beugen, sowie Staatsanwälte, die bei Migrantenkriminalität nicht entsprechend tätig werden. Nehmen Sie an Kommunalwahlen teil und geben Sie den Parteien, die sich für Migration, ausländische Kulturvereine und den Bau von Moscheen einsetzen, nicht länger Ihre Stimme. Ermutigen Sie stattdessen Politiker, Journalisten, Intellektuelle, Künstler und sonstige Bürger, die sich wie Thilo Sarrazin kritisch über die Entwicklung äußern und diese aufhalten wollen. Stellen Sie immer wieder zusammen mit Freunden in Ihrer Gemeinde jene Stadträte und Politiker an den öffentlichen Pranger, die die Entwicklung zugelassen und die abkassierende und Wohlstand vernichtende Integrations- und Migrationsindustrie unterstützt haben. Veröffentlichen Sie deren Kontaktdaten und bewegen Sie Ihre Freunde und Bekannten dazu, diese mit E-Mails und Briefen zu bombardieren.

Auch das ist Ihr demokratisches Grundrecht: Demonstrieren Sie vor ihren Häusern. Zeigen Sie diesen Mitbürgern Ihre tiefste Verachtung. Organisieren Sie Boykotte von Rechtsanwälten, die die angeblich »berechtigten Anliegen« von raffgierigen Migranten vertreten, wenn sie diesen nach deren Gewalttaten oder bei ihren ständigen finanziellen Forderungen vor unseren Gerichten sekundieren. Gründen Sie in sozialen Netzwerken wie *Facebook* Gruppen von Gleichgesinnten, mit deren Hilfe Sie dort die Förderer der Migrations- und Integrationsindustrie mit Namen und Adresse für jeden erkennbar wegen der von ihnen verübten gemeinschädlichen Aktivitäten anprangern. Zeigen Sie auf, dass es so nicht weitergehen kann!

Wir brauchen zudem keinen Migrantenbonus vor Gericht, der uns ethnische Europäer zu Menschen zweiter Klasse abstempelt. Wir brauchen keine Berücksichtigung der »kulturellen Besonderheiten« unserer »Potenziale«. Im Gegenteil – machen wir es den Österreichern nach: Die österreichische Justizministerin Claudia Bandion-Ortner forderte Mitte 2010 Änderungen im österreichischen Strafrecht. So soll »religiöse Gewalt« (etwa bei »Ehrenmorden«) künftig als Erschwernisgrund strafverschärfend gelten. Außerdem könnte festgeschrieben werden, »dass religiöse Motive niemals ein Milderungsgrund sein können«. Darüber hinaus könnte in Österreich als strafrechtlicher Erschwernisgrund für Migranten jetzt auch ein »Gesamtverhalten« definiert werden, »das darauf abzielt, jemandem eine andere Lebensweise aufzuzwingen, die mit unserer Gesellschaft nicht konform ist«[930].

In Deutschland darf die religiös motivierte Ausländergewalt nicht länger vor Gericht als Kavaliersdelikt abgetan werden, wie es etwa im Juni 2010 die Richter in Hamm in Bezug auf einen Türken getan haben, der einen Menschen »einfach so« fast totgeschlagen hatte. Weil der islamische Fastenmonat Ramadan beim Tatzeitpunkt gerade zu Ende gegangen war, fanden die nordrhein-westfälischen Richter den Totschlagsversuch des Türken an einem Menschen allen Ernstes verständlich. Eine Zeitung berichtete aus der Verhandlung: »Wie der Vorsitzende Richter sagte, sei vom Gericht in Erwägung gezogen worden, die Sache an das Schwurgericht zu überweisen, weil es sich auch um ein Tötungsdelikt gehandelt haben könnte. Davon habe man nur deshalb abgesehen, weil der Angeklagte, der offensichtlich unter den Fastenauswirkungen des Ramadan gestanden habe, so außer sich gewesen sei, dass er sich darüber keine Gedanken gemacht habe.«[931] Interessante Rechtsauffassung: Der Ramadan war schuld! Bei zugewanderten aggressiven Mitbürgern findet sich eben immer eine Ausrede, warum sie mit Samthandschuhen angefasst werden müssen. Ächten wir das endlich!

Wir sind umzingelt von einer Unkultur der politischen Korrektheit, die auf allen Gebieten unseres täglichen Lebens horrende Schäden anrichtet. Es wird allerhöchste Zeit, über diesen ganzen Irrsinn der Migrations- und Integrationsindustrie sowie ihre verkommenen Unterstützer in Behörden, Politik und Medien zu sprechen, und zwar ohne Tabus. Anschließend müssen wir den Schwachsinn ein für alle Mal abstellen.

Als 2009 im Zusammenhang mit der Studie *Ungenutzte Potenziale – Zur Lage der Integration in Deutschland* bekannt wurde, dass jeder dritte Türke hierzulande keinen Bildungsabschluss besitzt, da erklärte Bundeskanzlerin

Angela Merkel (CDU): »Wir können auf kein einziges Talent in unserem Land verzichten.«[932] Das Gegenteil ist der Fall: Wir können und müssen auf viele dieser angeblichen »Talente« verzichten. Wir brauchen keine weiteren türkischen Hilfsarbeiter. Liebe Frau Merkel, auch wenn es Ihnen vielleicht geistig zu hoch erscheint: Das, was Sie gesagt haben, ist in etwa so, als ob man gegenüber einem Tumorpatienten die ihn zerfressenden Krebszellen lobt. Das Ende ist für jeden klar denkenden Menschen absehbar: Deutschland wird zum Land der Hilfsarbeiter, zu einer Zweite-Welt-Nation, zum Absteiger. Dieser Prozess lässt sich nur aufhalten, indem wir die integrations- und bildungsresistenten Mitbürger wieder in ihre Heimat zurückschicken. Im Übrigen: Etwa die Hälfte der in Deutschland lebenden Türken fühlt sich nach Angaben türkischer Studien hierzulande fremd.[933] Schicken wir sie also dorthin, wo sie sich wohlfühlen: in ihre türkische Heimat. Machen wir sie glücklich. Auf bildungsresistente »Talente« ohne Abschlüsse können wir nämlich gern und jederzeit verzichten! Heißen wir lieber jene Zuwanderer bei uns willkommen, die sich hier integrieren und mit uns die anstehenden Probleme anpacken wollen.

Die Abrechnung: Migranten kosten uns mehr als eine Billion Euro

Sie wollen als Leser am Ende dieses Buches nun natürlich wissen, wie hoch die Gesamtsumme ist, die Migranten uns Steuerzahlern bisher nachweislich an Kosten aufgebürdet haben. Vielleicht haben Sie die einzelnen Posten in diesem Buch zu addieren versucht und irgendwann entnervt aufgegeben. Sie haben jedenfalls ganz sicher feststellen müssen, dass wir enorme Summen für jene »Potenziale« aufwenden, die angeblich eine »Bereicherung« für uns sind. Die *Frankfurter Allgemeine Zeitung* hatte am 24. Juni 2010 bei aller Zurückhaltung auf einer hinteren Seite aufgeschrieben, was allein die Deutschen für ihre zugewanderten »Potenziale« bezahlen müssen. Diesen Angaben zufolge hatte Deutschland bereits im Jahr 2007 (also vor der Wirtschafts- und Finanzkrise) eine Billion Euro Schulden nur für Migranten gemacht, die mehr aus den deutschen Hilfesystemen entnehmen, als sie in diese einbezahlen. Auf jeden der 25 Millionen vollerwerbstätigen deutschen Nettosteuerzahler entfallen im Jahr 2010 immerhin 40 000 Euro Schulden, die wir für solche Migranten noch abbezahlen müssen.[934] Und diese schon gigantisch erscheinende Summe wird durch jeden zugewanderten Mitesser täglich immer größer!

Nochmals: Wenn Sie, lieber Leser, ein erwerbstätiger Steuerzahler in Deutschland sind, dann schulden Migranten Ihnen persönlich derzeit mindestens 40 000 Euro. Schließlich bürgen SIE als erwerbstätiger Steuerzahler mit Ihrer Leistung dafür, dass mehr als eine Billion – *das sind 1000 Milliarden!* – Euro, die uns Zuwanderer mit ihrem Vernichtungspotenzial inzwischen an Schulden aufgebürdet haben, zurückgezahlt werden. Und danach haften Ihre Kinder für diese von Migranten bei uns angerichteten Schäden. Das alles ist in seiner kompletten Größe eben weit mehr als jene Summe, die uns die Heuschrecken der Finanzmärkte für die Wirtschaftskrise an Kosten aufgebürdet haben. Die Heuschrecken der Migrations- und Integrationsindustrie sorgen mit ihren politischen und medialen Unterstützern allerdings Tag für Tag ohne Unterlass dafür, dass diese horrenden Kosten mit dem unproduktiven Import von Vernichtungspotenzialen beständig weiter ansteigen. Bis zum großen Knall.

Eine Billion Euro – das ist nach Angaben des Statistischen Bundesamtes mehr als das gesamte private Gebrauchsvermögen aller Deutschen zusammengenommen (also die Summe der Fernsehgeräte, der Uhren, des Schmucks, der Privatfahrzeuge etc.).[935] Eine Billion Euro, das ist eine Zahl, die aus einer Eins mit zwölf folgenden Nullen besteht: 1 000 000 000 000. Eine Billion Euro – das ist jene Summe, die die gesamte Menschheit derzeit pro Jahr für Rüstung ausgibt. Eine Billion Euro – das sind 60 Prozent der aktuellen deutschen Staatsverschuldung (die sich Mitte 2010 auf insgesamt 1,7 Billionen Euro belief).[936] Eine Billion Euro – das ist das, was uns unsere liebreizenden Migranten allein in Deutschland bisher (!) an Kosten beschert haben.

Bedenken Sie als Leser bitte stets: Ihr Ticket für die Aufführung des »Lustigen Migrantenstadls« kostet Sie als deutscher Steuerzahler immerhin schon jetzt mindestens 40 000 Euro. Sie müssen diesen Betrag als Erwerbstätiger zwangsweise bezahlen. Dafür bekommen Sie allerdings auch etwas geboten: Endlich wissen Sie, wie es sich als Mensch zweiter Klasse in Ihrer eigenen Heimat lebt! Und wie wohltuend es in Ihren Ohren klingt, wenn Sie auf den Straßen als »Scheiß Deutscher« oder »Scheiß Christ« bezeichnet werden. Sie wissen zudem, wie es sich mit der Bereicherung unserer europäischen Küche durch die vielfältigen Produkte der orientalischen Gammelfleischindustrie, bei der Fäkalkeime und Schimmelpilze dank mangelnder Hygiene oftmals gleich kostenlos inbegriffen sind, verhält. Und ist es nicht auch schön zu wissen, dass Politiker uns Europäer jetzt als Arbeitslose zu Hause mit immer weniger Geld sitzen lassen und die Jobs dafür bevorzugt an Migranten vergeben möchten – und zwar unabhängig von deren Qualifikation? Zudem haben Sie dank des »Lustigen Migrantenstadls« als ethnischer Europäer auch die Chance auf spannende multikulturelle Raubüberfälle, wenn Sie mal wieder Bargeld am Geldautomaten abheben. Oder die Chance auf ein Messer im Bauch, wenn Sie unsere neuen Freunde in Bus oder Bahn auf das Rauchverbot aufmerksam machen. Möglicherweise wird die Tochter Ihres Nachbarn bald multikulturell vergewaltigt, die Chancen dafür steigen jedenfalls von Tag zu Tag. Und im Krankenhaus haben wir Europäer dank zugewanderter Hygieneschlamper, die dort immer öfter als »Pflegekräfte« willkommen sind, endlich ein erhöhtes Risiko, an einer tödlichen Infektion zu erkranken. Spätestens im Kindergarten machen unsere Jüngsten Erfahrungen mit jenen, die aus zugewanderter Inzucht nach multikulturellen »Verwandtenhochzeiten« entstanden und für ihre Taten mit allen Facetten ihrer psychischen Störungen nicht mehr verantwortlich sind. Das Ticket, das Sie für den »Lustigen Migrantenstadl« gekauft haben, bietet wirklich jedem etwas: Vielleicht kommen Ihre Kinder schon morgen ohne Mobiltelefon oder die neuen Sportschuhe aus der Schule heim. Für diese Bereicherung müssen wir fortan Verständnis haben. All das gehört zu dieser grandiosen Aufführung eines Spektakels, bei dem wir alle lächelnd und innerlich von Glücksgefühlen überwältigt zusehen sollen. Vielleicht kennen Sie auch einen Polizisten in Ihrem Bekanntenkreis, der Ihnen stolz berichtet, wie unsere zugewanderten Potenziale ihn und seine Kollegen angespuckt und beleidigt haben.[937] Und für den Fall, dass Sie von alledem noch nichts mitbekommen haben sollten, winken ihnen als Trostpreise geschlossene Bibliotheken, verfallene Schulen und Kindergärten, die infolge der Tatsache auf Sie warten, dass unser mühsam erarbeitetes Geld in ein Fass ohne Boden gepumpt wird. Aber ist es nicht auch schön zu sehen, dass wir kein Geld mehr haben, um die Schlaglöcher in den Straßen zu reparieren, aber zugleich die löchrigen Straßen überall politisch korrekt und antirassistisch umbenennen – den Migranten zuliebe? Unsere neuen Freunde brauchen eben viel Respekt und noch mehr Geld, sehr viel Geld. Überlegen Sie in diesem Zusammenhang daher schon einmal, wo Sie in Ihrem persönlichen Umfeld noch weiter sparen können, damit wir noch mehr »Potenziale« mitversorgen können.

Wie wir in diesem Buch auch gesehen haben, überweisen unsere angeblich so armen Migranten jährlich viele Dutzend Milliarden Euro in ihre Heimatländer, während viele von ihnen hierzulande Sozialhilfe kassieren. Mit Steuern lenkt eine Regierung erwünschte und unerwünschte Entwicklungen in einer Gesellschaft. Wir besteuern Tabak und Alkohol, weil die Auswirkungen des Rauchens und Trinkens für die Gesellschaft schädlich und extrem teuer sind. Warum besteuern wir also nicht die für uns alle extrem kostspieligen Auswirkungen der importierten »Verwandtenhochzeiten« mit einer neuen »Inzuchtsteuer«? 1000 Euro im Monat an Zwangsabgaben pro Kopf für dieses extrem degenerative Verhalten zugewanderter Mitbürger aus bestimmten Kulturkreisen? Wäre das nicht einmal etwas Posivites? Und wie sieht es mit einer Dönersteuer aus, wo orientalische Gammelfleischgerichte uns allen doch hohe gesundheitliche Folgekosten auferlegen? Wir sollten für jene Zuwanderer, die große Vernichtungspotenziale in Bezug auf unseren Wohlstand und unsere Lebensqualität in sich tragen, viele weitere neue Steuern einführen: Warum haben wir eigentlich keine Migrantensteuer, eine hohe finanzielle Abgabe auf jeden europäischen bzw. deutschen Arbeitsplatz, der mit einem Migranten besetzt ist? Befreit wird der Zuwanderer von dieser Abgabe nur, wenn der Arbeitsplatz nachweislich nicht mit einem ethnischen Europäer besetzt werden kann. Über diese Befreiung würde zudem nicht ein Lobbyist der Migrationsindustrie, sondern die ortsansässige einheimische Bevölkerung entscheiden. Man behaupte nicht, dass so etwas nicht möglich sei. Die letzte sozialdemokratische Regierung in Großbritannien hat genau das im Frühjahr 2009 so gemacht.

Die schwere Wirtschafts- und Finanzkrise hat Deutschland in der Realität bis Ende 2009 den Studien großer Banken (etwa der Commerzbank) zufolge faktisch an real zu zahlenden oder tatsächlich verlorenen Summen insgesamt weniger als 200 Milliarden Euro gekostet.[938] Deutsche Finanzpolitiker sprachen 2010 von etwa 100 Milliarden Euro an tatsächlich bisher in Zusammenhang mit der Finanzkrise entstandenen Kosten für die Deutschen.[939] Wenn wir diese Summen ins Verhältnis zu den mindestens eine Billion Euro setzen, die uns Migranten allein bis Ende 2007 effektiv gekostet haben[940], dann wird schnell ersichtlich, wo die wahren Schadensverursacher zu suchen sind. Und auch dem dümmsten Europäer dürfte schnell klar werden, wie unsere Zukunft im »Lustigen Migrantenstadl« aussieht, wenn sich nichts ändert. Dann heißt es nämlich: Armut ist für alle da.

Sowohl hinsichtlich der Finanz- und Wirtschaftskrise als auch bei der Migration kommen nun ständig weitere Kosten auf die Steuerzahler zu. Bei der von den Heuschrecken der Finanzmärkte verursachten Wirtschaftskrise ist trotz neuer milliardenschwerer Rettungsschirme jedoch irgendwann ein Ende absehbar. Bei den von den Heuschrecken der Migrations- und Integrationsindustrie mitsamt ihren Zöglingen verursachten Finanzschäden ist genau das Gegenteil der Fall: Sie fressen immer schneller immer mehr.

Welche Schlüsse ziehen wir daraus? Bei der Finanzkrise haben wir von den sie mit verursachenden Banken wie selbstverständlich eine Bankenabgabe in Milliardenhöhe eingefordert. Daher müssen wir nun selbstverständlich zur Sanierung der horrenden Schäden, die Migranten bei uns verursacht haben, zwangsweise von diesen eine noch viel höhere Migrantenabgabe einfordern. Jeder Moschee- oder Kulturverein, jede Migrantenorganisation, die in der Vergangenheit von unserem Wohlstand profitierten, müssen nun ihrerseits erhebliche finanzielle Leistungen zur Wiedergutmachung der entstandenen

Schäden erbringen. Schließlich haben sich die Verbände und Vereine sowie ihre Lobbyisten ebenso verspekuliert wie die Heuschrecken der Finanzbranche. Wo sie uns Gewinne versprachen, haben sie in Wirklichkeit enorme Schäden hinterlassen – für die sie nun aufkommen müssen. Tun sie das nicht, müssen die Vereine und Organisationen geschlossen und ihr Vermögen eingezogen werden, denn sie sind ja im Gegensatz zu den Großbanken nicht systemrelevant, sondern extrem systemschädlich. Zudem benötigen wir eine strikte Regulierung der Migrations- und Integrationsindustrie. Wir brauchen wie bei der Finanzbranche eine Aufsicht, denn wir wollen in Zukunft nur noch Qualität bei der Zuwanderung und den Bodensatz, der sich in »sozialen Brennpunkten« zusammengerottet hat, wieder zurückführen. Die Heuschrecken der Migrationsindustrie dürfen jedenfalls nicht so weiteragieren wie bisher.

Aus alledem resultiert allerdings auch die Frage: Weshalb sprechen wir eigentlich seit vielen Monaten in der Öffentlichkeit über die extrem hohen Schäden der einen, niemals jedoch über die mindestens ebenso enormen Schäden der anderen Heuschrecken? Bei der Antwort auf diese Frage muss man nicht spekulieren, man konnte sie im oftmals Kleingedruckten auf den hinteren Seiten der Zeitungen lesen: Die Bundesregierung hatte deutsche Medien ganz offen dazu aufgefordert, die Bürger hinsichtlich der wahren Dimension der Finanzkrise zu belügen. Sie haben richtig gelesen. Es ist unstrittig, dass die Bundeskanzlerin die deutschen Systemmedien seit dem Jahr 2008 mehrfach offen zum Lügen aufgefordert hat, um die wahre Lage zu verschleiern. Angeblich sei das im Staatsinteresse erfolgt. Journalisten und Verlagsleiter sollten im Auftrag unserer Kanzlerin beim Thema Finanzen die Unwahrheit verbreiten oder die Lage zumindest beschönigen, sich also zurückhalten, lieber positive Nachrichten unters Volk bringen, damit das Land nicht außer Kontrolle gerate. Die *Zeit*, die *Süddeutsche* und die *taz* berichteten über diese Aufforderung zur Ablenkung der Bevölkerung von der Realität.[941] Die *taz* schrieb über das Geheimtreffen im Kanzleramt und die neue, von der Politik verordnete Rolle der Medien: »Sie berichten, was Bundeskanzlerin Merkel den Chefredakteuren und Verlagsdirektoren schon bei einem eigens einberufenen Treffen im vergangenen Oktober vorgesagt hat. Sie halten die Bürger bei Laune, auf dass diese stillhalten.«[942]

Wir müssen sparen? Sparen wir uns die kulturfernen Migranten!

Als Leser dieses Buches kennen Sie nunmehr die Realität. Sie wissen, wie Sie von den Medien sowie der Politik belogen und betrogen werden. Die Erkenntnis aus diesem Buch lautet: Der Klügere gibt bei uns so lange nach, bis er der Dumme ist. Geben Sie also nicht länger nach. Zeigen Sie überall Rückgrat! Wir dürfen einer als unrichtig erkannten Entwicklung nicht noch mehr gutes Geld hinterherwerfen. Wir müssen die Heuschrecken der Migrations- und Integrationsindustrie mitsamt ihren gefräßigen Mitessern auf strengste Diät setzen und sie so schnell wie möglich und auf Dauer loswerden.

Werfen wir sie endlich hinaus: Jeweils zwei Drittel der Deutschen und der US-Amerikaner sind nach Angaben einer repräsentativen Umfrage aus dem Jahr 2009 dafür, arbeitslose Ausländer aufzufordern, das Land zu verlassen.[943] Im europäischen Vergleich geben sich in dieser Frage lediglich die Franzosen mit 51 Prozent fremdenfreundlicher, während sich 78 Prozent der Briten, 79 Prozent der Italiener und 71 Prozent der Spanier gegen den Verbleib arbeitsloser Ausländer in ihrem Land aussprechen. Die Vereinigten Staaten haben auf diese Umfrage reagiert: Wer in den USA als Europäer seinen Arbeitsplatz verliert und keinen neuen findet, der hat ab diesem Moment noch genau sechs Wochen Zeit, um sein Haus zu verkaufen und die Umzugskisten zu packen. Ebenso wie in Dubai werden seit mehreren Monaten in den USA arbeitslose Nichtamerikaner deportiert.[944] Es gibt Tausende Deutsche, die nach dem Verlust ihres Arbeitsplatzes in den USA nunmehr allergrößte Probleme haben, ihr leerstehendes Haus zu einigermaßen erträglichen Konditionen zu verkaufen, denn in Amerika gibt es derzeit eine wahre Immobilienschwemme. Trotz all dieser Tatsachen käme niemand auf die Idee zu behaupten, Präsident Obama verhalte sich »rassistisch« gegenüber den arbeitslosen Europäern, die er aus dem Land werfen lässt. Machen wir es also Obama nach und rufen wir gemeinsam mit ihm: »Yes, we can!« Die arbeitslosen Migranten müssen endlich das Land verlassen.

Das ist auch deshalb nötig, weil wir alle den Gürtel enger schnallen und sparen müssen. In diesem Punkt besteht Einigkeit über alle Parteigrenzen hinweg. Fangen wir also endlich an damit: Sparen wir uns die kostspieligen Experimente mit Millionen kulturfernen Migranten, die uns allein in Deutschland nachweislich bisher nur Schulden in Billionenhöhe beschert haben.

Damit hier keine Missverständnisse aufkommen: Es geht nicht um gewaltsame Vertreibungen oder gar Völkermorde, wie sie die muslimischen Türken etwa an den christlichen Armeniern verübt haben. Es geht nicht darum, die rückständigen Nachfahren des türkischen Tätervolkes so zu behandeln, wie sie selbst andere behandelt haben. Es geht vielmehr um die friedliche und geordnete Rückführung von Menschen, die sich hierzulande eigenen Angaben zufolge unwohl fühlen und sich in unserer Gesellschaft integrations-, bildungs- und leistungsfeindlich verhalten haben. Für diese Aufgabe benötigen wir Rückführungsbeauftragte, da die sogenannten Integrationsbeauftragten kläglich versagt haben. So wie die Amerikaner arbeitslose Ausländer in ihre Heimatländer zurückschicken, so wie die islamischen Nationen arbeitslose Ausländer deportieren, so wie die Russen all jene abschieben, die sie in ihrem Land nicht länger haben wollen, so müssen auch die Europäer und die Deutschen reagieren. Nur dann ist allen Seiten und Interessen gedient. Man muss das nur ganz klar und offen aussprechen – und sich auch so verhalten.

In Deutschland gab es in der Vergangenheit mit Steuergeldern finanzierte Initiativen wie »Lass dich einbürgern!« Sie haben uns letztlich an den Rand des Abgrunds geführt. Um nicht noch den entscheidenden Schritt über diesen Abgrund hinaus zu tun, muss die neue Initiative jetzt lauten: »Lass dich ausbürgern!« Diese Initiative richtet sich vor allem an unsere Mitbürger aus dem islamischen Kulturkreis, denn alle anderen – seien es Polen, Italiener, Spanier oder Griechen – waren zu keiner Zeit willens, irgendeinen Stadtteil in einen sozialen Brennpunkt zu verwandeln und damit für andere Menschen unbewohnbar zu machen. Die Besonderheiten im Verhalten der islamischen Migranten resultieren aus ihren geistigen Leitlinien und haben nichts mit mangelnder finanzieller Förderung zu tun. Schuld sind die islamisch geprägte Leitkultur und ihr uns Europäern fernes Denken, das mit den Werten unserer Gesellschaft und unseren Leistungsansprüchen nicht zu vereinbaren ist. Wir dürfen diese Migranten nicht länger mit horrenden Summen fördern. Sie gehören nicht zu uns. Für sie heißt es künftig: Wer hier nur durch Abkassieren aufgefallen ist, der wird vor den Bollwerken des Abendlands abgesetzt – und zwar ohne »Rückführungsprämie«.

Sofern realitätsresistente Politiker uns die enormen Kosten hinsichtlich der zugewanderten Vernichtungspotenziale weiterhin gegen unseren Willen aufzwingen wollen und dabei auch noch dreist von einer »Bereicherung« für uns alle sprechen, dann ist wohl überall in Europa die Zeit absehbar, in der möglicherweise nicht nur die Wahlplakate von Politikern an Bäumen und Straßenlaternen hängen werden. Dann, so hat es die Historie über Jahrhunderte hinweg immer wieder gezeigt, kann die Lage sehr schnell eine unfriedliche werden. Nicht umsonst warnt auch EU-Kommissionspräsident Barroso seit dem Sommer 2010 vor einer solchen Entwicklung. Und Gerald Celente, der wohl renommierteste Zukunftsforscher der Welt, hat für Europa ab etwa 2012 gewaltige Deportationsprogramme vorausgesagt, bei denen Millionen Zuwanderer aus fernen Kulturkreisen möglicherweise sogar mit Gewalt wieder von den europäischen Regierungen in ihre Heimatländer zurückgeführt werden. Der Italo-Amerikaner Celente und sein bekanntes *Trend Research Institute* begründen diese Vorausschau mit dem erwarteten Zusammenbruch der Sozialsysteme und der Unmöglichkeit, die bestehenden Zustände in Europa weiter zu finanzieren. Die Forscher um Celente heben hervor, dass, wenn die europäischen Regierungen die Migranten nicht deportierten, die Regierungen innerhalb kurzer Zeit von der aufgebrachten europäischen Bevölkerung hinweggefegt würden.

Gewiss: Niemand weiß derzeit, ob Barroso und Celente mit ihren eher unschönen Prognosen recht behalten werden. Einzig und allein die Zukunft wird das zeigen. Dennoch kann es sein, dass die »Scheiß Europäer« jetzt nur noch einige Monate in aller Ruhe abwarten müssen, bis ihnen für ihr Billionen-Euro-Migrationsticket am Ende doch noch ganz großes Kino geboten wird. Irgendwann wird immer abgerechnet. Das war immer so und wird auch immer so sein. Garantiert.

Lassen Sie uns bis dahin gemeinsam verhindern, was der 1968 geborene deutsch-afghanische Journalist und Fernsehproduzent Walid Nakschbandi voraussagte: »Es ist Zeit, der Wahrheit ins Gesicht zu sehen. (…) Ihr werdet es nicht verhindern können, dass bald ein türkischstämmiger Richter über euch das Urteil fällt, ein pakistanischer Arzt eure Krankheiten heilt, ein Tamile im Parlament eure Gesetze mit verabschiedet und ein Bulgare der Bill Gates eurer New Economy wird. Nicht ihr werdet die Gesellschaft internationalisieren, modernisieren und humanisieren, sondern wir werden es tun – für euch. Ihr seid bei diesem leidvollen Prozess lediglich Zaungäste, lästige Gaffer.«[945]

Walid Nakschbandi, Mitbürger mit Migrationshintergrund, der es wagte, uns seine Sicht der Zukunft so dreist wie kaum ein anderer entgegenzurufen, ist heute Berater eines im Jahr 2010 geschaffenen Expertengremiums der konservativen CSU.[946] Die CSU ist allen Ernstes stolz darauf, diesen Mitbürger als »Zugewinn« verbuchen zu können.[947] Als Beobachter fragt man sich angesichts eines solchen Sachverhaltes, wie tief eine Partei wie die CDU gesunken sein muss, wenn sie derartige Personen als »Bereicherung« empfindet.

Was also haben wir nur falsch gemacht? Die Antwort ist einfach: Wir haben dort finanzielle Unterstützung gewährt, wo sie kontraproduktiv war.

Millionen Einwanderer, die im 19. Jahrhundert von Europa aus den Atlantik überquerten, um in der Neuen Welt auf dem amerikanischen Kontinent ihr Glück zu suchen, erhielten dort weder Sozialunterstützung noch Sprach- oder Integrationskurse. Sie wurden auch nicht zu Konferenzen beim Innenminister eingeladen, um über ihre religiösen Gefühle zu diskutieren. Und sie erhielten keine Beraterverträge bei Regierungen, die Angst davor hatten, die in Massen ins Land strömenden Neuankömmlinge zu »diskriminieren«. Integration erfolgte eher nebenbei während der Suche nach Arbeit und dem mühevollen Unterfangen, das tägliche Überleben zu sichern. Der Motor der Integration war der Wille der Einwanderer, den sozialen Aufstieg zu erreichen. Sie wollten den Einwanderergettos entfliehen, ein normales Leben führen. Dafür waren sie bereit, Tag und Nacht zu arbeiten, wenn es sein musste.

Der europäische Sozialstaat ging allerdings den gegenteiligen Weg. Die Migranten strömten in die Gettos – und verblieben dort, nicht zuletzt auf eigenen Wunsch. Der europäische Sozialstaat forderte keine Leistungsbereitschaft ein, sondern hängte viele der Zuwanderer an den finanziellen Tropf – unabhängig davon, was und wie viel der Einzelne für das Gemeinwesen hätte leisten können. Dass der Tropf irgendwann völlig leer sein musste, war nur eine Frage der Zeit.

Die im Sommer 2010 neu gewählte konservative britische Regierung hat das alles verstanden. Sie will ab sofort die Zuwanderung aus kulturfernen nichteuropäischen Staaten aufhalten. Die neue Londoner Innenministerin Theresa May erklärte Ende Juni 2010, unbegrenzte Einwanderung verursache »inakzeptablen Druck« auf die sozialen Sicherungssysteme.[948] Migranten aus kulturfernen Ländern sind eben das Gegenteil einer Bereicherung. Sie tragen stattdessen ein Vernichtungspotenzial besonderer Art in sich, das im Endeffekt unsere Sozialsysteme und unsere Werte dauerhaft zerstört. Wo früher Wohlstand zu verteilen war, verwalten wir heute Armut. Schuld daran sind Menschengruppen, die von der Migrations- und Integrationsindustrie dazu angehalten wurden, immer dreister abzukassieren. Zugegeben: Es wurde ihnen leicht gemacht, schließlich hatten die führenden Fachleute der Welt im Jahr 2000 der Bundesrepublik Deutschland noch prophezeit, dass ohne Einwanderung der baldige Zusammenbruch der Sozialsysteme bevorstehe.[949] Das Gegenteil der Prognose ist dann allerdings eingetreten: Je mehr Migranten, desto schneller erfolgt der Zusammenbruch der Sozialsysteme.

Der im Juli 2010 in sein Amt eingeführte Bundespräsident Christian Wulff (CDU) hat diese Zusammenhänge nicht verstanden. Unter Wulff soll aus der einst wohlhabenden schwarz-rot-goldenen Bundesrepublik Deutschland eine bunte Migrantenrepublik werden. Wulff sagte wörtlich: »Dazu müssen wir andere Kulturen besser kennen und verstehen lernen, müssen wir auch hier auf andere zugehen und den Austausch verstärken. Das können wir schon hier bei uns einüben, in unserer Bundesrepublik, in unserer bunten Republik Deutschland.«[950]

Sehr geehrter Herr Bundespräsident, es steht mir durchaus zu, Sie an dieser Stelle zu belehren. Sie erklären uns ethnischen Europäern, was wir hier in unserem eigenen Land jetzt noch alles für Zuwanderer tun »müssen«. Ich aber sage Ihnen, dass wir in dieser Hinsicht rein gar nichts mehr tun »müssen«. Vor allem müssen wir nichts mehr »einüben«. Die Leser dieses Buches haben ganz sicher verstanden, dass wir einen großen Teil unserer horrenden Staatsschulden bestimmten Migrantengruppen zu verdanken haben. Und Menschen wie Sie und die von Ihnen gehätschelten kulturfernen Migranten haben uns eine vom Kahlfraß gezeichnete, kunterbunte und kaputte Republik beschert. Kein Schwarz! Kein Rot! Kein Gold! Stattdessen nur noch Armut für alle im »Lustigen Migrantenstadl«. Lieber Herr Bundespräsident, wenn Sie schon den »Austausch verstärken« wollen, dann tun Sie dies bitte richtig: Setzen Sie sofort Gespräche mit den Repräsentanten der Migrationsindustrie an und fordern Sie Angebote ein, wie diese mitsamt ihren Schützlingen die von ihnen angerichteten Schäden wiedergutmachen wollen. Sobald die Schäden beglichen bzw. die Schulden zurückgezahlt wurden, verstärken Sie den von Ihnen so sehr gewünschten Austausch dergestalt, dass Sie ausgewanderte Europäer zur Rückkehr in ihre Heimat ermuntern und die unserem Kulturkreis fremden Migranten endlich wieder in ihre Herkunftsländer zurückschicken.

Falls Sie als Leser dieses Buches jetzt noch unschlüssig sind, was jeder Bundesbürger zusätzlich zu den in der Vergangenheit schon angerichteten Billionenschäden derzeit pro Jahr aus der eigenen Tasche für integrationsresistente Zuwanderer und für die Zuwanderungsindustrie bezahlt: Es sind rein statistisch gesehen etwa 417 Euro. So viel kommt heraus, wenn man die jährlich von den Migrationsheuschrecken angerichtete Schadenssumme in Höhe von etwa 34 Milliarden Euro auf alle Einwohner der Bundesrepublik umlegt. Da bei dieser Rechnung allerdings vom Baby über den Hartz-IV-Empfänger bis zum Altenheimbewohner jeder Einwohner dieser Republik berücksichtigt ist, aber in der Realität tatsächlich nur etwa jeder dritte Bürger Steuern zahlt, lautet die Rechnung in Wahrheit: drei mal 417 Euro, also 1251 Euro (Stand: Herbst 2010[951]). Das ist die Summe, um die jeder Steuerzahler pro Jahr (!) entlastet werden könnte, wenn wir endlich den Mut hätten, die rauschende Migrantenparty für beendet zu erklären. Von der Supermarkt-Kassiererin bis zum Angestellten zahlen Bundesbürger demzufolge für Migranten jedes Jahr mehr als für die eigene Urlaubsreise. Und zusätzlich müssen wir vom Säugling bis zum Greis auch noch jenen Teil unserer Staatsschulden mitsamt den Zinsen zurückzahlen, den wir den Migranten und ihren Hintermännern verdanken.

Quellenverzeichnis

> **HINWEIS:**
> Für alle in diesem Verzeichnis aufgeführten Quellen finden Sie einen Link im Internet unter
> www.kein-schwarz-kein-rot-kein-gold.de
> oder
> www.keinschwarzkeinrotkeingold.de

1. Siehe http://www.bild.de/BILD/news/standards/kommentar/2010/06/13/kommentar/kommentar.html
2. Siehe http://www.bmbf.de/press/2616.php
3. Siehe http://www.rp-online.de/panorama/deutschland/100000-Hartz-IV-Fall-eingegangen_aid_870938.html
4. Zitiert nach http://www.spiegel.de/wirtschaft/soziales/0,1518,697381,00.html
5. Siehe http://www.faz.net/s/RubB8DFB31915A443D98590B0D538FC0BEC/Doc~E77D544D81E4446CA91D0573BB14FF01E~ATpl~Ecommon~Scontent.html
6. Siehe http://www.newstatesman.com/non-fiction/2010/02/europe-islam-muslims-caldwell
7. Siehe http://www.bz-berlin.de/aktuell/berlin/der-senat-will-einwanderer-bevorzugen-article883544.html
8. Siehe ab Randziffer 3584 unter http://www.cdu.de/doc/pdf/05_11_11_Koalitionsvertrag.pdf
9. Siehe http://www.bundesregierung.de/Content/DE/Magazine/MagazinWirtschaftFinanzen/068/t2-regulierung-der-finanzmaerkte.html
10. Siehe etwa http://boerse.ard.de/content.jsp?key=dokument_98441 sowie http://www.tagesspiegel.de/politik/deutschland/muentefering-erneuert-heuschrecken-kritik/770716.html
11. Siehe http://www.sueddeutsche.de/geld/franz-muentefering-dilettanten-spieler-und-gangster-1.10572
12. Siehe http://www.sueddeutsche.de/app/politik/content/muentefering_papier.pdf und http://www.sueddeutsche.de/politik/demografischer-wandel-es-kann-gefaehrlich-werden-1.950455
13. Siehe http://www.dgb.de/themen/++co++93abb5e6-5dcc-11df-79f5-00188b4dc422

14 Siehe http://www.diw.de/de/diw_01.c.357516.de/themen_nachrichten/einkommens entwicklung_in_deutschland_die_mittelschicht_verliert.html

15 Siehe http://carnegieendowment.org/

16 Siehe etwa »Fiscal crises threaten Europe's generous benefits« vom 23. Mai 2010, Zitat: »The current welfare state is unaffordable,‹ said Uri Dadush, director of the *Carnegie Endowment's International Economics Program*. ›The crisis has made the day of reckoning closer by several years in virtually all the industrial countries.‹« Siehe http://apnews.myway.com/article/20100523/D9FSPCAO1.html

17 Siehe http://www.telegraaf.nl/binnenland/6763549/__VVD__Geen_bijstand_voor_im migrant__.html

18 Zitiert nach http://www.dutchnews.nl/news/archives/2010/05/you_are_guests_here_pvv_mp_tel.php

19 Zitiert nach http://kurier.at/nachrichten/2007416.php

20 Siehe http://www.handelsblatt.com/politik/deutschland/verdeckte-schulden-dem-staat-fehlen-billionen;2583818

21 Siehe http://diepresse.com/home/recht/rechtallgemein/573328/index.do?_vl_backlink=/home/index.do

22 Siehe http://www.spiegel.de/unispiegel/studium/0,1518,697207,00.html

23 Siehe http://www.berlinonline.de/berliner-kurier/berlin/die_brutale_wahrheit_ueber_berlins_jugendgewalt/297184.php

24 Siehe http://www.welt.de/print-wams/article601647/Auslaender_in_deutschen_Gefaeng nissen_kosten_jaehrlich_600_Mio_Euro.html

25 Siehe http://www.bild.de/BILD/news/politik/2007/12/30/pass-probe/hg-jugend-gefaehr lich-1/hg-jugend-gefaehrlich.html

26 Siehe http://www.berlinonline.de/berliner-kurier/berlin/die_brutale_wahrheit_ueber_berlins_jugendgewalt/297184.php

27 Siehe http://www.tagesspiegel.de/berlin/junge-intensivtaeter-bleiben-auch-als-erwachse ne-kriminell/1712318.html

28 Siehe als Beispiel http://www.eifelzeitung.de/?artikel=54119

29 Siehe http://www.abendblatt.de/hamburg/kommunales/article1553630/Innensenator-Wir-haben-ein-Problem-mit-Migranten.html

30 Siehe http://www.islamischereligionsgemeinschaft.org/index.php/IRG/IRG-Pressemit teilung-2010-02-07

31 Siehe http://www.weser-kurier.de/Artikel/Bremen/Politik/188462/Schimmel+in+acht+ Bremer+Kindergaerten.html

32 Den ARD-/RBB-Bericht findet man im Internet etwa unter http://www.youtube.com/watch?v=mFCsid_qwQU und unter http://www.youtube.com/watch?v=Cztj41eu3Ew& feature=related

33 Zitiert nach http://www.dgfp.de/de/content/articles/migranten-auf-dem-arbeitsmarkt-in-deutschland-612/

34 Siehe http://www.stern.de/wirtschaft/geld/deutschland-armut-trifft-migranten-624525.html
35 Siehe die Sendung *Kontraste* vom 31. Juli 2008: »Die Cousine als Ehefrau«, im Internet unter: http://blog.rbb-online.de/roller/kontrasteblog/entry/die_cousine_als_ehefrau_behinderte
36 Siehe die Angaben unter http://www.welt.de/vermischtes/article732888/Wenn_der_Cousin_mit_der_Cousine_schlaeft.html
37 Siehe etwa http://www.derwesten.de/staedte/duisburg/Junge-Tuerkin-kaempft-gegen-Verwandten-Ehen-id178785.html
38 Zitiert nach http://www.tagesspiegel.de/berlin/wenn-cousins-cousinen-heiraten/416332.html und http://www.duisburg.de/micro/verwandtenheirat/1020101000001224 57.php
39 Zitiert nach »Inzest. Wenn der Cousin mit der Cousine schläft«, in: *Die Welt* vom 25. Februar 2007, http://www.welt.de/vermischtes/article732888/Wenn_der_Cousin_mit_der_Cousine_schlaeft.html
40 Siehe etwa unter http://www.zeit.de/karriere/2010-04/arbeitslosigkeit-eu-vergleich und auch unter http://oe1.orf.at/artikel/243391
41 Siehe etwa http://www.dw-world.de/dw/article/0,,5604022,00.html
42 Siehe http://www.adnkronos.com/AKI/English/Business/?id=3.1.439185719
43 Siehe http://www.pz-news.de/Home/Nachrichten/Pforzheim/Pforzheims-Zukunft-gehoert-den-Migranten-_arid,172201_puid,1_pageid,17.html
44 Siehe http://www.swr.de/zur-sache-baden-wuerttemberg/goldstadt-in-not/-/id=3477354/nid=3477354/did=5894748/1x93a5y/index.html
45 Siehe http://www.pz-news.de/Home/Sozialausgaben-steigen-weiter-_arid,149509_puid,1_pageid,88.html
46 Siehe http://www.tagblatt.de/Home/nachrichten/land-welt_artikel,-Gesamtbeirat-fordert-Pforzheim-unter-Zwangsverwaltung-zu-stellen-_arid,92777.html
47 Zitiert nach »Viele Flüchtlinge: Bund hilft Pforzheim bei Iraker-Krise«, http://www.pz-news.de/Home/Nachrichten/Pforzheim/arid,200543_puid,1_pageid,17.html
48 Zum Durchschnittslohn in Serbien siehe http://www.ansamed.info/en/news/ME02.XAM16081.html, zur EU-Mitgliedschaft siehe http://www.ansamed.info/en/news/ME01.XAM14512.html und http://www.welt.de/politik/ausland/article5615393/Serben-koennten-es-schon-2014-in-die-EU-schaffen.html
49 Zitiert nach http://diepresse.com/home/panorama/religion/571382/index.do?_vl_backlink=/home/index.do
50 Siehe http://nachrichten.rp-online.de/politik/der-islam-und-die-gewalt-1.77551
51 Zitiert nach http://www.zeit.de/2006/39/Interview-Meddeb
52 Siehe etwa http://diepresse.com/home/wirtschaft/international/567936/index.do?_vl_backlink=/home/index.do
53 Siehe http://www.muenchen.de/Rathaus/soz/wohnenmigration/37903/index.html

54 Zitiert nach http://www.welt.de/debatte/kommentare/article7792288/Die-westliche-Wohlstands-Party-ist-vorbei.html

55 Siehe http://www.nyfer.nl/documents/rapportPVVdef.pdf und http://pvv.nl/index.php/in-de-media/persberichten/2937-10-jaar-immigratie-kost-72-miljard-euro

56 Siehe http://www.nyfer.nl/

57 Siehe dazu etwa http://www.dutchnews.nl/news/archives/2010/05/50000_nonwestern_immigrants_wo.php

58 Den ARD-/RBB-Bericht findet man im Internet etwa unter http://www.youtube.com/watch?v=mFCsid_qwQU und unter http://www.youtube.com/watch?v=Cztj41eu3Ew&feature=related

59 Siehe etwa den Bericht »Massive Neuverschuldung für Hartz IV«, in: *Süddeutsche Zeitung* vom 19. Mai 2009, http://www.sueddeutsche.de/wirtschaft/steigende-sozialausgaben-massive-neuverschuldung-fuer-hartz-iv-1.445807?page=2

60 Siehe http://nachrichten.t-online.de/hartz-iv-debatte-alarmierend-viele-migranten-sind-beduerftig/id_21818150/index und http://www.taz.de/1/politik/deutschland/artikel/1/vererbung-der-sozialen-startnachteile/ sowie http://www.bild.de/BILD/politik/2010/02/19/hartz-iv-migranten/warum-kriegen-sie-haeufiger-hartz-iv-als-deutsche.html

61 Zitiert nach http://www.handelsblatt.com/newsticker/politik/arbeitsmarkt-boehmer-hartz-iv-spirale-bei-migranten-stoppen;2538232 und http://www.focus.de/politik/deutschland/arbeitsmarkt-boehmer-hartz-iv-spirale-bei-migranten-stoppen_aid_485472.html

62 Siehe http://www.bild.de/BILD/politik/2009/06/10/auslaenderkriminalitaet/neuer-bericht-von-staatsministerin-maria-boehmer.html

63 Zitiert nach http://www.bundesregierung.de/nn_56546/Content/DE/Pressemitteilungen/BPA/2010/02/2010-02-09-ib-regelsatz-hartz-iv.html

64 Siehe dazu http://www.sueddeutsche.de/wirtschaft/steigende-sozialausgaben-massive-neuverschuldung-fuer-hartz-iv-1.445807?page=2

65 Siehe http://www.welt.de/debatte/kommentare/article8041792/Stoppt-die-Vermehrungspraemie-fuer-Sozialhilfemuetter.html

66 Siehe http://www.zeit.de/2010/08/01-Hartz-IV

67 Siehe http://www.youtube.com/watch?v=BF1iDJ1jRjc&feature=player_embedded

68 Siehe http://www.ad-hoc-news.de/polizei-in-nrw-darf-waehrend-der-fussball-wm-keine-flagge—/de/News/21389706

69 Siehe http://www.spiegel.de/panorama/0,1518,701490,00.html

70 Siehe http://www.tagesspiegel.de/berlin/polizei-darf-keine-flagge-zeigen/1855658.html;jsessionid=6834E51B25433F1DDFE4AAB346EC0EAE

71 Siehe http://www.derwesten.de/staedte/essen/Fan-Autokorso-nach-Deutschlandspiel-at tackiert-id3108484.html

72 Zitiert nach http://www.bild.de/BILD/sport/fussball-wm-2010-suedafrika/2010/06/02/hymnen-streit-mit-franz-beckenbauer/jogi-loew-ich-zwinge-keinen-zum-singen.html

73 Siehe http://www.sueddeutsche.de/sport/wm-frankreich-les-bloed-1.957206

74 Siehe http://www.blick.ch/sport/fussball/international/tunesische-pfiffe-loesen-staatsaffaere-aus-102932

75 Siehe http://sport.t-online.de/eklat-um-die-marseillaise-kritik-an-franzoesischer-regierung/id_16548992/index

76 Siehe http://www.handelsblatt.com/politik/deutschland/finanznot-kommunen-drohtgroesstes-defizit-seit-brd-gruendung;2580583

77 Siehe http://www.staedtetag.de/10/presseecke/pressedienst/artikel/2010/05/17/00707/index.html

78 Siehe http://www.welt.de/die-welt/wirtschaft/article8067701/In-den-Staedten-verfaelltdie-Infrastruktur.html

79 Zitiert nach Statistisches Bundesamt 2008, gefunden bei: Stefan Luft, *Staat und Migration. Zur Steuerbarkeit von Zuwanderung und Integration*, Frankfurt 2009, S. 157 f.,

80 Siehe http://www.bundesregierung.de/nn_56546/Content/DE/Pressemitteilungen/BPA/2010/02/2010-02-09-ib-regelsatz-hartz-iv.html

81 Siehe http://www.bmbf.de/press/2616.php

82 Siehe Statistisches Bundesamt, Mitteilung vom 26. Januar 2010, http://www.destatis.de/jetspeed/portal/cms/Sites/destatis/Internet/DE/Presse/pm/2010/01/PD10__033__122,templateId=renderPrint.psml

83 Siehe http://parteigruendung.myblog.de/parteigruendung/art/199198892/Turkisch-als-Weltsprache-vor-Spanisch-Italienisch-Chinesisch-Indisch-

84 Siehe http://www.nrc.nl/international/Features/article2514448.ece/Immigration_comes_at_hefty_price

85 Siehe http://www.nyfer.nl/

86 Siehe http://www.rtl.nl/(/financien/rtlz/nieuws/)/components/financien/rtlz/2010/weken_2010/14/0407_0905_Immigratie_kost_ruim_zes_miljard_per_jaar.xml wie auch http://www.dutchnews.nl/news/archives/2010/04/nonwestern_immigration_costs_u.php

87 Siehe http://www.schweizerzeit.ch/2207/sozialwerk.htm

88 Siehe http://www.weltwoche.ch/ausgaben/2007-14/artikel-2007-14-zuwanderung-indie-sozialsysteme.html

89 Siehe http://www.livenet.ch/www/index.php/D/article/189/20524/#0

90 Siehe *New York Post* vom 27. August 2002, http://www.danielpipes.org/450/somethingrotten-in-denmark

91 Siehe etwa http://www.taz.de/1/netz/artikel/1/die-meinungsterroristen/

92 Siehe http://www.taz.de/1/politik/deutschland/artikel/1/was-die-denken-die-nicht-denken/

93 Lesen Sie zum Beispiel dieses Stück unter http://www.taz.de/1/politik/deutschland/artikel/1/was-die-denken-die-nicht-denken/

94 Siehe etwa »Die Klagsamkeit ist kulturell bedingt«, *taz* vom 12. September 2006, S. 7; http://www.123people.de/ext/frm?ti=personensuche%20telefonbuch&search_term=

cigdem%20akyol&search_country=DE&st=suche%20nach%20personen&target_url=http%
3A%2F%2Flrd.yahooapis.com%2F_ylc%3DX3oDMTVnZm81Mm8xBF9TAzIwMjMx
NTI3MDIEYXBwaWQDc1k3Wlo2clYzNEhSZm5ZdGVmcmkzRUx4VG5makpER
G5QOWVKV1NGSkJHcTJ1V1dFa0xVdm5IYnNBeU NyVkd5Y2REVElUX2tlBGN
saWVudANib3NzBHNlcn ZpY2UDQk9TUwRzbGsDdGl0bGUEc3JjcHZpcZANl
WjM4eUdLSWNyck5VSVNIY1U4a HEzZjhXODV4alV2dm5IOEFCUVZY%2FS
IG%3D131d3inek%2F**http%253A%2F%2Fwww.buendnis-depression.de%2Fde
pression%2Fmedia%2FDie_Klagsamkeit_ist_kulturell_bedingt.pdf&section=docu
ment&wrt_id=254

95 Zitiert nach http://www.bild.de/BILD/regional/bremen/aktuell/2010/06/03/autobraen
de/polizei-fasst-irre-feuerteufel-in-osterholz-scharmbeck.html

96 Zitiert nach http://www.bundesregierung.de/Content/DE/Artikel/IB/Anlagen/2009-08-
26-bundesweiter-arbeitskreis,property=publicationFile.pdf/2009-08-26-bundesweiter-
arbeitskreis

97 Siehe dazu als Beispiel ein Brandenburger Projekt unter http://www.masf.branden
burg.de/sixcms/detail.php/bb1.c.186576.de

98 Zitiert nach http://www.masf.brandenburg.de/sixcms/detail.php/bb1.c.186576.de

99 Siehe dazu »Die Werbung spricht türkisch«, *WAZ*-Mediengruppe, 6. Juni 2010,
http://www.derwesten.de/nachrichten/Die-Werbung-spricht-tuerkisch-id3071560.html

100 Siehe etwa http://www.sueddeutsche.de/politik/studie-ueber-muslime-in-deutschland-
glaeubig-und-integriert-1.83256 und http://www.taz.de/1/politik/deutschland/artikel/
1/schaeuble-findet-eine-million-muslime/ sowie außerdem http://www.deutsche-islam-
konferenz.de/nn_1325560/SubSites/DIK/DE/InDeutschland/ZahlenDatenFakten/
ZahlMLD/zahl-mld-inhalt.html

101 Siehe etwa diese Veröffentlichung des Sozialamtes der NRW-Landeshauptstadt Düsseldorf unter http://www.duesseldorf.de/sozialamt/integration/bundesamt/index.shtml

102 Siehe http://www.bundesregierung.de/nn_1496/Content/DE/Artikel/IB/Artikel/The
men/2009-11-20-alphabetisierungskurse.html

103 Siehe http://www.brk-muenchen.de/wir-sind-fuer-sie-da/mit-integrations-und-sprach
foerderung/sprachkurse

104 Siehe http://www.oe24.at/oesterreich/politik/Die-ersten-Auslaender-muessen-gehen-
0650584.ece und http://diepresse.com/home/panorama/oesterreich/513204/index.do

105 Siehe http://www.op-online.de/nachrichten/politik/analphabeten-kann-einbuergerung-
verwehrt-werden-781798.html

106 Zitiert nach *Deutschlandfunk* vom 9. Februar 2009, »ABC-Schützen mit staatlicher
Beihilfe«, im Internet unter http://www.dradio.de/dlf/sendungen/verbrauchertipp/
913670/

107 Siehe dazu etwa http://www.migazin.de/2010/02/10/verfassungswidrigkeit-der-hartz-
iv-regelsatze-betrifft-migranten-in-hohem-mase/

108 Zitiert nach http://www.faz.net/s/RubCF3AEB154CE64960822FA5429A182360/
Doc~E0A8892AF137E421F8CF15BB3D89C9AA5~ATpl~Ecommon~Scontent.html

109 Zitiert nach http://www.faz.net/s/RubC3FFBF288EDC421F93E22EFA74003C4D/
Doc~E9541BF871D394A34B714623BE7F725A8~ATpl~Ecommon~Scontent.html

110 Siehe http://www.focus.de/schule/schule/unterricht/integration/berufseinsteiger-studie-2030-mehr-als-ein-drittel-migranten_aid_411340.html

111 Siehe http://www.tagesspiegel.de/berlin/schule/berliner-grundschueler-zunehmend-ueberfordert/1862136.html;jsessionid=0986E52AC13CD472CD3CFB9324988ACE

112 Zitiert nach http://www.welt.de/regionales/berlin/article2462893/Was-eine-Richterin-ueber-kriminelle-Migranten-denkt.html

113 Siehe http://diepresse.com/home/bildung/schule/572481/index.do?_vl_backlink=/home/bildung/schule/572050/index.do&direct=572050

114 Siehe http://www.focus.de/schule/schule/unterricht/integration/italien-migrantenquote-fuer-schulklassen_aid_469753.html und http://diepresse.com/home/bildung/schule/531742/index.do

115 Zitiert nach http://www.derwesten.de/nachrichten/Eine-Klasse-mit-97-Prozent-Migrantenanteil-id3004048.html

116 Zitiert nach http://www.derwesten.de/waz/rhein-ruhr/Wenn-Stadtviertel-fest-in-tuerkischer-Hand-sind-id303992.html

117 Siehe http://www.bild.de/BILD/news/vermischtes/2008/08/14/schulklasse-in-dortmund/ohne-deutsches-kind.html

118 Siehe http://www.wz-newsline.de/?redid=622939

118a Siehe http://www.daserste.de/doku/beitrag_dyn~uid,heuhbfd4r1wrc00h~cm.asp und http://www.derwesten.de/nachrichten/im-westen/Kampfplatz-Klassenzimmer-id3265912.html

118b Siehe Seite 128 des Berichtes der Stadt Essen unter http://www.essen.de/deutsch/rathaus/aemter/ordner_0513/raa/Downloads/Interkulturelles_Konzept/DritterUmsetzungsbericht.pdf

118c Siehe http://www.bild.de/BILD/regional/ruhrgebiet/aktuell/2010/07/21/pruegel-islamismus-mobbing-hass-auf-deutsche-schueler/der-taegliche-wahnsinn-in-essens-horrorschule.html

118d Siehe Seite 127 dieses Essener Berichts http://www.essen.de/deutsch/rathaus/aemter/ordner_0513/raa/Downloads/Interkulturelles_Konzept/DritterUmsetzungsbericht.pdf

118e Zitiert nach http://www.gew-berlin.de/blz/19635.htm

118f Zitiert nach http://www.gew-berlin.de/blz/19635.htm

118g Zitiert nach http://www.gew-berlin.de/blz/19635.htm

119 Siehe http://www.abendblatt.de/politik/deutschland/article177126/Druecken-Auslaenderkinder-das-deutsche-Schulniveau.html

120 Siehe http://www.fpoe.at/news/detail/news/fpoe-walter-rosenkranz-hoher-1/

121 Siehe http://www.shortnews.de/id/581920/Berlin-Schon-38-Schulen-mit-80-prozentigem-Migrantenanteil

122 Siehe http://www.kreiszeitung.de/nachrichten/bremen/schere-oeffnet-sich-immer-weiter-815691.html

123 Siehe http://www.kreiszeitung.de/nachrichten/bremen/schere-oeffnet-sich-immer-weiter-815691.html

124 Siehe http://www.handelsblatt.com/politik/deutschland/gutachten-sarrazin-aeusserungen-eindeutig-rassistisch;2509491

125 Siehe http://www.welt.de/politik/deutschland/article7994783/Sarrazin-warnt-vor-Verdummung-durch-Einwanderer.html

126 Siehe http://www.bild.de/BILD/politik/2010/06/10/thilo-sarrazin/diskussion-bildung-einwanderer-machen-deutschland-duemmer.html

127 Siehe http://www.tagesspiegel.de/berlin/schule/immer-mehr-erstklaessler-muessen-zum-psychiater/1865308.html;jsessionid=56A3BCD3F14DAA063A9E4D48B6A7C596

128 Zitiert nach http://www.faz.net/s/RubC3FFBF288EDC421F93E22EFA74003C4D/Doc~E9541BF871D394A34B714623BE7F725A8~ATpl~Ecommon~Scontent.html

129 Siehe etwa für NRW hier: http://www.integrationsbeauftragter.nrw.de/pdf/1-foerderprogramm.pdf

130 Zitiert nach http://www.spiegel.de/wissenschaft/mensch/0,1518,517117,00.html

131 Zitiert nach http://www.spiegel.de/wissenschaft/mensch/0,1518,517117,00.html

132 Siehe etwa http://www.ahlener-zeitung.de/lokales/muenster/nachrichten/1307646_Kalisch_ist_kein_Muslim_mehr.html und http://www.stern.de/panorama/universitaet-muenster-islamwissenschaftler-kalisch-ist-kein-muslim-mehr-1560530.html und darüber hinaus http://www.rp-online.de/panorama/deutschland/Islamwissenschaftler-Kalisch-ist-kein-Muslim-mehr_aid_847344.html

133 Siehe http://www.fr-online.de/in_und_ausland/wissen_und_bildung/aktuell/2568760_Muhammad-Kalisch-ist-kein-Muslim-mehr.html

134 Siehe etwa http://www.welt.de/politik/deutschland/article4613445/Deutschland-muss-Zuwanderung-als-Chance-sehen.html;jsessionid=3225B67326B9DDBA790B12D0724 C810A#vote_4545357

135 Siehe http://www.handelsblatt.com/politik/deutschland/laschet-plaediert-fuer-zuwanderungsministerium;2463903

136 Siehe http://www.jungefreiheit.de/Single-News-Display-mit-Komm.154+M53c908c25f3.0.html

137 Siehe http://www.bundestag.de/presse/hib/2010_06/2010_199/06.html

138 Siehe http://abcnews.go.com/Business/illegal-immigrants-cost-us-100-billion-year-group/story?id=10699317 und dazu auch die Studien unter http://www.fairus.org/site/PageServer

139 Siehe etwa http://abcnews.go.com/Business/illegal-immigrants-cost-us-100-billion-year-group/story?id=10699317&page=2

140 Etwa »USA: Nationalgarde gegen illegale Einwanderer«, http://diepresse.com/home/politik/aussenpolitik/568942/index.do?_vl_backlink=/home/index.do

141 Zitiert nach http://www.presseportal.de/pm/9062/1614067/bundesaerztekammer

142 Siehe OVG Bremen, Beschluss vom 10. März 2010 – 1 B 60/10, im Internet unter http://www.oberverwaltungsgericht.bremen.de/sixcms/media.php/13/PressOVG100312.pdf

143 Etwa zum Asylbewerberleistungsgesetz http://www.presseportal.de/pm/32102/1479596/statistisches_bundesamt

144 Siehe dazu etwa http://www.welt.de/politik/deutschland/article7511974/Bundesregierung-genehmigt-sich-Gehaltserhoehung.html

145 Siehe http://www.wienerzeitung.at/default.aspx?tabID=3861&alias=wzo&cob=491711

146 Zitiert nach *Frankfurter Allgemeine Sonntagszeitung*, »Milliarden für Migranten«, 9. August 2009, Nr. 32, S. 30

147 Zitiert nach http://www.rp-online.de/niederrheinnord/duisburg/nachrichten/Verletzte Polizistenbei-Randale-in-Marxloh_aid_858410.html

148 Siehe http://www.welt.de/welt_print/article2255315/Unter-Feinden.html

149 Siehe http://www.derwesten.de/waz/hoeren_-sehen-und-kultur/Marxloher-Moschee-soll-ein-Haus-fuer-alle-sein-id1420538.html und http://www.rp-online.de/niederrheinnord/duisburg/nachrichten/Neuer-Vorstand-will-klare-Verhaeltnisse_aid_861376.html

150 Siehe http://www.welt.de/welt_print/article2255315/Unter-Feinden.html

151 Siehe http://www.faz.net/s/Rub8D05117E1AC946F5BB438374CCC294CC/Doc~E28144395A2BB4539B7B2D22F292BF40A~ATpl~Ecommon~Scontent.html wie auch http://www.hr-online.de/website/rubriken/nachrichten/indexhessen34938.jsp?rubrik=36082&key=standard_document_39196441

152 Siehe http://www.faz.net/s/RubFC06D389EE76479E9E76425072B196C3/Doc~EB94A4675423549B3A66200CB193A3C7E~ATpl~Ecommon~Scontent.html

153 Zitiert nach http://www.rp-online.de/landtagswahl/themen/Polizei-fuehlt-sich-oft-ueberfordert_aid_854240.html

154 Siehe die Zahlen in http://www.bild.de/BILD/politik/2009/06/10/auslaenderkriminalitaet/neuer-bericht-von-staatsministerin-maria-boehmer.html

155 Siehe http://www.welt.de/print-welt/article261417/Polizei_verstaerkt_die_Jagd_auf_Scheinehe_Vermittler.html

156 Siehe http://www.suedtirolnews.it/d/artikel/2010/02/09/pfarrer-faelscht-aufenthaltsgenehmigungen-neun-personen-in-haft.html

157 Zitiert nach http://www.zeit.de/2010/21/Migranten-und-Psyche

158 Zitiert nach http://www.wiwo.de/politik-weltwirtschaft/deutschland-ist-ein-auswanderungsland-403947/

159 Zitiert nach http://www.online-merkur.de/seiten/lp201004ab.htm

160 Siehe http://de.statista.com/statistik/daten/studie/29719/umfrage/auswandern-aus-deutschland/#

161 Siehe http://www.bild.de/BILD/politik/2009/07/23/abwanderung-aus-deutschland/haelt-an.html und http://www.diw.de/documents/publikationen/73/diw_01.c.340726.de/09-39-3.pdf

162 Zitiert nach *Die Welt*, »Auswanderung belastet Staat und Sozialkassen«, 14. September 2009, http://www.welt.de/politik/deutschland/article4531346/Auswanderung-belastet-Staat-und-Sozialkassen.html

163 Siehe http://www.bild.de/BILD/politik/2009/07/23/abwanderung-aus-deutschland/haelt-an.html

164 Siehe http://www.handelsblatt.com/meinung/kolumne-weimers-woche/auswanderer-jeden-tag-verliert-deutschland-ein-dorf;2497975

165 Siehe http://www.dw-world.de/dw/article/0,2144,1689933,00.html

166 Siehe http://library.fes.de/fulltext/asfo/01011toc.htm

167 Siehe http://www.destatis.de/jetspeed/portal/cms/Sites/destatis/Internet/DE/Presse/pm/2008/05/PD08__185__12711,templateId=renderPrint.psml

168 Siehe http://www.telegraph.co.uk/news/uknews/1990807/Two-million-Britons-emigrate-in-10-years.html

169 Zitiert nach Gunnar Heinsohn, »Sozialhilfe auf fünf Jahre begrenzen«, in: *Frankfurter Allgemeine Zeitung*, 17. März 2010, http://www.faz.net/s/RubBA2FEF69D90D49589D58B10299C8647D/Doc~E0AC5A2CD5A6A481EABE50FAE2AEBA30B~ATpl~Ecommon~Scontent.html

170 Zitiert nach Miriam Lau, »Zuwanderung – Abrechnung mit einem Mythos«, in: *Die Welt*, 10. September 2009, http://www.welt.de/politik/deutschland/article4500301/Zuwanderung-Abrechnung-mit-einem-Mythos.html

171 Siehe http://www.hr-online.de/website/rubriken/nachrichten/index.jsp?rubrik=5710&key=standard_document_33716502&tl=rs

172 Siehe »Nachtboxen für gefährdete Roma-Jungs«, in: *Tagesspiegel*, 11. März 2010, im Internet unter http://www.tagesspiegel.de/berlin/Okerstrasse;art270,3053563

173 Siehe http://www.tagesspiegel.de/weltspiegel/der-held-muss-held-bleiben/1881038.html

174 Siehe http://www.bild.de/BILD/regional/duesseldorf/aktuell/2010/06/24/nach-der-enthuellung-verschaerft-stadt-kontrollen/hier-aergert-sich-die-bettel-mafia-ueber-bild.html

175 Zitiert nach http://www.n-tv.de/panorama/dossier/Junge-Straftaeter-machen-Musik-article877467.html

176 Siehe http://www.swp.de/goeppingen/lokales/mittleres_filstal/art5777,392197

177 Siehe http://www.20min.ch/diashow/diashow.tmpl?showid=29786

178 Siehe http://www.wz-newsline.de/?redid=812496

179 Zitiert nach http://www.internationaler-bund.de/index.php?id=12674

180 Siehe http://www.bild.de/BILD/regional/bremen/aktuell/2010/05/21/kick-boxen-fuer-ein-besseres-leben/meister-vahit-trainiert-problem-kids-in-luessum.html

181 Siehe http://archiv.mopo.de/archiv/2010/20100323/hamburg/panorama/so_gefaehrlich_ist_ihr_stadtteil.html

182 Siehe http://cdu-fraktion-hamburg-mitte.de/pdf/Buergerpreis_Integration,_Evaluation_Kosten,_19-10-09.pdf

183 Siehe http://www.hdj-wilhelmsburg.de/IPR_2009.htm

184 Siehe http://www.welt.de/hamburg/article1518223/SPD_wirft_Nagel_Untaetigkeit_vor.html

185 Siehe http://www.welt.de/hamburg/article1518223/SPD_wirft_Nagel_Untaetigkeit_vor.html

186 Siehe etwa http://www.wir-sind-da.net/meldungen/18741/37040/Beck-Potenziale-von-Migranten-nutzen.html

187 Siehe http://www.handelsblatt.com/meinung/gastbeitaege/friedrich-merz-der-loeschschaden-ist-groesser-als-der-brandschaden;2556746

188 Siehe http://wirtschaft.t-online.de/arbeitslosigkeit-eu-fuerchtet-kollaps-der-sozialsysteme/id_20120482/index

189 Siehe etwa http://www.dailymail.co.uk/news/article-1283291/The-18-000-council-job-apply-white.html?ITO=1490 und http://www.independent.co.uk/news/uk/home-news/row-over-black-only-council-job-ad-1989308.html

190 Siehe http://www.northamptonchron.co.uk/news/EXCLUSIVE-Council-forced-to-say.6353053.jp

191 Siehe http://www.dutchnews.nl/news/archives/2010/06/albert_heijn_to_go_store_manag.php

192 Siehe *NRC Handelsblad*, 15. März 2010, »Gouda has most criminal Moroccan suspects«, http://www.nrc.nl/international/article2504346.ece/Gouda_criminal_Moroccan_capital

193 Siehe http://www.dutchnews.nl/news/archives/2010/06/equal_opportunities_commission.php

194 Siehe http://www.gva.be/dekrant/experts/johndewit/het-verband-tussen-misdaad-en-etnische-afstamming.aspx

195 Siehe http://www.trouw.nl/nieuws/nederland/article3109117.ece/_Vijftigduizend_veroordeelden_ontlopen_straf_.html

196 Siehe *Daily Mail*, 14. März 2010, »No job unless you're Polish: Biggest Asda meat supplier excludes English speakers as ›all instructions are in Polish‹«, im Internet unter http://www.dailymail.co.uk/news/article-1257784/Biggest-Asda-meat-supplier-excludes-English-speakers-instructions-given-Polish.html#ixzz0iN08vHTE

197 Siehe http://www.infoseite-polen.de/newslog/?p=2363

198 Siehe http://de.euronews.net/2010/02/17/wieder-mehr-arbeitslose-in-grossbritannien/ und http://www.peoplemanagement.co.uk/pm/articles/2010/03/uk-has-one-of-the-highest-rates-of-hidden-joblessness-in-Europe-finds-cipd.htm

199 Siehe http://www.spiegel.de/politik/ausland/0,1518,614058,00.html

200 Siehe http://www.focus.de/panorama/vermischtes/grossbritannien-hohe-arbeitslosigkeit-schuert-rassistische-gedanken_aid_372882.html

201 Siehe http://www.focus.de/politik/deutschland/integrationsbeauftragte-boehmer-tuerkischstaemmiger-kanzler-keine-utopie_aid_508640.html

202 Siehe etwa http://galliawatch.blogspot.com/2010/05/ethnic-births-exposed.html und http://europenews.dk/en/node/32484

203 Siehe etwa http://www.spiegel.de/politik/deutschland/0,1518,694325,00.html

204 Der Name des Opfers wurde vom Autor verändert; das Verfahren vor dem Landgericht Arnsberg vom Dezember 2009 trägt das Aktenzeichen II-2 KLs-292 Js 318/09-22/09

205 Landgericht Arnsberg, Aktenzeichen II-2 KLs-292 Js 318/09-22/09

206 Zitiert nach Landgericht Arnsberg, Aktenzeichen II-2 KLs-292 Js 318/09-22/09

207 Zitiert nach http://www.aliceschwarzer.de/zur-person/texte-ueber-alice/2003/ich-bin-es-leid-eine-frau-zu-sein-41203/

208 Siehe http://www.20min.ch/news/zuerich/story/Mutmasslicher-Sextaeter-freigesprochen-31778233

209 Siehe http://www.abendzeitung.de/nuernberg/lokales/182323

210 Siehe http://www.derwesten.de/staedte/olpe/Bewaehrungsstrafe-fuer-Massage-id2939976.html

211 Siehe http://kurier.at/nachrichten/wien/1992450.php

212 Siehe beispielsweise http://www.derwesten.de/nachrichten/Zugbegleiterin-geschlagen-und-sexuell-belaestigt-id3009779.html

213 Siehe etwa *hln.be* vom 14. Mai 2010, »Binnen 10 jaar heeft 30 procent Belgen allochtone roots«, http://www.hln.be/hln/nl/957/Belgie/article/detail/1105583/2010/05/14/Binnen-10-jaar-heeft-30-Belgen-allochtone-roots.dhtml

214 Zitiert nach http://www.bruxelles.irisnet.be/de/region/region_de_bruxelles-capitale/communes/saint_josse_ten_noode.shtml

215 Siehe etwa http://www.deredactie.be/cm/vrtnieuws.deutsch/mediatheek_de/1.757960

216 Siehe etwa http://www.gva.be/nieuws/binnenland/aid928168/meer-en-meer-allochtonen-in-belgie.aspx

217 Vergleiche dazu etwa http://www.npdata.be/BuG/125-Vreemde-afkomst/

218 Siehe http://www.ftd.de/politik/europa/:beamte-als-kriminellen-opfer-in-bruessels-europaviertel-boomt-das-verbrechen/50085625.html

219 Siehe http://www.sz-online.de/Nachrichten/Politik/In_Bruessel_waechst_die_Angst_vor_Ueberfaellen/articleid-2294694 und http://www.augsburger-allgemeine.de/Home/Nachrichten/Politik/Artikel,-Abgeordnete-in-Bruessel-angegriffen-_arid,1921684_regid,2_puid,2_pageid,4290.html sowie http://archiv.sueddeutsche.de/25S38a/3086790/Ueberfall-auf-Europaabgeordnete.html

220 Siehe http://www.n-tv.de/politik/dossier/Eurokraten-fordern-mehr-Sicherheit-article662031.html

221 Siehe http://www.welt.de/politik/ausland/article4896017/Bruessel-ist-Europas-Hauptstadt-des-Verbrechens.html

222 Siehe http://www.welt.de/politik/ausland/article4896017/Bruessel-ist-Europas-Hauptstadt-des-Verbrechens.html

223 Siehe etwa http://www.cafebabel.de/article/32733/jobsuche-rassismus-einwanderer-bruessel.html

224 Siehe *De Standaard*, »De getto's van Brussel«, 30. September 2009, http://www.standaard.be/Artikel/Detail.aspx?artikelId=5D2FRJ8M

225 Siehe *De Standaard*, »De getto's van Brussel«, 30. September 2009, http://www.standaard.be/Artikel/Detail.aspx?artikelId=5D2FRJ8M

226 Siehe http://www.depers.nl/binnenland/335365/Ik-raak-niet-verwoest-door-verlies.html
227 Siehe http://www.brusselnieuws.be/artikels/stadsnieuws/zes-agenten-gewond-bij-rellen-in-molenbeek
228 Siehe http://www.hannover-zeitung.net/humor/134037-ein-junger-tuerke-kommt-ins-sozialamt-geht-zum-schalter-und-sagt-zu-dem-beamten-?joscclean=1&comment_id=616
229 Siehe http://www.focus.de/politik/deutschland/umfrage-mehrheit-der-deutschen-gibt-sarrazin-recht_aid_443786.html und http://nachrichten.t-online.de/thilo-sarrazin-mehrheit-gibt-ihm-nach-umfrage-recht/id_20213946/index
230 Zitiert nach *B.Z.*, »Umschulung zum Wahrsager – Amt zahlt«, 13. März 2010, im Internet unter http://www.bz-berlin.de/bezirk/prenzlauerberg/umschulung-zum-wahrsager-amt-zahlt-article768882.html
231 Siehe http://www.bundesregierung.de/nsc_true/Content/DE/Artikel/IB/Anlagen/2009-06-10-indikatorenbericht,property=publicationFile.pdf/2009-06-10-indikatorenbericht
232 Zitiert nach http://www.jungewelt.de/2010/06-17/032.php
233 Siehe http://kurier.at/wirtschaft/2010035.php
234 Siehe http://www.tagesschau.de/inland/integration102.html
235 Zitiert nach http://diepresse.com/home/bildung/schule/556669/index.do?from=gl.home_bildung
236 Siehe beispielsweise http://www.ad.nl/ad/nl/1012/Binnenland/article/detail/479648/2010/04/27/Docenten-Moslimleerlingen-hebben-moeite-met-Holocaust-les.dhtml
237 Siehe http://www.kostenlose-urteile.de/Gebetsraum-fuer-islamisches-Gebet-in-der-Schule—Muslimischer-Schueler-darf-in-der-Schule-beten.news8539.htm wie auch http://www.welt.de/politik/deutschland/article4672675/Schule-muss-Gebetsraum-fuer-Muslime-organisieren.html und http://www.morgenpost.de/berlin/article1182251/Berliner_Senat_und_Schulleitung_gegen_Gebetsraeume.html
238 Siehe etwa http://www.morgenpost.de/berlin/article1315058/Muslimisches-Gebet-stoert-den-Schulfrieden.html und auch http://www.stern.de/panorama/urteil-in-berlin-gericht-streicht-schueler-mittagsgebet-1569681.html
239 Zitiert nach http://www.tagesspiegel.de/berlin/schule/weitere-schueler-fordern-gebetsraeume/1843164.html
240 N-TV, 9. März 2010, »Uhl: Eine Islamisierung gibt es nicht«, http://www.n-tv.de/politik/dossier/Eine-Islamisierung-gibt-es-nicht-article766325.html
241 Siehe etwa sein Buch *Aristote au mont Saint-Michel: Les racines grecques de l'Europe chrétienn*e
242 Zitiert nach http://diepresse.com/home/kultur/news/378506/index.do
243 Zitiert nach http://www.merkur.de/2010_18_leiter_zuwanderung.41949.0.html?&no_cache=1
244 Siehe http://www.bild.de/BILD/news/vermischtes/2008/08/20/hartz-IV-betrug/tuerkische-familie-baut-luxus-villa-strafanzeige.html
245 Siehe http://www.bild.de/BILD/hamburg/aktuell/2008/06/02/hamburgs-schlimmster/sozialschmarotzer-verurteilt.html

246 Siehe http://www.dailymail.co.uk/news/article-526483/Radical-Muslim-preacher-caught-film-giving-advice-hoodwink-Government-benefits.html
247 Siehe http://militantislammonitor.org/article/id/2799
248 Siehe http://www.thelocal.se/6123/20070117/
249 Siehe dazu http://www.thelocal.se/13786/20080819/
250 Siehe http://www.aftenposten.no/nyheter/iriks/article1666533.ece
251 Siehe http://www.aftenposten.no/english/local/article1884724.ece
252 Siehe http://www.aftenposten.no/nyheter/iriks/article1640329.ece
253 Siehe http://www.welt.de/politik/deutschland/article7919186/Glaeubige-Muslime-sind-deutlich-gewaltbereiter.html
254 Siehe http://www.dailymail.co.uk/news/article-1288597/Greedy-NHS-consultant-Zahid-Ali-earned-300-hour-jailed-claiming-15k-benefits.html
255 Siehe etwa http://de.wikipedia.org/wiki/Dschizya
256 Zitiert nach *al-mausu?a al-fiqhiyya*, Band 15, S. 159–160
257 Siehe http://www.memritv.org/clip/en/0/0/0/0/0/0/2472.htm und http://www.jihadwatch.org/2010/06/we-suggested-that-they-convert-to-islam-and-be-saved-or-pay-the-jizya-poll-tax-or-else-we-would-wage.html
258 Siehe http://www.bundesregierung.de/Content/DE/Magazine/emags/evelop/051/s3-gtz-potenziale-migration-nutzen.html
259 Siehe http://www.bundesregierung.de/Content/DE/Magazine/emags/evelop/051/s3-gtz-potenziale-migration-nutzen.html
260 Siehe http://epp.eurostat.ec.europa.eu/portal/page/portal/eurostat/home/
261 Siehe http://www.focus.de/politik/deutschland/migranten-bildung-schlechter-armut-groesser_aid_407110.html
262 Siehe http://www.migazin.de/2009/12/17/migranten-dreimal-haufiger-von-armut-betroffen/
263 Siehe http://www.solinger-tageblatt.de/Home/Solingen/Bezogen-Asylbewerber-zu-Unrecht-knapp-75-000-Euro-Leistungen-efd6d14c-ec9e-446e-ad1f-64dda0e0908f-ds
264 Siehe http://www.solinger-tageblatt.de/Home/Solingen/Bezogen-Asylbewerber-zu-Unrecht-knapp-75-000-Euro-Leistungen-efd6d14c-ec9e-446e-ad1f-64dda0e0908f-ds
265 Siehe http://steuern-abgaben.suite101.de/article.cfm/steuerhinterziehung_knast_droht
266 Zitiert nach *Weltwoche*, 2. Juni 2010, »Dorado für Sozialbetrüger«, http://www.weltwoche.ch/ausgaben/2010-22/artikel-2010-22-ausschaffungsinitiative-dorado-fuer-sozialbetrueger.html
267 Siehe http://www.op-online.de/nachrichten/langen/stadtwerke-geduld-ende-727842.html
268 Siehe *Offenbach-Post*, 23. April 2005, »Stadtwerke mit Geduld am Ende«, im Internet unter http://www.op-online.de/nachrichten/langen/stadtwerke-geduld-ende-727842.html
269 Zitiert nach http://www.faz.net/s/Rub5785324EF29440359B02AF69CB1BB8CC/Doc~ED3DEBFE0EAD54A0F9584D40CC9274A7B~ATpl~Ecommon~Scontent.html

270 Siehe http://www.spiegel.de/spiegel/0,1518,700543,00.html

271 Siehe http://www.dailymail.co.uk/news/article-1289654/Iraqi-asylum-cheat-got-700-000-benefits-houses-private-school-son.html

272 Siehe http://www.dailymail.co.uk/news/article-1170327/Paralympian-basketballer-jai led-33-000-disability-benefit-fraud.html

273 Siehe http://www.dailymail.co.uk/news/article-1054752/Jailed-Mother-held-daughters-severed-fingers-court-claimed-voodoo-curse-commit-1m-benefit-fraud.html

274 Siehe http://www.dailymail.co.uk/news/article-1024661/Grandmother-jailed-600-000-benefit-fraud-allowed-buy-EIGHT-houses.html

275 Siehe http://www.nz-online.de/artikel.asp?art=1041294&kat=11

276 Siehe *Saarbrücker Zeitung*, 13. Mai 2010, »60 Schwarzarbeiter bei einem Döner-Chef in Saarlouis«, http://www.saarbruecker-zeitung.de/aufmacher/Schwarzarbeit-Kebab-Doener-Schwarzgeldkasse-Imbiss-Saarbruecken-Zoll-BEtrug-Polizei;art27856,3292147

277 Zitiert nach http://www.saarbruecker-zeitung.de/aufmacher/Schwarzarbeit-Kebab-Doe ner-Schwarzgeldkasse-Imbiss-Saarbruecken-Zoll-BEtrug-Polizei;art27856,3292147

278 Siehe http://www.n-tv.de/panorama/Jetzt-Knast-statt-Doener-article422239.html

279 Siehe http://www.faz.net/s/RubCD175863466D41BB9A6A93D460B81174/Doc~EE 8B32FBF9601439186BD404B650DF637~ATpl~Ecommon~SMed.html

280 Siehe dazu den Artikel »Insolvenzverschleppung: Haftstrafe auf Bewährung für Döner- und TV-Produzenten«, in: *Der Westen*, 5. Mai 2010, http://www.derwesten.de/staedte/ luenen/Haftstrafe-auf-Bewaehrung-fuer-Doener-und-TV-Produzenten-id2946795.html

281 Siehe http://www.augsburger-allgemeine.de/Home/Nachrichten/Bayern/Artikel,-Doener-wurfurteil-in-Muenchen-_arid,1203309_regid,2_puid,2_pageid,4289.html

282 Zitiert nach http://www.bild.de/BILD/regional/stuttgart/aktuell/2010/05/18/schmud del-kneipen/immer-mehr-ekel-imbisse-in-stuttgart.html

283 Siehe http://www.spiegel.de/wirtschaft/0,1518,436156,00.html

284 Vergleiche etwa http://www.sol.de/titelseite/topnews/Lebensmittel-Tester-Kebab-Eis-Gefluegeldoener-Ekelfleisch-Gammelfleisch-Lebensmittelkontrollen-Widerlich-Ekel-Essen-in-Kebab-Buden;art26205,3123829

285 Siehe *Berner Zeitung*, 11. Februar 2010, »Fäkalbakterien auf Kebab-Brot«, im Internet unter http://www.bernerzeitung.ch/region/gemeinde/Faekalbakterien-auf-KebabBrot/ story/27886190

286 Siehe etwa http://www.welt.de/wissenschaft/article4898839/Viele-Doener-Buden-neh men-Hygiene-nicht-so-ernst.html

287 Siehe http://help.orf.at/?story=3537

288 Zitiert nach http://www.ln-online.de/regional/2681850

289 Siehe etwa http://www.dailymail.co.uk/news/article-1220815/Police-disciplined-blun ders-murder-case-girl-turned-kebabs.html

290 Siehe http://www.gastro.de/news/fast_food_survival_guide_praesentiert_fast_food_stu die/3312/

291 Etwa http://de.news.yahoo.com/17/20100403/tbs-polizei-stellt-etwa-600-kilogramm-un-609f618.html

292 Siehe http://www.shz.de/nachrichten/top-thema/article/111/doenerspiesse-in-ungekuehltem-transporter-beschlagnahmt-1.html

293 Siehe http://www.morgenpost.de/printarchiv/berlin/article286817/Doener_stark_mit_Keimen_belastet.html

294 Siehe http://www.schwarzwaelder-bote.de/wm/Horb-aN/Horb-Gammelfleisch-Noch-Lust-auf-Doener?catId=7830222&artId=14372537

295 Siehe http://www.presseurop.eu/de/content/article/83701-muslime-harte-zeiten-statt-dolce-vita

296 Siehe http://regionews-cw.de/2009/10/gegen-doner-imbiss-in-gechingen-burger-wehren-sich_7965/

297 Siehe http://vebu-schulprojekt.de/wp-content/uploads/2009/05/AB_Stichprobe_Artikel.pdf

298 Siehe etwa http://derstandard.at/3391874 und http://derstandard.at/1277337644743/Kleidervorschrift-Rockverbot-fuer-Frauen-im-Erdbeerland

299 Zitiert nach http://www.general-anzeiger-bonn.de/index.php?k=loka&itemid=10490&detailid=718694

300 Zitiert nach http://www.general-anzeiger-bonn.de/index.php?k=loka&itemid=10490&detailid=735896

301 Siehe http://www.spiegel.de/kultur/tv/0,1518,701771,00.html

302 Siehe http://www.hr-online.de/website/rubriken/nachrichten/indexhessen34938.jsp?rubrik=36082&key=standard_document_35017974

303 Siehe http://www.hr-online.de/website/rubriken/nachrichten/index.jsp?rubrik=5710&key=standard_document_33465308

304 Siehe http://www.hr-online.de/website/rubriken/nachrichten/index.jsp?rubrik=15662&key=standard_document_27896732

305 Siehe http://www.faz.net/s/Rub8D05117E1AC946F5BB438374CCC294CC/Doc~E0584F2D304BF4C679C64C2954E808F13~ATpl~Ecommon~Scontent.html

306 Zitiert nach http://www.faz.net/s/Rub8D05117E1AC946F5BB438374CCC294CC/Doc~E0584F2D304BF4C679C64C2954E808F13~ATpl~Ecommon~Scontent.html

307 Siehe http://www.hr-online.de/website/rubriken/nachrichten/index.jsp?rubrik=5710&key=standard_document_35192102

308 Siehe http://www.fr-online.de/frankfurt_und_hessen/nachrichten/hessen/?em_cnt=2064575&em_loc=1234

309 Der Artikel trägt die Überschrift: »OB Schneider: Jagd auf Sozialbetrüger liegt im Interesse der wirklich Hilfsbedürftigen/Polizei lobt Kooperation mit Stadt/Kinderverleih als Spezialität einzelner Sippenangehöriger/Strafen sollen präventiv wirken« und ist im Internet offenkundig inzwischen gelöscht worden, ursprüngliche Quelle unter http://www.op-online.de/regionalnews/offenbach/71_263_31383336333535.htm

310 Siehe http://www.presseportal.de/print.htx?nr=1261586&type=polizei

311 Zitiert nach http://www.polizei.bayern.de/news/presse/aktuell/index.html/116902

312 Zitiert nach http://www.bz-berlin.de/bezirk/neukoelln/bettel-roma-die-mitleids-masche-article838198.html

313 Siehe http://www.presseurop.eu/en/content/article/125701-forced-integration-roma

314 Zitiert nach http://www.faz.net/s/RubFAE83B7DDEFD4F2882ED5B3C15AC43E2/Doc~E24B0EE86F7E74112898926F49960BBF5~ATpl~Ecommon~Scontent.html

315 Siehe etwa http://www.presseportal.de/pm/14918/1506975/deutscher_presserat

316 Siehe http://www.migazin.de/2010/04/08/eu-fordert-von-mitgliedern-mehr-einsatz-fur-roma/

317 Siehe http://www.jungefreiheit.de/Single-News-Display-mit-Komm.154+M5f727135cca.0.html

318 Siehe http://www.dailymail.co.uk/news/article-1272578/Guidelines-gipsies-human-rights-local-residents.html

319 Siehe http://www.swr.de/nachrichten/rp/-/id=1682/nid=1682/did=6217924/168m5zi/

320 Siehe etwa http://www.presseportal.de/polizeipresse/pm/74163/1590514/bundespolizei inspektion_altenberg

321 Siehe http://www.20min.ch/news/schweiz/story/Zebrastreifen-Empfehlung-kommt-vom-Bund-31026464

322 Siehe etwa http://www.martinsteiger.ch/sharing/twitter/4129.pdf

323 Siehe beispielsweise den Vorschlag der Christlichen Demokraten, zu finden im Internet unter http://www.dutchnews.nl/news/archives/2010/05/call_immigrants_bicultural_not.php

324 Siehe http://www.thelocal.se/27180/20100611/

325 Siehe http://www.thelocal.se/25374/20100305/

326 Siehe http://kurier.at/nachrichten/1981362.php

327 Siehe http://bazonline.ch/ausland/europa/Mazedonien-geht-gegen-mafioese-Roma haendler-vor/story/11542731

328 Siehe http://derstandard.at/1263707127506/Steiermark-BZOe-will-Volksbefragung-zu-Bettelverbot

329 Siehe http://www.tagesspiegel.de/berlin/Roma-Zehlendorf;art270,3027008

330 Siehe http://polskaweb.eu/kriminalitaet-ohne-grenzen-53673563.html

331 Siehe http://www.igmg.de/nachrichten/artikel/eugh-urteil-keine-visumspflicht-fuer-tuerkische-fernfahrer.html

332 Siehe http://www.europa-mobil.de/eu-eugh-entscheidungen/eugh-arbeiten-europa/Arbeitsaufnahme/Berufszugang/Abatay-Sahin-Arbeitserlaubnis-Gueterkraftverkehr/

333 Siehe http://www.migrationsrecht.net/nachrichten-auslaenderrecht-politik-gesetzgebung/1298-bundesregierung-raeumt-visafreiheit-fuer-tuerken-ein.html

334 Siehe http://www.igmg.de/nachrichten/artikel/visumfreie-einreise-nach-deutschland-fuer-bestimmte-berufsgruppen-in-der-tuerkei-moeglich.html

335 Siehe http://www.gesetze-im-internet.de/bundesrecht/assoziierungsabkewg_turg/gesamt.pdf

336 Siehe http://www.focus.de/politik/ausland/beitrittsgespraeche-tuerkei-fordert-von-eu-raschen-visa-verzicht_aid_465035.html

337 Siehe http://www.igmg.de/nachrichten/artikel/verweigerung-der-visafreiheit-fuer-tuerken-muss-strafbar-gemacht-werden.html

338 Siehe http://www.focus.de/politik/ausland/eu-tuerkei-dringt-auf-visafreie-einreise_aid_476988.html

339 Siehe dieses Video: http://www.youtube.com/watch?v=qGHCfCeHmUI&feature=player_embedded

340 Siehe http://www.bnr.bg/sites/de/Lifestyle/BulgariaAndEurope/Pages/080110_BB.aspx

341 Siehe http://morgenmagazin.zdf.de/ZDFde/inhalt/17/0,1872,7592081,00.html

342 Siehe http://www1.bpb.de/themen/HRLQQW,0,Der_EUBeitritt_in_der_t%FCrkischen_Diskussion.html

343 Siehe AFP vom 30. September 2009, »Turks untolerant, suspicious of ethnic minorities, poll shows«, http://www.ejpress.org/article/39510

344 Siehe http://www.turkyahudileri.com/images/stories/dokumanlar/perception%20of%20different%20identities%20and%20jews%20in%20turkey%202009.pdf

345 Siehe http://diepresse.com/home/politik/eu/556801/index.do?_vl_backlink=/home/politik/eu/index.do

346 Zitiert nach *Weltwoche*, »Frau Zaki braucht ein Dienstmädchen«, http://www.weltwoche.ch/ausgaben/2007-07/artikel-2007-07-frau-zaki-braucht-ein-dienstmaedchen.html

347 Zitiert nach http://www.derwesten.de/staedte/bochum/gericht/Anklage-27-Jaehriger-brach-Arge-Mitarbeiter-einen-Finger-id2810567.html

348 Zitiert nach http://www.bild.de/BILD/politik/2009/10/28/der-grosse-hartz-iv-report/mitarbeiter-der-jobcenter-erzaehlen.html

349 Siehe http://www.mopo.de/2010/20100518/hamburg/panorama/zoff_im_amt_ploetzlich_kam_ein_stuhl_geflogen.html

350 Zitiert nach http://www.lg-krefeld.nrw.de/presse/ueber/Presse__bersichten_2010/Pressevorschau_Juni_2010.pdf

351 Zitiert nach http://www.saarbruecker-zeitung.de/aufmacher/lokalnews/Burbach-ARGE-Gefaehrliche-Koerperverletzung;art27857,2960817

352 Siehe http://www.haufe.de/newsDetails?newsID=1257758694.95

353 Beispielsweise wurden im Jahr 2006 allein 1268 Angriffe auf Jobcenter-Mitarbeiter der für Hartz-IV-Empfänger zuständigen Arbeitsgemeinschaft (Arge) verzeichnet, siehe http://www.abendblatt.de/hamburg/article486982/3032-Attacken-Immer-mehr-Gewalt-in-Hamburgs-Aemtern.html

354 Siehe http://www2.polizei.rlp.de/internet/sub/69b/69b20b8b-e359-8511-cb82-2e1a94839292,,,7006045d-9c34-7001-be59-2680a525fe06.htm

355 Siehe http://www.morgenpost.de/berlin-aktuell/article1267041/Scheinvaterschaften-kosten-Berlin-Millionen.html

356 Siehe http://www.morgenpost.de/printarchiv/berlin/article698992/Senat_will_keine_ zentrale_Pruefstelle_fuer_Scheinvaterschaften.html

357 Siehe http://www.welt.de/welt_print/article2210724/Senat_will_keine_zentrale_Pruef stelle_fuer_Scheinvaterschaften.html

358 Siehe http://www.bild.de/BILD/regional/berlin/dpa/2010/03/11/98-berliner-verdachts faelle-auf-scheinvaterschaft.html und http://www.morgenpost.de/printarchiv/berlin/ article1273111/Fast-hundert-Verfahren-wegen-Scheinvaterschaft.html

359 Siehe http://ec.europa.eu/news/justice/090902_de.htm

360 Siehe http://ec.europa.eu/news/justice/090902_de.htm

361 Siehe http://ec.europa.eu/news/justice/090902_de.htm

362 Siehe http://www.bild.de/BILD/news/telegramm/news-ticker,rendertext=9663664.html

363 Urteil vom 25. Juni 2009 (Aktenzeichen B 3 KR 4/08 R)

364 Zitiert nach http://www.bild.de/BILD/regional/frankfurt/dpa/2010/03/27/banzer-ein wandererinnen-medizinisch-besser.html

365 Siehe etwa http://www.emhosting.de/kunden/fluechtlingsrat-nrw.de/system/upload/ download_597.pdf

366 Siehe http://www.arbeitsagentur.de/zentraler-Content/Veroeffentlichungen/Merkblatt-Sammlung/MB-Kindergeld-tuerkisch.pdf

367 Quelle: http://www.arbeitsagentur.de/zentraler-Content/Veroeffentlichungen/Merkblatt-Sammlung/MB-Kindergeld-tuerkisch.pdf

368 Zitiert nach http://www.jungefreiheit.de/Single-News-Display-mit-Komm.154+M5dee fea96bf.0.html und siehe auch http://www.welt.de/politik/deutschland/article7719675/ Migranten-sind-die-Verlierer-im-Gesundheitswesen.html

369 Siehe etwa http://diepresse.com/home/politik/innenpolitik/569152/index.do?_vl_back link=/home/politik/index.do

370 Siehe *Die Welt*, »Krankenkassen müssen für Eltern von Ausländern in deren Heimat zahlen«, http://www.welt.de/print-wams/article128252/Krankenkassen_muessen_fuer_ Eltern_von_Auslaendern_in_deren_Heimat_zahlen.html

371 Siehe http://www.mitteleuropa.de/sozvers01.htm

372 Zitiert nach http://www.mitteleuropa.de/sozvers01.htm

373 Zitiert nach http://www.welt.de/print-wams/article120100/Milliardenbetrug_mit_ Chipkarten.html

374 Siehe dazu http://www.welt.de/print-wams/article120100/Milliardenbetrug_mit_Chip karten.html

375 Siehe http://www.spiegel.de/wirtschaft/soziales/0,1518,703701,00.html

376 Eine Kopie des Artikels findet sich unter http://www.politikforen.net/showthread. php?t=44255

377 Siehe etwa *Solinger Tagblatt*, 9. Juni 2010, »Prozess um Korruption: Solinger Arzt belastet«, http://www.solinger-tageblatt.de/Home/Solingen/Prozess-um-Korruption-So linger-Arzt-belastet-2da68ad5-62f0-4438-b522-6cadf8e7a84d-ds

378 Siehe http://www.weltwoche.ch/weiche/artikel-fuer-abonnenten.html?hidID=538616

379 Alle Angaben aus dem Bericht unter http://www.weltwoche.ch/weiche/artikel-fuer-abonnenten.html?hidID=538616

380 Siehe http://www.20min.ch/news/schweiz/story/12555763

381 Siehe http://www.20min.ch/news/schweiz/story/Keine-Rente-mehr-fuer-Kosovo-Rueckkehrer-26385765

382 Zitiert nach http://www.20min.ch/news/schweiz/story/Bund-will-kriminelle-Nigerianer-stoppen-29288875

383 Siehe http://www.taz.de/1/berlin/artikel/1/tuerken-gehen-in-berlin-unter/

384 Siehe http://www.migazin.de/2010/02/08/minijob-ausreichend-fur-aufenthaltstitel-ausarb-180/

385 Zitiert nach http://www.bild.de/BILD/politik/2009/10/27/hartz-iv/halil/verkauft-drogen-und-geklaute-handys.html

386 Siehe http://www.bild.de/BILD/regional/koeln/aktuell/2010/04/21/hartz-vi-empfaenger/soll-4-tonnen-koks-mit-yacht-geschmuggelt-haben.html

387 Siehe http://www.rp-online.de/niederrheinnord/emmerich/nachrichten/emmerich/Mit-Pfefferspray-gegen-randalierenden-Tuerken_aid_559626.html

388 Siehe dazu auch den *Weltwoche*-Artikel vom 29. Juli 2009 von Alex Baur: »Lebenshilfe – Karriere: Wie kassiere ich Sozialhilfe?«, http://www.weltwoche.ch/ausgaben/2009-31-32/artikel-2009-31-wie-kassiere-ich-sozialhilfe.html

389 Siehe http://www.solinger-tageblatt.de/Home/Solingen/Bezogen-Asylbewerber-zu-Unrecht-knapp-75-000-Euro-Leistungen-efd6d14c-ec9e-446e-ad1f-64dda0e0908f-ds

390 Siehe http://www.hr-online.de/website/rubriken/nachrichten/indexhessen34938.jsp?rubrik=36090&key=hessen_vtx_meldung_38917163

391 Siehe http://www.fimm-integration.ch/portrait_al.htm

392 Siehe http://www.welt.de/debatte/kommentare/article7585378/Die-Heuchelei-bei-der-Integration-der-Tuerken.html

393 Siehe etwa http://www.dailymail.co.uk/news/article-1268869/The-master-forger-aged-76-helped-15-000-stay-illegally-Britain.html

394 Zitiert nach http://tebatebai.blogspot.com/2010/03/wo-es-ein-vorteil-ist-turke-zu-sein.html

395 Siehe http://www.iik.de/indiik.html

396 Siehe http://www.imap-institut.de/

397 Siehe http://www.ifim.de/

398 Siehe http://www.ikud.de/

399 Siehe http://www.ipe-mainz.de/Angebote/Projekte.html

400 Siehe http://www.kiik.eu/

401 Siehe http://www.ashberlin.de/index.php?id=3060

402 Siehe http://www.welt.de/politik/deutschland/article7562534/Die-Bundeswehr-wird-zur-multireligioesen-Armee.html

403 Siehe http://www.migazin.de/2010/04/26/grun-im-namen-allahs/

404 Siehe http://www.migazin.de/2010/04/26/das-lehmbruckmuseum-auf-turkisch-erkunden/

405 Siehe http://www.spiegel.de/politik/deutschland/0,1518,694513,00.html

406 Zitiert nach http://www.internationaler-bund.de/index.php?id=582

407 Siehe http://www.internationaler-bund.de/fileadmin/user_upload/downloads/Integration_von_Menschen_mit_Migrationshintergrund.pdf

408 Siehe http://www.welt.de/vermischtes/article4440133/Das-Gefuehlschaos-der-tuerkischen-Vaeter.html#article_reportComment

409 Siehe http://www.kas.de/proj/home/pub/85/1/dokument_id-17922/index.html

410 Siehe http://www.taz.de/1/nord/bremen/artikel/1/schlechte-kasse-fuer-gute-sache/

411 Zitiert nach http://www.taz.de/1/nord/bremen/artikel/1/schlechte-kasse-fuer-gute-sache/

412 Zitiert nach http://www.nwzonline.de/index_regionalausgaben_stadt_bremen_artikel.php?id=2100285

413 Siehe http://www.taz.de/1/nord/artikel/1/selbsthilfe-vor-allem-fuer-den-chef/

414 Zitiert nach http://www.weser-kurier.de/Artikel/Bremen/28743/Justiz+ermittelt+gegen+Interkulturelle+Werkstatt+Tenever.html

415 Siehe http://www.weser-kurier.de/Artikel/Bremen/Politik/30699/Bremen+kippt+Zusammenarbeit+mit+Interkultureller+Werkstatt.html

416 Zitiert nach http://www.bag-hartz-iv.de/index.php/nachrichten/hartz-iv/413

417 Siehe Hinweis ganz am Ende des Artikels der *taz* unter http://www.taz.de/1/nord/bremen/artikel/?dig=2009%2F11%2F13%2Fa0188&cHash=a3d15ad2fd

418 Siehe http://www.dielinke-bremen.de/index.php?id=7240&tx_ttnews%5Btt_news%5D=13140&tx_ttnews%5BbackPid%5D=9164

419 Siehe etwa http://www.weser-kurier.de/Artikel/Bremen/Stadtteile/Osterholz/29493/Zwei+Standorte+fuer+neue+Parzellen++.html

420 Siehe http://de.wikipedia.org/wiki/Rat_f%C3%BCr_Migration

421 Zitiert nach http://www01.wdr.de/wissen//wdr_wissen/programmtipps/fernsehen/09/09/20_1555_w.php5?start=1253948400, siehe auch http://www01.wdr.de/tv/cosmotv/sendungsbeitraege/2009/0920/20_integrations_industrie.jsp

422 Zitiert nach http://www.taz.de/1/politik/deutschland/artikel/1/der-menschliche-makel/

423 Siehe unter http://news.bbc.co.uk/2/hi/uk_news/england/essex/10295658.stm wie auch unter http://www.guardian-series.co.uk/news/8214902.LOUGHTON__Muslim_prayer_leader_sentenced_to_prison_for_telling__pack_of_lies_/

424 Siehe http://www.guardian-series.co.uk/news/8214902.LOUGHTON__Muslim_prayer_leader_sentenced_to_prison_for_telling__pack_of_lies_/

425 Siehe http://www.guardian.co.uk/uk/2010/jun/11/project-champion-numberplate-recognition-birmingham

426 Siehe http://www.welt.de/die-welt/article3675701/Streit-um-staatlich-gefoerdertes-Antirassismus-Projekt.html

427 Zur Entstehungsgeschichte siehe http://www.hatunundcan-ev.com/index.php?option=com_content&task=view&id=48&Itemid=36

428 Siehe http://www.tagesspiegel.de/berlin/Ehrenmord-Hatun-Sueruecue-Gedenken;art270,2725081

429 Zitiert nach http://www.tagesspiegel.de/berlin/Integration;art270,2323606

430 Siehe http://www.tagesspiegel.de/berlin/Integration;art270,2323606

431 Siehe http://www.stern.de/panorama/anzeige-wegen-betrugs-erstattet-wo-ist-alice-schwarzers-jauch-gewinn-geblieben-1555247.html und http://newsticker.sueddeutsche.de/list/id/967625

432 Siehe http://www.welt.de/vermischtes/article7005335/Frauenverein-veruntreut-Alice-Schwarzers-Spende.html

433 Siehe http://www.bild.de/BILD/unterhaltung/TV/2010/02/18/alice-schwarzer-fordert/wer-wird-millionaer-gewinn-von-frauennothilfe-verein-zurueck.html

434 Siehe etwa http://www.morgenpost.de/berlin/article1284595/Chef-von-Frauennothilfe-Verein-sitzt-in-Haft.html und http://www.bz-berlin.de/archiv/jauch-spende-fuer-hatun-verein-verjubelt-haftbefehl-article791615.html

435 Siehe http://www.berlinonline.de/berliner-zeitung/berlin/160654/160655.php

436 Siehe http://www.hatunundcan-ev.com/index.php?option=com_content&task=view&id=76&Itemid=1

437 Siehe http://www.katachel.de/aktuelles/prressestimmen/index.php

438 Siehe http://www.spiegel.de/politik/deutschland/0,1518,687597,00.html

439 Siehe http://www.berlinonline.de/berliner-zeitung/archiv/.bin/dump.fcgi/2010/0219/tagesthema/0023/index.html

440 Zitiert nach http://www3.ndr.de/sendungen/niedersachsen_1800/nachrichten/katachel102.html

441 Zitiert nach http://www.treberhilfe.org/

442 Siehe http://www.shortnews.de/id/823279/Maserati-Affaere-Harald-Ehlert-wohnte-in-Dienstvilla-fuer-450-Euro-monatlich und http://www.spiegel.de/panorama/gesellschaft/0,1518,688268,00.html

443 Siehe http://www.bild.de/BILD/news/2010/03/26/deutschlands-gierigster-sozialarbeiter/das-verdiente-harald-ehlert-der-ex-chef-der-berliner-treberhilfe.html

444 Siehe http://www.rbb-online.de/nachrichten/politik/2010_03/treberhilfe__ehlert.html

445 Siehe http://www.spiegel.de/panorama/gesellschaft/0,1518,688268,00.html

446 Siehe http://www.welt.de/berlin/article2104533/Neue_Eingreiftruppe_gegen_kriminelle_Jugendliche.html

447 Zitiert nach http://www.welt.de/berlin/article2104533/Neue_Eingreiftruppe_gegen_kriminelle_Jugendliche.html

448 Zitiert nach http://www.welt.de/berlin/article2104533/Neue_Eingreiftruppe_gegen_kri minelle_Jugendliche.html

449 Siehe http://www.mz-web.de/servlet/ContentServer?pagename=ksta/page&atype=ksArti kel&aid=1268203938259

450 Siehe http://www.morgenpost.de/berlin-aktuell/article1273441/Knake-Werner-tritt-als-Aufsichtsrat-zurueck.html

451 Siehe http://www.welt.de/vermischtes/article6444996/Treberhilfe-mit-Maserati-in-Radarfalle.html und http://www.bz-berlin.de/aktuell/berlin/treberhilfe-maserati-als-dienstwagen-article739606.html

452 Siehe http://www.maerkischeallgemeine.de/cms/beitrag/11733795/60709/

453 Siehe http://www.tagesspiegel.de/berlin/Maserati-Treberhilfe;art270,3054168

454 Siehe etwa *Spiegel*, 10. Dezember 2006, »Obdachlose in Berlin«, http://www.spiegel.de/politik/deutschland/0,1518,452548,00.html

455 Siehe etwa *Spiegel*, 10. Dezember 2006, »Obdachlose in Berlin«, http://www.spiegel.de/politik/deutschland/0,1518,452548,00.html

456 Siehe http://www.lg-frankfurt.justiz.hessen.de/irj/servlet/prt/portal/prtroot/slimp.CMReader/HMdJ_15/LG_Frankfurt_Internet/med/c68/c6862afe-eabd-11f3-efef-97ccf4e69f28,22222222-2222-2222-2222-222222222222.pdf und http://www.faz.net/s/RubFAE83B7DDEFD4F2882ED5B3C15AC43E2/Doc~E2415C5EDD7D846D18D994492E0AFD862~ATpl~Ecommon~Scontent.html?rss_rhein_main_zeitung sowie darüber hinaus http://starweb.hessen.de/cache/DRS/18/9/00039.pdf

457 Siehe etwa http://www.hurriyet.com.tr/english/domestic/9936433.asp?scr=1

458 Siehe http://www.tagesspiegel.de/politik/deutschland/Milli-Goerues-Razzia;art122,2965179 und http://www.zeit.de/gesellschaft/zeitgeschehen/2009-12/milli-goerues-razzia-2

459 *WAZ*, 8. Juni 2010, »Betrügerbande aus Essen kassierte Millionen ab«, http://www.derwesten.de/staedte/essen/Betruegerbande-aus-Essen-kassierte-Millionen-ab-id3084583.html

460 Siehe »Das Ende der Bremer Zocker-Buden«, 4. Juni 2010, http://www.bild.de/BILD/regional/bremen/aktuell/2010/06/04/illegales-gluecksspiel/das-ende-der-bremer-zocker-buden.html

461 Siehe http://www.bild.de/BILD/regional/stuttgart/aktuell/2009/03/21/bild-enthuellt/altkleider-betrug-auf-dem-killesberg.html

462 Siehe http://www.dailymail.co.uk/news/article-1278212/Convicted-baby-trafficker-deported-UK-sneaks-claim-thousands-employment-tribunal.html?ITO=1490

462a Siehe dazu http://www.expatica.com/nl/news/dutch-news/-residence-permit-fraud_83659.html und http://www.expatica.com/nl/news/dutch-news/-residence-permit-fraud—suspected-by-dutch_83671.html

463 Siehe http://www.rp-online.de/politik/deutschland/Mahnwachen-fuer-Ermyas-M_bid_15246.html

464 Siehe http://www.sueddeutsche.de/politik/905/399689/text/

465 Siehe http://www.rp-online.de/politik/deutschland/Verwirrungen-im-Fall-Ermyas-M_aid_329521.html

466 Siehe http://www.focus.de/politik/deutschland/fall-ermyas-m-_aid_63249.html

467 Siehe http://www.jurablogs.com/de/fall-ermyas-m-generalbundesanwalt-gibt-ermittlungen-an-oertliche-staatsanwaltschaft-zurueck

468 Siehe http://www.n-tv.de/panorama/Freisprueche-in-Potsdam-article344252.html

469 Siehe http://www.morgenpost.de/brandenburg/article1091480/Gericht_verurteilt_Misshandlungsopfer_Ermyas_M.html

470 Siehe dazu http://www.tagesspiegel.de/berlin/Brandenburg-Ermyas-M;art128,2398901 und http://www.tagesspiegel.de/berlin/Brandenburg;art128,2350118 sowie http://www.berlinonline.de/berliner-zeitung/archiv/.bin/dump.fcgi/2007/1015/brandenburg/0021/index.html sowie http://www.maerkischeallgemeine.de/cms/beitrag/11506535/60709/Ermyas-M-wegen-Betrugs-verurteilt-Gericht.html

471 Siehe http://diepresse.com/home/politik/innenpolitik/564355/index.do?from=gl.home_politik

472 Siehe http://www.gva.be/nieuws/binnenland/aid927368/allochtone-bejaarden-vinden-hulpverlening-niet.aspx

473 Siehe dazu http://www.20min.ch/news/zuerich/story/19671112 und http://www.blick.ch/news/schweiz/zuerich/schueler-trauern-um-mordopfer-swera-146694. Darüber hinaus http://www.polizeibericht.ch/ger_details_26994/Zuerich_-_Hoenng_Ehrenmord_an_Swera_-_%C2%ABDiese_Beerdigung_war_eine_Schande%C2%BB.html und http://www.tagesanzeiger.ch/zuerich/region/Hoengg-Vater-toetete-die-16jaehrige-Swera-mit-einer-Axt/story/11737234

474 Siehe http://www.weltwoche.ch/weiche/artikel-fuer-abonnenten.html?hidID=538389

475 Zitiert nach http://www.weltwoche.ch/weiche/artikel-fuer-abonnenten.html?hidID=538389

476 Zitiert nach http://www.weltwoche.ch/weiche/artikel-fuer-abonnenten.html?hidID=538389

477 Siehe http://jp.dk/indland/indland_politik/article1930073.ece

478 Siehe http://www.telegraaf.nl/binnenland/5095408/__Tafelen_vergoed_met_Aboutaleb__.html und http://www.telegraaf.nl/binnenland/5111463/___Geld_voor_praten_met_Aboutaleb___.html

479 Siehe etwa http://diepresse.com/home/panorama/welt/547560/index.do?from=home.panorama.religion.sc.p1

480 Siehe http://www.at5.nl/artikelen/43329/hockeyopleiding-voor-marokkaanse-jongeren

481 Siehe http://www.nieuwreligieuspeil.net/node/3776

482 Zitiert nach http://widerstand.info/go/?http://www.stimme.de/nachrichten/heilbronn/art1925,1056654.html

483 Siehe etwa http://www.morgenpost.de/berlin/article985585/Warum_Sprachfoerderung_bei_Migranten_scheitert.html

484 Siehe http://derstandard.at/1266541439758/Integrationsvereinbarung-Wie-viele-scheitern-wird-nicht-erhoben

485 Siehe etwa http://www.buchtest.de/blog/was-muslimische-migranten-wirklich-fuerchten-ist-abgeschoben-zu-werden/

486 Siehe etwa http://www.danielpipes.org/450/something-rotten-in-denmark

487 Siehe http://www.igmg.de/nachrichten/artikel/2010/05/14/daenemark-zehnfache-rueckkehrpraemie-fuer-nicht-europaeische-migranten.html

488 Siehe http://www.forium.de/redaktion/deutsche-rentenversicherung-zahl-der-auslandsrenten-verdoppelt/

489 Siehe http://www.online-merkur.de/seiten/lp201004ab.htm

490 Zitiert nach http://www.faz.net/s/Rub9B4326FE2669456BAC0CF17E0C7E9105/Doc~EEC6901A4A2D84B2E91916B2BE2B629CF~ATpl~Ecommon~Scontent.html

491 Zitiert nach http://www.swr.de/nachrichten/bw/-/id=1622/nid=1622/did=6542142/1vr8eaz/index.html

492 Siehe http://library.fes.de/fulltext/asfo/01003005.htm#LOCE9E6

493 Siehe http://forumamfreitag.zdf.de/ZDFde/inhalt/0/0,1872,5590656,00.html?dr=1

494 Siehe http://www.deutsche-islam-konferenz.de/nn_1874910/SharedDocs/Diskussion/DE/DIK/ImameTheologie/Kommentare/KommentarCimsit/kommentar-cimsit-inhalt.html?__nnn=true

495 Siehe http://www.bertelsmann-stiftung.de/bst/de/media/xcms_bst_dms_23656_23671_2.pdf und http://www.n-tv.de/politik/Schlechte-Integration-ist-teuer-article266837.html

496 Siehe etwa http://www.way-to-allah.com/themen/DeutscherIslam.html

497 Siehe dazu etwa http://www.shortnews.de/id/593380/Anzahl-der-Muslime-in-Europa-im-Jahr-2005-auf-ueber-53-Millionen-angewachsen und http://www.igsaarland.de/index.php?option=com_content&task=view&id=293&Itemid=78

498 Siehe http://www.pinakothek.de/alte-pinakothek/

499 Siehe http://www.weltwoche.ch/ausgaben/2010-08/artikel-2010-08-weltgeschichte-der-sklaverei.html

500 Siehe http://www.perlentaucher.de/artikel/6008.html

501 Die Studie findet sich im Internet unter http://www.gfk.at/imperia/md/content/gfkaustria/data/los/integrationsstudie.pdf

502 Zitiert nach http://www.bayernkurier.de/index.php?option=com_content&task=view&id=26251&Itemid=228

503 Zitiert nach http://www.faz.net/s/Rub7FC5BF30C45B402F96E964EF8CE790E1/Doc~EC0E6A884FD6245DF8BF2AE1737858AEF~ATpl~Ecommon~Scontent.html

504 24 Prozent der Migranten in Dortmund sind Türken, weitere 16 Prozent sind Deutsch-Türken; siehe http://www.ruhrnachrichten.de/lokales/dortmund/Dortmund-Mehr-als-jeder-4-ist-Migrant;art930,872421

505 Siehe http://www.bild.de/BILD/regional/ruhrgebiet/aktuell/2010/06/16/das-ist-unsere-strasse/jugend-bande-versperrt-polizei-streife-den-weg.html

506 Siehe http://www.krone.at/Kaernten/Schule_als_Tatort-Bursche_erpresst_Mitschueler_um_Jause_-_Prozess-Story-198722

507 Zitiert nach http://www.youtube.com/watch?v=INnWRVhPHis&feature=player_ embedded

508 Zitiert nach http://www.spiegel.de/video/video-1057717.html

509 Das Gutachten (Zitat auf S. 3) findet sich im Internet in Kurzfassung unter http://www.stmi.bayern.de/imperia/md/content/stmi/buergerundstaat/auslaenderrecht/birg_kurz.pdf; die Langfassung unter http://www.herwig-birg.de/downloads/dokumente/Gutachten-Muenchen.pdf

510 Ebenda, S. 4

511 Ebenda, S. 6

512 Zitiert nach http://www.zeit.de/2006/24/Demografie-1_xml?page=1

513 Siehe http://www.prokla.de/archiv/ed146.htm

514 Siehe http://www.socialtimes.de/nachricht.php?nachricht_id=15973&newsrubrik_id=6

515 Siehe etwa http://www.tagesspiegel.de/berlin/art270,2563533

516 Siehe http://www.faz.net/s/RubFED172A9E10F46B3A5F01B02098C0C8D/Doc~EA457AB600EB94E679AF7E5A41F83E596~ATpl~Ecommon~Scontent.html

517 Siehe http://www.abendblatt.de/hamburg/article1236090/Kleiner-Grasbrook-Hoechster-Auslaenderanteil.html

518 Siehe http://www.welt.de/print-welt/article710272/Wilhelmsburg_wird_Szeneviertel.html

519 Siehe http://www.derwesten.de/staedte/duisburg/Duisburg-Hochfeld-das-harte-Pflaster-der-Kulturhauptstadt-id2850640.html

520 Siehe http://www.derwesten.de/staedte/duisburg/sued/37-Jahre-an-derselben-Schule-id2454659.html

521 Siehe http://www.derwesten.de/staedte/luedenscheid/Neuer-tuerkischer-Elternverein-id2772532.html

522 Siehe http://www.ruhr-uni-bochum.de/imperia/md/content/zda/infopool/fruehjahrssymposium/strohmeiervortrag.pdf

523 Siehe http://www.bild.de/BILD/regional/frankfurt/aktuell/2009/11/09/armuts-atlas/so-arm-ist-frankfurt.html

524 Siehe http://www.galluszentrum.de/geschichte.html

525 Siehe http://www.fr-online.de/frankfurt_und_hessen/nachrichten/hessen/1903453_Dietzenbach-Ein-Auftritt-viermal-Wahlkampf.html

526 Siehe http://www.stuttgart.de/item/show/273273/1/9/200920

527 Zitiert nach *Focus*, 20. Mai 1996, »Sagen Sie mal, Irenäus Eibl-Eibesfeldt …«, im Internet unter http://www.focus.de/politik/deutschland/deutschland-sagen-sie-mal-irenaeus-eibl-eibesfeldt—_aid_158854.html

528 Zitiert nach *Focus*, 20. Mai 1996, »Sagen Sie mal, Irenäus Eibl-Eibesfeldt …«, im Internet unter http://www.focus.de/politik/deutschland/deutschland-sagen-sie-mal-irenaeus-eibl-eibesfeldt—_aid_158854.html

529 Siehe http://www.stern.de/politik/deutschland/zwischenruf/zwischenruf-die-vergrabene-bombe-634119.html

530 Siehe http://www.news.com.au/national/mass-migration-kills-aussie-culture-says-demographer-bob-birrell/story-e6frfkvr-1225844560248

531 Siehe http://www.immi.gov.au/media/publications/statistics/settler-arrivals/settler_arrivals0809.pdf

532 Der Bericht findet sich unter http://www.telegraph.co.uk/news/newstopics/politics/lawandorder/6418456/Labour-wanted-mass-immigration-to-make-UK-more-multicultural-says-former-adviser.html

533 Siehe http://www.dailymail.co.uk/news/article-1249797/Labour-threw-open-doors-mass-migration-secret-plot-make-multicultural-UK.html

534 Siehe etwa http://www.thisislondon.co.uk/standard/article-23838369-tony-blair-to-earn-millions-as-climate-change-adviser.do

535 Siehe http://www.dutchnews.nl/news/archives/2010/05/dutch_back_forced_integration.php

536 Zitiert nach http://www.telegraph.co.uk/news/election-2010/7687416/By-permitting-fraud-we-betray-democracy.html

537 Zitiert aus nachfolgendem Bericht: http://www.welt.de/die-welt/kultur/literatur/article7637373/Griechen-der-Nordsee.html

538 Siehe http://news.bbc.co.uk/2/hi/uk_news/politics/election_2010/england/8675174.stm

539 Siehe http://www.dailyecho.co.uk/news/8159036.Police_investigate_alleged_votes_fraud/

540 Siehe http://giveyourvote.org/

541 Siehe http://www.telegraph.co.uk/news/election-2010/7689014/General-Election-2010-Electoral-Commission-accused-over-third-world-ballot.html

542 Siehe http://www.dailymail.co.uk/news/worldnews/article-1172017/Asylum-seekers-lured-UK-enormous-benefits-says-Calais-mayor-blistering-attack-Britain.html

543 Siehe http://www.kristeligt-dagblad.dk/artikel/365186:Danmark—Radikale-vil-hjaelpe-traengte-udlaendinge und http://www.fyens.dk/article/1593028:Indland-Fyn—Rekordantal-flytter-til-Danmark-fra-Skaane sowie http://www.fyens.dk/article/1593028:Indland-Fyn—Rekordantal-flytter-til-Danmark-fra-Skaane

544 Siehe etwa http://www.welt.de/die-welt/vermischtes/hamburg/article7011783/Ciftlik-hortete-Stimmzettel-im-Auto-Kofferraum.html und http://www.abendblatt.de/hamburg/kommunales/article1441127/Staatsanwaltschaft-findet-Stimmzettel-in-Ciftliks-Kofferraum.html

545 Zitiert nach http://www.derwesten.de/staedte/essen/Wahlfaelschern-auf-der-Spur-id3127636.html

546 Zitiert nach http://www.derwesten.de/staedte/essen/Wahlfaelschern-auf-der-Spur-id3127636.html

547 Siehe http://www.rga-online.de/archiv/archivsuchergebnis.php?userid=&publikation=2&template=artsuchneu&redaktion=2&artikel=109406142&archiv=1

548 Siehe dazu http://www.heise.de/tp/r4/artikel/26/26715/1.html

549 Siehe http://www.interieur.gouv.fr/sections/a_votre_service/resultats-elections/RG2010/011/093/093008.html

550 Siehe http://www.interieur.gouv.fr/sections/a_votre_service/resultats-elections/RG2010/011/093/093072.html

551 Siehe http://www.hs.fi/english/article/Foreign-born+residents+to+set+up+%E2%80%9CImmigrant+Parliament%E2%80%9D/1135257677900

552 Zitiert nach http://kurier.at/nachrichten/2012494.php

553 Siehe http://www.dailymail.co.uk/news/article-1274947/One-teenager-leaving-school-unable-read.html?ITO=1490

554 Siehe http://www.yle.fi/uutiset/news/2010/05/major_unemployment_differences_among_immigrant_groups_1663217.html

555 Siehe http://www.welt.de/print-welt/article710272/Wilhelmsburg_wird_Szeneviertel.html

556 Siehe http://www.abendblatt.de/region/harburg/article597698/Deutsch-lernen-in-Wilhelmsburg.html

557 Siehe http://www.goethe.de/ins/eg/prj/jgd/hud/doj/cul/de2843120.htm

558 Siehe http://www.focus.de/panorama/vermischtes/deutschland-erschreckend-deutschlands-jugendliche-haben-kaum-ahnung-von-der-natur_aid_517884.html

559 Zitiert nach http://www.welt.de/wissenschaft/article2107370/Der_Intelligenzquotient_der_Tuerken.html

560 Siehe http://www.berlinonline.de/berliner-zeitung/archiv/.bin/dump.fcgi/2005/0716/berlin/0045/index.html

561 Siehe http://www.tagesspiegel.de/weltspiegel/gesundheit/eine-frage-der-herkunft/625686.html

562 Siehe http://www.spiegel.de/panorama/justiz/0,1518,698948,00.html

563 Siehe http://www.maastrichtuniversity.nl/web/Main/Sitewide/PressRelease/EthnicDiversityAtSchoolHasANegativeEffectOnLearning.htm und http://www.maastrichtuniversity.nl/web/file?uuid=0c87d5fd-4251-49b1-aa1d-b5c75615a6c2&owner=5ee71b53-65c7-42ec-8736-8c7b0f9a4517

564 Siehe http://diepresse.com/home/bildung/erziehung/461256/index.do

565 Siehe http://www.welt.de/vermischtes/article732888/Wenn_der_Cousin_mit_der_Cousine_schlaeft.html

566 Zitiert nach http://www.welt.de/vermischtes/article732888/Wenn_der_Cousin_mit_der_Cousine_schlaeft.html

567 Siehe http://www.welt.de/vermischtes/article732888/Wenn_der_Cousin_mit_der_Cousine_schlaeft.html

568 Zitiert nach http://www.tagesspiegel.de/berlin/wenn-cousins-cousinen-heiraten/416332.html

569 Siehe http://blog.rbb-online.de/roller/kontrasteblog/entry/die_cousine_als_ehefrau_behinderte

570 Siehe http://www.express.de/regional/duesseldorf/mutter-schnitt-kind—2—den-kopf-ab/-/2858/4146282/-/index.html

571 Siehe http://www.derwesten.de/staedte/duesseldorf/Mutter-toetete-ihr-Kind-im-Wahn-id3129518.html

572 Siehe http://www.express.de/regional/duesseldorf/mutter-schnitt-kind—2—den-kopf-ab/-/2858/4146282/-/index.html

573 Siehe etwa http://www.stuttgarter-zeitung.de/stz/page/1644853_0_9223_-gutachter-im-yvan-prozess-angeklagter-soll-in-die-psychiatrie.html

574 Siehe http://www.hr-online.de/website/rubriken/nachrichten/index.jsp?rubrik=5710&key=standard_document_32209528

575 Siehe http://www.wiesbadener-tagblatt.de/region/rheingau/kiedrich/9061164.htm

576 Siehe http://english.pravda.ru/hotspots/crimes/22-06-2010/113962-fanatic-0

577 Siehe http://www.mainpost.de/lokales/franken/Plaedoyers-und-Urteil-am-Mittwoch-;art1727,5491899

578 Siehe dazu etwa http://www.main-netz.de/nachrichten/vermischtes/vermischtes/art4211,1000195 und http://www.tt.com/csp/cms/sites/tt/Nachrichten/56539-2/nach-mord-in-wels-mutma%C3%9Flicher-t%C3%A4ter-in-der-nervenklinik.csp. Darüber hinaus http://www.bild.de/BILD/news/2010/05/16/teenager-tragoedie-in-bad-saulgau/er-hat-gerade-ein-maedchen-erstochen.html und http://www.wiesbadener-tagblatt.de/region/wiesbaden/meldungen/5134613.htm wie auch http://www.merkur-online.de/lokales/nachrichten/schweigen-schlitzers-418407.html und http://www.abendzeitung.de/muenchen/138240. Ebenfalls http://www.vol.at/news/welt/artikel/nach-mord-in-wels-tatverdaechtiger-in-nervenklinik/cn/news-20100112-10220481 und http://www.fw netz.de/2009/10/12/messerangriff-auf-feuerwehrmann-bei-wohnungsoffnung/ sowie http://salzburg.orf.at/stories/183303/

579 Siehe http://www.focus.de/panorama/welt/urteil_aid_116211.html und http://www.rp-online.de/panorama/deutschland/justiz/Mann-mit-Kopf-seiner-Frau-in-Hamburg-unterwegs_aid_322747.html und http://www.sueddeutsche.de/panorama/bizarres-verbrechen-nun-ruft-mal-die-polizei-1.921214 sowie http://www.spiegel.de/panorama/justiz/0,1518,406962,00.html

580 Zitiert nach http://www.presseportal.de/polizeipresse/pm/43777/1616348/polizei_mettmann/

581 Siehe http://www.20min.ch/news/kreuz_und_quer/story/Polizei-nimmt-Iraner-fest-10519844

582 Siehe http://www.lesoir.be/actualite/belgique/2010-06-03/une-juge-et-un-greffier-abattus-en-plein-tribunal-l-auteur-court-toujours-774070.php

583 Siehe http://www.spiegel.de/panorama/justiz/0,1518,698555,00.html und http://www.ansa.it/web/notizie/rubriche/english/2010/06/03/visualizza_new.html_1818877254.html

584 Siehe http://www.focus.de/panorama/vermischtes/tuerkei-mord-an-katholischem-bischof-padovese-ist-aufgeklaert-mordanklage-gegen-fahrer_aid_515643.html

585 Siehe http://www.welt.de/politik/ausland/article7909574/Der-erschuetternde-Tod-des-Bischofs-Luigi-Padovese.html

586 Siehe http://www.timesonline.co.uk/tol/news/politics/article3342040.ece

587 Siehe etwa http://news.bbc.co.uk/2/hi/south_asia/853544.stm

588 Siehe *Daily Mail*, 3. Juni 2008, »Islamic extremists to get therapy not jail in Government's new ›anti-radicalisation‹ plan«, http://www.dailymail.co.uk/news/article-1023893/Islamic-extremists-THERAPY-jail-anti-radicalisation-plan.html

589 Siehe http://afp.google.com/article/ALeqM5ivoYoK27l_UqjPy3JMqa5ZAxF4ww

590 Siehe http://www.rethink.org/how_we_can_help/news_and_media/press_releases/muslim_neighbours_fa.html und http://www.communitycare.co.uk/Articles/2007/10/10/106057/uk-muslims-say-prejudice-is-damaging-their-mental-health.html

591 Siehe *ADN Kronos*, 27. Mai 2010, »Croatia: Government moves to legalise incest«, http://www.adnkronos.com/AKI/English/CultureAndMedia/?id=3.1.453932039

592 Zitiert nach http://www.psychiatrie.de/fakten/

593 Siehe http://www.nzz.ch/nachrichten/schweiz/psychiatrische_krankheiten_kosten_jaehrlich_15_milliarden_franken_1.651172.html

594 Zitiert nach http://www.aerzteblatt.de/v4/archiv/artikel.asp?id=37989

595 Siehe http://www.arte.tv/de/wissen-entdeckung/hippokrates/ARTE_20Gesundheitsmagazin/Archiv/749984.html

596 Siehe http://www.weltwoche.ch/weiche/artikel-fuer-abonnenten.html?hidID=538616

597 Siehe http://www.welt.de/die-welt/wissen/article8253406/Mehr-Jugendliche-mit-Depressionen.html

598 Siehe http://www.zeit.de/news-nt/2010/7/12/iptc-bdt-20100712-246-25538414xml

599 Siehe http://www.taz.de/1/politik/europa/artikel/1/strafe-bei-befruchtung-im-ausland/

600 Siehe http://www.austriantimes.at/news/Around_the_World/2010-04-30/22940/Swiss_sperm_banks_ban_ethnic_deposits und http://www.20min.ch/news/zuerich/story/26789464

601 Siehe http://www.trouw.nl/nieuws/nederland/article1496563.ece

602 Siehe http://www.stern.de/politik/ausland/wahlen-in-den-niederlanden-geert-wilders-narziss-und-grossmaul-1572999.html

603 Siehe http://politiken.dk/indland/article392394.ece

604 Siehe http://www.nrc.nl/wetenschap/article1916561.ece/Bloedverwantschap_oorzaak_allochtone_babysterfte

605 Siehe http://www.volkskrant.nl/binnenland/article511908.ece/Kwart_Rotterdamse_Turken_trouwt_familie

606 Siehe http://www.trouw.nl/nieuws/nederland/article1513073.ece

607 Zitiert nach *Arte,* 15. Februar 2009, »Das magische Auge«, http://www.arte.tv/de/Sendung-vom-15—Februar-2009/2455766,CmC=2455774.html

608 Siehe http://www.pi-news.net/2007/12/phoenix-doku-ein-daemon-namens-ahmet/

609 Zitiert nach *Weltwoche*, Heft 08/08 vom Februar 2008, Bericht über die IV-Studie des Schweizer Bundesamtes für Sozialversicherung,

610 Diese Passage und die folgenden Zitate beruhen auf folgender Quelle: *Der Westen*, 4. September 2009, »Junge Türkin kämpft gegen Verwandten-Ehen«, im Internet unter http://www.derwesten.de/staedte/duisburg/Junge-Tuerkin-kaempft-gegen-Verwandten-Ehen-id178785.html

611 Zitiert nach http://www.derwesten.de/staedte/duisburg/Junge-Tuerkin-kaempft-gegen-Verwandten-Ehen-id178785.html

612 Siehe dazu http://diepresse.com/home/wirtschaft/eastconomist/558135/index.do?from=gl.home_wirtschaft

613 Siehe http://www.welt.de/debatte/kommentare/article7436815/Ohne-die-Tuerkei-versinkt-die-EU-im-Mittelmass.html

614 Siehe http://www.sueddeutsche.de/b5v38p/3367113/Tuerken-wandern-ab.html

615 Siehe dazu http://www.heute.de/ZDFheute/inhalt/14/0,3672,8039726,00.html

616 Siehe dazu die Studie *Nachkrisenzeit – Und was kommt jetzt?*, http://www.ceps.be/book/nachkrisenzeit-%E2%80%93-und-was-kommt-jetzt

617 Siehe http://www.n24.de/news/newsitem_5870286.html und http://www.spiegel.de/wirtschaft/unternehmen/0,1518,679485,00.html sowie http://www.gelnhaeuser-tageblatt.de/nachrichten/wirtschaft/meldungen/8469017.htm. Außerdem http://www.tagesspiegel.de/wirtschaft/art271,3038759 und http://www.express.de/news/politik-wirtschaft/deutschland-2040-aermer-als-polen/-/2184/1190194/-/index.html wie auch http://www.welt.de/newsticker-welt-online/dpa_nt/infoline_nt/wirtschaft_nt/article6513556/Polens-Wirtschaft-wird-Deutschland-ueberholen.html

618 Zitiert nach http://www.faz.net/s/Rub7FC5BF30C45B402F96E964EF8CE790E1/Doc~EBB51B9167CC944D083C27BBD7BBF6548~ATpl~Ecommon~Scontent.html

619 Siehe http://www.welt.de/politik/deutschland/article7222075/Tuerken-sind-die-Sorgenkinder-der-Integration.html

620 Siehe dazu http://www.psychologie-aktuell.com/shop/einzelansicht.html?tx_ttproducts_pi1[backPID]=79&tx_ttproducts_pi1[product]=159&cHash=87dbc3f903 und auch http://www.psychologie-aktuell.com/news/aktuelle-news-psychologie/news-lesen/article/2010/05/18/1274164965-fast-ein-fuenftel-der-bevoelkerung-gewaltbereit-vorwiegend-deutsch-tuerken-und-arbeitslose.html

621 Siehe dazu http://www.welt.de/welt_print/article3136927/Der-Meister-der-Zukunft-ist-Tuerke.html

622 Siehe http://www.n24.de/news/newsitem_6023882.html?utm_source=feedburner&utm_medium=feed&utm_campaign=Feed%3A+n24%2Fhomepage+%28N24+-+Top-News%29

623 Siehe http://www.berlinonline.de/berliner-kurier/print/berlin/304630.html

624 Siehe http://www.handelsblatt.com/newsticker/unternehmen/siemens-sucht-ingenieure-mehr-als-2000-offene-stellen;2593727

625 Siehe etwa http://www.dutchnews.nl/news/archives/2010/05/up_to_100000_people_are_too_la.php

626 Siehe »Mit Note 5 zur Mittleren Reife«, in: *Ostsee-Zeitung*, 22. Februar 2010, im Internet unter http://www.ostsee-zeitung.de/nachrichten/mv/index_artikel_komplett.phtml?SID=44b8daf07bafa36aa0ef5723adbf0e86&param=news&id=2699407

627 Siehe http://www.welt.de/politik/deutschland/article6908359/Erdogan-will-das-Tuerkische-in-Deutschland-staerken.html

628 Siehe http://www.spiegel.de/politik/ausland/0,1518,686124,00.html

629 Siehe http://www.20min.ch/news/ausland/story/Merkel-offen-fuer-tuerkische-Schulen-14978253

630 Siehe etwa http://www.spiegel.de/spiegel/print/d-60666813.html

631 Siehe http://www.spiegel.de/politik/ausland/0,1518,686620,00.html

632 Siehe etwa »Die Kirche plant Schule mit Islamunterricht«, in: *Nürnberger Nachrichten*, 26. Februar 2010, http://www.nn-online.de/artikel.asp?art=1179391&kat=10&man=3

633 Siehe etwa http://www.zeit.de/karriere/beruf/2009-12/auslaendische-berufsabschluesse-anerkennung?page=all und http://www.berlinonline.de/berliner-zeitung/archiv/.bin/dump.fcgi/2009/1210/politik/0093/index.html wie auch http://www.rp-online.de/politik/deutschland/Deutschland-lockt-auslaendische-Fachkraefte_aid_793482.html

634 Siehe http://www.tagesspiegel.de/berlin/familie/schule/Vergleichstest-Schule-Juergen-Zoellner;art295,3083140

635 Siehe http://www.tagesspiegel.de/berlin/schule/berliner-abiturienten-holen-bayerische-schueler-ein/1873312.html

636 Siehe http://www.thelocal.de/society/20100417-26607.html

637 Zitiert nach http://www.spiegel.de/spiegel/0,1518,700334-2,00.html

638 Siehe http://www.zeit.de/cds-berlin/2010-04/acht-kloetzchen-sind-schon-zu

639 Siehe http://www.maastrichtuniversity.nl/web/Main/Sitewide/PressRelease/EthnicDiversityAtSchoolHasANegativeEffectOnLearning.htm

640 Siehe http://www.rnw.nl/english/article/lower-achievements-mixed-schools

641 Siehe http://www.nieuwreligieuspeil.net/node/3764

642 Siehe die Einzelheiten der Studie unter http://www.maastrichtuniversity.nl/web/file?uuid=0c87d5fd-4251-49b1-aa1d-b5c75615a6c2&owner=5ee71b53-65c7-42ec-8736-8c7b0f9a4517

643 Siehe http://www.news.at/articles/0808/35/197941/oecd-studie-migration-bildung-anteil-akademiker-migranten

644 Siehe dazu http://www.welt.de/vermischtes/article1604507/Bei_McDonald_s_gibt_es_das_Abitur_zum_Mitnehmen.html und http://www.focus.de/panorama/welt/grossbritannien_aid_235221.html wie auch http://www.rp-online.de/panorama/ausland/Abitur-bei-McDonalds_aid_526490.html. Außerdem http://www.stern.de/wirtschaft/arbeit-karriere/karriere/england-bei-mcdonalds-zum-fritten-abi-609102.html

645 Siehe http://www.dailymail.co.uk/news/article-1265304/English-language-divide-1-500-schools.html

646 Zitiert nach http://www.krone.at/Nachrichten/Mehr_Auslaender-Deutsch_in_Schulen_immer_seltener_Muttersprache-Story-200201

647 Siehe etwa http://www.dailymail.co.uk/news/article-471866/Muslims-protest-pet-food-factory-rain-pork.html

648 Siehe http://www.wiltsglosstandard.co.uk/news/2281176.urine_attacker_remanded_in_custody/

649 Siehe http://www.clickorlando.com/news/5182853/detail.html

650 Siehe http://news.bbc.co.uk/2/hi/uk_news/england/london/7051445.stm

651 Siehe drittletzte Meldung der Kurznachrichten unter http://www.timesonline.co.uk/tol/news/uk/article2690201.ece

652 Siehe etwa http://www.pz-news.de/Home/Nachrichten/Region/Besonders-tueckischer-Bazillus-im-Doener-_arid,98836__puid,1_pageid,18.html

653 Zitiert nach http://www.zdf.de/ZDFde/inhalt/30/0,1872,3976862,00.html; siehe auch http://www.pi-news.net/2007/08/zdf-verzehr-von-doener-kann-ungesund-sein/

654 Siehe http://www.agi.it/english-version/italy/elenco-notizie/201005120756-cro-ren 1007-art.html

655 Siehe http://www.tagblatt.de/Home/nachrichten/wirtschaft_artikel,-Am-Wochenende-trifft-sich-die-Branche-in-Berlin-erstmals-auf-einer-eigenen-Messe-_arid,96148.html

656 Siehe http://www.migazin.de/2010/03/24/unternehmer-mit-migrationshintergrund-sollen-ofter-ausbilden/

657 Siehe http://www.naumburger-tageblatt.de/ntb/ContentServer?pagename=ntb/page&atype=ksArtikel&aid=1269682345072&openMenu=1013016724684&calledPageId=1013016724684&listid=1018881578399 und http://www.spiegel.de/international/germany/0,1518,686282,00.html

658 Zitiert nach http://www.welt.de/wissenschaft/medizin/article7164555/Wenn-Aerzte-und-Pfleger-infektioese-Haende-haben.html

659 Siehe http://www.telegraph.co.uk/news/7576357/Muslim-staff-escape-NHS-hygiene-rule.html

660 Siehe http://www.stern.de/gesundheit/gesundheitsnews/hygiene-schlamperei-der-tod-lauert-im-krankenhaus-661510.html

661 Siehe http://www.telegraph.co.uk/news/uknews/1577426/Female-Muslim-medics-disobey-hygiene-rules.html

662 Siehe http://www.telegraph.co.uk/health/healthnews/3886860/Doctors-and-nurses-to-be-sacked-if-they-do-not-wash-their-hands.html

663 Siehe http://www.telegraph.co.uk/news/7576357/Muslim-staff-escape-NHS-hygiene-rule.html

664 Siehe http://www.timesonline.co.uk/tol/news/uk/health/article2603966.ece

665 Siehe http://www.dailymail.co.uk/news/article-1263803/Revealed-Hospital-staff-70-countries-nurses-dont-understand-nil-mouth-forced-English-lessons.html?ITO=1490

666 Siehe http://www.mirror.co.uk/news/top-stories/2009/03/18/up-to-1-200-may-have-died-over-shocking-patient-care-at-stafford-hospital-115875-21206422/

667 Siehe http://www.midstaffsinquiry.com/index.html. Weitere Berichte finden Sie unter http://www.guardian.co.uk/society/2010/feb/24/stafford-hospital-inquiry-findings-due und http://www.guardian.co.uk/society/2010/feb/24/mid-staffordshire-hospital-inquiry

668 Siehe http://www.dailymail.co.uk/news/article-1255024/Nurses-told-improve-bedside-manner-amid-poor-standard-care-scandals.html

669 Siehe http://www.dailymail.co.uk/news/article-1265336/Nurse-gave-patient-mop-bucket-mop-urine-free-continue-working.html

670 Siehe http://www.dailymail.co.uk/news/article-1277864/Healthcare-worker-raped-MS-sufferer-hospital-bed-times-night.html?ITO=1490

671 Siehe http://www.dailymail.co.uk/news/article-1269482/Young-mother-goes-blind-doctors-diagnose-deadly-brain-condition-headache—SIX-times.html

672 Siehe http://www.dailymail.co.uk/news/article-1266036/NHS-contractor-hired-3-400-illegal-immigrants-work-hospitals.html#ixzz0lBZDwIol

673 Siehe http://www.ftd.de/politik/deutschland/:fehlende-fachkraefte-auslaender-sollen-pflegenot-beheben/50102583.html

674 Siehe http://www.rp-online.de/panorama/deutschland/Personal-in-Kliniken-unterqualifiziert_aid_854754.html

675 Siehe http://www.20min.ch/wissen/gesundheit/story/Der-Tod-lauert-im-Spital-13341760

676 Siehe http://www.20min.ch/news/schweiz/story/-Sie-muessen-ein-Berufsverbot-erhalten—16057529

677 Siehe http://www.20min.ch/news/zuerich/story/Pflegerinnen-erhalten-bedingte-Geldstrafen-18989957

678 Siehe *La Repubblica*, 20. Mai 2010, »Persona col burqa strappa crocefisso a una signora«, http://parma.repubblica.it/cronaca/2010/05/20/news/donna_col_burqa_strappa_crocefisso_ad_una_signora-4202162/

679 Zitiert nach http://www.tagesspiegel.de/magazin/karriere/Krankenhaus;art292,3042615

680 Zitiert nach http://www.tagesspiegel.de/berlin/Polizei-Justiz-Urban-Krankenhaus-Kreuzberg-Kriminalitaet-Polizei;art126,3042156

681 Siehe etwa http://www.rp-online.de/hps/client/opinio/public/pjsub/production_long.hbs?hxmain_object_id=PJSUB::ARTICLE::579453&hxmain_category=::pjsub::opinio::/politik___gesellschaft/deutschland/debatte

682 Siehe http://www.tagesspiegel.de/berlin/Kreuzberg-Groebenufer;art270,2911083

683 Siehe etwa http://www.tagesspiegel.de/berlin/Mohrenstrasse-Mitte;art270,2736761

684 Siehe http://www.tagesspiegel.de/berlin/Strassenname-May-Ayim-Kolonialismus-Kreuzberg; art270,3042805

685 Siehe etwa http://linkeblogs.de/hiksch/2010/03/19/berliner-luderitzstrase-soll-umbenannt-werden/

686 Siehe http://www.tagesspiegel.de/berlin/Strassenname-May-Ayim-Kolonialismus-Kreuzberg;art270,3042805

687 Siehe http://www.sueddeutsche.de/muenchen/841/505047/text/ und http://www.sueddeutsche.de/muenchen/590/504798/text/

688 Zitiert nach http://www.verteidigt-israel.de/MWalid%20Nakschbandi.htm

689 Siehe http://www.welt.de/die-welt/vermischtes/article6764652/Die-Frau-fuer-die-CSU-2-0.html und

690 Siehe http://www.bayernkurier.de/index.php?option=com_content&task=view&id=27100&Itemid=154

691 Quelle: *Westdeutsche Allgemeine Zeitung*, 27. März 2002

692 Siehe http://www.focus.de/politik/deutschland/nochmal-wirbel_aid_82849.html

693 Siehe http://www.tuerken4spd.de/index.htm

694 Siehe http://www.spiegel.de/politik/deutschland/0,1518,652962,00.html

695 Siehe http://www.gsbetzdorf2.bildung-rp.de/

696 Siehe http://www.ak-kurier.de/akkurier/www/overview.php?shortnews=2845

697 Siehe http://www.wdr.de/mediathek/html/regional/rueckschau/2010/05/06/lokalzeit_aachen.xml

698 Siehe http://www.buerger-in-wut.de/cms/dat/AblehnungPetitionDF.pdf

699 Zitiert nach http://www.presseanzeiger.de/meldungen/politik/328992.php

700 Siehe http://www.dradio.de/dkultur/sendungen/thema/1061331/

701 Siehe http://www.flensburg-online.de/pressespiegel/hasspredigt-in-berliner-moschee.html

702 Siehe http://www.morgenpost.de/printarchiv/brandenburg/article333310/Landgericht_Potsdam_ZDF_darf_Berliner_Imam_nicht_Hassprediger_nennen.html

703 Siehe http://bazonline.ch/basel/stadt/Junge-SVP-Basel-fordert-Ausweisung-eines-Imams-aus-Basel/story/14096752

704 Siehe http://www.polizeibericht.ch/ger_details_26222/Basel_ganze_Schweiz_Alle_Menschen_die_nicht_an_Allah_glauben_niedriger_als_ein_Tier_-_Erlaubte_Iman-Aeusserung_kein_Straftatbestand_gemaess_Antirassimusgesetz_u.html

705 Siehe http://diepresse.com/home/politik/innenpolitik/488095/index.do?_vl_backlink=/home/index.do

706 Zitiert nach http://www.bz-berlin.de/bezirk/kreuzberg/kein-doener-mehr-fuer-dealer-article845033.html

707 Siehe dazu http://diepresse.com/home/panorama/integration/566082/index.do?_vl_backlink=/home/index.do

708 Siehe http://www.mopo.de/2010/20100623/hamburg/panorama/hier_raeumen_sie_die_wohnung_seiner_eltern.html

709 Siehe http://www.bild.de/BILD/regional/dresden/aktuell/2009/10/12/1800-euro-strafe/weil-ich-mich-gewehrt-habe.html

710 Zum Beispiel hier erhältlich: https://www.beckershop.de/index.php?searchWord=Pfefferspray&page=search&offsetProduct=0&pageNav=1&dbc=d669d1e4e157009f0a518b703671b4f9&searchFields=productsText1&x=12&y=13

711 Einen typischen Fall dazu finden Sie unter http://www.hans-joachim-selenz.de/kommentare/2009/wirtschaftskriminalitaet-unter-justiz-aufsicht.html

712 Siehe http://www.bild.de/BILD/news/2009/09/25/hamburg-schueler-treten-dachdecker-wegen-20-cent-tot/ihr-opfer-starb-nach-3-wochen-todeskampf.html

713 Zur Freilassung des Mörders: http://www.bild.de/BILD/news/2010/05/18/wegen-20-cent-erschlagen/taeter-aus-u-haft-entlassen.html

714 Zitiert nach http://www.20min.ch/news/zuerich/story/Taeter-wegen-Suizidgefahr-in-Spital-eingeliefert-18918404

715 Siehe http://www.bild.de/BILD/regional/dresden/aktuell/2009/12/19/raza-s-das-soll-der-moerder/der-schuelerin-susanna-sein.html und http://www.sz-online.de/nachrichten/artikel.asp?id=2345954

716 Siehe http://www.spiegel.de/politik/deutschland/0,1518,635132,00.html

717 Siehe http://www.spiegel.de/panorama/justiz/0,1518,634743,00.html

718 Zitiert nach http://www.swissinfo.ch/ger/Wir_wollen_in_der_Schweiz_keine_Scharia.html?cid=7151378

719 Siehe etwa http://www.debalie.nl/artikel.jsp?articleid=357101 und http://islamineurope.blogspot.com/2010/05/amsterdam-sharia-court-session-now-open.html

720 Siehe http://www.spiegel.de/panorama/justiz/0,1518,689871,00.html

721 Zitiert nach http://www.20min.ch/news/ostschweiz/story/-Schlagen-der-Ehefrau-manchmal-angebracht—20111146

722 Siehe etwa http://www.rp-online.de/panorama/deutschland/Mildere-Urteile-fuer-Ehrenmorde_aid_707885.html und http://www.fr-online.de/in_und_ausland/politik/aktuell/1753636_Winfried-Hassemer-Denkanstoesse-zum-Ehrenmord.html

723 Siehe http://www.fnp.de/fnp/region/lokales/frau-in-frankfurter-ubahnstation-niedergestochen_rmn01.c.7548424.de.html

724 Siehe http://www.augsburger-allgemeine.de/Home/Nachrichten/Bayern/Artikel,-Mann-ersticht-Ehefrau-nach-Trennung-im-Streit-_arid,2145669_regid,2_puid,2_pageid,4289.html

725 Siehe http://www.dorfinfo.de/sundern/arnsberg-neheim/detail.php?nr=40247&kategorie=arnsberg-neheim

726 Siehe http://www.pz-news.de/Home/Nachrichten/Region/arid,194101_puid,1_pageid,18.html

727 Siehe http://www.da-imnetz.de/nachrichten/frankfurt-rhein-main/prozess-tuerke-er-sticht-exfrau-762120.html

728 Siehe http://www.mopo.de/2010/20100512/hamburg/panorama/messerstiche_aus_verletzer_ehre_acht_jahre_haft.html und http://www1.ndr.de/nachrichten/hamburg/messerurteil100.html

729 Siehe http://www.abendzeitung.de/muenchen/185770

730 Siehe den Bericht http://www.google.com/hostednews/ap/article/ALeqM5iVKJwZGbjcGft_IsyTJWdY6UGlCQD9ESCS900

731 Zitiert nach http://www.spiegel.de/politik/deutschland/0,1518,624304,00.html

732 Siehe http://abcnews.go.com/International/wireStory?id=10396031

733 Siehe http://www.dailymail.co.uk/news/worldnews/article-1259736/Man-beheaded-redden-bricks.html?ITO=1490

734 Siehe http://english.pravda.ru/main/18/90/361/12434_sex.html

735 Siehe etwa http://www.thejakartapost.com/news/2008/10/23/cow-drowned-sea-being-impregnated-human.html

736 Siehe etwa http://www.lonelyplanetimages.com/images/600051

737 Siehe etwa http://www.sundaymercury.net/news/midlands-news/2010/03/21/birmingham-man-who-had-sex-with-sheep-jailed-66331-26075783/

738 Siehe dazu das Buch *SOS Abendland!* vom Autor (Kopp Verlag)

739 Artikel »Lustige Feinde« vom 23. Juni 2010, http://www.welt.de/die-welt/kultur/article 8149114/Lustige-Feinde.html

740 Siehe http://www.abendzeitung.de/muenchen/178602

741 Quelle: *Augsburger Allgemeine*, 21. April 2010, Bericht »23-Jähriger drohte damit, eine Kirche in die Luft zu sprengen«, im Internet unter http://www.augsburger-allgemeine.de/Home/Nachrichten/Startseite/Artikel,-23-Jaehriger-drohte-damit-eine-Kirche-in-die-Luft-zu-sprengen-_arid,2126395_regid,2_puid,2_pageid,4288.html

742 Siehe http://www.berlinonline.de/berliner-zeitung/berlin/detail_dpa_24527254.php

743 Siehe http://www.tagesspiegel.de/berlin/innensenator-koerting-will-moscheen-besuchen/1785784.html

744 Zitiert nach http://www.tagesspiegel.de/berlin/innensenator-koerting-will-moscheen-besuchen/1785784.html

745 Siehe *Solinger Tagblatt*, 12. März 2010, http://www.solinger-tageblatt.de/Home/Solingen/Lehrer-faelscht-Urkunden-Bewaehrung-c03fc2c4-e859-46f1-9cfa-416ba5128ba0-ds

746 Siehe *RP online*, 12. März 2010, http://www.rp-online.de/niederrheinsued/krefeld/nachrichten/Richter-schickt-Serienbetrueger-wegen-52-Euro-in-Haft_aid_831213.html und http://www.wz-krefeld.de/?redid=781101

747 Siehe *Augsburger Allgemeine*, 11. März 2010 http://www.augsburger-allgemeine.de/Home/Lokales/Augsburg-Stadt/Lokalnews/Artikel,-briefmarke-manipuliert-verurteilt-_arid,2093458_regid,2_puid,2_pageid,4490.html

748 Siehe http://www.mv-online.de/lokales/kreis_steinfurt/greven/1323508_Unfaelle_provoziert_und_kassiert.html

749 Siehe http://www.derwesten.de/staedte/bochum/gericht/Passfaelscher-bekam-ein-Jahr-Haft-auf-Bewaehrung-id294187.html

750 Siehe *Augsburger Allgemeine*, 20. Januar 2010, http://www.augsburger-allgemeine.de/Home/Lokales/Neu-Ulm/Lokalnachrichten/Artikel,-Taxifahrer-belaestigt-Kundin-sexuell-_arid,2050291_regid,2_puid,2_pageid,4503.html

751 Siehe http://www.express.de/regional/bonn/sextaeter-lockte-frauen-in-corsa/-/2860/3456286/-/index.html]

752 Siehe http://www.newsclick.de/index.jsp/menuid/2160/artid/11248659

753 Siehe *Augsburger Allgemeine*, 1. Dezember 2009; http://www.augsburger-allgemeine.de/Home/Lokales/Neuburg/Lokalnachrichten/Artikel,-In-der-Ehe-die-Frau-vergewaltigt-_arid,2012208_regid,2_puid,2_pageid,4502.html

754 Siehe http://www.abc.net.au/news/stories/2010/05/13/2898836.htm?section=justin

754a Siehe http://www.abc.net.au/news/stories/2010/05/13/2898836.htm?section=justin

755 Siche http://wien.orf.at/stories/416251/ und http://www.vienna.at/news/wien/artikel/gericht-messerstiche-auf-noch-ehefrau-allgemein-begreiflich/cn/news-20100115-12543 756 sowie http://www.strafverteidiger-friis.at/gericht-messerstiche-auf-scheidungswillige-allgemein-begreiflich/

756 Siehe http://wien.orf.at/stories/451589/

757 Siehe http://www.express.co.uk/posts/view/145314/Teacher-jailed-for-abusing-girl-as-she-read-Koran

758 Siehe http://news.bbc.co.uk/2/hi/uk_news/england/leicestershire/8406168.stm

759 Siehe http://www.thelocal.se/26484/20100506/

760 Siehe http://www.tt.com/csp/cms/sites/tt/Nachrichten/589744-2/17-j%C3%A4hrige-stundenlang-vergewaltigt—olg-senkte-strafen-f%C3%BCr-marokkaner.csp

761 Siehe http://www.krone.at/krone/S156/object_id__183948/hxcms/

762 Siehe http://www.nzz.ch/nachrichten/kultur/medien/staatsanwaeltin_zieht_berufung_zurueck_1.3715756.html?printview=true

763 Siehe http://www.thelocal.se/22430/20091002/

764 Siehe http://www.thelocal.se/22184/

765 Siehe http://www.thelocal.se/25938/20100407/

766 Siehe http://www.thelocal.se/26682/20100517/

767 Siehe http://www.thelocal.se/25938/20100407/

768 Siehe http://www.aftonbladet.se/nyheter/article6893903.ab und http://aftonbladet.se/nyheter/article6894506.ab sowie http://www.aftonbladet.se/nyheter/article6895478.ab und http://www.aftonbladet.se/nyheter/article6896560.ab. Außerdem http://kvp.expressen.se/nyheter/1.1941345/mordmisstanktes-familj-det-var-en-olycka und http://www.svd.se/nyheter/inrikes/landskrona-en-stad-i-forstamning_4523433.svd

769 Siehe http://sverigesradio.se/cgi-bin/international/nyhetssidor/artikel.asp?nyheter=1&programid=2054&artikel=3606114

770 Siehe etwa http://svt.se/2.22620/1.1952251/manifestationer_i_landskrona_i_dag

771 Geboren am 12. August 1986, wohnhaft in Landskrona. Persönliche Daten im Internet unter http://www.inkomstupplysning.se/s/Ahmad+Akile/1

772 Siehe dazu http://politisktinkorrekt.info/2010/04/02/parkeringsmordet-landskrona-misstankt-anhallen/ und http://www.aftonbladet.se/webbtv/nyheter/inrikes/article6889465.ab

773 Siehe http://www.berlinonline.de/berliner-kurier/berlin/rentnerin__84__von_drei_kindern_getoetet/294749.php

774 Zitiert nach http://www.focus.de/politik/deutschland/ursula-von-der-leyen-mit-mehr-kindergeld-gegen-armut_aid_304171.html

775 Siehe http://www.stuttgarter-zeitung.de/stz/page/2267068_sz_hier_artikel_2669_-gericht-sieht-keine-wiederholungsgefahr.html?_suchtag=2009-11-06

776 Siehe http://www.morgenpost.de/berlin/article1223124/Justiz-prueft-Ausgang-fuer-Polizistenmoerder.html

777 Siehe http://www.dailymail.co.uk/news/article-1218990/Worshippers-abandon-church-slapped-council-noise-ban.html

778 Siehe http://www.deredactie.be/cm/vrtnieuws.english/mediatheek_en/1.775960

779 Siehe http://www.dailymail.co.uk/news/article-1237860/Bribed-quit-Britain-Foreign-criminals-offered-5000-agree-home.html

780 Siehe http://www.cdu-kreisgt.de/index.php?ka=1&ska=1&suche=arslan&idn=119

781 Siehe http://www.cdu-kreisgt.de/index.php?ka=1&ska=1&suche=bosbach&idn=220

781a Siehe *Stuttgarter Zeitung*, 26. Juli 2010, »Flüchtlinge machen sich gezielt jünger«, im Internet unter http://www.stuttgarter-zeitung.de/stz/page/2569456_0_2147_-fluechtlinge-machen-sich-gezielt-juenger.html

781b Siehe *Badische Zeitung*, »Hunde-Fahnder bitten zur Kasse«, http://www.badische-zeitung.de/hunde-fahnder-bitten-zur-kasse

782 Siehe http://www.berlin.de/polizei/LPS/fachinfo.html

783 Zitiert nach *Spiegel online*, »Importiertes Verbrechen – Der Pate von Berlin«, im Internet unter http://www.spiegel.de/sptv/magazin/0,1518,249466,00.html

784 Zitiert nach *Focus*, »Kriminalität – Sturz des ›Präsidenten‹«, http://www.focus.de/politik/deutschland/kriminalitaet-sturz-des-praesidenten_aid_210228.html

785 Siehe *Tagesspiegel*, 4. März 2010, »Junge Intensivstraftäter bleiben auch als Erwachsene kriminell«, http://www.tagesspiegel.de/berlin/Intensivtaeter;art270,3047408

786 Siehe dazu http://www.bild.de/BILD/news/bild-english/world-news/2010/03/17/robber-confesses-to-hotel-poker-heist/masked-berlin-man-only-21-but-wheres-the-242k.html

787 Siehe http://www.bild.de/BILD/news/2010/03/17/poker-turnier-raub-berlin/polizei-jagt-diese-gangster-ueberfall.html und http://www.welt.de/vermischtes/article6817130/Gestaendiger-Poker-Raeuber-verpfeift-seine-Mittaeter.html sowie http://www.morgenpost.de/berlin-aktuell/article1276267/Polizei-sucht-nach-diesen-Poker-Raeubern.html und http://www.bz-berlin.de/tatorte/polizei-der-poker-raub-ist-aufgeklaert-article773201.html

788 Siehe http://www.berlinonline.de/berliner-kurier/berlin/erster_poker-raeuber_gefasst/159061.php

789 Siehe http://www.berlinonline.de/berliner-kurier/berlin/erster_poker-raeuber_gefasst/159061.php

790 Siehe http://www.dernewsticker.de/news.php?id=179911&i=ndhfnd

791 Siehe http://www.berlinonline.de/berliner-kurier/berlin/werft_die_verbrecher-familien_aus_deutschland_raus/159705.php

792 Zitiert nach *Die Welt*, 10. April 2010, »Polizei warnt vor Chaos in Migrantenvierteln«, http://www.welt.de/politik/deutschland/article7122561/Polizei-warnt-vor-Chaos-in-Migrantenvierteln.html

793 Siehe http://www.bz-berlin.de/tatorte/poker-raeuber-aus-der-haft-entlassen-article782060.html

794 Siehe http://www.morgenpost.de/berlin-aktuell/article1279938/Fahnder-stellen-192-Kilogramm-Rauschgift-sicher.html

795 Zitiert nach http://www.bz-berlin.de/tatorte/20-stunden-familien-krieg-in-neukoelln-article792927.html

796 Siehe https://docs.google.com/viewer?a=v&pid=sites&srcid=ZGVmYXVsdGRvbWFpbnxkaWVhVhY2h0ZGVyc2Nod2VydGVyfGd4OjVlN2U4OTdkZGIyYWNjODc

797 Siehe Seite 15 des LKA-Berichts, https://docs.google.com/viewer?a=v&pid=sites&srcid= ZGVmYXVsdGRvbWFpbnxkaWVhY2h0ZGVyc2Nod2VydGVyfGd4OjVlN2U4OTdk ZGIyYWNjODc

798 Siehe Seite 25 des LKA-Berichts, https://docs.google.com/viewer?a=v&pid=sites&srcid= ZGVmYXVsdGRvbWFpbnxkaWVhY2h0ZGVyc2Nod2VydGVyfGd4OjVlN2U4OTdk ZGIyYWNjODc

799 Zitiert nach Seite 47 des LKA-Berichts, https://docs.google.com/viewer?a=v&pid=sites &srcid=ZGVmYXVsdGRvbWFpbnxkaWVhY2h0ZGVyc2Nod2VydGVyfGd4OjVlN2U4OTdk ZGIyYWNjODc

800 Siehe Seite 48 des LKA-Berichts, https://docs.google.com/viewer?a=v&pid=sites&srcid= ZGVmYXVsdGRvbWFpbnxkaWVhY2h0ZGVyc2Nod2VydGVyfGd4OjVlN2U4OTdk ZGIyYWNjODc

801 Siehe http://www.parlament-berlin.de:8080/starweb/adis/citat/VT/16/KlAnfr/ka16-14301.pdf

802 Zitiert nach Bernd Rein, *Libanesische Kurden in Bremen*, 1994, http://www.liba soli.de/doku/BRein94.pdf

803 Siehe http://fact-fiction.net/?p=3455

804 Siehe http://www.bild.de/BILD/regional/bremen/aktuell/2009/07/14/boutique-ein bruch/besitzerin-entdeckt-kleider-wieder.html

805 Siehe http://www.radiobremen.de/funkhauseuropa/aktuell/nulltoleranz100.html

806 Siehe http://www.igmg.de/nachrichten/artikel/2010/02/09/merkel-muslime-bereichern-unser-leben.html

807 Zitiert nach Stefan Luft, *Abschied von Multikulti, Wege aus der Integrationskrise*, Gräfelfing 2006, Seite 225 ff.

808 Siehe http://www.berlinonline.de/berliner-zeitung/archiv/.bin/dump.fcgi/2005/1011/lo kales/0012/index.html

809 Siehe http://www.hr-online.de/website/rubriken/nachrichten/indexhessen34938.jsp?rubrik=36090&key=hessen_vtx_meldung_38917163

810 Siehe dazu http://www.wiwo.de/politik-weltwirtschaft/und-ploetzlich-sind-alle-empoert-261474/

811 Siehe http://www.tagesspiegel.de/zeitung/Die-Dritte-Seite;art705,2220777

812 Siehe http://www.sueddeutsche.de/panorama/588/481064/text/

813 Siehe http://www.stern.de/panorama/integration-von-einwanderern-lange-hier-und-doch-nicht-da-659816.html

814 Siehe Vortrag Reusch, S. 5, http://www.hss.de/fileadmin/migration/downloads/071207_VortragReusch_01.pdf

815 Siehe Vortrag Reusch, S. 5, http://www.hss.de/fileadmin/migration/downloads/071207_VortragReusch_01.pdf

816 Siehe Vortrag Reusch, S. 5, http://www.hss.de/fileadmin/migration/downloads/071207_VortragReusch_01.pdf

817 Siehe http://www.tagesspiegel.de/berlin/Roman-Reusch-Jugendgewalt;art270,2450752

818 Siehe http://www.tagesspiegel.de/berlin/Polizei-Justiz-Roman-Reusch-Intensivtaeter; art126,2458268 und http://www.tvbvideo.de/video/iLyROoaftPzR.html

819 Siehe http://www.welt.de/welt_print/article1584039/Entscheidung_im_Fall_Reusch_Staatsanwalt_wird_versetzt.html

820 Siehe *NRC Handelsblad*, 15. März 2010, »Gouda has most criminal Moroccan suspects«, http://www.nrc.nl/international/article2504346.ece/Gouda_criminal_Moroccan_capital

821 Siehe *NRC Handelsblad*, 15. März 2010, »Gouda has most criminal Moroccan suspects«, http://www.nrc.nl/international/article2504346.ece/Gouda_criminal_Moroccan_capital

822 Siehe etwa http://www.telegraaf.nl/binnenland/6750863/__Van_Woerkom_schoffeert_Marokkanen__.html und

823 Siehe http://www.trouw.nl/nieuws/nederland/article3073666.ece/Marokkanen_overwegen_aanklacht_tegen_ANWB-directeur.html

824 Siehe http://diepresse.com/home/panorama/welt/547560/index.do?from=gl.home_panorama

825 Siehe http://www.dagbladet.no/nyheter/2001/07/18/269835.html

826 Zitiert nach http://www.bild.de/BILD/news/2009/08/12/brennpunkte-in-deutschlands-staedten/polizei-gewerkschaft-schlaegt-alarm-polizisten-trauen-sich-nicht-auf-strasse.html

827 Siehe http://www.welt.de/vermischtes/article6514241/Kaessmann-mit-1-54-Promille-am-Steuer-gestoppt.html und http://www.sueddeutsche.de/panorama/824/504041/text/ sowie http://www.stern.de/politik/deutschland/nach-promille-tour-kaessmann-drohen-ueble-konsequenzen-1545735.html und http://www.bz-berlin.de/aktuell/deutschland/bischoefin-kae-szlig-mann-1-3-promille-fahrt-article746028.html

828 Siehe http://www.n-tv.de/panorama/kultur/Patriarch-wettert-gegen-EKD-article709208.html

829 Siehe http://diepresse.com/home/panorama/religion/545439/index.do?direct=544836&_vl_backlink=/home/index.do&selChannel=118

830 Siehe http://www.rp-online.de/politik/deutschland/SPD-Politiker-wirft-Ruettgers-Prostitution-vor_aid_823202.html

831 Siehe dazu *Daily Mail*, 2. März 2010, »Barack Obama should drink less alcohol and try harder to kick his smoking habit, doctors say«, http://www.dailymail.co.uk/news/worldnews/article-1254684/Barack-Obama-try-harder-kick-smoking-habit-doctors-say.html

832 Siehe http://www.bild.de/BILD/politik/2009/11/30/franz-muentefering/heiratet-freundin-michelle-schumann-diese-liebe-ueberwindet-alle-grenzen.html

833 Siehe »Rotlicht-Skandal bei der CDU – Berliner Lust«, http://www.spiegel.de/panorama/justiz/0,1518,593796,00.html

834 Siehe http://www.rp-online.de/beruf/ratgeber/urteile/Ostersonntag-ist-kein-Feiertag_aid_833677.html

835 Siehe Hasnain Kazim, »Ausländer in Deutschland – Zu Gast bei Pessimisten«, in: *Spiegel*, 26. Januar 2009; http://www.spiegel.de/politik/debatte/0,1518,603609,00.html

836 Siehe http://www.spiegel.de/politik/debatte/0,1518,603609,00.html

[837] Siehe etwa http://www.spiegel.de/kultur/tv/0,1518,689632,00.html
[838] Siehe http://de.wikipedia.org/wiki/Mojib_Latif
[839] Siehe http://de.wikipedia.org/wiki/Ranga_Yogeshwar
[840] Siehe http://www.welt.de/nrw/article1020794/Der_erste_tuerkische_Schuetzenkoenig.html
[841] Siehe Bundesregierung, 11. Februar 2010, http://www.bundesregierung.de/Content/DE/Pressemitteilungen/BPA/2010/02/2010-02-11-ib-charta-der-vielfalt.html
[842] Siehe http://www.zeit.de/online/2009/26/integration-fremde
[843] Siehe *Berliner Zeitung*, 21. Januar 2010; http://www.berlinonline.de/berliner-zeitung/berlin/152928/152929.php
[844] Siehe *Junge Freiheit*, 28. April 2009, http://www.jungefreiheit.de/Single-News-Display.154+M5e3090f2289.0.html?&tx_ttnews%5BbackPID%5D=&tx_ttnews%5Bmode%5D=single
[845] Siehe http://www.jungefreiheit.de/Single-News-Display-mit-Komm.154+M5d58290ad00.0.html?&tx_ttnews[swords]=kenan%20kolat
[846] Siehe http://www.bz-berlin.de/aktuell/berlin/der-senat-will-einwanderer-bevorzugen-article883544.html
[847] Siehe http://www.berlinonline.de/berliner-zeitung/archiv/.bin/dump.fcgi/2010/0617/berlin/0076/index.html
[848] Siehe http://www.berlinonline.de/berliner-zeitung/archiv/.bin/dump.fcgi/2010/0617/berlin/0076/index.html
[849] Siehe http://www.focus.de/panorama/vermischtes/bildung-sollen-deutsche-kinder-tuerkisch-lernen_aid_502252.html
[850] Zitiert nach http://www.netzeitung.de/vermischtes/395780.html
[851] Siehe http://www.spiegel.de/spiegel/vorab/0,1518,692412,00.html
[852] Quelle: http://www.morgenpost.de/politik/article1296680/Frau-Oezkan-wann-wird-eine-Muslimin-Kanzlerin.html
[853] Siehe http://www.spiegel.de/politik/deutschland/0,1518,691140,00.html
[854] Siehe http://www.rp-online.de/politik/deutschland/Wulff-distanziert-sich-von-seiner-Ministerin_aid_848866.html
[855] Siehe http://www.spiegel.de/thema/ayguel_oezkan/
[856] Siehe http://www.aygueloezkan.de/zur-person/ehrenaemter/
[857] Siehe http://www.aygueloezkan.de/zur-person/ehrenaemter/
[858] Siehe *Spiegel*, Heft 18/2010, S. 36, »Überstunden inbegriffen«
[859] Siehe *Spiegel*, Heft 18/2010, S. 36, »Überstunden inbegriffen«
[860] Siehe http://www.derwesten.de/nachrichten/politik/NRW-Arbeitsminister-Laumann-will-mehr-Migranten-in-den-Landesministerien-id2891286.html
[861] Siehe http://www.spiegel.de/politik/deutschland/0,1518,691975,00.html

862 Zitiert nach http://www.spiegel.de/politik/deutschland/0,1518,691975,00.html
863 Siehe etwa http://www.abendblatt.de/hamburg/article1453650/Obama-von-Altona-kaempft-vor-Gericht-ums-Ueberleben.html
864 Siehe http://www.welt.de/die-welt/regionales/article7186503/Der-ehemalige-SPD-Star-Buelent-Ciftlik.html
865 Siehe http://www.ad-hoc-news.de/prozess-gegen-ex-spd-sprecher-ciftlik-wird-nicht-ein gestellt—/de/News/21418125 und http://www.welt.de/die-welt/vermischtes/hamburg/article8136700/Ciftlik-Prozess-Neue-Mail-neues-Dementi.html
866 Siehe http://www.mopo.de/2010/20100624/hamburg/panorama/sex_luegen_und_e_mails_buelent_ciftlik.html
867 Siehe http://www.welt.de/die-welt/vermischtes/hamburg/article7220610/Ex-Freundin-belastet-Buelent-Ciftlik-schwer.html
868 Zitiert nach http://www.mopo.de/2010/20100505/hamburg/politik/scheinehe_hak verdi_zahlt.html
869 Siehe http://www.welt.de/newsticker/dpa_nt/regioline_nt/hamburgschleswigholstein_nt/article8214622/Ciftlik-soll-SPD-verlassen.html
870 Siehe http://www.sultanulusoy.de/
871 Siehe http://www.bild.de/BILD/politik/2009/09/03/bundestagskandidatin-verhaftet/wegen-geldstrafe-von-polizei-gesucht.html
872 Siehe http://www.rnf.de/videoportal/sendung/ulusoy_wegen_schulden_vor_gericht_de
873 Siehe http://www.migazin.de/2010/03/23/spd-will-kommunales-wahlrecht-fur-auslander/
874 Siehe http://www.taz.de/1/politik/deutschland/artikel/1/wir-brauchen-migranten-in-der-spd/
875 Siehe http://www.bild.de/BILD/regional/ruhrgebiet/dpa/2010/03/26/rote-karte-fuer-rechte-gabriel-startet-moscheentour.html
876 Siehe http://www.spiegel.de/politik/deutschland/0,1518,692370,00.html
877 Siehe http://www.20min.ch/news/schweiz/story/Weniger-Geld-wegen-Kopftuch-28773294
878 Siehe http://www.nwzonline.de/Region/Artikel/2300788/Riss+durch+Delmenhorster+FDP.html
879 Siehe http://www.nwzonline.de/Region/Artikel/2300788/Riss+durch+Delmenhorster+FDP.html
880 Siehe etwa http://www.allah.eu/general/muslim-scholars-on-voting.html
881 Siehe etwa http://www.wdr.de/themen/politik/parteien/cdu/koeln/080623.jhtml?std Comments=1
882 Zitiert nach http://www.ksta.de/html/artikel/1242833483913.shtml
883 Siehe den Film unter http://www.youtube.com/watch?v=Qskgt8hUPws
884 Siehe http://www.neues-deutschland.de/artikel/173294.nationalismus-der-minderheiten.html

[885] Siehe http://www.ksta.de/html/artikel/1270457771461.shtml

[886] Zitiert nach http://www.ksta.de/html/artikel/1270457771461.shtml

[887] Siehe http://www.tagesspiegel.de/politik/international/Tuerkei;art123,2989783

[888] Siehe http://religion.orf.at/projekt03/news/1005/ne100506_oic_fr.htm

[889] Siehe etwa http://www.focus.de/politik/deutschland/rechtsextremismus_aid_237428.html

[890] Siehe http://kurier.at/nachrichten/niederoesterreich/129952.php

[891] Siehe http://www.tagesspiegel.de/berlin/Polizei-Justiz;art126,3042189

[892] Siehe http://www.taz.de/1/archiv/print-archiv/printressorts/digi-artikel/?ressort=ba&dig=2007/06/09/a0242&cHash=de9432882f

[893] Siehe http://www.dikbiyik.com/gazete/haber15.htm

[894] Siehe http://www.tagesspiegel.de/berlin/art270,3041528

[895] Siehe http://www.taz.de/1/archiv/print-archiv/printressorts/digi-artikel/?ressort=ba&dig=2007/06/09/a0242&cHash=de9432882f

[896] Siehe http://www.tagesspiegel.de/berlin/art270,1982112

[897] Siehe etwa http://www.islamischereligionsgemeinschaft.org/index.php/IRG/Klartext09-11-2009 und http://www.abdurrahimvural.com/

[898] Zitiert nach https://www.berlin.de/landespressestelle/archiv/2010/03/24/159791/index.html

[899] Zitiert nach http://www.tagesspiegel.de/zeitung/kinder-des-zorns/1092674.html

[900] Siehe http://www.nadir.org/nadir/initiativ/isku/pressekurdturk/2009/18/15.htm

[901] Siehe etwa http://www.an-online.de/lokales/juelich-detail-an/878301?_link=&skip=&_g=Tuerkischer-Denkanstoss-Tag-des-Kindes.html und http://www.mainpost.de/lokales/main-tauber/Internationales-Kinderfest;art775,5091865 sowie http://www.stz-online.de/nachrichten/kinderzeitung/news/aktuell/art5200,924774

[902] Siehe http://www.parlament.ch/D/Suche/Seiten/geschaefte.aspx?gesch_id=20103144

[903] Siehe http://archiv.mopo.de/archiv/2009/20091101/hamburg/panorama/ich_wurde_zum_gangster_ausgebildet.html

[904] Zitiert nach *Le Monde*, 10. April 2010, http://www.lemonde.fr/opinions/article/2010/04/10/la-banlieue-s-ennuie-par-tahar-ben-jelloun_1331700_3232.html

[905] Siehe http://www.agoravox.fr/actualites/international/article/l-insurrection-qui-vient-sur-fox-58500 und http://www.rue89.com/2010/02/24/affaire-coupat-linsurrection-qui-vient-affole-les-americains-140112

[906] Siehe http://www.timesonline.co.uk/tol/news/world/europe/article7143840.ece

[907] Siehe http://www.berlinonline.de/berliner-kurier/berlin/wehrt_euch_gegen_die_deutschen_/144180.php

[908] Siehe http://www.salzburg.com/online/ticker/aktuell/Haeuser-von-Christen-in-Istanbul-gekennzeichnet.html?article=eGMmOI8VdyR5LlK4ZWAhbEk6Va1wFk0vt7D5tIO&img=&text=&mode=

[909] Siehe dieses Interview: http://www.youtube.com/watch?v=h-2D6p_aS40 und außerdem http://www.welt.de/politik/ausland/article6815281/Tuerkei-droht-100-000-Armeniern-mit-Deportation.html

[910] Siehe http://diepresse.com/home/politik/aussenpolitik/547195/index.do?from=gl.home_politik

[911] Zitiert nach http://diepresse.com/home/politik/aussenpolitik/547195/index.do?from=gl.home_politik

[912] Siehe http://www.turkishpress.de/de/2010/03/18/was-bleibt-uebrig-armenier-zurueckschicken/id1444

[913] Siehe http://www.jungewelt.de/2010/06-18/018.php

[914] Siehe http://www.kleinezeitung.at/nachrichten/politik/aussenpolitik/2378236/werden-eigenen-blut-ertrinken.story

[915] Siehe http://www.morgenpost.de/berlin-aktuell/article1330443/Tuerken-demonstrieren-in-Berlin-gegen-Sarrazin.html

[916] Siehe http://www.welt.de/die-welt/politik/article7924508/Studie-Junge-Muslime-neigen-am-staerksten-zu-Gewalt.html

[917] Siehe http://www.maastrichtuniversity.nl/web/file?uuid=0c87d5fd-4251-49b1-aa1d-b5c75615a6c2&owner=5ee71b53-65c7-42ec-8736-8c7b0f9a4517 und http://www.maastrichtuniversity.nl/web/Main/Sitewide/PressRelease/EthnicDiversityAtSchoolHasANegativeEffectOnLearning.htm sowie http://www.nieuwreligieuspeil.net/node/3764 und http://www.wissenrockt.de/2010/06/26/macht-islam-dumm/

[918] Siehe http://www.thelocal.de/society/20100417-26607.html und http://www.spiegel.de/spiegel/0,1518,700334-2,00.html

[919] Siehe http://www.faz.net/s/RubCF3AEB154CE64960822FA5429A182360/Doc~E0A8892AF137E421F8CF15BB3D89C9AA5~ATpl~Ecommon~Scontent.html

[920] Siehe dazu http://www.heute.de/ZDFheute/inhalt/14/0,3672,8039726,00.html sowie die Studie *Nachkrisenzeit – Und was kommt jetzt?*, http://www.ceps.be/book/nachkrisenzeit-%E2%80%93-und-was-kommt-jetzt. Außerdem http://www.n24.de/news/newsitem_5870286.html und http://www.spiegel.de/wirtschaft/unternehmen/0,1518,679485,00.html sowie http://www.gelnhaeuser-tageblatt.de/nachrichten/wirtschaft/meldungen/8469017.htm. Außerdem http://www.tagesspiegel.de/wirtschaft/art271,3038759 und http://www.express.de/news/politik-wirtschaft/deutschland-2040-aermer-als-polen/-/2184/1190194/-/index.html wie auch http://www.welt.de/newsticker-welt-online/dpa_nt/infoline_nt/wirtschaft_nt/article6513556/Polens-Wirtschaft-wird-Deutschland-ueberholen.html

[921] Siehe http://www.islamischereligionsgemeinschaft.org/index.php/IRG/IRG-Pressemitteilung-2010-02-07

[922] Siehe http://wirtschaft.t-online.de/arbeitslosigkeit-eu-fuerchtet-kollaps-der-sozialsysteme/id_20120482/index

[923] Siehe http://www.tagesanzeiger.ch/schweiz/standard/Schweizer-Armee-fuerchtet-Unruhen-in-Europa/story/14410180

[924] Siehe http://www.20min.ch/news/schweiz/story/31851289

925 Siehe http://www.dailymail.co.uk/news/worldnews/article-1286480/EU-chief-warns-democracy-disappear-Greece-Spain-Portugal.html

926 Siehe http://www.dailymail.co.uk/news/worldnews/article-1286480/EU-chief-warns-democracy-disappear-Greece-Spain-Portugal.html

927 Siehe http://www.ft.com/cms/s/4526d52c-6506-11df-b648-00144feab49a,Authorised=false.html?_i_location=http%3A%2F%2Fwww.ft.com%2Fcms%2Fs%2F0%2F4526d52c-6506-11df-b648-00144feab49a.html&_i_referer=http%3A%2F%2Fbeforeitsnews.com%2Fnews%2F48%2F083%2FSchama%3A_Are_the_Guillotines_Being_Sharpened_Revolutionary_rage_is_close_to_the_boiling_point.html

928 Zitiert nach http://www.welt.de/politik/article7412544/Prediger-fordern-Muslime-zur-Auswanderung-auf.html

929 Siehe http://www.bz-berlin.de/aktuell/berlin/der-senat-will-einwanderer-bevorzugen-article883544.html

930 Siehe http://oesterreich.orf.at/wien/stories/420526/

931 Siehe http://www.wa.de/nachrichten/hamm/stadt-hamm/massenschlaegerei-tsc-platz-erstes-urteil-815572.html

932 Siehe http://www.tagesschau.de/inland/integration102.html

933 Siehe http://www.rundschau-online.de/html/artikel/1201191988386.shtml

934 Siehe *Frankfurter Allgemeine Zeitung*, 24. Juni 2010, »Deutschland verschläft den Kampf um Talente«, http://www.faz.net/s/Rub9B4326FE2669456BAC0CF17E0C7E9105/Doc~E9F1ABBF98E934840B59647644EC14C0A~ATpl~Ecommon~Scontent.html

935 Siehe http://www.destatis.de/jetspeed/portal/cms/Sites/destatis/Internet/DE/Presse/pm/2009/09/PD09__325__816,templateId=renderPrint.psml

936 Siehe http://www.bild.de/BILD/politik/wirtschaft/2010/04/19/beamten-pensionen/kosten-uns-steuerzahler-bald-eine-billion-euro.html

937 Siehe etwa http://www.bild.de/BILD/regional/hamburg/aktuell/2010/07/02/polizist-packt-aus/ich-wurde-schon-mit-blut-bespuckt.html

938 Eine Commerzbank-Studie spricht von 237 Milliarden Dollar, das waren im Juli 2010 umgerechnet genau 191,4 Milliarden Euro. Die Studie findet sich im Internet unter http://www.handelsblatt.com/politik/nachrichten/finanzkrise-kostet-ueber-10-billionen-dollar;2450612

939 Siehe »Finanzkrise – Wer soll die Kosten tragen?, in: *Focus*, 2. April 2010, im Internet unter http://www.focus.de/finanzen/news/finanzkrise-wer-soll-die-kosten-tragen_aid_495273.html

940 Siehe *Frankfurter Allgemeine Zeitung*, 24. Juni 2010, »Deutschland verschläft den Kampf um Talente«, Zitat: »Eine Billion Euro Sonderschulden aber hatte Deutschland bereits 2007 für Migranten, die mehr aus den Hilfesystemen entnehmen, als sie aufgrund schlechter Schulleistungen und anderer Handicaps in sie einzahlen können. Auf jeden der 25 Millionen vollerwerbstätigen Nettosteuerzahler fallen allein für diese historisch einmalige Aufgabe 40 000 Euro Schulden.« Siehe: http://www.faz.net/s/Rub9B4326FE2669456BAC0CF17E0C7E9105/Doc~E9F1ABBF98E934840B596 47644EC14C0A~ATpl~Ecommon~Scontent.html

941 Siehe etwa den Artikel in *Die Zeit*, 26. April 2009, »Jetzt mal ehrlich«, http://www.zeit.de/2009/06/Ratlosigkeit?page=all. Außerdem *Süddeutsche*, 16. Februar 2010, Artikel von Jakob Augstein, »Journalisten als Partner der Politiker?«, http://www.sueddeutsche.de/medien/serie-wozu-noch-journalismus-das-ist-nicht-ihr-kanzleramt-1.63398-2 und *taz*, 18. Februar 2009, http://www.taz.de/1/zukunft/wirtschaft/artikel/1/der-kapitalismus-ruiniert-sich-selbst/

942 Zitiert nach http://www.taz.de/1/zukunft/wirtschaft/artikel/1/der-kapitalismus-ruiniert-sich-selbst/

943 Siehe http://www.harrisinteractive.de/presse/2009_03_19_Protektionismus.asp

944 Siehe zu Dubai etwa http://www.tagesschau.de/wirtschaft/dubai130.html

945 Zitiert nach http://www.verteidigt-israel.de/MWalid%20Nakschbandi.htm

946 Siehe http://www.welt.de/die-welt/vermischtes/article6764652/Die-Frau-fuer-die-CSU-2-0.html

947 Siehe http://www.bayernkurier.de/index.php?option=com_content&task=view&id=27100&Itemid=154

948 Siehe http://www.morgenweb.de/nachrichten/politik/20100630_mmm0000000213517.html sowie http://www.welt.de/die-welt/politik/article8217296/Begrenzung-von-Einwanderung.html und http://derstandard.at/1277336827766/London-beschraenkt-Einwanderung

949 Siehe http://www.welt.de/print-welt/article525931/Ohne_Auslaender_droht_Kollaps_der_Sozialsysteme.html

950 Zitiert nach http://www.spiegel.de/politik/deutschland/0,1518,704335,00.html

951 Der Finanzmarktexperte Prof. Dr. Christoph Kaserer hat im Juli 2010 für die Initiative Neue Soziale Marktwirtschaft (INSM) in einer Studie ausgerechnet, was jeder Bundesbürger für die Bankenrettung zahlen muss. Prof. Dr. Kaserer hat verschiedene angenommene Schadenshöhen bei der Bankenrettung auf die Steuerzahler umgerechnet. Der Autor dieses Buches hat dieser INSM-Studie nur die jeweiligen mathematischen Bezugszahlen entnommen, die von den Grundwerten her den in diesem Buch geschilderten jährlichen und von Migranten angerichteten Schäden entsprechen. Das sind nachweislich mehr als 34 Milliarden Euro. Für diese Bezugszahl bei der Bankenrettung nennt Prof. Dr. Christoph Kaserer eine Pro-Kopf-Belastung der Bundesbürger in Höhe von 417 Euro. Dem mathematischen Rechenmodell der Studie ist es egal, ob es um die Bankenrettung oder um andere Schäden geht, der Autor hat nur die mathematische Umrechnung übernommen, um eine verlässliche Zahl zu erhalten, die auch von Wissenschaftlern akzeptiert werden muss. Die INSM-Studie findet sich im Internet unter http://www.insm.de/dms/insm/textdokumente/pdf/untitled/Kaserer-Exitstrategie/studie_exitstrategie_kaserer_insm.pdf und http://www.insm.de/dms/insm/textdokumente/pdf/untitled/Kaserer-Exitstrategie/studie_exitstrategie_kaserer_insm_zusammenfassung.pdf. Ein dazu passender Pressebericht ist unter http://www.insm.de/insm/Presse/Pressemeldungen/Studie-zur-Finanzkrise.html zu finden. Die Angaben zur Zahl der Steuerzahler in der Bundesrepublik wurden einer Mitteilung des Statistischen Bundesamtes entnommnen unter http://www.destatis.de/jetspeed/portal/cms/Sites/destatis/Internet/DE/Presse/pm/2007/10/PD07__409__731,templateId=renderPrint.psml.

Explosive Brandherde: der Atlas der Wut

In diesem Buch lesen Sie, in welchen Gemeinden, Städten und Stadtteilen Deutschlands die Bundesregierung künftig innere Unruhen erwartet. Die Gründe dafür sind unterschiedlich: Finanzcrash und Massenarbeitslosigkeit, Werteverfall, zunehmende Kriminalität, Islamisierung, ständig steigende Steuern und Abgaben, der Zusammenbruch von Gesundheits- und Bildungssystem und die vielen anderen verdrängten Probleme werden sich entladen. Linke gegen Rechte, Arme gegen Reiche, Ausländer gegen Inländer, mittendrin religiöse Fanatiker – das explosive Potenzial ist gewaltig. Fast alles, was aus der Sicht der Deutschen bislang als »sicher« galt, ist nicht mehr vorhanden. Udo Ulfkotte schreibt über Tatsachen, über die deutsche Journalisten aus Gründen politischer Korrektheit niemals berichten würden, die aber wichtig sind, wenn Sie verstehen wollen, was in den nächsten Monaten und Jahren auf uns zukommt. Fakt ist: Es gärt im Volk, die Wut wächst und die Spannungen nehmen zu. Es ist nur noch eine Frage der Zeit, wann sich aufgestauter Ärger und Hass entladen werden.

Noch im Jahr 2008 prognostizierte die CIA die Unregierbarkeit vieler deutscher Stadtviertel in einer Studie für das Jahr 2020. Da ahnte selbst der US-Geheimdienst noch nicht, wie schnell die Entwicklung im Herzen Europas die Studie überholen würde. Wo also sollte man nach Einschätzung deutscher Sicherheitsbehörden schon jetzt in Deutschland keinen Cent mehr investieren? Wo sollte man möglichst schnell wegziehen? Wo wird die Polizei die innere Sicherheit nicht mehr dauerhaft gewährleisten können? Lesen Sie, wie Polizeiführer derzeit insgeheim auf die Bekämpfung von schweren Unruhen und auf die Zusammenarbeit mit der Bundeswehr in deutschen Städten vorbereitet werden. Von Internierungslagern bis zu Zwangsdurchsagen im Radio wird derzeit alles geplant. Einige der Polizeiführer sprechen ganz offen über den erwarteten »Bürgerkrieg«, den sie mit allen Mitteln abwehren müssen.

All das ist gut dokumentiert. In diesem Buch finden Sie mehr als 850 Quellenangaben. Wer also trägt in den Reihen von Politik, Wirtschaft und Medien Mitverantwortung? Und wo sind die Brandherde? In diesem Buch erfahren Sie die Antworten. Immer, wenn in der Geschichte eine schwere Wirtschaftskrise, ethnische Spannungen und staatlicher Machtzerfall zusammen kamen, hat es blutige Bürgerkriege und ethnische Säuberungen gegeben. Die Geschichte wiederholt sich. Was können Sie tun, um sich und Ihre Familie noch rechtzeitig zu schützen?

Udo Ulfkotte: *Vorsicht Bürgerkrieg!*, 448 Seiten, geb. mit Schutzumschlag,
ISBN 978-3-938516-94-2, 24,95 EUR, inklusive großer Deutschlandkarte
zum Herausnehmen – mit allen bürgerkriegsgefährdeten Gebieten

Kopp Verlag

Pfeiferstraße 52, D-72108 Rottenburg,
Telefon (0 74 72) 98 06-0, Telefax (0 74 72) 98 06-11,
info@kopp-verlag.de, www.kopp-verlag.de